絶海の碩学

近世日朝外交史研究

池内 敏――著

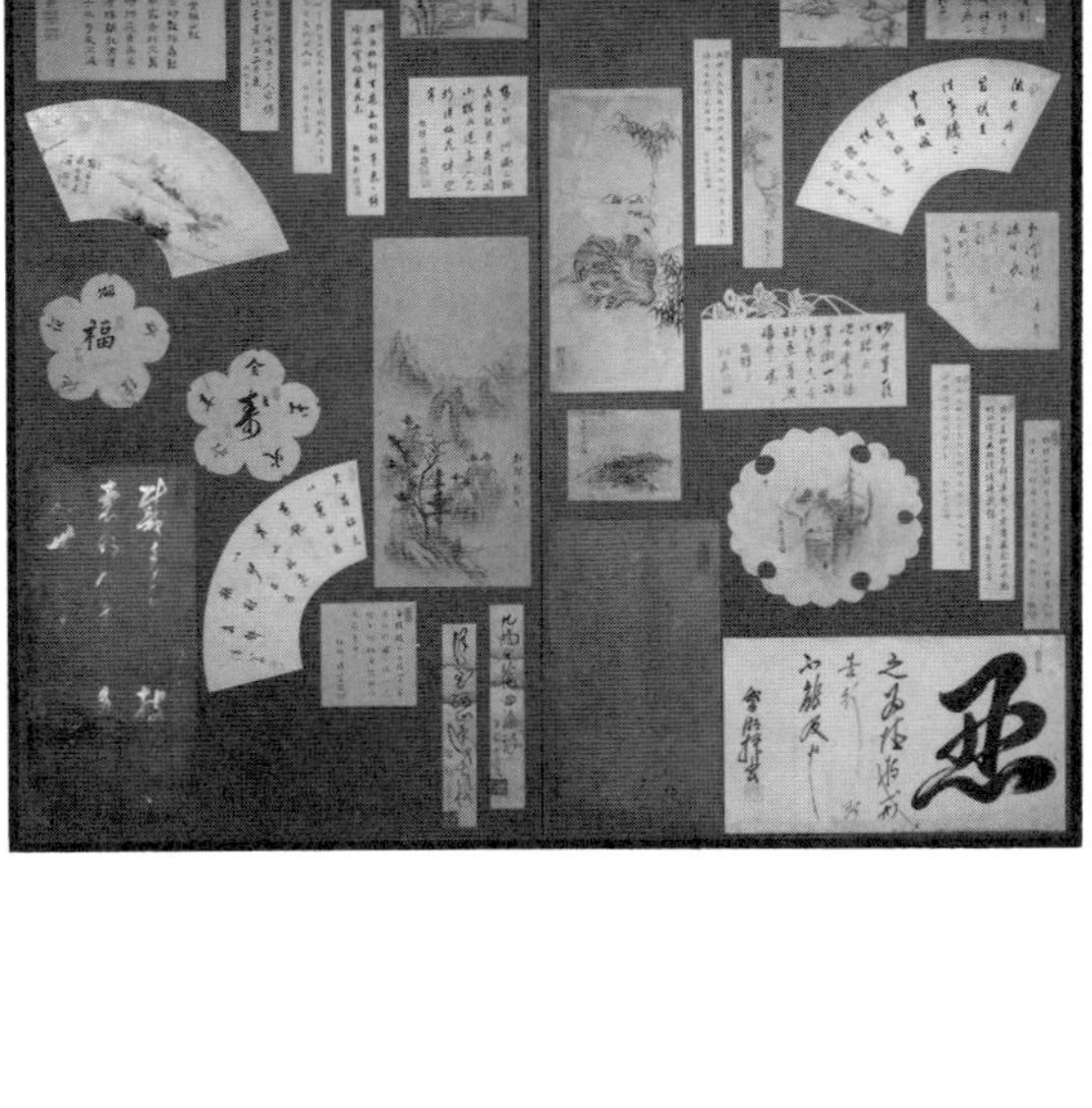

名古屋大学出版会

絶海の碩学　目　次

第Ⅱ部　訳官使と朝鮮通信使

凡例

・引用文中の〔　〕は本書筆者による補足説明を示す。
・引用文中に施した傍線は、とくに断りのない限りは本書筆者による。
・引用史料はできるだけ現代和訳に直して提示する。その際、引用が短い場合は和訳のあとに引き続き（　）で史料翻刻文を示した。長文にわたる場合には史料翻刻文を注にまわす。
・引用史料のなかで史料の状態などにより判読不明な部分については、字数が推定できる場合には□をその字数分だけ用い、そうでない場合は［　］でおおよその長さを示す。
・本文中で文献を引用するに際しては、本書巻末の参考文献と対応させて、著者名と［刊行年］を組み合わせ、場合によっては頁数などをも併記しながら示す。
・引用史料のうち対馬藩政史料については、原則として所蔵者ごとに以下のように表記する。

①長崎県立対馬歴史民俗資料館所蔵分は［対馬日記Ａa-1／354］［対馬記録／朝鮮関係Ｉ2］などと［　］内の冒頭に「対馬」と記し、次いで所蔵目録名（日記類・記録類Ｉ～Ⅲ等）を略記し、さらに分類記号を記す。

②大韓民国国史編纂委員会所蔵分は［国編］と表記して分類番号を［　］内に追記する。おおむね所蔵目録のうち記録類の分のみに依拠しているので、目録名による区別は行わない。

③東京大学史料編纂所、国立国会図書館、慶應義塾大学および東京国立博物館それぞれの所蔵分は、それぞれ［東大］［国会］［慶應］［東博］としておき、必要に応じて分類番号を［　］内に追記する。なお、東京国立博物館所蔵分はゆまに書房のマイクロフィルムを活用した。

(19 世紀)

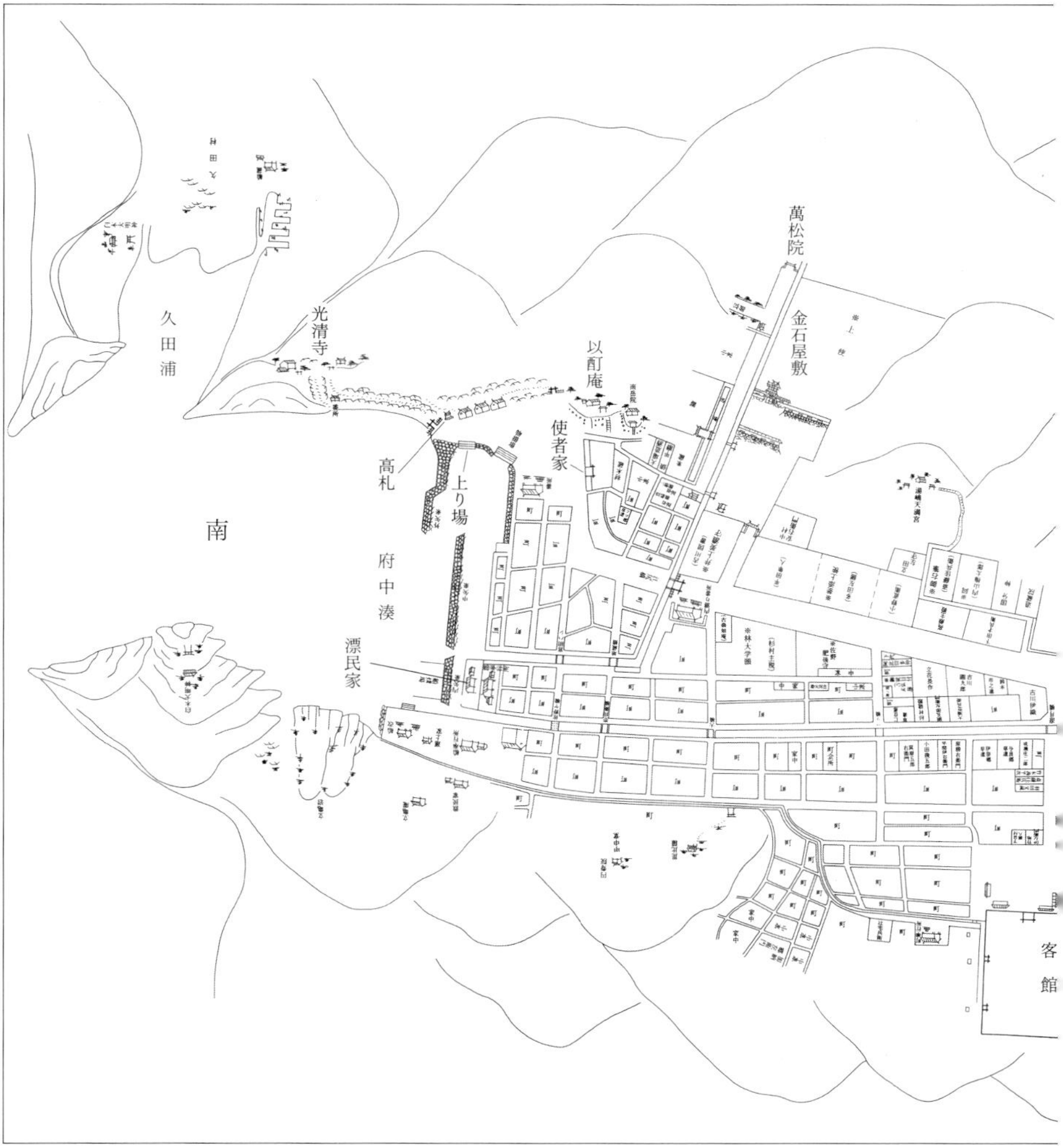

対馬府中図

典拠）『厳原町誌』通史編（厳原町，1997 年）の附録「（文化八年）対州接鮮旅館図」に一部手を加えた。

序章　禅僧と「外交」の近世

はじめに

本書は近世日朝外交史の研究書である。そして書名に掲げた「絶海の碩学」とは、一六三五年から一八六七年まで二三〇年間一二六代にわたり、対馬府中の以酊庵に輪番で在住した京都五山[1]の臨済僧のことである。学識を高く評価された五山僧は江戸幕府から学禄を与えられて碩学僧となったが、それら碩学僧のなかから選ばれた者が交代で対馬へ渡り、以酊庵で朝鮮へ送る外交文書の草案作成をするなど日朝外交に関与した。ひとりの碩学僧は一年前後から二年ほど在番して職務を継承したから、これを以酊庵輪番制と呼んできた。一五八〇年代に対馬以酊庵の開基となった景轍玄蘇、跡を継いだ規伯玄方の時代を以酊庵輪番制の前史とすれば、以酊庵僧の活動はおよそ三百年近い歴史をもつ。本書は、以酊庵輪番制の研究史を踏まえた上で以酊庵僧の職務実態を具体的に追究し、もって日朝外交史上における江戸時代の歴史的位置を再考しようとするものである。

さて、大正三年（一九一九）に「三才図彙の中に、『日本人』を説明せんとして、其の大和民族古来の風習を写さず、反つて僧服を着用せる、全然禅宗僧侶の風姿を描きて、以て日本人の代表的なものとなせる事は、当時の日本外交史上の一消息を洩せるもの」（白石芳留［一九一四］）とする指摘がすでにある。『三才図彙（会）』は十七世紀初頭の明代末期に編纂された図入り百科事典であり、そこに図示された典型的日本人のすがたは禅僧だったというのである。王勇［二〇〇〇］もまたこの画像に注目し、『三才図会』の日本人像は、外交使節に起用された禅僧をモデルにして」いることを述べる。そして、「わが国中世の外交の特色の一つとして外交交渉における禅僧の大巾な起用に注目しなければならない」（長正統［一九六三］）とする指摘ののち、中世日中・日朝交渉における禅僧の活躍ぶりについての検討が進んだ。日中関係史における村井章介編集代表［二〇一五］、日朝関係史における関周一［二〇〇二］［二〇一五］、橋本雄［二〇〇五］［二〇一一］をはじめとして、羽田正編［二〇一三］、島尾新編［二〇一四］、荒野泰典・石井正敏・村井章介編［二〇一〇a、b］［二〇一三］など参照すべき文献は少なくないが、ここでは禅僧外交に絞った研究史整理として田中健夫［一九八九］と伊藤幸司［二〇〇九］に言及しておこう。

田中は、武家政権のもとに外交権が掌握されたのは足利義満のとき以来のことであるとし、そうした武家政権のために外交文書作成を担う教養集団として五山叢林が位置づけられたと見る。外交文書の「解読と作成には高度な漢詩・漢文に関する知識が求められた」から、「室町政権では、禅僧の語学力に依拠して外交使節に任じただけでなく、外交文書作成の業務もあげて禅僧に委ねることになった」。そして室町期に外交文書作成に携わった禅僧たちとして春屋妙葩から元容周頌に至る禅僧名を挙げるとともに、文明二年（一四七〇）にまとめられた瑞渓周鳳による外交史料集『善隣国宝記』の名を「武家外交における一記念碑」として掲げる。さらに戦国期の相国寺西笑承兌・南禅寺以心崇伝らもまた外交文書作成に関わったことを述べたのち、寛永十三年（一六三六）からの三度にわたる朝鮮通信使への返書はすべて林羅山が起草したことをもって「外交の表舞台における禅僧と儒家の交替の証明でもあった」と指摘する。

一方、伊藤は、京都五山の禅僧たちとともに地方に所在する禅僧たちの外交参与に注目するところに特徴があり、それはこの間における研究の進展を反映した結果でもある。室町幕府の「外交機関としての五山」とはいえ五山のなかにも多様な門派があり、幕府のひざ元では京都相国寺の夢窓派が中心的な勢力を担ったものの、地方では必ずしもそうではなかった。十五世紀以後に日明勘合貿易に参画した大内氏の場合、博多周辺の聖福寺・承天寺などの禅僧たちによって外交活動が支えられたが、彼らは夢窓派ではなく、聖一派・幻住派など多様な門派を兼修してネットワークを広げた禅僧たちであった。対馬宗氏の場合、十五世紀半ばに天龍寺の仰之梵高（夢窓派華蔵門派）を迎えて外交文書起草を行わせたが、やがて博多聖福寺を拠点とする幻住派の外交僧たちに依存するようになった。それは、十五世紀末以後の室町幕府政治の分裂によって「外交機関としての五山」が解体へと向かうのと裏腹に、地方を主体とする外交貿易が展開するのにともなってのことであった。十六世紀対馬の外交機関たる以酊庵の開基景轍玄蘇もまた、博多聖福寺ゆかりの幻住派僧であった。伊藤は田中の研究を踏まえた上で、「近世的な外交秩序が整備され、儒者のみが外交文書を起草する」ようになり、「対馬口（以酊庵）においてのみ、禅僧が外交を担うという中世的な様相を残す」と述べる。

一　以酊庵輪番制の成立前史

中世日朝外交が禅僧の手に委ねられていたことを述べた上で、田中健夫［一九八九］は寛永十二年（一六三五）に始まる以酊庵輪番制の成立を次のように論じる。

寛永八年（一六三一）、対馬における藩主宗義成と老臣柳川調興の対立が、柳川一件として表面化し、中世以来、対馬でひそかに行ってきていた外交文書の改竄や偽作の事実が暴露された。この事件の処理の過程で、江戸政権は柳川氏の勢力を排除し、日朝間の外交ルートを大君（江戸政権の首長）と朝鮮国王の線に一本化し、江戸政権の外交主導者としての地位を外交面に反映させることに成功した。……幕府では、この機会を利用して、幕府が任命した京都五山の僧を対馬に送り込み、幕府の意思を外交文書や事務折衝に反映させる策をはかった〔以酊庵輪番制度導入のことを指す〕。

こうした説明は、田中と同様に中世外交における禅僧の活躍を論じた伊藤幸司［二〇〇九］にあっても同様であり、主張はむしろ端的かつ鮮明である。

徳川政権は日朝通交の正常化を図り、その〔日朝国書の改ざんや偽作〕再発を防止するために、中世以来の外交機関以酊庵の外交僧を排除した。そして、政権の意思を外交文書や事務折衝に反映させるために、政権が任命した京都五山僧が輪番で以酊庵に赴き、朝鮮通交の外交業務に従事するという以酊庵輪番制度を新たに確立した。

田中・伊藤の描く「以酊庵輪番制」像は、徳川幕府の極めて強い主導性を強調する点で共通し、この点こそが、等しく武家外交とはいいながら中世と近世を分かつ大きな分水嶺のようである。そしてこうした指摘は決して特殊なものではない。「〔柳川一件の処理ののち〕以後京都五山の高僧が輪番で対馬以酊庵に駐在し、朝鮮との外交文書を管掌することが例となる。これが以酊庵輪番制である。こうして幕府権力は宗氏と朝鮮の通交の過程に直接介入することとなる」（荒野泰典［一九八八］）とするのが今日の通説的理解である。同様の理解は、表現の違いこそあれ、多くの論者を捉えている。たとえば、以酊庵輪番制は再び国書の改ざんが行われないよう監察役のような役割も兼ねたとする田代和生［一九八一b］や、以酊庵輪番制をもって「幕府によって開かれた朝鮮修好のための出先機関」とし、「幕府の対馬藩に対するお目付役」であったと述べる泉澄一［一九七五］などがそれである。一方、こうした通説的理解と少し趣を異にするのが鶴田啓［二〇〇六］で、以酊庵輪番制は幕府が対馬藩を監視するために導入したものではなかったが、間接的に対馬藩の恣意的な動きを制限する役割を果たした、と述べる。

本書は全体にこうした「以酊庵輪番制」像を再検討するものである。本章ではそれに先立って、「柳川一件」と「以酊庵輪番制の導入過程」について、時系列にしたがって歴史的事実を整理しておこうと思う。

(1) 柳川一件

柳川一件と呼ばれる対馬藩の御家騒動の発端は、先に引用した田中健夫の文章にもあるように寛永八年(一六三一)のことである。ときの藩主は宗義成であり、外交文書の改ざん・偽作および元和七年(一六二一)の「偽国王使」派遣を幕府に訴え出たのは重臣柳川調興の方であった。結果は調興側の敗訴となったものの、当時藩主義成のもとで第二代以酊庵僧となっていた規伯玄方もまた流罪とされた。「対馬で外交文書の起草にあずかり、国書改ざんの事実を知っていながら、幕府に何の報告もしなかったというのが理由である」(田代和生[一九八三])。

以下、田代和生[一九八三]、荒木和憲[二〇一三]および池内敏[二〇〇六]を要約しつつ柳川一件の経緯について概要を述べよう。

豊臣秀吉の朝鮮侵略によって日朝関係は断絶したが、朝鮮貿易なしには立ちゆかない対馬島宗氏家中は、復交へ向けての政治工作を行った。慶長十一年(一六〇六)、徳川家康名で朝鮮国王あてに送られた国書もまた、そうした工作として偽作されたものであった。この「家康国書」に対する回答の返書を持参した朝鮮通信使(回答兼刷還使)が翌十二年に派遣されたが、返書は本来存在しない「家康国書」に対応して書かれていたから、将軍に披露するに際してつじつまの合わない不都合な部分が改ざんされた。この改ざんされた朝鮮国書に対して将軍秀忠から返書が出されたが、その差出名には「日本国」源秀忠とあって「日本国王」とは記されなかった(「王」の字がなかった)ため、これをそのまま持ち帰った三使(正使・副使・従事官)は流罪に処せられた。元和三年(一六一七)、二度目の回答兼刷還使が派遣され、これに対する返書の差出名もまた前回同様に日本国源秀忠であったから、「王」字のないことに朝鮮使節側は強く抗議した。このとき文書起草者であった金地院崇伝は「王の字は昔から朝鮮あての外交文書では使用しません。それは朝鮮は日本から見て戎国〔西方にある野蛮国〕に相当するからです。日本の王と朝鮮の王が外交文書の交換をすることは、これまでありませんでした（王ノ字ハ古ヨリ高麗ヘノ書ニ不書也、高麗者日本ヨリハ戎国ニアテ申候、日本ノ王ト高麗ノ王ト書ノトリヤリハ無之候）」と述べて、徳川将軍は王を自称しないことを強調した。これに対して対馬藩重臣柳川調興は「〔徳川秀忠名の朝鮮国王あて〕返書を勝手に開けて、〔そこにない〕王の字を書き加え（御返簡を披き王の字を加へ）」て改ざんし、朝鮮使節側の抗議を容れた。寛永元年（一六二四）、三度目の回答兼刷還使に対する返書の差出は、草稿段階では「日本国源家光」だったことが確認できるが、朝鮮使節が持ち帰ったものには「日本国王源家光」と記されていたから、これもまた改ざんされたことが確実である。

一方、規伯玄方および対馬藩家老杉村采女らが「準国王使」（荒木和憲［二〇一三］）として漢城（ソウル）まで至った寛永六年（一六二九）を境にして、宗義成と柳川調興との関係は急速に悪化した。それまで一重臣でありながらも朝鮮貿易に強い権限を発揮してきた柳川氏に対し、この「準国王使」派遣を契機にして藩主義成側が巻き返しを図ることになったからである（田代和生［一九八〇a、b］［一九八一a］［一九八三］、荒木和憲［二〇一三］）。柳川調興が、外交文書改ざん以下を義成の仕業として幕閣に訴え出たのは寛永十年（一六三三）のことである。

寛永十一年十二月に幕府役人が対馬へ派遣されて関係者の尋問が行われ、引き続き老齢者を除いて江戸へ召喚して審理が継続された。以下、審理の進行を『寛永丙子信使記録』一［東博本宗家と三二九九／1］で整理すると表序-1の通りである。江戸に召喚された関係者たちは、連日のごとくに老中宅へ呼び出されて尋問が繰り返されたことが分かる。この日程のうち、三月七日、老中は「国書のすり替えは大罪だから、その経緯をありのままに述べよ（国書取替之儀ハ大罪之事ニ候条、其訳有体ニ可申上候）」と諭していることが記される。

さて、この表の二月二十五日のことでもあったろうか、次のようなやりとりのあったことが「柳川調興公事之時方長老并ニ松尾七右衛門江御尋被成請答之帳」［国編六二四三］(2)に記録されている。

表序-1　寛永12年（1635）柳川一件の審理経過

2月12日	規伯玄方らが江戸に到着
25日	老中一同が老中土井大炊頭（土井利勝）宅に集まり，そこへ玄方らが呼び出されて尋問
27日	老中たちの面前で，柳川家重臣の松尾七右衛門と玄方との直接対決
3月2日	老中酒井讃岐守（酒井忠勝）宅へ松尾と玄方とが呼び出されて詮議
7日	老中松平伊豆守（松平信綱）宅に老中一同が集まって玄方への尋問
8日	老中土井大炊頭宅へ宗義成を含めて関係者全員が集められる
11日	江戸城で将軍家光自らが裁定を下す

典拠）『寛永丙子信使記録』一［東博本宗家と3299/1］より作成。

［史料[3]］

初日対決の時、……やがて規伯玄方を呼び出して、十二年以前の信使〔寛永元年の回答兼刷還使〕の御返翰の草案は、長老〔玄方〕が作成になりましたかと〔老中が〕お尋ねになった。すると長老がおっしゃるには「いやいや、拙僧は作成しておりません。〔松尾〕七右衛門が朝鮮側の朴同知〔倭学訳官の朴大根〕と通じ合って……宿へ帰ったところで朴同知がいうには、『今度の御返翰は〔そのまま〕請け取り帰るわけにはいきません。書き改めてください』とのことでした。それでわれわれが『なぜそのようにおっしゃるのですか』と尋ねたところ、『王という字がないからです』というので、拙僧が申したのは『それはちょっと難しいですね。といいますのも、国師〔以心崇伝〕へ『この王の字を書いていただけませんか』と申し上げましたところ、『ならぬ』との仰せだったからです。『それでは国主と書いてはいただけませんか』と申し上げましたが、やはりそれもできないとのことでした。ですから『〔いまの返書のままで〕我慢して請け取ってください』と話しました。すると、七右衛門が、『御返翰を書き改めることは先例がありますから、長老もその先例にしたがって書き直されたら良いでしょう』といい、また〔七右衛門が返書に〕『柳川調興という字も書き入れたい』というので、拙僧〔玄方〕は『王の字をどうしても書き入れねばならないのであれば、一字こそげて〔削って〕でも書き入れたらどうですか。御返翰を最初から最後まで書き直すといったことは私にはできません』とはっきりと申しました。……書き直したのは、朴同知・七右衛門・伝蔵主の三人で談合をして、きっと彼らが行ったことだろうと思われます」と〔玄方が〕話した。

ところで、右の発言中、長老が「一字こそげて〔削って〕王という字を入れたらどうか」とおっしゃったときに、加々爪民部〔忠澄、町奉行〕が「やはり長老の指図〔での改ざん〕だということが、これではっきりしたというものだ。御朱印をこそげ〔削れ〕と、本当にいったのだな」というので、長老は「拙僧が申したのは、それがたとえ不調法であろうとも、話したことを偽ってみたり、偽りを話したりするものではありません。実際にあったことは七右衛門のような言い方をしない、というだけです」とおっしゃいました。そうこう話をしているうちに、七右衛門と「そのようではない」「このようではない」などと言い争いになった。


さて、柳川一件に関わる史料が宗家に伝来するものに限られている以上、記述の仕方が柳川方に厳しく宗家方にそうではないのも史料の性格上やむをえない。右の史料もまた、加々爪民部による追及を除けば規伯玄方の発言に甘く、たしかに右史料の限りでは玄方が国書改ざんに手を染めたか否かは判然とはしない。

宗家史料以外でこの問題に言及するものに、寛永元年朝鮮通信使姜弘重の随行録『東槎録』がある。そこには右史料に見えるのと同じ「王」字のない返書を「玄方・義成・調興等処」へ渡して書き改めさせた記事がある（十二月二十三日条）。『東槎録』翌二十四日条には「王」字が記入され改訂された返書が全文掲載される。ここから中島利一郎［一九二二］は、「この刪改には、玄方が全責任を負ふべきものである」と述べる。また中島は、晩年の玄方が林春斎の求めに応じて語った「方長老朝鮮物語　付柳川始末」の一節「方長老ハ、松尾か申により、主の字を削りたる罪、其上御前へ罷出る身にて、累年私曲の事能存なから、江戸へ罷下り度々老中へも不申事不届に被思召、南部へ流罪せらる」を引用する。ここに流罪となった理由の一つとして「主の字を削りたる罪」が挙げられていることに注目するのである。

仮に玄方自身が改ざんを行っていたか否かが見極められないにしても、その流罪が「国書改ざんの事実を知っていながら、幕府に何の報告もしなかったというのが理由」（田代和生［一九八三］）だとした場合、この柳川一件から さほど間隔を置かずに始まった以酊庵輪番制度には「改ざんを抑止」したり「改ざんが発見され次第に幕府へ通報する」ような仕組みが組み込まれていただろうか。そのような制度として構想されて始まったものとみなせるだろうか。

（2）以酊庵輪番制の導入過程

柳川一件の裁許結果は寛永十二年（一六三五）三月十二日にまず口頭で伝えられた。それは、「宗義成は問題とはしない（対馬守過チ無之条達上聞）」ので対馬およびそのほかの領知は以前の通り変わりないこと、そして今年・来年中に朝鮮通信使来聘を差配すること、というものであった。同じ日のうちに規伯玄方が南部へ流罪となったことも伝えられ、ただちに南部藩に預けられた。正式の裁許結果が六カ条の条目として宗義成に与えられたのは同十四日である。

こうして以酊庵の玄方が流罪とされたため、こののちの対馬藩には真文（漢文）で外交文書を取り扱える者がほぼ存在しなくなった。そうしたなかでも早々に朝鮮通信使来聘を進める必要があったから、宗義成は四月十一日、老中酒井讃岐守忠勝に対し「〔朝鮮あての〕外交文書を作成させる役人の件について、早々に指図してほしい（書翰為相調候役人之儀、早々御差図被下候様）」と申し入れた。以下、最初の輪番僧が決まるまでの経緯を池内敏［二〇〇六］で扱った『寛永丙子信使記録』二［東博本宗家と三二九九／2］に立ち戻って整序しよう。

酒井忠勝は宗義成に対し、「この件は、京都五山のなかでも博識の長老を招聘し、その援助を得ないことには、そうした役目は務まらないだろう（此儀五山之中博識之長老被相招、御扶助被成候而、当役之儀御頼可然存候）」と述べる。そのかたわらで忠勝は「今回の方長老一件の結果を見れば、招きに応じる人物がいるだろうか、ちょっと自信がない（此度方長老落着之様子可承及候得ハ、招ニ応候可有之哉、其段無覚束候）」ともいうから、何とも無責任な発言である。自力で五山僧を招くことは不可能だから、つてを紹介してほしいと食い下がる義成に対し、老中は金地院僧録玄良和尚へ相談すると良いと逃げた。

そこで十五日、宗義成は玄良に対して、五山の博識の長老で外交文書作成を引き請けてくれる人（「五山之中ニ而博識之長老一人書契相調候儀被勤候」）の紹介を依頼するが、「五山にはそのような文才のある僧が思い当たらない（五山之中ニハ左様之文才之僧可有之段無覚束候）」と断られる。

十八日、宗義成は再度酒井忠勝を訪ね、「外交文書を作成できる役人（書翰相調候役人）」の指定をさらに求めたが、「老中の方で探すのは困難だから、これはと思う人を選んで書面にして提出せよ（此儀各中ゟ差計イかたく候、御心当之人御書付、各中へ御見被成候）」という。

五月十三日になって、当時江戸滞在中だった朝鮮からの訳官使・馬上才一行の帰国に際しての返翰作成を金地院玄良に担当させることがいったんは決まったかに見えた。ところが玄良は「今回引き受けることで、国書のことまで任されるようになっては考えものなので、この際お断りする（以来国書之儀被仰付候様ニ御座候而者遠慮ニ存候ニ付、達而御理申候）」として返翰作成を辞退した（同十五日）。その後も宗義成は度々書契役僧の指定を求め、七月二十六日には酒井忠勝から「五山碩学のうち二人に絞って検討している」との返答を得る。ところがその候補者が縁戚関係にある昕叔顕晫だと分かるや、義成の方から断りを入れた。顕晫は義成の室（福）の叔父にあたるからである。

結局、八月十六日、東福寺宝勝院璘西堂が引き受けたとする京都からの飛脚便が江戸に到着した。暇乞いをして帰国途次に京都へ立ち寄った宗義成は、九月六日、京都所司代板倉重宗とともに、璘西堂および天龍寺慈済院仙長老・東福寺南昌院召長老と面会し、以後この三人が輪番で朝鮮との外交文書作成にあたることを確認した。璘西堂は義成帰国にそのまま同道して対馬府中に至り、以酊庵に入居した（十月二十三日）。これがいわゆる以酊庵輪番制の始まりである。

こうした経過に鑑みるとき、以酊庵輪番制の創出に何らかの政策的意図とりわけ幕府の側に強力で主体的な意図を読み取ることは困難である。また、宗義成が老中に外交文書の書ける役人の派遣を求め続けていた寛永十二年四～八月のあいだに、義成は酒井忠勝に対し「今後は幕府から目付役を一人任命して、対馬藩の監察をしてくださいますよう（自今以後、御目付壱人被差加、対州御検分被下候様）」と求めたことがある（五月二十九日）。これに対して忠勝は「朝鮮に関わることはあなたが担当する役儀なのだから、目付役を新たに加える必要などない（朝鮮之儀者御自分御当役之事ニ候得ハ目付役被差加ニ及不申事ニ候）」と即答している。朝鮮関係は諸事対馬藩に委任している以上は、それをいちいち監督する必要などない、というのである。

以上からすれば、先述の田中健夫の整理にあるような「幕府では、この機会を利用して、幕府が任命した京都五山の僧を対馬に送り込み、幕府の意思を外交文書や事務折衝に反映させる策をはかった」とか、伊藤幸司の整理にあるような「日朝通交の正常化を図り、その〔日朝国書の改ざんや偽作〕再発を防止する」ような意図は、この以酊庵輪番制の導入経過を眺める限りでは、まるで看取できないのである。

柳川一件を経て現れた中世的禅僧外交との大きな違いは、むしろ禅僧が国王使として実際に朝鮮まで派遣されることがなくなったことである。寛永六年（一六二九）に宗義成が仕立てた「準国王使」は、宗氏以上に朝鮮貿易に力のあった柳川氏に対する牽制と巻き返しであった。しかし柳川一件を経ることで有力な競合相手がいなくなったから、もはやそうした「準国王使」の派遣を必要としなくなったのである。柳川一件ののち、対馬藩の朝鮮貿易を脅かす競合相手が現れるとすれば、それは幕府をおいてほかにはありえなかった。そして幕府が対馬藩の朝鮮貿易にとって代わることがあるとすれば、それはすなわち朝鮮外交の幕府直轄化ということにほかならなかった。

二　東アジアの国際秩序と近世日本

（1）東アジア国際秩序論と柳川一件

近世の東アジア国際秩序と日本との関わり方がどのような歴史的特質をもつものであるかを追究しようとする場合、これまでは柳川一件なり以酊庵輪番制の導入なりといった個別事例の実証分析から始めるというよりは、為政者とりわけ中央政権にいる人たちの国際認識（世界観）に即しての分析の方が先んじた。それが中村栄孝の大君外交体制論であり、朝尾直弘の日本型華夷意識論である。

中村は近世の武家外交が「大君」号を設定して確立した点に注目する。そして、古代以来の「不整合の伝統」が貫いた、中国をめぐる国際秩序を離脱した近世の体制を「大君外交体制」と名付けた。中村の議論を踏まえた朝尾の議論もまた「大君」号に注目しつつ、しかし、まずは当時の日本が組み込まれていた中国（明）中心の国際秩序が十六世紀後半には解体過程にあったことを述べる。そして同時期の日本に現れた織豊権力による国内統一の動きと東アジア国際社会の再編成が連動しながら進みゆくことに着目した。つまり織田信長から豊臣秀吉を経て達成された天下統一は徳川家康による幕藩制的社会秩序の確立につながった。一方、豊臣秀吉の朝鮮侵略に対抗して援軍を送った中国（明）は、まさにそのゆえに没落が決定的となり、やがて北方から攻め込んできた異民族（女真）によって滅ぼされて一六四四年には清朝中国が成立した。

ところで徳川幕府ははじめ、室町幕府と同じような日明勘合貿易の再開を目指したが、明清交替が進みゆくなか方針を転換した。滅亡からの再起を図る明朝遺臣たちからの派兵・救援要請も断って中国大陸の政治情勢とは距離を保ち、清朝とは直接的な政治外交関係を結ぶことがなかった。朝尾直弘［一九七〇］は次のように述べる。

琉球も朝鮮も中国の冊封をうけていたから、両者との「通信」関係は、対明・清復交のできなかった幕府にとって、いわば二重のクッションをとおした中国との接触であった。このようなクッションをおくことによって、複雑な国際情勢のもとでの直接交渉の責任を免れることができ、日本型華夷意識にもとづく主権者の権威を、きずつけることなく保持することができた。

つまり江戸時代日本は中国中心の世界秩序から離脱し、それとは別に「朝鮮との関係を主軸に、虚構の琉球との関係を副軸に、東アジアにおいて自己を中心とした『国際』秩序」を構想したと朝尾は考えた。こうした「国際」秩序こそが「鎖国」の本質であった。そしてこの構想は「日本型華夷意識」と命名された尊大な国際秩序観をまんなかに据える。それは日本中心の東アジア世界観であったが、「思想」というほどには体系的に整序されておらず、また「秩序」というほどには実態をともなわなかったから「意識」と命名された。また「日本型」と称された由縁は、本物の「華夷意識（中華意識）」が文化・文明の優劣を軸にするのに対し、「武威」の優劣を軸にしたからである。そして「武威」というのは「たんなる軍事的実力とか、他の大名に抜きんでた戦闘能力とかではなく、百姓に対する武家領主の、農に対する兵の支配を実現し、正当化しうる能力にうらづけられた権威」のことである。それは、他の何者による援助を受けることなく、自らの力のみによって天下統一を果たした武家領主の自負心であった。

やがて「武威」は十七世紀以後は儀礼化が進んで「凍結」されるが、一八七〇年代の天皇制国家のもとで「完全に解凍された」。つまり朝尾の「鎖国」理解は、中世末における天下統一のあり方から近代日本の軍国主義を展望する過程に配置されたものなのである。

さて、こうした朝尾の構想とは全く別のやり方で東アジアの国際秩序を論じたのが田代和生の研究である。中村や朝尾と同様に、田代もまた「大君」号に着目し、その外交称号は、中国の国際秩序から離脱して、日本の自主的な外交体制を確立することを志向し、設定されたものという。そして、こうした「自主的態度」こそが、幕末期に西欧近代国家との接触に際しても日本の主体性を保持することにつながったと見るから、田代もまた近世東アジア国際秩序との距離の取り方に日本の近代化の根源を見いだしている。

一方、田代の研究の独自性は、日本と朝鮮の通交関係が非対称的ながらも名目上は「対等外交」を標榜していたことを、朝鮮と対馬藩との通交貿易の具体的事実の積み重ねを通じて明らかにしつつ論じた点にある（田代和生［一九八一b］）。本来は不統一、不整合であった「大君」と「朝鮮国王」との外交関係が、中世に淵源をもつ「対馬＝太守」を中間に据えることで「対等外交」なる形式の枠内に収まるようになった、というのである。この「中間に据える」というのは、朝尾のいう「クッション」のことである。

この「中間に据える」「クッション」は、柳川一件の裁決結果をも拘束する重要な要素であった。柳川氏にもかなりの勝算がありながら、結局宗氏が勝ちを収めた背景には「宗氏を抜きにしては日朝関係が成立しないという事情があったから」だと田代はいう（田代和生［一九八三］）。田代は「国王粛拝の図」を掲げながら、対馬・朝鮮間では「宗家の朝鮮国王に対する一種の『朝貢』儀式」が絶えず行われてきたことを指摘し、こうした裏方での「外交」があって初めて徳川将軍と朝鮮国王の対等外交が成り立ちえたのだと見る。そしてこの裏方仕事は、幕府でもなければ柳川氏でもなく、対馬の宗氏でなければ務まらない性質のものであった。だから柳川一件の裁定に際して幕府は宗氏を選ばざるをえなかったという。

荒木和憲［二〇一三］は、柳川一件における徳川家光の裁定を「日朝国家間の華夷意識の衝突をやわらげる緩衝材（クッション）としての宗氏の役割を重視した」もの、「幕府直轄方式〔つまり柳川氏を勝訴させること〕では、約二四〇年間の歴史を有する複雑な日朝関係を維持するのは困難とみて」下された判断だとする。こうした整理・評価は、研究史の現状を的確かつ簡潔に示したものである。それは、田代和生の指摘を踏まえながら、あらためて朝尾のいう「二重のクッション」を読み直したものといえるからである。

(2) 近世日朝関係史研究の歩み

近世日朝関係史の研究は、文禄慶長の役(豊臣秀吉の朝鮮侵略)に関わる研究を除けば、まずもって朝鮮通信使の研究として始められた。それは明治時代の国史の叙述にあってもそのようであり、植民地期にはすでに朝鮮通信使に関わる個別研究がいくつか現れている。なかには田保橋潔[一九四〇]のように、現在でも超えがたい高い水準の実証研究すら存在する。そして、慶長十二年(一六〇七)から文化八年(一八一一)に至る十二回にわたる朝鮮通信使の制度史的研究として名高い三宅英利[一九八六]の研究が『近世日朝関係史の研究』と題されているのは象徴的である。

十二回のうち最初の三回(寛永元年〔一六二四〕まで)が通信使というよりは回答兼刷還使だということも今日では広く知られている(付論1も参照)。秀吉の朝鮮侵略によって断絶した日朝外交が刷新されて国交回復するのは寛永十三年(一六三六)の四回目からであり、このときから外交使節は通信使となった。使節団の一行は正使・副使・従事官(あわせて三使)を筆頭に五百人前後から構成され、朝鮮王朝の首都漢城(ソウル)から江戸まで海路と陸路を進み、往復するのに八カ月から十カ月を要した。朝鮮国王と徳川将軍との国書交換は江戸城で行われ、寛永十三年から明暦元年(一六五五)に至る三回は日光東照宮への参詣も行った。対馬から江戸に至る各地には特別に宿所が設けられて諸大名が接待にあたった。それら接待にかかる諸費用は各大名が負担し、さらに領民に転嫁された。それが国家的行事であるだけに莫大な費用負担であったから、こうした費用負担に対する民衆蜂起を予想する研究もかつてあった。しかしながらこれまでのところ、負担を何とかして忌避/軽減しようとする動向を見いだすことは可能ながら、大規模な民衆的反発をうかがわせるような事例は出てこない。むしろ逆に諸負担を担うことを通じて民衆自らが国家的行事への参与を実感していたのではないかとする研究すら現れている。

さて、朝鮮通信使の派遣名目は徳川将軍の襲職祝賀だから、将軍一代ごとに一回きりの稀代の国家的行事である。しかも宝暦十四年(一七六四)が江戸で国書交換儀式の行われた最後であり、その後は老中松平定信の主導で財政難を理由とする遷延が続き、文化八年（一八一一）、対馬での国書交換（対馬易地聘礼）をもって朝鮮通信使は途絶えてしまう。天保改革期には水野忠邦の発案で大坂城に朝鮮通信使を招く計画が立案されたが実現せず、その後は対馬での儀礼挙行を模索しているうちに幕府が倒壊してしまった。

これに対して、対馬まで派遣された朝鮮からの外交使節に訳官使がある。江戸時代を通じて五十回余り派遣され、文化期に朝鮮通信使が途絶したのちも幕末まで派遣が継続された。百人前後だから規模も小さく、正使を務めたのは倭学訳官（朝鮮王朝で国家的に養成された日本語通訳）であった。派遣名目は参勤交代を終えて対馬に戻った藩主への祝意伝達のほか対馬藩主および徳川将軍家の慶弔であった。韓国人研究者はもっぱらこれを「問慰行」と呼んでおり、主として朝鮮王朝側史料を用いての分析が進められてきたのに対し、日本人による研究は相対的には遅れている。

ところで、朝鮮通信使については、先述したように明治初年から関連する歴史叙述があり、植民地期にも専論が発表されていたにもかかわらず、もっぱら光が当てられるようになったのは一九七〇年代のことである。それは「善隣友好の使節」なる側面への注目であり、そうした日韓友好の象徴として注目する動向は世界記憶遺産への登録運動に見られるように現在にまでつながっている。また、これまでの朝鮮通信使研究は、日本であれ韓国であれ、三使をはじめとする使者が書き残した日記類（使行録）の分析に偏してきた。あるいは使行途中の各地で繰り広げられた漢詩文贈答に際して遺された詩文（および詩文原本・墨跡）に深い関心を寄せたり、あるいは使節一行に提供された食事を再現しての食文化研究など文化交流史的な関心が多様に展開してきた。交流の具体相とともにお互いに相手をどのように眺めていたかという相互認識の様子にも配慮がなされたが、それは使行録を素材とする限りは朝鮮人の日本認識を分析することとなり、まずは彼らが当時の日本人や日本の文物をどのように眺めたかを分析することになる。その上で彼らの記録のなかに登場する日本人に注目することで、日本人の朝鮮人に対する振る舞いの分析を介してその朝鮮観に迫ることも可能ではある。

そうした関心もあって、通信使の日記の新たな発掘紹介や現代語訳がなされ、現代語訳を契機として歴史学・文学等々の垣根を越えた共同研究が活発に行われてもきた。近年の韓国では、延享四年（一七四八）および宝暦十四年（一七六四）の使行録への関心が高い。後者については残された使行録の数も内容も豊富であるだけでなく、通信使一行が大坂で交流を深めた京都相国寺僧梅荘顕常（大典、竺常）の日記『萍遇録』も現代韓国語訳されて比較検討が進み、当時の文人たちの言語を超えた交流の様子が肯定的に分析される。(4)

さて、近世の日本人と朝鮮人は、言語を異にするがゆえに意思疎通が万全であったわけではないながらも、共通言語たる漢文の筆談を通して、かなり細かなやりとりが可能であった。そのことは十九世紀初めに朝鮮半島に漂着した薩摩藩士の日記を紹介した拙著『薩摩藩士朝鮮漂流日記』（講談社、二〇〇九年）でも具体的な事例を挙げた。それによれば、薩摩武士と朝鮮の地方官僚は中国文化（漢詩文学・絵画・故事）の素養を踏まえることで共感を勝ち得ていたことが明らかである。

三　本書の問題関心と内容・構成

以上の研究状況を踏まえて、本書は三部十五章および二つの付論をもって構成される。

第Ⅰ部では、以酊庵輪番制の歴史的評価を再検討する。

第1章では、以酊庵輪番制に関わる先行研究を概観し、また、以酊庵とその輪番制の基礎的事実を再確認する。

第2章では、以酊庵輪番制についての既存の歴史的評価について再検討を促す。とりわけ従来は、先述の国書改ざん事件を克服する過程で以酊庵輪番制が導入されたという経過から、この制度の歴史的性格を評価する傾向が強かった。これに対し同章では、以酊庵輪番僧の職務実態を分析することを通じて輪番制の歴史的評価を行う。

続く第3章では、東向寺輪番制度について検討する。対馬藩が釜山倭館に設置した東向寺は、これまで対馬藩独自の外交機構をなすものと評価されてきた。これに対して、東向寺輪番制度を以酊庵輪番制との関係から論じる。そして第4章では、十八世紀末、京都五山側が協議して以酊庵輪番制廃止を江戸幕府に直訴しつつも却下された事件を子細に追究する。

第II部の主題は訳官使と朝鮮通信使である。

まず、訳官使そのものの実証研究が不足しているから、第5章では、江戸時代に約六十回派遣された訳官使について、以酊庵僧の役割を重視しつつ全体像を明らかにする。その上で、第6章では、対馬藩邸で挙行された訳官使接待について、掛軸・置物等々の飾り物や能興行によって非日常的な空間が作られる点に注目しながら分析する。第7章では、以酊庵僧がなぜ朝鮮通信使に同行したかについて、朝鮮通信使の日記をできる限り精査して、通信使の目に映る以酊庵僧のすがたを追究しながら明らかにする。また、第8章では、江戸での接待を基本とした朝鮮通信使の制度が対馬での接待へと政策変更される過程で、以酊庵輪番を経験した相国寺僧梅荘顕常が江戸に招致されて諮問に答えたことを明らかにする。この政策変更は老中松平定信の主導の下で行われたことは従来から知られてきたが、そのブレーンとして以酊庵輪番経験僧のあったことは、これまで知られてこなかった。

付論1では、「朝鮮通信使」なる用語を検討する。夙に知られているように「朝鮮通信使」なる用語は史料上には現れない学術用語である。史料用語との関連や、「朝鮮通信使」なる用語が登場する時期的な特徴について注目する。

第III部ではいったん主題を転じ、近世日朝間の漂流民送還について論じる。そこで基幹的な役割を担ったのが対馬藩であり、以酊庵では筆談を交じえながら漂流民を一人ひとりチェックしてから送還ルートに乗せた。

第9章では十七～十九世紀東アジアにおける漂流民送還体制を概観し、おおよそ十九世紀七〇年代から八〇年代の時期に制度の根本的な変更がなされることを述べる。その変化は、欧米へ向けての開国を迎えた東アジア世界における漂流民送還制度の「近代化」であった。第10章では漂流と漂流記をめぐる先行研究が主として欧米世界への関心に偏していたことを論じ、そうした研究史上の空白ともいうべき日朝間の漂流事件に関わって、朝鮮に漂着した日本人の漂流記の概要を整理する。第11章は、そうした日本人の朝鮮漂流記の白眉として薩摩藩士の朝鮮漂流日記を取り上げた。

第IV部では、モノと言葉のやりとりを介した近世日朝間の交流のすがたを提示する。

第12章では、漢文を介したり、身振り手振りでもってなされた意思疎通を朝鮮通信使の日記に探り、第13章では、本書に再々登場する相国寺僧梅荘顕常の日記『萍遇録』のなかに日本人・朝鮮人相互の意思疎通のこころを探る。第14章は、訳官使における日朝文化交流のすがたについて、対馬藩側・訳官使側双方の記録を突き合わせて分析できる享保十九年の事例をもとに明らかにする。それは第5章の補遺となることを意図してもいる。また第15章は、モノの交流を介した異文化理解へ進むために、以酊庵僧の元に再々寄せられた朝鮮産品の取り寄せ依頼や、以酊庵僧自らが朝鮮から取り寄せを依頼した物どもの事例紹介を行う。なお、日本人と朝鮮人の共感するすがたを第11章や第13章で具体化するのに対し、付論2では共感を欠如させた事例を対比的に示す。

そして終章は、本書で論じたことを踏まえ、また池内敏［二〇〇六］で論じ切れなかったことどもをあわせて考察し、総括とするものである。

第Ⅰ部　朝鮮外交機構と以酊庵

第1章　以酊庵と輪番制

はじめに

本書第2章の基となった「以酊庵輪番制考」（池内敏［二〇〇八］）が出るまでの以酊庵輪番制の歴史的評価は、概ね序章や第2章「はじめに」に記す通りである。ここではまず、そうした評価の前提となる、以酊庵輪番制・以酊庵輪番僧を主たる対象とした研究を発表順に取り上げて振り返る。[1]その上で本章では、以酊庵とその輪番制に関わる基礎的史実の確認をしておきたい。

一　以酊庵輪番制に関わる研究史

（1）上村観光「対州以酊庵の沿革」（［一九一九b］）

同稿は、以酊庵それ自体を学問的な考察対象として取り上げた嚆矢となるものだが、惜しむらくはそれぞれの記述の根拠史料が示されていないことである。概要は以下の通りである。

以酊庵の創立年代は天正八年（一五八〇）で、開基たる景徹玄蘇《（ママ）》の生まれた天文六年（一五三七）丁酉の干支にちなんで以酊庵と名付けられた。二代規伯玄方は、寛永十年（一六三三）に以酊庵の狭隘なるをもって方丈・庫裡を再建し以酊庵を中興したものの、翌年柳川氏に連座して流罪となった。そのため書契の任にあたる者が不在となったので、宗義成から幕府に対して朝鮮通用修文職を定めるよう求めた。これに対して幕府は五山の長老西堂三名を候補とし、この三名に対しては「対馬と朝鮮と内交をせない様にせいぜい目を付けるがよい」と厳命した。したがって「五山僧の朝鮮書契御用と云ふのは一面には宗家の記室簡牘を司ると云ふものゝ、又一面には幕府から宗家に対する監視役となって行ったものと見てよい」という。

そののち、上村は以酊庵輪番初代玉峯光璘から安政五年（一八五八）の第一二〇代春局光宣までの歴代一覧を提示する。そして「是等の人々は各自に幕府から碩学料米を貰っていたのであるから、勢い富裕ならざるをえない。……再住などした人は多くの金を残したものである。現今五山の塔頭でも比較的富裕な寺は、皆維新前に碩学の料米を貰って居た人の住した所である。而して輪番中には必ず自己の起草した往復文書の草案を録して以酊庵に留め置いたもので之を『日韓書契』と称する」と記す。

論稿の末尾には、主として文禄以後の日韓交通に関する書目三十点近くを掲げる。

(2) 小早川欣吾「以酊庵輪番考」（一九三四）

本書で扱う拙稿を含め、これまで以酊庵輪番制を扱った研究は小早川論文に触れることがない。同稿は、建仁寺塔頭両足院・大中院、天龍寺塔頭弘源院の史料をもとに「以酊庵輪番」の実態を子細に論じたものであり、のちの研究に現れる論点のかなりの部分がすでに網羅されている。こうした貴重な業績がなぜこれまで看過されてきたかは分からないし、筆者もまた不明のそしりをまぬかれえない。同稿については、やや詳しく紹介しておきたい。その構成と概要は以下の通りである。

序／一、以酊庵の創始／二、以酊庵輪番の発生／三、以酊庵輪番の職責／四、以酊庵輪番の消長／五、以酊庵輪番僧の京都対馬間の往復／六、朝鮮信使来聘に於ける以酊庵輪番僧／七、以酊庵の終了／八、以酊庵の我国外交史上に於ける位置

小早川は、まず「序」において、以酊庵輪番制導入の前史を以下のように述べる。「文禄慶長の役後我国は一時朝鮮と国交を中絶した。而も此役の為め通交の回復は極めて困難たるを免れなかった」が、「秀吉薨去後家康は政権掌握の為に騒然たる国内事態の統一に全力を集中する必要上、外国と事端を発生せしむるを欲せざりし、此の重要な事実が……宗氏をして対韓修好に参画せしむるに到ったと観察す可き」であると。そして、宗義智は朝鮮との修好確立のために再三使者を派遣するが応答がなく数年を過ごすこととなった。やがて、慶長十一年（一六〇六）七月に至り、朝鮮側より「家康より先づ通好の国書を送る可き事、並びに犯陵の賊を補送す可き事の二条件」が満たされれば日朝国交回復に及ぼうとの条件提示があった。そこで宗義智は「通交再開の早からん事を希望するあまり偽書を作成して家康の国書なりとし、他面犯陵の賊として対馬の罪人を縛送した」。ここに先の二条件が満たされることで日朝国交回復が成立することとなり、慶長十二年正月には朝鮮正使呂祐吉らが来日した。一方、徳川将軍と朝鮮国王の「中間に在りて種々策謀を凝らし国書を偽作し、或ひは改竄し来りたる」奸策は寛永十二年（一六三五）、「所謂柳川事件と称せらるる対馬家老柳川豊前守調興が主君宗義成を逆訴した事件に於て暴露」された。「此の事件を転回期として此後幕府と朝鮮との往復文書は総て京都五山碩学僧を以て当らしめ」ることとなった。これが以酊庵輪番制である。

「二」では、「室町時代を通じて既に五山碩学が対韓国書の作成に従ってゐた」が、「国家常置の対韓国書取扱の機関として外交文書取扱機関が対馬に設置されたのは実に以酊庵を以て嚆矢とする」と述べる。そして対馬以酊庵の開基が景徹《(ママ)》玄蘇であり、その庵室名の由来には二説あること、そのうち玄蘇の生年（天文六年丁酉）の干支に由

来するとの説が妥当とする。「二」では、「柳川事件は以酊庵輪番の発生の直接の原因をなす」として慶長十一年以来の国書偽作の連鎖と柳川一件の裁決過程に言及する。寛永十二年五月二十二日、「義成は遂に日韓通交修文職を幕府の管轄下に置くと同時に、其の責任者を幕府より直接任命されんことを請ふ所があった」と述べるから、小早川は、宗氏側が日朝外交文書を幕府の管理下に置くよう求めて以酊庵輪番制を導入した、と理解していることが分かる。

ついで「三」で輪番僧の職務を具体的に示すが、寛政三年（一七九一）ごろの写本と推測される両足院文書「御役筋之事」に依拠しながら、それが「対韓書簡に関する一切の事務、即ち書簡の作成、上封、印鑑の捺印、朝鮮よりの書簡の開封、伝達等に関連してゐる」こと、朝鮮通信使に同行すること、訳官使の応対に参与すること、漂流民の勘検を実施することだと述べる。そしてそうした任務は対馬と朝鮮が内通していないかどうかを探るものだから、以酊庵僧は「対馬に在番して通交上の監察機関をも兼務した」と評価される。そしてそうした「監察的職責を幕府に認定された」のは、宝暦十二年（一七六二）ごろに生じた幕府に対する碩学僧へのさらなる援助を申請する過程であったこと、一方、そうした監察的機能は現実には対馬藩に対して有効に機能しなかったことも述べられる。その「無効さ」については、以酊庵僧が取り扱った「対韓書簡」に関わっても以下のように述べる。「此等の通交書簡は其の草稿を以酊庵に於て作成するものに非ずして、或者は西山寺に於て又或者は対州藩自ら作成し、以酊庵は単に漂民送還の草稿の外、対州藩及び西山寺作成の和文草稿を漢文に訳するに過ぎなかった事は特に注意を要する」と。

なお、訳官使接待には「萬松院宴席、以酊庵宴席、大庁宴席、屋敷宴席があり」「これら宴席は訳官一行渡島の最も主要な外交儀式であるが、以酊番僧は常に宴席に出座して樽俎の内に外交的折衝を行った」とする。また、朝鮮通信使来朝に際しては「随従して江戸迄参府する義務」があり、それは「以酊庵輪番僧が朝鮮外交文書専管の職掌を有した為であって、道中に於ける職責は別に記すものがないが、江戸城へ信使登営に当っては専ら送迎の役を司った」。さらに、対馬藩領外・領内それぞれに漂着した朝鮮人、朝鮮に漂着した日本人漂流民、いずれの場合にあっても漂流民の勘検は以酊庵僧が行ったこと、その手順についても具体的に述べる。そのほか、対馬藩と朝鮮とのあいだの貿易船（歳遣船）に関わっても、その船切手（吹嘘）は「皆以酊庵に於て作成する」と述べる。

「四」では、十八世紀後半から末にかけて生じた二つの事件に注目する。一つは宝暦十二年に天龍寺で開かれた、以酊庵輪番僧への資金援助を幕府に求める集会についてである。それは「五山の財政的疲弊と渡海費用の負担過重」となっている現状から、碩学に対する拝借金・合力米の支給を幕府に求めようとする動きである。幕府寺社奉行所あてに願書を提出したのち紆余曲折を経て宝暦十三年七月、対州勤番碩学に対して毎年合力米二百俵が支給され、また勤番碩学一人あたり二百両が支給される（ただし明和元年から十年賦で返済する）こととなった。もう一つは、安永九年（一七八〇）に「東福、建仁、天龍、相国四山碩学の連署を以て幕府に日韓書契修文職の解免を願出づるに到った」事件である。ここでは五山および対馬藩の財政逼迫を理由にして以酊庵輪番制そのものの廃止を幕府に要求したが、天明二年（一七八二）に却下された。

「五」では碩学僧への選抜から対馬以酊庵への赴任までの段取りが具体化される。五山の評議によって次に以酊庵へ赴任することが決まった碩学僧は渡海の準備にとりかかる。京都を出た僧は同僚の見送りを受けて対馬藩大坂藩邸へ向かい、そこで数日を過ごしたのち、船で対馬を目指す。近世中期以後は対馬藩として迎船を準備できず、西国廻船か内海船に乗ったという。対馬到着まで四十日ほど。対馬府中に到着したのちは客館に入り、先番僧が府中を離れてから以酊庵に移住した。続く「六」では文化八年（一八一一）に対馬府中で挙行された朝鮮通信使来聘（対馬易地聘礼）に際しての以酊庵僧の動きを追う。この新例の進行を日付を追って具体化しながら小早川が注目するのは、「以酊庵の実際的職責は漸次縮小或ひは無視されつゝあった当時の状態が歴々として見えてゐる」ことであった。そして「七」で慶応三年（一八六七）十二月に以酊庵が廃止されたことを述べる。

「八」は総括である。「我国は古来より近世初頭迄、外交的関係と云へば東洋諸国、殊に支那及び朝鮮との国際関係のみである」とする国際関係の理解を前提として、古代以来、僧侶が国際交渉に活躍してきたことを述べる。そして中世以後は「禅僧が殊に海外事情に通ずると共に我国文化を代表するに到った」。そして禅僧はときの政権を握った武士階級と密接に関与したから「禅僧が外交文書を執掌するに到った」のであり、「近世初期に於ても対韓書契は僧侶殊に禅僧の管掌する所となり、林道春の如き儒者が国書を草稿せずして崇伝が此れを草稿した」。こうしたことどもを踏まえると、「常置的外交機関として設置され、而も禅僧が外交機関に参与した以酊庵の事蹟は我国外交史上の一の伝統的特性を最も顕著に表示してゐるものと考察される」というのである。

（3）桜井景雄「対州修文職について」（一九八六〔初出は一九六六〕）

対州修文職とは「対馬の以酊庵を根拠として、ここに五山から選ばれた碩学が輪番で駐在し、朝鮮外交の一翼を担当した」ものであり、「室町時代の伝統を継承」したものとする。そして対州修文職は「幕府の公式な外交の出先機関」であったが、そのような制度化に至るまでには紆余曲折があり、寛永十二年（一六三五）になってようやくそうした制度化が果たされたと見る。

桜井はまず、戦国時代末期から大陸外交に活躍するものとして博多聖福寺を拠点とする幻住派に言及し、一華碩理、湖心碩鼎を経て法嗣となった景徹《ママ》玄蘇が朝鮮外交で活動したことを述べる。それは天正八年（一五八〇）に対馬へ渡り、同年はじめて朝鮮へ渡ったところから始まった。そののち玄蘇は、豊臣秀吉の朝鮮侵略を経て、戦後、日朝国交回復交渉に尽力した。そうした朝鮮外交の拠点となる対馬以酊庵は玄蘇が開いた。

慶長十六年（一六一一）に玄蘇が亡くなると、以酊庵は法嗣規伯玄方に継承された。玄方は、元和三年（一六一七）、寛永元年（一六二四）の二度の朝鮮通信使派遣に関与し、また寛永六年（一六二九）には朝鮮への使者として派遣された。しかしながら、国交回復後の日朝国書改ざんをめぐる争論が引き起こされると、玄方は、改ざんされた「草案作製の罪で南部に配流となった」。

ところで、慶長十九年（一六一四）より徳川家康は東福寺に碩学料を定めさせ（五山碩学料のはじめ）、五山僧侶中で学問に秀でた者は禄（碩学料）を与えられて碩学と呼ばれた。そして規伯玄方の処分ののち、寛永十二年に幕府の重臣は協議を行い、「天龍・東福・建仁・相国四寺の碩学中より対州修文職を選ばせ輪番で対馬の以酊庵に出張駐在させることとした」。最初に選ばれたのが、東福寺の玉峰光璘・棠蔭玄召、天龍寺の洞叔寿仙の三人である。ただし、「これらの人が同時に以酊庵に赴くのではなく当番・加番・代番が決定され」て、当番が以酊庵に赴いた。

桜井は、「碩学に選ばれるのが既に老境に達してから」なので、「老境に達した碩学衆」が「辺境の対馬に赴いて滞在しつ遠距離を往来する任務の困難さ」を考慮すると、「その役に選ばれることは必ずしも歓迎されることではなかった」。そこで、「明暦元年（一六五五）には以酊庵当番の任期は二年に延長され、碩学禄を賜ることは即対州書役の員数に差加えられることとなり、両者は全く同義語として用いられた。欠員補充には絶えず注意が払われて、人員も常に十名前後が確保されることになった」。

ところが、享保十二年（一七二七）僧録の覚書によると、五山の人材が減少していること、その原因は究極的には「学道の拙」によることが指摘されている。桜井はそれを踏まえ、近世中期には「僧侶も学問に精励する余裕を失い、学問もまた衰微するの他なく、〔朝鮮修文職の〕人材も乏しくなっていった」と評価する。そうした衰微を補う手段として、寛政三年（一七九一）には五山から幕府に対して碩学育英料が要求され（認可）、天明四年（一七八四）には以酊庵へ赴く仕度料として金三百両の下賜を請願したことを指摘する。さらに嘉永三年（一八五〇）にも、五山として朝鮮書契御用の人材を得るのが困難なことの請願を行ったともいう。

（4）金鍾旭「以酊庵輪番について」上・下（一九七三）

金鍾旭は上・下二編の論稿の上編を、宗義成と柳川調興の対立から説き起こす。調興は規伯玄方と結託して藩権力を握り専横の限りを尽くしたとする。寛永十一年（一六三四）末からは日朝外交を停止させて、朝鮮国書の「改竄変造」関係者をすべて江戸に招致して裁断することとなり、同十二年三月、将軍家光親裁のもとで柳川調興・僧玄方らは処分された。したがって、「僧玄方が任されていた以酊庵の制度も、ほかの角度から再出発させねばならず、「外交事務を管掌させる権限を一個人に任せるのではなく、京都五山の僧を対馬に招き、各人の年限を一年として輪番」させた。これが以酊庵輪番制の導入である。そして金鍾旭は、『本邦朝鮮往復書』『通航一覧』『日韓書契編年考略』『日韓通交史』によって、以酊庵歴代の一覧表を作成する。また、下編は、以酊庵僧歴代の印鑑のうち得られた九十九個の印譜集（図1-1）と年代不明ながら以酊庵図を掲載する。同図の表紙部分もまた掲載されており、「瞎驢山以酊庵図　此画図、旧以酊庵焼失以前ノ図ニテ御控無之、文化十一年六月御支配御方、以酊庵ヨリ御借リナサレ写之　御勘定奉行所」と読める。

（5）泉澄一による一連の研究

泉には以酊庵輪番に関わる六編の論稿があり、天龍寺から派遣された僧のなかから何名かを取り上げて、それぞれに一代記的な叙述を試みる。以下、発表順に眺めてみたい。

①「天龍寺第二〇九世・中山玄中和尚について」（泉澄一［一九七三］）

中山玄中は、元禄十一〜十三年（一六九八〜一七〇〇）と正徳二〜四年（一七一二〜一四）の二回の輪番を経験した。最初は三十九〜四十一歳のとき、二度目は五十二〜五十四歳のときである。泉は、「毎日記」「対馬日記」と『以酊庵勤記』（「対馬記録」）をもとに、対馬府中への到着から出立までの玄中の二年間を追う。藩主から季節の折々に送られた祝儀を日付順に整理してあることを除けば、「朝鮮より到来の書翰の取扱い、送使船の書契の作成等のほか、朝鮮漂流民の送還についての事情聴取が、輪番の仕事であった」と述べる以上には具体的な職務内容に立ち入らない。なお、第二回輪番時のこととして、「今のままでは書契の清書等を勤める僧すら求めかねる状況が来る」と藩に対して述べ、玄中が対馬島内での臨済僧の人材不足を憂えている事実を書き留めている。また、当時

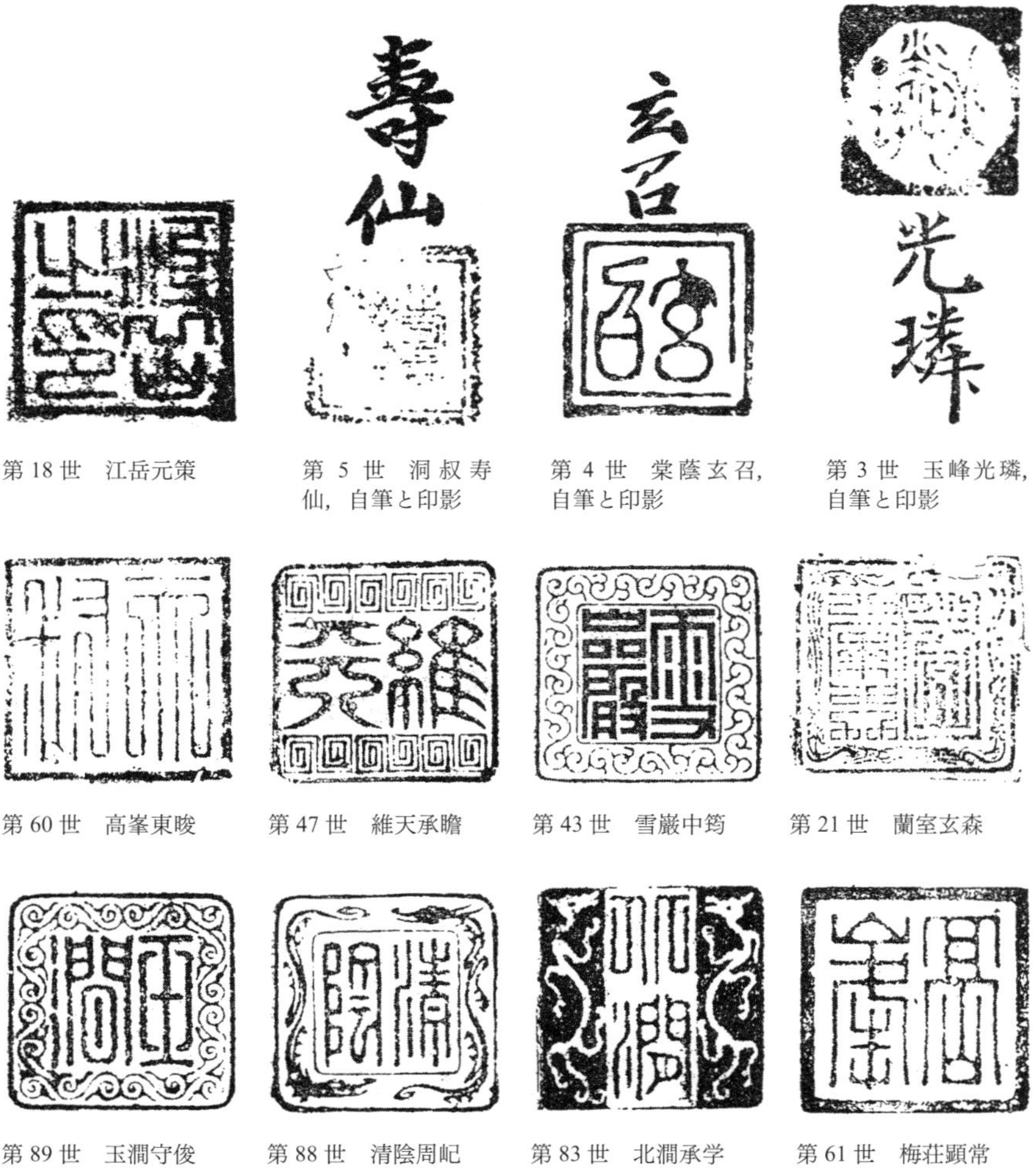

図1-1　以酊庵僧歴代の印鑑

典拠）金鍾旭［1973］より抜粋。
注）僧名などの表記は適宜あらためた。

の対馬藩農政担当者陶山訥庵と玄中とは接触があっただろうこと、正徳期の朝鮮通信使制度改革後に輪番僧となった玄中が対馬藩の意向を徴しながら対応しただろうこと、こうしたことを検討課題として残す。

②「天龍寺第二〇四世・蘭室玄森和尚について」(泉澄一〔一九七四〕)

蘭室玄森は、延宝三~五年(一六七五~七七)のあいだ以酊庵輪番を勤めた。着任時には六十歳であり、「元来以酊庵輪番はその職責から老年僧が多かった」ことを体現するものであるとみなされる。同稿は、以酊庵を「江戸時代幕府によって開かれた朝鮮修好のための出先機関である」と述べ、「輪番に選任されることは非常な名誉であったが、後年その任を忌避する僧が少なくなかった」とし、その理由として五山の学問衰退、輪番僧には高齢者が多く健康上の不安があったことなどを挙げる。しかしながらそれらは桜井景雄の業績に負うばかりで、同稿独自の分析はない。以酊庵在番中の玄森の動向については、延宝四年に対馬島内佐賀村慶徳庵を訪問したことを詳述する。それは、そこに対馬島中世史を代表する仰之梵高の由緒があったからであり、以酊庵僧の職務そのものとは無関係である。

③「天龍寺第二一六世・瑞源等禎和尚について」(泉澄一〔一九七五〕)

瑞源等禎は、延享元年(一七四四)に対馬府中に到着し、四十四~四十六歳の二年間を以酊庵で過ごした。また、宝暦四年(一七五四)に二度目の輪番僧として到着するが、わずか一カ月で病没する。同稿は、「毎日記」「対馬日記」の記事を中心にして、以酊庵僧としての等禎のすがたを追いかける。それは、到着時の接待から始まり、藩からは四季折々の贈物が届けられたことなど、藩の応接記事に重点が置かれている。ここで応接が丁寧であったのは、「幕府直轄の以酊庵輪番僧の地位は高く」とか「以酊庵輪番は幕府の対馬藩に対するお目付役をも兼任したといわれる」ところに発する藩側の配慮から説明される。以酊庵僧の実務に関わっては、朝鮮人漂流民の勘検のすがたを描き、「朝鮮へ送られる書契の清書はすべて西山寺僧の手によっていた」ことが指摘される。なお、等禎が二回目の在番中に病没したあと、次番着任まで約半年間の代役を二度目の随行者であった湛堂令椿が務めたことも記される。[3]

④「対馬以酊庵輪番僧江岳元策について」（泉澄一［一九七六a］）

寛文十一年（一六七一）に対馬に赴任し、在番中の翌年に病没した江岳元策の重要な事蹟として、泉は、歴代以酊庵僧の記録を整備し『以酊庵住籍』を作成したことを挙げる。それまで二十四代を数えるのに誰も住籍を整理しなかったのは、「歴代輪番は以酊庵を寺庵と見ず外交機関として、また自身を住持と見ず外交僧として、強く意識していた」からと泉は見る。同稿では、外交書契の「草案は藩が作成する」こと、「輪番は相当に漢文の素養が要求され、文字通り碩学でなければ勤まらなかった」ことが指摘される。また「輪番は本来『書役』とはいえ、幕府派遣の外交官である」とも述べる。そして、当時、倭館の移転交渉が対馬・朝鮮間で進められていたことについても「逐一報告をうけていたらしい」とするが、実際に元策の意向が藩の判断や日朝間交渉に及ぼした影響については今後の課題として残される。

⑤「天龍寺第二二二世・湛堂令椿和尚について」（泉澄一［一九七六b］）

湛堂令椿は、弟子僧として十二〜三歳のころと二十二歳のころの二回、対馬に渡り、その後、二度の以酊庵輪番僧を経験した。四十五歳からの二年余となる最初の輪番僧時代には、安永七年（一七七八）正月に藩主義暢の死去と幼君嗣立を眼前で経験した。そして天明四年（一七八四）からの第二回目の輪番時代には、藩主の弟が死去する場面に立ち会った。ところが、この「弟」というのは第一回輪番時代に嗣立され、第二回のときには十三歳となっていた幼君猪三郎その人であったという。対馬藩は猪三郎そのひとは健在だと繕ったから、これは藩主替玉一件である。泉は、「以酊庵輪番は……幕府の対馬藩へのお目付役でもあった」と述べながら、この一件を見逃したと見る。それは、将軍御目見も済ませていない藩主の死去（原則として大名家の取りつぶしに至る）という危機に際して、宗家の存続へ向けて必死の努力を重ねる家老の労苦を、湛堂令椿が「よく理解していたからに他ならない」というのである。

⑥「江戸時代、日朝外交の一側面」（泉澄一［一九七七］）

同稿は、大きく二つの部分から構成され、その後半部分は、以酊庵関係史料の所在別目録と以酊庵輪番対照表とからなる。関係史料は、第一に、対馬藩政史料として伝来するものを長崎県立対馬歴史民俗資料館と大韓民国国史編纂委員会の二カ所に分けて史料名を列挙する。第二に、輪番僧を輩出した天龍寺本山・相国寺長得院・東福寺霊雲院・建仁寺両足院の所蔵別に史料名を列挙する。さらに以酊庵輪番対照表は、輪番初代から最終一二六代までの在任状況を、天龍・相国・建仁・東福の四山別および子院別に整理した一覧表である。

こうした史料整理の作業を踏まえた以酊庵輪番制の総括的記述が同稿の前半部分をなすが、泉によれば、以酊庵は「幕府の外交機関」であり、以酊庵初代・二代のころには対馬藩に対朝鮮外交が委ねられており、それが以酊庵輪番制の導入によって「幕府の統制下におかれたのであり、輪番は幕府外交の最先端にあった」と評価される。

⑹ 田中健夫「対馬以酊庵の研究」（［一九八八］）

田中は、まず先行研究を整理したのちに、以酊庵の号が景轍玄蘇生年の干支に由来すること、また、その所在地については、慶長十六年（一六一一）に扇原（天道茂）に開創されたと見る[4]。そして天和三年（一六八三）、日吉にあった国分寺と寺地を交換し、扇原から日吉に移った。享保十七年（一七三二）には府中大火によって焼失すると、その後以酊庵が再建されることはなく、幕末の輪番制廃止まで西山寺に借居し続けることを述べる[5]。次いで、以酊庵輪番制が柳川一件を契機にして導入されたことを述べる。それは、「規伯玄方など多年朝鮮との折衝に当たった練達の外交事務経験者を一挙に失った。とくに、外交文書の解読・作成等のことは誰でも代行できるような簡単なものではない」から採用された。それは対馬藩側からの要請でもあり、他方で「幕府もまたこの機会を利用して、幕府が任命した五山僧を対馬に送りこむことにより、その意向を外交文書や外交折衝に反映させることになった」と評価する。

さらに、徳川家康によって設定された碩学領（料）とその授与（授与された者が碩学僧）について検討する。以酊庵輪番僧の候補者たる朝鮮修文職は初めのうち碩学僧のなかから選ばれた。やがて寛文十年（一六七〇）ごろからは碩学料を受けると同時に朝鮮修文職に任じられるようになった。ただし、碩学僧かつ朝鮮修文職でありながら、実際には対馬に赴任しない場合も七例ほど挙げられているから、碩学僧と朝鮮修文職は必ずしも等号では結べない。しかしながら田中は「碩学＝朝鮮修文職＝以酊庵輪番僧は種々の経済的特権を与えられたほかに、五山における僧位の面でも優遇を受けた」と述べ、彼らが「五山におけるエリート」だとする。「京都に居住していた高齢の五山僧が、僻遠のしかも海を越えた対馬に渡り、煩雑な外交文書の処理に当たるのは想像を絶する苦痛であったに相違ないが、彼らにとっては、その苦痛を相殺してなお余りある利益があった」ともいう。そうした「破格の待遇」ながら、以酊庵輪番僧の人材確保は難しかった。十七世紀後半には常に十人程度の人員が確保されて、輪番僧の補充方法も一定の形式が整ってきたという。しかしながら江戸中期以降の人材難は慢性状態だったともする。

引き続き、以酊庵輪番僧が在番中に作成した外交文書の控を集成した『本邦朝鮮往復書』の現存状況について述べ、また既存の以酊庵輪番僧一覧を補充して示した上で、任期、「輪番僧には老齢者が多かった」こと、出身寺院（塔頭・子院）別の人数データを示す。そして最後に八つほど課題を列挙する。[6] その四つ目として「以酊庵輪番僧の近世文化史上に果たした役割の考察」が挙げられており、以酊庵輪番僧が「外交折衝の事務官であると同時に文化交流の尖兵」「通信使渡来のときは、幕府派遣の外交官であり、朝鮮の三使臣に対応する地位を認められていた」と位置づける。また五つ目には「以酊庵の幕藩制政治機構の一つとしての位置づけ」を検討課題として挙げる。「以酊庵は対馬藩の対朝鮮外交貿易に資したけれども、一面では幕府の意を体して対馬藩を監理牽制する立場でもあった」とするのである。なお、「宗氏側で朝鮮に送る文書の和文草案を作成し、書簡役僧〔以酊庵輪番僧のこと〕がこれを漢文に改め」た事実は、同稿でも確認されている。

（7）秋宗康子「対馬以酊庵に赴いた相国寺派輪番僧について」（一九九一）

同稿は、江戸時代を通じて相国寺から派遣された三十名の以酊庵僧の特徴について、大きく前期と後期に分けることができるとする。相国寺からの以酊庵輪番僧初代は明暦三年（一六五七）から万治二年（一六五九）まで在番した覚雲顕吉をもってし、その後、春葩宗全、愚渓等厚、汝舟妙恕、太虚顕霊、天啓集仗を経て、元禄十三～十五年（一七〇〇～〇二）まで在番した別宗祖縁までが前期である。これら輪番僧は、公家ないしは中級武士出身の者が多く、室町時代以来の五山の伝統である漢詩の才に優れた人たちであったという。

五山の経済的困窮化を大きな背景とした碩学僧の確保に困難を生じる事情が十八世紀には顕著となった。五山に出世するためにはそれ相応の費用がかかるから、単に学才があるというだけでは難しかった。そうした事情が学問への熱意をそぐ結果を招来したのだろう、享保三年・九年・十二年・十七年と立て続けに五山僧に対して学問奨励が命じられた。

宝暦五年（一七五五）ごろから五山内部で起こった碩学助資の要望や、安永九年（一七八〇）からの朝鮮書契御用を免じるよう求める嘆願を経て、寛政三年（一七九一）には学問料支給が幕府より新たに認められた。また、輪番僧がそれぞれに自前で準備してきた以酊庵の什器等を五山で協力して準備するよう方式が変えられた。

こうした動向を踏まえた後期輪番僧の時代は、宝暦八～一〇年（一七五八～六〇）まで在番した天淑顕台、天明元～三年（一七八一～八三）まで在番した梅荘顕常に代表させられる。彼らは、自らが輪番僧として赴く前に随伴僧として対馬へ渡った経験をもち、「体験的に書契御用の実務を学んだものと思われる」とする。

（8）西村圭子「対馬宗家の近世朝鮮貿易に関わる以酊庵史料について」（二〇〇二）

同稿の後半では建仁寺両足院の以酊庵文書一四四点が整理されて一覧表が付され、すべてではないが史料それぞれについての内容紹介に紙幅が費やされる。同稿前半部分は、そうした両足院史料の内容分析から得られた知見と先行研究の整理を踏まえて、以酊庵輪番制についての総括的な整理がなされる。それは、以酊庵の位置、輪番制が導入された経過、対馬藩の職制と以酊庵の関連に及ぶ。「外交文書の処理、朝鮮信使との応接等を行い、合わせて宗氏外交の監督を行った」とする以酊庵輪番制の評価は、上村に始まり桜井・田中に受け継がれた先行研究を踏まえたものである。その上で、「以酊庵は、対馬藩の付属機関としてより、独立した幕府の機関としての地位を」もつとする評価や、朝鮮側の公式文書が対馬藩庁で取り扱われる態様の具体化は、両足院史料の分析に負っている。

二　以酊庵の位置と生活

(1) 以酊庵の位置

以上、八人十三点の専論を踏まえると、これまでのところ以酊庵について以下のようなことが分かっている。

以酊庵の名は開基景轍玄蘇の生年干支に由来し、その創立年代は天正八年（一五八〇）（上村観光）とも慶長十六年（一六一一）（田中健夫）ともいう。少なくとも対馬府中・扇原（天道茂）に置かれたのは慶長十六年ということだろうか（このときの以酊庵を推測させるのが図1-2）。天和三年（一六八三）に対馬府中・日吉にあった国分寺と寺地を交換して日吉に移転した。その後、享保十七年（一七三二）の府中大火によって以酊庵は焼失し、輪番制が廃止される幕末まで西山寺に借り住まいを続けた。

さて、天和三年の「国元毎日記」［対馬日記Ａa-1／55］五月朔日条には、たしかにこの年の四月末日をもって以酊庵がもともと国分寺のあったところへ移転し、代わりにもともと以酊庵のあったところへ国分寺が移転したとする記事がある。(7)「国元毎日記」を遡ってゆくと、天和二年の「御在国中毎日記」［対馬日記Ａa-1／54］十二月二

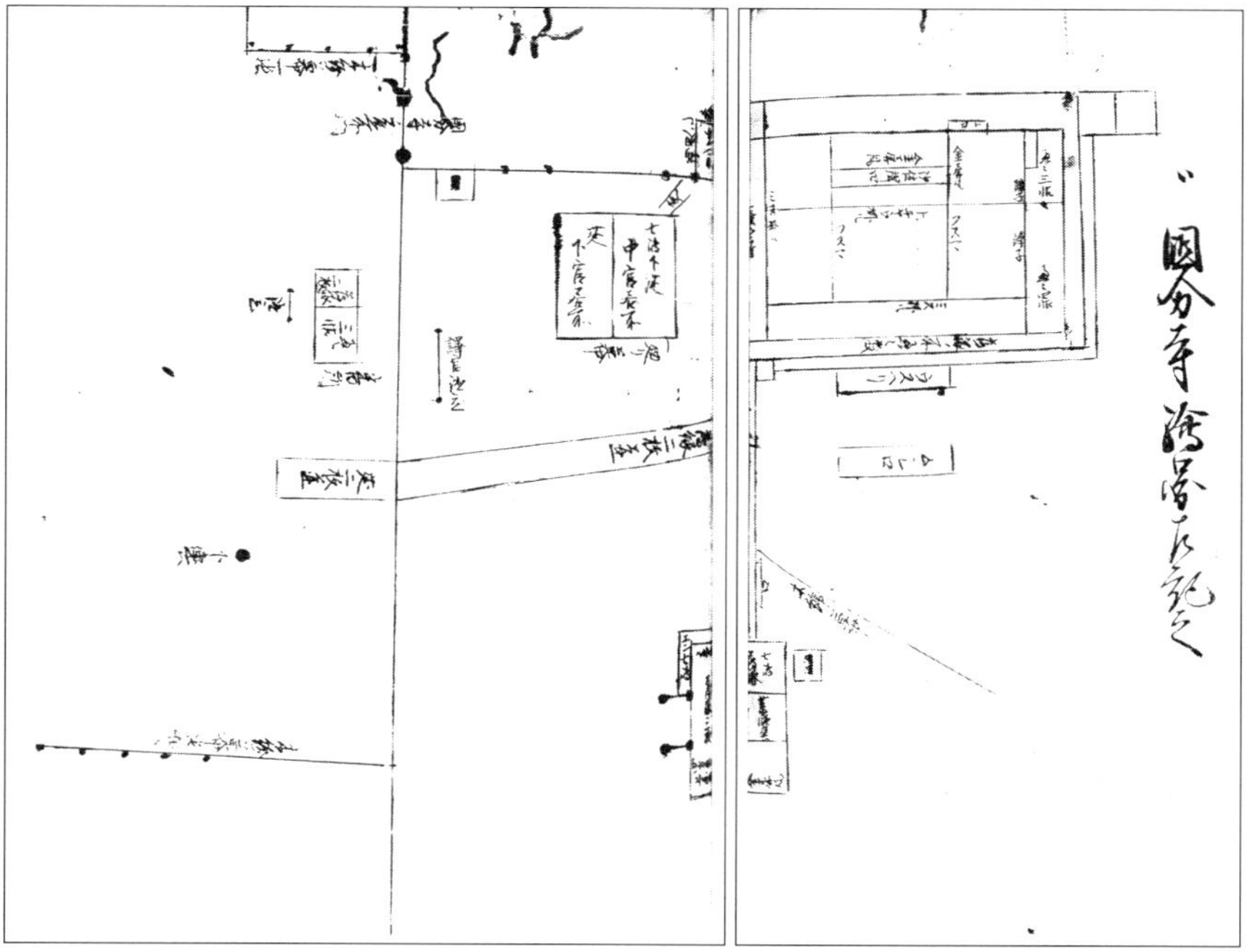

図 1-2　国分寺（もとの以酊庵）

典拠）「宝永 3 年訳官記」［国編 1509］。

十三日条に以酊庵の移転に関わるかと見える記述があるものの、史料が大破しているので判然とはしない。少なくとも寺地交換の半年ほど前から、そうした交換に関わる調整が藩内で進められていたことだけは確実である。そして、国分寺住職の隠居願い提出が契機となって、以酊庵と国分寺の寺地交換が具体化したのではなかったかと思われる(8)。

　ところで、享保十七年の府中大火は以酊庵の位置の変更として次に大きな画期となった。この点を少し補足しておきたい（焼失前の以酊庵が図1-3の上図、焼失後に西山寺に移転したものが同下図）。

　享保十七年三月二十六日、丑刻（午前二時前後）ごろ宮谷橋付近を火元とする火事が起こり、強風でまたたくまに被害が広がった。被災人数一二三一人、被災家数一五七三軒（二十四カ寺を含む）、ほかに土蔵二十三、社三社、牢屋二カ所も被災したと

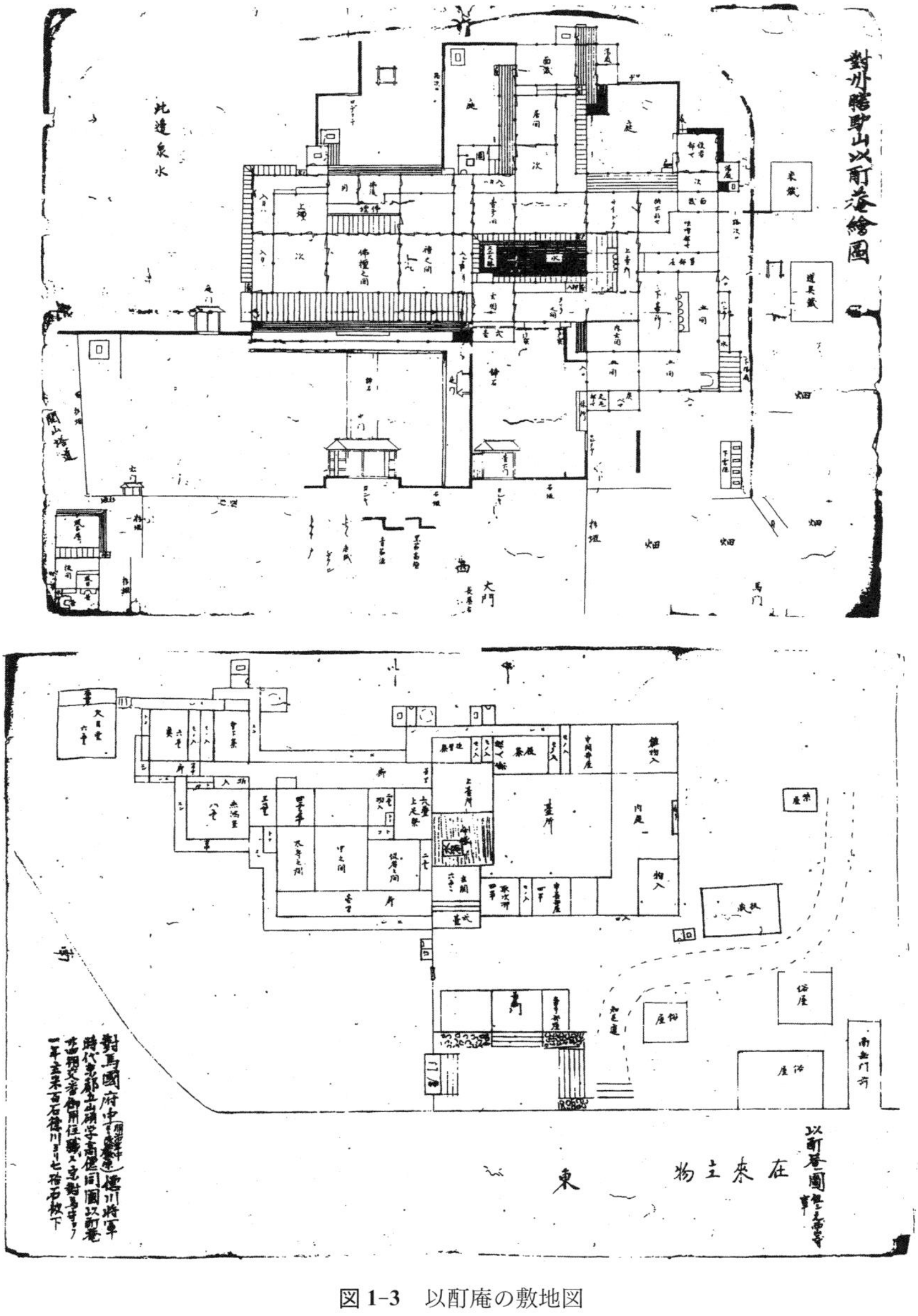

図 1-3　以酊庵の敷地図

典拠）建仁寺両足院史料。

いう。焼死者数七人、行方不明二人であった(「国元毎日記」[対馬日記Aa-1/167]享保十七年)。焼失した二十四カ寺のなかには以酊庵や国分寺などが含まれたが、国分寺は安置された歴代藩主の位牌をことごとく焼失させてしまったこともあって厳しい処分を受けたのに対し、以酊庵に対しては藩側は三月二十七日には早速見舞いの使者を派遣している。

ところで、このときの輪番僧は任期を終えて帰京を間近に控えた建仁寺雪巌中筠であり、新番の藍渓光瑄はまだ到着していなかった。この大火当時は、先番者は新番が到着する前に以酊庵を空けて隠居所へ移動しておくのが常であった。そのため雪巌中筠は、三月十日から西山寺を隠居所として移住済みであったから、たまたま被災を逃れたのである。一方、西山寺住持は以酊庵僧に寺を明け渡すために末寺である一華庵に移住しており、そこで被災した。西山寺住持はその時の様子を「衣服・諸道具をことごとく焼失し、ようやく着の身着のままでその場を逃げだした(衣服諸道具悉ク焼失、漸一衣之侭ニ而立退)」と述べている(「国元毎日記」享保十七年四月十七日条)。この記事が書かれた四月十七日には、以酊庵の新番が到着し、揚陸して接待儀礼が行われた日である。西山寺住持は、被災の結果、今もってそうした儀礼を務めることすらままならないと述べたのである。

さて、先述したようにこの大火前までは、先番僧が前もって隠居所へ移動しておき、新番僧は揚陸すると直ちに以酊庵に入庵するのが習いであった。享保十七年の場合、先番僧が西山寺へ移住していたものの、以酊庵それ自体が焼失してしまったので到着した新番僧が直ちに以酊庵へ入庵できず、海岸寺を仮の宿とした。そして五月初めに雪巌中筠が出船したのを受けて[9]、閏五月二日、新番の藍渓光瑄が西山寺に移住した。こうして享保十七年よりのちは、西山寺が以酊庵として転用されるようになったのである。

この結果、蛇足ながら、以酊庵輪番僧交替時における以酊庵入庵の順序が大きく変化した。表1-1は必ずしも網羅的ではないが、以酊庵僧が交代するにあたって、どのような手順で以酊庵に入庵したかについて、傾向を知るために作成したものである。これによれば、享保十七年大火の以前は、先番僧が新番到着前に以酊庵を空けて自ら

表 1-1　以酊庵僧の交代

整理番号	着　任　時	離　任　時
21		艮酒軒に移る（寛文 5 年 4 月 2 日，Aa-1/18）
22	以酊庵に入る（寛文 5 年 4 月 7 日，Aa-1/18）	即酒軒に移る（寛文 7 年 3 月 18 日，Aa-1/22）
23	〃　（寛文 7 年 4 月 24 日，Aa-1/22）	
24		光清寺に移る（寛文 11 年 4 月 25 日，Aa-1/32）
25		＊移る間もなく遷化
26		＊寛文 13 年 2～6 月，日記なし
27		光清寺に移る（延宝 3 年 3 月 11 日，Aa-1/40）
28		使者屋に移る（延宝 5 年 3 月 26 日，Aa-1/44）
32		本国分寺に移る（天和 3 年 4 月晦日，Aa-1/55）
33		天澤庵に移る（貞享 3 年 2 月 22 日，Aa-1/61）
34		唯心軒に移る（貞享 5 年 2 月晦日，Aa-1/66）
35		西山寺下の使者屋に移る（元禄 3 年 3 月 14 日，Aa-1/70）
36	〃　（元禄 3 年 4 月 20 日，Aa-1/70）	近日，使者屋へ移る（元禄 5 年 2 月 28 日，Aa-1/73）
37		使者屋に移る（元禄 7 年 3 月 18 日，Aa-1/77）
38		〃　（元禄 9 年 2 月 23 日，Aa-1/81）
39		〃　（元禄 11 年 1 月 18 日，Aa-1/85）
48		＊移る間もなく遷化（元禄 2 月 11 日）
49	使者屋に入る（享保元年 3 月 12 日，Aa-1/135）	長寿院に移る（Aa-1/139）
50	以酊庵へ入る（享保 3 年 5 月 2 日，Aa-1/139）	
56	〃　（享保 15 年 4 月 21 日，Aa-1/163）	西山寺に移る（享保 17 年 3 月 10 日，Aa-1/167） ＊享保 17 年 3 月 27 日，大火。以酊庵焼失
57	海岸寺へ入る（享保 17 年 4 月 17 日，Aa-1/167）	
58	使者屋へ揚陸（享保 19 年 4 月 25 日，Aa-1/171）	
62	使者屋へ入る（寛保 2 年 4 月 25 日，Aa-1/187）	
64	海岸寺へ入る（延享 3 年 3 月 27 日，Aa-1/196）	
106	使者屋へ入る（文政 10 年 4 月 4 日，Aa-1/354）	

注）整理番号は，第 2 章の表 2-2 以酊庵歴代一覧の整理番号と一致する。（　）内の記号は長崎県立対馬歴史民俗資料館における史料番号。

は隠居所[10]へ移動しておき、新番僧は到着すると直ちに以酊庵へ入った。しかしながら大火の後は、先番僧は以酊庵（西山寺）に居残り、新番僧は別に準備された寺庵（ないしは使者屋）にまず入った。そして先番僧が府中を離れたのちに以酊庵（西山寺）へ移住するようになったことが分かる[11]。

（2）「以酊庵雑録」の世界

以酊庵僧の日誌類は網羅的に残されているわけではなく、現在のところ、残された日誌類は部分的にしか知られていない。その一つは、建仁寺両足院に伝来する以酊庵関係史料に含まれるものであり、十八世紀前半から幕末期にかけての日誌類が三十点近くある。また、大韓民国国史編纂委員会に「以酊庵雑録」と題する四冊本があり、これは一九二九年に朝鮮史編修会によって東福寺で採訪されたものである。内容としては十八世紀後半から十九世紀初頭にかけてのものである。そのほかにも、［国編］のなかにも関連する史料が一点あり、東京都立図書館にも幕末期の以酊庵輪番僧に日記が一点所在する（特別買上文庫・中山久四郎文庫）。

ここでは、「以酊庵雑録」に収録されたなかから相国寺梅荘顕常の輪番日記を抜粋して紹介し、輪番僧の在番生活を概観しておこうと思う。顕常は本書中に再々登場することとなる人物だが、六十一世輪番僧（第八十二代）として、天明元年（一七八一）五月から三年五月まで在番した。その輪番日記は、同行した会下衆のひとり橘洲祖剖が記録したものであり、文中には対馬藩と以酊庵との連絡役として付けられた馳走役鈴木市之進が度々登場する。以下、顕常の二年間を追いかけてみよう。

天明元年五月二十二日、顕常一行は対馬府中に着岸し、同二十六日藩邸で饗応があった。ただし、藩主猪三郎は幼少なので盃礼はないとの断りが家老古川図書からあった。同二十七日、以酊庵の交代を終え、その旨を藩邸へ届け、また新番の印鑑を持参した。

閏五月八日、先番両足大和尚が上船し、同二十四日に出帆した。この間、十六日には、江戸で天明と改元の行われたことが馳走役の鈴木市之進から伝えられている。

ところで、顕常は赴任に際してある覚悟をもってやってきたに違いなく（第4章参照）、到着まもなく鈴木市之進に対して、顕常在番中は藩からの贈物を一切固辞する旨を伝えている。すなわち橘洲祖剖は鈴木に対し、「前々より暑中・寒中には御家老中より御見舞の御音物〔進物〕があると聞いているが、常長老の在番中はそれら音物等は一切御断りなさりたいとのこと、この点をあらかじめお伝えください」と伝えていたようである。閏五月二十三日、鈴木は家老たちの言葉をこう伝えてきた。「〔以酊庵への〕進上の品は至って麁末のものでして、あれこれとご心配いただいてはかえって困るほどのものでございます。せめて寒暑の時節には少しばかりの品でも差し上げないことには、あまりに御疎遠と感じられるかもしれませんので、なにとぞ御受納くださいますようにお願いできたらと思います」と。顕常はこの言を受け入れた。

六月四日、天澤庵洪首座が、老齢で書契清書役を引退することを申請し今日認められたことを述べにきた。梅林庵温蔵主が、以酊庵用達役を引退し、今後は天澤庵が勤めることとなったと伝えにきた。一華庵宰蔵主がやってきて、書契清書方見習から本役になったことを届けにきた。同六日、天澤庵が以酊庵御用達となったことを述べにきた。

同八日、以酊庵へ移住した。同九日、来る十五日に神事能興行があるので、会下僧中をも随伴なさってぜひお越しいただきたいと、藩邸より連絡があった。即日、使僧をもって謝意を述べた。十二日、知足庵弟子祖梅が清書役見習になったこととの届けのために以酊庵へやってきた。天澤庵が用達になったことと関わって贈物が届けられた。軽い品を祝いの品として贈り返した。

ところで、六月十五日には神事能興行が行われるのが対馬藩の年中行事であった。九日の日に藩から能見物に誘う使者があったが、顕常は「このところ少々中暑の気味があり、なにとぞ御断りもうしたく存じます」と述べて、これを断っている。翌十日、家老は再度の誘いを使者に託した。幼い藩主にとって初めての神事能興行なので以酊庵大和尚にも是非ご一緒いただけないかというのである。当日までまだ日があるから、体調次第でぜひお越し願いたいともいう。これに対して、なお保養を加えて良くなったら参りましょう、しかし行けるとは限りません、と応じた。そして前々日の十三日になって、所労も少々快気を得たので出席する旨を鈴木市之進に託した。十四日、家老古川図書がわざわざ以酊庵へ出向き、顕常の神事能興行出席への謝意を表した。

六月十五日の当日は、正卯之刻（朝六時ごろ）、馳走役より案内があって直ちに出かけた。八幡鳥居を過ぎ、木戸幕外で輿を降りた。諸役人は階下へ出迎え、家老一統は階上で出迎えてくれた。すぐに桟敷へ通された。家老一統から挨拶があり、古川図書は「藩主猪三郎も桟敷へ御出でになってご挨拶すべきところですが、幼少なのでそれがかなわないことをご諒解ください」と述べた。能が始まった。馳走役・附医・用達・萬松院等が陪席した。ややあってから藩主より用人を介して挨拶があった。能一番が終わって、藩主が桟敷へ現れて挨拶があった。二番が終わってから吸物・酒が出た。家老・諸役人ならびに席上の人々と盃礼を交わす。剖もまた席上の二、三人と献酬する。終わってから、鈴木市之進より餲ノ大鉢に水菓子種々を盛りつけたものが、見琢からも干菓子一重が贈られた。中入で古川図書が現れて、「麁末の弁当進上」の挨拶があり、それから膳が出された。朱碗・朱膳で一汁五菜。寺社役樋口靫負と萬松院が相伴した。なお、馳走役・附医・用達等は手弁当だということだった。膳が下げられて菓子・煎茶が出た。能が再び始まった。申刻（午後四時ごろ）に能が終わり、藩主より用人をもって挨拶があり、次に家老一統からも挨拶があり、それから帰った。以酊庵へ戻ってから藩邸へ使僧、本日の祝いと謝礼、会下・侍下々まで馳走にあずかった（侍は赤飯・中飯・酒肴、下部は赤飯・酒）ことへの挨拶を兼ねる。

同二十日、徳川民部卿様御嫡子が公儀御養君に決まり、以後豊千代様と称すことについて江戸から報せがあったとの連絡が藩邸からもたらされた。その後、日記は七月の記事を全く欠く。

八月十日、大順院殿（第九代藩主宗義蕃）七回忌諷経が十二日に萬松院で行われることが案内され、参加することを直ちに返答した。十二日は、巳ノ刻（午前十時ごろ）会下衆一統とともに出かけた。迎接家老として俵郡左衛門、田嶋監物の二人、寺社役樋口靫負、馳走役の鈴木、西山寺、天澤庵などが出勤した。まず惇信院（九代将軍徳川家重）の位牌に拝礼してから着座。家老の挨拶があってから諷経、首唱、磬が続いて行われた。諷経が終わってから着座、茶菓が出る。西山寺住持、萬松院住持が陪席した。終わってからまた家老の挨拶があって退散。帰路に墓参りをし、饅頭五十入杉折、沈香三両を備えた。それで、即日藩邸から謝礼の使者がやってきた。

十三日、藩主が以酊庵へ赴いて着岸の祝儀を述べた（実際は代理口上）。その折りに金十七両二歩が目録で贈られたが、実際には金子の調達が難しいとのことで、翌日、梅屋何某という町人が銭でもってきた。

九月九日、家老俵郡左衛門が以酊庵を訪問してきた。用事があって江戸へ出ることとなったので挨拶にきたという。翌十日に郡左衛門が留別の野菜を贈ってきたので餞別を贈り返したところ、その謝礼を述べに本人が以酊庵までやってきた。それで顕常はその晩、郡左衛門と酒を酌み交わした。二十三日、藩邸で顕常を招いての宴を開きたいとの日程調整があり、希望通り二十六日に催されることとなった。当日は通例どおりに饗宴が行われたが、藩主が幼主ゆえに盃ごとを行わなかったのだけが違っていた。同晦日、西山寺の修復が終わったとのことで、使僧を送り、祝いを述べるとともに祝儀の品を贈った。

十月三日、馳走役鈴木宅に初めて招かれて接待を受けた。八日、随行した青侍の一人が病死したので、葬地を探して弔うこととなった。同二十二日は開山忌、二十三日は規伯忌が例年通り行われた。

十一月十三日、朝鮮方味木左兵衛が以酊庵へ来た。十四日には古川図書が来た。二十四日には御茶口切の日程調整があり、二十八日を希望した。その日、藩邸で新茶口切の饗応があった。藩主は所労により欠席であった。以酊庵へ戻ると、藩邸から贈物が届けられた。それは、顕常へは朝鮮扇七本と朝鮮筆四本、剖へは朝鮮扇五本、会下衆三人へは朝鮮扇四本ずつ、青侍ふたりへは同じく三本ずつであった。日記は十二月の記事を全く欠く。

天明二年正月元日、家老中三人が以酊庵へやってきて新年の祝賀を述べ、祝盃を交わした。同三日は書契書役中が、翌五日は藩主が以酊庵へやってきて新年の祝賀を述べた。同六日は、顕常が藩邸へ年礼を述べに赴いた。諸般例のごとくであり、藩主も御出席、ただし盃礼はなし。帰路、家老中宅を順々に回わる。雨天だったので諸役人・諸寺院へは回らなかった。他日、使僧を派遣する。

正月十四日、家老平田隼人より書面で朝鮮漂民三組が着岸したとの知らせがあった。同二十六日に漂民三組の勘検を行った。組頭平田又左衛門・大目付多田幸左衛門が出勤し、その他の諸役はいつも通り。勘検が終わってから平田・多田と対面し、茶菓を出した。

二月七日、古川図書より書面で佐須奈浦漂着の朝鮮人十二人が府中に到着した報せがあった。同十一日に漂民勘検。組頭吉田彦左衛門・大目付三浦武左衛門が出勤した。あとはいつも通り。

四月二十一日、告立儲参判使が持参する書契の草稿が出来上がったので藩邸へ持参した。扇間に着座、茶烟が出て、少しして古川図書が出席。草稿を渡す。古川は一見してから、藩主（猪三郎）へ報告してから改めて指示する旨を述べた。顕常は、草稿中の称号などいくつか気になることについて述べた上で退出した。同二十三日、告立儲参判使として田嶋監物が二十五日に上船するとのことで、以酊庵へ暇乞いにきた。顕常は茶菓を出して対面した。同二十四日、監物へ餞別のため軽い品を贈る。

ところで、この間に以酊庵僧と対馬藩士とのあいだで礼式をめぐるトラブルが続けて生じていた。一つ目は、正月四日に翌日の藩主来訪を告げにきた藩士の態度がこれまでになく無礼なものではないか、というものである。藩士が以酊庵の「門外の往還同然の場所」で口上を述べて済ませようというのは無礼極まりなく、前例とはずいぶん違いが大きく思えた。以酊庵馳走役鈴木市之進は事態の収拾へ向けて奔走するが、藩と以酊庵の両方に挟まれて二月末まで苦吟する。親類が正月十四日に病没した心労も重なったからか、三月初めから鈴木は病気で勤務を休み始め、同月十七日には退役願を出すに至った。

退役願が受理されないうちに、四月二十七日、二つ目のトラブルが発生した。書契御用で藩邸を訪ねた以酊庵の弟子僧が、帰り道で藩邸の門を守る番士から笠をとるように命じられたというのである。前例のない無礼な内容の命令であり、しかもこの日藩邸に入るときにもなかった指示である。笠をとる、とらないで押し問答を繰り返した挙句、実力行使で笠を取り上げられたのが納得できなかった。鈴木市之進に代わって組頭の吉田彦左衛門があいだに立って働いてくれたが、事態が収拾されて数日後、五月九日に鈴木の以酊庵馳走役退任が正式に認められた。後任は戸田頼母であった。

　五月十七日、知足庵陽首座が朝鮮東向寺勤番のため今度渡海することとなり、今日上船を報せに以酊庵へ来た。留別の品を贈ってきたので、こちらからも軽い品を餞別に贈った。

　二十日、平田隼人より書簡で薩州人三人が朝鮮全羅道に漂流した旨の報告があった。

　六月十一日、藩邸から十五日に神事能興行を催すことについて案内があった。

　七月十五日、藩邸へ中元の祝いを贈った。顕常が不快なので、剖が代わりを勤めた。同二十三日、平田隼人より朝鮮漂民一組が府中に着いたとの知らせがあった。同二十六日、漂民勘検を行い、組頭平田又左衛門・大目付三浦武左衛門が出勤した。すべていつもの通り。八月二十日、夜前、飛船が到着し、来年に交代となる次の以酊庵僧に嶽長老（岱宗承嶽）が決まったと金地院より知らせされたとのことであった。

　九月十三日、馳走役戸田頼母宅へ招かれた。その折りに、十八日ころに差し支えがなければ藩主の小阿須茶屋へ遊びに出かけてはどうかとの誘いがあった。その十八日、午時前（お昼前）、馳走役より案内があり、輿に乗って茶屋へ向かう。家老役人たちが縁端へ出迎え、着座。挨拶が終わって一汁五菜の宴となった。家老二人が相伴し、藩主からの挨拶もあった。酒三巡ののちに菓子・濃茶となり、後段では吸物、酒三献、盃礼。その後、謡、囃子と続き、みやげに朝鮮茶碗（顕常へ五つ、祖剖へ三つ、会下衆へ二つずつ）、その後さらに蕎麦、酒一返収盃、菓子、煎茶となって終わる。青士・僕末まで赤飯と酒が出された。

　十月四日、祖剖が西山寺住持に呼ばれた。昨日藩邸から庚子条萬松使返翰がもたらされ、開封してみたところ、文中に落字があるように思われる。こうしたときには（訂正を求める）決まった段取りがあるので、（以酊庵としても）そのように朝鮮方・家老中へ伝えくだされたい。この点を了解していただきたくお呼びした、とのこと。その後、西山寺住持から、家老古川図書に伝えたこと、古川もまた落字のあることを認め、書き直しを求めることとした旨が伝えられた。同二十二日の開山忌、二十三日の規伯忌は、いずれも例年通りであった。

十一月四日、和漂民勘検の日程調整があり、同六日に薩州漂民三人の勘検が行われた。同十九日、告立儲参判使として渡海していた田嶋監物が帰国した。弟子僧を派遣して祝儀を述べ、のちに土産物を贈ってきたので返礼をした。同二十六日、施餓鬼供養に関わって、藩邸から贈物があった。

十二月晦日、以酊庵馳走役戸田頼母が家老たちからの伝言をもたらした。対馬藩の若君嗣立を祝う訳官使派遣を朝鮮へ要請することについて幕府の承認が得られたこと、訳官使派遣に関わる費用として五千両を拝借することが決まったこと、こうしたことが江戸から飛船で伝わったので、以酊庵へも即時伝えるようにとの話であった。

天明三年正月の年礼行事は、訳官使派遣費用拝借の祝儀が付け加わったことを除けば、前年通りである。四日、弟子僧を藩邸に派遣して、年頭の藩主以酊庵訪問に際しては前年にトラブルがあったことを再確認し、そうしたことのないように申し入れをした。五日に藩主が以酊庵へ来て年礼を述べ、翌六日、以酊庵から年礼を述べに藩邸へ参上した。二十七日、次の以酊庵僧を京都まで迎えに出る大浦主税と三山春台が以酊庵へ暇乞いの挨拶にやってきた。二八日に出船するという。顕常が対面し、茶菓を出した（実際の出帆は二月十四日）。

二月三日、藩邸から贈物（目録）を持って使者がやってきた。訳官使派遣費用の拝借が認められたことの祝いだという。顕常へ昆布一折、金五百疋、会下中三人へは御樽代金二百疋ずつであった。同四日、顕常は昆布だけは受け取るが、目録（金五百疋）の受け取りは固辞する旨を戸田頼母を介して返答した。

顕常は述べる。このところ対馬藩の財政状態は良くないとうかがっており、藩内の上から下まで勝手不自由な状態にあり、そうしたときに以酊庵だけが以前と変わらず贈物に預かるというのもどうかと思います。もちろん私個人の判断では済まされない前例というものもありますから、これまで前例にはしたがうようにしましたけれども、たとえ一日とはいえ当地で職務を果たすことになったからには一国の憂楽を共にすべきものと思います。近年、対馬藩が一万二千両の拝借金を得ることとなったのも、異国を間近に控えた場所で人民撫育も行き届かないようではまずいだろうという幕府の配慮もあったからですし、今回の拝借金も外国との通交に関わることだからこそ認められたのだろうと思います。そうした拝借金貸与と以酊庵とは直接には何の関わり合いもありません。それなのに、祝儀だといって贈物を頂戴するのもありえないことと思いますから返納したいと考える次第です[12]、と。

家老の田嶋監物が直々に以酊庵へやってきて贈物を受納するよう説得を試みるが果たさず、翌五日、再び田嶋がやってきた。いろいろ論談に及んだものの、「先方と当方の胸のうちは行き違っており、とてもこちらの道理は通じようがない。これ以上突っぱねたところで角が立つばかりで何の益するところもない（迚も此方道理ハ不相通、此上兎角申募候而徒ニ人我相角已而ニ而、畢竟無益ニ落候）」から、そのまま受納することにした。七日に、扇子十本入一箱と菓子料として白銀三枚を弟子僧に持たせて、藩邸への返礼をした。

同十五日、戸田頼母がやってきたついでに帰京の途次について話をした。輪番僧が帰京の途中で博多や宮嶋等へ立ち寄りをするのは通例のようだが、相国寺での用事もあって早々に戻りたいので（「山中用事も有之、はやく帰京被致度」）、博多への立ち寄りはやめておこうと思う。ただし、宮嶋と金毘羅は帰路としては必ずしも迂回するわけではないから立ち寄ろうと思う、と。同十七日　寿康庵亮蔵主が東向寺輪番を終えて帰国したことを報せてきた。土産も贈ってきたので軽い品を返礼とした。

三月六日、朝鮮からの回翰について家老の意見を聞きたく、藩邸へ連絡した。同十四日に古川図書が以酊庵へやってきた。同二十六日、戸田頼母が来て、前任の以酊庵馳走役鈴木市之進が昨晩病没したと伝えた。二十七日に鈴木宅へ弟子僧を派遣して弔問させた。

四月十二日　古川図書から朝鮮漂民四組が対馬府中に到着したとの連絡があり、十八日に漂民四組の勘検が行われた。同十六日、梅林庵温蔵主が東向寺輪番のために暇乞いにやってきた。同十七日、以酊庵の新番者が到着すると、まず客館へお入りになるのが通例だが、当節客館は訳官使宿泊の準備を進めているので、今回は太平寺へ入っていただこうと思う、と戸田頼母が伝えにきた。同二十六日、古川蔵人が以酊庵へやってきて、こんど家老職に就いたことを報せた。

五月六日、以酊庵新番養源大和尚（相国寺養源軒岱宗承嶽・再任）の乗った船が対馬府中に着船した。段取りはすべて先例通りである。十日、以酊庵僧の交替を終えたことを藩邸に届け出るとともに、書契留の冊子を持参した。十六日、餞別の宴が藩邸で行われ、十七日に東照宮を参詣した。二十日に帰京へ向けて乗船した。ただし、新番以酊庵僧が発病して床に臥せったこと、随行した弟子僧が初めての者たちばかりとのことで、祖剖がしばらくのあいだ居残りをすることになった。

おわりに

本章では、先行研究に基づき以酊庵輪番制について制度史的な概観を行い、あわせて梅荘顕常の在番日記により以酊庵僧の勤務実態を示してきた。ただし、在番日記には漂流民勘検が行われたこと、書契改撰をめぐる藩邸とのやりとりがいくつか記録されるばかりであり、本務とみなされる朝鮮書契作成については十分には分からない。この点につき、顕常が在番中に作成した朝鮮書契を記録した『本邦朝鮮往復書』八二を参照すると、彼が在番中に作成した文書総数は一八三通であった。これらは、右に見てきた在番日記に見える出来事の合間合間に作成されていたものである。それらを清書したのは清書役僧たちであり、そのすがたも在番日記のなかに見え隠れする。

こうした勤務実態を踏まえながら、以酊庵輪番制の歴史的評価を改めて検討するのが本書の意図であり、次章以後でそうした作業を進めてみたい。

第2章　以酊庵輪番制考

はじめに

以酊庵輪番制の歴史的評価は、「〔柳川一件の〕以後京都五山の高僧が輪番で対馬以酊庵に駐在し、朝鮮との外交文書を管掌することが例となる。これが以酊庵輪番制である。こうして幕府権力は宗氏と朝鮮の通交の過程に直接介入することとなる」（荒野泰典［一九八八］）とするのが通説的理解である（序章）。

研究史をさかのぼってみれば（第1章参照）、すでに上村観光［一九一九b］が、最初の輪番僧として指名した三名に対し、幕府は「対馬と朝鮮と内交をせない様にせいぜい目を付けるがよい」と厳命したと述べる。したがって以酊庵輪番僧は「幕府から宗家に対する監視役となって行ったものと見てよい」とするが、根拠史料は示されない。この「内交に対する監察」については、小早川欣吾［一九三四］が寛政三年（一七九一）ころの写本と推測される両足院文書「御役筋之事」に依拠しながら論じている。また以酊庵僧が「対馬に在番して通交上の監察機関をも兼務」し、そうした「監察的職責を幕府に認定された」のは、宝暦十二年（一七六二）ごろのことだったとする。小早川は、「本来監察的職責を有した事実は其の証拠文書が存在せぬ」と述べ、また宝暦十二年ごろに認定されたとする監察的機能も現実には対馬藩に対して有効に機能しなかったとも述べる。

一方、派遣された五山僧たちが対馬以酊庵で行っていた職務についても、先行研究によって概要が明らかにされている。その基本的な職務は朝鮮との往復文書に関わるところにあり、それは、日本と朝鮮を往来する書翰の作成と解読、送使船の書契や吹嘘状（渡航許可証）の作成であった。さらに朝鮮漂流民の事情聴取に参与し、訳官使の対馬来島時には応接を担当し、朝鮮通信使来朝の際には江戸往還をともにした(1)。

さて、こうして明らかにされてきた職務概要と如上の通説的な歴史的評価とはいったいどのように関連づけて説明されうるのだろうか。換言すれば、職務の実態分析によって、以酊庵輪番制が「幕府権力は宗氏と朝鮮の通交の過程に直接介入」するものだったとか、「幕府の意向を外交文書や外交折衝に反映させる」ものだったということが、どの程度まで検証できるのだろうか(2)。

本章は、以酊庵輪番僧およびその周辺における活動事例すなわち職務実態について、いくつかの具体例を提示し、もって以酊庵輪番制の歴史的評価再検討へ向けてささやかな問題提起を試みるものである。

一　日朝間の外交文書管掌

先行研究における以酊庵輪番制の歴史的評価に鑑みた場合、以下の三点を検討する必要があるだろう。**A**以酊庵輪番制が、日朝間の外交文書管掌のために不可欠の存在であったか。**B**以酊庵輪番制の存在によって、幕府の意向が外交文書や外交折衝に反映されたか。**C**以酊庵輪番制をもって、幕府外交の出先機関とか対馬藩に対する監察機関として位置づけられるか。そして、以上の**A**～**C**を踏まえて、幕府権力は以酊庵輪番制によって、対馬藩の恣意的な動きを牽制したり、宗氏と朝鮮の通交過程に直接介入できたのか、が最後に検討されることとなろう。

表 2-1　『本邦朝鮮往復書』37 の内容構成

①遣朝鮮書契目録
(1－1) 壬申歳条（元禄 5 年分）
一特送使書（附，別幅），二特送使書（附，別幅），三特送使書（附，別幅）ほか，計 20 通
(1－2) 癸酉歳条（元禄 6 年分）　同前 27 通
(1－3) 甲戌歳条（元禄 7 年分）　同前 13 通
②遣朝鮮不時書契目録
(2－1) 壬申歳条（元禄 5 年分）
告陶器書，飛船吹嘘一本，同二本，庚午館司駕船再渡吹嘘ほか，計 11 通
(2－2) 癸酉歳条（元禄 6 年分）
竹島漁採制禁遣礼曹参判参議書（附，別幅）ほか，計 34 通
(2－3) 甲戌歳条（元禄 7 年分）
再告竹島之事遣礼曹参判参議書（附，別幅）ほか，計 14 通
③朝鮮来簡目録
(3－1) 壬申歳条（元禄 5 年分）
第一船回書（附，別幅），第二船回書（附，別幅），第三船回書（附，別幅）ほか，計 11 通
(3－2) 癸酉歳条（元禄 6 年分）　同前 9 通
(3－3) 甲戌歳条（元禄 7 年分）　同前 4 通
④朝鮮不時来簡目録
(4－1) 壬申歳条（元禄 5 年分）
備前岡山漂民送還礼曹来書ほか，計 4 通
(4－2) 癸酉歳条（元禄 6 年分）　計 12 通
(4－3) 甲戌歳条（元禄 7 年分）
竹島漁採制禁礼曹参判参議并東萊釜山回書（附，別幅）ほか，計 3 通

典拠）『本邦朝鮮往復書』37，東京大学史料編纂所より作成。

（1）外交文書作成と学識

まず論点Aから検討してみたい。

代々の輪番僧が在番中に作成した外交文書は、在番期間ごとに『本邦朝鮮往復書』として整理されている。たとえば三十七番目の輪番僧として元禄五年（一六九二）四月～七年四月に在番した天龍寺南芳院東谷守洵は、在番中に取り扱った外交文書を①遣朝鮮書契目録、②遣朝鮮不時書契目録、③朝鮮来簡目録、④朝鮮不時来簡目録の四項目に大分類し、各項目を年ごとに小分類する構成をとっている（表2-1）。対馬藩は毎年定期的に八回の貿易船（年例八送使）派遣を行っており、右の分類のうち①③に収載された文書はこうした派遣にともなう定期的な往復文書と吹嘘状であった。また、②④に含まれるのは、それら以外に特に生じた事案にともなって作成された外交文書である。ここでは元禄竹島一件交渉に関わる文書や、朝鮮半島に漂着した岡山藩領民の送還にともなう文書がそれに該当する。東谷守洵が在番中に取り扱った文書総数は一六二通であった。

こうして取り扱われた文書はいずれも真文（漢文）であり、以酊庵僧は、朝鮮あて文書の真文草案を作成し、また日本あて真文文書を和文に翻訳したのである。したがって、以酊庵僧にとって外典に通じる学識はいわば必須の条件であり(3)、そうした学識を体得するためには相当の年月にわたる修行が求められたと考えられてきた。したがって、以酊庵僧の多くは老境に達した碩学僧だったと指摘され（桜井景雄［一九八六］）、泉澄一は「若年層から輪番がでるようになったのは元禄ごろから」ともいう（泉澄一［一九七六ａ］［一九七七］）。あるいは、五山においてそうした学識を養うことが次第に困難となってきた近世中期以降には、輪番僧の再任も増えてきたとも指摘されてきたが、それは人材不足のために優秀な人物が繰り返し輪番僧として任用されるようになったからだというのである。

①以酊庵歴代住持一覧

ところで、田中健夫の作成した「以酊庵歴代住持一覧」をもとに以酊庵僧の一覧表を作成し（表2‐2）、それをさらに再整理して以酊庵輪番僧の年齢分布や再任・三任状況を歴代順に整理したのが表2‐3である。表2‐3では、以酊庵僧の就任年齢と没年齢を併記した。

ここで以酊庵僧への就任年齢を高齢者を中心に見てみると、六十歳以上で就任した者は十一名（初任に限れば八名）で最高齢者は六十九歳（初任では六十六歳）である。就任年齢の単純平均は五十二歳ほど（初任者に限れば五十歳）であって、没年齢の単純平均は六十七歳である。没年齢と比した際の就任年齢は、決して老境に達してようやく就任したとは見えない。

一方、三十歳台で就任した者は四人に過ぎない（最年少は三十八歳）から「若年層」の定義が難しいが、仮に四十五歳以下を「若年層」として区分してみると、元禄期（表2‐3の代数で三十代目あたり）をもって「若年層」での就任が増えてくるようには見えない。

表 2-2　以酊庵歴代住持一覧

輪番	歴代	住持	以酊庵輪番在住期間	出　身	遷化（年齢）	就任時の年齢
	開山	景轍玄蘇			慶長 16 年（1611）（75 歳）	
	2 世	規伯玄方			寛文 元 年（1661）（74 歳）	
1	3 世	玉峰光璘	寛永 12 年（1635）11 月〜13 年 8 月	東福寺宝勝院	明暦 4 年（1658）	
2	4 世	棠蔭玄召	13 年（1636）8 月〜15 年 3 月	南昌院	寛永 20 年（1643）	
3	5 世	洞叔寿仙	15 年（1638）4 月〜16 年 4 月	天龍寺慈済院	承応 元 年（1652）（78 歳）	64
4	再任	玉峰光璘	16 年（1639）4 月〜17 年 3 月			
5	〃	棠蔭玄召	17 年（1640）4 月〜18 年 4 月			
6	〃	洞叔寿仙	18 年（1641）？月〜19 年 3 月			69
7	三任	棠蔭玄召	19 年（1642）3 月〜20 年 3 月			
8	6 世	鈞天永洪	20 年（1643）3 月〜21 年 4 月	建仁寺十如院	承応 2 年（1652）	
9	7 世	周南圓旦	正保 元 年（1644）4 月〜2 年 3 月	東福寺艮岳院	正保 4 年（1647）	
10	8 世	茂源紹柏	2 年（1645）4 月〜3 年 5 月	建仁寺清住院	寛文 7 年（1667）（69 歳）	47
11	再任	鈞天永洪	3 年（1646）5 月〜4 年 5 月			
12	〃	周南圓旦	4 年（1647）5 月〜同年 9 月			
13	〃	茂源紹柏	4 年（1647）11 月〜慶安 3 年（1650）10 月			49
14	三任	鈞天永洪	慶安 3 年（1650）10 月〜承応 2 年（1653）2 月			
15	9 世	賢渓玄倫	承応 2 年（1653）4 月〜3 年 5 月	天龍寺鹿王院	寛文 元 年（1661）	
16	10 世	九岩中達	3 年（1654）5 月〜明暦元年（1655）6 月	建仁寺大統院	万治 4 年（1661）	
17	三任	茂源紹柏	明暦 元 年（1655）6 月〜3 年 4 月			57
18	11 世	覚雲顕吉	3 年（1657）4 月〜万治 2 年（1659）5 月	相国寺慈照院	寛文 7 年（1667）（67 歳）	57
19	12 世	天沢圓育	万治 2 年（1659）5 月〜寛文元年（1661）5 月	東福寺艮岳院	2 年（1662）	
20	13 世	顕令通憲	寛文 元 年（1661）6 月〜3 年 5 月	建仁寺永源庵	天和 元 年（1681）（72 歳）	52
21	14 世	太華令瞻	3 年（1663）5 月〜5 年 4 月	東福寺龍眠庵	元禄 4 年（1691）	
22	15 世	虎林中虔	5 年（1665）4 月〜7 年 4 月	天龍寺慈済院	延宝 6 年（1678）（52 歳）	39
23	16 世	春葩宗全	7 年（1667）5 月〜9 年 5 月	相国寺富春軒	元禄 7 年（1686）（77 歳）	58
24	17 世	泉叔梵亨	9 年（1669）5 月〜11 年 6 月	天龍寺寿寧院	貞享 4 年（1687）	
25	18 世	江岳元策	11 年（1671）6 月〜12 年 6 月	南芳院	寛文 12 年（1672）（39 歳）	38
26	19 世	愚渓等厚	12 年（1672）〜延宝元年（1673）5 月	相国寺玉龍庵	延宝 3 年（1675）（53 歳）	50
27	20 世	南宗祖辰	延宝 元 年（1673）6 月〜3 年閏 4 月	東福寺本成寺	正徳 5 年（1715）（85 歳）	43
28	21 世	蘭室玄森	3 年（1675）閏 4 月〜5 年 4 月	天龍寺妙智院	天和 2 年（1682）（67 歳）	60
29	22 世	雲外東竺	5 年（1677）5 月〜7 年 5 月	建仁寺両足院	享保 15 年（1730）（101 歳）	44
30	再任	南宗祖辰	7 年（1679）5 月〜天和元年（1681）6 月			49
31	23 世	汝舟妙恕	天和 元 年（1681）6 月〜11 月	相国寺光源院	天和 元 年（1681）（46 歳）	46
32	24 世	太虚顕霊	2 年（1682）2 月〜貞享元年（1684）6 月	慈雲庵	宝永 2 年（1705）（69 歳）	46
33	25 世	古霊道充	貞享 元 年（1684）5 月〜3 年 3 月	天龍寺延慶庵	元 年（1704）（76 歳）	56
34	26 世	松堂宗植	3 年（1686）3 月〜元禄元年（1688）4 月	建仁寺清住院	正徳 4 年（1714）（74 歳）	46
35	27 世	黄巌慈璋	元禄 元 年（1688）4 月〜3 年 4 月	大統院	元禄 7 年（1694）	
36	28 世	天啓集仗	3 年（1690）4 月〜5 年 4 月	相国寺瑞春庵	享保 元 年（1716）（75 歳）	49
37	29 世	東谷守洵	5 年（1692）4 月〜7 年 5 月	天龍寺南芳院	元禄 9 年（1696）	
38	30 世	松隠玄棟	7 年（1694）5 月〜9 年 3 月	東福寺南昌院	正徳 元 年（1711）（69 歳）	52
39	31 世	文礼周郁	9 年（1696）4 月〜11 年 4 月	天龍寺真乗院	元禄 15 年（1702）	
40	32 世	中山玄中	11 年（1698）4 月〜13 年 5 月	妙智院	享保 2 年（1717）（58 歳）	39
41	33 世	別宗祖縁	13 年（1700）5 月〜15 年 6 月	相国寺慈照院	正徳 4 年（1714）（57 歳）	43
42	34 世	雪堂令研	15 年（1702）5 月〜宝永元年（1704）6 月	東福寺龍眠庵	宝永 4 年（1707）（48 歳）	43
43	再任	松堂宗植	宝永 元 年（1704）6 月〜3 年 4 月			64
44	35 世	関中智悦	3 年（1706）4 月〜5 年 4 月	天龍寺寿寧院	正徳 6 年（1716）（58 歳）	48
45	36 世	月心性湛	5 年（1708）4 月〜7 年 5 月	真乗院	享保 19 年（1734）（73 歳）	46

輪番	歴代	住持	以酊庵輪番在住期間	出　身	遷化（年齢）	就任時の年齢
46	37世	雲壑永集	7年（1710）4月～正徳2年（1712）5月	建仁寺永源庵	享保2年（1717）（68歳）	61
47	再任	中山玄中	正徳2年（1712）5月～4年3月			53
48	〃	関中智悦	4年（1714）3月～享保元年（1716）2月			56
49	38世	石霜龍菖	享保元年（1716）3月～3年5月	東福寺即宗院	13年（1728）（51歳）	39
50	再任	月心性湛	3年（1718）5月～5年5月			57
51	39世	古渓性琴	5年（1720）5月～7年4月	天龍寺宝寿院	元文2年（1737）（71歳）	54
52	40世	天衣守倫	7年（1722）4月～9年閏4月	東福寺不二庵	4年（1739）（62歳）	45
53	41世	蘭谷祖芳	9年（1724）閏4月～11年4月	相国寺松鷗軒	享保13年（1728）（59歳）	55
54	42世	雲崖道岱	享保11年（1726）5月～13年4月	天龍寺延慶庵	寛保3年（1743）（66歳）	49
55	再任	天衣守倫	13年（1728）4月～15年4月			51
56	43世	雪巌中筠	15年（1730）4月～17年4月	建仁寺普光庵	延享4年（1747）	
57	44世	藍渓光瑄	17年（1732）4月～19年4月	東福寺宝勝院	宝暦元年（1751）（59歳）	41
58	45世	藍坡中珣	19年（1734）4月～元文元年（1736）4月	相国寺長得院	延享5年（1748）（66歳）	52
59	46世	東明覚沅	元文元年（1736）4月～3年4月	建仁寺堆雲軒	宝暦8年（1758）（70歳）	48
60	再任	雲崖道岱	3年（1738）4月～5年4月			61
61	〃	雪巌中筠	5年（1740）4月～寛保2年（1742）4月			
62	47世	維天承瞻	寛保2年（1742）4月～延享元年（1744）4月	相国寺巣松軒	宝暦7年（1757）（77歳）	49
63	48世	瑞源等禎	延享元年（1744）5月～3年4月	天龍寺妙智院	4年（1754）（54歳）	44
64	49世	翠巌承堅	3年（1746）4月～寛延元年（1748）4月	三秀院	—	
65	50世	玉嶺守瑛	寛延元年（1748）4月～3年5月	東福寺不二庵	—	
66	51世	天岸覚葩	3年（1750）5月～宝暦2年（1752）6月	建仁寺堆雲軒	宝暦5年（1755）（56歳）	51
67	再任	維天承瞻	宝暦2年（1752）6月～4年5月			59
68	〃	瑞源等禎	4年（1754）5月～6月			54
69	〃	翠巌承堅	4年（1754）11月～6年6月			
70	52世	北□道爾	6年（1756）6月～8年5月	建仁寺普光庵	明和3年（1766）	
71	53世	天叔顕台	8年（1758）5月～10年5月	相国寺慈照院	天明6年（1786）（73歳）	45
72	54世	拙山周寅	10年（1760）5月～11年8月	天龍寺寿寧院	宝暦11年（1761）（61歳）	60
73	55世	桂巌龍芳	12年（1762）4月～明和元年（1764）4月	東福寺即宗院	—	
74	再任	玉嶺守瑛	明和元年（1764）4月～3年6月	（東福寺栗棘庵）		
75	56世	昊巌元穹	3年（1766）6月～5年6月	天龍寺招慶院	—	
76	再任	桂巌龍芳	5年（1768）6月～7年6月			
77	57世	海山覚暹	7年（1770）5月～安永元年（1772）6月	建仁寺常照院	安永6年（1777）	
78	58世	岱宗承嶽	安永元年（1772）6月～4年3月	相国寺養源軒	天明4年（1784）（68歳）	56
79	再任	海山覚暹	4年（1775）3月～6年2月			
80	59世	湛堂令椿	6年（1777）8月～8年6月	天龍寺妙智院	文化5年（1808）（76歳）	45
81	60世	高峰東晙	8年（1779）6月～天明元年（1781）5月	建仁寺両足院	—	
82	61世	梅荘顕常	天明元年（1781）5月～3年5月	相国寺慈雲庵	寛政13年（1801）（83歳）	63
83	再任	岱宗承嶽	3年（1783）5月～4年5月			67
84	〃	湛堂令椿	4年（1784）5月～6年5月			52
85	62世	熙陽龍育	6年（1786）5月～8年5月	東福寺南昌院	—	
86	63世	環中玄諦	8年（1788）5月～寛政2年（1790）4月	建仁寺常光院	—	
87	64世	象田周耕	寛政2年（1790）4月～4年3月	天龍寺寿寧院	—	
88	再任	環中玄諦	4年（1792）～7年4月			
89	65世	天瑞守選	7年（1795）～9年5月	東福寺霊雲院＊	—	
90	66世	松源中奨	9年（1797）5月～11年4月	相国寺慈照院	寛政13年（1801）（63歳）	59
91	再任	熙陽龍育	11年（1799）4月～享和元年（1801）4月			
92	〃	象田周耕	享和元年（1801）4月～3年4月			
93	〃	天瑞守選	3年（1803）4月～文化2年（1805）4月			
94	67世	汝川惠汶	文化2年（1805）4月～4年5月	相国寺勝定院	文化4年（1807）（65歳）	63

（つづく）

輪番	歴代	住持	以酊庵輪番在住期間	出　身	遷化（年齢）	就任時の年齢
95	68 世	嗣堂東緝	文化 4 年（1807）5 月～6 年 4 月	建仁寺一華院	天保 7 年（1836）	
96	69 世	龍潭周楨	6 年（1809）4 月～8 年閏 2 月	天龍寺寿寧院	—	
97	70 世	月耕玄宜	8 年（1811）閏 2 月～9 年 5 月？	未雲軒	文化 9 年（1812）	
98	71 世	大中周愚	10 年（1813）2 月～10 月	相国寺光源院	10 年（1813）（55 歳）	55
99	72 世	別源周汪	10 年（1813）10 月～12 年 4 月	天龍寺妙智院	—	
100	再任	嗣堂東緝	12 年（1815）4 月～14 年 3 月			
101	73 世	月江承宣	14 年(1817)3 月～文政 2 年(1819)閏 4 月	天龍寺三秀院	—	
102	74 世	霊巌龍根	文政 2 年（1819）閏 4 月～4 年 4 月	東福寺即宗院	—	
103	75 世	以中玄保	4 年（1821）4 月～6 年 4 月	相国寺晴雲院	天保 6 年（1835）（63 歳）	49
104	76 世	則堂通銓	6 年（1823）4 月～8 年 4 月	建仁寺永源庵	7 年（1836）	
105	77 世	盈沖周整	8 年（1825）4 月～10 年 4 月	相国寺慈照院	文久 元 年（1861）（88 歳）	52
106	78 世	願海守航	10 年（1827）4 月～12 年 4 月	東福寺大機軒		
107	再任	以中玄保	12 年（1829）4 月～天保 2 年（1831）4 月			57
108	79 世	剛中周侃	天保 2 年（1831）4 月～4 年 4 月	天龍寺寿寧院	—	
109	再任	則堂通銓	4 年（1833）4 月～6 年 4 月			
110	〃	盈沖周整	6 年（1835）4 月～8 年 4 月			
111	〃	願海守航	8 年（1837）4 月～10 年 4 月			
112	80 世	南海英歆	10 年（1839）4 月～12 年 5 月	天龍寺弘源寺		
113	81 世	全室慈保	12 年（1841）5 月～14 年 4 月	建仁寺霊洞院	文久 3 年（1863）	
114	82 世	荊叟東玫	天保 14 年（1843）4 月～弘化 2 年（1845）4 月	両足院	明治 19 年（1886）	
115	83 世	北潤承学	弘化 2 年（1845）4 月～4 年 4 月	相国寺晴雲院	嘉永 3 年（1850）（51 歳）	46
116	再任	南海英歆	4 年（1847）4 月～嘉永 2 年（1849）4 月			
117	〃	全室慈保	嘉永 2 年（1849）4 月～4 年 4 月			
118	84 世	宋州師定	4 年（1851）4 月～6 年 4 月	東福寺霊源院	—	
119	85 世	龍巌周績	6 年（1853）4 月～安政元年（1854）4 月	天龍寺妙智院	—	
120	再任	荊叟東玫	安政 元 年（1854）4 月～3 年 4 月			
121	86 世	春局光宣	3 年（1856）4 月～5 年 4 月	東福寺則宗院	—	
122	87 世	橘周周偆	5 年（1858）4 月～万延元年（1860）4 月	相国寺養春軒	元治 元 年（1864）（72 歳）	66
123	再任	宋州師定	万延 元 年（1860）4 月～文久 2 年（1862）4 月			
124	88 世	清陰周屺	文久 2 年（1862）4 月～元治元年（1864）4 月	天龍寺招慶院	—	
125	三任	荊叟東玫	元治 元 年（1864）4 月～慶応 2 年（1866）4 月			
126	89 世	玉潤守俊	慶応 2 年（1866）4 月～3 年正月	東福寺聖寿庵	明治 19 年（1886）	

典拠）田中健夫［1996］172～187 頁の「以酊庵歴代住持一覧」をもとに，ごく一部を訂正しつつ再構成して作成。

注）* 東福寺霊雲院は，旧号不二庵。

表 2-3　以酊庵輪番僧の年齢分布，再任と三任の数

代数	45 歳以下	46 歳以上	不明	単純平均	初任時	再任	三任
1～10	0	3（47,64,69*） 69,78,78	7	60 75	55.5	3	1
11～20	0	4（49*,57**,57,52） 69, 69, 67,72	6	53.8 69.3	54.5	3	2
21～30	4（39,38,43,44） 52,39,85,101	4（58,50,60,49*） 77,53,67,85	2	47.6 69.9	47.4	1	0
31～40	1（39） 58	6（46,46,56,46,49,52） 46,69,76,74,75,69	3	47.7 66.7	47.7	0	0
41～50	3（43,43,39） 57,48,51	7（64*,48,46,61,53*,56*,57*） 74, 58,73,68,58, 58, 73	0	51 61.8	48.1	4	0
51～60	2（45,41） 62,59	7（54, 55, 49, 51*, 52, 48, 61*） 71, 59, 66, 62, 66, 70, 66	1	51.8 64.6	50.6	2	0
61～70	1（44） 54	4（49,51,59*,54*） 77,56,77, 54	5	51.4 63.6	48	4	0
71～80	2（45,45） 73,76	2（60,56） 61,68	6	51.5 69.5	51.5	3	0
81～90	0	4（63,67,52*,59） 83,68,76, 63	6	60.3 72.5	61	3	0
91～100	0	2（63,55） 65,55	8	59 60	59	4	0
101～110	0	4（49,57*,62*,52） 63,63, 88, 88	6	55 75.5	50.5	3	0
111～120	0	1（46） 51	9	46	46	4	0
121～126	0	1（66） 72	9	66 51	66	1	1
全体	13	49	68	52.3 67.8	50.7	35	4

典拠）表 2-2 に同じ。
注）各欄の数字は人数。ただし，「45 歳以下」「46 歳以上」欄の上下二段に分かち書きした部分で（　）内に示した数字は就任年齢を示す。また＊を付したものは再任時の年齢，＊＊を付したものは三任時の年齢である。また下段の数字は没年齢を示し，上段（　）内の就任年齢に対応する。「単純平均」欄の上段は就任年齢の単純平均。下段は没年齢の単純平均。「初任時」欄は，就任年齢を初任時に限って算出した平均値。

したがって、以酊庵僧には「老年僧が多い」とか「元禄ごろになって若年層から輪番僧が出るようになる」といった通説は検証不能である。そもそも表2-3によれば、おおむね七十一代目以後については年齢不明欄の数値が急増する。つまり基本的な年齢情報が不足するなかで「以酊庵僧老年説」が主張されているのが現状なのである。

一方、表2-3の再任・三任欄には全データが揃っており、これらの欄における数値の推移を見れば、「近世中期以後は再任がふえる」とする通説も検証不能である。三任はほとんど現れず、再任数も近世の全期間を通じてほぼ同水準で推移していると見る方が素直である。これら再任・三任の要因については次の②で改めて検討してみたいが、再任・三任の状況から直ちに、近世中期以後には人材不足になったから優秀な人物が繰り返し輪番僧として任用された、と主張できるほど事態は単純ではない。したがって、とりあえずは、深い学識があって初めて以酊庵僧としての職務（真文文書の作成・翻訳）を果たしえたとする固定観念からいったん離れた方が良さそうである。[4]

たとえば、以酊庵輪番僧交代期における朝鮮への書簡作成等の外交事務について、新番到着まで弟子衆のなかから一人残って勤める（泉澄一［一九七六b］）とか、輪番不在時は弟子の最上位のもの（一老）が最高責任者となり、外交文書の作成などに当たって以酊庵をとりしきった（泉澄一［一九七七］）とする指摘がすでになされている。具体例として、宝暦四年（一七五四）、第六十八代瑞源等禎が対馬以酊庵着任わずか一カ月余で没した際に、随行した弟子衆の筆頭湛堂令椿が約半年のあいだ代役を勤めた例が示される（泉澄一［一九七六b］）。このとき湛堂令椿は二十二、三歳のころである。[5]この事実は、以酊庵僧本人でなく、かつ極めて若年の者であっても職務は代行されえた、ということを示しているのであり、以酊庵僧の職務を評価する際には、こうした点にこそ留意すべきなのである。

②碩学任命と以酊庵輪番（朝鮮修文職）

「五山碩学并朝鮮修文職次目」なる史料がある。[6]天龍寺・相国寺・建仁寺・東福寺の四カ寺で碩学料を受けた僧侶の名簿であり、おそらく田中健夫［一九八八］でも利用されたものである。学禄（碩学料）の支給が始められた近世初頭から宝暦年間ごろまでに至る碩学について、学禄を受けた日付、朝鮮修文職に任命された日付、以酊庵輪番僧として赴任した期間、没年などがそれぞれに記録される。記載されたのは、天龍寺二十二名、相国寺十五名、建仁寺十六名、東福寺十七名、あわせて七十名である。それらの記載を一覧表に整理したものが表2-4である。

まず学禄支給年齢（碩学となった年齢）が分かるのは、これら七十名のうち三十八名である。三十代が七名、四十代が十六名、五十代が十三名、六十代が二名である。最年少は三十七歳、最高齢が六十五歳である。単純平均は約四十七歳である。以酊庵輪番僧が老僧であるとする根拠として、「碩学僧は一定の年齢に達してから任命される以上、それ以後に任命される以酊庵輪番僧はさらに高齢になるはずだ」とする考え方もあろう。しかし碩学僧への任命年齢は思いのほか若いから、そうした見方は一種の思い込みである。

ところで、桜井景雄［一九八六］は、記述の文脈からすると明暦元年（一六五五）ごろ以後のこととして「〔碩学僧の〕欠員補充には絶えず注意が払われて、人員も常に十名前後が確保されることになった」と述べる一方、享保十二年（一七二七）ごろ以後の時期には「僧侶も学問に精励する余裕を失い、学問もまた衰微するの他なく、〔朝鮮修文職の〕人材も乏しくなっていった」と述べている。また田中健夫［一九八八］も「以酊庵輪番僧の人材確保は難しかった。一七世紀後半には常に一〇人程度の人員が確保されて、輪番僧の補充方法も一定の形式が整ってきたという。しかしながら江戸中期以降の人材難は慢性状態だった」と述べる。

この点を表2-4で点検しておきたい。それぞれの年次ごとに確保されている碩学僧数は、きちんとしたデータが揃い始める一六三〇年代から八〇年代にかけて、概ね八名程度で推移し、ときに十名を超えた（慶安元年〔一六四八年〕など）。その後、一六九〇年代から一七一〇年ごろにかけては毎年十名程度を確保できていたと見て良い。そして一七一五年前後（享保に入るころ）からは七名前後の水準に下がり、その状態は一七五〇年代（宝暦ごろ）まで変わらない。その後さらに減少し、一七六〇年代（宝暦末年ごろ）には碩学僧は毎年四～五名程度しか確保でき

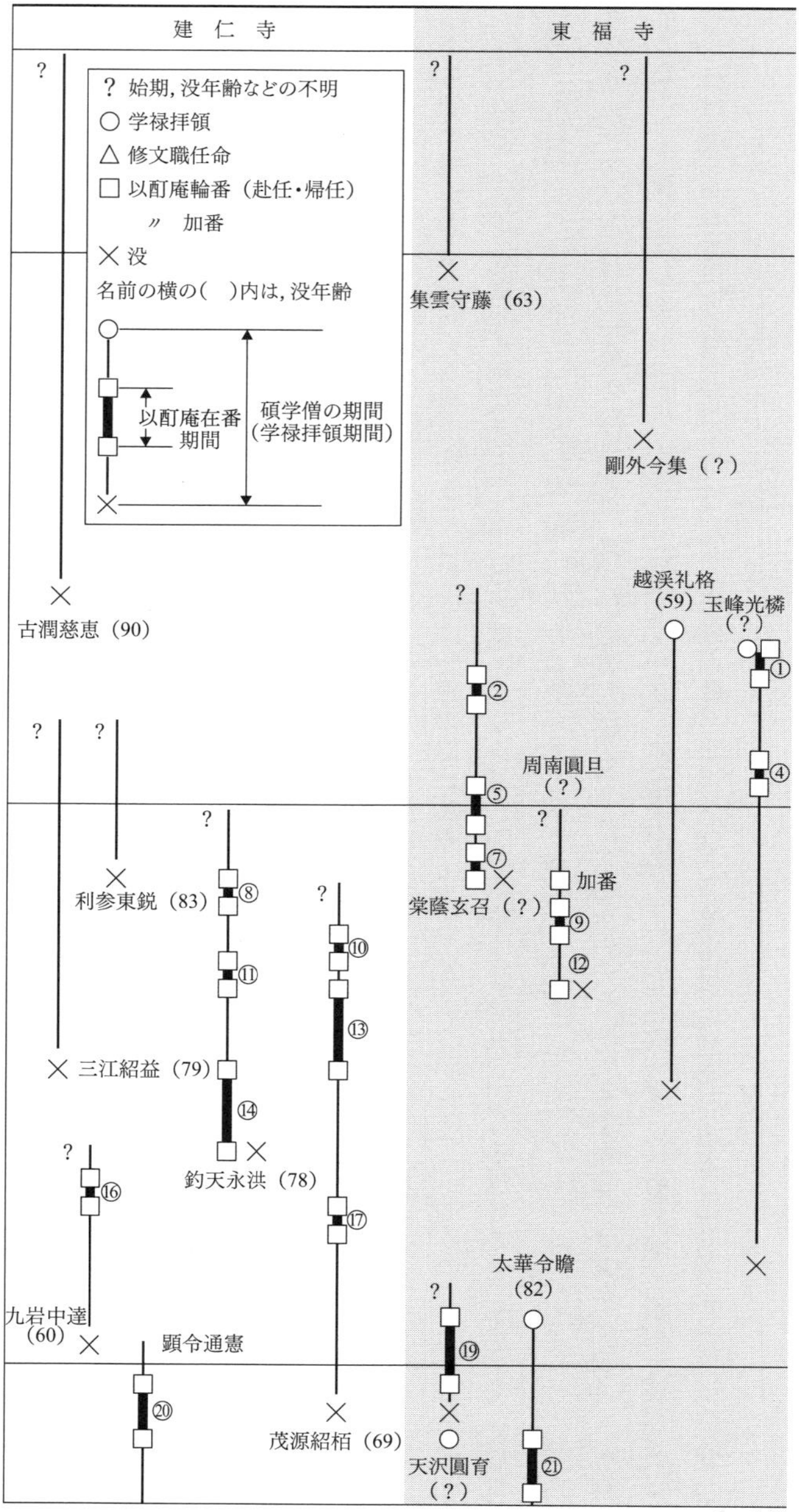
建仁寺
東福寺
？ 始期，没年齢などの不明
○ 学禄拝領
△ 修文職任命
□ 以酊庵輪番（赴任・帰任）
〃 加番
× 没
名前の横の（　）内は，没年齢
以酊庵在番期間
碩学僧の期間（学禄拝領期間）
集雲守藤（63）
剛外今集（？）
古潤慈恵（90）
越渓礼格（59）
玉峰光㷀（？）
周南圓旦（？）
加番
利参東鋭（83）
棠蔭玄召（？）
三江紹益（79）
釣天永洪（78）
九岩中達（60）
顕令通憲
太華令瞻（82）
茂源紹栢（69）
天沢圓育（？）

（つづく）

表 2-4 碩学

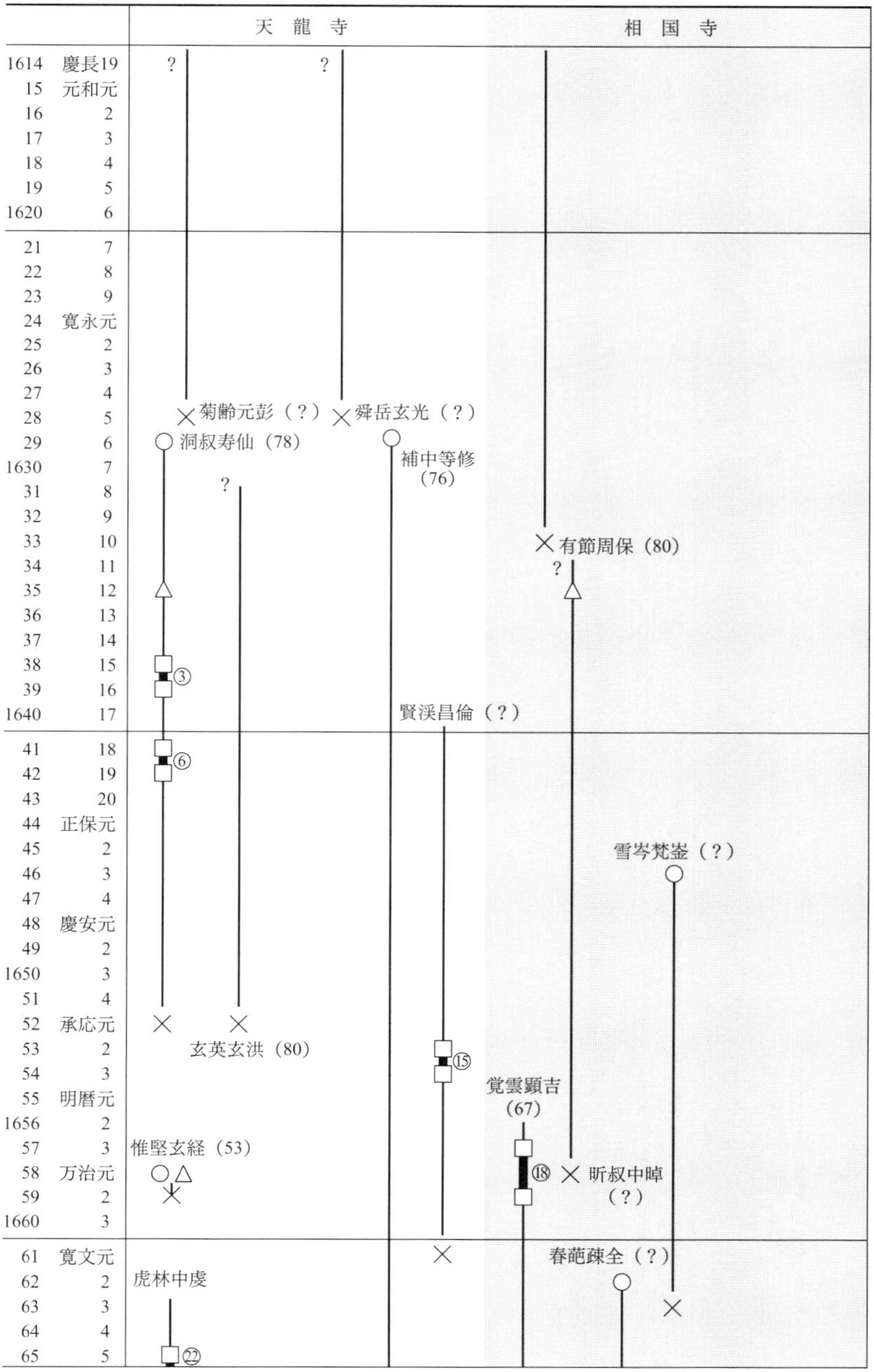

天龍寺
相国寺
1614 慶長19
15 元和元
16 2
17 3
18 4
19 5
1620 6
21 7
22 8
23 9
24 寛永元
25 2
26 3
27 4
28 5
29 6
1630 7
31 8
32 9
33 10
34 11
35 12
36 13
37 14
38 15
39 16
1640 17
41 18
42 19
43 20
44 正保元
45 2
46 3
47 4
48 慶安元
49 2
1650 3
51 4
52 承応元
53 2
54 3
55 明暦元
1656 2
57 3
58 万治元
59 2
1660 3
61 寛文元
62 2
63 3
64 4
65 5
菊齢元彭（？）
舜岳玄光（？）
洞叔寿仙（78）
補中等修（76）
有節周保（80）
③
⑥
賢渓昌倫（？）
雪岑梵崟（？）
玄英玄洪（80）
⑮
覚雲顕吉（67）
惟堅玄経（53）
⑱
昕叔中暐（？）
春葩錬全（？）
虎林中虔
㉒

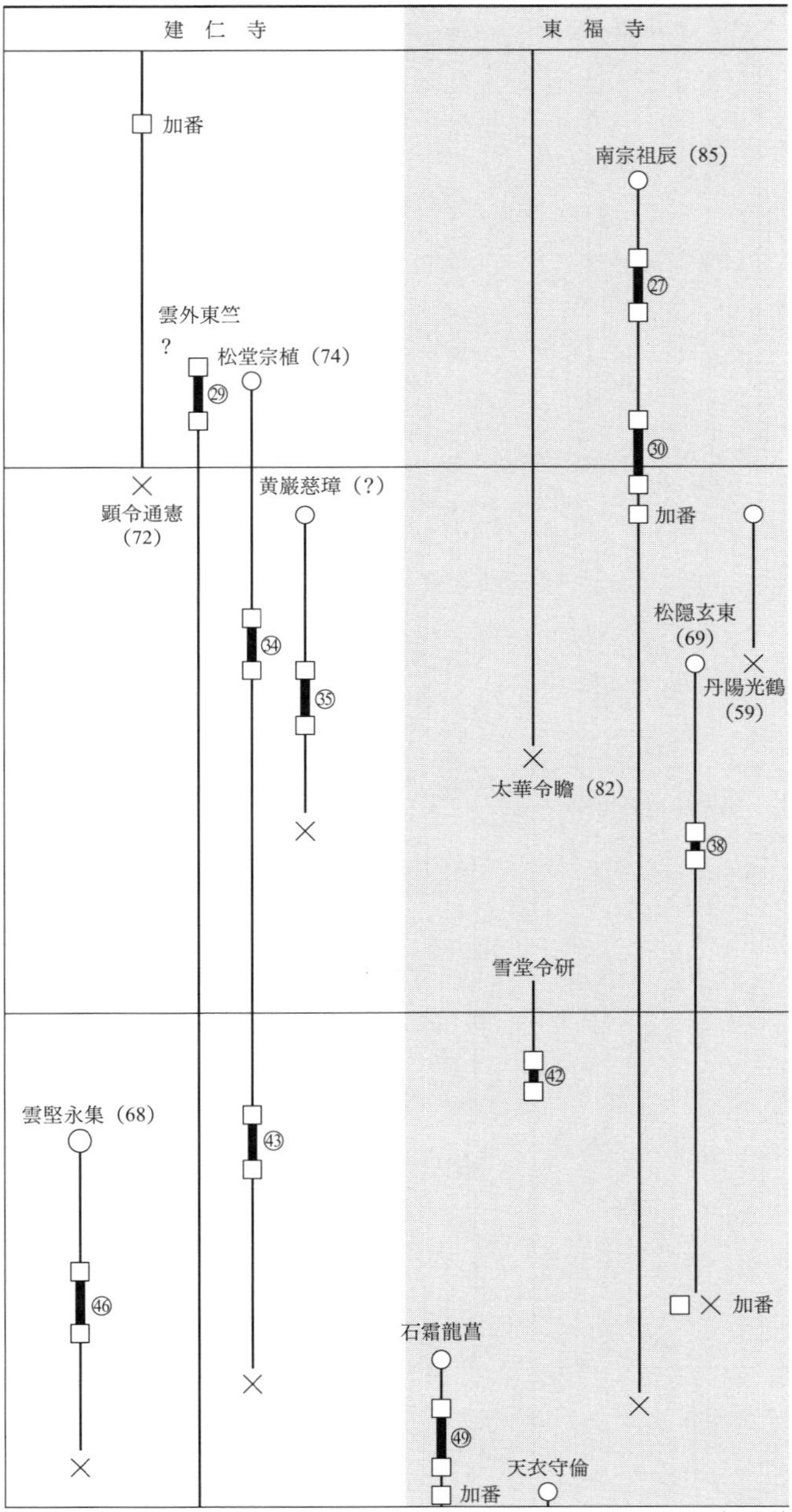
建　仁　寺
東　福　寺
加番
南宗祖辰（85）
㉗
雲外東竺
?
松堂宗植（74）
㉙
㉚
顗令通憲
（72）
黄巖慈璋（?）
加番
松隠玄東
（69）
㉞
丹陽光鶴
（59）
㉟
太華令瞻（82）
㊳
雪堂令研
㊷
雲堅永集（68）
㊸
㊻
加番
石霜龍菖
㊾
天衣守倫
加番

（つづく）

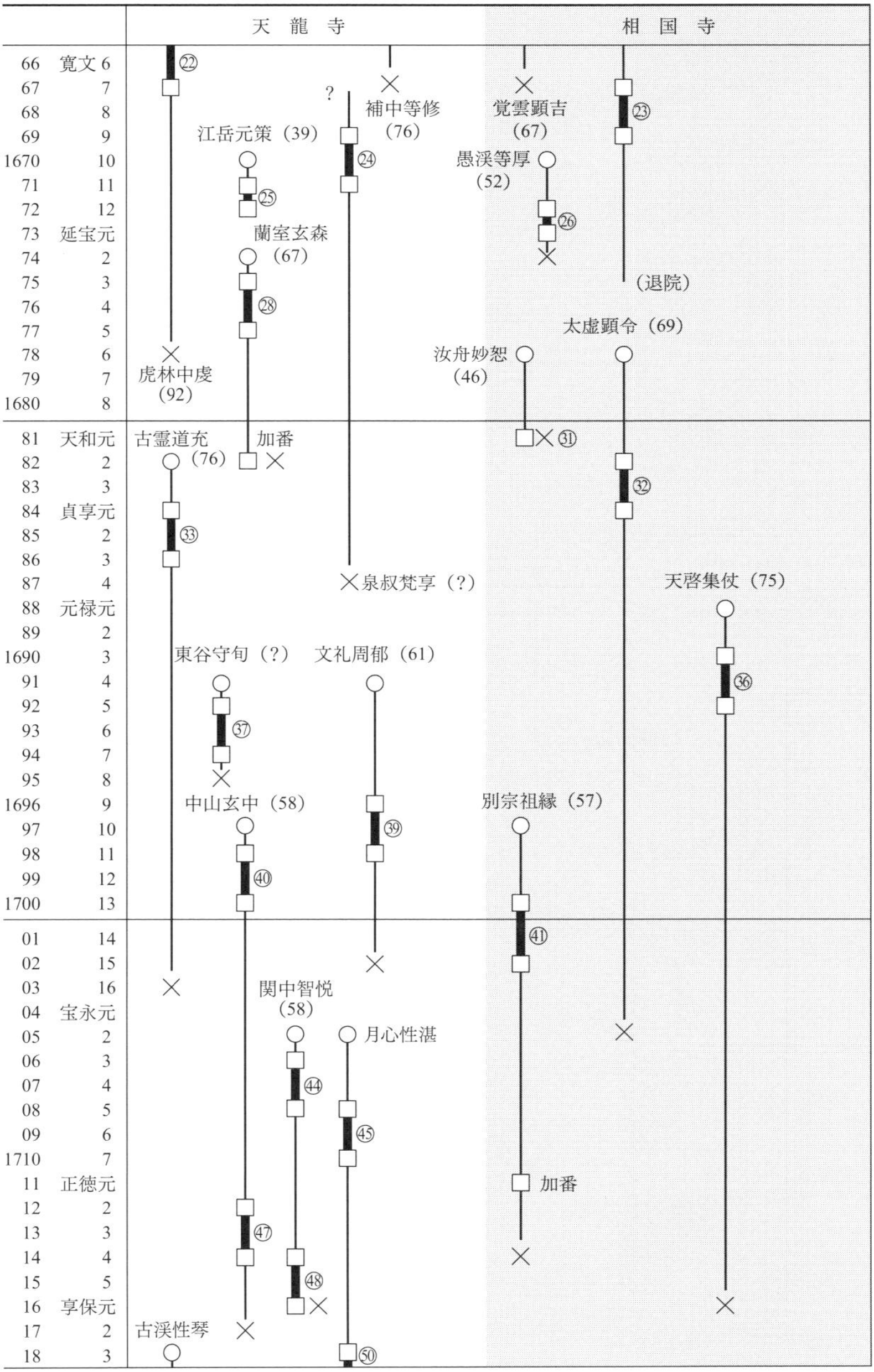
天　龍　寺
相　国　寺
66 寛文6
67 7
68 8
69 9
1670 10
71 11
72 12
73 延宝元
74 2
75 3
76 4
77 5
78 6
79 7
1680 8
81 天和元
82 2
83 3
84 貞享元
85 2
86 3
87 4
88 元禄元
89 2
1690 3
91 4
92 5
93 6
94 7
95 8
1696 9
97 10
98 11
99 12
1700 13
01 14
02 15
03 16
04 宝永元
05 2
06 3
07 4
08 5
09 6
1710 7
11 正徳元
12 2
13 3
14 4
15 5
16 享保元
17 2
18 3
㉒
?
補中等修（76）
覚雲顕吉（67）
㉓
江岳元策（39）
㉔
愚渓等厚（52）
㉕
㉖
蘭室玄森（67）
（退院）
㉘
太虚顕令（69）
汝舟妙恕（46）
虎林中虔（92）
古霊道充（76）
加番
㉛
㉜
㉝
泉叔梵亨（?）
天啓集仗（75）
東谷守旬（?）
文礼周郁（61）
㊱
㊲
中山玄中（58）
別宗祖縁（57）
㊴
㊵
㊶
関中智悦（58）
月心性湛
㊹
㊺
加番
㊼
㊽
古渓性琴
㊿

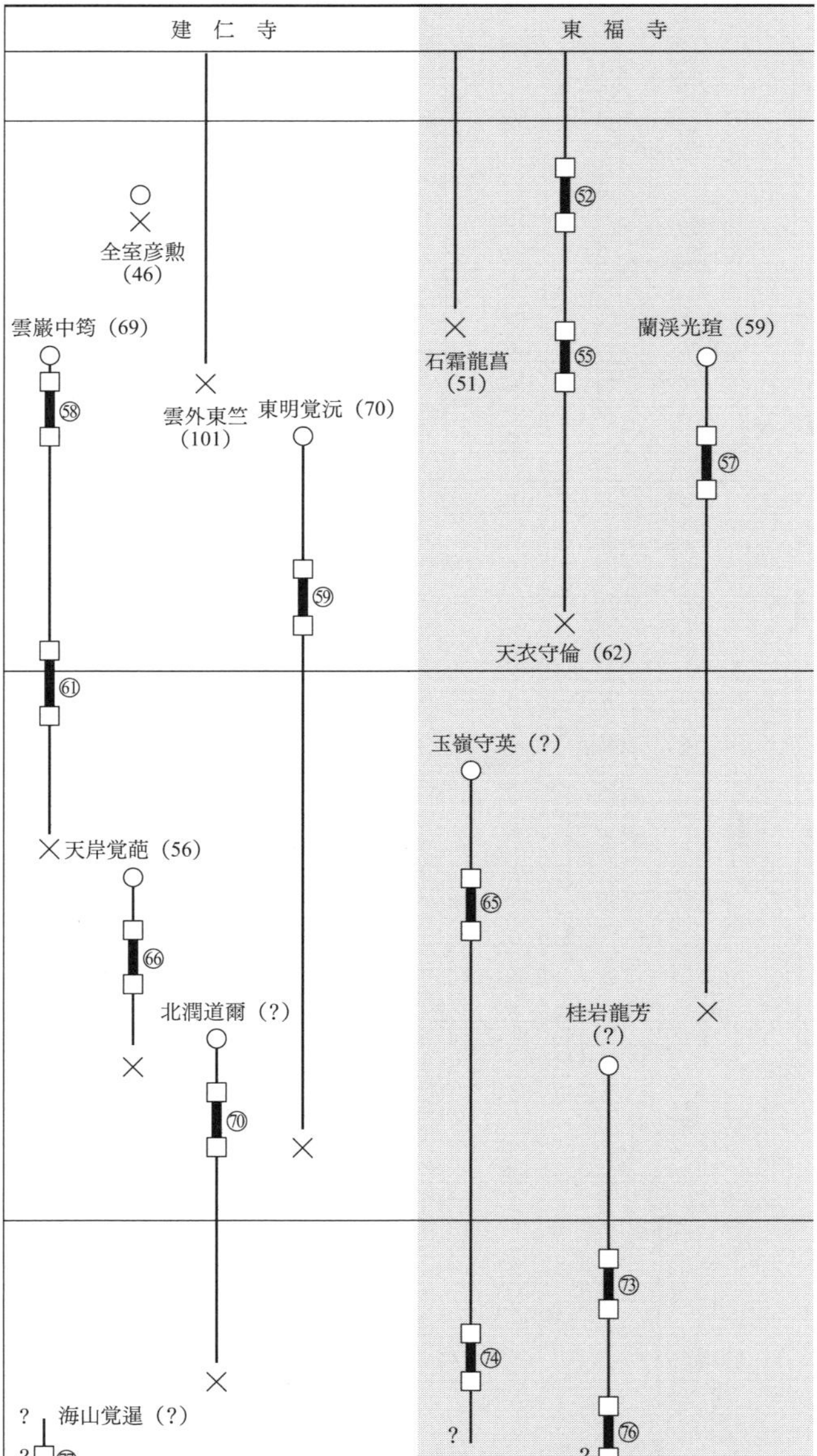

ては，表 1-2 により補った。

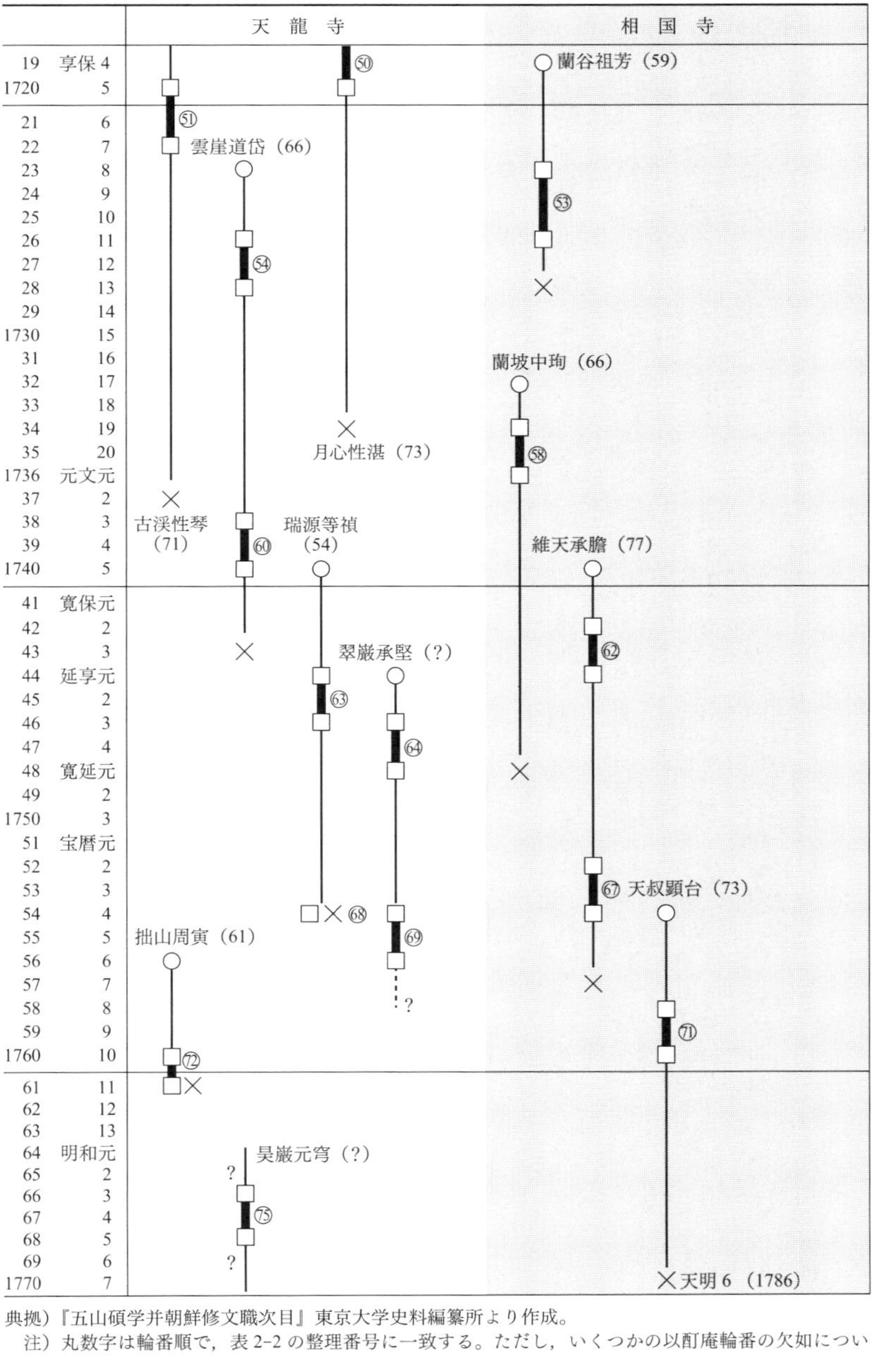

典拠）『五山碩学并朝鮮修文職次目』東京大学史料編纂所より作成。
注）丸数字は輪番順で，表2-2の整理番号に一致する。ただし，いくつかの以酊庵輪番の欠如につい

ていない。したがって、年々確保された碩学僧の人数には異論があるものの、趨勢の把握として桜井・田中の主張は概ね間違いではない。

しかしながら、こうした年々確保された碩学僧の人数の趨勢と以酊庵輪番僧の再任・三任状況とが直接的な因果関係をもつわけではない。表2-4を眺めながら確認しよう。

輪番制が始められた一六三〇～四〇年代に洞叔寿仙と玉峯光璘は再任を、棠蔭玄召が三任を経験しているのは、この時期の輪番制が「この三人の輪番制」だったから（本章「おわりに」参照）である。引き続く一六四〇～五〇年代に釣天永洪と茂源紹柏がそれぞれ三任を経験するのは、この時期の輪番制が玉峯光璘・洞叔寿仙・棠蔭玄召にこの二人を加えた「五人の輪番制」として動いていたからではなかったか。

一方、宝暦末年に現れる二つの再任（玉嶺守英と桂岩龍芳）は、たしかに碩学僧の人材不足に起因するところが大きい。しかし、延宝七年（一六七九）の南宗祖辰、宝永元年（一七〇四）の松堂宗植などの場合は八名前後の碩学僧が確保されていた時期のことである。ここには当該期の個別事情があったとすべきではないか。確保された碩学僧の数だけから再任・三任の理由を説明するのは極めて困難である。

（2）和文草案と真文草案

延享四年（一七四七）の事例だが、対馬藩朝鮮方で対朝鮮文書の和文草案を書き留めた『和文控』のなかで、和文草案はまず朝鮮方で作成され、藩主の確認を経たのちに使者をもって以酊庵まで伝達されることが記される。(7) こうして用意され伝達された和文草案を、以酊庵僧が真文に直した（真文草案の作成）。それがやがて清書されて正式な朝鮮外交文書として使用される。この真文草案作成過程にこそ以酊庵僧の学識が求められていたはずである。

たとえば、寛文七年（一六六七）、日朝間をまたいだ大密貿易団が捕縛された（寛文抜船一件）際に、事件の再発防止のために朝鮮側へ送られた書簡の和文草案は、「弘文院〔林鵞鳳〕と対馬藩とで相談を行って作成するように老中から命じられた（弘文院、此方相談有之而相調候様ニと従御老中被仰付候）[8]」というから、幕府と対馬藩と相談の上で作成されたものである[9]。真文草案の作成はときの以酊庵僧・相国寺春葩宗全に任された。また、元禄竹島一件交渉の最初の朝鮮あて書簡は、元禄六年（一六九三）九月二十二日に和文草案が以酊庵僧・天龍寺東谷守洵に手渡され[10]、十月半ばまでには真文草案、清書ともに仕上がった。しかし藩側からの求めで東谷守洵が真文草案を作り直し、十月十九日に対馬藩国元屋敷で以酊庵僧も立ち会いのもと、改めて清書が行われている[11]。

幕末に至るまで、概ねこうして真文草案が作成されたが、以酊庵僧の学識に依存せずに真文草案を作成する場合もいくつかあった。詳細は不明ながら、宝永四年（一七〇七）三月、訳官使李碩麟・崔檍の帰国に際して作成された礼曹あて書簡は、以酊庵僧に真文草案を手渡している[12]。また、朝鮮通信使の制度改革が一方的に朝鮮に伝えられた宝永八年（一七一一）、それを不満に感じた朝鮮側が厳しく反問をしてきた際の返答書は、次に示す史料に見える過程を経て作成された[13]。

［史料一[14]］

……ⓐこの件は重要な案件なので、とくに殿様が直々に書面をもって仰せ達せられるつもりでお考えになっているので、〔そうした内容で〕御草案について以酊庵へ命じられた。それで、通常の御草案を申しつける恰好での和文草案をひと通り作成した。ⓑしかしながら、今回の御草案は文意に少々含みをもたせてあるので、いつものような和文草案では漢文草案に書き直しにくいところもあるに違いないし、もし〔以酊庵僧が作成した〕漢文草案が藩主の意向に沿わないものだったりしたら、〔以酊庵僧には以酊庵僧で〕何かとお好みなどもあろうし、かえって以酊庵にも申し訳ないと〔藩主が〕お考えになったので、ⓒ雨森東五郎へそうした事情を具体的に〔藩主から〕伝えて、東五郎に漢文草案を一通作成させ、またそのほかにもう一通、その漢文草案に漢語交じりの和文草案を一通作成させた。ⓓ五月朔日に西山寺を藩邸へ招き、和文二通〔藩邸で作成した和文と雨森東五郎が作成した和漢混交文〕と漢文草案一通〔雨森東五郎作成〕のあわせて三通を渡し、漢文草案と和漢混交草案については、西山寺の責任で以酊庵へ御覧に入れるよう申し含めた。その結果、ⓔ藩主の意向を踏まえて西山寺から以酊庵に草案作成について話したところ、翌二日、〔以酊庵僧は〕雨森東五郎が作成した漢文草案通りのものを作成した……

右によれば、今回の一件は重要だから、藩主が直接に書簡を送付するつもりで準備するよう以酊庵に真文草案作成を命じ、和文草案も準備した（ⓐ）。しかし草案の和文はいささか含みをもたせた（「少々味イ有之」）ものだったから、いつも通りのつもりでは微妙なニュアンスが伝わらないおそれがある。語句や文体の選択には以酊庵僧にもそれなりのこだわりがあるだろうから（「何角と御好等有之」）、出来上がった真文草案が藩主の意向に沿わないものだったりしたら、〔おそらく何度も書き直しを求めたりすることになるだろうから〕かえって以酊庵僧に申し訳ない（ⓑ）。だから、そうした事情を伝えて藩儒雨森東五郎（芳洲）に真文草案を一通作成させ、その真文草案を土台にして漢語交じりの和文草案も作成させた（ⓒ）。そして西山寺に申し含めて、和文草案・漢語交じりの和文草案・真文草案の三つを以酊庵僧に提示させた（ⓓ）。西山寺から説明を受けた以酊庵僧は、雨森東五郎が作成した真文草案通りのものを作成した（ⓔ）、というのである。[15]

（3）対馬藩真文役と以酊庵輪番僧

このほか以酊庵僧の学識に依存しなかったわけではないが、対馬藩側と以酊庵僧の意向とが衝突しながら真文草案作成に至った事例も、これまでにいくつか紹介されている。安永五年（一七七六）、陳賀使の書契作成をめぐる以酊庵輪番僧と対馬藩真文役との意見対立、天保六年（一八三五）、元治元年（一八六四）の上表文作成をめぐる家老と以酊庵輪番僧との意見対立（米谷均［一九九五］）、天保期における朝鮮通信使大坂易地聘礼交渉の書簡作成をめぐる家老と以酊庵輪番僧との意見対立（池内敏［二〇〇六］）、がそれである。

安永五年における以酊庵輪番僧と対馬藩真文役との意見対立は、以酊庵僧の作成した真文案が前例とは違うとして真文役が添削を加えたところに発している。同時代の対馬藩を代表する識者たる満山雷夏は真文役の行為を批判して「事なかれ主義」と断じたという。満山は、真文役が余計な添削などする必要はないとまで述べる。朝鮮あて外交文書の書きようが拙くて朝鮮側から書き直し要求が出てきたところで、それは以酊庵僧の責任なのだという（米谷均［一九九五］）。この発言には、以酊庵僧が作成する真文草案が、対馬藩真文役の点検を経て清書に回されるという基本原則が、逆説的に語られている。

さて、対馬藩真文役は、以酊庵僧の作成した真文草案に対してどのような関与ができたのだろうか。真文役の日常的な活動を記した『出勤録』[16]のうち文化五年（一八〇八）から明治三年（一八七〇）に至る約六十年分をもって、右の点について簡単に検討しておきたい。

『出勤録』に見える真文草案点検作業の多くは、草案に書かれた字体、字句の検討である。漢字の字画を点検し、画数違いやハネ、突き抜けの有無を細かく点検し、また用語の適不適を判断し、脱字、衍字を点検し、行頭の高さの適否をも判断したのである。

たとえば、安政三年（一八五六）四月三日条では、この年二回目（再巡）の朝鮮漂流民送還に際して使者が持参する書簡の検討を行っている。

［史料二][17]］

……再巡〔この年度の二回目の漂流民送還使〕に持たせる文書の草案について、文意に関わる調整を以酊庵と話し合ったところ、文中に使われていた「調理」の二字については「買得」と書き改めてくださったが、「彼者」「外三人者」なる表現については、この部分はどうしてもこの表現でないと草案全体の文章の勢いがなくなっ

てしまってよくない、とおっしゃって一向に承諾してくださらないとのこと

以酊庵作成の真文草案中にあった「調理」なる用語では和文草案と適合しない。また「彼者」「外三人者」とする部分は、具体的に「長髻之民」「興海之民」と直してほしい、というのが真文役からの注文であった。その方が「文意がよくなる（文意宜キ様相成）」と考えたからである。しかしながら、以酊庵僧は、「調理」については「買得」に書き改めることを承知したものの、「彼者」「外三人者」を直したのでは文の勢いを殺いでしまうとして承知しなかった。

ところで、陳賀使書契をめぐる対立はここでも見いだせるから、たびたび意見の食い違いがあったものと見える。文久二年（一八六二）九月に以酊庵僧が作成した陳賀使書契の真文草案は、真文役が見たところ「先例とはあまりに齟齬する（先例ニ余齟齬仕候）」（九月十六日条）とか「全体に文章表現が常識的な規則を外れていて、使用されている文言がたいへん不格好なものもあちらこちらに見えて見苦しい（全体之文面規矩を外れ、其文句甚タ不形束之処も間々相見へ見苦）」（九月十七日条）というものであった。そのため以酊庵僧と直接に掛け合うこととなり、真文役としては「己酉年の先例」を対案とした（九月二十二日条）。これに対して以酊庵からは二通りの草案が再提出されたが、片方は「己酉の先例」に則ったもので満足のいく文面であったが、もう一方は「先例の型から外れた文面」であり修正すべき点の多い面倒な代物であった。それで朝鮮方頭役の指示も仰いで「己酉の先例」で押し通すことにしたという（九月二十六日条）。

一方、朝鮮から届いた文書もまた真文役は点検した。次に示す史料は、退休使（対馬藩主の隠居を伝える使者）に対する朝鮮側返書の点検に関わるものである。

［史料三］(18)

退休使の御返翰について、出勤して吟味をいたしましたところ、これといったちょうどよい先例を得ることは

できませんでしたが、享保年の例を書き直せば良いだろうと思われました。それで、そうした意見を為之允殿へ無違之介より申し上げましたところ、そうはいっても〔それは〕藩の側が望んでいることであって、もし返翰が到着した折りに以酊庵の方からそうした文章ではよろしくないなどとの意見が付けられた際には対応の仕様にも困ります（文久三年八月三日条）

ここからすれば、真文役が朝鮮から送られた返翰の文面が妥当だと判断するのには、何らかの先例と合致することを条件としていることが分かる。今回の場合は、ぴたりとあてはまる先例が見つからないが、あえてすれば「享保年之例」を書き直したものと見ればよいと考えた。これに対して以酊庵が異論を差し挟めばことはねじれる恐れもあったが、結局のところ、礼曹参判からの返翰は享保年の例に、東莱府使・釜山僉使からの返翰は文化年の例に適っているから良いという線で落ち着いた（同年十一月二十六日条）。

以上を要するに、以酊庵僧作成の真文草案に対する対馬藩真文役の点検ないし注文は、先例の精査を背景にしてなされえたといえるのである。表2-5は、文化五年から明治三年に至る『出勤録』に見える真文役をすべて掲出したものである。この表では少し分かりにくいが、藩政機構としての真文役中（または掌信館、学士中）は常時七人ほどの真文役から構成されている。そして真文役個々人の多くは、以酊庵僧の任期二年よりもはるかに長期にわたって真文草案点検の経験を積んだ。なかには二十年、三十年以上も真文役を勤め続けた者も少なくない[19]。こうして、機構としても個々人としても、対馬藩真文役は真文による外交文書作成の先例を数多く蓄積してゆくこととなった[20]。

ところで、慶応二年（一八六六）十二月二十日に以酊庵輪番制廃止が命じられ、翌正月二十九日にその内容が伝えられた[21]。

［史料四］[22]

表 2-5 『出勤録』文化 5～明治 3 年（1808～70）に見える真文役

		在任期間 [1]	在任年数	備　考
1	田口彦左衛門	文化 5 年（1808）以前～文化 15（1818）	8 年＋	文化 7，8，13 年なし
2	川本惣九郎	5 年（1808）以前～嘉永 5（1852）	37 年＋	文政 10，天保 8，13～弘化 4 年なし
3	永瀬理兵衛	5 年（1808）以前～弘化 3（1846）	39 年＋	
4	山口中洲	5 年（1808）6 月 9 日		
5	菅井中洲	5 年（1808）10 月 2 日		
6	大浦平記	6 年（1809）12 月 29 日～文政 10（1827）	17 年	文化 11，12 年なし
7	阿比留太仲	7 年（1810）4 月 3 日～弘化 3（1846）	33 年	文化 9～11，文政 6 年なし
8	岩村卯吉	7 年（1810）9 月 15 日		
9	川辺清次郎	9 年（1812）正月 15 日～文化 15（1818）	7 年	
10	関昇蔵	9 年（1812）正月 15 日～文政 8（1825）	14 年	
11	松浦儀兵衛	9 年（1812）11 月 4 日～文久 3（1863）	51 年	
12	菅井文蔵	14 年（1817）11 月 15 日～天保 5（1834）	17 年	天保 3 年なし
13	田口助右衛門	15 年（1818）3 月 9 日～文政 12（1829）	11 年	文政 11 年なし
14	田口四郎左衛門	15 年（1818）6 月 28 日～安政 5（1858）	41 年	
15	朝岡老之助	15 年（1818）6 月 28 日～天保 10（1839）	22 年	
16	原田祐助	文政 7 年（1824）10 月 28 日～弘化 4（1847）	21 年	天保 5，14，弘化元年なし
17	川辺友輔	11 年（1828）4 月 15 日		
18	大浦徳之進	13 年（1830）3 月 15 日～天保 9（1838）	9 年	
19	関和一郎	13 年（1830）4 月 4 日～天保 13（1842）	13 年	
20	川本健介	天保 6 年（1835）11 月 9 日～安政 6（1859）	25 年	
21	菅井千賀之介	9 年（1838）3 月 19 日～元治 2（1865）	28 年	
22	永瀬二七郎	9 年（1838）3 月 19 日～明治 3（1870）	33 年	
23	松浦左近	12 年（1841）～文久 3（1863）	23 年	
24	関貞一郎	14 年（1843）正月 28 日～嘉永 5（1852）	10 年	
25	阿比留直右衛門（直之丞）	弘化 3 年（1846）12 月 13 日～明治 3（1870）	27 年	
26	朝岡譲之助	4 年（1847）2 月 19 日～安政 3（1856）	10 年	4 月 11 日，朝鮮方頭役
27	田口徳一郎 [2]	4 年（1847）2 月 19 日～明治 2（1869）	23 年	
28	原田貫一郎 [3]	嘉永 3 年（1850）8 月 25 日～元治 2（1865）？	16 年	
29	関権之助	6 年（1853）8 月 25 日～安政 6（1859）	7 年	
30	唐坊荘之介	安政 3 年（1856）4 月 16 日～文久 2（1862）	7 年	
31	大浦無違之介	6 年（1859）正月 1 日～文久 3（1863）	5 年	安政 5 年 12 月晦日，見習
32	阿比留通	文久 3 年（1863）2 月 25 日～明治 3（1870）	8 年	
33	松浦三四郎	3 年（1863）5 月 7 日～明治 3（1870）	7 年	慶応 2 年なし
34	松浦賛治	慶応 2 年（1866）3 月 4 日～明治 2（1869）	4 年	
35	越富之允	4 年（1868）8 月 24 日～明治 2（1869）	2 年	
36	阿比留惣八郎	4 年（1868）9 月 26 日～明治 2（1869）	2 年	
37	菅井源太	明治 2 年（1869）8 月 6 日～明治 3（1870）	2 年	
38	清原多助	3 年（1870）8 月 1 日～		
39	上原百次郎	3 年（1870）8 月 19 日～		
40	蘇我通	3 年（1870）9 月 28 日～		

典拠）『出勤録』［国編，対馬］より作成。

注 1）「在任期間」は『出勤録』の出勤者名として初めて見えた日と最後に見えた日をとったので，厳密には在任期間ではない。本表は，おおよその勤務年数を見るための便宜的なものである。

2）27 田口徳一郎は，明治 3 年 11 月晦日条に「学士帰役被仰付」とあるから，このとき学士（真文役）に復帰したことが記される。

3）28 原田貫一郎は，万延 2 年（1861）5 月 15 日条を最後にいったん名前が見えなくなるが，文久 3 年（1863）8 月 16 日に出勤している。また元治 2 年（1865）8 月 12 日条には，「御納戸掛，真文役兼務」として名前が挙がる。しかしこの年の出勤録で，ほかに名前が出てくることがない。なお，原田貫一郎は，明治 3 年 11 月晦日条に「学士帰役被仰付」とあるから，このとき学士（真文役）に復帰したことが記される。

朝鮮国との外交・貿易については、これまで決まったやり方もありましたが、今後は一つひとつ御変革のあることを了解し、また現状をきちんとわきまえて、何ごとも古格にこだわることなく外国御交際の通例にしたがって、ますます御信義が立つようにつとめるようにしてください。そのことと関わって以酊庵輪番を御廃止になり、別途、中央政府から役人を派遣することとなりますので、そのように心得なさい。

右に見るように、以酊庵輪番制の廃止とともに、新たに中央政府から役人を派遣するという。もっともその役人派遣はいつになるかも分からない一方で、年例八送使や漂流民送還にともなう外交文書作成は日常的に継続されたから、「まず当分は対馬藩側で外交文書の作成を行う（先つ当分者、此方ニおゐて御整被成候ニ致）」ことにした。慶応三年四月十二日、真文草案の作成は朝鮮方頭役朝岡譲之助と川本九左衛門の両名が担当するよう命じられたが、両名だけでは十分に対応しきれないからとして「真文役の全員で草稿の御用を務めるよう仰せつけられたい（真文役一体ニ草稿之御用被仰付被下度）」と真文役中の側から申し出た。以後、朝岡・川本を中心にしながら真文役中も加わって、真文草案が作成された。外交文書作成の先例を蓄積してきた対馬藩真文役によって、以酊庵輪番僧の業務が代行されたということである。真文役は同時に、以前と同様に真文草案の点検等にも従事した[23]。

二　幕府の出先機関、監察機関としての以酊庵輪番制

(1)　外交文書への関与

①以酊庵僧の関知しない文章

幕府の外交史料集『通航一覧』に見える以酊庵輪番制の説明として以下のごときものがある。典拠は『譚海』で

ある。

[史料五]

……朝鮮より来書あれは、封の侭《まま》長老へ渡す、長老開封して事の次第を和語に写し、関東へ伝達し、御下知を得て、漢字返翰に認め、対州役人へわたし、則朝鮮へ送ること也、……

右史料によれば、朝鮮からもたらされた外交文書を対馬藩が最初に開封することはなく、まずは以酊庵僧の手によって開封され、幕府の許可を得てから以酊庵僧が返書を作成し、対馬藩を介して朝鮮に送付される、という。以酊庵輪番制が、朝鮮と対馬藩とのあいだに打ち込まれた幕府による楔であることを象徴的に示す史料である。こうした説明が誤りであることは夙に指摘されてきたことではある（泉澄一［一九七七］）が、先にも触れた寛文抜船一件と元禄竹島一件を素材に、あらためて外交文書への以酊庵僧の関与を明らかにし、もって前節で述べた論点**BC**を検討することとしたい。

元禄竹島一件交渉は、元禄六年十月に以酊庵僧東谷守洵が作成した真文書翰（これをいま仮に**甲**としておく）を多田与左衛門が朝鮮側に届けたところから始まった[24]。元禄七年正月十五日、**甲**に対する朝鮮政府中央の返翰（**乙**）が東萊府に届けられたのを受けて、倭館はまずその写本を入手し、国元へ概要を伝達した。**乙**正本を受領するか否かを国元で判断するためである。

この国元での議論に以酊庵僧が参加したか否か、詳細は不明である。そこで寛文抜船一件の際の事例をもって参照しよう[25]。

[史料六][26]

一ⓐ平田所左衛門が持参して朝鮮側に手渡した御書翰の返答書が〔都から東萊府へ〕到着したということなの

で、写本を作成し、判事〔東莱府所属の倭学訳官〕が〔倭館の〕勝田三郎右衛門のところまで持参してきたと三郎右衛門から伝え聞いた。そこで、幾度判右衛門と小川又治郎が相談を行い、〔写本を〕判右衛門のところまで持参するようにお話しになり、判事が判右衛門方へ出かけて行って返書の趣旨を申し上げた。したがって、ⓑ今回の一件は御隠密のことなので他見させることなく、勝田・幾度・小川の三人で返書を披いてみた。その返書の様子〔書かれた内容〕は〔持参した書面とは〕きちんと対応していないのではないかと思われるところがいくつかあり、それらについて判右衛門方から東莱府へ申し入れたあれこれについてはその指摘通りだと思われます。ⓒその上で返書の写本を対馬藩の国元に送付して藩主に返書をお見せすることとなった。それで、数山玄育・西山寺・長寿院が藩主のもとへ召し出されて〔返書について検討し〕、内々で返書の概要をお伝えすると、藩主は、書翰の趣旨はたいへん結構である、このうえ修正を求めるようなところもないので、早々に正本を受領して帰国するようにと指示を出した。その点を踏まえて、きちんと御返簡を受け取って帰国するように、……

〔史料六〕によれば、事件再発防止を朝鮮側に求めた書翰（以酊庵僧春葩宗全が作成したもの）は平田所左衛門が持参したが、このほど朝鮮政府中央から返翰が（東莱府に）届けられたという（ⓐ）。そして写本が勝田三郎右衛門のところへ届けられた。この一件は「御隠密のこと」なので他見を許さず、幾度判右衛門・小川又治郎・勝田三郎右衛門の三人だけで検討する（ⓑ）とともに、写本を国元へ届けて正本受領の可否を問うた。国元における写本の検討を託されたのは、史料に見るように数山玄育、西山寺、長寿院の三名であり、ここに以酊庵僧は含まれない。検討の結果、正本の受領と帰国が平田所左衛門に命じられた（ⓒ）。命じられたのは寛文八年（一六六八）九月二十五日のことである。

朝鮮側に送られた書翰の和文草案は幕府が作成したものであった。また、この寛文抜船一件に際しては以酊庵輪番僧のほかに臨時に加番僧が任じられ、両名で対朝鮮外交文書の作成にあたることが幕府によって命じられた。加番僧に任じられた建仁寺永源庵顕令は寛文八年四月に対馬府中に到着し、翌九年二月まで対馬に留まったから、右史料ⓒにいう検討がなされていた時期には、顕令はすでに対馬府中にいたはずである。にもかかわらず、顕令もまた検討の席に呼ばれることはなかった。

おそらくこれと同様に、元禄竹島一件に関わる乙写本の検討に以酊庵僧は関与しなかっただろう。以酊庵僧が藩邸に招かれて乙を見せられた記事は元禄七年（一六九四）二月二十八日になって初めて見えるが、これは二月二十七日に多田与左衛門が持ち帰った正本だからである。

ところで、多田の帰国直前から対馬藩国元では乙正本受領拒絶論が高まっていたから、いったん受領した乙正本の書き替えを求めることとなった。そうした趣旨の真文書翰が以酊庵僧によって作成され（丙）、多田によって朝鮮側に伝えられた。丙に対する朝鮮側返翰（丁）は同年九月に倭館にもたらされた。丁は対馬藩側の意図から乖離した内容であり、しかも慣例とは異なるやり方で倭館にもたらされた。朝鮮書翰は、まず写本によって内容確認をした上で正本の受領（ないしは訂正の上での受領）をするのが慣例であったのに、丁はいきなり正本で渡されたからである。これは内容訂正には応じないとする強硬姿勢でもあったから対馬藩側は反発し、一件交渉はこののち一年近くにわたってもつれた。こうして膠着状態にあった一件交渉を打開するために選ばれたのが、それまでの交渉経過すべてを幕府に示して指示を仰ぐというやり方であり、提案者は陶山庄右衛門であった。

さて、元禄八年十一月末、江戸で老中と会見した際に、対馬藩主の父宗義真は甲乙丙丁四通の外交文書を提出した。これら四通のうち甲乙丙はいずれも『本邦朝鮮往復書』に記録されるから、以酊庵僧の目を通っていることがたしかである。しかし丁は『本邦朝鮮往復書』に記録されない文書だから、以酊庵僧の関知しない文書である。そうした文書があわせて幕閣に提出された。

以上の例からすると、外交文書の発給・受領に関わって、以酊庵輪番制が幕府の意向を体して介入していたなどという構図は成り立たないのではあるまいか。少なくとも二つの事例に関しては、以酊庵輪番制が対馬藩側の恣意を排除する機能を果たすことはなかった。

②その後の「大君」号

以酊庵輪番制導入の前史には「国書改ざん」の克服という課題があった。より具体的に述べるならば、それは徳川将軍の対外称号を外交文書上でどのように表現するかであり、「日本国王」なる表現を忌避する行為をめぐる日朝間のズレの調整であった。その過程で登場したのが「日本国大君」号であり、既往の議論の多くは以酊庵輪番制導入の前後の時期（一六三〇年代前後）の分析に終始していた。筆者は池内敏［二〇〇六］において、一七二〇年代ごろまでを視野に収めて「大君」号の分析を行ったが、もう少し期間を延ばしてみると何が見えてくるだろうか。

「大君」号の歴史的性格について池内敏［二〇〇六］で述べた要点は以下の通りである。「大君」号がどのような外交文書の中で使用されたかを年代ごとに集計すると、将軍襲職（朝鮮通信使派遣も、将軍襲職に合わせて行われる行事であるから、ここに含めて考えても良いだろう）、将軍継嗣の祝賀、あるいは将軍死没に対する弔いといった将軍個人に関わる事柄を内容とするものは、江戸時代の初めから終わりまでの各期間にほぼまんべんなく見いだしうる。それに対して、漂流民送還時の添状・礼状や幕府政治に関わる通報の類は、家光・家綱期に特徴的であって、その後は見いだせないか極端に減少し、「大君」号に代わって「東武」ないしは「東都」なる語が使用されるようになる。そして「大君」から「東武」「東都」への変化は、政治的行為が、卓越した個人の力量によるのでなく制度化された組織によりなされることへの変化と対応している。逆にいえば、「大君」号それ自体は主従制にたいへん密着した用語だということである。

この点を想起しつつ、次の［史料七］を見てみよう。十八世紀末、大慶参判使と呼ばれる外交使節を対馬藩から朝鮮王朝に派遣するに際し、持参させる外交文書の和文草案を対馬藩側が準備した。これは朝鮮外交文書作成にあたっては通例のことである。その和文草案を下敷きにして以酊庵輪番僧が真文草案を作成し、対馬藩朝鮮方真文役ほかの点検を受けて、最終的な外交文書として清書に付されることとなる。

［史料七］(27)

このたびの大慶使が持参する朝鮮礼曹参判あて御書契のうちに「被化於四表洽澤於上下（あらゆる世界を化せられ、ひろく上下をめぐむ）」とする表現があり、また礼曹参議あての御書契には「操斗極之則把鈎陳之象（北極星を操るのは則ち六星をつかむのしるし）」とする表現があります。ⓐこれらはいずれも天子あての文書中で使用すべき文字づかいであり、先例と比べてみても〔相手の扱いが〕宜しすぎるように思われます、と阿比留惣四郎より申し出ました。そうしたところ、すでに清書も済んで書契として整え終わっているので今さらどうかとは思うが、一老へかけあって尋ねてみてはどうだろうかと惣四郎へ申し含めた。惣四郎が以酊庵へ出かけて一老へかけあってみたところ、以酊庵和尚が応対してくださった。和尚がいうには、自分も指摘のあった箇所については気になっていたのだが、この節の御書契については、先例があるにはあるけれども、いかに書契の文言を作成するのが難しかったか、とか、天子に当たる文言をお使いになった経緯について何かとお話しくださっているうちに、以酊庵僧はこんなことをおっしゃった。ⓑ「殿下」という文字は「殿下《テンガ》」と書けば「関白」に当たる文言だから「大君殿下」などとひと続きにして用いれば問題ないが、「殿下」とだけ記したりはしないようにと先年御達しがあった、と。それで惣四郎は、関白にあたる文字は書契に使わないようにとの御達しがあるのならば、天子に相当する文字などは、たとえ前々より使ってきたとはいえ必ずや御除きになるべきものでしょう。なのに、いま大慶使の書面に天子に相当する文字を使うのは良いのでしょうか、と申し上げました。すると〔以酊庵僧が惣四郎に対して〕責めたてながら諭すような様子であったので、惣四郎は以下のように応対した。おっしゃるような御達しがあったかどうかは存じませんが、先年の御復号の節〔新井白石による復号〕の〔文書作成の〕様子を参照しますとかくかくしかじかでございました、と当時の例を挙げ、ⓒ皇帝あるいは天子および王号は昔も今もある種の尊称であって、大君の称は天子や嫡王子、場合によっては侯伯にも相当します。さらには人の父にも尊大君などと用いる場合もありますから、古今用いられてきた呼称〔たとえば「大君」〕を器にしながらも、その表す内容は色々様々だ思われます。ⓓいま「大君」と称し奉るのも「家君」という意味であって、「諸侯の長」という意味だとわれわれは心得ております。徳川将軍を示す文言は天子を示すのにも用い、またそれ以外にも通用するような良い文字を用いたく考えており、いつもそうして心がけています。右のような書契は、作成する度ごとに幕府に提出しておりますが、〔書契の文面について幕府から問いただしがあった際の〕幕府に対する受け答えは、〔書契の文面が以酊庵〕大和尚の作成になるものである以上、とりたてて説明することも不要です。しかし一方、かつて「四海驩泙（天下を静かに治める）」などという文言があったときに朝鮮側から問題視されて文書を書き直したことがあると聞いています。朝鮮については〔以酊庵和尚にも〕かねがねお聞き及びになっているような傾向があって、相手を追い詰めるようなことをも貫き通すようなところがあって、今でもあれやこれやと難儀します。〔そのような問題が生じることで〕使者の接待が遅延してしまったのでは、〔今回の大慶使は〕いつもの使者とは重要度が違いますので、いかがかと思われます、などといったことども順々にお話し申し上げてみますと（以下欠）

（『和文控』〔国編四三三八〕天明三～寛政九年〔一七八三～九七〕）

さて、このとき礼曹参判あての書面にあった「被化於四表洽澤於上下」の字句、礼曹参議あての書面にあった「操斗極之則把鈎陳之象」の字句、この両者がいずれも「天子」に関わってのみ使用可能な言い回しではないかとの批判ⓐが対馬藩朝鮮方から提起され、以酊庵僧に対して確認がなされた。以酊庵へ出かけて話し合いをすると、以酊庵僧はその点は最初から気づいていたという。つまり和文草案を真文草案に直す段階で自覚していたというわけである。その上で、話を続けているうちに、これまで作成されてきた諸文書における言い回しの様々なところに不当な物言いがあることを以酊庵僧が指摘し始めた。何も今回の文言だけを問題にすべきなのではなく、この間、様々に不当な物言いのある外交文書を作成し、通用させてきたではないか、という批判的な言辞である。

以酊庵僧の指摘する具体例は「殿下」の用法であった。「大君殿下」とするのは構わない。しかしながら「殿下」とのみ記しては、それは「関白」のことを意味するのであり適切ではない。にもかかわらず、これまで「殿下」とのみ書いてきた例がある。そうした点をきちんと指摘してきたというのなら、今回の批判も甘んじて受けよう。しかし事実はそうではない。不適切な行為をそのまま放置しておきながらたまたま気づいた今回の表現についてだけ批判的に捉えることには納得がいかないようであった。

これに対し、阿比留惣四郎は、以下の例示をして以酊庵僧に反駁した。「大君」号もまた見方によっては「天子」の意味にもなる。しかしこれまで使用してきた。なぜそれが問題とはならないか、理由があるはずだ。いま、われわれ対馬藩では、「大君」というのは「家君」「諸侯の長」の意味で使用しているのであって、決して「天子」の意で使用しているのではない。そうした合意があるから、なんらの問題も起こらないのである、と。つまり、その言葉自体は様々に解釈の余地があり、その余地のなかには「天子の意で解釈できるではないか」とする反問が含まれうるが、しかし自分たちはそうした解釈の余地なく「大君」とは「家君」「諸侯の長」の意でのみ理解しているのである。あのようにも読め、このようにも読めるからけしからんではないか、とする批判の仕方はあたらない、という反論であった。

この両者の議論から「大君」号について明瞭となるのは、十八世紀末には、それは明らかに主従制に深く密着した用語であったということである。筆者はすでに成立期の「大君」号の性格がそのようだと指摘していたが、そうした意味づけはその後も継承されていたということである。

一方、以酊庵輪番僧にあっては、それが二年交替によって外交文書に初めて接触する経験となるわけだから、必ずしも皆がそうした見地を獲得できているわけではない。以酊庵には先代が蓄積してきた外交文書集『本邦朝鮮往復書』が備わっていたはずだが、それでもそこに収められた文書作成経緯までもが詳細に継承されたわけではない。輪番僧が交替するたびに議論の蒸し返しがなされる余地があったということでもある。

ところで、右の［史料七］で以酊庵僧の指摘する「殿下」称号の不当性は、その称号を使用していた当時の史料に即して再検討すれば、以下のごとき事情のあったことが想起されねばならない。

新井白石による「日本国王」号復活の建議にともなって、辛卯年（一七一一）から国書レベルでは「日本国王」号は朝鮮国書の宛先および日本国書の自称として使用された。それを踏まえて、朝鮮・対馬間でやりとりされる外交書簡中における将軍の表記をめぐり、正徳三年（一七一三）、以酊庵僧は「大君」号ではなく「王」号の使用を強く主張した（池内敏［二〇〇六］五七頁）。ところが、実際には「大君」号の使用はなされなかったものの「王」号も使用されず、書簡中では徳川将軍を指すのに「殿下」と記された。これら外交文書の真文草案は以酊庵僧が作成し、以酊庵僧の指示のもとで書契清書役僧たちが正本を作成したものである。「殿下」を使用する外交書簡は、いわば以酊庵僧の承諾を踏まえて作成されたものだったのである。そして、「殿下」の用例が積み重ねられるうちに、徳川吉宗の八代将軍襲職にともなって再び「日本国大君」号へと回帰した。［史料七］の時期の以酊庵僧には、そうした事情が継承されていなかったことが明らかである。

さて、「大君」号の用法は、次第に派生を重ねて行く。「貴大君」という用法があるかと思えば、「我貴大君」なる用法も出てくる。十八世紀後半のある以酊庵僧は、「貴大君」なる表記は不可であると記録する。(28)それは、「我国ノ大君ヲ貴大君ト称スルハ非也、貴大君トハ貴国大君［　］（ノ事ヲ云？）也」という理由からであった。

ところで、史料上の「貴大君」の現れ方には以下のような特徴がある。「貴大君」の初見は崇禎九年（一六三六）三月付の対馬州太守あて礼曹参議書契であり、その後丙戌年（一六四六）までにさらに五通を見いだせるが、すべて差出者は朝鮮側である。同年（正保三年）八月付の礼曹参議あて対馬州太守平義成書簡が、日本側作成書簡における「貴大君」の初見である。その後、「貴大君」は日本側・朝鮮側いずれにも現れるが、それは例えば一六四八〜五五年までに期間を限れば、この間に対馬藩・朝鮮間でやりとりされた文書総数三十五通のうち二十四通を占める（対馬藩側が十四通、朝鮮側が十通）。当然のことながら、この時期の以酊庵僧は「貴大君」号を使用する文書を作成していたはずである。

外交文書作成もまた広義の政治的行為である。対馬藩から提示された和文草案を真文草案に直すに際し、以酊庵僧の側には彼らなりの見識があった。しかしながら、必ずしも彼らの理屈が通用したわけではなく、常に対馬藩士との対決と屈服が用意されていたのである。［史料七］に見えるような議論がなされること自体に、以酊庵僧が対馬藩を一方的に監察するような存在ではないことが示されている。

（2）崔天宗殺害事件と以酊庵僧

宝暦十四年（一七六四）、大坂で発生した対馬藩士による朝鮮通信使殺害事件に際し、幕府は、以酊庵を介して対馬藩抜きに朝鮮通信使との接触をはかろうとした（池内敏［一九九一b］）。これは、以酊庵輪番制を介して幕府の意向を直接に朝鮮側に示そうとした希有な事例である。試みられた接触は、事件の進展に対応して二段階に分けられるから、まずは、殺害事件直後の情況から見ていきたい。

①殺害事件の直後

十代家治の将軍襲職を祝う朝鮮通信使が江戸での儀礼を終えて帰途につき、大坂西本願寺の宿舎に到着したのは、宝暦十四年四月五日であった。同七日未明に朝鮮通信使中官崔天宗が殺害され、しばらくは自殺・他殺両説入り乱れて紛然としていた。同十三日、対馬藩士鈴木伝蔵の殺害を自白する手紙が明らかとなり、また逃走した伝蔵を大坂町奉行所与力が捕縛するのが同十八日であった。幕府中央が目付曲渕勝次郎を急派するとの連絡が大坂城代のもとに届くのが同十九日。この日から、以酊庵僧による朝鮮通信正使との直接会談の要請が繰り返された。

朝鮮通信使書記官の一人であった金仁謙の日記『日東壮遊歌』には次のようにある。[29]

［史料八］

二十日、両長老〔守瑛長老と承瞻長老〕より／伝言で面会を求めてくるが／島主〔対馬藩主〕との接見の前に／長老に会うことは／前例にもないし／事の成り行き上叶わぬことと断った／長老が重ねて請うのに／島主が帰った後／自分らは後に残り／内々にて筆談したいとのことであったが／正使はそれも許されなかった／……／江戸から来た慰安書を／島主が取り出して見せると／承瞻長老〔朝鮮通信使随行の際の加番長老〕もまた／別の慰安書を出しながら／書き記すものを見ると／こちらにいいたいことがあれば／詳しく書いて欲しいとのこと／これはおそらく江戸からの指令で／承瞻長老に／訊かせているものと思われる

二十四日、守瑛長老〔以酊庵僧玉嶺守瑛〕より／またも単独会見の申し入れがある／……／正使は病と称して／返事をしたためられ／「前例がございません／もし島主と御同道なさったときには／必ずお目にかかります」／と伝えられる／長老がこれに答えて／「単独会見を望む理由は／関白〔将軍のこと〕の意向によるものです／島主同席ということなら／お会いしないほうがましです」／といって退席したとの由

正使趙曮の日記『海槎日記』同年四月二十日条にも同様な申し入れがあったことが記され、三使（正使・副使・従事官）で相談して、対馬藩主と別に以酊庵長老とのみ会談するのは前例がないとして、要請を断っている。二十日は結局対馬藩主と両長老が同席して趙曮と面談した。金仁謙が観察した同じ場面（右史料二十日条の傍線部）について、趙曮は、両長老が書面を提出した際の対馬藩主がたいへん不平そうな顔色をしており、両長老に対する怒りの色が顕わだったと見ている（「窃観島主気色、顕有不平之意、……其必慍怒於両長老者、不能掩矣」）。

［史料八］の二十四日条傍線部にも明らかなように、以酊庵僧の申し入れは幕府の意向にしたがったものであったが、前例をたてに認められることがなかった。そのため、大坂城代から三使にあてて書翰を送り、意向を伝える

こととなった。その趣旨は、事件の吟味は大坂城代に任されたこと、江戸からも目付が派遣されたことを伝え、そうした措置は「両国に信のあるところを御立てなされようとの思し召し（両国有信之処御立被成候思召）」によるというものであった。それは、対馬藩を介さずに幕府が直接に事件を解決するとの強い意思の表明でもあり、そうした解決が日朝関係の信頼回復にもつながるとの考えである。

したがって、これが幕府の意向を以酊庵輪番制を介して直接に朝鮮側に示そうとしたものであることは明らかである。と同時にそうした試みが挫折したこともまた事実である。第一に、以酊庵僧との単独会談は朝鮮通信使側の強い拒絶によって実現しなかった。また第二に、直接会談の代わりに送られた大坂城代書翰は、たしかに朝鮮通信使三使に直接あてられたものであったが、対馬藩は朝鮮通信使上々官を通じてその内容を漏らしてもらっている。幕府が対馬藩を排除しきることは貫徹できなかったのである。

②朝鮮通信使の帰国後

五月二日に鈴木伝蔵が処刑されたのを受けて、朝鮮通信使一行も同八日、大坂を発って帰国の途についた。その際、三使は鈴木伝蔵一件に対する最終的な裁許内容について報せて欲しいとの要請を行った。大坂城代はそうした要請には応えないとの態度をとり、対馬藩側にもその旨を明らかにした。しかしながら、幕府中央では遅くとも同年七月までには、対馬藩には一切報せないままに、最終的な裁許内容を朝鮮側に伝えるとの方針転換を行った。

八月六日、以酊庵僧玉嶺守瑛は対馬藩家老小野典膳を以酊庵へ招き、右の方針転換を伝えるとともに[30]、ひとまず裁許内容を伝えることになったことについて朝鮮側に通達したいと述べた[31]。玉嶺守瑛は、どのようにすればそうした書翰を送付することが可能かについて小野に相談をもちかけたのであり、以酊庵送使に準じて書翰を送るのが良いか、近々予定されている倭館館守の交代時に書翰を託すのが良いか、などと具体的な方法を挙げて可能性を探ろうとした。しかし、家老の立場からすれば、そうした行為は「対馬藩を差し置いて、朝鮮へ幕府の意向をお達しになる用件を以酊庵和尚を介して取り計らうような感じ（御国を差置、朝鮮へ被相達候御用向を和尚より被取斗候趣）」

であって、そもそも容認できないことがらであった。対馬島と朝鮮半島を結ぶ海上の道は対馬藩の統制下にあった。いくら以酊庵僧が思いつく限りの具体案を挙げたところで、対馬藩の承認が得られなければ実現に至るはずがなかった。

ところで、小野典膳はこの日の会談内容を江戸家老古川大炊に伝えるに際し、同年四月二十日ごろにおける両長老と朝鮮通信使の直接会談の試みについて、以下のような評価を述べている。

［史料九］[32]

……大坂での一件が起こってから、以酊庵両長老が通信使の三使に直接対面なされたいと何度か申し入れがあったけれども三使の側が一度として〔申し入れに〕応えなかった件は、ⓐ結局のところ〔以酊庵長老の側が〕対馬藩と朝鮮とをひとくくりにすることで、〔対馬藩の立場を〕日本にとっての御恥辱となるように取り計らうような悪意を含むものといえ、〔以酊庵僧は〕大坂城代へ内々で訴えに及んでいるにも違いなく、……ⓑこの和尚も、瞻長老・芳長老と同様に大坂で奸策をめぐらした人だから、いささかも油断をしてはならない、……

小野典膳はいう。三使が両長老との直接会談を断ったのは、対馬藩を朝鮮側と結託したもののように見せかけて、幕府に対する対馬藩の立場が悪くなるようにあえて取り計らった悪意によるものである（ⓐ）。この和尚すなわち現以酊庵僧玉嶺守瑛は、瞻長老（加番僧承瞻）・芳長老（前任以酊庵僧桂巌龍芳）と同様に、大坂で三使との直接会談を求めるといった奸策をめぐらした人物だから油断ならない（ⓑ）、と。これはいささか歪んだ見方ではあるが、対馬藩・朝鮮・以酊庵僧（幕府）の三者をめぐる力学、とりわけ相互の猜疑心や不信感がもたらした歪みではあったろう。

そうしたなかで、いま注目したいのは傍線部ⓑに見える以酊庵僧に対する不信感である。ここにいう「奸策」とは、対馬藩の意向を超えた独自の動きのことを指している。以酊庵僧がそうした動きを示したことに対して、家老は厳しい不信感を表明したのである。このことは裏返していえば、以酊庵僧は、対馬藩にとって本来的には意のままになる存在であると考えていたということである。以酊庵僧が対馬藩の恣意的な動きを牽制したり、幕府権力が以酊庵僧を介して宗氏と朝鮮の通交過程に直接介入するなどということは、対馬藩の立場からすれば本来あってはならないことだったのである。

おわりに

最初の輪番僧が玉峯光璘に落ち着くに際しては、寛永十二年（一六三五）九月、京都所司代板倉重宗が玉峯光璘・棠蔭玄召・洞叔寿仙の三人を招いて「朝鮮との往復書簡については三人にその役を命じるので、具体的には対馬守と相談するように」と述べた上で、当年は璘西堂の番であると指示している（池内敏［二〇〇六］）。右より先の同年七月二十九日、江戸城へ登城した金地院元良は、老中らからの連署によって五山碩学中への命を受け、自身も別途次のように書面を出している。

［史料十］(33)

大炊頭殿〔老中土井利勝〕・讃岐守殿〔老中酒井忠勝〕・周防守殿〔京都所司代板倉重宗〕より連署をもってご指示がありました。それによると、ⓐ五山碩学のうち慈済院・南昌院・宝勝院から輪番でひとりずつ対馬へ下向なさり、朝鮮との往来文書や筆談などの職務を務めるようにとのことです。近いうちに対馬守殿〔宗義成〕が江戸を発たれますので、〔途中の京都で合流して〕ご一緒に対馬へ下向していただきますので、直ちにご用意ください。ⓑ誰がどの順番で対馬へ下向するかを決めがたいのであれば、鬮取りを行って決めるのでも構いませ

ん。詳しくは老中や連署なさった方々がご説明くださいます。恐々謹言

七月廿九日　　　　　　　　　　金地院元良　在判

なおⓒ当年始めて対馬へ下向くださる方をお定めになって急ぎお知らせいただきますよう、老中方は拙者の責任で（五山衆に）申し入れておくようにとのことでしたので、早々にお報せください。以上

（「寛永十二年以酊庵輪番ニ関スル書付、宝暦十三年写」東京大学史料編纂所、森潤一郎氏旧蔵史料〇四）

右に見るように、最初の以酊庵輪番僧は、慈済院（洞叔寿仙）・南昌院（棠蔭玄召）・宝勝院（玉峯光璘）の三人の輪番で行うように指示がなされ（ⓐ）、そのうちの誰が最初に対馬へ赴くかについては「くじ」で決めても構わない様子であり（ⓑ）、どのようにしてでも最初に赴く者が誰になるかを決めて、老中に報告する必要がある（ⓒ）という。これら当時の老中・金地院僧録からの指示にしたがえば、以酊庵輪番制は「この三人」の輪番制として始まったのである。実際にも、寛永十二年十月の初代玉峯光璘の着任から寛永二十年三月の七代玉峯光璘の離任まで、玉峯光璘・棠蔭玄召・洞叔寿仙の三人が、光璘・玄召・寿仙・光璘・玄召・寿仙・光璘の順で交替して以酊庵に着任している（「以酊庵輪番下向次第」『以酊庵輪番記』［対馬記録Ⅱ／寺社方Ｅ２］）。したがって、「京都五山僧一般による輪番制度」が最初から予定されていたわけではない。そうである以上、そもそも以酊庵輪番制なる「制度」の創出に過度の政策的意図を読み込むのは妥当ではないと思われる。

そして本章で述べてきたように、以酊庵輪番僧はあらゆる外交文書に関与していたわけではなく、関知できないものも少なからず存在した。したがって、以酊庵輪番制の存在によって、日朝外交上における対馬藩側の恣意を排除できるようなものではなかった。崔天宗殺害事件の解決過程には、幕府の意向を以酊庵輪番制を介して直接に朝鮮側に示そうとする強い意思が見られたが、結局は挫折した。以酊庵輪番制をもって幕府外交の出先機関と位置づけたり、以酊庵輪番制の存在によって幕府の意向が外交文書や外交折衝に反映されうるとは考えがたい（論点**B**）。

以酊庵僧が対馬藩の恣意的な動きを牽制したり、幕府権力が以酊庵僧を介して宗氏と朝鮮の通交過程に直接介入するなどということは、対馬藩の立場からすれば本来あってはならないことだった（論点C）。

したがって、「幕府権力が宗氏と朝鮮の通交の過程に直接介入する」のが以酊庵輪番制の役割であったとする理解は成り立たない。そもそもこうした理解は、以酊庵輪番制導入の前史たる日朝外交文書改ざん発覚（いわゆる柳川一件）に引きずられすぎであって、職務の実態分析から導き出されたものではなかった。

一方、対馬藩真文役は、機構としても個々人としても、真文による外交文書作成の先例を数多く蓄積していったから、輪番制廃止後における以酊庵輪番僧の業務代行を対馬藩真文役が下支えした。このほかにも以酊庵僧の学識に依存せずに真文草案を作成する事例もいくつかあった。すなわち、真文草案の作成にあって、以酊庵僧の能力は代替可能であったということである。したがって以酊庵輪番制は、日朝間の外交文書管掌のために不可欠の存在というわけではなかったともいえる（論点A）。

とすれば、以酊庵輪番制はいかなる役割を果たしたのか。

以酊庵僧が対馬府中で厚遇を受けたことは、その年中行事を一瞥しただけでも想像がつき、年中行事以外にも様々な便宜がはかられていた（第1章第二節(2)参照）。こうした厚遇を与えた背景には、当然ながら以酊庵僧が対馬藩にとって有益な存在であったという事情があったはずである。

以酊庵輪番制のそもそもの始まりは真文草案の作成にあった。それがやがて以酊庵僧に依存せずとも対馬藩真文役によって代替可能となったが、にもかかわらず幕府によって以酊庵輪番制廃止が命じられるまでは、以酊庵僧の手を経て真文草案が提出されるという過程が尊重された(34)。朝鮮あて外交文書は対馬藩だけで作成するものではなく、藩外の権威を帯びた者の手になるものだという形式が、朝鮮政府に対峙したときの対馬藩にとって意味があったからである。以酊庵輪番制は、こうした側面からの再評価が必要だと思われる。

第3章　二つの輪番制

——対馬以酊庵と釜山倭館東向寺

はじめに

寛永十二年（一六三五）に始まった以酊庵輪番制について、それが幕府外交の出先機関であるとか対馬藩に対する監察機関であるとの評価が長らく行われ、そうした評価が通説的理解として受容され、定着してきた。第2章では、通説的理解に対する根本的な再検討に着手し、以酊庵僧（輪番制）は、何よりも対馬藩にとって有益な存在であったことを見通しとして得た。少なくとも近世中期以後は、対朝鮮外交文書作成は対馬藩政機構によって代替可能でありながら幕末に至るまでそうしなかった。そうした点に鑑みると、以酊庵僧の手を経て対朝鮮文書が作成・提出される過程が重要視されていたであろうことが推測される。

本章は前章で得た結論と見通しを踏まえながら、以酊庵輪番制が対馬藩にとって有益であり、対馬藩側こそが存続を求めていた点について、さらに検討を深めていきたい。

一　対馬藩における外交文書点検・作成能力

近世初頭の対朝鮮外交文書は元禄十一年（一六九八）阿比留惣兵衛恒久によって編纂された『善隣通書』によって知りうるが、その巻五・六「慶長元和寛永通交編年天啓崇禎通交編年」には、慶長十三年（一六〇八）から寛永九年（一六三二）に至る五十通が収められている〔国編四七五四〕。そこに収録された二十五通目は元和三年（一六一七）四月付で朝鮮国礼曹相国にあてられた宗義成書契であり、「この書は、方長老と李文長が相談して作った草案（此書、方長老與李文長相議草案）」と付記される。この付記によれば、当該文書は方長老（規伯玄方）が朝鮮人被虜であった李文長と相談しながら作成した外交文書草案であると知られる。「〔李文長が〕蘇長老〔以酊庵初代景轍玄蘇〕のあとめ《跡目》に高麗との文のとりかハし《取交》をは、かた《型》のごとく《如》をしへ《教》申し」たとする記述も得られる（米谷均［一九九七］）から、以酊庵二代規伯玄方は、朝鮮人被虜から学びながら対朝鮮外交文書作成を担っていたのである。

以酊庵初代景轍玄蘇も二代規伯玄方も臨済宗幻住派の僧侶であり、中世末には幻住派僧侶によって日朝外交文書の起草がなされていた（伊藤幸司［二〇〇二b］）。伊藤は、十五世紀半ば以来の対馬島に所在する外交僧として、対馬小船越梅林寺の鉄歓□通・対馬佐賀香梅庵の如意禅師・同じく景徳庵の仰之梵高らの名前を挙げる。中世末から近世初頭にかけての対馬島内には、外交文書起草能力のある者がそれなりに存在したと見てよい。しかしながら、柳川一件における以酊庵規伯玄方の流罪処分によって対馬藩は外交文書作成能力を欠くこととなり、対馬藩は一件後ただちに幕府に対してそうした能力をもつ人材の派遣を要請し続けたのである。

ところで、柳川一件の裁定と関わって、幕府は寛永十一年（一六三四）十二月、対馬藩に対して当分のあいだ朝鮮との通交を停止するよう命じた。十二年一月、規伯玄方は対馬を離れて江戸へ赴いて柳川一件の裁きを受け、同年三月に一件は落着を見た。そして最初の以酊庵輪番僧が対馬府中に着任するのが同年十月である（序章・終章）。

表3-1　以酊庵輪番制導入直前期の朝鮮書契

差出年月	差出（内容）	『対馬島宗家文書書契目録集』Ⅰの史料番号
崇禎8年（1635）正月付	釜山僉使書契（馬上才出発を報せる）	344
同年同月付	東萊府使書契（萬松院送使に関わる）	345
同年7月付	〃　（柳川一件関連）	346
同年8月付	礼曹参議書契（漂流民送還）	347
同年同月付	〃　（柳川一件関連）	349

典拠）大韓民国国史編纂委員会［1991］。

したがってこの約一年間は、幕府に対して外交文書起草可能な人物の派遣を求め続けた対馬藩側の論理にしたがえば、対馬藩における朝鮮外交文書取扱い能力の空白期ということになる。

ところがこの空白期間にも朝鮮側から対馬藩主にあてて五通の外交文書が送られて来ており（表3-1）、それが現在宗家史料中に伝来するからには、五通の外交文書は対馬藩国元まで届いていたことが確実である。朝鮮から送られた外交文書が数次にわたる点検を経て受領するという常例の手続きに照らせば、これら五通の文書もまたそうした点検を経たと見なければなるまい。対朝鮮外交文書取扱い能力の空白期も、実は全くの空白というわけでもなかった。

さらに同じ空白期にあたる寛永十二年五月、馬上才派遣に対する謝書を朝鮮側に送らねばならなくなったとき、対馬藩は、流罪となった規伯玄方に随時していた徐蔵司に真文草案を起草させた。結局のところ徐蔵司作成の草案は幕府によって却下され、本光国師・林道春・永喜によって作成し直されたものが実際には使われた（池内敏［二〇〇六］）。この件は、一面では、対馬藩内には真文（漢文）での外交文書作成能力が欠如していたことを示す好例である。ただしその場合でも以下の点には留意が必要だろう。

近世初頭から幕末までの日朝間における国書起草は、西笑承兌・金地院崇伝・林羅山・林鳳岡・新井白石・林信充・林信言らに限られる（真壁仁［二〇〇七］）。また、寛文抜船一件（一六六〇年代）、元禄竹島一件（一六九〇年代）や朝鮮通信使延聘交渉（一七八〇年代）、大坂易地聘礼交渉（一八四〇年代）といった国家間交渉に関わる外交文書もまた幕府側で原案を起草した。輪番制開始にともなって対馬府中に着任した京都五山の碩学たちも、江戸時代を通じて一度たりとも国家間交渉レベルの外交文書の草案作成に関与することがなかった。

徐蔵司草案が却下された事実は、徐蔵司の能力が国家間交渉レベルの外交文書作成には適合的ではなかったことを示すのかもしれない。しかし他方で、対馬藩が徐蔵司の起用に踏み切ったからには、徐蔵司には一定水準の外交文書作成能力があると藩側が公的に判断したことをも意味している。柳川一件を挟んだ「空白期」にも、対馬藩内には外交文書起草能力のある者がそれなりの水準で存在し続けたとみなしうる。

ところで釜山倭館には臨済宗東向寺が置かれ、ここに対馬藩から僧侶が輪番で派遣された。東向寺僧は、「外交文書の勘案・審査・記録などをつかさどる、いわば対馬藩国元に駐留していた幕府の以酊庵僧と同じ役割を、日朝外交の『最前線』において果たしていた」(田代和生［一九八一b］一八六頁)。以下、東向寺僧の果たした役割や東向寺輪番制度について、主として田代和生［一九八一b］、長正統［一九六八］によって概観しておきたい。

東向寺僧は、日朝間を往来した書契・別幅などの外交文書を『両国往復書謄』なる記録に留めた。『両国往復書謄』は現在、国立国会図書館に承応三年(一六五四)から明治三年(一八七〇)までの分が二百冊ほど伝来する。これらの記録は輪番で在任した東向寺僧一代ごとに概ね作成されて、東向寺に備え置かれた。田代和生は「(倭館館守)毎日記」寛政七年(一七九四)四月十四日条に見える「寛永十一年から承応二年までの『両国往復書謄』が東向寺に伝わらないから、国元から写を作成して東向寺へ送らせる」という記事に注目し、「東向寺の記録は、寛永一一年ごろからすでにつけられていたとみられ」るから、東向寺の創設もかなり古くまでさかのぼりうることを指摘する。李薫は、根拠不明ながらも、一六四〇年代には東向寺僧が朝鮮外交文書の点検に携わっていたことを指摘する(李薫［二〇一一］七八頁)。

また、東向寺僧は対馬府中の寺庵に属した。東向寺僧を輩出した寺庵名を見ると、一華庵が最多で、朝陽軒、龍女院、小林庵、寿康庵、妙喜庵、天澤庵、雲居庵、知足庵などといった草庵から派遣された。輪番の任期は、『通文館志』には三年任期と見えるものの、寛延二年（一七四九）以前は一年任期、寛延二年から宝暦五年（一七五五）までが二年任期、宝暦六年以後は一年任期、と推測されている（田代和生［一九八一b］一八六～一八七頁）。

その職掌は、第一に朝鮮外交文書の監理であり、内容および文体・形式の審査を行って、朝鮮側作成文書に不備がある場合には受理せずに書き替え要求をする。また、第二に、対馬藩からの使者等が朝鮮側と取り交わす書状類も記録に残した。こうした任務にあたる以上、東向寺僧には「高い学才、とりわけ外交文書に関する見識が要求」された（田代和生［一九八一b］一八八頁）。

さて、「東向寺僧は、対馬藩が幕府とは無関係に自ら倭館に派遣したものであって、両国外交の最前線で朝鮮側書契の検分を担当した」（李薫［二〇一一］一三八～一三九頁）とする言及は、如上の通説的理解を踏まえた東向寺の性格と任務についての極めて簡潔な整理である。この整理を踏まえれば、そうした性格と任務を帯びた東向寺が一六四〇年代ごろにはすでに機能していたり、寛永十一年（一六三四）ごろには創設されていたことになる。一六四〇年代なり寛永十一年という時期には、対馬藩が幕府に依存することなく藩内の僧侶を釜山倭館へ輪番で派遣し、最前線で朝鮮との外交折衝にあたらせ、朝鮮文書の点検を行わせた、ということになる。さすれば、これら東向寺僧・東向寺輪番制の史的評価と、寛永十二年四月以後の対馬藩が幕府に対し真文で外交文書の扱える人物の派遣を求め続けた事実とは、どのように整合的に理解すればよいだろうか。

二　東向寺輪番制

東向寺僧が任期中に記録した文書類は、それぞれ『両国往復書謄』なる表題の冊子として作成・保存された。各冊子の表紙右上には日付が記されるが、これは概ね東向寺輪番僧の着任・離任期日に該当する。(1) したがって、『両

表3-2　東向寺歴代僧一覧

整理番号	冊番号	着　任	離　任	寺庵	人名	備　考
1	1	承応3年（1654）		龍女院	休蔵司	元文4年（1739）5月，中鐵修補
2	2	明暦2年（1656）			禅利	
3	3	3年（1657）5月朔日			〃	
4	4	4年（1658）8月		双桂庵	恵簡	文化9年（1812）7月，寿康庵寛首座改写
5	5	万治2年（1659）正月	万治2年（1659）11月	瑞泉庵	珠光	文化9年（1812）8月，寿康庵寛首座改写
6	6	3年（1660）4月18日		双桂庵	元怡首座	
7	7	寛文元年（1661）		円成庵	円蔵司	
8	8	2年（1662）正月	寛文3年（1663）3月	幻住庵	玄哲	文化9年（1812）7月，寿康庵寛首座改写
9	9				禅利	
10	10	4年（1664）正月	4年（1664）7月	芳春庵	祖了	文化9年（1812）7月，寿康庵寛首座改写
11	11	5年（1665）	6年（1666）	幻住庵	玄哲	文化9年（1812）7月，寿康庵寛首座改写
12	12	7年（1667）2月23日	8年（1668）3月15日	天澤	三世元超	
13	13	7年（1667）11月	9年（1669）2月		祖洋	文化9年（1812）7月，寿康庵寛首座改写
14	14	9年（1669）3月	9年（1669）6月	梅林庵	仙乎	
15	15	（欠本）				
16	16	11年（1671）		瑞泉庵	玄玲	文化9年（1812）7月，寿康庵寛首座改写
17	17	13年（1673）		芳春庵	祖了	
18	18	13年（1673）6月	延宝元年（1673）12月	天澤庵	元超	文化9年（1812）7月，寿康庵寛首座改写
19	19	延宝2年（1674）6月（5月15日）	3年（1675）2月（3月29日）	（瑞泉院）	玄玲蔵司	
20	20	3年（1675）		芳春庵	祖了首座	
21	21	4年（1676）3月19日	4年（1676）3月19日	天澤庵	元超	＊着任・離任日に疑問
22	22	5年（1677）正月	5年（1677）11月	少林庵	智善	＊21と空白
23	23	6年（1678）2月	7年（1679）11月	幻住庵	哲首座	＊22と空白
24	24	7年（1679）10月	9年（1681）正月	（芳春庵）	一関元庸	＊着任は延宝8年閏8月か。23と空白？
25	25	天和2年（1682）2月		天澤	四世元誂	
26	26	2年（1682）3月	天和2年（1682）12月	瑞泉院	玲首座	
27	27	3年（1683）3月	4年（1684）3月	妙喜庵	元桐	＊26と空白
28	28	4年（1684）正月	4年（1684）10月	少林庵	紹普	
29	29	貞享2年（1685）正月（2月）	貞享3年（1686）10月	芳春庵	一関元庸	
30	30	4年（1687）正月	5年（1688）2月	一華庵	讃蔵司	文化9年（1812）7月，寿康庵寛首座改写
31	30＋	5年（1688）2月		〃	〃	
32	31	元禄2年（1689）閏2月25日		雲居庵	祖什	
33	32	2年（1689）正月	元禄3年（1690）11月	寿康庵	俊蔵司	文化9年（1812）7月，寿康庵寛首座改写
34	32＋	2年（1689）閏正月	4年（1691）4月	〃	祖俊蔵司	
35	33	4年（1691）4月	5年（1692）2月	桐林庵	哲首座	文化9年（1812）7月，寿康庵寛首座改写
36	34	5年（1692）正月	6年（1693）正月	慶安軒	海蔵主	
37	35	6年（1693）3月	7年（1694）	（芳春庵）	一関元庸	
38	36	7年（1694）12月	9年（1696）3月	一華庵	讃蔵司	文化9年（1812）7月，寿康庵寛首座改写
39	37	□年閏2月		梅林庵	珍蔵司	＊閏2月は元禄10年（1697）
40	38	9年（1696）12月	11年（1698）7月	（芳春庵）	一関元庸	文化9年（1812）7月，寿康庵寛首座改写

整理番号	冊番号	着　任	離　任	寺庵	人名	備　考
41	39	元禄 12 年（1699）正月（3 月）		孤峯庵	陸蔵司	文化 9 年（1812）7 月，寿康庵寛首座改写
42	40	14 年（1701）4 月 2 日		妙喜庵	元桐	
43	41	14 年（1701）正月	16 年（1703）3 月 24 日	一華庵	祖讃	
44	42	16 年（1703）	17 年（1704）	孤峯庵	等陸	
45	43	17 年（1704）4 月 14 日	宝永 2 年（1705）4 月 24 日	〃	〃	
46	44	宝永 2 年（1705）4 月 24 日	3 年（1706）4 月 20 日	一華庵	祖讃	
47	45	3 年（1706）4 月 10 日	5 年（1708）6 月 6 日	天澤	五世玄欽	
48	46	5 年（1708）6 月 5 日		（孤峯庵）	陸蔵司	
49	47	6 年（1709）正月	6 年（1709）12 月	孤峯庵	〃	
50	48	7 年（1710）4 月朔日		〃	〃	
51	49	8 年（1711）正月	8 年（1711）11 月	〃	〃	
52	50		正徳 2 年（1712）12 月 11 日	〃	〃	
53	51			〃	〃	信使御用記録
54	52	正徳 2 年（1712）12 月 11 日		〃	〃	両国短簡記録
55	53	4 年（1714）正月	5 年（1715）2 月 23 日	臥雲軒	鏡蔵司	
56	54	4 年（1714）正月	3 年	〃	〃	？
57	55	2 年（1712）12 月	5 年（1715）2 月 23 日	〃	〃	両国往復短簡記録
58	56	5 年（1715）2 月	6 年（1716）3 月	少林庵	閑蔵司	
59	57	享保 元 年（1716）3 月	享保 3 年（1718）6 月	寿康庵	籟首座	籟首座座化于等故，中鐵集焉
60	58	3 年（1718）6 月	4 年（1719）8 月	臥雲軒	鏡蔵司	
61	59	5 年（1720）正月	7 年（1722）2 月	瑞泉院	鐵蔵司	
62	60	7 年（1722）2 月	8 年（1723）3 月	雲居庵	祖仙	
63	60＋	7 年（1722）2 月	8 年（1723）3 月	〃	〃	別記録
64	61	8 年（1723）3 月	9 年（1724）3 月	一華庵	祖嶺	
65	62	9 年（1724）3 月	10 年（1725）3 月	天澤庵	點蔵司	
66	62＋	9 年（1724）3 月	10 年（1725）3 月	〃	〃	別記録
67	63	10 年（1725）3 月	11 年（1726）3 月	知足庵	亨蔵司	
68	64	11 年（1726）3 月	12 年（1727）6 月	瑞泉庵	鐵蔵司	
69	65	12 年（1727）6 月	12 年（1727）9 月	一華庵	嶺蔵司	嶺蔵司，蒙西山寺住職，帰国
70	65	12 年（1727）9 月	13 年（1728）3 月	瑞泉院	鐵蔵司	＊冊子番号 65 のまま
71	66	13 年（1728）3 月	14 年（1729）3 月	天澤庵	點蔵司	
72	67	14 年（1729）3 月	15 年（1730）3 月	知足庵	亨蔵司	
73	68	15 年（1730）3 月	16 年（1731）4 月	梅林庵	乾首座	
74	69	16 年（1731）4 月	17 年（1732）4 月	瑞泉庵	鐵蔵司	
75	70	17 年（1732）4 月	18 年（1733）4 月	雲居庵	勲蔵司	
76	71	18 年（1733）4 月	19 年（1734）3 月	天澤庵	點蔵司	
77	72	19 年（1734）3 月	20 年（1735）3 月	知足庵	亨蔵司	
78	73	（欠本）				
79	74	21 年（1736）3 月	元文 2 年（1737）4 月	寿康庵	完蔵司	
80	75	元文 2 年（1737）4 月	3 年（1738）5 月	妙喜庵	喝蔵司	
81	76	3 年（1738）5 月	4 年（1739）5 月	瑞泉院	鐵蔵司	
82	77	4 年（1739）5 月	5 年（1740）3 月	少林庵	祖文	
83	78	5 年（1740）5 月	6 年（1741）3 月	梅林庵	乾首座	
84	79	寛保 元 年（1741）4 月	寛保 2 年（1742）4 月	妙喜庵	喝蔵司	
85	80	2 年（1742）4 月	3 年（1743）	一華庵	順蔵司	
86	81	（欠本）				
87	82	延享 元 年（1744）3 月	延享 2 年（1745）3 月	寿康庵	通蔵司	
88	83	（表題なし）				
89	84	（表題なし）				
90	85	（欠本）				

（つづく）

整理番号	冊番号	着　任	離　任	寺庵	人名	備　考
91	86	寛延 2 年（1749）3 月	寛延 4 年（1751）3 月	雲居庵	本蔵司	
92	87	（欠本）				
93	88	宝暦 5 年（1755）3 月	宝暦 6 年（1756）6 月	一華庵	順蔵司	
94	89	（欠本）				
95	90	7 年（1757）6 月	8 年（1758）	（雲居庵）	本蔵司	
96	91	8 年（1758）10 月	9 年（1759）9 月	少林庵	目蔵司	再渡
97	92	9 年（1759）9 月	10 年（1760）12 月	桐林庵	洪蔵主	
98	93	10 年（1760）10 月	11 年（1761）12 月	一華庵	祖順	四度
99	94	11 年（1761）12 月	12 年（1762）10 月	梅林庵	郁蔵司	
100	95	13 年（1763）		一華庵	順蔵司	
101	96	明和 元 年（1764）閏 12 月	明和 2 年（1765）9 月	朝陽軒	目蔵司	三度
102	97	2 年（1765）10 月	4 年（1767）正月	桐林庵	洪蔵主	
103	98	（表題なし）		（寿康庵）	譪蔵司	
104	99	4 年（1767）閏 9 月	5 年（1768）10 月	梅林庵	郁首座	
105	100	5 年（1768）12 月	6 年（1769）10 月	朝陽軒	目首座	四勤
106	101	6 年（1769）10 月	7 年（1770）9 月	桐林庵	洪首座	三度
107	102	7 年（1770）10 月	8 年（1771）9 月	寿康庵	譪蔵司	
108	103	8 年（1771）9 月	9 年（1772）11 月	知足庵	陽蔵司	
109	104	9 年（1772）11 月	安永 2 年（1773）11 月	梅林庵	郁首座	六度
110	105	安永 2 年（1773）11 月 18 日	3 年（1774）10 月	朝陽軒	目首座	五度勤
111	106	3 年（1774）10 月	4 年（1775）10 月	天澤庵	洪首座	四渡勤番
112	107	4 年（1775）10 月	5 年（1776）9 月	知足庵	陽首座	
113	108	5 年（1776）9 月	7 年（1778）3 月	朝陽軒	目首座	六勤番
114	109	7 年（1778）2 月 28 日	8 年（1779）4 月 9 日	天澤庵	洪首座	五渡勤番
115	110	8 年（1779）4 月 10 日	9 年（1780）4 月 10 日	知足庵	陽首座	
116	111	9 年（1780）4 月 9 日	10 年（1781）4 月 11 日	幻住庵	際首座	＊［国編］では粒首座
117	112	天明 元 年（1781）4 月	天明 2 年（1782）6 月	寿康庵	亮蔵主	
118	113	2 年（1782）6 月 13 日	3 年（1783）5 月 27 日	知足庵	陽首座	
119	114	3 年（1783）5 月	4 年（1784）4 月	梅林庵	温蔵主	
120	115	4 年（1784）4 月 17 日	5 年（1785）3 月 21 日		粒首座	
121	116	5 年（1785）3 月	6 年（1786）4 月	一華庵	宰蔵司	
122	117	6 年（1786）4 月	7 年（1787）6 月	寿康庵	亮蔵主	
123	118	7 年（1787）6 月	8 年（1788）5 月	梅林庵	温首座	
124	119	8 年（1788）5 月	9 年（1789）3 月	一華庵	宰首座	
125	120	寛政 元 年（1789）3 月	寛政 2 年（1790）3 月	少林庵	梅蔵主	
126	121	2 年（1790）3 月	3 年（1791）4 月	梅林庵	温首座	
127		3 年（1791）3 月	4 年（1792）3 月	一華庵	宰首座	＊［国編］による
128	122	4 年（1792）4 月	5 年（1793）3 月	少林庵	梅蔵主	
129	124	5 年（1793）4 月	6 年（1794）3 月	寿康庵	明蔵主	＊ 123 欠か？
130	125	6 年（1794）4 月	7 年（1795）3 月	朝陽軒	徳蔵主	
131	126	7 年（1795）4 月	8 年（1796）4 月	一華庵	宰首座	
132	127	8 年（1796）4 月	9 年（1797）4 月	雲居庵	禅蔵主	
133	128	9 年（1797）4 月	10 年（1798）4 月	（天澤庵）	梅首座	
134	129	10 年（1798）4 月	11 年（1799）4 月	寿康庵	明首座	
135	130	11 年（1799）4 月	12 年（1800）4 月	朝陽軒	徳首座	
136	131	12 年（1800）4 月	享和 元 年（1801）12 月	少林庵	梅首座	
137	132	享和 元 年（1801）12 月	2 年（1802）12 月	寿康庵	明首座	
138	133	（欠本）				
139	134	4 年（1804）2 月	文化 2 年（1805）4 月	一華庵	廓首座	初勤
140	135	文化 2 年（1805）4 月	3 年（1806）4 月	天澤庵	梅首座	
141	136	3 年（1806）4 月	4 年（1807）4 月	寿康庵	明首座	
142	137	文化 4 年（1807）4 月	5 年（1808）4 月	朝陽軒	徳首座	

整理番号	冊番号	着　任	離　任	寺庵	人名	備　考
143	138	(欠本)				
144	139	(欠本)				
145	140	(欠本)				
146	141	文化 8 年 (1811) 5 月	9 年 (1812) 5 月	寿康庵	祖寛首座	
147	142	9 年 (1812) 5 月	10 年 (1813) 4 月	朝陽軒	直首座	
148	143	10 年 (1813) 4 月	11 年 (1814) 5 月	一華庵	廓首座	
149	144	11 年 (1814) 5 月	12 年 (1815) 6 月	妙喜庵	壮蔵司	
150	145	12 年 (1815) 6 月	13 年 (1816) 4 月	少林庵	梅首座	
151	146	13 年 (1816) 4 月	14 年 (1817) 4 月	知足庵	祐蔵司	
152	147	14 年 (1817) 4 月	15 年 (1818) 4 月	寿康庵	寛首座	再度
153	148	15 年 (1818) 4 月	文政 2 年 (1819) 3 月	一華庵	廓首座	
154	149	文政 2 年 (1819) 3 月	3 年 (1820) 3 月	妙喜庵	壮蔵司	
155	150	3 年 (1820) 4 月	4 年 (1821) 4 月	天澤庵	直首座	
156	151	4 年 (1821) 4 月	5 年 (1822) 3 月	〃	廓首座	
157	152	5 年 (1822) 3 月	6 年 (1823) 3 月	寿康庵	祖寛首座	三掌
158	153	6 年 (1823) 3 月	7 年 (1824) 3 月	一華庵	壮首座	
159	154	7 年 (1824) 3 月	8 年 (1825) 4 月	知足庵	祐首座	
160	155	8 年 (1825) 4 月 7 日	9 年 (1826) 4 月 26 日	天澤庵	廓首座	
161	156	9 年 (1826) 4 月	10 年 (1827) 5 月	朝陽軒	穎首座	初度
162	157	10 年 (1827) 5 月 3 日	11 年 (1828) 4 月朔日	雲居庵	怡蔵司	
163	158	11 年 (1828) 4 月朔日	12 年 (1829) 4 月 23 日	一華庵	壮首座	
164	159	12 年 (1829) 4 月	13 年 (1830) 4 月	知足庵	祐首座	
165	160	13 年 (1830) 4 月 8 日	天保 2 年 (1831) 3 月 23 日	朝陽軒	穎首座	
166	161	天保 2 年 (1831) 3 月 23 日	3 年 (1832) 4 月	寿康庵	怡首座	
167	162	3 年 (1832) 4 月 3 日	4 年 (1833) 4 月 3 日	一華庵	諾首座	
168	163	4 年 (1833) 4 月 3 日	5 年 (1834) 3 月 20 日	雲居庵	禎首座	
169	164	5 年 (1834) 3 月 20 日	6 年 (1835) 4 月 10 日	知足庵	保首座	
170	165	6 年 (1835) 4 月	7 年 (1836) 4 月	朝陽軒	玄龍	
171	166	7 年 (1836) 4 月	8 年 (1837) 5 月	天澤庵	諾首座	
172	167	8 年 (1837) 5 月	9 年 (1838) 3 月	雲居庵	禎首座	
173	168	9 年 (1838) 3 月	10 年 (1839) 3 月	寿康庵	耕蔵司	
174	169	10 年 (1839) 3 月	11 年 (1840) 4 月	一華庵	龍蔵司	
175	170	11 年 (1840) 4 月	12 年 (1841) 4 月	天澤庵	諾首座	
176	171	12 年 (1841) 4 月 29 日	13 年 (1842) 2 月 23 日	知足庵	禎首座	
177	172	13 年 (1842) 2 月	14 年 (1843) 4 月	寿康庵	耕首座	
178	173	14 年 (1843) 4 月	15 年 (1844) 3 月	知足庵	龍首座	
179	174	15 年 (1844) 3 月	弘化 2 年 (1845) 3 月	〃	畊首座	
180	175	(欠本)				
181	176	弘化 3 年 (1846) 4 月	4 年 (1847) 4 月	〃	全蔵司	
182	177	4 年 (1847) 4 月	5 年 (1848) 4 月	寿康庵	庸蔵主	
183	178	5 年 (1848) 4 月	嘉永 2 年 (1849) 4 月	一華庵	寔蔵司	
184	179	嘉永 2 年 (1849) 4 月	3 年 (1850) 5 月	天澤庵	龍首座	
185	180	3 年 (1850) 2 月	4 年 (1851) 2 月	知足庵	畊首座	
186	181	4 年 (1851) 2 月	5 年 (1852) 閏 2 月	一華庵	寔蔵司	
187	182	5 年 (1852) 閏 2 月 7 日	6 年 (1853) 3 月	雲居庵	郁首座	
188	183	6 年 (1853) 3 月	7 年 (1854) 2 月	寿康庵	春蔵主	
189	184	7 年 (1854) 2 月	安政 2 年 (1855) 4 月	一華庵	澤首座	
190	185	安政 2 年 (1855) 4 月	3 年 (1856) 3 月	天澤庵	龍首座	
191	186	3 年 (1856) 3 月	4 年 (1857) 4 月	知足庵	畊首座	
192	187	4 年 (1857) 4 月	5 年 (1858) 3 月	朝陽軒	全首座	
193	188	5 年 (1858) 4 月	6 年 (1859) 4 月	寿康庵	春首座	
194	189	安政 6 年 (1859) 4 月	7 年 (1860) 3 月	天澤庵	龍首座	

(つづく)

整理番号	冊番号	着　任	離　任	寺庵	人名	備　考
195	190	安政 7 年（1860）3 月	万延 2 年（1861）4 月	天澤庵	盻首座	
196	191	万延 2 年（1861）4 月	文久 2 年（1862）4 月	雲居庵	翼蔵司	
197	192	文久 2 年（1862）4 月	3 年（1862）3 月	寿康庵	瑛首座	
198	193	3 年（1862）3 月 25 日	4 年（1863）4 月 8 日	梅林庵	秀首座	
199	194	元治 元 年（1864）4 月	元治 2 年（1865）4 月	一華庵	直蔵主	
200	195	2 年（1865）4 月	慶応 2 年（1866）3 月	雲居庵	翼首座	
201	196	（欠本）				
202	197	慶応 3 年（1867）3 月 27 日	4 年（1868）4 月 3 日	梅林庵	秀首座	
203	198	明治 2 年（1869）4 月	明治 3 年（1870）8 月	長寿院	春首座	

典拠）『両国往復書謄』［国会］より作成。

国往復書謄』約二百冊の表紙記載をもとにすれば東向寺輪番歴代一覧表を作成することができ（表3-2）、また在任期間等の比較検討が可能である。(2)

こうやって東向寺輪番の歴代を概観すると、第一冊（承応三年〔一六五四〕）から第五十七冊（享保元年〔一七一六〕～三年六月）までの輪番僧は、その在任期間が著しく一定しない。十カ月から十五カ月程度在任する者が多い（在任期間が判明する二十九名のうち十四名）なか、七カ月、九カ月の在任者もあり、最も短い者は四カ月である。(3)その一方で、二十七カ月から五十六カ月という長期にわたる在任経験者も見えるからである。(4)

第五十八冊（享保三年六月～四年八月）以後は、在任期間が十三カ月前後の長さへと次第に平準化してゆき、交代時期も三月・四月での交代ないしは九月・十月での交代が極めて多くなる。十八世紀以後になると、東向寺輪番僧はおおよそ一年交代で行われるやり方が定着してゆくと見てよかろう。

東向寺僧を輩出したすべての寺庵を輪番回数の多い順に配列したのが表3-3である。これはいずれも臨済宗の寺庵であり、輪番数の多い寺庵は田代和生［一九八一b］で例示された寺庵名に一致することが確認できよう。その上で注意したいのは輪番数と実人数との差である。輪番数が最も多い一華庵は二十六回の輪番僧を輩出するが、同一人物が繰り返し派遣されている例も少なくなく、讃蔵司は六回、宰蔵主（首座）・廓首座・順蔵司はそれぞれ三回の輪番を経験している。ほかの寺庵でも事情は同様であり、なかでも孤峯庵の場合には、寺庵として見れば十回の輪番を担当したように見えながら、実際に輪番僧となったのは陸蔵司ひとりであった。

表3-3　東向寺輪番僧を出した寺庵

寺庵名	輪番数（実人数）	輪番時期	輪番の初出	開基年または改号年
一華庵	26（13）	近世全期にまんべんなく	貞享 4 年（1687）	明暦元年（1655）に改建
寿康庵	23（5）	〃	元禄 2 年（1689）	慶長 11 年（1606）
天澤庵	22（10）	〃	寛文 7 年（1667）	慶長年中（1596～1616）以後に寺号を天澤に改む
知足庵	17（8）	18 世紀以後	享保 10 年（1725）	天和年中（1681～84）
雲居庵	13（9）	17 世紀末以後	元禄 2 年（1689）	天和 3 年（1683）寺号を改む
朝陽軒	12（6）	18 世紀半ば以後	明和元年（1764）	承応 2 年（1653）
梅林庵	12（6）	寛文 9 年のほかは概ね 18 世紀以後	寛文 9 年（1669）	慶安 3 年（1650）
孤峯庵	10（1）	17 世紀中後期	元禄 12 年（1699）	？
少林庵	9（6）	延宝 5 年～文化 12 年	延宝 5 年（1677）	延宝 8 年（1680）に少林庵と改む
瑞泉院	9（3）	万治・寛文と享保	万治 2 年（1659）	？
芳春庵	7（3）	寛文期	寛文 4 年（1664）	慶安 2 年（1649）
妙喜庵	6（4）	天和 3 年・元禄 14 年から文政 2 年	天和 3 年（1683）	寛永 10 年（1633）
幻住庵	5（2）	寛文期	寛文 2 年（1662）	明暦 3 年（1657）
桐林庵	4（2）	元禄 4 年，宝暦 9 年，明和 2 年・6 年	元禄 4 年（1691）	寛永 5 年（1628）
臥雲軒	4（1）	正徳 4 年・享保 3 年	正徳 4 年（1714）	正保 3 年（1646）
双桂庵	2（2）	明暦 4 年・万治 3 年	明暦 4 年（1658）	（双景庵）寛永 12 年（1635）
慶安軒	1（1）	元禄 5 年のみ	元禄 5 年（1692）	慶安元年（1648）
長寿院	1（1）	明治 2 年のみ	明治 2 年（1869）	元亀 3 年（1572）
龍女院	1（1）	承応 3 年のみ	承応 3 年（1654）	——
円成庵	1（1）	寛文元年のみ	寛文元年（1661）	万治元年（1658）

注）寺庵を輪番数の多い順に配列した。同一人物が繰り返し輪番僧として派遣される場合もあったから，（　）内に実人数を併記した。開基年または改号年は『津島紀事』による。？は記事が見えるが開基年等の特定が難しいことを，——は記事が得られなかったことを示す。

ところで輪番の様子を寺庵単位で眺めるのでなく、僧個人に即して眺めてみると以下のような事例に気づく。一華庵龍蔵司は、天保十年（一八三九）三月から十一年四月まで東向寺輪番僧として初めて倭館に渡った。彼は天保十四年四月から十五年三月まで二度目の東向寺輪番を勤めるが、それは知足庵龍首座としてであった。その後さらに、嘉永二年（一八四九）四月から三年五月まで（三回目）、安政二年（一八五五）四月から三年三月まで（四回目）、安政六年四月から七年三月まで（五回目）三度の東向寺輪番僧を経験した折りには、いずれも天澤庵龍首座であった。類例はほかに八件ほど指摘可能だから、東向寺輪番僧は寺庵単位で選ばれたのではなく個人単位で選ばれたことが分かる。

これを別の観点から見直してみよう。『津島紀事』によって東向寺輪番僧を輩出した寺庵の創建年代を確認してみると、比較的新しい寺庵がほとんどである（表3-3）。そして慶安三年（一六五〇）に創建された梅林庵から寛文九年（一六六九）には輪番僧が選ばれている。寺庵創建からわずか十九年のことである。同様に芳春庵からは創建後十五年で輪番僧が、幻住庵と円成庵ではそれぞれ創建ののち五年と三年で輪番僧が選ばれている。寺庵が古い歴史を有するか否かは輪番僧選出と直接的には関連しないのであり、それは翻っていえば僧侶個人に着目して輪番僧が選ばれたことを示しているのである。

東向寺僧選出方法と基準に関わっては、次の史料が参考になる。

［史料一］(5)

○ⓐ清書役中については、そのなかから順番で東向寺へ派遣する。ⓑその際、東向寺は一人勤務の役で、ⓒその任務はまずもって朝鮮との書翰の吟味などをすることである。とくに近年の朝鮮の様子ではⓓ突然に真文御用等もあるので、ⓔ不学不相当の人を（東向寺に）派遣しても、そうした御用の役には立たないので、ⓕ清書役中は、日頃から前もって、手跡はもちろん御書契に関わる諸方面については随分と心掛けて精通するようにすべきである。だから今後は⑧東向寺への派遣については、清書役に就任した順にかかわらず、ふさわしい者を吟味して選び、西山寺へ知らせておくようにすべきであると、書付をもって与頭へ命じた。

六月六日

（「（朝鮮御用支配方）毎日記」［国編一二四二］安永十年）

東向寺へは輪番僧がひとり赴任し（ⓑ）、書翰の吟味を行うことが基本任務だが（ⓒ）、不定期かつ緊急に真文文書の作成を要求されることがある（ⓓ）。だから「不学不相当の人」では勤まらない（ⓔ）。こうした東向寺僧の職務概要と質が右史料からうかがえる。また、東向寺僧は「清書役中」から順番で選ばれること（ⓐ）、右に述べたような職務を果たすためにも、清書役中は日ごろから手跡はもちろん御書契筋についても意識的に身につけておかねばならない[6]（ⓕ）。手跡は、文字の書きぶり・筆の運び・書体の美しさを意味するだろうし、御書契筋とは、用語・先例や修辞法、字画の善悪等々にわたる文書作成時の様々な知識を意味するだろう。清書役中は、そうしたあれこれを日ごろから体得できるように努力するよう求められた。そして今後は東向寺僧を選ぶに際しては、清書役のなかから順番で選ぶことを原則としつつも、必ずしも順番にこだわらなくても良い（ⓖ）。これは清書役中のうち「相応之人」を東向寺僧として派遣する、の意となろう。なお「清書役中」とは、以酊庵僧によって作成された対朝鮮文書草案を清書して実際の外交文書に仕上げる者たちである。

［史料二］にある、東向寺僧が「清書役中」から順番で選ばれる様子について具体的に確認・検討してみよう。明和九年（一七七二）七月から寛政十二年（一八〇〇）十二月に至る約三十年間における清書役中（本役・稽古役）と東向寺輪番僧を一覧するために作成したのが表3-4である。この表からは以下の諸点を確認できる。清書役中は本役四名と稽古役二名の合わせて六名程度で構成されており[7]、本役に欠員が生じると稽古役のなかから昇任する。東向寺輪番はかならず清書本役のなかから選ばれ、東向寺輪番の任期が終わると清書本役に復帰する。した

表 3-4　清書役中と東向寺輪番

	東向寺輪番	清書役	清書稽古役	備　考
明和 9 年（1772） 7 月 9 日	知足庵陽蔵司 （来 9 月交代）	梅林庵郁首座※ 目首座 諶首座 洪首座	粒蔵司 膽蔵司	※ 6 月 16 日，次期輪番を仰せつけられる
9 年（1772） 12 月 21 日	梅林庵郁首座	目首座 洪首座 諶首座	粒蔵司 膽蔵司	知足庵陽蔵司は，12 月 25 日に対馬府中廻着し，同 26 日付で清書本役に復帰
安永 2 年（1773） 7 月 9 日	梅林庵郁首座 （来 9 月交代）	諶首座 朝陽軒目首座※ 天澤庵洪首座 知足庵陽首座	粒首座 膽首座	※ 6 月 19 日，次期輪番を仰せつけられる
2 年（1773） 12 月 19 日	朝陽軒目首座	諶首座 天澤庵洪首座 知足庵陽首座 妙喜庵膽首座	粒首座 亮蔵司	
3 年（1774） 7 月 9 日	朝陽軒目首座 （来 9 月交代）	天澤庵洪首座※ 知足庵陽首座 桐林庵粒首座 亮蔵司	朝陽軒弟子仰蔵司 梅林庵弟子祖諶	※ 6 月 14 日，次期輪番を仰せつけられる ＊梅林庵郁首座は，安永 3 年 4 月に清書役御免（稽古役から本役まで 39 年勤務） ＊寿康庵諶首座は，安永 3 年 6 月に清書役御免（26 年勤務）
3 年（1774） 12 月 19 日	天澤庵洪首座	目首座 知足庵陽首座 桐林庵粒首座 亮蔵司	仰蔵司 祖諶	
4 年（1775） 7 月 9 日	天澤庵洪首座	目首座 陽首座 粒首座 亮蔵主	仰蔵司 祖諶	
4 年（1775） 閏 12 月 20 日		目首座 陽首座 粒首座 亮蔵主	仰蔵司 祖盛	＊祖盛（慶安軒盛蔵主）は，安永 5 年 5 月に病気御免
5 年（1776） 7 月 11 日	陽首座 （来 9 月交代）	朝陽軒目首座※ 洪首座 粒首座 亮蔵主	仰蔵司 長昌院弟子元雪	※ 6 月 24 日，次期輪番を仰せつけられる
5 年（1776） 12 月 20 日	朝陽軒目首座	洪首座 陽首座 粒首座 亮蔵主	仰蔵司 元雪	＊少林庵仰蔵司は，安永 6 年 4 月に病気御免

	東向寺輪番	清書役	清書稽古役	備　　考
安永6年（1777） 7月8日	朝陽軒目首座	洪首座※ 陽首座 粒首座 亮蔵主	祖温	※7月1日，次期輪番を仰せつけられる
6年（1777） 12月20日		洪首座 陽首座 粒首座 亮蔵主	温蔵主	＊安永6年7月，雲居庵看坊恵俊を仰蔵司の代わりに清書稽古役とする
7年（1778） 7月10日	洪首座 （来3月交代）	目首座 知足庵陽首座※ 粒首座 亮蔵主	俊蔵主 温蔵主	※9月19日，次期輪番を仰せつけられる
7年（1778） 12月19日	洪首座	目首座 陽首座 粒首座 亮蔵主	俊蔵主 温蔵主	
8年（1779） 7月9日	陽首座 （来3月交代）	目首座 洪首座 玄住庵粒首座※ 亮蔵主	俊蔵主 温蔵主	※9月12日，次期輪番を仰せつけられる ＊俊蔵主，安永9年正月に病没
9年（1780） 7月9日	粒首座	洪首座 陽首座 妙喜庵亮蔵主※	温蔵主 宰蔵主	＊陽首座，安永9年5月18日，帰国 ※9月6日，次期輪番を仰せつけられる
天明元年（1781） 7月9日	寿康庵亮蔵主 （来4月交代）	知足庵陽首座※ 粒首座 温蔵司 宰蔵司	元樹 祖梅	※10月4日，次期輪番を仰せつけられる
元年（1781） 12月19日	寿康庵亮蔵主	陽首座 粒首座 温蔵司 宰蔵司	元樹 祖梅	
2年（1782） 7月9日	知足庵陽首座 （来4月交代）	粒首座 梅林庵温蔵司※ 宰蔵司	元樹 祖梅	※10月14日，次期輪番を仰せつけられる
3年（1783） 7月9日	梅林庵温蔵司 （来4月交代）	幻住庵粒首座※ 亮蔵主 宰蔵主	元樹 祖梅	※10月24日，次期輪番を仰せつけられる
3年（1783） 12月19日	梅林庵温蔵司	陽首座 粒首座 亮蔵主 亮宰蔵主	元樹 祖梅	

（つづく）

	東向寺輪番	清書役	清書稽古役	備　考
天明4年（1784） 7月9日	幻住庵粒首座 （来3月交代）	陽首座 亮蔵主 一華庵宰蔵主※	祖梅 恵信	※10月2日，次期輪番を仰せつけられる
4年（1784） 12月19日	幻住庵粒首座	陽首座 亮蔵主 温蔵主 宰蔵主	祖梅 恵信	
5年（1785） 7月9日	一華庵宰蔵主 （来3月交代）	陽首座 粒首座 寿康庵亮蔵主※ 祖梅	恵信 元明	※9月19日，次期輪番を仰せつけられる ＊9月19日，以酊庵用達を梅林庵温蔵主から幻住庵粒蔵主へ交代
5年（1785） 12月19日	一華庵宰蔵主	陽首座 亮蔵主 温蔵主 祖梅	恵信 元明	
6年（1786） 7月9日	寿康庵亮首座 （来3月交代）	陽首座 梅林庵温蔵主※ 宰蔵主 祖梅	恵信 元明	※9月18日，次期輪番を仰せつけられる
6年（1786） 12月19日	寿康庵亮首座	陽首座 温首座 宰首座 祖梅	恵信 元明	
7年（1787） 7月9日	梅林庵温首座 （来3月交代）	陽首座 一華庵宰首座※ 祖梅	恵信 元明	※10月16日，次期輪番を仰せつけられる
7年（1787） 12月19日	梅林庵温首座	陽首座 宰首座 祖梅 恵信	元明 恵徳	
8年（1788） 7月9日	一華庵宰首座 （来3月交代）	陽首座 温首座 少林庵祖梅※ 恵信	元明 恵徳	※10月5日，次期輪番を仰せつけられる
8年（1788） 12月19日	一華庵宰首座	陽首座 温首座 祖梅 恵信	元明 恵徳	
寛政元年（1789） 12月19日	少林庵祖梅 （来3月交代）	温首座 宰首座 雲居庵恵信※ 明蔵主	徳蔵主 紹禅	＊寛政元年5月，梅林庵温首座を以酊庵御用達に任ずる ※10月3日，次期輪番を仰せつけられる ＊10月9日，知足庵陽首座，

	東向寺輪番	清書役	清書稽古役	備　考
				清書役（33年勤務）御免 ＊陽首座の清書役御免にともない，10月13日，温首座が清書役に帰役 ※寛政2年正月，東向寺輪番および清書役を辞退。その代わりに，東向寺輪番には温首座が任じられる
寛政2年（1790） 7月9日	梅林庵温首座 （来3月交代）	一華庵宰首座※ 梅蔵司 明蔵司 徳蔵司	紹禅 禅廓	※10月7日，次期輪番を仰せつけられる
3年（1791） 12月19日	一華庵宰首座 （来3月交代）	温首座 少林庵梅蔵主※ 明蔵主 徳蔵主	紹禅 禅廓	※10月3日，次期輪番を仰せつけられる
4年（1792） 7月9日	少林庵梅蔵主 （来3月交代）	温首座 宰首座 寿康庵明蔵主※ 徳蔵主	紹禅 禅廓	※9月22日，次期輪番を仰せつけられる
5年（1793） 7月9日	寿康庵明蔵主	温首座 宰首座 梅蔵司 朝陽軒徳蔵司※	紹禅 禅廓	※10月5日，輪番交代を仰せつけられる
6年（1794） 7月9日	朝陽軒徳蔵司 （来3月交代）	一華庵宰首座※ 梅蔵司 明蔵主 雲居庵紹禅	禅廓 祖嶽	＊2月7日，梅林庵温首座が以酊庵用達に任じられる。 ※10月5日，次期輪番を仰せつけられる
7年（1795） 7月9日	一華庵宰首座 （来3月交代）	梅首座 明首座 徳首座 雲居庵禅蔵司※	廓蔵主 嶽蔵主	※10月27日，次期輪番を仰せつけられる
8年（1796） 7月9日	雲居庵禅蔵司 （来3月交代）	宰首座 少林庵梅首座※ 明首座 徳首座	廓蔵主 嶽蔵主	※10月14日，次期輪番を仰せつけられる
9年（1797） 7月9日	少林庵梅首座 （来3月交代）	宰首座 寿康庵明首座※ 徳首座 禅蔵主	廓蔵主 嶽蔵主	※10月5日，次期輪番を仰せつけられる
10年（1798） 7月9日	寿康庵明首座 （来3月交代）	宰首座 梅首座 朝陽軒徳首座※ 禅蔵主	廓蔵主 嶽蔵主	※10月14日，次期輪番を仰せつけられる

（つづく）

	東向寺輪番	清書役	清書稽古役	備　考
寛政 10 年（1798） 12 月 19 日	寿康庵明首座 （来 3 月交代）	宰首座 梅首座 徳首座 禅蔵主	廓蔵主 嶽蔵主	
11 年（1799） 12 月 19 日	朝陽軒徳首座 （来 3 月交代）	一華庵宰首座※ 梅首座 明首座 禅蔵主	廓蔵主 嶽蔵主	※ 10 月 9 日，次期輪番を仰せつけられる
12 年（1800） 7 月 9 日	一華庵宰首座	少林庵梅首座※ 明首座 徳首座 禅蔵主	廓蔵主 嶽蔵主	※ 8 月 15 日，一華庵宰首座が長寿院看坊に任じられたのに伴い，東向寺僧に任じられる
12 年（1800） 12 月 19 日	少林庵梅首座	明首座 徳首座 禅蔵主 廓蔵主	嶽蔵主 元壮 祖祐	

典拠）『以酊庵御掛合・清書役　明和四年～寛政十二年』［国編 5009］より作成。

がって東向寺輪番と清書本役とを数年ごとに繰り返し勤めることも決して珍しくない。

個別の事例をいくつか挙げてみよう。表3-4冒頭の明和九年（一七七二）七月九日項・清書稽古役欄に現れる粒蔵司は、安永三年（一七七三）十二月項からは粒首座として本役欄に現れ、安永九年七月と天明四年（一七八四）七月には東向寺輪番僧欄に現れる。また輪番を終えたのちには再び清書本役に復帰したことも表3-4で確認でき、天明五年七月項を最後に表から消える。安永六年七月項・清書稽古役欄に初めて登場する祖温（温蔵主）は、天明元年（一七八一）七月項で本役欄に移り、同三年には東向寺輪番僧を経験し、また清書本役にも復帰する。いったん表から消えたのち、再び清書本役および東向寺輪番それぞれに名前を見いだすことができるが、寛政五年（一七九三）七月項を最後に表から名前が見えなくなる。(8)

表3-4作成のもととなった『以酊庵御掛合・清書役　明和四年～寛政十二年』［国編五〇〇九］に立ち帰ると、清書役中の最初の階梯たる清書稽古役は、既存の稽古役に欠員が生じると「手跡吟味」を行って後任補充を行った。それら吟味を受ける候補者としては、西山寺弟子亮蔵主・梅林庵弟子祖諶・一華庵宰蔵主など東向寺輪番僧を輩出した諸寺庵の弟子僧が単独指名

される場合もあるが、天明四年（一七八四）二月、清書稽古役元樹退任に際しては、妙喜庵元洞・西山寺同宿恵信・朝陽軒恵徳・西山寺弟子禅中を候補者として、朝鮮方で清書をさせてみて恵信を選抜したりしている(9)。また、地方寺院から選抜された場合（仁位郷糸瀬村長昌院弟子元雪、安永五年六月）もあり、この元雪は先述した祖温（温蔵主）と同一人物ではないかと推測される。

ところで、東向寺輪番は一人役であったが、藩の許可を得て弟子僧などを一人随行させる場合が少なくなかった。安永二年十一月に赴任した朝陽軒目首座は大綱村金剛寺弟子恵任を随行させたし、同四年十月に赴任した知足庵陽首座は知足庵同宿の祖梅を、天明七年六月に赴任した梅林庵温首座は鴨居瀬村高山寺輪首座弟子紹禅を、同八年五月に赴任した一華庵宰首座は一華庵同宿の禅廓を伴っている。これらの事例からは、東向寺輪番僧が同じ寺庵の僧侶を伴うばかりでなく地方寺庵の僧侶を伴う場合や、倭館へ渡った随行僧が後に清書稽古役に選抜された事例もある（寛政元年の鴨居瀬村高山寺紹禅と同二年の一華庵禅廓。注(9)参照）。とりわけ鴨居瀬村高山寺紹禅の場合は、寛政六年（一七九四）には雲居庵紹禅として清書本役に昇進し、同八年からは東向寺輪番僧として赴任してもいる（表3-4）。東向寺輪番僧の出身寺庵名だけを見ると、いずれも対馬府中の臨済宗寺院を出身母体とするように見えながら、実はそもそも地方小庵にあった文才を見いだされた場合もままあるようである(10)。

こうして選び抜かれた清書稽古役・清書役ではあったが、一方でその力量不足が問題視されていたことも史料上に少なからず見える。

〔史料二(11)〕

同年〔天明八（一七八八）年〕十一月二日

清書役　祖梅

恵信

同稽古　元明
　　　　恵徳

右は、かねて清書役ならびに稽古などに任命しておいたところ、以前には渭蔵主・完蔵主・薫蔵主など格別に優れた者があり、その後も文蔵主・本蔵主・目蔵主は先の三人に次ぐ優れた手跡であったが、ⓐ最近は本蔵主や目蔵主ほどの上手は現れず、清書役の衰微が明らかでたいへん嘆かわしい次第である。全体にⓑ朝鮮へ送る書簡は異国へ送るものだから、がっかりするほどに下手な手跡だと、対馬藩にとっても恥ずかしいだけでなく日本としても恥ずかしいこととなるので、とても心配である。最近の清書役たちは、結局のところ平素の心掛けが足りず、無精なところからこうした衰退を招いているのであって、まことにけしからん次第である。右に名前の挙がった面々は手跡を上達させるのに専念して努力すべき年柄なのだから、今後はⓒ毎日のように西山寺へ昼四つ時より出かけて行って手習に精を出し、毎月朔日と十五日の二回、細字・中字の清書を朝鮮方頭役まで提出するよう命じる。それでもなお上達しない場合には、別途指示をする。清書役は、一人勤務の東向寺に派遣されることもあるのだから、手跡の心がけだけでなく、ⓓ儒学に精通していなければ役に立たないのだから、この点についてもできる限りの出精をすべきである。またそれぞれの寺庵一門中で弟子勤めをしている小僧どもも西山寺へ毎日のように通い、ずいぶんと努力して、ゆくゆくは御用に立つような僧となるように訓練させるのが大事である。臨済宗一門中で役に立つほどの手跡の者がいないとすれば、他宗の僧で手跡が清書役にふさわしいほどの手跡の面々を清書役として召し抱えようと思うので、そのように心得なさい。詳しくは朝鮮方頭役より報せます。

右の趣旨を西山寺から申し渡します。西山寺に対しては、自身の寺庵で皆に手習をさせるということになるけれども、ご苦労ながら手跡指南をしてやり、なるべく短い期間内に際立った上達が見られるようにさせなさい。以上。

（『以酊庵御掛合・清書役　明和四年〜寛政十二年』〔国編五〇〇九〕）

対馬藩朝鮮方の感触では、清書役の力量低下は近年とみに目立つ（ⓐ）。清書されて仕上がった外交文書が「がっかりするほどに下手な手跡」では対馬藩としても日本としても恥ずかしい（ⓑ）から、今後は毎日西山寺へ赴いて手習いをして手跡を上達させ、毎月二回その成果を朝鮮方頭役に提出せよ（ⓒ）、という。したがってここで問題視された力量は、基本的には「手跡」に限定される。東向寺輪番を勤めることも考慮すれば「儒学達者」であることが必要だ（ⓓ）とはいうものの、解決策としては西山寺での手習いが強制されただけだからである。

右の史料中で清書役として手本とすべき達人として挙げられた六人（渭蔵主・完蔵主・薫蔵主・文蔵主・本蔵主・目蔵主）は、概ね享保から宝暦・明和のころに東向寺輪番を経験した人たちである[12]。そして、西山寺での手習いを義務づけられたのが、清書役の祖梅と恵信、清書稽古役の元明と恵徳であった[13]。これら四人と同時期に清書役であった温首座と宰首座に対しても、「手跡」を磨くよう別途指示がなされている。ただし、この二人はすでに複数回の東向寺輪番経験があるから、西山寺での手習いは免除するが自院で手習いに励み、その成果を月に二回朝鮮方頭役へ提出せよ、というのが別途指示の内容であった。

一方、文化六年（一八〇九）から一年間の東向寺輪番を勤めた妙喜庵壮蔵主は、帰国後の同七年八月、以下のように在勤中の失策を叱責されている。朝鮮側から届けられた「漂差使等之御返翰」の点検を壮蔵主が行った際に、「書面通例之上ヶ下ヶ之処見誤」ったり、文書に書かれた「文字・点画」について誤った指摘を行った。その結果、倭館としては文書受け取りをいったん拒絶して朝鮮側に返却し、文書の書き改め要求を行うこととなった。壮蔵主による判断の誤りによって、本来であれば不要な手数のかかった点が問題とされたのである[14]。

手習いは西山寺ででも可能である。朝鮮外交文書の内容および文体・形式の審査が遂行できるだけの実務能力は、いつ、どのようにして東向寺僧に備えられたと見ればよいだろうか。

三　以酊庵輪番制と清書役中・東向寺輪番僧

これまで述べ来たったように、東向寺僧は清書役本役のなかから選ばれ、清書本役は「手跡吟味」をもって選抜された清書稽古役のなかから補充された。清書役中を構成した僧らは、対馬府中に所在する歴史の浅い臨済宗寺庵か島内の鄙びた地方寺庵の出身であったから、所属寺庵において外交文書取扱いに関わる実務的な訓練を受けるようなことは想定できない。清書役中としての勤務経験を積んでゆく過程で、外交文書の内容や文体・形式に関わる運用能力を身につけてゆくと考えるほかはない。清書役中は、まずもって以酊庵僧から提示された真文草案を、一字一句、擡頭・平出等々に深く注意を払いながら清書するのが職務であった。以酊庵僧の作成した真文草案の文体や修辞もまたそっくりそのまま引き写したから、そうした作業の繰り返しを通じて清書役中は外交文書に精通するようになったと見て良いのではあるまいか。

享保十四年（一七二九）三月、以下のような指示が出されている。

［史料三］[15]

○寺社奉行吉川六郎左衛門へ渡した書付を左に記しておく。

一ⓐ清書役中が以酊庵で書いた御書翰・別幅・吹嘘等の書損じについては、そこに御書翰の文言が書かれて残っているのだから、無造作に散らかして放りっぱなしにしておいてはいけない。ⓑこれからは、書損じは清書のたびごとに残らず西山寺へ持参し、西山寺よりその都度朝鮮方へ目録を添えて提出しなさい。〔その目録には〕

書損じの紙に誰による書損じかということを一つひとつ記録して提出するように申し渡しなさい……

（『類聚書抜』十四［対馬記録II／朝鮮関係Q25］）

この指示それ自体は機密管理に関わるものであり、そうした管理を必要とする背景ⓐと対策ⓑが示されている。これによれば、清書役中は以酊庵僧が作成した「御書翰の文言」を清書したこと、「御書翰の文言」は漏洩されてはならない機密事項であったこと、清書過程で書き損じによる反古紙が少なからず出ること等々が知られる。清書役中は類似文書を幾度となく繰り返し清書するだけでなく、同一文書もまた清書に至る間に繰り返し書き直すことのあったことが分かる。そして外へは漏れ出ることのない「御書翰の文言」は、こうした清書の場でこそ学べたのではなかったか。[16]

対馬藩が自前で東向寺輪番制を機能させるために、外交文書運用の実務能力獲得を意図して清書役中の者をわざわざ京都へ派遣するというのは経済的にも効率が悪く現実的ではない。[17] 対馬府中で京都五山の碩学中と接触できる機会が恒常的に維持されることは、対馬藩にとって有用かつ必要だったろう。以酊庵輪番制度と対馬藩清書役中および東向寺輪番制度は、それぞれが相互に有機的な連関を保ちつつ機能を果たしたのである。

ところで、東向寺の創設に関わっては、先述したように田代和生［一九八一b］が「(倭館館守）毎日記」寛政七年四月十三日条（次に掲げる［史料四］）により、「東向寺の記録は、寛永一一年ごろからすでにつけられていたとみられ」ることと東向寺の創設時期との関連性を推測する。

［史料四］[18]

東向寺へ備え置いている書契跡留は、承応二年以前の分がないので、寛永十一年より承応二年までの跡留九冊［を］……［次の東向寺輪番僧である］一華庵へ持たせて東向寺へ備えることとする……

（「(倭館館守）毎日記」［国会］寛政七年四月十三日条）

〔史料五〕

①同年〔寛政六年〕八月八日　　清書役中

東向寺へ御備えになっている御書契跡留のなかには以前から欠本があり、〔倭館での先例の〕吟味が十分にできないので、こんど欠本について書き継ぐよう右の者どもへ命じる。この趣旨を西山寺をもって申し渡すように、寺社方兼帯与頭へ申し達す。

②同年〔寛政六年〕十一月廿五日　　清書役中

銀九両

東向寺御備えの御書契跡留のうち〔欠本であった〕寛永十二年より慶安三年までの分について、〔複本作成のために〕精々筆写を行って、これからさき永年のため良い仕事をした。たいへん苦労をかけた右の者どもへ〔右の銀九両を〕与える。このことを西山寺を介して申し渡すよう寺社奉行へ申し達す。

③同年〔寛政七年〕三月廿九日

東向寺の御書翰跡留については、承応二年分からは備わっており、それ以前の分が存在しない。そのため倭館で先例を検討するのに差し支えがあるので、〔不足分も〕備え置くように去年議聘使平田隼人より要望があり、出来上がったので〔倭館へ〕送る。

（①〜③ともに『以酊庵御掛合・清書役　明和四年〜寛政十二年』〔国編五〇〇九〕）

ところで、〔史料五〕③によれば、〔史料四〕の前提には寛政六年（一七九四）議聘使平田隼人から東向寺における書契跡留整備の提案があった。東向寺備え付けの過去の外交文書類には「往古より不足之分」があるから、それらの補充を清書役中に求めた（①）のも、時期的に見て平田隼人の指摘を受けてのものと考えて良い。平田は寛政三年十二月から同七年二月まで議聘使つまり朝鮮通信使対馬易地交渉のために渡海しており、倭館に滞在しながら朝鮮側との折衝に努めていた（田保橋潔［一九四〇］六六九〜六八三頁）。その交渉過程で先例を参照したくても東向寺に必要書類が備わっていなかったことを指摘したものだろう。

［史料五］③によれば不足分は「承応二年分からはあるが、それ以前のものはない」、［史料四］では「承応二年以前の分が足りない」と指摘されていた。それを受けて対馬府中に保存された過去の文書類を清書役中が手分けして筆写して補ったのが「寛永十一年より承応二年まで」（［史料四］）ないしは「寛永拾二年より慶安三年まで」（［史料五］②）という。

ここで注目されるのは、承応元年ないし二年以前の分が不足しているとの指摘を受けて作成された補遺が、寛永十一年ないしは十二年以後分に限られていた事実である。補遺作成にあたって何を書写したのかは不明である。東向寺で作成された『両国往復書謄』の写本が対馬府中にも一部保存されていて、それを底本としたものなのか、あるいは以酊庵に伝来した『本邦朝鮮往復書』を底本としたものなのか、それらとは全く異なるものを底本としたものなのか、明らかではない。仮に『両国往復書謄』『本邦朝鮮往復書』以外の外交文書を参照したとすれば、書写の行われた寛政年間にあっては、元禄十一年（一六九八）阿比留惣兵衛恒久によって編纂された『善隣通書』を想定するのが素直だろうと思う。そして、『善隣通書』には寛永十一年以前の朝鮮往復文書が少なからず収録されている。にもかかわらず作成された補遺は寛永十一年ないしは十二年以後分に限られていた。東向寺備え付けの朝鮮往復文書としては、その時期以後のものを整備しておけばよいとする理解があったと推定できる。

つまり、以酊庵輪番制の始まったのが寛永十二年であったことを想起すれば、右のような東向寺備え付け朝鮮往復文書の始期が概ね同時期にあたる事実は、以酊庵輪番制と東向寺輪番制が対馬藩の意図としては相互に連動して始まったことを示唆しているのである。

おわりに

本章で述べ来たったように、対馬藩の清書役中は、以酊庵輪番僧から提示された真文草案を清書する職務を繰り返してゆくなかで外交文書の文体・形式等々に精通してゆき、朝鮮との往復文書を点検できるだけの実務的能力を身につけていった。そして、それら清書役中のなかから輪番で倭館東向寺僧が選ばれた。以酊庵輪番制度と対馬藩清書役中および東向寺輪番制度は、それぞれが相互に有機的な連関を保ちつつ機能を果たしたのである。対馬藩が自前で東向寺輪番制を機能させるためには、対馬府中で京都五山の碩学中と接触できる機会が恒常的に維持されることが有用かつ必要であった。以酊庵輪番制の存続は、まずは対馬藩にとってこそ必要だったのである。

第4章　十八世紀の輪番制廃止論議

はじめに

本章は、前二章を受けて、引き続き「幕府外交の出先機関であるとか対馬藩に対する監察機関であるとする通説的理解」を再検討するものである。そのために、安永九年（一七八〇）に京都五山僧によって提起された以酊庵輪番制廃止の主張を取り上げ、京都五山側に残された史料と対馬藩側に残された史料とを対比させながら、事件の顚末について素描を試みたい。

このときの以酊庵輪番制廃止論議については、『相国寺史稿』刊行に関わった秋宗康子によって簡潔ながら要を得た指摘がすでにある。京都五山においては、宝暦四年（一七五五）ごろから幕府に対して以酊庵僧への経済的支援を要請する動きが見られたが[1]、しかし事情は好転せず、安永九年（一七八〇）から天明二年（一七八二）にかけて「朝鮮書契の御用を免じてほしいと幕府に歎願」する事態に立ち至った（秋宗康子［一九九一］四五三頁）、というものである。ここにいう「朝鮮書契の御用」というのが以酊庵輪番制のことである。また、安永～天明の歎願時に重要な働きをしたのが相国寺慈雲庵の梅荘顕常であり、小畠文鼎は、顕常の伝記のなかで以酊庵輪番制廃止論議についても史料を掲げながら言及している[2]。

これら二つの先行研究によって、この論議が以下のような結末を得たことはすでに明らかである。すなわち、幕府は京都五山の主張に関連して対馬藩側の意向および実状の確認を進め、天明二年（一七八二）四月、五山側の主張を却下した(3)。これを小畠文鼎の文章から引用すれば、「堂々たる意見も且其苦衷も一片の申渡書を以て無残にも之を蹂躙せられ、同時に四山の申請は、憐れ悲痛な最後を遂げたのであった」（小畠文鼎［一九二七］七八頁）ということになる。事件はわずか二年で収束し、事件の最中にも輪番制が中断されたわけでもなかったから、制度の存続に大きな波紋が及んだわけでもなさそうである。しかしながら、論議の過程で何がどのように問題にされたかについて明らかにすることは、以酊庵輪番制の性格を解明することにつながるものと考える。

なお、本章での主たる検討対象時期となる安永九年～天明二年を含む前後に以酊庵輪番僧であったのは、順に湛堂令椿（天龍寺妙智院）安永六年八月～八年六月、高峰東晙（建仁寺両足院）安永八年六月～天明元年五月、梅荘顕常（相国寺慈雲庵）天明元年五月～三年五月、の三人である。

一　以酊庵輪番制廃止の主張

まずは『相国寺史稿』第六巻、天明二年（一七八二）七月二十四日条に配された記事を掲げよう。

［史料一］(4)

ⓐ安永九年三月二十□《ママ》日、相国において聚評があった。議題は書啓《ママ》御用勤番として対州へ渡海のことについて。ⓑ対馬藩の財政状態が悪く、朝鮮での交易が随分と滞っており、対馬の国中はたいへん困乏しており、家中の扶育も成りがたいという重大な事態となっている。〔国境に位置するという〕日本の要害を鎮護すべき場所

でのそうした状態は済まされないものと思われる。さらにⓒ宝暦信使のときに起こった崔天宗変死一件に際しての対馬藩の処置の仕方は良くなかった。これから先、〔将軍襲職のような〕大慶に際して信使の同伴をするよう命じられて、そこで何か問題が生じたときには、以酊庵在番に当たった各山で、その問題についておおよそ見聞きして知っておきながら座視し、事態を解決できないままに時日をむなしく過ごすようなことになったりしては不調法ということにもなるに違いない。またⓓ近ごろ以酊庵に在番する大和尚より提起された、以酊庵の職をお止めくださるよう幕府へ出願するとの件もあり、後手になっては、これまで勤めてきた御役に対しても済まないことであるし、万一願の通り以酊の職が停止されるようになった場合には、いま在番中の両足院高峰〔東晙〕大和尚が対馬から引き揚げになるということについても、どのようになるかは予想もつけがたい。一方、対馬藩から幕府の権門方へ取り入って、京都五山側が対馬藩について何やら訴え出たといった格好にされてしまっては、かえって幕府への聞こえも良くないから、場合によっては幕府からお咎めを受けることになるかもしれない。勿論ⓔ書契御用というものは、世間では名誉なことだと考えられているけれども、もともとは五山法中にとっては不相応のことであり、近年の各山には財政状態が芳しくなく院々も多くなってきており、近年では次第に化儀を大規模にするようになってきたため雑費は年々増えてゆき、諸院の〔以酊庵輪番への〕出勤も難しくなってきた。一方で、ⓕ対馬藩よりは数十年来、〔在番している〕碩学職を軽蔑するようなところが多々あり、ならばⓖ右の書契方御用を御免いただき、〔書契御用を務める碩学ではなく〕昔の通り宗門における碩学として仰せつけられますよう願い出てはどうかという評論であった。もっともそれは、ⓗ三月某日に某山で評論一定の上、この日に各山が集まって集評が行われ、萬年〔相国寺〕に出府を委任するとの評論であった。……

右によれば、安永九年（一七八〇）三月二十日過ぎ、以酊庵輪番の問題点について相国寺で合議が行われた

(ⓐ)。それは直近の時期に某山でなされた評議を踏まえて開催されたものであった(ⓗ)。今回こうした合議が始められたのは、近ごろ在番中の以酊庵僧からなされた輪番制停止を幕府に願い出る建議によるものであった[5]。この問題について京都五山としての対応が後手に回ってはいけない。願い出が幕府に受理された場合には現在以酊庵に在番中の建仁寺両足院高峰東畯を引き揚げさせることも想定せねばならないし、この願い出について対馬藩から権門への働きかけがあるかもしれず、場合によっては五山側が幕府から咎めを受けることとなるかもしれない(ⓓ)。したがって、五山側としての見解を集約して整理し、幕府への提議を行う必要があったのである。

［史料一］に見える合議での論点は、以下に示す**A**~**E**の五点ほどに整理できる。

A 対馬藩の経済状態は芳しくない。朝鮮交易は停滞し、対馬藩内は上下を問わず困窮している。こうした状態では御用を勤めきれない(ⓑ)。

B 宝暦信使の際に起こった崔天宗殺害事件[6]に対する対馬藩の処置は良くなかった。今後、朝鮮信使に以酊庵僧が随行する際に、類似の小さからぬ問題が生じた場合に輪番僧が見て見ぬふりをするわけにもいかない(ⓒ)。

C 日朝間の外交文書を担当することは、世間的には名誉なことではあるが、宗教世界には必ずしも相応しいことではない。近年京都五山に属する各院のなかには経済的に不自由なものが増える一方で化儀が華美となって費用は年々増大するから、経済的に以酊庵輪番を勤められない小院も増えている(ⓔ)。

D 以酊庵に派遣される京都五山碩学職に対し、対馬藩からは数十年来軽蔑的な扱いが少なからず行われてきた(ⓕ)。

以上の**A**~**D**を踏まえて、

E 京都五山の碩学僧が輪番で対馬府中へ赴き日朝外交文書を管掌する役儀を免除してもらい、むかしの通り「宗門における碩学」へと回帰することを幕府に願ってはどうだろうか(ⓖ)。

というのが合議の結論である。

ところで、この合議の場に提出された文書であったか、ⓗにいう直近に某山でなされた際に提出された文書であったかどうかは判然としないが、相国寺としての立場を梅荘顕常が述べたのが次に示す［史料二］である（小畠文鼎［一九二七］六五〜七〇頁）。

［史料二］(7)

当山存寄書

一（第一条）五山碩学が以酊の役儀を兼ねることを名誉で晴れがましいことと思うのは、まことに凡庸なる自慢にとどまることであり、禅林有識の者としてはたいへん恥ずべきことである。

一（第二条）諸宗とも、碩学学匠などというものは、それぞれに年齢を重ねた徳の高い人物を選出するのが当然のことである。それが五山の碩学だけは以酊の御役儀を兼ねているところから、碩学にとって以酊庵の勤めの比重が高くなり、以酊庵へ赴くことを碩学と称し、賜紫の位もここに由来するなどと考えるようになってしまっては、一衆学道の志を大いに間違い、五山の宗門にとってはまことに弊害である。

一（第三条）以酊庵での文書作成の御用は、本来碩学の人にとっては本務のほかに勤めるべき余業である。とはいっても、異国の通交、不時の応酬は文筆の力によるところが大きいため、そうした仕事を望む人であればそうした仕事を専門に行い、碩学を推挙するに際してはそうした才能を選り分けることが肝要である。しかしながら、実際には碩学はそのように選ばれたりはしない。したがって、この場合も碩学が碩学の名を失しているといえる。

一（第四条）以酊の御役は学禄や扶助米を受けて行うものであり、名誉で晴れがましいことはたしかにそうである。しかし赴任するためには諸般の用意があれこれと嵩むから、小院や小禄の寺庵では対応しきれない。したがって自然と諸般の用意が整えられるような院柄の者だけが以酊の勤めをすることができるようになり、したがって碩学の二字は二の次になってしまう〔学力より経済力が優先される〕。これまた一衆の修学を激励するという碩学の本旨から外れた大なる間違いである。

一（第五条）学禄をあてがわれる本意は学徳扶助ということなのだから、とくに小院小禄の人を引きたてるところに趣旨があるはずだ。なのに現状は、碩学料を設定した当初の趣旨とは合わないものとなっている。

一（第六条）そういうわけだから、もし以酊の御役儀を免除してもらえるということになったら、各山一同で規約をつくって申し合わせ、法中相応の碩学としてその名誉を復活し、ほんとうに一衆修学激励の利益にかなうように変えることができれば幸いである。しかしながら、おそらくはそれは叶わない望みだろう。叶わないだろうが、以酊の役儀に固執をし、これをいつまでも手放さないとする態度を取るのは不料簡である。

一（第七条）以酊の役儀は監察を兼ねるものともいうが、これは俗説中の俗説である。ただし、この俗説に依拠して以酊庵の職務を守ろうという考え方は、先輩の筆記のなかにも見えるから、俗説ではあるけれども深い意味合いがあろう。とくに宝暦年中に扶助米を頂戴して以来は、監察こそは以酊庵の最も大事な役目であると心得ねばならない。

一（第八条）右のように述べる理由は、宝暦のころから以酊庵から幕府に対する言上ということが始まったからである。だから、対馬藩の家中から民間に至るまで対馬一国が難義を蒙っていることについて、以酊に望みを託し、以酊より幕府へ言上してほしいと切望することもあるだろう。これまた以酊庵僧の固い意志にかかっていることと思われる。しかし、現実には、これまで一、二度の言上を行ったことはあるものの、そののちは全くない。おそらくは時宜を考えてそのようであったということなのだろうが、これから先、万一変事が起こったときに、書啓のほかのことは、たとえ見聞きしたことであっても我関せずとはいえないだろう。

一（第九条）対馬藩から以酊への使者派遣や音物〔進物〕贈答のことは、結局のところあまり頓着がないようで、こちらから先格・先例はこうだった、ああだったと論じたところで意味がない。ただ、以酊庵に対しては、対馬藩の身分の高い人々からは何はばかることもないといった無遠慮な扱いを受け、また身分の低い者たちは以酊庵僧に対してとくに期待すべきことがないから、自然と〔以酊庵を〕侮るようになり、以酊庵僧の位置づけを押し下げるようなことになっている。これは御役・御用を勤めるものとしては、たいへんな瑕瑾となることがらである。

一（第十条）右のような状況だから、今は、以酊庵僧であることには名誉の甲斐もないし晴れがましく思う甲斐もない。自らの勤務内容としても外からの評価としても、いずれも実質を失ってしまったようで嘆かわしく感じるばかりである。

一（第十一条）こうして述べてきたように、五山の碩学は、現在は以酊庵の御役儀を勤めることと同義のようになり、その以酊庵の役儀は段々と内実を失ってきている。したがって、五山の衰弊はこれ以上ないということになる。

一（第十二条）これまで百年来無事に済んできたからといって、これから先も無事に済むと考えるのは「偸安の一寸遁（眼前の安楽にふけって、問題を一寸ずつ先延ばしにする）」に陥ることと同じである。百年の土蔵は一朝の火災に備えるものだが、世の変がいかにもはっきりとしている以上は「一朝の火災」どころではなく、いますぐに用心すべきことである。対馬藩の変状はすでに今日明らかであり、誰人に遠慮することがあろうか。もし騒動が起こったときには以酊へも難儀がかかり、そのうえ学禄までも変更されてしまうかもしれない。かりにそうならなかったとしても、堂々たる列岳、老々大々の五山碩学衆で御役御用顔で鎮座している面々が、そのときに至って這々の体で火事場から逃げ去るような格好になったのでは、どんな面目があるというのだろう。そのうえ公儀に尻尾を振って憐れみを乞うような体裁となれば天下の嘲るところとなるだろう。

一（第十三条）いま辞職願を申し上げて御聞届けがなかったとしても、後日の下準備とはなるだろう。あるいはいささかなりとも以酊庵にとっての益にもなるだろう。もし御聞き届けくださり、以酊庵の御役は御免、本分の碩学に復すというようになれば、これは実に列岳の大幸これに過ぎざることといえる。しかし、今回の趣旨を列岳全体での同意がないのであれば、今は口を閉じ、手を縛って時節を待つよりほかはないであろう。

右の「当山存寄書」に見える諸論点は、［史料一］での論じ方や力点の置き方とはいささかの違いが見えるが、内容の共通性に留意しながら以下のように整理できよう。

［史料一］Aの論点は［史料二］には見えない(8)。

論点Bに通じる内容をもつのが第七条・第八条の二つである。宝暦年中（一七五一～六四年）から以酊庵僧による「言上之儀」が始まった。それは、何らかの問題が生じた際に、幕府や対馬藩に対して意見を具申するものである。以酊庵僧がそうした役儀を帯びていて、万一変事が発生した場合に外交文書に関わること以外は一切我関せずという態度をとるわけにもいくまいというのだから、こうした役儀のあり方そのものが問題視されている。

なお、第七条ではこうした以酊庵僧の役を「監察」とも述べるが、それは以酊庵輪番制についての通説的理解で「幕府の対馬藩に対する監察機関」と述べるものとは様相が異なっている。第七条は、「監察」が以酊庵僧の役儀として重要であることは以前から記録されてきた通りであり、幕府に対してはこの点をまず強調する必要がある、と述べる。しかしながらそれは輪番制の開始当初からそうだったわけではなく、宝暦年中からの特徴だということも第七・第八両条から理解できる。そして両条にいう「監察」「言上」としては、対馬家中だけでなく「民間（対馬藩領民）」における問題について、以酊庵から言上してほしいという望みを託されて「言上」するものが含まれている。通説的理解における「監察」が、概ね日朝外交に関わる対馬藩の恣意を排除する点に注目されていることとは乖離する内容である。さらに第七条によれば、「監察」が以酊庵僧の役儀として重要であることは間違いないにしても、そうした重要性の強調は「俗説中の俗説（俗儀之上之俗儀）」なのだともいう。つまり以酊庵輪番僧の本来の任務は「監察」にあるわけではない、というのが以酊庵僧を輩出した相国寺としての基本認識なのである。

論点**C**と重なるのが第四条・第五条である。以酊庵僧として赴任するに際しては様々に費用が嵩み、「小院小禄の寺庵」では対応しきれないほどとなってきた。そのため、そうした費用負担の可能な「院柄」から以酊庵僧を出すようになってきた。これは「碩学」制度が「学徳扶助」を主旨とするのであれば、「小院小禄の人」をこそ支援すべきであって、現状は本末転倒ではないか。以酊庵僧が碩学僧から選抜される現状が、却って「碩学」の本旨を失わせることとなったことへの批判である。この批判は第十一条に通じてもいる。

論点**D**は、第九条後半に見える。以酊庵僧は、対馬藩の「上分」からは無遠慮な扱いを受け、「下様」からは何の期待もかけられず、おのずと軽んじられ侮られるようになってきたという。そのため、以酊庵僧として赴任しても名誉でもないし羽振りが良いわけでもない（第十条）。

そして、五山碩学が以酊庵僧を兼ねているがゆえに問題を生じさせているとする第一～四条、以酊庵輪番の役儀を返上することで碩学本来の主旨に立ち戻ろうと主張する第六条、これらが論点**E**に該当するだろう。

末尾に並んだ第十二条・第十三条は、第一～十一条を踏まえて、今こそ以酊庵輪番の役儀を返上すべきことを強く訴える。従来通りの地位に安住しておいて、いざ問題が生じたら慌てふためいて「這々の体で火事場から逃げ去るような」みっともないすがたをさらすべきではない。いま役儀返上を願い出て認められなかったとしても、それは将来の準備としては意味がある。あるいはいささかでも以酊庵輪番に利益はあるだろう、というのである。

さて、梅荘顕常は、もう一つ別に以酊庵輪番制の廃止を主張する文章を残している。後述するように、［史料二］の衆評ののち京都五山を代表して相国寺古道元式・建仁寺環中玄諦の二人が江戸へ赴き、安永九年（一七八〇）十月十八日、月番寺社奉行阿部備中守正倫にあてて以酊庵輪番制廃止の願書を提出する（後掲［史料四］）。そのとき梅荘顕常によって起草された［史料三］[9]が同時に提出された。長文にわたる史料なので原文は注で示すこととし、本文中ではまず史料冒頭と末尾を示し、内容となる第一～十三条については適宜内容を要約して示しておきたい。

〔史料三〕

朝鮮国書啓御用のために拙僧〔梅荘顕常〕は来る丑年〔安永十年〕に輪番僧として対州以酊庵へ参ります。それで、先役の椿長老〔湛堂令椿〕・当番晙長老〔高峰東晙〕に近年の勤めぶりや対馬藩領内の様子などを聞いてみたところ、以前の様子とは様変わりしているように思われます。それで、いま以酊庵輪番制の制度改革をご検討いただければ、幕府のためにもなるのではないかと存じますので、憚りを顧みずに申し上げます。

（第一〜十三条、省略）

右の十三カ条は、御通交以来の様子と拙僧の意見をおおよそ書き付けて申し上げるものです。右の条々を通して考えますに、これまで通りのやり方を継続していたのでは、対馬藩と朝鮮とのあいだでは「公儀御通交」としての義理は次第に立たなくなっています。対馬藩に対して幕府から格別の御手当を遣わされたところで朝鮮表および対馬藩内の取繕いも十分には整えられておりません。在府・在国の家老そのほか重立った役人どもは豊かに暮しておきながら、それ以下の家中の者たちは飢寒をも凌ぎかねるほどの様子ですから、この調子では藩内の和合はなりがたく、国政の取り締まりも手が届かず、次第に衰微してゆくように見えます。当然ながら朝鮮へ向けて準備する音信物などもだんだん麁末不実なものになっており、いままで結構に成し遣わされてきた藩主の思いも無益なものとなり下がってしまうものと思われます。こうした点は、実はそもそも朝鮮向きのことを公儀〔幕府〕が直接に取り扱うのではなく、すべて対馬藩に任せ切りのようにしてきたところから心得違いもおこり、朝鮮との御通交を始めた最初のころの義理の心を取り失い、現状のようなすがたになってしまったものと思われます。そこで、五山碩学どもを〔以酊庵〕勤番から放免してくださり、別途、〔幕府から〕御役人方を〔対馬まで〕派遣なさり、役人がたがやがて朝鮮関係について熟練してゆけば、朝鮮通交に必要な〔幕府の〕様々な出費もかなり減少するはずです。また御誠信・義理の趣旨もこれから先永く生かされることとなり、一方、対馬藩の藩政もきちんと取り締まりができるようになれば対馬藩の未来にとっても有益なことかと思います。これらの考えを憚りをかえりみずに申し上げるところです。このたび五山の惣代二名が江戸へ出て、対州勤番〔以酊庵輪番〕御免について御奉行所へ願書を提出いたします。もっとも対州・朝鮮関係のことをどうこうせよというところまで話を広げるつもりではありませんので、右の条々について内々でご検討くだされればと思います。以上

安永九年子十月

朝鮮書啓御用
相国寺　慈雲顕常

この文章は全体にすこぶる長文であり、内容は対馬藩の事情についても具体的で詳細である。同じ梅荘顕常による筆でありながら、対馬藩に関わる具体的な記述を欠く［史料二］とは対照的である。こうした記述内容の具体性における差異を生じた理由は［史料三］冒頭部分に明快である。顕常は、現在の以酊庵僧が任期を終える来年（安永十年）には後任輪番僧として対馬府中へ赴くこととなった。それで、いま在番中の建仁寺高峰東晙とその先番であった天龍寺湛堂令椿に対し、近年の以酊庵僧の勤めぶりや対馬藩内の様子を聞いたというのである。それで、対馬では米穀が払底しているため飯米のための代銀が支給されたとする東晙の実体験も挿入されたのである（第八条）。また文中（第二条・第八条）にも見えるように、雨森芳洲『交隣提醒』をも参照したというから、［史料三］の記述における藩内事情は具体的かつ詳細なものとなったのである。

［史料三］第一条・第二条は以酊庵輪番制が導入される前史の説明であり、日朝関係において対馬藩が果たしてきた特殊な役割が述べられる。第一条では、豊臣秀吉による海賊停止令、文禄・慶長年間における朝鮮侵略戦争で宗氏が先陣を務めたこと、そのことが徳川家康のもとで進められた日朝講和交渉に悪影響を与えたこと、朝鮮王朝から僧松雲らが派遣されたこと、家康が講和を求める国書を先に送ったことを契機に翌年朝鮮信使が派遣され、ようやく講和が果たされたことが述べられる。対馬藩と朝鮮とのあいだでも年二十艘の交易船派遣が再開され、朝鮮

側の負担で釜山倭館の竣工もなった。一方、第二条では重臣柳川氏が三代にわたって権勢を振るったが、やがて「陰謀之筋」が露見して処罰を受けたことに言及する。

第三～五条は対馬藩主が幼君であった事例（宗義方・義如・義暢）と、その折りには必ず朝鮮御用について後見人が付けられていたことを述べる。それを踏まえて、第六条でいまの対馬藩主宗猪三郎が幼君であるにもかかわらず後見人不在であることの不当さを訴える。

第七条では、近年、対馬藩から定期的に派遣している朝鮮交易船が派遣されず、その遅れは一年半ほどとなっていることを指摘する。これは［史料一］にいう**A**の論点である。しかも、交易にともなう外交文書のやりとりだけは継続しており、あたかも交易が続いているかのような体裁にしてある。あいだで訳官（朝鮮側の日本語通訳）と示し合わせてつじつま合わせを行っているとの見立てである（「中ニて訳官共彼方公辺を取繕内々相対仕候儀と奉存候」）。

第八条は、概ね三つの内容からなる。まず第一に、第七条を受けながら、日朝通交において最も重視すべきは「誠信義理」と思われるのに、近年の対馬藩にはそれが失われており、幕府が主導して改めない限り日朝通交の先行きが不安であることが述べられる。ついで第二に、現在の対馬藩の困窮ぶりが、住まい・食事・服装等々にわたって細かに叙述されて如実に示される。幕府から毎年一万二千両ずつ補塡を受けながらも困窮するのは、第八条には明示されないが朝鮮交易の不振が背景にある。近年では城下からさほど離れていないところに遊所を取り立てて売女を集めるとの風聞すらあるとも記す。こうした風儀の乱れをも問題視している。そして第三に、以酊庵輪番の廃止と幕府役人の対馬派遣を要請する。すでに見た対馬藩の現状を改めるには以酊庵僧では荷が重すぎる。そうした改革は、幕府から「国中之重り」になるほどの役人を派遣することによって初めて可能となる、というのである。

第九～十二条は、第八条を受けて、「誠信義理」を取り戻した日朝外交を展開するためには、以酊庵輪番制の廃止と、その代わりとして幕府役人の対馬常駐が望ましいことを論じる。第十三条は、宝暦信使の準備から実際の進行に至るまで「対馬藩に任せ切り」にした弊害を指摘する。こうした点も幕府派遣の役人が担当する方が良いという。

以上を踏まえて、梅荘顕常は最終部分で以酊庵輪番制廃止と日朝外交幕府直轄の提案を行った。そしてこの文書は、安永九年十月十八日に江戸幕府の寺社奉行にあてて提出されたのである。

二　議論の推移

(1) 京都五山からの問題提起

先述のように、安永九年(一七八〇)三月ごろから京都五山で以酊庵輪番制廃止の議論が始まった。議論のきっかけは、[史料一]ⓓにある「近ごろ以酊庵に在番する大和尚より提起された、以酊庵の職をお止めくださるよう幕府へ出願するとの件もあり(近頃以酊大和尚より被仰越候以酊之職ヲ御止被成候様関東江願出候義)」というところにあった。この提案を行った僧は、「以酊大和尚より」という以上は、安永九年三月に比較的近い時期に以酊庵に在番している者を想定するのが素直である。したがって提案者は、安永八年六月から在番中の建仁寺高峰東晙と見るのが妥当である。

ところで、高峰東晙が以酊庵在番中の出来事を、彼に随行した続芳慈胤が日誌に残している(「臨時雑録」巻十[10])。その安永九年正月十日条には、幼少の対馬藩主宗猪三郎のもとで「何年も続いて藩財政難で、その上領国での収入不足が続(累年勝手向致難渋、其上領国之損毛打続)」き、朝鮮王朝の慶弔と対馬藩の弔事が重なって、本来なら朝鮮に対して訳官使派遣を求めねばならないのにその費用捻出ができず延期していること、そうした事情を幕府に伝え、昨年十二月初めに御手当金三千両の支給が決まったこと、こうしたことが以酊庵僧へも知らされたと記される。この記事の末尾には、割注で「此儀学録御仲間へ告報、慈雲大和上へ向被申進（京都五山へ知らせるのに、梅荘顕常へ伝えた）」と付記されるから、内容的にも時期的にも、この記事が［史料一］ⓓにある「近頃以酊大和尚より被仰越候」に該当するものと見て良いのではあるまいか。とりわけ右の内容を「慈雲大和上」へ別途通知しているという点に鑑みると、なおさらその感を強くする。以酊庵輪番制廃止の議論を力強く進めたのが梅荘顕常つまり「慈雲大和上」だったからである。(11)

さて、京都での議論を経て、五山を代表した相国寺古道元式・建仁寺環中玄諦の二人が江戸へ赴いた。古道は安永九年（一七八〇）四月十三日に、環中は同じく七月七日に江戸に到着し、同年十月十七日にまず金地院へ赴いて添簡を受けた。翌十八日、月番寺社奉行阿部備中守正倫にあてて以酊庵輪番制廃止の願書を提出しに行き、さらに翌十九日、寺社奉行用人太田藤蔵と対談した（相国寺史料編纂委員会編［一九九〇］一七五～一七六頁）。

対談では、太田藤蔵がまず、願書を持参した五山僧に向かって「どなたか実際に対馬へ行ってこられたのか」と問うた。古道元式が「拙僧が参りました」と応じた上で、対馬藩内の困窮状況をあらまし述べ、そうした状況は近年に現れたものではなく三～四十年前からの常態であると付け加えた。「当番の以酊庵へ渡す飯米さえもなく、代銀で渡そうなどというほど」だから、朝鮮への待遇も自然と行き届かない。そうした困窮状態が積み重なって、朝鮮信使を招請すべき時期になっても対馬藩が即座に対応できないとなればなおさら問題であり、こうしたところが以酊庵僧を出す五山碩学としては心配なのだとした。

そして、初めて輪番僧を置いた寛永十二年（一六三五）を中心に以酊庵輪番制の沿革を述べた書面三通とあわせて輪番制廃止を求める願書［史料四］が、寺社奉行所へ提出されたのである。

［史料四］(12)

願いたてまつる口上の覚

一　五山碩学どもが対州に罷り越し、朝鮮国御通交の書翰を作成することは、大猷院様〔三代将軍徳川家光〕の御代、寛永十二年に上意を受けて以来、百四十年余り勤めてきました。当御代〔十代将軍徳川家治の時代〕にもとりわけて御加恩を成し下され、以前同様に御用を勤め続けてきていることは誠にもって冥加至極でありがたき仕合せに存じます。こうして御厚恩をもってこれまで滞ることなく勤めてまいりましたが、①対州というところは大切な御場所柄でありながら、朝鮮との御通交が始められたころの思いも、年代を経ているうちに自然と心得違いも生じてきて、この先御用に立ち兼ねるようなことどもも出てきて、たいへん恐縮する次第です。②対馬藩の国元では近年財政状態が良くなく、あれこれと手立てを講じているようではありますが、この上さらに手薄になりゆくようですと、碩学どもが対馬へ参りましても甚だ不安に存じられます。また③五山についても、近年は総じて困窮気味で、人少なになっている上に、学文熟練の者も数が少なくて手薄なものですから、いずれにせよこの度やむをえず④御願いを申し上げますのは、碩学どもが対州で勤番することについては、何卒御免いただきたいというものです。長年にわたって重い御用向きを勤めてまいりましたから、今さらこうしたお願いをするのも恐れ多いことではありますが、もしこの先〔私どもの〕勤めが滞るようなことがありますと、〔対州勤番というのは〕比類もなく大切な勤めですから恐れ入りますので、憚りを顧みずこうしてお願い申し上げる次第です。御明察の上、御憐愍をもって願の通り御免成し下され、⑤碩学については、権現様〔徳川家康〕が御定めになったように、今後とも怠りなく勤めてまいる所存です。この点、幾重にもお願いいたします。以上

安永九年庚子十月　　京五山　碩学総代　恵林院（印）[13]

常光院（印）

寺社御奉行所

幕府寺社奉行に提出された願書［史料四］の論点は、①〜⑤の五点。

①対馬は日朝通交の要衝だが、日朝通交が始まってから年代を経るうちには自然と「心得違」も出てくる。幕府の御用に立たないようなことが生じたりすれば問題である。

②対馬藩は近年経済的に困窮しており、この上さらに困窮が進むようであれば、碩学が赴任するのも不安である。

③五山では、近年経済的にも困窮しており、また学文の熟練者も手薄になってきた。

④五山碩学の対州勤番を免除してほしい。

⑤碩学は学問興隆のためという設置趣旨に立ち帰って励みたい。

さて、これらの内容を、先に検討した京都五山での議論内容［史料一］［史料二］と比較してみると、以下のような違いが指摘できる。右の②は［史料一］の論点**A**（対馬藩の経済的困窮を問題視する）と、④⑤は［史料一］の論点**E**（以酊庵輪番免除と「宗門における碩学」への回帰）と一致すると見て良い。③は「五山では経済的に以酊庵輪番を勤められない小院が増加している」とする［史料二］論点**C**に通じているのはたしかだが、五山僧の学文的力量低下を述べるのは新たな論点付加といえる。また、①に該当するものを［史料一］［史料二］の論点中に探すのは難しいが、［史料三］第九〜十二条で「誠信義理」を取り戻した日朝外交を展開する必要を述べていることと通じる内容である。そして［史料一］の論点**BD**は、ここにはない。以酊庵輪番僧の「監察」的な役割に関わる論点（**B**）と対馬藩が以酊庵僧を軽んじているという論点（**D**）については、幕府あて願書中からは完全に抜け落ちている。

ところで、願書［史料四］は［史料三］とともに提出された。対馬藩における経済的困窮の現況を述べた部分を除けば、［史料三］の要点は、「誠信義理」を取り戻した日朝外交を展開するために以酊庵輪番制廃止と日朝外交幕府直轄が必要だという主張である。

したがって、実際に幕府に提起されたのは以下の三つの論点であった。すなわち、㋐対馬藩の経済的困窮、㋑日朝外交の幕府直轄、㋒五山僧の以酊庵輪番免除（「宗門一通之碩学」への回帰）、である。

五山総代が寺社奉行用人太田藤蔵と対談した安永九年（一七八〇）十月十九日ののち、天明二年（一七八二）四月二十四日の幕府裁定が出るまでの議論は、『相国寺史稿』ではよく分からない。[14] 安永九年十二月八日と十日、五山総代が寺社奉行所に呼び出され質疑応答のあったことが以酊庵高峰東晙あて梅荘顕常書簡（安永十年三月二日付）中に記される（小畠文鼎［一九二七］七三～七四頁）。それによれば、そののち何の音沙汰もないが、「良い感触だと内々に聞いている（何分首尾合ハ宜、御聞届之様子ニ、内々筋よりも相聞候）」という。また、安永十年二月十四日には、古道元式から、近々幕府役人が対馬へ派遣されるだろうと伝えてきたともいう。

（2）寺社奉行の尋問と審議

さて、右の梅荘顕常書簡にいう安永九年十二月の質疑応答は以下の七点にわたるものであった（写〔朝鮮御用之儀ニ付五山碩学ゟ太田備《マヽ》中守へ答〕〔国編六〇六八〕[15]）。

寺社奉行一同による五山碩学惣代恵林院（古道元式）・常光院（環中玄諦）両名に対する最初の質疑は、「対州書啓御用の御免を願ってきた趣意を問う」というものであった。

返答ではまず対馬藩の朝鮮貿易が語られる。対馬藩では八艘に八人の使者を添え、その八艘にほかの十二艘分の名義を兼帯させ、ほかに四艘分の名義をあわせて総計二十四艘の貿易船が派遣されることになっている（公貿易）。各貿易船は釜山に置かれた倭館なる役所に八十五日間ほど滞在し、その間は朝鮮側から接待を受け続ける。公貿易では、対馬から胡椒・明礬・水牛角・銅・鉛などが持ち出され、朝鮮からは木綿や米が持ち込まれた。一方、右の二十四艘の範囲内で朝鮮から（朝鮮）人参・薬種・糸・端物類が持ち込まれたが、これを私貿易と称した。ただし、この五、六年ほどは派遣船数が半減し、また本来派遣されるべき時期に派遣されず、おおよそ一年半ほどの遅れとなっているという。貿易船派遣に際しては以酊庵で作成する書翰を持参することになっているが、右のような事情もあって、そうした書翰作成自体が一年ほど遅れている（一年ほど古い年次の入った書簡を作成している）のが現状だというのである。

また朝鮮通信使に対する対馬藩の対応が良くない点について、惠林院自身の体験談を交じえて以下のように述べる。宝暦度朝鮮通信使（一七六四年）のとき道中人馬の準備を対馬藩がすべて請け負ったが、宿駅ごとに通信使下官を呼び立てて人馬を引き取りに来させていた。これは幕府として通信使を歓待するという趣旨に照らすと無作法なやり方であり、朝鮮人が不快に感じるやり方であった。惠林院は当時通信使に同行した以酊庵僧（相国寺膽長老）に随行していたが、通信使の学士書記から筆談で「対馬藩のやり方はぞんざいで、たいへん不愉快だ（対州仕向麁略ニ而甚迷惑）」と聞かされたという。

こうした、対馬藩の困窮状態とそれに起因する朝鮮へのぞんざいな態度は、徳川家康による日朝国交回復以来の誠信通交という趣旨からは外れてしまっており（御和順以来御誠信御通交之筋相違仕候）、これでは朝鮮側も快くは思っていないだろう。このまま朝鮮外交文書の取扱いを任されていっても、いつまでも続くものでもなさそうに思う（「彼国存寄如何ニ存、書啓御用相勤候而も、往々相続無覚束」）。こうした状態で幕府に祝いごとがあって通信使を招くようなことになった場合に、何か滞るような事態でも起こったら「とても僧侶の身分として勤めきれるものではない（迚も法中之身分ニ而相勤可申儀と不奉存）」ので、この際に御役御免を願い出たのだという。

二つ目の質疑は、最初の応答に現れた「国交回復以来の誠信通交という趣旨からは外れた対馬藩の態度」についてや、この先勤番を続けていくことへの不安、勤番をやめても碩学は続けたいのかどうか、を問うものであった。

これに対し、「対馬の経済状態はたいへん良くない（対州別而不如意）」ので、それが貿易代銀不払いも含めた朝鮮に対するぞんざいな態度につながっていること、それが朝鮮側の不興を買っているとも述べる（彼方〔朝鮮〕ニ而不快）。ただし、現在の幼い対馬藩主宗猪三郎自身の経済状態が悪いかといえば、とくに具体的にどうこういうことがあるわけではない（「差而此儀と申候儀も無御座候」）。しかしながら、朝鮮側に不快な思いをさせるような事態が続けば、この先何が起こるか分からないので勤番僧としては不安である。

また、碩学については、徳川家康がこの制度を導入した際には「朝鮮外交文書に関与することは制度に含まれていなかった（書啓之御用ニ抱候筋無御座候）」はずだから、そもそもの碩学職をきちんと勤め続けたい。「朝鮮外交文書については、対馬藩の代理人のつもりでやってきた（書啓之儀者、対州御目代と相心得）」から、もし幕府から「重キ御役人様」を対馬に派遣するといった何らかの制度改革が導入されて、朝鮮外交がそもそもの誠信通交という趣意に立ち戻ることができるのであれば、以前同様に勤番しても構わない、という。

三つ目は、対馬藩主宗猪三郎が幼少であることに関わっての質疑である。猪三郎が幼主であることを「朝鮮側が不安に感じている（朝鮮国ニ而不審ニ存候）」というのは、風聞なのか、輪番僧の推察なのか、というのである。

これについては、家中の者たちも指摘する事実だと返答する。そして、氏江兵庫なり俵土佐といった藩主家と血縁関係のある家臣を朝鮮御用や国政の「代人」にすれば良いと思うが、俵土佐が病死するなどして現状では「代人」が立てられないという。なお、寺社奉行は、猪三郎および弟富寿の年齢も問うた（猪三郎は十二歳、富寿は八、九歳）のを受けて、安永四年（一七七五）に亡くなった先々代藩主宗義蕃（九代藩主）は先代藩主宗義暢（十代藩主）の就任後も「大殿」として朝鮮貿易を担い、そのころには朝鮮側でもあれこれ不安をいう者もなかったことに言及する。先代は安永七年（一七七八）に亡くなっているので、いま（安永九年）の藩主猪三郎にはそうした指導力のある父も祖父も不在だということである。

四つ目は朝鮮貿易が停滞している事情について、である。返答ではまず、朝鮮から木綿（実際には米）を受け取りながら品物（公貿易品）を送れないままになっている分が銀五百貫目ほどの相当額に上っており、これはほぼ一年半分の支払い不足に相当するらしいことを述べる。いまは朝鮮側の訳官とのあいだで帳尻合わせをしながら貿易船の派遣をつなぎ、朝鮮からは木綿の代わりに米が入ってきているものの、その米すら入ってこなくなる恐れもある。胡椒・明礬などの規定品でない「代り物」(代用品) ですら送れないままなので、幼主兄弟のもとではこの先の展望が見えてこないと懸念を述べる。

五つ目は、対馬藩の台所事情について、である。年々幕府から受け取っている一万二千両もの拝借金はどこへどう消えてしまっているのか。家中への合力要請や、町方の米蔵を封印しているとの風聞、以酊庵への贈物など、対馬府中における具体的な暮らし向きを問うものである。

返答では、まず拝借金は江戸藩邸ですべて費消してしまって国元へ届くことはないことを述べ、困窮した家中の者が裕福に暮らす者のもとを訪ねて合力を求めたり、以酊庵へ無心に来ることも、風聞としては聞いている。全体に藩の重役者たちはそれ相応に良い暮らしぶりだとも述べる。また、藩での急な手当のために町方米蔵を封印しており、商人たちは難儀していること、以酊庵の世話をするために大小姓・小馬廻りほどの藩士が付けられるが、彼らは冬でも夏肩衣を着用し、素材は木綿ばかりだという。なかには居宅を持ちかねて、ほかの藩士宅に同居している者もいる。とりわけ以酊庵馳走役に任じられた場合は、月に一、二度は以酊庵僧を自宅に招いて接待せねばならないが、それもままならない様子だという。以酊庵へは年に米百石の手当を支給する約束だったが、やがて米が銭となり、近年ではその銭すら受け取れないこともあるという。五月、九月は輪番僧に時服を、七月、十二月には弟子僧も含めて時服を贈られるほか、暑寒の時節には人参三両が贈られたという。しかし人参は、近年では目録ばかりで品物が届かないことも再々だという。

六つ目は、対馬の遊所、漂流民があると潤いになる理由、猪三郎の居所の様子について問われた。これに対し、漂流民は使者を添えて送還すると接待 (宴と物品支給) があるので、使者となった者の利益になることを述べ、対馬藩の困窮は享保以来のことだと言い添える。また、対州にあるのは城というより陣屋で、ほかに木立のなかに古城があり、猪三郎はこの古城に移住するとの噂を伝える。一方、遊所については、対馬府中から一里ほど隔てた場所に茶屋を設けてあることを述べるほかは、もっぱら家老の評判に終始する。茶屋が設けられた時期は古川図書なる人柄の良い家老のときなので、設置理由がよく分からないこと、江戸詰家老の杉村直記は自分の具足類を売却して家中の扶助にあてたので評判が良いこと、などなどである。

最後の七つ目は、在国在府の家老たちは豊かに暮らしていること、先代対馬守の後室の風聞、私貿易断絶の風聞についての問いである。これらについては、「豊かに暮らしている」というのは必ずしも妥当ではなく「家中末々ほどには難渋していない」程度であること、江戸藩邸にいる対馬守後室は人柄も良く国元で育てたいとする家中の意見もあること、が返答される。また私貿易断絶については、朝鮮側から貿易を断られるといった類のものではないこと、国元での指図で停止したとの風聞を承知するまでで詳しくは分からない、とした。

さて、右の問答を踏まえた寺社奉行一同の評議は、第一に、京都五山碩学惣代からの「対州輪番御免」の要求については、「即座に取り上げねばならないというほどのことではない（差懸り難被捨置筋之儀と相聞不申）」ということであった。しかし同時に、尋問を通じて得られた一つひとつの具体例を踏まえると、「近年の対馬藩による朝鮮通交のあり方だけでなく、藩政についてもきちんと統制がとれていない（近年朝鮮江之御通交取斗方勿論国政共一向取締不申）」ように思われた。そうなると国元家老を江戸へ呼び出して直々に確認をする必要もあるが、一方で「碩学惣代の発言も風聞の域を出ない（惣代之出家共申聞候趣も風聞之由ニ有之）」ようだ。このままだと仮に国元家老を呼び出したところで「〔五山僧と対馬藩家老との〕言い争いに終始することとなり、本当のところは江戸では分からずじまいになってしまう（双方中争之様ニ罷成、実事之儀江戸表ニ而者容易ニ相決申間敷候）」。結局のところ、幕府の人間が直接に現地へ赴いて調べないことには仕様がない。

したがって、この件の解決にあたっては、「朝鮮通交のあり方と対馬藩政の改革を差配できるだけの職階と権限をもった幕府官僚（朝鮮御通交之取斗方且国政等取締御改副〔制〕として重キ御役人）」を対馬に派遣するのが良い、というのがまず最初の結論であった。

派遣された幕府官僚が現地で査察を行い、そこで家老や家中に「放任できない問題点（難被捨置仔細）」が見つかれば吟味をし、場合によっては処分を行っても良い。そうした制度改革が進めば朝鮮へも良い影響を与えることができるから、公私貿易の停滞も改善されるに違いない、というのである。

しかしながら、いったん制度改革を行って朝鮮貿易や対馬藩政に改善が見られたとしても、幕府官僚が任地を離れれば元の木阿弥に戻る可能性もある（「一旦御改副〔制〕有之候而も……猶又手戻りも可仕哉」）。とすれば幕府官僚の対馬派遣は一時的なものでは済まされない。では、どうするか。

〔史料五〕(16)

できるならば、ⓐしばらく幕府官僚を派遣するのが宜しいかと存じます。それでどのような人を派遣すればよいかを評議しましたところ、ⓑ〔対馬は〕たいへんな遠国であり……〔幕府官僚を新たに派遣するとなると〕莫大な費用もかかりますので、とくにそのための幕府官僚を派遣するつもりで長崎奉行をひとり増員し、三人で長崎と対州を交代して在勤することにすれば、足し高〔在任中のみ特別手当を支給する制度〕のほかには手当も不要です。そのうえ長崎には唐通事・オランダ通詞および交易等の取扱いに慣れた地役人も多くいるので、場合によっては対州へ呼び寄せて仕事をさせてみることもできますから、あれこれと便利なこともありますが、ⓒ長崎奉行の立場から対州を兼帯にすることには何か差支えがあるかどうか、この点は私どもでは判断がつきかねますので、もしそれでよいとのご判断であれば、この件については勘定奉行の松本伊豆守秀持に検討をお命じになってください。ところでⓓ碩学どもの申立てだけに依拠して幕府から重職の官僚を対馬へ派遣するというのもどうかと思われますので、今回、碩学惣代の者どもへの質疑応答については私ども〔寺社奉行〕のところで承知おくことにしておき、輪番についてはこれまで通り務めるようにさせておき、ⓔ次の春ごろに査察のための御目付をひとり対州へ派遣し、何をどのように査察するかは言い含めておいて、ひと通り対馬藩国元の様子を報告した上で、ⓕ長崎奉行が対馬を兼帯するということになれば、その御目付をその場で長崎奉行に任命し、……

幕府官僚の対馬派遣は一時的なものとはしない（ⓐ）。ただしそうなると費用の面で問題を生じるが、長崎奉行を増員して三名体制へと変更し、三人交代で江戸―長崎―対馬を兼帯するようにすれば費用も節約できる（ⓑ）。ただし、これは寺社奉行のあいだで相談した結果なので、長崎奉行の立場からそうした兼帯がありうるかどうか、何か問題点がないかどうか、勘定奉行の方でも検討をしてほしい（ⓒ）。一方、五山碩学惣代からの願書は棄却し、輪番制は従来通りとする（ⓓ）。

この計画の実行は新春からである（ⓔ）。派遣された幕府官僚は、場合によっては現地で三人目の長崎奉行に任命されることも含んでの現地赴任である（ⓕ）。訴えを起こした五山碩学たちの意向を離れ、輪番制廃止への道は閉ざされたまま朝鮮外交の幕府直轄化へと事態は急展開することとなったのである。[17]

（3）対馬藩の対応と決着

京都五山が以酊庵輪番制の廃止を幕府に提起する動きについて、対馬藩国元は安永九年七月二十四日に察知している。[18] 五山総代両名が江戸に揃ったのが七月七日だから、七月二十四日といえば彼らが実際に寺社奉行所に提起する三カ月ほど前のことである。国元に届けられたのは、五山碩学衆が輪番役の免除を願っているとする対馬藩京都役からの報せであった。それで江戸藩邸へ問い合わせると、たしかに五山僧が江戸に下向していることが確認された。八月七日以前の段階で五山僧側はすでに老中田沼意次のもとへも参上し、老中松平右京大夫輝高のもとへも対面の申し入れを行っていたことも分かった。そして八月十七日には、五山僧のうち「古道とやら申僧」が芝に旅宿していることを把握した。[19] 表４－１に見るように、対馬藩江戸家老杉村直記は、八月以後に老中をはじめ寺社奉行・勘定奉行・奥祐筆らのもとを訪問し、頻りに情報収集に努めている。しかしながら、五山側の動きや願書の内

表 4-1　安永 9 年（1780）中における対馬藩江戸家老杉村直記の面談相手

8 月 7 日	老中・松平右京大夫輝高（用人大野弥八郎）
17 日	〃　（〃　）
20 日	〃　（〃　）
9 月 10 日	老中・田沼主殿頭意次（用人三浦庄二）
10 月 15 日	老中・松平右京大夫（用人大野弥八郎）
29 日	〃　（〃　）
	老中・田沼主殿頭（用人三浦庄二）
11 月 1 日	奥祐筆・前田佐兵衛
	御代官・原田清右衛門
2 日	老中・松平周防守康福（家老坂口幸左衛門）
	老中・松平右京大夫（用人大野弥八郎）
	寺社奉行・太田備後守資愛（用人川副作兵衛・恒岡宇左衛門）
7 日	老中・松平右京大夫（用人大野弥八郎）
	老中・田沼主殿頭（用人三浦庄二）
8 日	寺社奉行・太田備後守（用人恒岡宇左衛門）
9 日	奥祐筆・前田佐兵衛
10 日	老中・松平右京大夫（用人大野弥八郎）
11 日	〃　（〃　）
	老中・松平周防守（家老坂口幸左衛門）
	老中・田沼主殿頭（用人三浦庄二）
13 日	老中・松平右京大夫（用人大野弥八郎）
	御代官・原田清右衛門
14 日	御勘定奉行・松本伊豆守秀持
15 日	奏者番・松平右近将監武寛（家老宮川権左衛門）
	前勘定奉行石谷清昌公用人・正木勝之進
17 日	老中・松平右京大夫（用人大野弥八郎）
18 日	老中・松平周防守（家老坂口幸左衛門）
	御勘定奉行・松本伊豆守
	奥祐筆組頭・上村弥三郎
19 日	老中・松平周防守（家老坂口幸左衛門）
	奏者番・松平右近将監（家老宮川権左衛門）
20 日	御勘定奉行・松本伊豆守
	奥祐筆・前田佐兵衛
	松宮左次馬
21 日	御勘定奉行・松本伊豆守
22 日	老中・松平右京大夫（用人大野弥八郎）
23 日	松宮左次馬
25 日	前勘定奉行石谷清昌公用人・正木勝之進
26 日	老中・松平右京大夫（用人大野弥八郎）
	老中・松平周防守（家老坂口幸左衛門）
27 日	老中・田沼主殿頭（用人三浦庄二）
28 日	松宮左次馬
12 月 8 日	〃
10 日	老中・松平右京大夫（用人大野弥八郎）
14 日	〃　（〃　）
17 日	〃　（〃　）
19 日	〃　（〃　）
	老中・松平周防守（家老坂口幸左衛門）
24 日	老中・松平右京大夫（用人大野弥八郎）
	奏者番・松平右近将監（家老宮川権左衛門）
	前勘定奉行石谷清昌公用人・正木勝之進
	松宮左次馬

典拠）「御交易筋ニ付御尋答御内密記」天［国編 3886］より作成。

容はことのほか隠密な扱いであり容易には知りえなかった。

九月十日には五山僧による願書の件はまだ幕府の評議事項に上っていなかった。十月十五日、中取次を介して老中松平輝高・田沼意次あてに一件をめぐる内意の打診があり、それらが済み次第に寺社奉行へ案件が廻達されるだろうことが杉村あてに報された。五山僧願書の書面はきちんとつかめなかったものの、通覧した中取次によれば「近年対馬藩が困窮しているため朝鮮貿易が停滞し、なのに内々で貿易が続いているかのごとく外交文書のやりとりが多くあること（近年御困窮ニ付朝鮮との御取引相滞候所より、御内々別段ニ御書翰御通用多有之候趣）」を訴え出たもののようだという。松平輝高用人大野弥八郎からその旨を聞かされた杉村直記は、直ちに「それは以ての外の虚事」と発言した上で、日朝外交文書が以酊庵僧によって厳しく管理されていることを大野に詳しく述べた。ただし、それが「虚事」かどうかはともかくとして、中取次のもたらした内容は［史料三］第七条の論点に合致する。［史料三］第七条では、近年になって対馬藩から定期的に派遣しているはずの朝鮮交易船が一年半ほど遅れている一方で、交易に伴うはずの外交文書のやりとりだけは継続しており、あたかも交易が続いているかのような体裁にしてある、と指摘するからである。さらに大野は、中取次は「輪番をやめたいとおっしゃるのも、五山に学才のある人がいないからのようです（御断ニ及候も五山学力之人無之故之事と相察候）」とも述べたと付け加えたが、こちらは［史料四］③に合致する。

十一月十一日、対馬藩主が幼主では「朝鮮之御役儀」が十分に果たせないことなどが願書に記されていると分かってきた。同十八日、奥祐筆からさらに詳しく願書の内容が伝わってきた。それは、第一に藩主が幼主であること、第二に対馬藩役人と朝鮮側役人とが結託して大きな負債を隠していること、第三に対馬藩が朝鮮の風儀について間違って伝えていること、第四に輪番僧が経済的に難渋していること、第五に対馬に近年遊女町ができたこと、以上の諸点だという。これらは提出された願書と比較すると内容の伝わり方が不正確なものの、指摘された五つの論点は概ね［史料三］に出揃っている。

こうして五山僧の提出した願書に関わる断片的な情報が少しずつ得られていったが、杉村直記はさらに願書そのものの正確な写の入手に努めた。安永十年三月二十七日には奥御祐筆山本文右衛門に依頼を行い、その結果、「史料三」として引用した「密書写」が同年七月八日に杉村の手に入ったのである。「密書写」は江戸藩邸で厳密に管理されるとともに、国元へも新たな写が作成、送付された。

ところで杉村直記は、願書内容そのものの把握だけでなく、江戸滞在中の碩学僧への接触をも試みている。牛込済松寺には五山僧が寄宿中であったが、松宮左次馬なる人物は幼少時から済松寺で育ち、当住善澤とは親しい間柄であった。杉村は十一月二十日以来数度にわたって松宮左次馬と接触し、善澤を介して五山僧の動勢を探っている。

十一月二十八日、松宮左次馬の父河野彦四郎が済松寺へ赴き、「噂になっている対州輪番の願いごとはどうなっただろうか、何とやら内済にもなるとか聞いてもいるが」と善澤に水を向けた。すると善澤はたちまち色をなして憤り、「内済などにはなるまい、そもそも公儀でも隠密の事項をなぜ知っている」と発言し、この件は二十年も前からの積年の願書だから容易には説明しきれないとして、奥から願書ほか二十冊ほどの帳面を出してきて話し始めたという。対馬藩の経済的困窮にともなって「朝鮮押え」が不十分となり、また「輪番なともうか〳〵と相勤居かた」いこと、また碩学というのは従前は老中に直接意見を具申できたのに今ではそうでないこと、こうしたことが今回の願出の背景説明としてなされた。

さらに、対馬藩京都藩邸詰の春日亀弥太郎が建仁寺古道元式らとは「学友ニ而刎頸之交り」と聞き、弥太郎に様子を探らせてもいる。すると古道らは以下のように述べたという。以酊庵輪番制創出のころとは様変わりして、近ごろとりわけこの十年ほどは、対馬藩が「御威光を笠ニ着候振」で、輪番僧に対しては「扨々面倒なる事ニて大ニ邪魔物」のような扱いである。輪番僧として赴任した者への経済的な支援も不足がちで、音物も近年では「卒忽ニ相成候品」もある。こうしたなか、碩学に選ばれた五山僧は以酊庵僧として赴任する責を負うから、碩学への選出そのものを忌避する者が現れるようになってきた。このまま推移すれば五山に碩学が絶えてしまう恐れがある。だから輪番御免を願い出たのだという（安永十年二月二十八日条）。

こうして五山側の動向を様々に探りながらも、対馬藩側の対応方針は当初から一貫している。それは、これまで通りの以酊庵輪番制を維持してゆくというものである。たとえば五山側願書の内容が漏れ伝わり始めた安永九年十月十五日、杉村直記は田沼意次用人に対し「以酊庵については、これまで通りに仰せつけてほしい（以酊庵之儀、是迄之通被仰付置度）」と申し入れている。十一月三日、松平康福に対しても対馬藩主宗猪三郎名をもって「どうぞ、これまでどおり仰せつけられますように（何卒是迄通被仰付被下度）」と申し入れたし、同十一日には、松平輝高・松平康福・田沼意次の老中三人に対して改めて同趣旨を繰り返している。

同十四日、杉村直記が奏者番松平右近将監武寛のもとを訪ねたとき、右近将監は次のようなことを語った。今回の件は、穏便に済ませて「もとの鞘に納めるような分別（如元鞘ニ納候御分別）」が大事である。もしそうならなかった場合には「新たに御役人等が加わるようになった際には、ちょうど長崎押えの役を担った筑前・肥前の大名たちが長崎奉行から指し図を受けるような感じ（新ニ御役人等御加り被成候時者、丁度長崎押之筑前・肥前ニ長崎奉行より差図を被請候如く）」になってしまうというのである。これは対馬藩がいま担っている「朝鮮押え」の役が「長崎押え」と同様に幕府直轄になってしまうことへの懸念の表明である。その内容は［史料三］で梅荘顕常が主張する日朝外交幕府直轄の提案と符合するから、この十一月半ばには五山僧提出の願書に対する幕府中央での議論が進んでいたことを示唆している。願書が提出されてから約一カ月のあいだ、対馬藩に対する尋問なしで、五山側願書の検討が進んでいた。

同十七日、杉村直記は老中松平輝高に対し、五山と対馬藩との全面対決は避けるべきことを述べている。「五山之出家と対決」となり、一つひとつの論点について論駁を重ねて勝敗を決すれば「この場は済むかもしれないが宿意を生じて、また今度何かことが起きるようなことに至ること（此場ハ済候とも宿意者終ニ起候而、又何事か事之起ニ可至)」もはかりがたい。また、「御上」としても京都五山・対馬藩いずれか一方に肩入れするわけにもいかないだろう。仮に対馬藩に肩入れして五山を敗北させたとしたら、それは朝鮮との関係にも響いてしまう。五山僧はこれまで以酊庵輪番僧として日朝外交に携わってきたからである。となれば、ここで求められるのは「もとの鞘に納めるような分別」ということに落ち着いてゆかざるをえない。

ところで十二月五日に至り、寺社奉行衆と勘定奉行松本伊豆守の了簡書には、幼主宗猪三郎を江戸出府させる一方、長崎奉行を増員して一名を対馬奉行として対馬藩国元へ派遣する案が記されていることが、奥祐筆山本文右衛門を介して伝わってきた。ここへきて日朝外交の幕府直轄の提案が幕府に受け入れられようとしている、ということであった。

そうした提案の実現が難しいことを、杉村は「朝鮮之響」という点から様々に論じている。これまで、朝鮮側が交渉相手として対馬藩以外の者を受け入れたことがないのだから、日朝外交の担当者として幕府役人が配置されたときに、朝鮮側は必ず拒絶するに違いない。そうしたときに、ならば日朝外交はやめる、と幕府が決断できるだろうか。外聞を考えると、それは難しいだろう、と。

杉村直記は宝暦信使時に発生した崔天宗殺害事件を一例にもちだしていう。このとき幕府命令を受けた以酊庵僧が通信三使と直接会見を行おうとして拒絶され、対馬藩としてもたいへん迷惑を蒙った。「朝鮮については、対馬藩のほかで日本・朝鮮両国間を直接つなぐことはしない(朝鮮之儀、対州外ニ御両国間之直対者不仕)」の好例なのだという(十二月十二日条)。

杉村直記は勘定奉行松本伊豆守秀持に呼び出され、幕府から対馬藩に対する最初の尋問書[史料六]を手渡された。安永十年三月十日のことである。杉村は直ちに書面で返答を提出するとともに、同十二日になされた追加尋問⑳には口頭で返答を行った。

〔史料六〕[21]

朝鮮交易が衰退していることについては先々代対馬守殿のときから申し立てがあり、去る未年〔安永四年〕には、彼国〔朝鮮〕が〔対馬藩との〕交易をやめるとする内容の書面を送ってきたとのことで、それを御老中方へも提出し、この先は朝鮮押の役儀を勤めがたいと述べた。そのときから幕府は対馬藩に多額の手当てを施し、交易を再開するよう命じたところだったけれど、いまの藩主宗猪三郎殿の代になっても未だ交易を再開できたとは聞かない。こうした交易断絶というのは、近年朝鮮の風俗が悪くなってきて、日本へ品物を送るより唐国の方へ交易に出た方が利潤もあるからということで、先に述べたような対馬藩との交易を中断すると通告してきたものなのか、それとも先代の対馬守殿のころから対馬藩側の取り計らい方が良くなくて、年々送使船で朝鮮へ送るべき品々も滞り、そのほかの私貿易なども取り組みかたが良くなくて、彼国〔朝鮮〕が不快に感じて手切りを宣言し、米穀等までも送ってこなくなってしまったということなのか。いずれにせよ、朝鮮・対馬双方が古来よりの信義に悖るような取り計らい方があったがゆえに交易断絶に至ったものと聞いている。とすれば、彼国〔朝鮮〕であれ対馬藩側であれ、互いの取り計らい方について問題があったということであれば、前後に関わらず事情についてありのまま包み隠さずにお聞かせ願いたい。その点と関わって、現藩主宗猪三郎殿は幼年なので、朝鮮・対馬藩双方の不調法と思われることであっても、終わったこととして適宜処置するので良かろう。たしかに猪三郎殿の朝鮮押えの御役儀を他家に移譲することは全くありえないとも言い切れないが、古来より勤めて来られた家柄なのだから、ひとまずほかの方々へ〔朝鮮押えの役を〕仰せつけになるということもありえないから、そうしたことについては気遣う必要はない。彼国の交易が絶えてしまうほどにまで至った理由、その良し悪しについて正直なところを承りたい。これは御老中方の御評議の意向もあり、公儀の御威光をもって取り計らいさえすればいか様にしてでも交易の道が開けるようになるものなのかどうか承知したい。それで、松平右京大夫殿と拙者〔松本秀持〕が命じられて、あなたにお尋ねする次第なので、これまでのところは御沙汰等を気にせずに、正直にありていの所をうかがいたい。

三月

さて、先に整理したように五山側から幕府に提起された論点は、㋐対馬藩の経済的困窮、㋑日朝外交の幕府直轄、㋒五山僧の以酊庵輪番免除（「宗門における碩学」への回帰）、の三つであった。右の尋問内容に㋒が見えずに㋐㋑ばかりで占められるのは、㋐㋑の検討結果と㋒が連動しているからである。また、［史料六］傍線部に着目すれば、この尋問にあっては㋑はあまり想定されていないようにも見える。傍線部では以下のように述べるからである。「朝鮮押え」の役儀を対馬藩宗家以外に任せる可能性は皆無ではない。しかしそうはいっても、これまでずっと宗家が担ってきたわけだから、ほかに任せるということも、まずあるまい。これは、寺社奉行の提案［史料五］が松本の手を経て修正が加えられたものと見てよい。

こうして、㋑の実現はありえなかった。したがって㋒は撤回されねばならず、以酊庵輪番制継続にあたっての懸念のもととなる㋐の解決こそが必須の課題となる。天明二年四月二十四日、牧野豊前守から金地院あてに裁許結果が伝えられ、五山碩学総代へは五月四日に伝達された。

［史料七］(22)

五山碩学総代　恵林院
常光院

仰渡の御書付

去々子年〔安永九年〕に願書を提出してあれこれと申し出てきたけれども、ⓐ要するに、近年宗猪三郎の財政状態が悪く、朝鮮と約条を結んで行っている公貿易として送る年々の送使船が一カ年半ほど派遣できずに停滞しており、またさらに一カ年半ほど分については書翰の往復は行いながら交易品を伴わず、全体に対馬藩側の取り計らいが麁略なために朝鮮側の応対が宜しくなく、こうした状態が続き、この先信使来朝もまた遅滞するようなことになれば、ⓑとても法中の身分として勤らないので、〔以酊庵輪番の職務を〕御免願いたいとの趣意と思われる。それで〔対馬藩側から〕話を聞いたところ、ⓒ猪三郎は幼年でもあり、朝鮮交易も十分にはできておらず、彼国〔朝鮮〕から輸入する米穀も停滞しているとか〔聞いたし〕、また年々幕府から得ている補助金も対馬藩の国元へは送らずに家中の困窮もさらに度を増す様子なので、ⓓ制度改革を行って御通交の趣意も立つようになったから、書啓御用もこれまで通り間違いなく行えるはずだと述べた。ⓔさらに去八月には、停滞していた貿易船の派遣も段々と再開し、去々子年分の少々残っていた米穀も随分と輸入できたので、〔対馬藩内の〕下々に対する扶食等もそれなりに渡し、幕府からの補助金も国元へ送り、そうしたことどもについては以酊庵へも伝えたことが留書に書き留められているという。ⓕそうである以上は、願書については取り上げる理由もないので、これまで通り対州に輪番で赴いて書啓御用を相勤め、この先何か気の付いたことがあれば幕府に言上するように。

一猪三郎家来が幕府勘定奉行へ申し立てたことには、去申年以来はたくさんの補助金があって対馬藩の財政状況も好転し、公貿易に必要な品をも仕入れ、追々使船〔貿易船〕も派遣し、ほどなく規定通りの派遣に回復できるだろうとのこと。この上は猪三郎の〔朝鮮押えの〕御役儀を継続して勤めてゆくようにいたしたく、それと関わって私貿易については、これまで知行の代わりとしてそれなりの補助にもなるような利潤を想定し、〔それが実行不可能なので私貿易を〕やめると申し上げたけれども、多くの利潤を得ようとの考えを捨てて、今後は少しずつであっても交易の道を開けるように朝鮮へ役人を派遣して内々で相談をし、表だって交易できるようになればそのようにすると申し立ててきた。そこで、私貿易再開へ向けて早々に着手し、これまで多くの補助金を得てきたからには公貿易の使船を停滞することなくきちんと派遣し、家中の撫育なども問題なく取り計らいながら、〔朝鮮押えの〕御役儀を勤めるように猪三郎へ申し渡したので、この点については五山碩学の方でも心得ておくようにと、主殿頭殿〔田沼意次〕がおっしゃった。

四月

［史料七］ⓐは願書でも指摘された対馬藩の経済的困窮状況（論点㋐）であり、それは幕府から対馬藩に対する尋問でもたしかな事実であった（ⓒ）。論点㋐が主たる要因となって以酊庵輪番制廃止が提起されたと幕府では理解する（ⓑ）から現今の対馬藩困窮の要因たる「朝鮮交易の不行届」を改正すればⓑにいう問題も解決が与えられ、以酊庵輪番制も従来通りの運用で良いこととなる（ⓓ）。そして、対馬藩による去年八月の申し立てによれば、懸案の朝鮮交易も改善され始めたという（ⓔ）。そうである以上は、五山による願書を取り上げるまでもないので、これまで通り五山碩学から選ばれた輪番僧が対朝鮮文書を管轄するように、というのである（ⓕ）。[23]

五山側から幕府に提起された三つの論点に関わって、㋒五山僧の以酊庵輪番免除（「宗門における碩学」への回帰）から㋑日朝外交の幕府直轄へと進む選択はなされなかった。㋐対馬藩の経済的困窮の問題を解決することを通じて㋒を却下する筋道が選ばれたのである。

おわりに

安永九年（一七八〇）十月に京都五山僧によって提起された以酊庵輪番制廃止の一件は、天明二年（一七八二）四月にその主張を却下するとの裁決により、幕を下ろした。五山僧の側にあって、幕府と直結するかたちで「監察」をすることが自らの使命であるとの自覚が表明されたのは事実だが、それをもって以酊庵輪番制が「幕府外交の出先機関であるとか対馬藩に対する監察機関である」と解するのは妥当ではない。既述したように「監察」の含意する範囲が通説的理解とは異なることもさることながら、以酊庵輪番制廃止を提起したのが五山の側であったこと、幕府は対馬藩側の意向を踏まえて従来通りの以酊庵輪番制維持を指示したこと、こうした点からも以酊庵輪番制の評価に関わる通説的理解の成り立ちがたいことは明白と思われる。

仮に以酊庵輪番制の趣旨が「幕府による対馬藩の朝鮮外交監察体制」にあったとしよう。安永九年における五山側願書は「監察」報告の一環ともなったはずである。とりわけ梅荘顕常によって書かれた［史料三］は対馬藩内の経済的困窮状況を子細に報告したものであり、その背景としての朝鮮貿易の衰退を明らかにした上で朝鮮外交の幕府直轄化の政策提言を行ったものと解してもよい。しかしながら、幕府は朝鮮外交直轄化の道を検討しながらも、結局選択できなかった。対馬藩側の意向を踏まえたからである。とすれば、やはり「監察機関」として以酊庵輪番制を評価することには躊躇せざるをえない。

ところで、この議論を推進するにあたって相国寺梅荘顕常の果たした役割は小さくない。とりわけ彼の草した［史料三］は、幕府の審議にも取り上げられ、対馬藩江戸藩邸も苦心の末に入手して「密書」とした。この文書を江戸にあった五山総代に託した安永九年十月から約半年ののち、安永十年（天明元年）四月十三日に顕常は以酊庵輪番僧として赴任の途につく。対馬府中に到着するのは五月二十二日である。天明三年五月二十一日に後任に職務を委ねるまでの二年間、顕常は対馬以酊庵で過ごすのである。

梅荘顕常の以酊庵着任から二カ月ほどして、対馬藩江戸藩邸は［史料三］を入手する。起草者が梅荘顕常と明記された文書である。その写はただちに国元へも送られたから、いま以酊庵にある顕常が今回の一件の中心にあったことは、国元藩邸の少なくとも家老古川図書・田嶋監物には分かったはずである。

一方、梅荘顕常が対馬府中へ向けて京都を旅立つ前の安永十年春、いまだ［史料三］が対馬藩の手に入らなかったころ、顕常は対馬藩京都藩邸へ以酊庵輪番僧として赴任する挨拶に赴いた。顕常はその折りの様子を「〔京都五山側が以酊庵輪番制廃止を求めた〕一件については互いに話題にものぼせなかったが、この一件のことがあって〔私の〕機嫌をとるような様子に見えた（一件之儀ハ互ニ申出候間も無之候、全ク一件意味ニ而機嫌取り候体ニ相見へ候）」

と以酊庵当住の高峰東晙にあてて書き送っている（小畠文鼎［一九二七］七三頁）。対馬藩側は以酊庵僧に対して腫れ物に触るかのような扱いだったということだろうか。

ことを荒だてて制度が崩壊することを、対馬藩は望まなかったのである。

第II部　訳官使と朝鮮通信使

第5章　訳官使考

はじめに

訳官使（韓国人研究者は問慰行と呼ぶ）は、十七～十九世紀に朝鮮王朝から日本（一例を除き、すべて対馬府中まで）に派遣された倭学訳官（原則は堂上訳官・堂下訳官ひとりずつの計二名）を正使とする外交使節団である。使節団は六十～百人程度で構成され、江戸時代を通じて六十回近く派遣された（表5-1）[(1)]。

訳官使についてはすでに少なからぬ先行研究が積み重ねられてきた。先鞭をつけた洪性徳以来、韓国では朝鮮側史料を用いながら分析が重ねられてきた。一方、日本では訳官使密貿易（田代和生［一九九四］）への関心のほか、訳官使を総体として分析した大場生与［一九九四］がある。大場の仕事は各種の対馬藩政史料を丁寧に追跡した労作で、現時点で訳官使の全容を把握する上でたいへん良い参考となる。ところで大韓民国国史編纂委員会所蔵の対馬藩政史料中には訳官使に関わる一件記録（訳官記録）が膨大に伝来するが、大場はこれら訳官記録を用いていないから、それらを活用することで大場が十分に明らかにしえなかったことを多少なりとも補いうる。そして近年、韓国人研究者のなかに国編の訳官記録を用いた研究がいくつも見られるようになってきた（李尚奎［二〇一〇］、尹裕淑［二〇一五］）。

表5-1　訳官使一覧

整理番号	対馬府中到着（宿所）	派遣名目	人数
1	寛永 7 年（1630）庚午正月 2 日	義成帰州の祝賀（太守帰州祝賀の最初）	
2	8 年（1631）辛未	公木不支給の説明	
3	9 年（1632）壬申 8 月 20 日（太平寺）	台徳院薨去の弔意	
4	12 年（1635）乙亥 3 月晦日，江戸到着	4 月 20 日，馬上才実施	
5	13 年（1636）丙子 2 月 18 日（醴泉院）	柳川一件裁決祝賀	
6	17 年（1640）庚辰 4 月 6 日（太平寺）	義真降誕・義成帰州の祝賀（太守嗣子降誕祝賀の最初）	
7	正保 3 年（1646）丙戌 12 月 16 日	義成帰州の祝賀	
8	慶安 4 年（1651）辛卯 3 月 16 日以後（太平寺）	前年の朝鮮国王薨去の弔意・新国王即位祝賀への返礼	63 人
9	承応 元 年（1652）壬辰 12 月 28 日（醴泉院）	大猷院薨去の弔意	
10	3 年（1654）甲午 12 月晦日（〃）	義成帰州の祝賀	67 人
11	明暦 2 年（1656）丙申 5 月 28 日（修善庵）	〃	
12	万治 2 年（1659）己亥 5 月 5 日（早川新右衛門宅）	硫黄送付の謝意，義真襲爵祝賀，光雲院の弔意	65 人
13	3 年（1660）庚子 11 月 1 日（使者屋）	義真帰州の祝賀	66 人
14	寛文 3 年（1663）癸卯 2 月 29 日（長寿院）	〃	72 人
15	4 年（1664）甲辰 11 月 22 日（西山寺）	義真帰州・彦満公降誕の祝賀	72 人
16	6 年（1666）丙午 10 月 9 日（光清寺）	義真帰州の祝賀	70 人
17	12 年（1672）壬子 10 月 9 日（使者屋）	〃	70（76）人
18	延宝 3 年（1675）乙卯 10 月 27 日（〃）	〃	76 人
19	6 年（1678）戊午 11 月 18 日（〃）	義真帰州・義倫将軍拝謁の祝賀	99 人
20	9 年（1681）辛酉正月 10 日（〃）	厳有院薨去の弔意，義真帰州の祝賀	91 人
21	天和 元 年（1681）辛酉 10 月 2 日（〃）	義真帰州の祝賀，朝鮮通信使来聘の議	87 人
22	4 年（1684）甲子正月 18 日（〃）	徳松君薨去の弔意，義真朝鮮通信使先導への謝意	90 人
23	元禄 2 年（1689）己巳 11 月 13 日（〃）	義真帰州の祝賀	90 人
24	6 年（1693）癸酉 12 月 3 日（〃）	義倫世襲・帰州の賀，義真退休の賀	99（177）人
25	9 年（1696）丙子 10 月 7 日（〃）	義真通交再掌の賀，義倫卒去の弔意	98（110）人
26	16 年（1703）癸未　渡海中に破船（全員溺死）	新太守義方世襲の賀，義真捐館の弔意	108（112）人
27	宝永 元 年（1704）甲申 11 月 22 日（使者屋）	義方帰州の賀	98 人
28	3 年（1706）丙戌 12 月 24 日	建儲の賀	98 人
29	5 年（1708）戊子 12 月 25 日	立嫡の慶賀	87 人
30	7 年（1710）庚寅正月 19 日	常憲院逝去の弔意，朝鮮通信使来聘の儀兼帯	88 人
31	正徳 3 年（1713）癸巳 8 月 1 日	文昭院逝去の弔意	80 人
32	享保 2 年（1717）丁酉年 2 月 19 日	有章院逝去の弔意	75 人
33	3 年（1718）戊戌 10 月 28 日	講定信使節目，回棹，立胤慶賀	98 人
34	6 年（1721）辛丑 6 月 18 日	方誠継爵の祝賀，大衍院捐館の弔意	65 人
35	11 年（1726）丙午 7 月 25 日	家重建儲の祝賀，弥一立胤の祝賀，回棹	67 人（うち 2 人は医員）
36	19 年（1734）甲寅正月 18 日	義如襲封・方熙退休の賀	65 人＋ 19 人自供
37	元文 3 年（1738）戊午 9 月 5 日	国孫竹千代降誕の祝賀	65 人＋ 10 人自供
38	延享 4 年（1747）丁卯 5 月 16 日	有徳大君遜位・義如回州の祝賀	65 人＋ 22 人自供
39	宝暦 3 年（1753）癸酉正月 6 日	有徳院死去の弔	65 人＋ 22 人自供
40	4 年（1754）甲戌 7 月 14 日	義蕃襲封の賀，義如死去の弔	65 人＋ 14 人自供

（つづく）

整理番号	対馬府中到着（宿所）	派遣名目	人数
41	宝暦 12 年（1762）壬午正月 9 日	惇信院死去の弔，義蕃回州の賀	65 人＋ 9 人自供
42	明和 3 年（1766）丙戌　渡海中に破船（生存10 名）	家基儲君降誕・義暢襲封・義蕃退休の賀	95 人
43	5 年（1768）戊子 5 月 3 日	明和 3 年の名目再掲	113 人
44	安永 9 年（1780）庚子 11 月 27 日	家基儲君死去の弔，義功襲封の賀，義暢死去の弔	111 人
45	天明 3 年（1783）癸卯 7 月 9 日	徳川公儲君の賀	65 人＋ 5 人自供
46	7 年（1787）丁未 12 月 25 日	浚明院死去の弔	65 人＋ 3 人自供
47	寛政 8 年（1796）丙辰 8 月 29 日	孝順儲君死去の弔，家慶儲君・義功回棹の賀	111 人＋ 2 人自供
48	文化 6 年（1809）己巳 7 月 5 日	信使易地講定，義功回棹の賀	135 人
49	文政元年（1818）戊寅 4 月 26 日	玉樹国孫死去の弔，義質襲封・回棹の賀	111 人＋ 3 人自供
50	5 年（1822）壬午 8 月 25 日	我州胤子誕生の賀	65 人＋ 8 人(うち 5 人自供)
51	12 年（1829）己丑 4 月 28 日	家祥君降誕・義質回棹の賀	65 人＋ 9 人(うち 4 人自供)
52	天保 9 年（1838）戊戌 8 月 14 日	家斉大君遜位・義質回棹・胤子義章還旆の賀	65 人＋ 9 人(うち 6 人自供)
53	12 年（1841）辛丑 5 月 9 日	義章襲封・回棹の賀，義質死去の弔	65 人＋ 8 人(うち 4 人自供)
54	14 年（1843）癸卯 8 月 6 日	文恭院大君死去の弔，義和襲封・回棹の賀，義章死去の弔	111 人＋ 9 人(うち 5 人自供)
55	安政 2 年（1855）乙卯 5 月 4 日	慎徳大君死去の弔，義和回棹の賀	65 人＋ 6 人(うち 2 人自供)
56	5 年（1858）戊午 6 月 16 日	義和嫡子の賀	
57	万延元年（1860）庚申 8 月 29 日	家定逝去の弔，家茂襲職の賀	
58	慶応 2 年（1866）	実現せず	

典拠）1～55 は，『信使訳官度数記』［国編 6501］による。1～27 については『訳官渡数并人数船数記録』［国編 1483］を参照し，渡海人数等の違いを示した。56，57 は，大場生与［1994］表 1「近世訳官使一覧表」による。

すでに第Ⅰ部各章で述べたように，以酊庵輪番制の再検討が必要であり，その趣旨は，「一六三〇年代に日朝外交が刷新され，以酊庵輪番制もその流れのなかで始まった」というい わば理念的な枠組みに従属させて以酊庵輪番制の歴史的評価をするのではなく職務実態の分析に即して評価をすべきという点にある。本章は，そうした以酊庵輪番制の職務実態を検討する作業の一環であると同時に，以酊庵輪番制の視点に立つことで訳官使の歴史的評価を検討してみようと考えるものである。

まず，対馬藩側にとって，訳官使に以酊庵輪番僧が不可欠の要素であったことを次の史料で提示しておきたい。大御所徳川吉宗の死去に対する弔意の訳官使派遣について，江戸幕府の承認を得る手順を対馬藩国元家老・江戸家老両者で検討する書翰が集められた記録がある。それら書翰のあいまに以下の箇条が挿入されるから，これは家老レベルでの訳官使に関わる了解事項と思われる。

〔史料二〕[2]

○朝鮮国より対州へ訳官がやってきて対話を行うときには、対馬守は官服を着用して対面する。その際、五山輪番の和尚が立ち会って、訳官が持参してきた書翰を請け取り、訳官に随従して渡海してきた朝鮮人一統が順々に対馬守へ拝礼する。饗応のとき、〔訳官派遣の名目が〕公儀御吉事または対馬藩主に関わる吉事である場合には能興行を催す。饗応の礼式は信使来聘の節の上々官に対する饗応の格式で行い、あわせて三度の饗応を行う。

（宝暦二年『吉宗様大吊訳官記録』〔国編一五四一〕）

これまで一般に、訳官使は朝鮮王朝と対馬藩宗家とのあいだで完結する「私的な」使者であるかのごとく理解されてきた。それゆえに江戸時代の日朝外交を論じるに際して、朝鮮通信使が言及されながら訳官使が等閑に付されてきたのである。しかしながら〔史料二〕傍線部分に見るように、訳官使の持参した外交文書は必ず以酊庵僧立ち会いの下で受け取ることとされており、宗氏が勝手に（つまり私的に）受け取るわけではないことが強調されている。さて、訳官使において以酊庵輪番僧の存在はいかなる意味で不可欠の存在であったか、そのことを介して訳官使をいかように評価すべきか、以下、順を追って論じてゆきたい。

一　訳官使接待の五つの儀礼

海路を経て対馬府中に到着した訳官使一行は、あてがわれた宿所（表5-1参照）で一カ月から三カ月（場合によってはもっと長期）を過ごし、その期間中に様々な行事が行われた。なかには対馬藩家老や以酊庵僧が訳官使宿舎を訪問して慰労したり、近隣寺院への参詣などの気晴らしなどもあったが（個別の具体例については、第14章参照）、節目節目に順を追って行われる重要な公式行事が五つある。(a)茶礼、(b)萬松院宴席、(c)中宴席、(d)以酊庵宴席、(e)出宴席、である。(a)(c)(e)は対馬藩邸（金石城、のち桟原城）で行われ、(b)は金石城近くに所在する対馬藩宗家の菩提寺萬松院および廟所で、(d)は以酊庵で行われた。これら五つの公式行事については、すでに大場生与［一九九四］が具体的な儀式進行状況を含めて子細に述べており、以酊庵僧の関与についても述べているが、必ずしも以酊庵僧の視点から眺めるという観点ではない。そこで、まずそれぞれの儀式次第について、以酊庵僧の関与に留意しながら改めて検討したい。その際、宝暦四年（一七五四）〜寛政八年（一七九六）ごろに対馬藩朝鮮方が訳官使に関わる手順を十八項目に整理した「訳官定例」［国編一五四七］(3)に記載された儀式次第と個別事例のいくつかとを見比べながら述べることとする。

(a)茶礼

茶礼は「礼曹参議からの書翰・別幅、訳官からの進上物を藩主に奉呈する儀式である。御屋敷（桟原城、桟原城築城前は金石城）において行われた」（大場生与［一九九四］二八頁）。これは対馬府中へ到着した訳官使が初めて登城して行う儀礼である。未上刻（午後一時ごろ）に登城して戌ノ刻（午後七〜八時ごろ）に下城する（寛文四年〔一六六四〕［国編一四八七］）とか巳後刻（午前十時過ぎ）に登城して申ノ後刻（午後四時ごろ）に下城する（寛文十二年〔一六七二〕［国編一四八八］）など、おおよそ半日から一日を使っての儀礼となる。以酊庵僧は、必ず訳官使より前に登城を済ませ、御書院で待機する。登城した訳官使一行は身分ごとに待機場所が異なり、訳官両使は棕櫚之間に控えて多葉粉・薄茶の接待を受けながら儀式の開始を待つ（図5-1）。上官は扇之間、小童・小通事はその東の縁側で、中官・下官は庭で控える。

対馬藩主が直垂御風折姿で御広間上檀に現れると、両使が棕櫚之間から誘われて御広間下檀・中檀へと進み、朝鮮礼曹から対馬藩主にあてた書翰を藩主の前に提出する。礼曹書翰は藩主のやや左後ろにあたる床の北側・御帳台の下に置かれる。堂上訳官が今回の使節派遣について口上を述べ、藩主は「遠方太儀」と応答し、訳官使はいったん棕櫚之間に下がる。

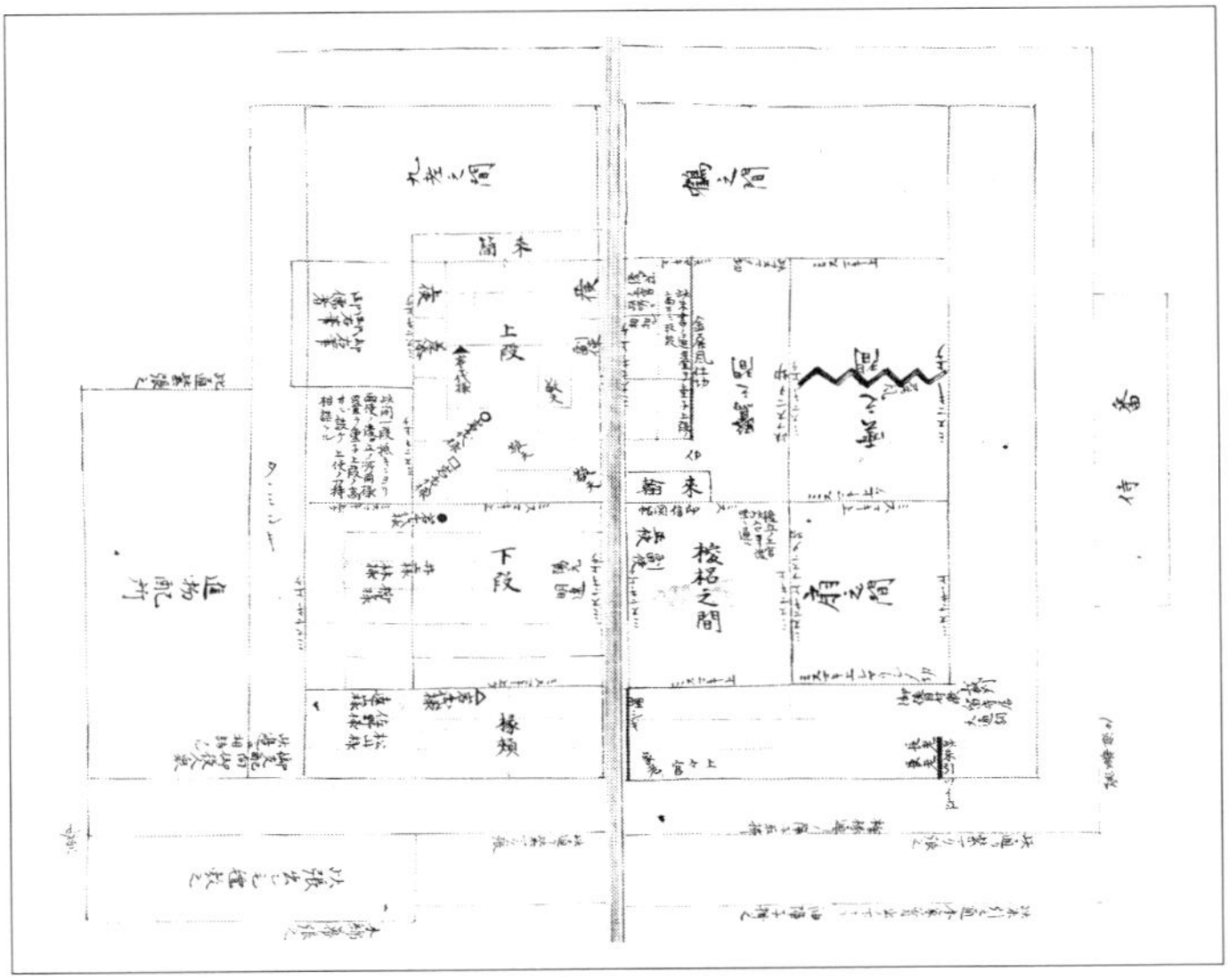

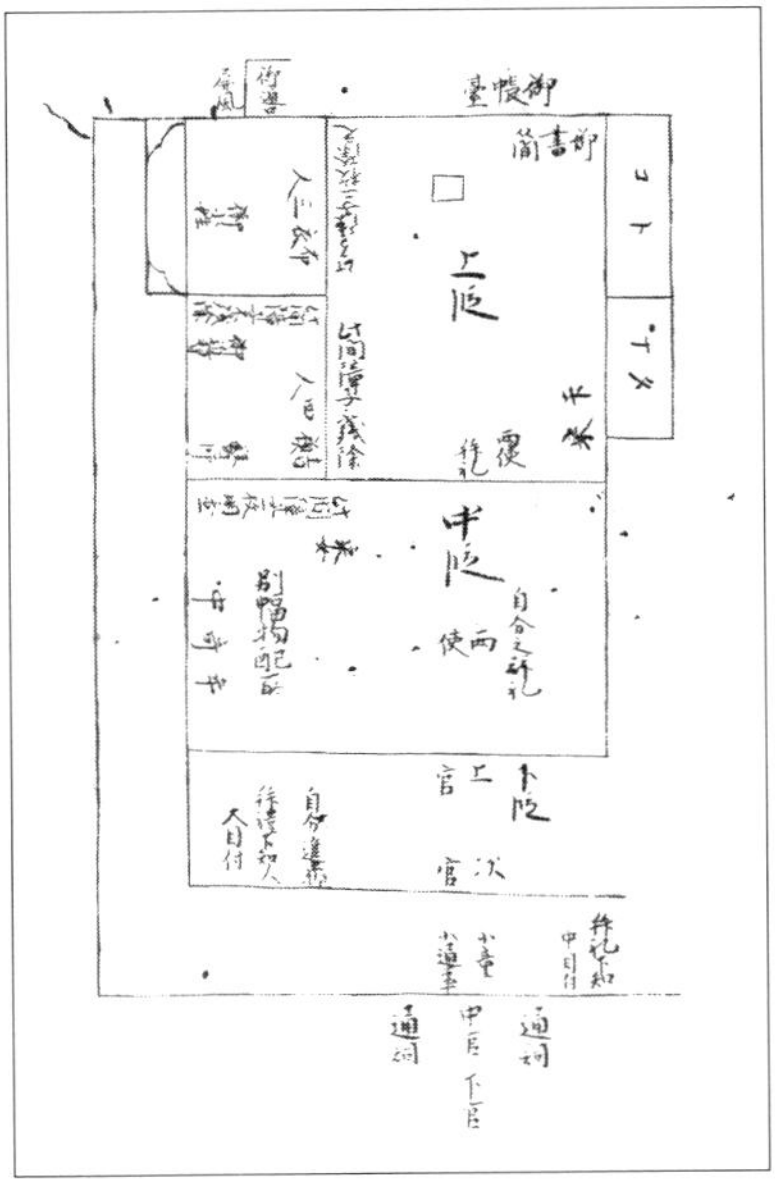

（中心部）

図 5–1　御広間

典拠）上：「文化信使記録 49」［国編 1039］（文化 8 年），下：「元禄 9 年　訳官記」［国編 1501］。

再び御広間中檀に招かれた両使は藩主に向かって拝礼を行い、上官、小童・小通事、中官・下官が引き続き藩主に向かって拝礼を行う。それが終わると盃事が初献・二献・三献の三回行われる。盃事が終わると両使へ料理が準備され、藩主は「寛々給候様《ゆるゆるたべ》に」と声をかけて奥へ退席する。藩主は御書院へ出座し、かねて待機していた以酊庵僧と対面する。

そして訳官使が持参した朝鮮礼曹からの外交文書は未開封のまま御広間から御書院へ持ってこられ、それまで待機し続けていた以酊庵僧が藩主面前で開封する。そして、以酊庵僧は、漢文で書かれた文書の内容をその場で藩主に講釈する。(4) 藩主が座を離れると、引き続き御書院で以酊庵僧には二汁七菜の料理が振る舞われる。その間、訳官両使は棕櫚之間で服を着替え、訳官一行の身分ごとに異なる場所で料理を振る舞われる。

料理を終えた以酊庵僧・訳官使は御広間中檀へ出て、初めて対面をする。通詞を介して挨拶を交わしたのち、以酊庵僧・西山寺と堂上・堂下両訳官のあいだで盃が交わされる。その後、以酊庵僧は御書院へ下がり、両使は棕櫚之間に下がり、やがて下城となる。

(b)萬松院宴席

萬松院境内に設けられた東照宮への拝礼、宗家歴代の廟所と位牌に対する拝礼を行いながら（大場生与［一九九四］二八〜三二頁）、宴席が設けられる。

この場合も、訳官使より先に以酊庵僧が萬松院へ出かけ、神福寺で西山寺・清書役らとともに待機する。寛文四年（一六六四）には午ノ刻（正午前後）から参拝が始まっている（［国編一四八七］）。両使が萬松院表門に到着すると、以酊庵僧は神福寺を出て先に萬松院本堂へ赴き、本堂の「南之方、北向ニ御立」なされて待機する。次いで藩主が本堂へ到着し、以酊庵僧の真向かい（「北之方、南向ニ」）に立つ。そこへ両使がやってきて、拝殿中央あたりの毛氈を敷いたところで四度半の拝礼を行う（図5-2）。(5) その後、萬松院本堂の拝殿から外出し廟所（御霊屋）（図5-3）へ向かう。両使は宗家歴代の廟に二度半の拝礼を済ませると、再び萬松院へ戻る。そこで、煮餅・酒肴などが振る舞われる宴となる。その際、以酊庵僧、萬松院、長寿院らは北之方に座を占め、両使は南座をあてがわれた。饗応が終わり次第、両使帰館となる。

(c)中宴席

「訳官の藩主への拝礼と進上物奉呈の儀式である。……拝礼の後、その時々の外交問題が話し合われた。……能や狂言などが催されることも多い」(大場生与[一九九四]二九頁)。このように整理される中宴席を、寛文四年(一六六四)の事例で見てみよう(〔国編一四八七〕)。

巳刻(午前十時ごろ)訳官使が登城し、藩主に拝礼ののち御広間で踊見物をした。この日、町人踊りを仰せつけられたとする記事があるから、町人踊りは庭か城外で行われ、訳官使たちは大広間から屋外で繰り広げられた踊りを見物したものと思われる。踊りが終わると黒書院で料理と茶が振る舞われたが、この間、藩主は御広間から席を外し、別の場所から踊り見物をし、振舞にも同席しない。

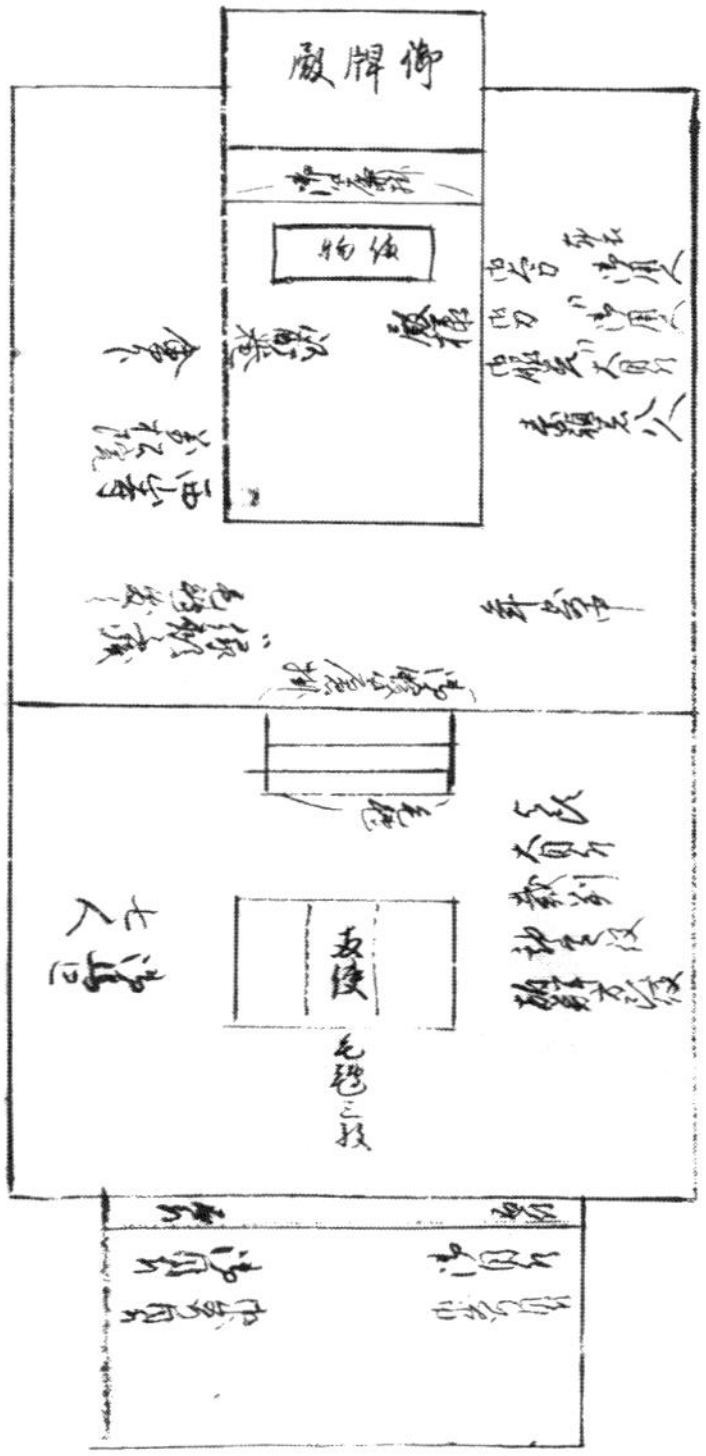

図 5-2　萬松院拝礼

典拠)「訳官定例」[国編 1547](宝暦 4 年)。

茶振舞が終わると藩主が再び御広間に現れる。その場で訳官両使とのあいだで対話がなされることもあるが、次第に場を移しての対話となり、家老が両使と対話をするようになる。それは単なる対話ではなく、情報収集であり折衝・交渉の類であった。寛文十二年(一六七二)には藩主は両使に「北京の様子、都の様子」を尋ね

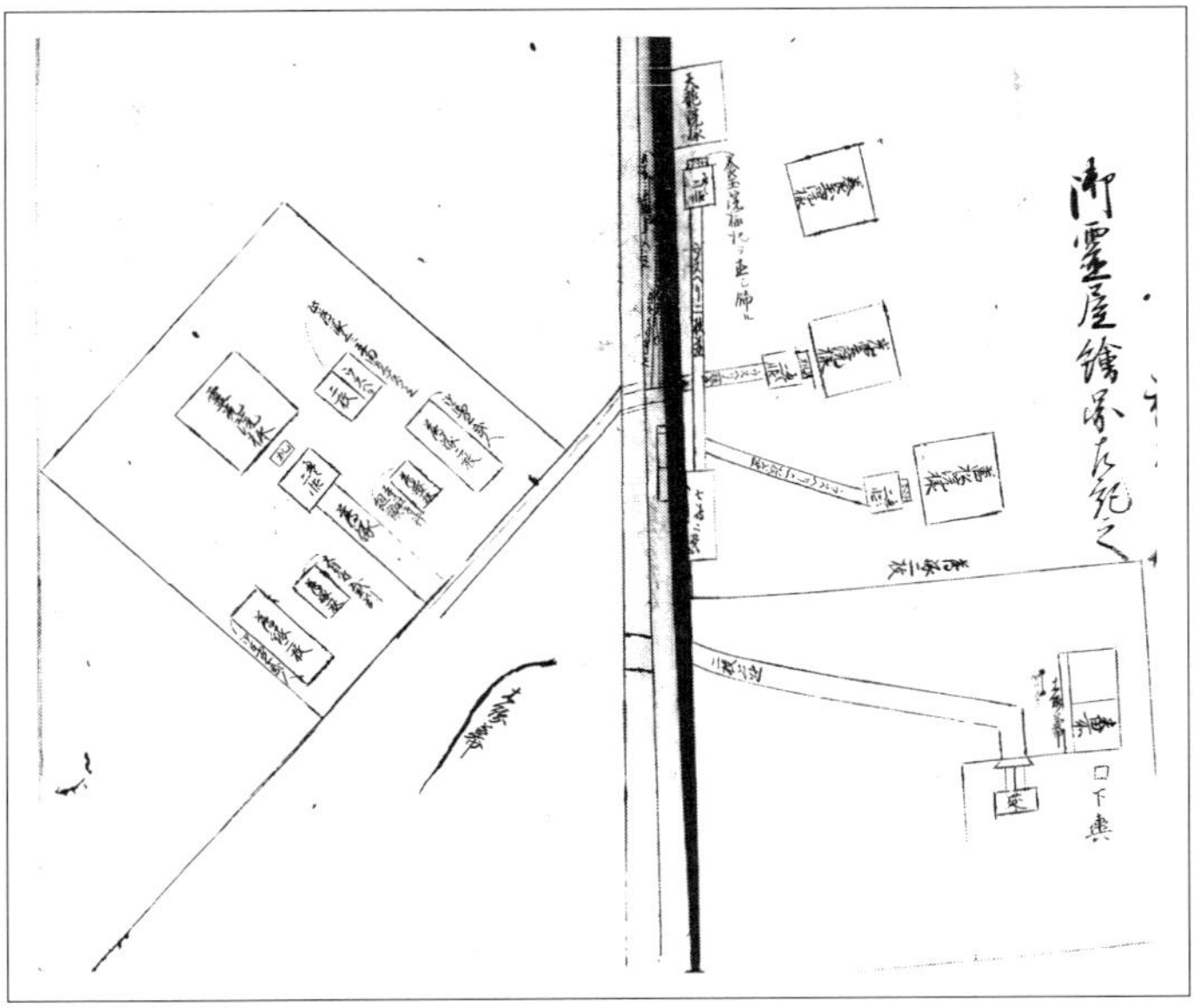

図 5-3　萬松院・御霊屋

典拠）「訳官記」［国編 1509］（宝永 3 年）。

ている（〔国編一四八八〕）し、元文三年（一七三八）の場合は「人参」「堂供送使」についての交渉がなされている（〔国編一五三三〕）。延宝三年（一六七五）には藩主拝礼ののちに能興行が行われ（図 5-4）まず三番まで終わったところで料理が出され、料理の準備が整うまでの休息時間に家老が「倭館（新館）についての申し入れ」を行っている。料理ののち再び能が継続され、五番まで終わると茶振舞のために両使は次の間に退く。そこへ藩主が現れて「唐兵乱につき書簡」を渡してもいる[6]。中宴席に際してなされた「対話」は、史料上ではやがて「御用向」と記されるようになり、場合によっては「此節、御用向之義も余り無之候」ということもあった（寛延四年〔一七五一〕〔国編一五三六〕）。「御用向」は中宴席が催される日よりも前に、あらかじめ訳官使側に文書と通詞を介して話題が伝達され、それを踏まえて中宴席当日に家老と両使のあいだで対話がなされるようになる。

なお、中宴席について、「訳官定例」には「先格では、以酊和尚は出席しない（〇先格、以酊和尚ハ御出無之也）」と簡略に記す。訳官使記録のどの個別事例を眺めても、中宴席に以酊庵僧が参加した跡は見いだせない。

(d)以酊庵宴席

「寿牌（朝鮮国王殿牌）への拝礼の儀式である。以酊庵において行われた。藩主は臨席しなかった」（大場生与［一九九四］二九頁）。この宴席のために、以酊庵の仏殿では「本尊・位牌などをことごとく除けて、赤地の金襴を仏壇に張りつめ、三段のまんなかに寿牌（本尊・位牌等、悉く除之、赤地之金襴ニ而段を張詰、三段之内、中之段ニ寿牌）」を立てて準備をした。黒塗りの寿牌には朱色で「朝鮮国王殿下萬々歳」と書かれ、寿牌の前には様々な飾り物が供えられた。享保十七年（一七三二）には、もともと日吉にあった以酊庵が焼失したため、以酊庵は西山寺に移転することとなった。寿牌は享保十九年に作り直されたというから、以酊庵宴席は場所を移してのちも以前と変わらずに続けられた。

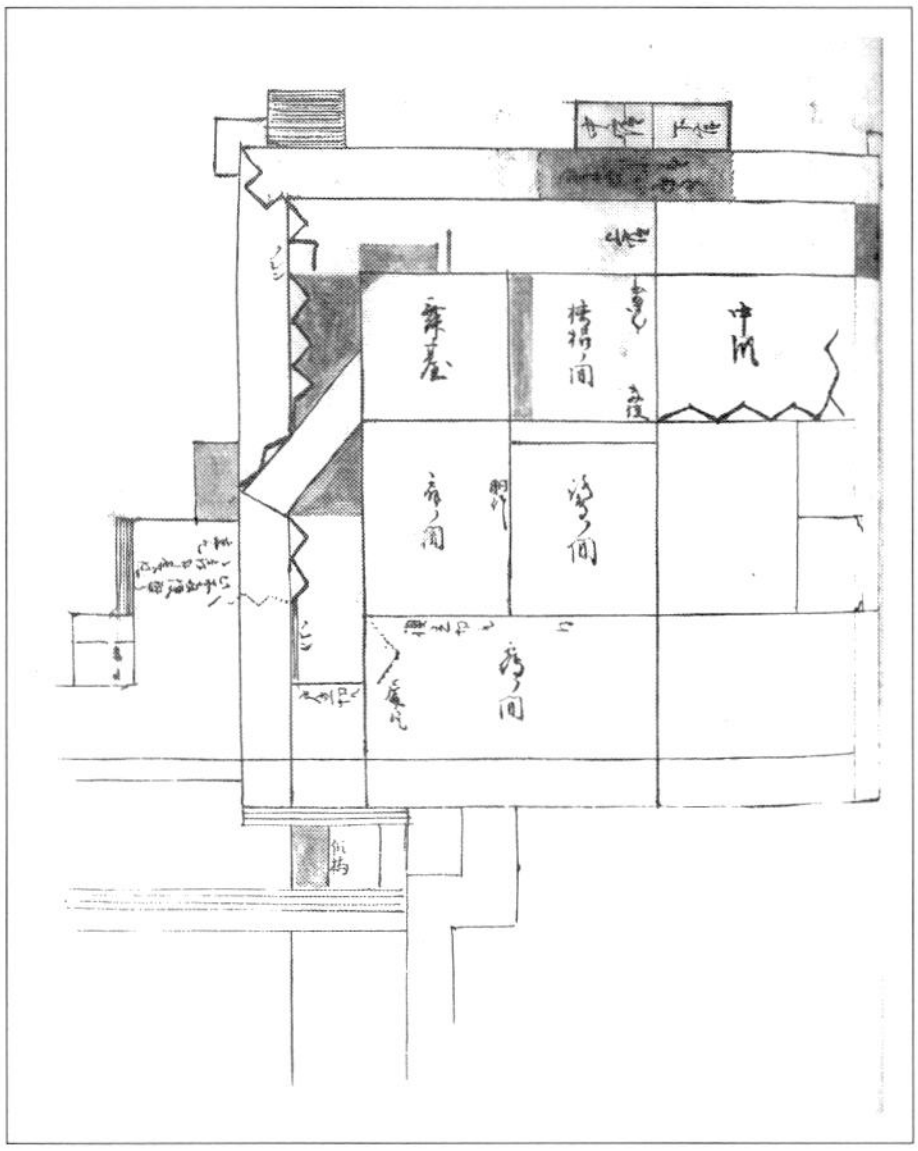

図 5-4　能舞台

典拠)「訳官定例」［国編 1547］（宝暦4年）。

訳官両使は朝鮮国王寿牌に対して四度半の拝礼を行ったが、その際に以酊庵僧は拝礼場所の北側に立ち、以酊庵僧に従事する会下僧・書役僧は以酊庵僧の後ろに立ち並んだ（図5-5）。また対馬藩役人（与頭・大目付・裁判・勘定役・朝鮮方頭役）は以酊庵僧の左右に立ち並び、家老は別間に控えた。また拝礼を済ませた両使は、和尚と対座する格好で南側に座を占めた。

その後、上官、小童・小通事の順に四度半の拝礼を行い（中官・下官は拝礼を行わないことが多い）、それらが済むと両使は着替えをし、改めて宴席が始められる。宴席では以酊庵僧と堂上訳官

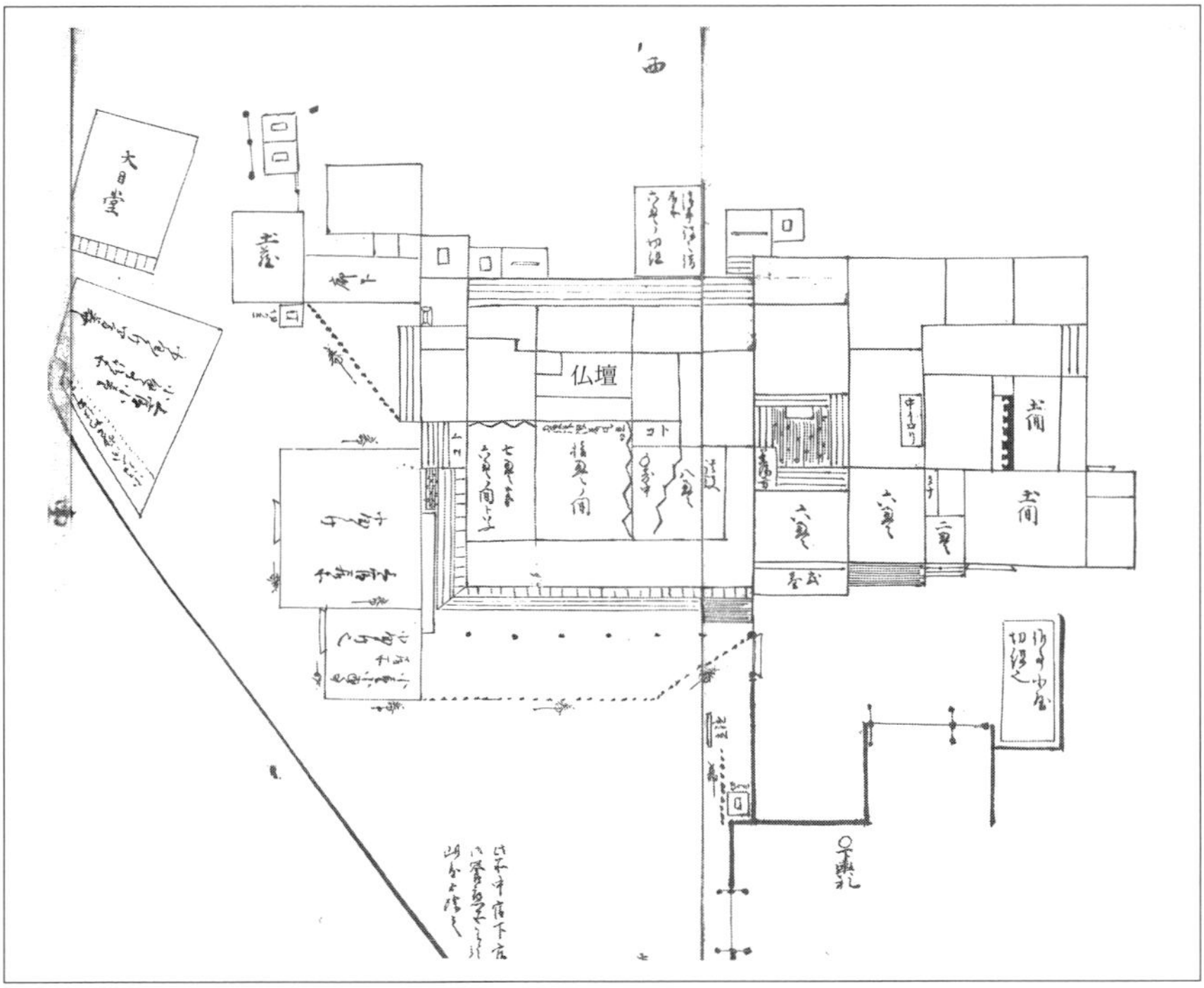

図 5-5　以酊庵宴席

典拠)「訳官記録」[国編 1529]（元文 2 年）。

が向かい合い、西山寺と堂下訳官が向き合って着座した。この場合も以酊庵僧・西山寺が「北之方」に座を占め、三汁九菜の料理が準備された。その後、盃事が行われて宴を終える。以酊庵宴の開始時刻も概ね昼ごろのようである。

(e)出宴席

訳官使一行が対馬府中を出て帰国する前に藩邸（城）で行われる宴で、以酊庵僧も振舞の相伴をするが、藩主は臨席しない。これも昼ごろから始まる。寛文四年（一六六四）・十二年には、料理・茶のあと家老から訳官に対して「伝達事項（被仰渡）」があったが、その際には以酊庵僧は席を外した（[国編一四八七、一四八八]）。ただし、寛文十二年の出宴席で倭館移転に関する真文（漢文）書翰が家老から訳官に手渡された際には以酊庵僧は同席している。その一方で、延宝三年（一六七五）の出宴席に際して倭館移転に関する真文の申し入れ書が訳官側に手渡された際は少し様子が異なっている。このとき以酊庵僧は真文書翰の作成にも関与せず、また手渡す席からも外されているからである。

なお、出宴席は次第に行われなくなってゆき、下行（食材の現物支給）で代行されるようになる。

さて、これまで見てきた五つの儀礼のほか、中宴席と以酊庵宴席のあいだの時期に、以酊庵僧は朝鮮礼曹あて返書を作成する任務が与えられる。ほかの外交文書作成時と同様に、和文草案を対馬藩側が準備し、それを以酊庵で漢文に直し、清書役によって文書作成を仕上げるというものである。これは、日常的に以酊庵に期待された役割に準じたものと見ても良いだろう。

さて、五つの儀礼のうち、(a)茶礼では、訳官使がもたらした朝鮮礼曹書翰を藩主の面前で開封し、講釈するという重要な役割が以酊庵僧に与えられた。また、茶礼進行の全体のなかでは後半になってから、しかも主たる宴席が終わってからのちに御広間へ進むわけだから、やや軽んじられた感が拭いきれないが、訳官両使と対面するという役割も与えられた。(b)萬松院宴席では、訳官使たちが徳川将軍位牌や対馬藩宗家歴代の位牌および廟所への拝礼に以酊庵僧が立ち会った。萬松院本堂の位牌前での立ち位置に注目すれば（図5-2）、藩主と向き合いながら訳官両使に対応するという重要な役回りが与えられていると見て良い。それは、拝礼後の宴席に際して以酊庵僧が北側に座して訳官使を遇したこと、盃事に際して以酊庵僧は堂上訳官と対応したこと等についても同様である。また、(d)以酊庵宴席では、一見すると以酊庵僧が宴席の主催者であるかのごとく見える。また、訳官両使の朝鮮国王寿牌への拝礼時には以酊庵僧は北側に立ち、宴席時の配置も萬松院宴席と同様な配置が見てとれる。

一方で、(c)中宴席には以酊庵僧が招かれることもなく、この宴席時に対馬藩と訳官使とのあいだで重要な対話がなされたにもかかわらず、以酊庵僧はそうした場から全く排除されていた。そして、そうした以酊庵僧に対する排除は、(e)出宴席にも感じ取ることができた。総じて五つの儀礼のうち、(b)萬松院宴席、(d)以酊庵宴席では以酊庵僧は重要な役回りを与えられる一方で、(c)中宴席、(e)出宴席では核心部分で排除されたし、(a)茶礼でもやや軽んじられた扱いであった。

二　幕府と訳官使

(1) 訳官使を見る視点

訳官使の派遣名目は、表5-1、表5-2に見る通り、はじめのうち藩主帰国祝賀とするものが圧倒的に多かったが、やがて徳川将軍家慶弔事の頻度が高くなってくる。もちろん藩主帰国祝賀が名目から消えることはないが、比率としても回数としても徳川将軍家慶弔事の方が増えてくる。表5-2は仮に三十年ごとに区分して訳官使派遣名目数の多寡を示した表だが、上位三期までと四期以降とで、いくつもの指標で違いが明瞭である。

たとえば訳官派遣数は、一七一九年までの合計が三十二件なのに対して、その後の合計が二十三件であるから、十八世紀以後の訳官使派遣数が漸減しているといえる。[7] また派遣名目の場合、藩主帰国とするものが一七一九年までの合計十八件に対して、その後の合計が十二件であり、これも漸減傾向である。一方、宗家慶事・弔事および徳川将軍家弔事を名目とするものはほぼ同数か漸増傾向といえ、徳川将軍家慶事の場合は極端な増加といえる。

こうした訳官使派遣名目の変化について、大場生与はたいへん興味深い指摘をしている。すなわち、「このころから〔享保十一年（一七二六）の訳官使派遣のころから〕将軍襲職以外の幕府への慶賀も訳官使が行うようになっていく。明確な取り決めはなかったが、通信使は将軍襲職の慶賀のために派遣される使節となり、将軍襲職以外の幕府への慶弔は訳官使が兼るようになるのである」（大場生与［一九九四］一一六頁）、「幕末に至っては家茂の将軍襲職の慶賀までも訳官使が行っている」（同前一一九頁）というものであり、朝鮮通信使と訳官使の相互補完が視野に

表 5-2　訳官使派遣名目数

	訳官使の回数	宗家			徳川将軍家		その他
		帰国	慶事	弔事	慶事	弔事	
1630～　59	12	5	2	1		2	4
60～　89	11	10	2			2	2
90～1719	9	3	7	2		3	1
1720～　49	5	2	4	1	3		
50～　79	4	1	3	1	1	2	
80～1809	5	2	1	1	2	2	1
1810～　39	4	4	2		2	1	
40～　69	5	3	3	2	1	3	
	55	30	24	8	9	15	8

典拠）表 5-1 に同じ。
注）1 回の訳官使派遣で複数の名目を掲げる場合があるので，名目数と訳官使派遣数の合計は一致しない。

入った重要な指摘である。

しかしながら残念なことに、大場の視線は対馬藩の財政窮乏へと転じてしまう[8]。曰く、「安永八年以降十四回の訳官使派遣があり、その内十回は幕府から援助を受けている」（同前一二〇頁）、「幕府に対する援助願いの理由のなかに訳官使が見られるのは明和四年（一七六七）からである」（同前一二一頁）、「訳官使の接待費用をメインにした援助願いは、安永八年六月に始まる」（同前一二四頁）、といったようにである。

その結果、大場は訳官使と対馬藩との関係を以下のように総括することになる。「宗氏は、訳官使渡海という朝鮮との私的な結びつきを幕府に報告することによって自らの地位を不動のものとし、訳官使の派遣目的に将軍家の慶弔用件を付け加えることによって、訳官使の重要性を幕府に認識させるとともに外交代行の実も得たのである。そして、そのことによって幕府から援助を引き出すことさえ可能になった」（同前一三八頁）。

ところで大場は、訳官使の滞在中、儀礼の節目節目に対馬藩国元から江戸幕府老中にあてて報告がなされている事実を指摘してもいる。大場はそうした報告の初見例を元禄二年（一六八九）（同前一〇四頁）としつつも、「その〔訳官使が派遣されるようになった〕ごく初期から行われていたとみてよいのではないだろうか」と推測する（同前一〇九頁）。たしかに寛文四年（一六六四）には幕閣に対する報告の事実を確認できる（『国編一四八七』）から初見は元禄二年ではない。「ごく初期」をどこまで遡らせうるかは検討が必要だが、それはおそらくは柳川一件を経た一六三五年以後のことではなかったか。以下、こうしたことを念頭に置きながら、訳官使と幕府との関連について述べてゆきたい。

(2) 訳官使接待儀礼の始まり

まず宝暦元年(一七五一)閏六月十一日付の対馬藩江戸家老あて国元家老書状を掲げよう。大御所徳川吉宗死去に際しての訳官使派遣をめぐる議論が記される。

[史料二](9)

*頭書1

別紙をもって啓上いたします。今般の大御所様薨御について朝鮮国への告知をどのようにするかについて議論を重ね、松浦賛治・阿比留太郎八の意見をも聞きました。①権現様〔徳川家康〕・台徳院様〔徳川秀忠〕薨御は寛永十二年以前のことですので御書簡控もなく、とくにそのころは参判使などという使者を派遣するようなこともありませんでしたので、先例を知ることはできません。それで、②近いところで元文二年の竹千代様御誕生について参判使を派遣して朝鮮に告知した例を参照にして考えてみますと、大御所様には公儀のなかでも各別に重要な方ですので、③今回の大御所様薨御の件を参判使を派遣してお知らせになるのは公儀の意向にもかない、上様を重んじる筋かと相談しました。ですから誰を参判使に選ぶかはあとにしておいて、まずは参判使の派遣を幕府から命じていただくようにし、対馬藩江戸藩邸の方で、それでよいかどうか④公儀の御返答の様子をお伝えしていただき次第に渡海を命じるようにしようと思います。もしそれで良ければ何分にも手回しをなさっていただき、幕府の時宜に応じながら、御届書などは、必要な段取りを調えて提出していただければと思います。

一そうなれば、朝鮮国からは訳官使を派遣して御弔詞を申し上げることとなります。先規等を調べて検討させてみましたところ、⑤渡海訳官は寛永六年より始まったものですから、権現様薨御のときまでは訳官使の渡海というものがなく、台徳院様薨御のとき寛永九年に訳官韓僉知・崔判事をもって御弔詞を述べたことが「訳官度数記」に記録されていました。ですので、今回も対馬藩国元まで訳官使をもって御弔詞を申し上げるものかと思い、藩主の意向も確認済みです。江戸藩邸でもこの方針に同意であれば、朝鮮国から対州まで訳官使を派遣して御弔詞を述べるように彼国へ申し入れるかどうか、幕閣に対して御書付を提出して伺いをたて、御返答を早々にお知らせくださ い。その御伺書を提出するに際しては先規書なども添える必要がありましょうから、⑥寛永九年の事例と、吉凶に違いはあるものの⑦元文二年竹千代様御誕生に際して訳官使を派遣して御祝儀を申し上げた事例の二つを提出すべきでしょうか。参考のために二つの事例について本状末に書き記してお送りします。なお、去る寅年に大御所様が御隠居なさった節も訳官使の派遣を要請して御祝儀を申し上げたことがありますが、江戸藩邸での判断に任せます。

一⑧右の御伺いが済んで訳官使の派遣を求めるようにとの御返答があったら、その知らせが国元へ到着し次第に朝鮮国へ要請します。朝鮮から諒承する旨の返答があれば、それを踏まえて、訳官使招聘を終えて後に藩主の参府を行うことで良いかどうかを幕府に尋ねることとしたく思います。公儀御吉凶の訳官渡海に際して藩主の参府時期を延期した例は、正徳三年の訳官、元文二年竹千代様御誕生の御祝儀の訳官、いずれも春の参勤を延期して秋の参府となりました。⑨このところ藩財政もはなはだ逼迫しており、公儀御凶変については江戸でも国元でも御物入が少なくなく、何をどうやって費用を捻出するか手立てもないようなところに、それに加えて参判使・訳官などの御物入を補う名案もないのですが、公義に依存しなければなしえなく、かつ両国の御誠信に関わることでもあって放置できることでもないので、あれやこれやと相談をし、藩主の意向を踏まえた上で〔江戸藩邸へ〕お伝えするものです。となると、訳官使招聘のため参府を延期することとし、十月ごろに参府するようになれば、近例では⑩半カ年の江戸詰ということになりますから、御在府による御物入も過半は軽くなるとの見込みもあり、また訳官使の費用については多くは引銀で済ませられる品々もあり、朝鮮側と打ち合わせておけば御物入も軽く済むにちがいありません。現在の藩財政の状況を考えると、来春の参府前に訳官使を迎えるようにしたところで費用弁済のめどはたちません。訳官渡海が秋になれば、何をどうすればやりくりが可能になるかを書きだすことも全く不可能ではないし、なにより来秋であれば時間もあるのでやりくりもつけやすいかと評議しました。上様〔藩主〕もまた秋の訳官使招聘となるようにお考えであるとも伝え聞いていますので、何分にもそのようになるようお取り計らいいただければと思います。あれこれと追々ご返事を伺えればと思います。恐惶謹言

閏六月十一日　　俵　平磨

鈴木市之進

平田将監

氏江主水殿

古川大炊殿

多田監物殿

＊頭書2

猶以、元文二年参判使を仰せつけられた日付と渡海した日付を、御心得のために本状の末尾に書き記します。また先例書などを提出なさる際には案文等について改めて御吟味なさった上で、しかるべくお取り計らいください。御心得のために「信使訳官度数記」のうち二カ条を写して別紙とし、お送りします。以上

右の御状、頭書をもって御返答いたします。以上

七月十七日

多田監物
古川大炊
氏江主水

平田将監殿
鈴木市之進殿
俵　平磨殿

(頭書1)

三カ条について承知しました。朝鮮国へ御使者をもって告知をして訳官をお招きなさる件の伺書と先例書の草案を作成し、かねてから懇意の間柄ということで⑪今十七日に堀田相模守様へお報せのために多田監物が持参し、御用人浅井八兵衛に掛け合って、お送りくださった御紙面の趣旨を踏まえて委細を申し上げました。それで持参した書付を御内見になり、相模守様もご覧くださり、⑫台徳院様薨御は寛永年間のことなので、幕府の方でも詳しい記録がないから、御吉凶の違いはあるが⑬近例である竹千代様御誕生の際の訳官使招聘時の例を参照することにして、その始終を詳しく箇条書きにして、多田監物名で添状を添えて月番老中へ提出するようにとのことでした。また訳官使招聘を終えてから参府する件についても内々でうかがったところ、その件も先の別紙にあわせて書いて提出するようにと丁寧に助言を頂戴しました。近日中に御伺いなどそれぞれに済むことと思いますので、終わり次第に詳しくお知らせします。

(頭書2)

承知しました。

(「吉宗様大弔訳官記状控」[国編一五四一])

右の史料から知りうるのは、第一に、大御所（徳川吉宗）死去に際して朝鮮側から弔詞を述べる訳官使派遣を求めるか否かの発議をするのは対馬藩側であり（③④⑪）、類例を幕閣に提示して判断を仰ぎ（①②）、幕閣の判断にしたがって訳官使派遣要請を行っていることである（④⑧）。そして、幕閣の判断材料は対馬藩側に委ねられていることは、老中堀田相模守正亮の言に明瞭である。堀田は、対馬藩側が提示した徳川秀忠死去に関わる寛永年間については「幕府の記録も詳しくは分からない（公義之御記録も不委候）」から、もう一つの先例（元文二年〔一七三七〕）を援用すれば良いと述べるからである（⑫⑬）。

この場合、実は対馬藩側でも秀忠死去時の先例を詳細に所持していたわけではなく、近い事例として吉凶に違いのある元文二年の例を挙げていた（⑥⑦）。ここで表5-1を見比べながら考えると、たしかに「大御所」死去の先例は秀忠まで遡らないとないのに間違いない。しかしながら、わざわざ吉凶相異にする事例を選ぶくらいなら、「将軍」死去の事例を探せば五つほど得られたはずである。その限りでは、いささか対馬藩の恣意性が働いているとみなすことも可能だが、幕府の側にそれを凌駕するだけの先例の蓄積は皆無であった。何となれば、江戸時代を通じて幕府に朝鮮外交専門部局を置いたことは一度もなく、対馬藩こそが、朝鮮外交に関わるアーカイブズ機能を果たしていたからである。

第二に、右の史料は次のように述べている。「このところ藩財政もはなはだ逼迫しており」、たいへん危険な状況にある（⑨）。そんなときに参判使を派遣し訳官使を迎えるなどとは、さらに経費が嵩むのであって、どこからどうやって費用を捻出すればよいのか見当もつかないが、それら使節の往来は「公儀に依存しなければなしえなく（被対公義為差掛義）、かつ〔日本・朝鮮〕両国の御誠信に関わることでもあって」うち捨てておくわけにはいかない、と。ただし、訳官使を迎えてから参府することを認めてもらい、それにともなって江戸滞在を半年に短縮してもらえれば、藩財政としても随分と支出が抑えられて助かるという（⑩）。右史料が、大場が指摘する「訳官使の接待費用をメインにした援助願いは、安永八年六月に始まる」（大場生与〔一九九四〕一二四頁）というころより少しだけ前の時期の史料であることに留意が必要かもしれないが、右史料では訳官使接待と藩財政逼迫とは切り離されて理解されている。訳官使は、あくまで政治的行為として理解すべきではなかろうか。

そして右史料は第三に、訳官使の始まりを寛永六年（一六二九）と述べる（⑤）。これは、ほかの対馬藩政史料でも再々登場する認識でもあるから、この時点から訳官使が始まったと見るのが素直ではないか。おそらくは(a)茶礼、(c)中宴席、(e)出船宴の三つの儀礼は、それが初登城から別離に至る節目の宴として普遍的な内容をもつ以上、これらの宴席は最初の訳官使のころから始まったと見て良い。

（3）萬松院宴席と以酊庵宴席

(b)萬松院宴席と(d)以酊庵宴席の二つは、右の三つの宴席とは成り立ちがまるで異なっている。まず(b)萬松院宴席から見てみよう。(b)萬松院宴席が始まったのは承応元年（一六五二）のことらしい。先に引用した「訳官定例」には以下の記述がある。

［史料三］[10]

○萬松院宴席の始まりは、承応元壬辰年、大猷院様大吊訳官の節、彼国朝廷より渡海をした際に、対州で差図を受けて萬松院で拝礼するようにと申し渡されたことを申し出て、権現堂、公儀御宝殿へ四度半の拝礼を行い、それが終わってから対馬藩主歴代へも拝礼した、と壬辰年記録にある。それ以前の訳官使の事例を吟味しましたが、萬松院で拝礼をした記事は見つかりませんでしたので、承応元年から始まったのだと見えます。その後は〔萬松院での〕訳官拝礼はこれまで連続しています。考証のために、これを記し置く。

右史料によれば、承応元年より前の訳官使記録を調べてみても萬松院での拝礼を行った記録が見えず、承応元年の記録には見えるから、このときから始まったと判断できるという[11]。現存する承応元年の訳官使記録『洪知事・韓判事渡海記録』（［国編五二二〇］）承応二年正月六日条[12]には「今度萬松院で御焼香をするよう申しつけられたのは、東武〔幕府、将軍〕の御吊礼が延引してきたので、まず殿様〔対馬藩主〕の意向を伺って、対州にて御焼香申し上げるようにとのことでした（今度萬松院ニ而御焼香被申付候ハ、東武之御吊礼延引申上候間、先殿様へ窺御意候而、対州ニ而御焼香申上候様ニとの儀ニ而御座候）」とあり、同十七日条に「於萬松院、知事・判事御振廻之事」に始まる萬松院での儀礼が記される。したがって、［史料三］の説明には根拠が認められるから、萬松院宴席は承応元年に始まったと確定して良い。そうした場合、［史料三］等の記載にしたがえば、萬松院宴席は公儀（幕府）への拝礼として始められ、それに付随して宗家歴代への拝礼が行われたことが明らかである。そして、その後継続された萬松院宴席に際しては、いつも東照宮拝礼があわせて実施された。

次に、(d)以酊庵宴席について。その始期を記した史料にはまだ行き当たらないが、おそらく表5-1の5（寛永十三年〔一六三六〕）以後のことではなかったか。

表5-3は『善隣通書』に収められた訳官使関連の外交文書一覧で、編年順に配置してある。並べられたのは訳官使がもたらした朝鮮礼曹の書簡と、それら書簡に対する返書である。冒頭の五通は表5-1の1に該当し、続く二通は2に、さらに続く三通は3に該当する。その次の二通は同様に4に対応するが、これ以後の往復書簡はそれ以前の十通とは性質を全く異にする。それは冒頭十通のなかには以酊庵僧規伯玄方あて（ないしは差出）の文書が計四通含まれるのに対し、十一通目以後のなかには以酊庵僧の名が一つも出てこないからである。こうした変化は、訳官使と以酊庵僧との関係が抜本的に変化したことを外交文書の上からも教えてくれる。輪番制導入前にあっては、以酊庵僧は朝鮮礼曹から直接に書簡を送られ、返書を送る、そういう関係にあった。それは、朝鮮礼曹と対馬藩主とのあいだでのみ書簡が交わされる輪番制導入後とは好対照をなす、ということである。

朝鮮礼曹と直接に書簡のやりとりをするような以酊庵僧が宴席を準備したとすれば、それは文字通り以酊庵側が主体的に行うだけの実力を備えて準備されたものだったはずである。一方、前節で見てきた以酊庵宴席は、一見す

表 5-3　訳官使・対馬藩間の往復文書

礼曹参議李基祚	対馬州太守平公	崇禎 2 年 12 月	訳官邢僉知・崔判事持渡書
礼曹安時賢	対馬州桑林沙門玄方	2 年 12 月	
礼曹佐郎安時賢	対馬州柳川平公	2 年 12 月	
対馬州太守平義成	礼曹大人	寛永 7 年正月	訳官邢僉知・崔判事帰国返簡
対馬島桑林沙門玄方	東莱府大人	7 年正月	
礼曹参議呉翻	対馬州太守平公	崇禎 4 年 7 月	訳官崔判事・船判事持渡書
礼曹佐郎李元鎮	対馬州桑林山人玄方	4 年 7 月	
礼曹参議李埈	対馬州太守	5 年 7 月	訳官韓僉知・崔判事吊台徳君之薨去
礼曹参議李明傳	対馬州以酊庵桑林山人玄方	5 年 7 月	
東莱府使洪霊	対馬州太守平公	5 年 7 月	
礼曹参議金徳誠	対馬州平公	7 年 12 月	訳官洪同知・崔判事率馬才来書
対馬州太守平義成	礼曹参議金公	乙亥年 5 月	
礼曹参議趙緯韓	対馬州太守平公	崇禎 9 年正月	洪同知・姜判事来州賀訟明決太守帰旆　＋別幅
対馬州太守平義成	礼曹大人	丙子年 3 月	＋別幅
礼曹参議呉端	対馬州太守平公	崇禎 13 年 2 月	訳官洪知事・金判事賀彦満降誕持渡書　＋別幅
対馬州太守平義成	礼曹大人	寛永 17 庚辰年 4 月	賀使洪知事・金判事返礼　＋別幅
礼曹参議李省身	対馬州太守平公	丙戌年 10 月	訳官李僉知・韓判事渡海賀太守帰旆
対馬州太守平義成	礼曹参議大人	正保 3 丙戌年 12 月	訳官李僉知・韓判事帰国返書　＋別幅
礼曹参判閔応亨	対馬州太守平公	辛卯年 2 月	訳官金李僉知・尹判事渡来謝去年即位之賀使并問慰
礼曹参議李之恒	〃	2 月	
礼曹参議金弘郁	〃	壬辰 2 年 12 月	訳官洪知事・韓判事渡来吊大猷君薨去
〃	〃	11 月	問慰之書
対馬州太守平義成	礼曹大人	承応 2 年癸巳正月	訳官洪知事・韓判事帰国回札吊礼
〃	〃	2 年癸巳正月	訳官洪知事・韓判事問慰之返札
礼曹参議金尚	対馬州太守平公	甲午年 11 月	李僉知・朴判事来州賀太守帰旆　＋別幅
対馬州太守平義成	礼曹参議大人	承応 4 年乙未正月	
礼曹参議沈魯	対馬州太守平公	丙申年 5 月	賀太守義真入国来書　＋別幅
〃	播磨州四品平公義真	5 月	＋別幅
対馬州太守平義成	礼曹大人	明暦 2 年丙申 6 月	
播磨州四品平義真	〃	2 年丙申 6 月	
対馬州太守平義成	東莱釜山両令公	2 年丙申 6 月	
〃	〃	2 年丙申 7 月	告訳官船破損書
東莱府使韓震琦	対馬州太守平公	丙申年 8 月	
礼曹参議李尚真	〃	己亥年 4 月	訳官洪知事・朴判事渡海謝硫黄之恩恵且述太守義真新襲世爵之賀　＋別幅
〃	〃	4 月	訳官洪知事・朴判事渡海賀太守義真襲世爵 ＋別幅
〃	〃	4 月	訳官洪知事・朴判事吊太守義成薨持来書　＋別幅
対馬州太守平義真	礼曹参議大人	万治 2 年己亥 5 月	訳官洪知事・朴判事謝硫黄恩恵返簡　＋別幅
〃	〃	2 年己亥 5 月	賀襲世爵返書　＋別幅
〃	〃	2 年己亥 5 月	吊慰返札　＋別幅
礼曹参議姜栢年	対馬州太守平公	庚子年 9 月	訳官金同知・韓正渡海賀太守義真帰州　＋別幅
東莱府使鄭泰斎	〃	10 月	
対馬州太守平義真	礼曹参議大人	万治 3 年庚子 12 月	訳官金同知・韓正帰国返簡　＋別幅
〃	東莱府使令公	3 年庚子 12 月	＋別幅
礼曹参議安献徴	対馬州太守平公	癸卯年正月	訳官金同知・李判事渡来賀太守還旆　＋別幅
対馬州太守平義真	礼曹大人	寛文 3 年癸卯 3 月	訳官金同知・李判事帰国返簡　＋別幅

（つづく）

礼曹参議南九萬	対馬州太守平公	甲辰年９月	訳官金同知・卞判事持来簡賀太守還旆　＋別幅
対馬州太守平義真	礼曹大人	寛文４年甲辰12月	訳官金同知・卞判事帰国返簡
礼曹参議李俊耇	対馬州太守平公	丙午年９月	訳官金同知・崔判事帯来書　＋別幅
対馬州太守平義真	礼曹大人	寛文７年丁未正月	訳官金同知・崔判事帰国返札　＋別幅
礼曹参議金益炅	対馬州太守平公	壬子年６月	訳官金同知・鄭判事持来書　＋別幅
〃	〃	６月	訳官金同知・鄭判事持来別書
対馬州太守平義真	礼曹参議大人	寛文12年壬子11月	訳官金同知・鄭判事帰国返簡
〃	〃	12年壬子11月	答金同知・鄭判事持来別書
礼曹参議南天漢	対馬州太守平公	乙卯年８月	訳官韓僉知・金判事渡海賀太守帰州書
対馬州太守平義真	礼曹大人	延宝３年乙卯12月	訳官韓僉知・金判事帰国返簡
礼曹参議李沆	対馬州太守平公	戊午年８月	訳官金知事・朴僉知・安判事持来書
対馬州太守平義真	礼曹参議大人	延宝６年戊午12月	訳官金知事・朴僉知・安判事持来返札
礼曹参議朴泰尚	対馬州太守平公	庚申年12月	訳官卞僉知・李正渡海吊厳有君薨御　＋別幅
対馬州太守平義真	礼曹参議大人	延宝９年辛酉３月	訳官卞僉知・李正渡海吊礼之回書　＊吊礼回答無別幅例也
礼曹参議柳椐	対馬州対州平公	庚申年10月	訳官卞僉知・李正渡海賀太守帰旆書
対馬州太守平義真	礼曹参議大人	延宝９年辛酉２月	問慰回書
礼曹参議尹槢	対馬州太守平公	辛酉年８月	卞僉知・韓判事賀太守帰州書　＋別幅
対馬州太守平義真	礼曹参議大人	天和元年辛酉11月	卞僉知・韓判事返札　＋別幅
礼曹参議李綸	対馬州太守平公	癸亥年９月	訳官朴同知・韓僉知吊徳松君薨御　＋別幅＋問慰別幅
対馬州太守平義真	礼曹参議大人	天和４年甲子２月	訳官朴同知・韓僉知帰国回翰　＋同時問慰回敬
礼曹参議安如石	対馬州太守平公	己巳年７月	訳官朴僉知・鄭判事来賀太守帰州　＋別幅
対馬州太守平義真	礼曹参議大人	元禄２年己巳12月	訳官朴僉知・鄭判事帰国回書　＋別幅
東莱府使朴紳	対馬州対州平公	己巳年10月	別書朴僉知・鄭判事持来
対馬州太守平義真	東莱府使公	元禄２年己巳12月	東莱府使別書回答　＋別幅
礼曹参議姜銑	対馬州太守平公	癸酉年10月	元禄六年癸酉冬十月朝廷遣象官安同知・朴僉知・金正賀義真退休，義倫承襲往復書　＋別幅
礼曹参議姜銑	対馬州太守平公	10月	賀退休書　＋別幅
対馬州太守平義倫	礼曹参議大人	元禄７年甲戌正月	＋別幅
対馬州刑部大輔平義真	〃	７年甲戌正月	＋別幅

典拠）『善隣通書』二十至二十二（訳官問慰度数訳，訳官問慰往復并小序，訳官問慰往復）より作成。

ると以酊庵僧主催の宴席のように見えながら実はそうではない。藩主の臨席こそないが、宴席日程の事前調整から寿牌の準備ほか万端、対馬藩側が差配して行われた宴席である。この差は、輪番制導入によってもたらされたものでしかありえないから、こうした宴席の開始は、表5-1でいえば5以後でないとありえない。以酊庵宴席の始まりは輪番制の開始後だと推測して良いのではあるまいか。

ところで以酊庵宴席は他の宴席と異なった特異な位置にあることを宴席の様子から見直すこととしよう。たとえば寛文四年（一六六四）十二月十三日、訳官使の宿所へ十五日に以酊庵で振舞を行う旨が以酊庵側から伝えられる。以酊庵での宴の設営や宴挙行時の護衛などに対馬藩士は関わるが、藩主は十五日の以酊庵宴席に関わらない。

この十五日、以酊庵の本間仏壇には「朝鮮国王之寿牌」が備え置かれ、訳官両使は寿牌の前まで進んで拝礼をする。その後、上官は縁側の敷物の上から、次官か小童までは縁側の敷物の外側から、それぞれ順に寿牌へ向かって拝礼をする。それらが終わると以酊庵主催による接待の宴となる。

さて、以酊庵宴席の催しとしての中心は、接待そのものにあるのではなく、このとき以酊庵に据え置かれた「朝鮮国王之寿牌」に対して訳官使たちが拝礼をすること（あるいは「させること」）、それを以酊庵僧が見守るという点にあった。「朝鮮国王之寿牌」について、その後の訳官使接待に関わる記録から関連する記述を拾ってみよう。

宝永元年（一七〇四）の場合、以酊庵宴席の会場設営に関わって次のように記す（〔国編一五〇五〕）。

［史料四］(13)

一　仏壇は、本尊を除いておいて、「朝鮮国王殿下萬々歳」と記した寿牌をなかに置き、その前に菓子を供える。ただし、蜜柑と焼饅頭を銀磨きの三方に載せた土器の上に盛る。そのほか色々と花を生え、両脇に灯明を二つ、燭には銀磨きの蠟燭を立て、襖は中だけ左右に開きおき、赤地金襴の戸帳を巻き置いて、左右の柱を金襴で巻いておく……

この史料からは、寛文四年の史料にいう「朝鮮国王之寿牌」が「朝鮮国王殿下萬々歳之寿牌」であることが分かるが、対馬府中に所在する建物に、いかに臨時とはいえ「朝鮮国王殿下萬々歳」と大書した牌を置くことには、どのような意図があったのだろうか。

［史料五］(14)

一〔享保三年〕十月十三日

以酊庵宴席については、①こんど御凶変があったけれども、以酊庵は「朝鮮国王殿下之寿牌」を建て置いており、②我が国〔朝鮮〕に関わりあることだから、宝永五子年に訳官崔同知・韓僉正が渡海した際には③公儀御凶変の御斎〔忌中〕のときではあったけれども、④こうした事情があって訳官方より〔寿牌への拝礼を行いたいと〕頼んできたことがある。それで小勢でもあり、楽器・鳴物もなく出かけたから、今回もその例に準じて楽器・鳴物なしに以酊庵へ出かけて粛拝させるようにした次第

（〔国編一五一八〕）

右史料①にいう「こんど御凶変」とは、対馬藩第五代藩主宗義方が享保三年（一七一八）九月五日、訳官使滞在中に死去したことを指す。③にいう「公儀御凶変の御斎」が具体的には分からないが（徳川綱吉が没するのは宝永六年）、いずれにせよ「公儀御凶変」に際して「こうした事情があって」（④）つまり「〔以酊庵宴席は、朝鮮国王殿下之寿牌に拝礼をするという〕我が国〔朝鮮〕に関わりあることだから」（②）行った先例がある。だから、今回、対馬藩主が没するという「凶変」の最中ではあるけれども、その先例に準じて以酊庵宴席を実行したというのである。したがって、この以酊庵宴席は、対馬藩による訳官使接待という枠を超えた意味をもつものといって良いのではないか。それは、直接的には訳官使たちが朝鮮国王の寿牌に拝礼をする空間であるが、それは対馬藩が介入できない空間であり、対馬藩の代わりに以酊庵僧が主催する空間である。

こうして輪番制下に始まった以酊庵宴席は、実質的には対馬藩側が主催する宴席でありながら、招かれた訳官使の側からすればそのようには映らない。その一切を準備した対馬藩側からすれば、一連の訳官使接待の儀礼行為のなかに対馬藩「外」存在の関与を示す意図があったのではないか。「朝鮮国王萬々歳」と朱書された寿牌に四拝する使者たちに向かい、北側から南面して応対する対馬藩「外」の存在とは、端的にいえば公儀のことである。以酊庵僧は、以酊庵宴席に際して公儀として振る舞うことを期待されたのである。

(4) 幕府への報告について

訳官使の対馬府中到着から帰国に至るまで、対馬藩国元から江戸幕府老中にあてて書状が提出された。まず、茶礼（初登城）が終わると、その旨を伝えるために書状が送られた。また、訳官使が帰国のために乗船すると、概ね釜山に到着したころあいに書状が送られた。それらの内容は儀礼的なものではあったが、添付書類として実務に関わるものが送られることも少なくなかった。延宝三年（一六七五）の場合、茶礼後に発送された書状には、訳官が作成したものや話した内容を書き取った二つの文書「朝鮮国之風俗書」「彼者共申聞候趣」を添付したという。また、帰国に際しての届書は以下のごとくであった〔国編一四九〇〕。

［史料六］(15)

○訳官使帰帆につき御案内御連状の案

一筆啓上いたします。旧冬御案内申し上げた訳官両使は、当月朔日、朝鮮国内釜山浦へ帰着しました。彼国はいよいよ静謐だとのことです。また、訳官使が持参した礼曹参議よりの書簡をお目に掛けます。将軍へよろしくお取り次ぎくださいますようお願いいたします。恐惶謹言。

正月五日　（追筆）「内山郷左衛門が年頭の御使者として江戸表へ派遣されたので、内山に託してお渡しなさったものである」

稲葉美濃守様
久世大和守様
土屋但馬守様
阿部播磨守様

さて、右史料によれば、訳官使が持参した朝鮮礼曹参議の書簡原本を添付して老中の手元へ送るということで

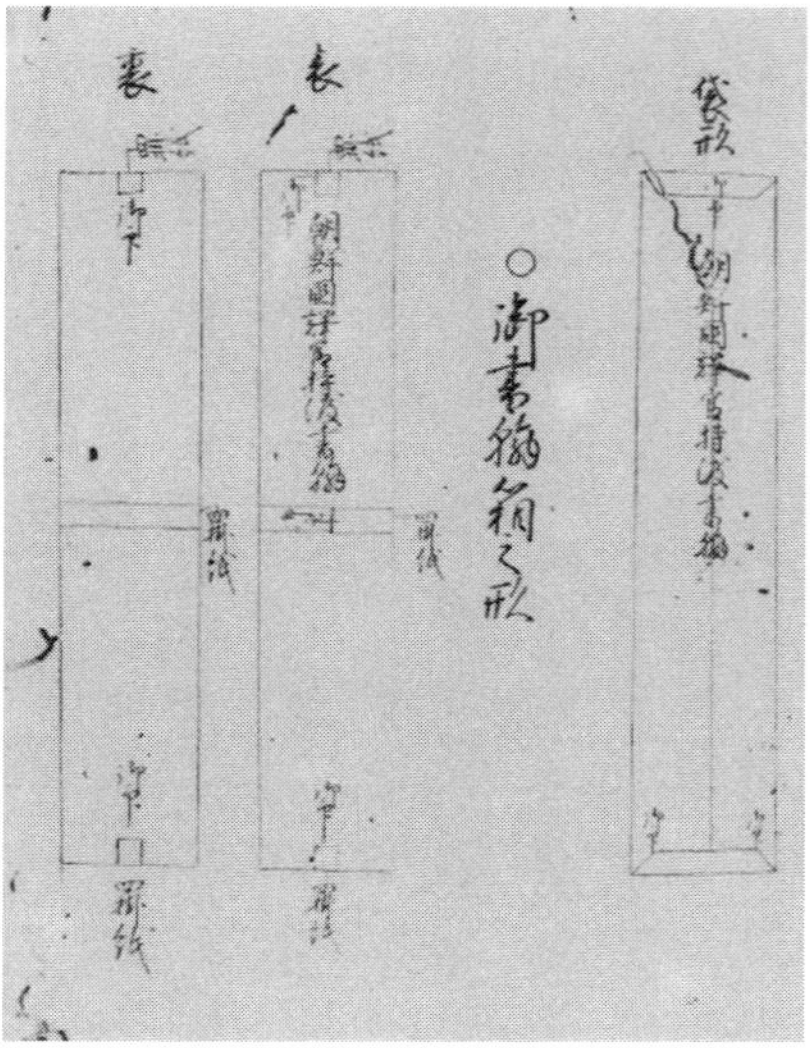

図 5-6　幕府提出の訳官使持来書封入紙袋ほか

典拠）「御回棹訳官記録」［国編 1490］（延宝 3 年）。

あった。その書簡を収める紙袋を大高紙で作成し、朝鮮から持ち来たったときに収めてあった木箱に収めた上で、木箱に「朝鮮訳官持渡書翰」と大高紙に上書きしたものを押紙にし、さらに掛紙をした（図5-6）。

このとき老中のもとに送られた朝鮮書翰は、おそらく老中のあいだで回覧された後に対馬藩江戸藩邸へ下げ渡されただろう。書翰原本はいまも大韓民国国史編纂委員会に現存するからである（［国編・書契一四九七］）。このときの訳官使渡海の名目は「義真帰州の賀」であったから、幕政には直接何の関係もない。しかしながら、そうした類の文書であれ、とにかく訳官使に関わる朝鮮外交文書原本が幕閣の手元で回覧され、再び対馬藩の手元で保管される外交文書の循環構造がここに出来上がっていると見て良い。

おわりに

訳官使接待における五つの重要儀礼のうち、以酊庵僧が重要な役回りを与えられたのが萬松院宴席、以酊庵宴席の二つであり、残る三つの儀礼に関しては、核心部分で排除されたり（中宴席、出宴席）、やや軽んじられた扱い（茶礼）であった。重要な役回りを与えられた二つの儀礼は訳官使が始まった当初から行われていたものではなく、いずれも柳川一件を経て朝鮮外交が刷新されて以後に新たに追加された儀礼であった。その新儀礼は、対馬藩側が一切の準備・進行を担いながらも、以酊庵僧に特別な役割を付与することで意味が全うされるような性質の儀礼であった。「特別な役割」とは、萬松院本堂の公儀位牌前で藩主と向き合いながら訳官両使に対応したり（萬松院宴席）、対馬藩「外」の存在（公儀）として振る舞う（以酊庵宴席）、ということである。対馬藩にとっての以酊庵僧は、朝鮮外交文書を真文に直すだけの存在ではなかった。対馬府中という場で対馬藩「外」に由来する公的存在として対馬藩の主催する公式行事に参与し、もって朝鮮国に対する対馬藩の外交行為に権威を付与する存在であった。そのような意味で以酊庵僧は対馬藩にとって不可欠の存在だった。

そのような理解を踏まえて訳官使の性格を概括的に評価するとすれば、それは「私的な」使節なのではなく、江戸幕府の朝鮮外交機構としての対馬藩が招請し接待した「公的な」外交使節なのである。使節は対馬府中止まりであったが、もたらされた朝鮮外交文書や異国情報は時をおかずに幕閣のもとへ送られた。だからこそ、幕府は対馬藩に対して財政援助を惜しまなかったのである。

第6章　訳官使の接待空間

はじめに

対馬府中に到着した訳官使一行の滞在日程のなかでは、「茶礼―中宴席―萬松院宴席―以酊庵宴席―出宴席[1]」という五つの宴席が主要な位置を占めていることはすでに第5章でも言及した。本章では、それら宴席における接待の空間構成すなわち視覚的な空間のありように着目しつつ、訳官使接待の歴史的特徴について検討したい。

一　訳官使接待の空間構成

(1) 武　具

まずは寛文四年（一六六四）十二月朔日の茶礼について検討しよう。訳官使の最初の接待は金石城の御広間で行われたが、その広間の空間構成は以下のように示される（「訳官記録」〔国編一四八七〕）。

［史料二］

○①御広間床ニ御掛物、雪舟三幅対（割注）〔カマ〔蝦蟇〕・福禄寿・テツカイ〔鉄拐〕〕、立花二瓶

○②御上段机之方、御着座所、御茵敷

○③御広間と広縁之間ハ東南共ニ御簾ヲ掛ル、但、南之方ハ巻上置、

○④東之方広縁と三尺檜縁之間、腰障子之前、屏風ニ而立囲、但黒書院より之御通口ハ御簾一間掛、

○⑤上段机之後ニ臺子ヲ飾、茶道ハ永野道意、

○⑥東南共ニ広縁ハ皆畳ヲ敷詰ル、

○⑦南之三尺檜縁ニ薄べり敷通ス、

○⑧南檜縁之外ニ紫幕掛、

○⑨西寄附板縁之前、赤幕掛、

○⑩東中之口廊下れんじニ内より簾ヲ掛、外ニ赤幕、

○⑪中之口ニ広縁より見入之所畳ヲ敷、屏風ヲ立、

○⑫正面石壇之上、薄縁敷、

○⑬同庭ニ下官之拝所、庭席ヲ二枚并ニ一行ニ敷、

○⑭鷲之間・墨絵之間、襖障子除、一座ニ被成也、

○⑮同所東之襖障子際ニ大鉄砲廿三挺、臺ニ乗、飾、

○⑯同所北之方ニへり、金之屏風立、鉄砲七十挺飾、

○⑰同所西之腰障子之方縁、金之屏風立、弓四拾張、靫共ニ飾、

○⑱鷲之間西北之隅、馬廻り之者通口、縁金之二枚屏風立、

○⑲墨絵之間西之縁、畳ヲ敷、金屏風ニ而囲、但、上官振舞所也、

○⑳鑓之間北西共ニ屏風立、
○㉑同所北之方東之端ニ玉薬箱廿飾、但五并四重ニ積、
○㉒同所玉薬箱之次、西之隅迄鉄砲九十挺飾、
○㉓同所西之方ニ鉄砲五十挺飾、其所ニ梨子地鞍五口・黒鞍五口飾、長押ニハ障泥仕掛轡十ヲ掛、

茶礼の当日、宿所を出て金石城に到着した訳官使たちは、まず「寄附板縁より上り、墨絵之間迄召連、両使墨絵之間ニ居着也」という。玄関の寄附のところの板敷の上がり口から上がり、墨絵之間に案内されて、しばらくそこで待機したという。対馬藩主が御広間上段に現れると、奏者が両使へ御広間へ移動するよう伝え、礼曹書翰を持参した訳官両使が御広間中段へ進み、対馬島到着後はじめての儀礼が始まることとなる。

金石城の座敷配置は分からないが、こうした儀礼の進行状況とあわせ考えると、御広間と鷲之間・墨絵之間および鑓之間は近接した位置にあるものと考えて良い。とりわけ墨絵之間は、登城した訳官両使が待機する控えの間であった。その墨絵之間と鷲之間はふだん襖と障子で仕切られていたが、いまは取り外されて広い空間が作られており（⑭）、その空間の東には襖障子際に大鉄砲二十三挺（⑮）、北には金屏風を立てて鉄砲七十挺（⑯）、西にも金屏風を立てて弓四十張が飾られた（⑰）。そしておそらくは、墨絵之間から御広間へ至る途中で鑓之間を眺めることとなるのであり、その北面にも玉薬箱が五つずつ四段に重ねられる（㉑）とともに鉄砲九十挺（㉒）が、西面にも鉄砲五十挺のほか馬具が並べ立てられた（㉓）のである。

こうした武具飾りは同じ金石城御広間での中宴席や出宴席に際しても同様であり[2]、場所を替えて行われた以酊庵宴席も武具飾りによって区切られた空間で催された。以酊庵の表門のところに臨時で番屋を設けて木綿幕と巻屏風で空間を仕切り、そこに武具飾り（弓五張、鉄砲五挺、鑓五本）をしつらえた。また、表門をくぐって玄関に至るあいだにも屏風を立て、木綿幕と屏風とで仕切った空間に武具飾り（同前）を揃えた。

またこれら武具飾りは栈原城に移ってからも引き続き行われ、例えば寛政八年（一七九六）ごろにまとめられたと思われる「訳官定例」［国編一五四七］によれば、茶礼に際しての武具飾りの先例を以下のように記す。

［史料二］
○御寄附之床其外所々錺道具左ニ記、
　○鉄砲百三拾四挺、筒乱口薬入共ニ
　○玉薬簞笥弐荷
右者、御広間江之御通り之廊下之床ニ錺之、
　○弓三拾挺、但、休メ弦ニ〆
　○靫三拾甫
右者、御寄附上之間床ニ錺之、
　○五十目筒拾挺
右者、八間廊下床ニ錺之、
　但、此所ニ御持鑓飾之大筒を錺り候、後通りニ御持鑓置之也、

これによれば、登城して最初に上がる入り口のあたりをはじめとして、御広間に至る通りみちに数々の鉄砲や玉薬、弓や大筒などを並べ、それら大量の武具の存在が訳官使の目に否応もなく飛び込むように配置されたことが分かる。控えの間で待機するあいだ、また控えの間から儀式の現場へ導かれる道すがら、訳官使たちは大量の武具に囲まれることとなった。

（2） 掛軸と棚飾り

控えの間から儀式の現場＝御広間へ導かれると、そこには武具が飾られていない。

対馬藩主が御広間上段に着座して控えているところへ、訳官両使は御広間中段へ招かれ、やがて上段へ進むこととなる。おそらく中段に着座した段階で気づくことになろうが、藩主の座した上段の、訳官両使側からすれば右手に床と棚があり、そこに数々の調度品が並べられている。それはたとえば寛文四年十二月朔日の茶礼で見れば、「史料一」①に見えるように御広間床に掛けられたのは、雪舟三幅対（割注）「カマ〔蝦蟇〕・福禄寿・テッカイ〔鉄拐〕」、立花二瓶」である。

いま分析対象とする「茶礼―中宴席―萬松院宴席―以酊庵宴席―出宴席」の五つの宴席のうち、萬松院宴席は萬松院墓所および位牌への参拝を主たる内容とするから掛軸が掛けられる事例は多くない。ここでは、寛文四年（一六六四）と十二年（一六七二）に羅漢四幅対の掛軸が掛けられ、その後は、延宝六年（一六七八）・九年に狩野益信筆の三幅が、宝永六年（一七〇九）・正徳二年（一七一二）に狩野安信筆の雁絵が掛けられている。また、以酊庵宴席の場合には掛軸の記載が一貫してない。

まず、掛軸について検討しよう（表6-1）。

茶礼では、御広間床には、寛文三年（一六六三）から天和四年（一六八四）にかけて雪舟の同一画題（蝦蟇仙人・福禄寿・鉄拐仙人）が継続して掛けられている。その後は、文政十年（一八二七）に至るまで、狩野常信のものが継続して掛けられる。この場合、画題は必ずしも一定せず、常信のオリジナルなのか雪舟の模作なのかは判然としない。また御書院床の場合、作者は一定しないが、趙麟や呉偉（小仙）や「唐筆」としか記録されないものを含めて中国（元～明代）のものが目につくが、雪舟のものも折りに触れて交じえられる。また画題としては「漁夫問答」が繰り返し掛けられる一方、中宴席の御広間床には狩野探幽をはじめとして狩野派のものが多いが、ここでも雪舟の交じることがある。

表 6-1　掛軸

	茶礼			
	御広間床		御書院	
寛文 3 (1663)	掛物三幅対	カマ・福禄寿・テツカイ		
4 (1664)	雪舟三幅対	〃		
12 (1672)	〃	〃		
延宝 3 (1675)	〃	〃		
6 (1678)	〃	蝦蟇仙人・壽老人・鉄拐仙人		
9 (1681)	〃	カマ・寿老人・テツカイ仙人	掛物一幅	
天和 4 (1684)	〃	カマ・寿・テツカイ	〃	
元禄 2 (1689)	常信三幅対	本鷹琴鳥、両脇瀧	趙麟筆	蝦蟇仙人
6 (1693)	＊掛物四幅対	永真山水の図	雪舟二幅対	龍虎
9 (1696)	常信二幅対	山水	掛物一幅・小仙	漁夫問答
宝永 元 (1704)	〃	〃	小仙一幅	〃
3 (1706)	掛物二幅対	福寿	常信二幅	松に鶴・竹に鶴
6 (1709)	常信二幅対	山水	唐筆一幅	小僊
正徳 2 (1713)	常信三幅対	布袋・左右若松	小仙一幅	漁夫問答
2 ＊ (1713)	常信二幅	山水	〃	〃
享保 2 (1717)	新土佐筆二幅	孔雀・白鷴	掛物一幅	唐筆
2 ＊ (1717)	常信二幅対	山水	探幽二幅対	松鶴・竹鶴
5 (1720)				
11 (1726)	常信二幅	〃	掛物一幅	花鳥
明和 4 (1767)	〃	松鶴・竹鶴	雪舟二幅	龍虎
文政 4 (1821)				
10 (1827)	〃	若松之絵	掛物二幅	唐筆仙人之絵
	中宴席			
	御広間床（棕櫚間？）		御書院	
寛文 3 (1663)	狩野筆二幅			
4 (1664)	探幽斎三幅対	猿猴・達磨・鶴		
12 (1672)	〃	〃		
延宝 3 (1675)			□鎮	馬の絵二幅
6 (1678)			掛物二幅対	□鎮馬の絵
9 (1681)			雪舟山水二幅対	
天和 4 (1684)	雪舟山水二幅対			
元禄 2 (1689)	三幅対	土佐武者絵		
6 (1693)	掛物一幅		常信掛物三幅対	松鶴・寿老人・竹鶴
9 (1696)	永真一幅	松鶴	常信三幅	中琴にて左右瀧
宝永 元 (1704)	狩野周信一幅	関羽	土佐常信二幅	花鳥
3 (1706)	常信二幅	松に鶴・竹に鶴	土佐三幅	武者絵
6 (1709)	周信一幅	関羽	土佐筆三幅対	〃
正徳 2 (1713)	探信二幅	紅葉に鹿・すすきに鹿	〃	〃

（つづく）

	中　宴　席			
	広間床（棕櫚間？）		御書院	
正徳 2＊ (1713)	永真一幅	松に鶴	土佐三幅	武者絵
享保 2 (1717)				
2＊ (1717)	周信一幅	関羽	土佐三幅対	〃
5 (1720)	【中止】			
11 (1726)	唐筆掛物一幅	桃鹿の絵	法眼養朴	蝦蟇・鉄拐
明和 4 (1767)				
文政 4 (1821)				
10 (1827)	掛物一幅	〃	雪舟二幅	龍虎
	出振舞（出宴席）			
	御広間			
寛文 3 (1663)	探幽三幅		竹に鶴，達磨，岩に猿猴	
4 (1664)	雪舟三幅対		カマ・福禄寿・テツカイ	
12 (1672)	探幽法印三幅		柳に鷺	
延宝 3 (1675)	〃		〃	
6 (1678)	常信三幅対			
9 (1681)	〃			
天和 4 (1684)	【下行】			
元禄 2 (1689)	永真三幅対			
6 (1693)	掛物二幅		土佐花鳥絵	
9 (1696)	土佐二幅		武者絵	
宝永 元 (1704)	〃		〃	
3 (1706)	常信若二幅		〃	
6 (1709)	〃		〃	
正徳 2 (1713)				
2＊ (1713)	【下行】			
享保 2 (1717)	〃			
2＊ (1717)				
5 (1720)	〃			
11 (1726)	〃			
明和 4 (1767)				
文政 4 (1821)				
10 (1827)				

典拠）各年代の訳官使記録［国編］により作成。
注）【下行】は食材を現物で支給すること。そのため宴席がない。

出宴席の御書院床では中宴席で掛けられたものが繰り返し掛けられる例も少なくなく、雪舟の三幅一対（蝦蟇仙人・福禄寿・鉄拐仙人）が用いられたりする。狩野派も多いが、やがて土佐派の武者絵が継続して掛けられたりする。

ところで現在得られる訳官使記録のうち最も古いものは承応元年（一六五二）である。そこでは「御広間之西東にみす掛り、きそう之白□壱幅・立花壱瓶、ちかい棚ニ唐物ノ食籠御かさり候」［国編五二二〇］と記される。ここで「きそう之白□壱幅」は「徽宗之白鷹壱幅」ではないかと思われるが、それは、後述するように寛文二年（一六六二）時点で対馬藩の所蔵する徽宗の画幅で「白」字を含む画題は「白鷹図」しかないからである(3)。また、朝鮮通信使のうち一六〇七年正使の日記によれば、対馬藩国元藩邸御広間に「徽宗の白鷹図」が掛けられていたとする指摘がある(4)。

こうした点に留意すれば、おおよそ一六五〇年代までは訳官使接待の宴席に際しては「徽宗の白鷹」図が好んで掛けられ、その後、雪舟、狩野派・土佐派の順で掛物が変遷していったと見える。また画題の特徴としては、「蝦蟇仙人」「鉄拐仙人」「漁夫問答」といった哲学的なものが好まれているように感じられる(5)。

次に棚飾りについては、茶礼・中宴席ともに中国に由来する文物が多く並べられていることが指摘できる（表6-2）。たとえば、文徴明は明代の文人画家、牧谿は宋末元初の水墨画家、蘇東坡は唐宋八大家の一人、「清明上河図」は中国北宋の都開封を描いた画巻のことである。

（3）誰に何を見せたいか

長崎県立対馬歴史民俗資料館には現在、対馬藩が所蔵していた掛物の記録（掛物帳）が、六点伝来する。それらは内容の古い順に、御掛物古帳(6)（一六五〇年代以前）、寛文二年（一六六二）、正徳年間（一七一〇年代）、明和七年（一七七〇）、文政十三年（一八三〇）、嘉永三年（一八五〇）、である。

表 6-2　棚飾り

	茶礼		
	御広間棚	棕櫚間棚	御書院棚
寛文 3（1663）			
4（1664）			
12（1672）			
延宝 3（1675）			
6（1678）			
9（1681）			
天和 4（1684）			
元禄 2（1689）	軸物子照筆，絵鑑唐筆		
6（1693）	巻軸文徽明上河図	唐絵寄合絵鑑	定家一字題
9（1696）	立花絵鑑		
宝永 元（1704）			
3（1706）			
6（1709）			
正徳 2（1713）	唐筆山水絵鑑		
（1713）	絵鑑立花図		
享保 2（1717）	巻軸・清明上河図		巻軸・信使来聘三使之筆
（1717）	〃	手鑑・呉仲十景	巻軸・百馬の図
5（1720）			
11（1726）	〃	手鑑・呉仲十景，文徴明筆石摺	巻軸寄合 山水図
（1767）	〃	唐筆御手鑑・呉仲十景	
文政 4（1821）			
10（1827）			

	中宴席						
	御広間棚	本間付書院	同棚	御小座敷床	奥御書院	鍍の間	同棚
寛文 3（1663）							
4（1664）							
12（1672）		七十二侯の手鑑					
延宝 3（1675）		〃	文徴明の軸物		牧渓猿猴	蘇東坡墨跡	子昂石摺
6（1678）		七十二侯	〃		〃	〃	
9（1681）		七十二侯の絵鑑		牧渓猿猴		〃	
天和 4（1684）		〃	古法眼布袋掛物一幅	牧渓猿猴絵一幅		〃	

	中宴席						
	御広間棚	本間付書院	同棚	御小座敷床	奥御書院	鍍の間	同棚
元禄 2（1689）		七十二侯絵鑑		常信筆二疋獅子			
6（1693）							
9（1696）							
宝永 元（1704）							
3（1706）							
6（1709）							
正徳 2（1713）							
（1713）		巻軸・清明上河図					
享保 2（1717）							
（1717）	巻軸・清明上河図						
5（1720）							
11（1726）	巻軸						
（1767）							
文政 4（1821）							
10（1827）							

典拠）表6-1に同じ。

これらのうち、まず寛文二年掛物帳の内容を表6-3で確認しておきたい。整理番号は掛物帳の記載順である。表6-3には実に多様な作者の掛軸が現れるが、いま注目しておきたいのは徽宗（17から27）と雪舟（9から15）がともに含まれることである。先に表6-1によって、寛文三年から天和四年にかけて、訳官使接待時（茶礼）の掛物としては雪舟の同一画題（蝦蟇仙人・福禄寿・鉄拐仙人）が継続して掛けられていることを述べた。この雪舟とは表6-3の15の該当するものと思われる。一方、おそらくは寛文から天和にかけての時期、対馬藩は雪舟とともに徽宗の画軸も所蔵していたと思われるから、[7] この時期に「雪舟画を床に飾る」という意識的な選択が働いていたことは疑いない。また、「御掛物古帳」にも複数の徽宗と雪舟が含まれるにもかかわらず、一六五〇年代ごろまでの訳官使接待に際しては床には徽宗が飾られた。これまた「徽宗を床に飾る」という選択が働いた結果である。同様にして、正徳年間の掛物帳には少なからぬ雪舟が含まれるにもかかわらず、床には狩野派や土佐派のものが飾られたのも、そうした選択が働いたからであ

表 6-3　寛文 2 年（1662）掛物帳

1	虚堂	墨蹟	1 幅	字 10 行宛，印 1 つ	
2	〃	〃	2 幅 1 対	字 3 行宛，印 2 つ	
3	印月江	〃	1 幅	字 16 行，印 2 つ	
4	無準	〃	〃	字 16 行	書翰
5	〃	〃	〃	字 7 行，印 2 つ	十八羅漢
6	〃	寒山，釈迦，十徳	3 幅 1 対		徳明讃
7	徐熙	血鷺	1 幅	鷺 4 つ	
8	〃	梅鳥画	〃	名印 1 つ	
9	雪舟	鷹画	2 幅 1 対		梅居
10	〃	雪木尾長鳥鷺	〃	〃	
11	〃	龍，達磨，虎	3 幅 1 対		大
12	〃	寒山，釈迦，十徳	〃	名あり	小
13	〃	達磨	1 幅	〃	
14	備陽雪舟	芦雁，竹岩雁	2 幅 1 対	名印 1 つ宛あり	
15	雪舟	鉄拐，福禄寿，蝦蟇	3 幅 1 対	〃	
16	秋月等観	達磨	1 幅	名あり	肩書に「雪舟」
17	徽宗皇帝	白鷹三白図	2 幅 1 対		
18	〃	兎画三疋	1 幅	印 1 つ	
19	〃	白鷹	〃	印 2 つ	枯木に二居
20	〃	〃	〃	何執中讃 10 行，印 1 つ	岩
21	徽宗	〃	〃	架居，蔡侯讃 11 行，印 1 つ	
22	〃	〃	〃	架居，何執中讃 9 行，印 1 つ	
23	〃	〃	〃	架居，蔡侯讃 7 行，印 2 つ	
24	〃	〃	〃	架居，蔡侯讃 8 行，印 2 つ	
25	〃	〃	〃	架居，蔡侯讃 8 行，印 3 つ	
26	〃	〃	〃	架居，何執中讃 7 行	
27	〃	〃	〃	岩居，蔡侯讃 7 行，印 2 つ	
28	唐筆	馬画	2 幅 1 対	紀鎮筆印 1 つ	
29	〃	人形画	1 幅	印 10	横物
30		毘首達磨	〃		
31	〃	船子来山図像	〃	印 4 つ	
32	〃	梅画	〃	印 3 つ	会秋首竹岩伝義
33	〃	梅之画	〃	〃	萬古春風鳳陽張…
34	〃	梅画	〃	印 1 つ，讃 4 行	
35	〃	瀧見観音画	〃	朱印 1 つ	
36		寒山十徳	〃		
37	牧谿	猿猴絵	〃		
38	〃	猿猴画	〃		
39		紅芙蓉	〃	印 4 つ	石□山人讃
40		茄子画	〃	印 1 つ	
41	日観	葡萄絵	〃		
42	〃	〃	〃	印 2 つ，讃 4 行	
43		客来画	〃	印 2 つ	
44	呂記	孔雀絵	〃		
45	毛益	木居鳥絵	〃	印 1 つ	
46	蘇東坡	寄白雲端書	〃	字 6 行，印 5 つ	
47	辺景照	竹雀絵	〃		
48	杜子美	騎驢絵	〃	天衣善慶讃字 5 行，印 3 つ	

49	唐筆	人形画	1幅		
50	〃	牛画	〃	牛数在り	
51		達磨	〃		
52	〃	〃	〃		
53	〃	桃鹿画	〃		
54		紅衣達磨	〃		
55		大明書翰	〃		
56		出山釈迦絵	〃	讃あり字6行，印1つ	
57		〃	〃		
58	豊干	寒山十徳墨絵	〃		
59		墨蹟大字三行物	2幅1対		
60		奇器図	1幅	讃あり字15行	
61		奇器	〃	讃あり字9行	
62	子昻	自書自讃	〃	讃字18行，印3つ	
63		桑良ノ木ニ鷹絵	〃	朱印2つ	
64		鷹弐居画	〃		
65	唐筆	布袋絵	〃		唐子52
66		貝尽絵	〃		下ニ四足いきものあり
67		朱子之文	〃	字18行	
68	〃	福禄寿	〃		
69		宋兀庵叟墨蹟	〃		
70		軽松図	〃	柳雲讃	
71	〃	山水図	3枚		表具なし
72	江洪	枯木鵲絵	1幅	印1つ	
73		鶴絵織物紺地	〃		
74		寿	〃		竹織物
75		人形4つ宛あり	2幅1対		〃
76	尊円親王	手蹟	1幅		圓頓者
77	後陽成院	御筆	〃		
78	青蓮院御門跡	手跡	〃		〃
79	定家卿	〃	〃	添状あり	
80	一休	筆	〃	歌	
81	大徳寺一休和尚	墨蹟	〃		
82	伏見院	御筆	〃	色紙，歌一首あり	
83	正親町院	〃	〃	和歌	
84		勅筆	〃	歌かな書	
85	後陽成院	御筆	〃	歌	
86	女院御所	御奉書	〃		
87	勅筆	後撰和歌集	〃	〃	
88	日光宮門跡一品法親王	八幡大菩薩	〃		
89	日光御門跡	小色紙	〃		
90	〃	止観静前代未聞	〃		
91	〃	山王廿一社大権現	〃		
92	〃	一心三観伝於一言	〃		
93	東照大権現宮	御筆	〃		
94	太閤秀吉公	〃	〃		
95	家光大樹源君公	鶯	〃	青蓮院卿題詠歌あり	
96	家光公	御筆	〃	色紙歌あり	
97	〃	〃	〃	色紙歌	

（つづく）

98	将軍家綱公	山水ノ図	1 幅		
99	家綱公	岩ニせきれい	〃		
100	〃	せうき	〃		
101	近衛殿	自画自讃	〃		
102	俊成卿	手跡	〃	歌	
103	藤原為和	詠歌	〃		
104	東山殿	墨蹟	〃	印 1 つ	
105	康時時房之連状		〃		
106	文屋康秀	歌掛物	〃		
107	尾州源光義公	筆跡　竹ニ雀	〃	〃	
108	紀伊宰相	柳ヒスイ，蟋蟀，麦雀	3 幅 1 対		
109	光久卿	十徳，人形虎，寒山	〃		
110	虎関和尚	墨蹟	1 幅		三浦蔵之允進上
111	八幡宝蔵坊	福禄寿	〃	印 2 つ	
112	〃	布袋	〃	〃	
113		天神之名号　左右ニ歌あり	〃	〃	
114	三明院	三社□	1 幅		
115	愚極	天神名号	〃		
116	猩々翁	竹ニ庭鶴，福禄寿，梅ニきし虫くい候	3 幅 1 対	式部卿名印こうあり，朝鮮三使讃印 1 つあり	
117	瀧本画	布袋，江月讃字 5 行	1 幅		
118	江月	三字額	〃	乱草漢名印 2 つ	
119	大徳寺玉舟和尚	白雲籠峯次	〃	印 2 つ	
120	方長老	墨蹟	〃		
121	紫野一如	筆跡	〃	〃	
122	春浦	筆跡，字 5 行	〃	〃	
123	義成様	御筆，天神名号	〃	古表具	
124	〃	御筆，御状	〃	紙表具	
125	尊勝院大僧正	手跡	〃	〃	
126	狩野法眼探幽	龍，維摩，虎	3 幅 1 対	印 2 つ	
127	狩野探幽	竹鶴，達磨，猿猴	〃		
128	狩野法眼	布袋	1 幅		
129	探幽	貨狄	〃	名印 1 つ	
130	狩野尚信	蘭，天神，樹	3 幅 1 対	印 1 つ	
131	〃	布袋	1 幅	印 2 つ	金地院讃
132	狩野自適齋尚信	猿猴，達磨，猿猴	3 幅 1 対	名印 1 つ宛あり	
133	狩野主馬尚信	天神	1 幅	印 2 つ	
134	自適齋	松尾長鳥，瀧見観音，梅鶉	3 幅 1 対	名印 1 つ宛あり	
135	狩野主馬，右京	黄東花	2 幅 1 対		
136	狩野右近常信	枯木鳩，維摩，岩判鳥	3 幅 1 対	印 1 つ	
137	常信	山水，芦達磨，山水	〃	〃	
138	〃	菊，蟋蟀，芙蓉	〃	〃	
139	〃	路雁，東坡，蓮鷺	〃	〃	
140	〃	蓮燕，太公望，□□	〃		
141	〃	瀧見観音	1 幅	表具なし	
142	〃	岩ニせきれい，福禄寿，蓮ニつばめ	〃	〃	
143	朝鮮国兀隠	唐子絵	5 幅 1 対	螺山讃，印 2 つ宛	
144	〃	唐子大合画	1 幅	螺山讃，印 2 つ	

145	朝鮮国兀隠	唐子	1幅	鶏合讃，印2つ	
146	〃	龍，東坡，虎	3幅1対	惠山周南讃，印3つ	
147	朝鮮国蓮潭	寒山，福禄寿，十徳	〃	仙長老讃，召長老讃，璘西堂讃	
148	朝鮮国酔翁	布袋	1幅	螺山讃，印2つ	
149	〃	〃	〃	〃	
150		福禄寿	〃	鹿，鶴あり	
151	唐筆（林良）	花鳥絵	〃	印3つ，讃あり20行	
152	〃	馬絵	〃		
153		白紙表具物	〃		
154		朝鮮国書図	〃	紙表具	
155		日本国書図	〃	皮	
156		人形壱の絵	〃	連偉筆印1つ，古表具	
157		人形弐つ画	〃	古表具	
158	林良	梅鳥絵	〃	印1つ	
159	薫□敬	れんしゃうしょ	〃	印3つ	
160		人形壱つ絵	〃	〃	
161	許仲麟寅	人形七つ絵	〃	印2つ	
162	金紙晋・□拱□	字四行物	〃	〃	
163		字三行物	〃	〃	
164		阿房宮賦	〃	字15行	
165		唐女人形絵	4枚	讃あり，印1つ宛	
166		天字	3枚	1枚に字1字	
167		竹雀画	2枚	印1つ宛	
168	長谷川左京	あねハ鶴画	〃		
169		人形四つ絵	1幅	印2つ	
170		唐絵	2幅	讃あり，印1つ，人形2つ宛あり	
171		人形十八絵	1幅		
172	御筆	白鷹	〃	印3つ	
173		竹ニ鶴画	〃		
174	小仙	人形三つ絵	〃	印1つ	
175		孝子絵人形九つ	〃		
176	劉俊	人形壱つ猿壱疋絵	〃	〃	
177		白鷹壱居犬弐疋絵	〃		
178		山水人形四つ絵	〃		
179		古表具	4幅		
180		油絵	1幅	やふれ候てわけ□□す	
181		東海道絵図	〃	紙表具	
182	朝鮮国雪峯	大字	8枚	1枚に1字，平田将監宿所に御成遊ばされ候時，進上	
183	隠元	字7行	1枚	印3つ	
184		柳之絵	12枚		
185		尾長鳥之絵	1双分		
186		雁之絵	〃		
187		富士山之絵	10間屏風		
188		猿猴之絵	12枚		
189		墨絵人形	6枚		
190		竹之絵	3枚		
191		小人形之絵	6枚		
192		朝鮮人行連之絵	12枚		

典拠）「御掛物之帳」［対馬記録I（補遺）B2（3）］より作成。

る。したがって、「徽宗の白鷹」から雪舟、狩野派、土佐派へと変遷する床の掛物は、訳官使に見せたかったものがそうした順で変遷したことを意味している。

さて、天和二年（一六八三）十月十七日、江戸での国書交換を終えて帰国の途についた朝鮮通信使一行は対馬に到着した（「御在国中毎日記」［対馬日記Aa-1／54］）。同月二十二日には国元座敷で通信使三使への振舞があり、そののち朝鮮へと旅立った。それら一連の行事が終息して落ち着いた十一月十五日と十六日、壱岐で通信使接待にあたった松平右衛門佐の使者が対馬府中を来訪し、この間の慰労と感謝を述べた。使者を屋敷で接待するに際し、御広間の床に飾られたのは徽宗皇帝、備陽雪舟であった（表6-3の14に「備陽雪舟」が一幅ある）。見せる相手は朝鮮使節ではないものの、このときの画題もまた朝鮮使節との関連のなかで選択されたものではなかったか。

また、掛物帳ではないが、対馬藩政史料のなかに元治元年（一八六四）「掛物貸帳」というのがある。藩の掛物方から出納された掛物の記録である。そのなかに、類似の目的で再三貸し出されたものに「劉俊寒山拾得蝦蟇鉄拐図」が見える。古川采女、島雄益城、樋口鐵四郎が陳賀使などの使者として朝鮮へ渡海する際に持参するために貸与を願ったことが記録される。「貸帳」に対応する「上納帳」というのがあって、そこには島雄益城が「劉俊寒山拾得蝦蟇鉄拐図」を上納（返納）したとする記載があるから、貸与された掛軸は用務が終わると返納されたと見える。おそらくは、使者として派遣先の倭館で朝鮮側役人を出迎えて折衝を行う際に御広間に掛けたものであったろう。そうした朝鮮側との折衝に際して選ばれた掛軸の作者と画題が、明代の画家劉俊の「寒山拾得蝦蟇鉄拐」であった。

ところで、享保十九年（一七三四）訳官使が対馬藩前藩主（御隠居様）あてに贈った品々のなかに、宋僧巨然の風雪図一軸や宋徽宗画一掛といったものが交じえられている。それぞれに代銀十六匁、十匁と肩書されるから、実際には現物が持参されたわけではなかったかもしれない。しかしながら、それが形式的なものであったにせよ、宋代画が贈物として意味をもったからには、当時の朝鮮側・対馬藩側双方にそうした意味での価値観の共有があったと見なければなるまい。

二　能興行

表 6-4　能興行

延宝 3 年（1681）	白楽天，八嶋，桜川，葵上，海人
9 年（1687）	賀茂，兼平，松風，黒塚，鵺
元禄 6 年（1693）	盛陽宮，紅葉狩，夜討曽我
享保 18 年（1734）	鶴亀，伯養，舎利，蟹山伏，橋弁慶
元文 3 年（1739）	東方朔，空穂猿，大江山，朝比奈，熊坂
延享 2 年（1745）	小鍛治，空穂猿，龍田，米市，猩々
宝暦 2 年（1753）	藤永，空穂猿，羅生門，首引，三輪
明和 2 年（1765）	東方朔，恵比須毘沙門，三輪，首引，橋弁慶
文政 4 年（1821）	西王母，恵比須毘沙門，小鍛治，朝比奈，高砂
10 年（1827）	邯鄲，福神，三輪，雨田，皇帝

典拠）表 6-1 に同じ。

寛文四年、中宴席に際して金石城の御広間の縁側に席を設けて、訳官使たちに町人踊りを見物させた。また、延宝六年（一六七八）出宴席、同九年（一六八一）中宴席の二回にわたって訳官使たちに相撲見物をさせている。しかしながら、訳官使に見せる芸能としては、踊りや相撲はこの以後はなくなり、能と間狂言へと移ってゆく。

能は、延宝三年の中宴席のときに始まり、以降、中宴席のときに限って行われた。金石城・桟原城のいずれにも常設の能舞台はなかったので、中宴席の際に御広間近くに臨時の舞台を設営して見物が行われた。なお、訳官使が能見物を行っている際、対馬藩主は同席せず、別の所で隠れるようにして能見物を行った。

さて、上演された能の演目は、たとえば表6-4に示したようなものである。演目のなかには繰り返されるものもあるが、必ずしも一定しない。演目のもとになった素材も、日本古典に由来するもの（八嶋、葵上、兼平、夜討曽我、橋弁慶、羅生門）もあれば中国古典に由来するもの（白楽天、東方朔、西王母、邯鄲）など様々である。なお、寛文十二年（一六七二）の場合、「後段の上に御囃子を仰せ付けられる。三輪、熊野、盛久三番なり。杜若は金同知の所望により仰せ付けられる也」〔国編一四八八〕と記されるから、訳官使側から演目の要望がなされたこともあった。

訳官使たちが能楽をどのように眺めたかを十分に明らかにすることはできないが、最近紹介された享保十九年（一七三四）訳官使金弘祖の日記『海行記』のなかに中宴席に際して催された能楽を観覧した記事がある（鄭雨峰〔二〇一六〕）。当該記事については、必ずしも網羅的ではないが鄭雨峰も引用して言及し、金弘祖が事細かに能楽の様子を記述することを指摘する。鄭雨峰は、そうした叙述に日本文化に対する偏見抜きで客観的な観察態度を見いだすのである。

金弘祖の記述を追いかけてみよう。享保十九年二月十二日、訳官使一行は中宴席（『海行記』では「藩主家宴享」と記す）に出席するために藩庁へ出かけた。すると、今日は藩主が訳官使一行を歓待するために能興行を準備したと聞かされる。

特別に設けられた舞台には、まず彩り豊かな服をまとった四人の日本人が楽器を持って登場し、短く声を挙げながら音楽を奏したが、調べは朝鮮のものとは異なっていた（「彩服倭四人、各把楽器、披緑錦帳而出、一斉作楽々聲短促、與我国楽不同」）。突然、帽子をかぶった二人の日本人が現れて何やら大声で話すのだが、何をいっているのかは分からない。そのさまは中国の場市の様子と似た感じがする（「與中国之場市略相似」）。その後、こどもが二人現れるが、ひとりは金亀の冠を、もうひとりは白鶴の冠をかぶって、ふたりで舞を舞う。朝鮮語通詞に演劇の題名を問うと「鶴亀」だと返答した。金弘祖は、演者が入れ代わり立ち代わり舞台に現れては消えてゆく様子を子細に記述し、場面ごとに演題を通詞に問い、「伯養」「舎利」「山伏」「橋弁慶」という返答を記録する。

金弘祖には演じる人たちの言葉が分からなかったから、結局のところは演劇の意味を十分に理解できなかった。それでも能を見る日本人たちの拍手や笑い、手拍子や足踏みなどをする様子からすると、それら演劇の内容には日本の来歴故事と関わりがあるだろうことが推測できた。けれども、そばで解説してくれる朝鮮語通詞の説明があまりにもはっきりとしないのが不満であった（「余不解其戯子言語故、雖不能悉暁其意味之如何、而観其観光諸倭之拍掌誼笑手舞足踏、則可知其渠国之有来歴故事、而伝語官所伝之語不甚明快可慨也」）。

異国の芸能だけに意味内容まで十分に理解できたわけではないが、演者たちの服装や所作に声の様子、そして観客たる日本人の反応の様子を介して能を理解しようとする様子がうかがえる。訳官使も間接的ながら能楽を楽しんでいた、と評価できそうな記述内容である。

三　文化易地聘礼における接待空間

まず、田保橋潔［一九四〇］八二一〜八三一頁によって文化易地聘礼の一連の日程を整理しておく。

文化八年（一八一一）三月二九日、正使金履喬・副使李勉求をはじめとする朝鮮通信使一行は対馬府中に到着し五月二十二日、宗氏居館（桟原城）御広間で朝鮮国国書授受の式が挙行され、同二十六日、宗氏居館において饗宴が催された。六月十五日、宗氏居館御広間で回答国書別幅の授受が行われた。同十九日、宗氏居館において別宴を挙行し、「先例による能をも興行した」（田保橋潔［一九四〇］注(7)八三〇頁）。通信使一行は、同月二十五日に対馬府中を発って帰国の途についた。なお、朝鮮通信使が到着した三月末には幕府上使はまだ対馬に到着しておらず、また別宴に参加することなく六月十九日に対馬を離れている。

さて、この文化易地聘礼における「朝鮮国書授受式—饗宴—回答国書授受式—別宴」という一連の儀式について、その空間を構成した掛軸に即して整理してみたい。

儀礼の繰り返された桟原城御広間は、たとえば国書授受式に際しては前掲図5-1（上図）のように使われた。そして、朝鮮国書授受式（五月二十二日）には、居間の棚に和歌浦蒔絵箱が飾られ、御小居間の床には御掛物一幅、御書院の床には狩野常信の二幅（四季之画ないしは松鶴・竹鶴）、同棚には八橋の蒔絵料紙箱が並べられた。饗宴（同二十六日）は、居間棚に呉仲十景ほかが並べられ、御小居間には雪舟の寒山拾得図二幅が、御書院床には狩野常信の昇龍図・降龍図二幅が掛けられた。回答国書授受式（六月十五日）に際しては、御居間の棚に七十二侯手鑑が飾られた。また御小居間床には墨跡一幅が掛けられて、棚には秋鹿の蒔絵が飾られ、御書院床には明代の画家劉俊の寒山拾得図二幅が掛けられた。同じく棚に和歌浦蒔絵箱が飾られた。別宴（同十九日）では、御上段床に御掛物三幅（三大将の図）、棕櫚之間に掛物一幅（唐筆鳳凰図）、御書院床に掛物一幅（劉敔筆仙人の画）が掛けられた。また、この日に催された能の番組は、当初は「弓八万、末広、土蜘、米市」とする予定を変更して、「鶴亀、末広、羅生門、米市、岩船」が上演された。

ここから端的に指摘できるのは、訳官使接待の式と極めて類似した空間構成で、朝鮮通信使接待が進行したという事実である。

おわりに

ここまで具体的な事実の指摘をするにとどめてきたので、最後にそれらを踏まえて総括的に整理しつつ、本章の意図を述べておきたい。

訳官使接待は、対馬府中の宗氏居館で行われたが、登城した訳官使たちは、まず武具に囲まれた空間を経て儀式の挙行される場へ誘われたが、その儀式の場は雪舟と狩野派・土佐派および中国画、さらには中国・唐宋代以来の文物に彩られて空間が仕切られており、そこには哲学的な意匠が強く意識されたから、全体に深い文化的な雰囲気の漂う空間構成となった。

武具によるいわば威圧は、それが武家政権を担い手とする幕藩体制の色合いであったが、同時にそれは生の軍事的威圧に終始するのではなく、中国に由来する文化に対する深い理解と愛着をもともなった力量を背景とした政治力の示威であった。そして、訳官両使が文人外交官であったとすれば、文化的要素の色濃い儀式の場に立ったときに、それなりの敬意を感じながら周囲を眺められたのではなかったか。能のストーリーが細部まで了解できたかどうかは分からない。しかし、日本由来の物語には異国趣味を読み取り、中国由来の古典には共感をもちえたのではなかったか。そして訳官使接待の場で飾られた掛物の画題が「徽宗の白鷹」から雪舟、狩野派、土佐派へと変遷したことは、中国古典への共感を喚起しやすいものから始めて、順次「日本」の匂いのするものへと変転していったと評価しうる。

ところで、伝統的絵画・芸能によって空間を構成しつつ儀式の場を作る、そのモデルは究極的には江戸城ではなかったろうか。朝鮮通信使の儀礼が行われた江戸城内は数々の障壁画に囲まれ、芸能としては能が興行された。江戸城内の障壁画が常設のものであるのに対し、金石城・桟原城御広間は掛軸や飾り物による可変的な装飾であった。そして訳官使接待の諸儀式のうち以酊庵宴席だけは、対馬藩主の居館を離れ、朝鮮国王と幕府の代行者たる以酊庵僧が相まみえる場であった。

訳官使接待をこのように理解できるとすれば、それを朝鮮王朝と対馬藩とのあいだで完結した使節としてではなく、朝鮮王朝と江戸幕府との間をつなぐ使節として積極的に位置づけても良い。実際にも訳官使接待は、幕閣の承認を経て実施され、進行中にも適切な時期を選んで対馬藩から江戸の幕閣あてに書面で連絡がなされている。

文化通信使のあと通信使外交が断絶するなか訳官使だけは継続することをもって、近世日朝外交が訳官使によって補完されたとばかり捉えるのではなく、より積極的に訳官使派遣の歴史的位置づけを評価しても良いのではなかろうか。

第7章　朝鮮通信使と以酊庵輪番僧

はじめに

本章は、以酊庵輪番制における職務実態の検討を朝鮮通信使との関わりのなかで行おうとするものである。朝鮮通信使の派遣に際しては、以酊庵僧は対馬を離れて江戸まで同行することがこれまでにも知られてきた。しかしながら、「なぜ以酊庵僧は職場を離れて江戸まで同行せねばならなかったのか」については、これまできちんと解明されていない。そもそも以酊庵輪番僧のいちばん重要な職務は朝鮮外交文書を担当することであった。以酊庵僧が朝鮮通信使に随行して職場を離れているあいだも日朝外交文書のやりとりは継続されていたから、対馬府中の以酊庵には弟子僧が居残りをし、必要に応じて旅先の以酊庵僧から指示を受けつつ職務の代行を行った。

そうしたことまでしながらも、以酊庵僧はなぜ朝鮮通信使に随行したのか。本章では、それを朝鮮通信使との具体的な接触のすがたを追究することを介して考えてみたい。そこで、『海行摠載』所収の朝鮮通信使紀行類に現れる以酊庵僧を眺めながら考察してみようと思う。

一　朝鮮通信使の日記に見える以酊庵僧

本章では、韓国古典翻訳院ホームページの韓国古典総合データベースを利用して表7-1（章末参照）を作成し、この表に基づいて論を進めたい。表の作成手順は、表の末尾に示した通りである。この手順にも明らかなように、本表は、『海行摠載』所収の通信使紀行類に含まれる「以酊庵僧」の動きについて、必ずしもすべてを網羅できているわけではない。紀行類中では「僧」ないしは個別僧の名前で出てくる場合が少なくないからである。また、現在では、通信使の紀行類で『海行摠載』に含まれないものも多数知られているが、それらも検討の対象外である。本章でも述べる「詩文贈答」の分析に際しては、おそらく『海行摠載』に含まれる正使・副使の紀行類よりは、書記・製述官といった人たちの紀行類を分析する方が重要だと思われるが、そうしたことは本章では果たせていない。その意味では、本章は一つの試論に過ぎず、既存のデータベースを活用することの利便性と限界性とを、ともに示すものである。

さて、表では関連記事を年代順に通し番号で示しているが、整理番号1から62までは景轍玄蘇・規伯玄方の時代、63から282までが輪番僧の時代であり、この区別を念頭に置きつつ、まずは朝鮮通信使の日記類に現れた以酊庵僧について、表から分かる全般的な動向について整理しておく。表中の記事は時間軸にしたがって配列してあるので、各回の朝鮮通信使ごとに、通信使が対馬府中に到着し、江戸（ないしは伏見〔一六一七年〕）へ往復し（一八一一年は対馬府中で儀礼挙行）、そして最後に対馬を離れるまでが順に追いかけられるようになっている。そうした時間の推移のなかで各時期の以酊庵僧が、誰と一緒に登場するか（あるいは単独で現れるか）、どのような場面に登場するか、そのとき何をしているか、に着目しながら表を作成している。

（1）複数で登場すること

さて、表の冒頭の記事（1）は、一六〇七年三月三日に朝鮮通信使一行が対馬府中の港に到着したときの、出迎えの様子である。島主（対馬藩主宗義智）・以酊庵僧景轍玄蘇・対馬藩重臣柳川景直の三人がおそらく揃って港へ出て、朝鮮通信使とともに茶を飲んで出迎えの挨拶としている。「島主・玄蘇・景直」（3・5・6・12など）の組み合わせは、「調興・義成・玄方」（柳川調興・宗義成・規伯玄方、25・30・33・39・49・52など）と変化したりもするが、整理番号62以前の時期にはこうした組み合わせで朝鮮通信使の前にすがたを現すことが目立つ。玄蘇が単独で現れること（11・19〜22）、玄方が単独で現れること（26・27・36・37・41・44〜46・50・51・60〜62）も少なくないが、以酊庵僧は藩主や重臣と行動をともにする場面が多い。そして、そうしたときには、以酊庵僧の方が藩主・重臣よりも上位に位置づけられたという（8・25）。それは文字（漢文）を解する人を重んじるという日本の習慣（史料では「国俗」）によるものと解されている。

輪番制導入後（表の63以後）も、「島主・長老」（88・90・91…179・188・203・243ほか多数）とする表記が多数得られるから、以酊庵僧は藩主とともに朝鮮通信使の前に現れることが多い。玄蘇・玄方の時期との違いといえば、特定の重臣がともに現れる事例が一つもないということである。また、一六四三年の事例になるが、「以前から長老は島主の右に座す。今はそうではない。理由は分からない（自前長老坐於島主之右。今不然。未知何故）」（93）というから、以酊庵僧の座次が以前と比べて変化し、当主より下位に位置づけ直されたようにも見える。なお、以酊庵僧が単独で登場する事例も少なくないが、「単独で登場すること」の意味合いが玄蘇・玄方の時期とは随分異なっているようにも思うが、この点は項を改めたい。

（2）単独で登場する以酊庵僧

輪番制導入後の以酊庵僧が登場するのは、朝鮮通信使のもとに贈物をしたり慰労する記事に、ほぼ限られる

（138・144〜148・172・223など）。対馬府中で、道中のどこかで、朝鮮通信使がそこへ到着した慰労の意味を含めて食物などを贈り、慰労するのである。

玄蘇・玄方の時期にもそうした事例は少なくない（22・26・27・54）。その限りで、時期を問わずに以酊庵僧の行動には共通する側面があるといえるだろう。しかしながら、玄蘇・玄方の時期に以酊庵僧が単独で現れる事例のなかには、輪番制導入後には決して現れない事例がある（50・51）。

50・51いずれも、江戸へ向かう途中で京都に滞在していたときに、宿舎である大徳寺を出て、少し離れた市街地にある龍光寺（50）・大仏寺（51）の観光に出かけたというものである。記事の内容からすれば、おそらくは対馬藩とは別に、規伯玄方が独自に通信使の案内をしたものではなかったか。これらは、藩主・重臣と併記され、あるいはより上位に位置づけられた存在であるがゆえに可能となった単独行であったように感じられる。

（3）詩文贈答

詩文贈答は玄蘇・玄方の時期には一つの事例のみである（31）のに対し、輪番制導入後の時期には多数の事例が得られる（71・72・93・98・114・116〜124・166・187・193・195・201・205・207・216・237・282）。この頻度数における大きな差異は、以酊庵僧の性格が、玄蘇・玄方の時期と輪番制導入後の時期とでは大きく異なっていることを示しているように感じられる。それは、前者が政治的な存在であったことに対し、後者が非政治化された存在であったことに由来する差異と思われる（「政治化された存在」については後述）。

ところで一六八二年、対馬府中に到着したばかりの通信使に対し対馬藩主は遵守すべき五カ条を提示する。その五カ条目に「唱和・紀行の諸作にあたっては、諱語を用いることなかれ（其五曰。唱和記行諸作。勿用諱語云云矣）」という内容が含まれるから、「諱語〔将軍名の一字など、使用を遠慮すべき漢字〕」の使用にさえ気を付ければ詩文贈答はとくに問題視されていないとも見える。ただし、それは次のような大枠があってのことである。

ここで挙げる参照事例は通信使のときのものではなく、一七三八年に訳官使が対馬府中へ来たときのものである。以酊庵僧が自ら作った漢詩および弟子僧の作った漢詩を訳官使に渡したいと希望したことがある（九月十八日）。そのとき、対馬藩の訳官奉行と太庁横目の了解を経る必要があった。同様にして、訳官使側で作った漢詩を以酊庵僧に渡すためには、訳官奉行へ漢詩を託し、訳官奉行の手を経て以酊庵僧の手元に伝えられたのである（「訳官使記録」［国編一五三三二］）。

したがって、一見すると自由になされたかに見える詩文贈答も、対馬藩士を介して間接的に制限を受けながら交流がなされているのであり、輪番制以後の以酊庵僧は、そうした枠組みのなかでの交流に適合的な存在であった。

(4) 対談

以酊庵僧と朝鮮通信使との対談がいくつか記録されているが、玄蘇・玄方の時期と輪番制導入後の時期とで対照的である。徐福伝説に関わる対談は玄蘇・玄方ともに経験しているし（19・31）、玄方は日本の古跡（36）や日本の対外交易（42）をめぐる対談を行っているが、この対外交易をめぐる対談は印象的である。玄方は当時日本が交易している国々（日本通信売買諸国）として「琉球・暹羅・安南・交趾・南蠻・呂宋・オランダ」といった国々の名前を挙げつつ、海路で結ばれた諸国との交易の様子について、それが中国大陸との実質的なつながりを内在させていることにも言及する。日本側の交易拠点として薩摩・長崎を挙げるとともに、対馬もまた浙江などといった中国大陸とのつながりをもちうることにも言及する。これは、対談がなされた一六二四年という時点と考え合わせれば、歴史や伝説、名所・旧跡といった知識の披露にとどまらない、極めて現実的な政治・外交・貿易に関わる時事問題である。

一方、輪番制導入後における対談は一つだけが記録されており（209）、しかも中国（唐・宋代）の漢詩や文芸をめぐる対談である。以酊庵僧が政治性や実践性から離れた存在であると示唆されているように見える。

二　以酊庵僧の特徴的なすがた

朝鮮通信使の紀行類に見える以酊庵僧について、玄蘇・玄方の時期と輪番制導入後の時期とで共通性と差異性のあることをこれまで述べてきた。ここでは、最も注目すべき差異について三点述べておきたい。政治性、藩主との関わり、そして輪番制（輪番僧）の三点である。

（1）以酊庵僧の政治性

玄蘇・玄方の時期における以酊庵僧の政治性は、玄蘇（20）と玄方（28）の事例に最も顕著に表れる。まず前者について。一六〇七年、江戸幕府のなかでは、朝鮮使節がもたらした朝鮮国書に対する返書の書式が問題とされていた。これはあくまで朝鮮使節の日記に残された限りでの理解だが、徳川将軍の返書に記載する年号をどのように表記するかをめぐって幕府内部で議論がなされたという。その折りに、景轍玄蘇は明年号（萬暦年号）を記載するよう主張し、西笑承兌は日本年号（慶長年号）を使用するよう主張した。このとき将軍は、明との外交関係がない以上は明年号を使えないこと（「我国不事大明。不可用其年号」）、かといって日本年号を使えば朝鮮使節が納得できないだろうこと（「若用日本年号。則使臣必有未穏之意」）、これらをあわせ考えると龍集干支で表記するしかないだろうことを調停案として示したという。ここで玄蘇の主張は退けられたものの、国書レベルの問題に関わって、公式の場で彼が発言したことは明らかである。

また後者では一六二四年の朝鮮使節が、自分たちの使行目的がもっぱら「披擄人を連れ帰ることのみ（刷還被擄人一事）」にあることを述べて協力を要請したことに対し、玄方は、その要望を叶えることが容易ではないことを述べた上で、しかしできる限りの協力をする旨を返答する（「今日事勢與前稍異。似不容易。然當極力圖之」）。

ところで、玄蘇も玄方も通信使の儀礼挙行に関わる政治日程を、以酊庵僧として通信使側に伝達したり、将軍の意向を伝えたりしている（玄蘇は21、玄方は34・40～42・44）。こうした類の伝達は、輪番制導入後の時期には対馬藩を介してなされるのが普通であり、対馬藩とは別途に以酊庵僧が政治日程の伝達をする玄蘇・玄方の行為は、やはり一種の政治的行為である。そして、それゆえに通信使の側からも玄蘇・玄方は政治的存在としてみなされていた（45・46）。朝鮮国書に対する返書に「王」字のないことに対する異議申し立てが玄方へ伝えられ（45）、老中の朝鮮あて書翰に「被擄人刷還」の記載がないことへの異議申し立てを玄方に伝える（46）のは、まさしくそうした意味である。

ところで、輪番制導入後における以酊庵僧にも政治的動きが全くないわけではない。日光社参の件（128）、新井白石の改革による国書改変の件（180）、京都の大仏寺参詣拒否の件（202～204）、および一七六四年の崔天宗殺害事件をめぐる一件（256～271）である。

これらのうち、崔天宗事件の事例を除けば、いずれも以酊庵僧が主体的に政治的行動を起こしたようには見えない。外在的に引き起こされた事案に対して、仲裁者的立場で朝鮮通信使とのあいだで紛争解決のために交渉にあたったものである。一方、崔天宗事件への以酊庵僧の関与は、それまでにない異例なものである。

玄蘇・玄方はもちろん、輪番制導入以後にあっても、朝鮮通信使の日記には「島主・長老」と併記されることが多く、対馬藩主と以酊庵輪番僧とは親密だと通信使から見なされているようであった。最初の輪番僧玉峰光璘について、「璘西堂はつつしみ深く善く談笑するが、その心がすがたに現れている。対馬に留まることすでに久しく、藩主とも親密である（璘西堂。愿謹善談笑。貌如其心。留馬島已久。與島主甚密）」（74）とする観察もある。

ところが、この崔天宗事件に際しては例外的に、以酊庵僧は徹頭徹尾幕府寄りの姿勢を貫き、対馬藩主とのあいだには険悪な空気が漂った（本書第2・12・13章）。以酊庵僧は、事実究明のために、対馬藩との関係抜きで朝鮮通信使との接触を試みたが、通信使側が却ってそれを拒絶した（260～264）。崔天宗殺害犯の処刑が終わったのち、そうした裁決となった幕府の審理過程をすべて朝鮮側に伝達しようとして、対馬藩側と対立すら引き起こしている。この一七六〇年代の以酊庵僧は、自らを幕府寄りの存在とする自我認識があり、それが政治的行動へと彼らを導くこととなった。

（2）以酊庵輪番僧と対馬藩主

上記の崔天宗一件を除けば、輪番制導入後の以酊庵僧は、対馬藩主の意向を朝鮮通信使側にきちんと伝達する役割を担っていた。

対馬府中から大坂までの海路を進むに際しては、いつ船を出発させるかをめぐり対馬藩側と朝鮮通信使側とが意見を衝突させることが再々繰り返された。ややもすると先を急ぐ通信使たちに対し、対馬藩側は海や天候を慎重すぎるほど慎重に考慮してから出船を決めたからである。あるいは、各地の港で船を係留する際にも度々意見は対立した。そうした対馬藩側の意向と合致しなかった場合の叱責は、対馬藩主の命令として朝鮮通信使側へ伝達されたが、その伝達を担ったのが以酊庵僧であった（97・112）。同様にして、幕府の意向や幕府の意向を受けた対馬藩主の意向を朝鮮通信使側に伝えるのも以酊庵僧であった（181）。

ところで、そうした伝達は真文（漢文）でなされる必要があった。そうでなければ通信使側は理解不能となるからである。199によれば、対馬藩の奉行から通信使側へ「和文の草書体（倭諺亂草）」で指示が届いたので、全く理解ができなかった様子が分かる。雨森芳洲は病気で伏せっており、ほかに漢文に直してくれそうな人物が得られなかった。松浦某にも「倭諺亂草」が解読できなかったというから、和文自体に問題があったか、筆写してもたらされた書簡がきちんと書体を写し取れていなかったか、様々に問題はあったろう。仕方がないので、結局、倭学訳官を連れて当該奉行のところまで出かけて話を聞き、それを文章化し直したという（「不得已余與譯官朴春瑞。倶出外廳。招奉行細確其狀。而後以譯爲文」）。

ここから分かるのは、口語を介しての伝達行為はやむをえず行うものであって、原則は漢文で書かれた文書による伝達行為だという事実である（第12章）。おそらく口頭伝達では許されない領域があり、書かれた漢文による伝達が正式な伝達行為とみなされていたのではなかったか。そうした意味では以酊庵僧の存在は重要であった。

（3）輪番制（輪番僧）であることの意味

一六三六年、朝鮮通信使に対して、以酊庵僧のあり方が従来から全く変わったことが何度も強調して伝えられている。十一月十八日、京都に到着した通信使一行に対し、京都所司代板倉重宗は輪番制の開始と、輪番僧による朝鮮外交文書の取扱いについて述べている。それは「寿仙〔洞叔寿仙〕は長老である。璘〔玉峰光璘〕・召〔棠蔭玄召〕とともに、将軍がこの三人を選んで対馬島に派遣し、外交文書を管掌させ、一年ごとに交替させた（壽仙長老者也。與璘召兩僧一體之人。關白定此三人。輪送于對馬島。句管文書。使之一年相遞）」（77）というものだったから、玉峰光璘・棠蔭玄召・洞叔寿仙の三人を交替で対馬府中に派遣し、輪番で外交文書を扱わせるのだ、ということである（75～77）。それは、82・83をもあわせ検討すれば、対馬藩重臣柳川調興および藩主宗義成と朝鮮との外交がきちんと一本化されなかったことに由来する弊害を克服するために設けられた制度であることが分かる。以酊庵輪番制は旧弊を改める新たな制度であった。

その際、輪番僧は現実には京都五山の僧であるにもかかわらず、通信使の日記には「江戸からやってきた僧だ」「江戸からの監督のための僧だ」とする解釈が頻繁に現れる（125～126・132・194・215・229・238ほか）。こうした虚構の原因は何に由来するだろうか。

一七四八年の記事のなかに次のようなものがある。通信使が対馬藩主からの回答書契を待ちながら対馬府中で滞在していた。なぜ回答書契が遅いのか、とする問いに対する対馬藩の返答は次のように示された。「日朝間に関わる外交文書はすべて以酊庵僧が管轄しており、以酊庵僧は文書を江戸へ送り、対馬藩政に対するいわば監督官の役割を果たしている。それで回答書作成に時間がかかっているのだ（蓋聞關係交隣文字。皆委以酊長老。長老卽江戸之差送也。管攝島中之政如唐之監軍。而搆草答書甚患艱辛。以致遲延云。似是實狀矣）」と(215)。この説明は、現実に行われている対朝鮮文書作成手順とは全く異なっている。また、以酊庵僧が対馬藩政に対する監督を行うという事実も存在しない。こうした説明をして利があるのは、朝鮮通信使に対して回答書簡の発給が遅れている言い訳をする対馬藩だけである。幕府の意向を受けた以酊庵だけに、対馬藩の力だけではどうにもならないことを訴えつつ、同時に対馬藩の対朝鮮外交に対する権威付けともなる説明だからである。以酊庵輪番僧は「江戸からやってきた」とする虚構は、対馬藩にとって有益な虚構なのである。

おわりに

通信使の日記に登場する以酊庵僧のすがたを追いかけることで、以酊庵僧は朝鮮通信使という国家的な行事に際してどのような役割を果たしてきたかを、具体例のなかに探ってみた。これまで述べ来たったことを整理し、以酊庵輪番僧が朝鮮通信使に随行した理由を探ることにしよう。

輪番僧は概ね藩主とともに現れる。それは藩主を凌駕する力量をもった者としてではなく、藩主からの敬意を受けつつも藩主のもとで奉仕する存在である。輪番僧が藩主を離れて単独で現れるのは、朝鮮通信使を慰労する場面にほぼ限られる。そこに政治性や自立性は見られない。通信使との詩文贈答は制限された一定の枠内で行われ、対談は実践性や現実性を失った文化的要素の濃厚な内容で行われた。そして、対馬藩と朝鮮通信使をつなぐ輪番僧の重要な役割は、漢文による文書作成能力に裏打ちされた、藩主の意向を通信使側に確実に伝える伝達者である。当時の意思疎通のなかでは、口頭伝達では認められない領域が存在した。異なる言語をもつ日本人と朝鮮人とのあいだにあって、通訳を介すれば意思疎通可能であったにもかかわらず、口頭では伝達が許されない領域がありその領域を担当したのが以酊庵輪番僧であった。

本章の主題たる「以酊庵輪番僧は、なぜ朝鮮通信使に随行したのか」に回答を与えようと思えば、第一にそれは、以酊庵僧が朝鮮通信使に同行するという景轍玄蘇・規伯玄方の時期から行われてきた慣行を踏まえての行為だからであった。しかしながら、玄蘇・玄方の時期とは明らかに違う点があった。それは以酊庵僧の非政治化であり、したがって同行時における主体性の発揮における差異である。輪番制の時期における以酊庵僧は、自らが主体的に朝鮮通信使に随行するのではなく、対馬藩主の意向にしたがって随行する存在であった。したがって、第二に、対馬藩主と朝鮮通信使との国家間レベルでの意思疎通を担ったのが以酊庵僧であった。おそらく日常的には対馬藩士と朝鮮通信使との意思疎通は対馬藩朝鮮語通詞や倭学訳官が口頭伝達の方法で果たされたであろう。しかし一方で、国家間の伝達行為は文書による書き言葉での伝達こそが正式なものとして許され、それを担ったのが以酊庵僧だったのである。

さて、本章によって、「以酊庵輪番制は幕府と密着した制度である」という通念を喚起したのも対馬藩側である、という手掛かりをつかめたように思う。以酊庵輪番僧は、京都五山から二年任期で派遣されたに過ぎず、職務規程もとくに誰からも（もちろん幕府からも）与えられずに赴任した。そうした輪番僧が、外在的に「江戸の意向で任命された」とみなされ、やがてそうした性格付けを自らのものにしてゆく過程で、一七六〇年代に崔天宗殺害事件を経験した。対馬藩士が朝鮮通信使随行員を殺害するという前代未聞の事件に際して、以酊庵輪番僧は、対馬藩と距離を置き、むしろ幕府と接近することとなった。こうした経験が、十八世紀末、京都五山側から幕府に対して以酊庵輪番制廃止を提案し、朝鮮外交の幕府直轄を訴えることにつながったのではなかったかと考える。

表 7-1　『海行摠載』所収の朝鮮通信使紀行類に現れる以酊庵僧

慶長 12 年（1607）。慶暹『海槎録』

1	3 月 3 日丙寅	晴。朝發船。午時到對馬府中。仍與島主玄蘇景直等相會。行茶再巡而罷。
2	3 月 4 日丁卯	晴。島主請臨其第。午時聯轎而往。島主迎於中門。玄蘇景直。亦齊到。引入中堂。
3	3 月 5 日戊辰	晴。留對馬島。差晩。島主玄蘇景直等偕來。謝昨日之臨。茶再巡而罷。
4	3 月 6 日己巳	晴。景直請臨其第。禮不可辭。早午聯轎而往。島主玄蘇已先至矣。酒饌訖。
5	3 月 7 日庚午	晴。略將土產。分給島主及景直玄蘇等。
6	3 月 8 日辛未	陰。夜大風雨。（中略）島主出迎於門内。引入中堂。玄蘇景直。亦齊到。相揖而坐。
7	3 月 11 日甲戌	晴。略設酒果。會島主玄蘇于下處。從容酌罷。以答主人累度邀宴之禮。
8	3 月 15 日戊寅	晴。曉頭。率一行員役。行望闕禮。（中略）玄蘇宿蘆景直。亦齊到。行揖就座。玄蘇首據。宿蘆次之。島主景直次之。蓋國俗。以解文僧人。稱爲長老。尊敬重之。故僧人之坐。每先島主。
9	3 月 21 日甲申	晴。辰時乘船。西風與便。海路頗安。島主及景直玄蘇宿蘆。同時發船。大小弁二十三隻。三使臣同坐一船。
10	3 月 22 日乙酉	辰時擧帆。泛大洋過博多州前洋。未末。到泊於洋中小島。島名藍島。（中略）玄蘇景直等。來請對飯。
11	4 月 17 日己酉	陰。留倭京。玄蘇送饌一器。
12	4 月 19 日辛亥	晴。留倭京。景直送饌一器。食後島主玄蘇景直等來言。關白修治關東一路橋梁。將迎使臣之行。且遣親丁三人。來探一行消息云云。
13	4 月 29 日辛酉	陰夕晴。留倭京。長老承兌及學校元吉等來見。暫行茶而罷。（中略）兩人以明日。先向關東。故來見而去。玄蘇景直。亦來參。
14	5 月 4 日丙寅	陰。留倭京。午後島主及景直玄蘇宿蘆等來見。暫設酒果而罷。
15	5 月 7 日己巳	晴。食後發森山。自此行路之間。景直等前導。島主隨後。元豐玄蘇宿蘆等。亦同行。
16	5 月 28 日庚寅	晴。留江戶。平義智玄蘇景直等。見謁於關白。
17	6 月 2 日癸巳	晴。留江戶。關白招義智玄蘇景直等。講定傳命儀。以初五日擇定。
18	6 月 6 日丁酉	是夕。平義智景直玄蘇等。皆送人問安。
19	6 月 10 日辛丑	晴。留江戶。送書於學校處。問徐市入來時。必賫全經而來。願一見之。且徐市廟在何地方耶。學校所答糢糊。語不分明。更問於玄蘇。玄蘇答曰。全經在於徐市廟。皆蝌蚪書也。退計三百年間。徐廟爲兵火所燒。基在紀伊州熊野山云。
20	6 月 11 日壬寅	曉雨朝晴。留江戶。朝後關白送佐渡守正信。相模守忠弼及島主平義智等。傳給回答國書。（中略）玄蘇則欲用萬曆年號。承兌則欲用日本年號。稟於關白。關白曰。我國不事大明。不可用其年號。若用日本年號。則使臣必有未穩之意。莫如兩去之宜當云。故書之曰。龍集丁未。龍集者。如我國之歲次云耳。日本年號則慶長十二年也。
21	6 月 19 日庚戌	或陰或雨。留淸見寺。景直等。請留以待駿河整齊。仍留不發。朝。元豐先向駿河家康所。玄蘇來言。使臣之來。老關白。通于新關白曰。接待之際。勿循往日無禮之規。只以誠信相接。回送書契。亦須務致溫順云云。
22	6 月 30 日辛酉	晴。留倭京。玄蘇送饌一器。

（つづく）

元和3年（1617）。23は李景稷『扶桑録』，24は呉允謙『東槎上日録』

23	7月10日壬申	朝陰晝晴。夕陰雨。留府中館舍。（中略）當初禮曹未詳馬島事情。調興贈物。與宗方一體磨錬。及到本島。詳細聞見。照管一行。凡所周旋。皆在調興。年前入往江戶。久在關白之側。最見憐恤。本島名位亦尊。宗方雖以玄蘇弟子。至受圖書。而不與本島之事。不過一少僧。而贈給若無差別。則渠必落莫。
24	7月12日	朝雨。（中略）吾等遂行至義成所居城內。義成具冠服。調興宗方。亦具冠服。以次出迎階下。揖以上階。設客位於東。義成與調興宗方。以次西坐。宗方。玄蘇弟子僧也。東西皆設椅坐。

寛永元年（1624）。姜弘重『東槎錄』

25	10月5日丙戌	晴。留海晏寺。調興義成玄方。皆送人問候。（中略）朝食後。調興爲承受禮曹書契贈物。來候館下。正使以下具冠帶出廳。調興服其公服而北向四拜。祇受義成玄方及渠三處所送禮物而出。俄而玄方袈裟。義成調興具公服。皆脫履而入。行相揖 禮。使臣居東壁。玄方以下居西壁。皆坐交椅。再行茶禮。玄方不過一山人。而以長老句管島中文書。故位在義成之右。日本國俗然也。玄方等出後。橘智正及受職倭馬堂古羅等五人。皆着我國冠帶而入。行禮而出。夕義成送青橘。
26	10月6日丁亥	晴。留海晏寺。（中略）玄方送餠果。
27	10月8日己丑	晴。留海晏寺。（中略）午玄方以書送粘餠一器酒一桶各品餠果柑梨雜肴。
28	10月10日辛亥	晴朝陰雨。留海晏寺。義成請行宴禮。（中略）玄方以下各勸兩盃酒。酒半。使譯官傳語玄方曰。吾等受命東來者。專爲刷還被擄人一事。專恃你等盡力周旋云爾。則答曰。前已承教。何敢暫忘。但今日事勢與前稍異。似不容易。然當極力圖之。臨罷。玄方先題一律。懇求和答。雖於違拒。上使以下各次韻贈之。○宴初玄方義成立於中階。調興立於階下。引正使以下至階上。玄方義成引至升堂。行揖禮。使臣居東壁。玄方以下居西壁。皆坐交椅。
29	10月17日戊戌	晴而風。留海晏寺。調興屢請宴禮。設筵於其衙門。食後上使以下皆許赴。玄方義成並來參。
30	10月20日辛丑	朝快晴。留海晏寺。（中略）午後玄方義成調興。請與相見。三使臣接見於中堂。蓋爲謝罪而來也。饋五杯酒而送之。
31	10月28日己酉	大風。留藍島。橘倭送酒柑。午玄方來見敍話。仍問徐福祠在何處。答曰。在南海道紀伊州熊野山下。居人至今崇奉。不絶香火。其子孫亦在其地。皆稱秦氏云。熊野山一名金峯山云。又問徐福之來。在秦火之前。故六經全書在於日本云。然耶。答曰。日本素無文獻。未之聞也。其時設或有。日本好戰。翻覆甚數。兵火之慘。甚於秦火。豈能保有至今耶。仍言藍島相望之地。有博多冷泉津。卽新羅忠臣朴堤上屍埋之處。此乃日本之故西都也。鄭圃隱申文忠奉使時。皆往來此處云。玄方以一絶書示曰。回頭西望眼猶寒。十里松林七里灘。堤上舊魂今若在。夜來入夢問平安。蓋十里松七里灘。皆在冷泉津故云。與上使從事。步而答之。又問海東記所載覇家臺在何處。答曰。覇家臺本無其名。日本語音。以博多州爲化家多。此是博多之訛。申叔舟必因訛而誤記之也。玄方又問朴堤上妻望夫於鵄述嶺。仍墜崖而死。所謂鵄述嶺今在何地。有如此夫。有如此婦。千載之下。令人起感云。忠烈凜凜（以下略）
32	11月12日壬戌	晩晴。留室津。曉行冬至望闕禮。午三使臣會議。貽書玄方。以責調興。
33	11月15日乙丑	未時下館於距大阪數里許本願寺。（中略）下館後。玄方義成調興來見。立語卽歸。

34	11月20日庚午	或陰。始見嚴霜。留大德寺。玄方義成一時來見曰。前路站上。已爲出待。此處則例不過數日留。欲於二十三日或二十五日發行。行次下人及卜物。須預定其去留者。前期整頓如何。
35	11月21日辛未	或陰朝乍雨。留大德寺。調興送蜜柑。玄方以東萊釜山了書契草送之譯官。令回示使臣。蓋以歲遣船。書契中。略及使臣無事到倭京。將向關東之意也。
36	11月25日乙亥	雪。留大德寺。午後玄方來見。談及日本古跡曰。近江州之琵琶湖。駿河州之富士山。皆非古有也。一朝忽然開出。湖中又有竹生島明神自海湧出。青竹生於一夜之間。至今在神殿裏。青青不枯。又國有大災。則將軍岳震動。南都大職冠木像破裂。膿血自出。此皆載於倭史云。
37	12月 4 日甲申	晴。留濱松。以一行上下疲於道路也。玄方來上使下處。請與相見。辭以疾。
38	12月11日辛卯	或陰。差晩發行。過數三盛村。未時抵神奈川。一名金川也。（中略）玄方以下皆跣足致敬。
39	12月13日癸巳	晴。留江戶。調興橘智正等來候館下。舊將軍新將軍。送執政忠世利勝。勞問行況。答曰。在路時委伻以問。今又送人。深感盛意。仍餽茶以送。玄方義成調興。跣足奔走。
40	12月14日甲午	陰夕雪。留江戶。玄方義成送人言曰。似聞將軍欲於十八九日相見。爲使臣深幸云云。
41	12月15日乙未	晴。留江戶。曉行望闕禮。玄方來見言曰。今日與義成調興皆謁將軍。將軍深以爲喜。極言善爲護行之意。欲於十九日二十日間相見云。被擄人刷還事。亦與義成等相議。當周旋於傳長老云。長老卽崇傳爲名僧。而用事於將軍左右者也。以能文。故自前使价之行回答文書。皆出其手云。玄方言。舊將軍亦於二十日欲相見云。吾等答曰。舊將軍之欲相見。甚盛事也。但無國書。亦無禮物。而私自相接。使臣之所不敢擅爲也。此意須預圖于執政等。毋令有倉卒狼狽之患。答曰。謹依命云云。
42	12月18日戊戌	或陰。留江戶。玄方義成來見。蓋爲明日接見時節目講定事也。玄方仍言。昨日以使臣之意。言于執政。則舊將軍言。丁未年使臣之來。先將軍在駿河州明有相見之例。況吾以新將軍之父方在一宮之內。今使臣之來。尤以爲有光。切欲相見。一番相見。有何不便云云。（中略）玄方言及日本通信賣買諸國。則如琉球暹羅安南交趾南蠻呂宋于蘭歹等國。而自此抵彼。皆由海路。必經數月而到。中原之人亦多潛相來往。凡諸國商船。皆泊於薩摩之籠島。肥前之長崎。往來無常。至有數歲留連者。馬島人亦相往來於浙江等處云。
43	12月19日己亥	利勝等傳將軍之言曰。如此寒天。遠來良苦。何幸今日得覩盛禮。深用慰感。答曰。初聞將軍。各在遠處。故只奉國書於新將軍。俺等跋涉之勞。職分當然。敬承慰問。不勝感感。仍辭起。行禮如初。舊將軍前無國書無禮物。以權道相見。則特一私覿。故議以再拜爲是。使玄方言于執政。
44	12月20日庚子	陰飛雪。留江戶。玄方來言。明日執政等。持回答書契而來。使臣當有拜受之節。引渠等往釜山時拜受之例爲言。答曰。你等不爲上京。故有拜受之禮。卽拜辭也。吾等已於將軍前拜禮而退。今何可更拜。你等之例不可爲比也。玄方語塞而去。
45	12月22日壬寅	使臣同坐開見將軍答書。書中不書王字。有余字納字。不勝駭驚。卽招玄方。還授其書。言其當改之意
46	12月23日癸卯	晴。留江戶。被擄人初言欲歸者。到今絶不更來。間或有來現者。或托以負債。或托以主倭不許。情狀百變。極可憤也。夕兩執政使者。持禮曹回答書契而來。（中略）開見執政書契下字有未妥處。又不及被擄人刷還之語。令朴大根。持送于玄方義成調興等處。使之改書。

（つづく）

47	12月25日乙巳	夜玄方橘智正來謁。以小紙書示。蓋下人作挐事也。
48	正月1日庚戌	晴。調興等請留。蓋以余病而歲且新也。義成送酒桶餠饅。調興送酒餠。分與員役輩。玄方義成調興來見。
49	正月11日庚申	或陰飛雪。留大德寺。三使會坐。起先來狀啓草。夕玄方義成調興來見。
50	正月15日甲子	晴。留大德寺。曉行望闕禮。食後玄方來見。仍與上使從事乘小轎。往尋龍光寺。
51	正月17日丙寅	晴。巳時發行。過市街路。歷入大佛寺。寺在倭京之東南。與玄方周覽。
52	正月21日庚午	或陰。留大坂。朝玄方義成調興來見。以昨日白金事。書示辭却之由。
53	正月27日丙子	晴。玄方調興來見。
54	2月5日甲申	留赤間關。夕玄方來見。
55	2月9日戊子	或雨或霽。風勢不歇。留風本浦。（中略）向夕玄方義成皆來見。餽燒酒以送。
56	2月16日乙未	或陰。留海晏寺。玄方義成來見。橘智正及他伺候倭等。皆來賀一行無事回還。
57	2月18日丁酉	雨達夜。朝後暫霽。留海晏寺。義成送酒餠。分給下人。玄方各送具匣硯一部。硯石二面。桐文紙百張。扇三把。大圓鏡一部於三使臣處。所謂硯與匣體制一如我國所造。辭却不受。玄方言。萬里同行。情誼已密。今當送行。無物表忱。只以若干文房之具贐行。且此硯匣。爲使臣別造以呈。而今皆見却。心甚缺然。況此文房之物。豈是傷廉者哉。願領微誠。再三固請。聽其所言。似出中心。不得已各受硯石一面。餘皆還之。自初玄方之來見也。必熟視使臣前所置硯制。今聞此言。蓋是有意而見之也。
58	2月23日壬寅	晴。留海晏寺。（中略）午後上使以下往見玄方所居。茶房書室。皆極瀟灑。
59	2月26日乙巳	或陰。朝玄方七衛門送人言曰。昨日追及行次。而日已昏黑。停舟於住吉灘而待候云。辰時發行。果遇玄方七衛門等於住吉灘口。義成不來矣。過金浦。風勢極順。張帆而行。未時到泊鰐浦。玄方等船一時來泊。
60	2月27日丙午	陰朝雨。留鰐浦。玄方送餠果酒桶。七衛門亦呈酒桶各色肴。午玄方來見。七衛門勘左衛門來謁。所謂勘左衛門。卽管鰐浦者也。
61	3月1日己酉	晴或雨。留鰐浦候風。午玄方來見。
62	3月5日癸丑	陰。早食後忽得東風。上使以下卽乘船。刷還人所載倭船及橘倭船。一時發行。與玄方相揖作別於船上。張帆開洋。

寛永13年（1636）。77は黃㦿『東槎錄』，66・70・76・78～80は任絖『丙子日本日記』，それ以外は金世濂『海槎錄』

63	9月8日己酉	（前略）調興老賊。反以自己作俑之事。歸之於島主。萬端構捏無所不至。當此之時。島主如炭火上嬰兒。幸賴大君之明辨。死中得生。而存亡之機。猶且未定。今此力請信使。一則爲兩國和好之固。一則爲島主冤枉之昭雪也。島主辨誣之日。費用不貲。財匱力竭。信使一行四百餘員。無以支待。沿路之官。亦以供億之弊。歸咎島主。然則信使之請。豈島主之所利哉。調興之誣不辨。則島主終無保存之路。調興萬金行賂。締結權要。今雖投棄荒裔。餘黨布列左右。可虞之端。伏於未覩之中。島主日夜憂惱。寢食不甘。今番贈禮。與前頓減。則反實調興之誣。而自墜千仞之坑。其爲悶迫之狀。非口舌可盡。欲如前日之私備禮物。潛改文書。則璘西堂召長老。譏察於島中。調興之黨。
64	9月21日壬戌	晴。留釜山。（中略）今十六日。得接執政平掃部潛通私書。有云。信使到江戶日期。則以十二月初生擇日。近來調興心腹之人。觀望覓痕者多。兩國間事。諱於召長老璘西堂。十分停當以來。則吾當周旋。且執政奉行等姓名書送。

65	10月11日壬午	晴。平明發船。過金浦。（中略）未末入泊鴨灘。島主送人問安。夜深。橘成供等。以其私謂譯官曰。明日璘西堂召長老。當出迎。船上帳幕諸具。不可不整飭。裨將珮刀。皆我國所出品且劣。幸深藏不出。貴國槍戟亦不好。須勿去韜。鳥銃亦我國所造。見之不以爲貴。不如不出云。蓋恐兩僧見之。姑爲此謊語耳。自西泊至此一百七十里。是夜宿船上。
66	10月12日癸未	朝陰午後雨。寅時櫓役行船。至中路。島主遣藤智繩問安。又送權兵衛問安。午時島主及召長老璘西堂（割注）〈召姓玄璘姓光召璘名也〉各乘樓船。出迎于十餘里許。船上望揖極恭謹。仍先導以行。纔到府中。（中略）及就館所。則新造大家。設爲坐堂之所。而寢宿之處。卽島主妹夫內野勘助之家也。房室床席帳褥等物。專尙侈靡。伺候供億。各有執事之人。入中門則璘西堂。已於廳外祇祇祇候三使。俟入正廳。卽請謁。許以相見。則自西壁行禮而歸。倭通事三十餘名。亦列拜於庭中而出。俄而義成及召長老。俱送頭倭問安。酉時設行振舞。蓋倭俗以儐接尊賓之宴。稱爲振舞也。酒果饌品。略倣我國。
67	10月14日乙酉	晴。留馬島。島主兩僧來見。（中略）義成着其所謂公服。兩僧着長衫袈裟。從者十餘人。到堦。義成解劍赤足。兩僧脫履。上堂行揖禮。義成謝曰。三大人涉海遠臨。感激罔涯。兩僧曰。三勅使越海遠臨。豈不辛苦。俺等乃大君所送迎候人也。陪行往返。敢不盡心。設茶而罷。召長老行揖禮時。兩手俱戰。不能成禮。
68	10月18日己丑	晴午雨。留馬島。島主呈霜橘一大器。仍送昨日禮單謝帖。召長老送四層金函三部于使臣。將辭之。
69	10月20日辛卯	晴。留馬島。召長老・伊織送橘餠各二函。
70	10月21日壬辰	朝陰夕晴亥時微雨。留馬島。召長老及伊折等。各送黃柑油餠。分饋一行。
71	10月21日壬辰	晴留馬島。（中略）召長老璘西堂。次送排律各一首。又各次其韻以送。藤智繩來謂洪喜男曰。吾言驗矣。兩僧及諸詩僧。一得使道詩。
72	10月28日己亥	晴大風。留藍島。平成春等言。筑前太守潛來觀光。且欲覸使臣云。兩僧因譯官。請見沿路諸作。答以風波困憊。詩思也沒。璘僧送律詩一首求和。願勿使召長老知之。與從事官次送。
73	11月 1 日辛丑	（前略）太守送人問安。召長老獻餠箱。自赤間關至向島二百二十里。是夜宿船上。
74	11月14日甲寅	晴。留大坂。守將二人請見。一曰久貝因幡守。一曰曾我又左衛門。留守大坂城權重者。義成兩僧。奔走引入。（中略）島主初以兩僧爲憂。而入疆以來。觀其所爲。兩人蓋是盡心於島主者。召長老。躁而急。不測底人。璘西堂。愿謹善談笑。貌如其心。留馬島已久。與島主甚密。兩人俱善飮。長於詩文。喜用語孟文字。倭情雖極巧詐。而深處人則稍淳。其狡黠難待者。馬島人也。
75	11月18日戊午	晴。留倭京。（中略）義成引一僧入謁。卽壽仙長老者也。與璘召兩僧一體之人。關白定此三僧。輪送于馬州。句管文書。使之一年相遞。故敢此來謁云。
76	11月18日戊午	晴。留本國寺。義成及召璘來見。仍言倭京管守周防守欲見之意。而此乃專掌刷還事者也。許之。俄而周防守來見。禮貌極恭遜。且致款至狀。旣去。仙長老稱名僧亦謁。仙之姓壽也。蓋如召璘兩僧。輪回往馬島。次知交際文書者云。故薄言接見。則渠亦言及明年替召往馬州之事矣。
77	11月18日戊午	晴。留倭京本國寺。勝重來見。義成及兩僧先導而入。屏伏於閤外。極其恭謹矣。勝重者具公服跣足以入。相揖就坐。謝以館餼齟齬。殊失大君敬待本意。臣等餽茶。茶訖辭去。義成引一僧入謁。卽壽仙長老者也。與璘召兩僧一體之人。關白定此三人。輪送于對馬島。句管文書。使之一年相遞。故敢此來謁云。

（つづく）

78	11月19日己未	雨。午後陰夜雨。留本國寺。仙長老見官禮單紙扇等物給式部伊折等。
79	11月20日庚申	晴風。留倭京本國寺。（中略）仙長老送胡椒二斤扇五把。椒則卽分給倭通事十三名。使之分用。扇則姑授李譯。欲給式部等倭。
80	正月18日戊午	晴。留倭京本國寺。（中略）大福寺僧壽仙長老稱名者。乃明年句管馬島文書者也。不得不接見。
81	正月29日己巳	晴。留河口宿船上。召長老送金屛六坐。願得書富士山律詩。令全榮書送。卽紀伊大納言所求云。
82	正月19日己丑	晴。留馬島。余等往召長老山堂。寺在天神山南麓。卽玄方所創。花木瀟灑。玄召出迎門外。正廳北壁。設錦茵香燭。中設位版。書朝鮮國王殿下壽萬歲。朝夕焚香。義成亦至。召僧設酌。設彩雲盤。前後進饌百餘器。皆山蔌。召僧從容曰。今此使道之行。適當危疑之際。小僧初以爲憂。百事極順。星槎好返。喜幸曷已。道春最稱不吉人。使道在江戶時。此人作魔做劇。何所不至。島主日夜腐心。罔知死所。大炊之心。尤不可測知。幸賴大君明察獨斷。已爲結末。似無所慮。此後往來文書。切宜愼重。如有可否之事。不必文書。只送差人相問。實爲合宜。近日則貴國文書一丈一字。必送江戶。慮有此等輩。錯看執語。以爲生梗之地故耳。右馬助將監平成春伊織等。亦合辭言曰。專賴朝廷德意。得至今日。但事機多端。此後如有告憫之事。惟望朝廷。曲賜許可。
83	正月20日庚寅	晴。留馬島候風。曉召僧來謝。江戶使者至。探問使臣。無事過海。得達馬島消息而去。仍言曰。使臣候風河口。至於四五日。太守不請下陸。極爲不當云。夜召長老邀見洪喜男。言及國中事情曰。今者大納言平掃部。待使臣極厚。尾張州佐和山。供帳百事。迥出佗處。令公知之乎。前日調興構陷貴國。諸將爭相煽動。先送使者。令絶東萊往來船隻。以平掃部爲大將。大納言領之。筑前守等大官當行者凡幾人。將欲日動兵。故二人之力主義成。必去調興者。本不欲領兵出去。及使臣入來。尤以爲喜。接待盡誠曰。我輩之不行。豈非使臣之力耶云云。倭人變詐百出。喜作此等言語。不足取信。至以不行爲喜。極待使臣。尤涉虛妄。但在江戶時。聞日本諸將。各自分黨。必欲生釁。以爲乘時作亂之計。召僧云云之說。或如藤智繩所言。不可謂保無此事矣。
84	3月9日戊申	（前略）一行復命。命引見。（中略）臣世濂對曰。召長老璘西堂行文儘好。國中惟道春之文爲最。沿路及江戶。多有來問者。皆以理氣性情等語爲問。不可以蠻人而忽之。
85		島主席上兩僧求詩卽走筆八韻
86		次召長老

寛永20年（1643）。116は趙絅『東槎錄』，117～124は申濡『海槎錄』，それ以外は筆者未詳『癸未東槎日記』

87	3月24日丁巳	陰小雨。留釜山。時召長老在馬島。以病重請醫于行次。送金浩先去馬島。令理馬領禮單馬同時送去。
88	5月1日癸巳	晴夕大雨。船上行望闕禮。平明發船。風便甚好。巳時到府中。是日行到中洋。島主送人問安于中路。過五十里許。洪長老永洪。乘樓船而來。上設紅綃帷幙。着袈裟手執金扇。與使臣相向再揖。俄又島主繼至。舟楫精巧。舟舷左右。垂以紫色帷帳。上覆斑錦大幕。行近使船。相揖如永洪焉。島主長老先行。
89	5月2日甲午	大風雨。留府中。島主送人問安。午後又送人曰。今日欲爲晉拜。而阻雨未果云。送霜花餠三榼。洪長老亦送人問安呈饌榼。
90	5月3日乙未	雨。留府中。島主長老送人問安。長老又送饌榼。使臣送譯官。以致謝意。

91	5月4日丙申	晝晴夜風雨。留府中。島主長老送人問安曰。行次到此已久。連日阻雨。未能晉謁。心甚未安云。洪李兩譯。持禮曹書契。往傳于島主。島主只受書契。不受禮單。欲令譯官持去江戶而贈之。蓋長老新至。有所避嫌也。午後島主長老來見使臣。使臣冠帶出迎。行禮訖。
92	5月5日丁酉	雨。留府中。島主送人問安。仍獻酒饌。以節日故也。饌卽糯米飯而以草葉包作者。團如鷄卵焉。長老亦送饌榼。
93	5月7日己亥	朝晴晩雨。留府中。島主長老以問安人。仍請赴宴。又送奉行。連請甚懇。使臣以下。冠帶赴島主家。島主長老具公服迎入。相向再揖。分坐交椅。交椅之前。預設床卓。饌品器皿。皆極精洒。九酌之後。請使臣出休。使臣出坐東簷下。撤其宴卓。又設小床。使臣入堂。島主長老。自內而出。相揖平坐。仍爲傳杯。招兩小盲。作樂侑之。載彈載歌。所彈則箏與琵琶也。酒闌。長老作一絶。三使臣。卽於席上。走筆次贈。又作一詩以贈之。堂宇不其宏傑。而結搆精妙。不施丹雘。覆以杉板。斂設金屛。列鋪華薦。簷際掛以錦帳。彩簾相間。翦綵爲花。揷置餠果上。又於金盤。盛以五色花卉。皆用金箔爲之。燁如生色。終日傳酒。每巡遞杯而酌。皆金玉之類。島主座後。錦衣而佩劍者。幾三十餘人。一行員役。分上中下三廳。排床設饌。亦揷彩花。光照一室。罷酒將出。天且雨下。冒雨還館。自前長老坐於島主之右。今不然。未知何故。
94	5月8日庚子	晴。留府中。島主長老。送人問安。（中略）恕首座碩恕以下。並以若干土產贈之。恕首座稍解文字。島主信任者也。
95	5月10日壬寅	晴夕小雨。留府中。島主送人問安。呈別下程。長老送枇杷一器。
96	5月12日甲辰	乍陰乍晴夕雨。（中略）島主長老。送人問安。呈酒饌。
97	5月13日乙巳	朝陰晩雨。朝西風正好。久滯之餘。喜得風便。三使同議。擬將食後乘船。上使先爲登船。島主送頭倭曰。今日有雨意。且霧雲晦冥。不可發船。再三請留。而堅執不許。洪長老親詣副使從事所寓處。極陳停行之便。而上使先已登船。副使從事。不得已出來登船。一時擧碇。上船先發。才及海口。天果下雨。平成幸等三倭。飛船追來曰。雨勢如此。決難行船。請速回船。從其言還泊舊處。仍宿船上。副使下僧舍宿。洪長老送書于使臣前。言詞驕妄。無非恐嚇意。蓋聽島主指敎云。
98	5月20日壬子	晴。阻風留赤間關。島主長老來謁。仍進安德祠題詠求和。三使次韻贈之。
99	5月24日丙辰	晴。發赤間關。行十餘里。風勢漸逆。方促櫓而行。島主長老回船落後。送平成幸等來言曰。路遠風逆。不可强行。
100	5月25日丁巳	晴。天未明發船。過宮洲室隅。到上關。（中略）洪長老送人問安。仍請進謁。使臣以夜深辭。卽回答曰。雖云夜深無妨云。
101	6月10日壬申	朝陰晩晴。留大坂城。周段長老。自倭京來到。先具小單。送饌榼于使臣前。俄而與洪長老來謁。行茶小話而罷。周旦乃其本名。而旦字犯於我國所諱。故旦改段字而呼之。以本國天皇之師。居在倭京。關白以爲副儐。使之伴行云。
102	6月11日癸酉	留大坂城。（中略）段長老作詩送于使臣前。稍辨聲律。優於洪長老。
103	6月12日甲戌	晴夕驟雨。留大坂城。（中略）與洪段兩長老同來入見而解劍脫履。禮貌恭謹。啜茶一巡而罷。
104	6月14日丙子	晴。平明下陸受振舞。發淀浦行三十里。過伏見城。未至倭京。東南大山。所謂惠日愛宕等山。山多巨刹。周段長老精舍。在於惠日云。（中略）使行入寓本國寺。亦巨刹。（中略）島主兩長老入見使臣曰。此處夫馬。今方調發。可於二十日發行云。
105	6月15日丁丑	晴。留倭京。曉行望闕禮。柏西堂送禮單于使臣前。倭扇各五把也。洪段兩長老與柏西堂來謁。柏僧名紹柏。比兩僧年少者也。三長老遞任之後。柏代其一。馬島文書。今年則洪長老主管。段柏以次相替云。

（つづく）

106	6 月 18 日庚辰	雨。留倭京。送禮單于段長老處。段僧親自來謝。
107	7 月 2 日癸巳	陰。發江尻行十里。到清見寺。寺在海邊。與三保松原相對。洪段兩長老先到以俟之。
108	7 月 3 日甲午	雨。留三島。朝又呈振舞。段長老來謁使臣。
109	7 月 19 日庚戌	陰暮雨。使臣詣關白第三門下轎。島主兩長老及館伴出羽守美濃守迎接引行。
110	8 月 4 日乙丑	梁長老送袂衣六領。南光方送白金五十枚。亦却之。
111	8 月 25 日丙戌	雨。留倭京。周段長老。以萬病回春一帙。唐紙一百五十張。皮書格一具。爲使臣贐行。使臣以爲千里伴行之厚。不宜全却。只受紙冊。
112	9 月 11 日壬寅	晴。阻風留室津。洪長老送書于使臣前。辭意多責詰。蓋島主不聽河口之請留。室津之請下事也。
113	9 月 24 日乙卯	雨。留一歧島。島主及洪長老來謁。自行廚爲設小酌。
114	10 月 3 日癸亥	陰小雨。島主邀使臣下船。設宴于其家。酒闌。洪長老作詩。次韻以贈之。
115	10 月 25 日乙酉	晴。將發馬島。島主送人問安。仍傳曰。病不能奉別。行李萬重云。洪長老恕首座平成春等。送至數里而還。
116	舟中走次滓溟排律述馬州地方風俗	
117	太平寺	
118	次滓溟對馬島二首	
119	次滓溟對馬島排律二十八韻	
120	風本浦阻雨	
121	吉田	
122	遺愛石歌	
123	大坂城留別周南長老	
124	贈別勻天洪長老	

明暦元年（1655）。南龍翼『扶桑錄』

125	6 月 15 日戊辰	（前略）未到府中十里許。義成與達長老各乘大艦。率其粧船六艘而出迎。義成船則圍以紫帳。長老則以黑。粧船則以紅。蓋欲使臣移坐故也。船近。義成長老並起立船頭。各行再揖禮。使臣亦答揖。所謂達長老。名中達。自江戶出來。主管文書之僧也。
126	6 月 16 日己巳	陰。留對馬島。朝義送人問安。平成扶等。自外問安。自此日以爲例。東堂紹柏送問。紹柏亦僧。而新自江戶出來。與中達同爲陪行者也。東堂者僧職之名。而位在長老下云。
127	9 月 14 日乙未	大雨。留倭京。下摠守來拜。禮貌甚恭。跪而聽言。義成及達柏兩僧。前導而入。危坐南行。不敢坐席。行茶而罷。長老玄倫者繼入。當替紹柏。自明年主管我國文書者也。所着尤侈。而中似空空。拜坐之多有失儀。亦饋茶而送。倫僧各呈蒔繪一匣。辭却之。
128	10 月 13 日癸亥	晴。留江戶。（中略）義成與中達。來傳關白之言曰。休憩未久。又有日光之行。勞憊必多。不勝未安云云。
129	正 月 26 日乙巳	朝陰午後雪。留對馬島。義成連送人請臨。午後三使具冠服往其第。義成父子亦具其公服。與柏僧迎入。分東西坐交椅。饗宴之禮一如去時。（中略）義成始言從當與長老書送答書。發行之期當在不遠云。
130		達長老處書契

天和2年（1682）。132・137は金指南『東槎日録』，それ以外は洪禹載『東槎録』

131	6月24日	(前略) 午初行到府中前洋。裁判倭田中善左衛門。來報島主出迎之意。俄而島主與森長老靈長老。森僧江戶定送靈僧酊菴主者 各乘樓船。來迎十里。下立交椅。相望行再揖。森次之。靈亦次。彼此平服 三行並作鼓角。徐徐列行。前後延候。中路問安。左右曳船。護行諸船。不知幾多。是亦壯觀。到列滄頭。島主送問後。與兩僧先歸。(中略) 館于北山下國分寺。(中略) 兩僧送兩人先見堂上。
132	6月24日庚子	(前略) 午間抵對馬島府中。島主與兩長老。出迎於十里之外。島主名平義眞。長老一則顯森其名。蘭室其號。爲護此行。自江戶出來者也
133	6月29日	(前略) 島主送呈一幅五條。其一曰。(中略) 其四曰。二長老 卽森靈 接慰。亦遵舊制也。其五曰。唱和記行諸作。勿用諱語云云矣。
134	7月1日	晴。留馬島。(中略) 二十四日始到府中浦。島主及所謂兩長老倭。乘船迎候於十里地。館臣等于國本寺。按待等事與前無異是如爲白乎旀。二十六日島主與兩僧來見臣等于館所。
135	7月2日	晴。留馬島。(中略) ○兩長老處使朴重列領送私禮單。
136	7月8日	(前略) 島主與兩長老差後乘船。(中略) 未時到泊一歧。
137	7月8日癸丑	晴。平明因西南風。一行離國本寺。乘船出海。島主長老以下護行倭船凡八九十艘。一時擧帆。風濤利順。舟行穩快。
138	7月11日	朝晴夕雨。風逆仍留赤間關。(中略) ○兩長老送杉重各一于三使道前。亦送于堂上僉中裨將都中。兩長老來接三使。相慰其勞。
139	7月12日	風雨。仍留赤間。(中略) 午後島主與兩長老及西山僧俱着常服。來拜三使臣。相酬其勞。禮如前例 行茶一巡後。
140	7月22日	(前略) ○初昏到泊室津。(中略) ○島主長老等送人問安。
141	7月27日	晴。留大坂。(中略) ○森長老年衰病劇。自江戶改以辰長老差送。島主與靈辰兩僧來接。三使臣賜顏。辰僧語以爲同往江戶。將可情深。
142	8月1日	晴。留大坂。(中略) ○島主與兩長老來接使臣。(中略) 兩僧只敍寒暄。蔘茶一巡而罷。
143	8月6日	晴。留倭京。○辰僧送葡萄各一盤而問安。(中略) ○森長老病遞。仍向江戶。間或送詩。使臣欲送譯問之。則彼輩不肯。以爲自我當通存問之意。故姑不送譯。
144	8月9日	晴。(中略) 夕到大垣五十里。(中略) ○兩長老送問安。
145	8月15日	(前略) 夕到藤枝三十里宿。本太守兼站官土屋相模守各呈折一合。○兩長老送問安。
146	8月21日	(前略) 夕到江戶二十五里。館于本誓寺。(中略) ○一行受供後。長老兩倭。送人致賀。
147	8月22日	(前略) ○兩長老爲候使臣而來矣。未及出接之前。稱以事故。旋卽還歸。蓋是與島主偕見。諸宰之意也。
148	8月29日	晴。留江戶。(中略) 兩長老鱗次來接。相慰行之勞。行茶而罷。
149	9月6日	晴。留江戶。三使臣各處所贈私幣。今朝始畢。○島主妻子女處及馬島倭數人處。三堂送給禮物。島主之妻子女未在江戶故始給禮物所謂數人中路改差辰長老及未在江戶之對馬奉行者也
150	9月28日	晴。留倭京。(中略) 島主與兩長老從容拜候。相慰行勞。三使臣送言辰長僧曰。聞尊將有到大坂仍在之言。心可缺然。答以唯唯而罷。
151	10月14日	晴。曉向赤間。(中略) 長老之船。昨於風雨。不知漂泊。
152	10月15日	晴。行望闕禮於船上。長老之船。旣還到來。送金圖南慰問之。
153	10月19日	晴。留馬島。島主以下各處。三使道所贈禮單。余獨磨鍊。○島主及長老送

（つづく）

		人問安。平眞幸送呈杉重于三位前。送柑子一盤于三堂僉中。○三堂往問島主。
154	10月20日	大雨。島主送人問安。（中略）長老亦送問安。
155	10月22日	晴。留馬島。島主長老例問。兼通明日宴享之意。○島主長老等處。送金琯朴重烈。傳給禮物。
156	10月24日	晴。留馬島。島主處。送譯回謝。○裁判等問安。持森長老回答書契等物。及三使道三堂前回禮而來言。森之來未死之前已修回答之意云云矣。蓋森僧中路致死之故也 島主靈僧送人問安。
157	10月26日	夜雨。留馬島。島主及義眞以酊萬院森長老。幷五處回答書契別幅看審以送。

正徳元年（1711）。任守幹『東槎日記』

158	7月19日	（前略）巳初到府中浦口。島主數次送奉行問安。聞港裡擂鼓一通。島主及長老僧乘船來迎。及到起立遙揖。余坐柁樓下交倚。答揖而過。仍下陸。（中略）入國本寺。（中略）國本寺或稱以酊菴。蓋玄蘇之願堂。
159	7月20日	晴。島主送人問候。（中略）長老亦伻候。
160	7月21日	晴。島主使奉行問候。（中略）而所謂長老亦同來。禮貌似簡傲。擧手而不揖。仍平坐。略交數語。行茶一巡。不辭而去。擧止甚惝怳。明是稚騃不解事者。及到中門外。與堂譯輩相揖甚恭而去。令舌人責其失禮於奉行等。頗有愧惧之色云矣。所謂西山僧一人亦隨來。初欲行揖。而譯輩呵之。行三拜。無席而坐於長老之側。去時亦章惶失措。可笑。
161	7月26日	（前略）島主及長老始出楹外。相揖而入。就坐處。行再揖禮而對立。堂譯楹内行再拜。軍官以下楹外。中官則拜於階上。下官拜於庭下。上官行禮後。各就椅而坐。蓋廳事亦有高下兩層。設交椅於下層。各設大床。廳上主壁虛座。亦設大床。似是關白之位也。床上饌品。各揷金花。裁成極巧妙。行九酌九味後。罷出歇廳。各改平服而入。坐於上廳。島主使奉行請平坐。
162	7月27日	晴。島主伻候。集長老送果品。
163	8月6日	陰。留西山寺。島主伻候。西山長老玄圭送索麵。
164	8月8日	晴。留西山寺。島主及長老伻候。
165	8月19日	（前略）夕後島主及永集長老皆來見。略敍寒暄。行茶而罷。奉行平方直，平倫之，都船主平尙成等來謁。夜聞雨森東率筑前人竹田定直，神屋亨等而來。與製述諸人賦詩酬唱。詩則亦不成說。其文一篇。論儒家學問及明末諸家之說。敍致頗有可觀。誠可異也。
166	9月17日	晴。送譯問島主及兩長老。平方直來謁。館伴問候。祖緣各呈一律一絶。和送之。（中略）諸奉行緣長老並問安。
167	9月18日	晴。集長老送竹粽百把。卽白餠之裏竹葉而烹者也。（中略）未時地大震。千間廣廈。掀撼欲頽。實生平所未見者。蓋聞此國頻有此變。或因有地陷之時。奉行以下親自執事。遑遑奔走。急請出避。遂從其言。出坐庭中。諸奉行兩長老及裁判皆列侍。館伴亦來見。庭中相揖而去。島主再次伻問。奉行平眞賢呈小橘一箱。緣長老送饅頭一器。
168	9月21日	晴。館伴問候。午後島主及館伴兩長老來見。蓋以禮節事也。
169	9月22日	晴。禮節事相持。已經三朔。彼以禮經之意爭之曰。禮云賓至于近郊。君使卿勞之。賓迎於舍門之外。再拜勞者。不答拜。海東諸國記。宣慰使到客館。由中門入。客使就大門外祗迎云。古禮旣如此。貴國之例又如此。則貴使祗迎。當在大門之外。而止請下階。實出優待之意。且許多禮節。極其隆厚者。皆出前例之外。而只此小節。貴使持難。是慢我也。鄙我也。蓋今關白素好經學。日御講筵。欽仰貴使。極其優待。此一節必欲變通云。而吾等

		辭却之說。終涉苟且。若一向堅持。則彼之恐嚇之說。雖不足信。終必有難處之端。島主及館伴兩長老懸 乞之 時。不若聽許。三使相議許之。
170	9月25日	晴。巳時具公服。出迎江戶使者，伊豫守賴殷於廳。相揖分道而陞。島主館伴兩長老先導到宴廳。行再揖。使者使島主傳關白之言。曰使者無事遠來。可喜云云。循例答之。行茶後使者罷出。島主復入開宴。與島主兩長老再揖行宴饗。如赤間之例。館伴及江戶横目來坐fe廳看檢。宴罷島主等出。館伴及江戶奉行甲斐守相模守來見行茶。循例問答而罷。倭人呈熟供。緣長老處。送例贈禮單。修狀啓及家書。付送馬島飛船。
171	9月28日	(前略) 館于本國寺之前。左右院刹連延。不可盡記。館伴本多隱岐守藤原康慶。門外祇迎如大坂儀。夕後島主兩長老來見。行茶一巡而罷。此地屬山城州。
172	9月29日	(前略) 館伴送竹粽。集長老送紅柹。
173	10月5日	(前略) 夜深到名屋。鳴古屋也。名屋似誤書。(中略) 島主兩長老來參如前儀。
174	10月8日	(前略) 夜到濱松館閭舍。(中略) 送譯官問島主兩長老伻候。是日行九十里。
175	10月10日	(前略) 抵金谷站。前有大川。雨後水漲。不得過涉。仍留宿。山城守又呈三榼。島主緣長老俱伻候。
176	10月11日	留金谷。前川水勢益漲。不能過涉。仍留宿。兩長老伻候。
177	10月13日	(前略) 到駿河州寶泰寺。(中略) 島主兩長老入來設宴。亦如前例。三館伴及本州奉行入見。行茶一巡而罷。仍受熟供。晡時發行。夜抵江尻。
178	11月1日	(前略) 館伴，島主，長老迎揖引入第八門。奉出國書於龍亭。首譯雙擎先行上殿。至外歇廳。奉安于上堂。三使與島主長老對坐。源璵來見而去。
179	11月3日	(前略) 館伴島主長老迎入。源璵又爲來見。遂令首譯傳言曰。今番迎接禮節。多所變改。而不悖於禮。無不勉從。至於宴禮時以三納言接待。舊例未爲不可。而今以島主長老對盤。事體未安。須卽告國王變通爲可矣。(中略) 與島主長老對坐。關白隔壁。褰簾而坐。執政等列侍。
180	11月14日	夕。島主長老來見曰。國書封式。國王新改此規。太守之上書國王。國王之上書天皇。皆用此式。犯諱字則皆以爲臨文不諱。俱難變改矣。使臣從便受去如何。答曰。國書及封式未改之前。有死而已。決無還歸之理。不須多言。須以此意轉奏國王。島主曰。更以一書構惠。當達國王。更爲周旋矣。遂許之。更構一書。夜深後使奉行傳送。辭意與前書略同。
181	11月16日	島主夜與兩長老來見。出示執政府奉旨諭島主書。書曰修聘一事。禮有異儀。已降教諭矣。如我國書之體式。其禮之所關最大者。今不須再論。
182	11月17日	(前略) 是夜島主長老到館所。先送諸奉行來言曰。今日島主見執政力圖。而國王以爲書式體重。不須更論。朝鮮國書。先犯我國諱。復書決不可改。使臣但須賫去。自朝鮮先爲改送。然後可以改之云。
183	11月18日	食後。奉行等來言昨日所議事。執政府依此稟定。使者當倍國國書而來云。初昏使者能登守長福來傳我國書。出門外祇迎。使首譯持復書函來。正使傳于使者。出門外送之。島主長老隨使者來。使者去後。復入相見。以爲復書則數日內當改送云。仍以文字定約。以彼此國書。只改犯諱一字。所到處交符。書式亦用此規之意爲言。下着島主圖署。馬島奉行以下以至下倭。皆言我國曾無避諱之法。而今乃倣效朝鮮。至有此擧。實爲可愧。雨森東亦言於製述曰。三使請改國書。事理當然。而我國終始持難。至於請改不當攻攻改之光字。此所以不免蠻字之稱云。

（つづく）

享保 4 年（1719）。申維翰『海游録』

184	6 月 27 日戊辰	晴。曉發船頭港。（中略）彼卽對馬島府中島主所居。（中略）俄島主乘船出迎。（中略）又有長老僧。乘船至。船小而精麗。前豎小黑旗。白書一眞字。
185	6 月 29 日庚午	（前略）島主來見。（中略）以酊長老至。亦如之。西山僧又至再揖。使臣但坐擧袂。島主戴一角帽紫纓。着黑團領廣袖。寶劍飾黃金手執牙扇。爲人不慧。使臣送言。則其狀似開口。奉行從旁替語。惟長老綠頂無冠。紫衣長衫袈裟錫杖。貌若古梅槎。蕭疎可愛。
186	6 月 30 日辛未	（前略）島主與以酊長老。已坐道傍高閣。觀我國馬上技。技人姜相周。騁兩駿馬。驟急如飛爲左右跳。雙立仰天笑。
187	7 月 1 日壬申	是日雨湛長老。投詩求和。又其門僧數人。各以詩來呈。皆和之。
188	7 月 3 日甲戌	晴。三使臣將赴島主宴。（中略）島主長老出檻外迎入。賓主對立。余與軍官譯官。皆向空再拜。禮畢。
189	7 月 18 日己丑	晴。（中略）而是夜。島主與湛長老俱登船。倭言此日。爲日本國忌。不能出行。所以卜夜乘船云。可笑。
190	7 月 19 日庚寅	黎明。島主船擊鼓。三使臣奉國書。備儀出灣口擧帆。初曦上東岫矣。島主長老以下奉行裁判。各有船。
191	8 月 3 日癸卯	湛長老送禪儀周鏡兩僧來候。是在馬州時。已得其詩。及見之。又端淨可愛。饋以酒果。使爲詩。詩多不成語。
192	8 月 10 日庚戌	日且入東風大起。逆浪滔天。人人惶急。暗聞諸船疾呼無可奈何者三。忽見宗太守湛長老。已回船。一行盡回砲聲相應。背風掛席。復尋藍洲路。波濤打船尾甚猛。震盪欹側。視一岐行。有加昏倒者。益以飢渴氣乏不能支。夜泊地島。島亦筑前州地。筑前支供官。具舟而來。甚嚻有蒼黃色。地島一名慈島。
193	8 月 18 日戊午	雨森東松浦儀。私與湛長老。作赤關懷古有感之詩。而亦不投示於余。余因長老。錄集一部始見。
194	9 月 4 日癸酉	使行館于西本願寺。（中略）馬守湛長老。來見使臣。又有接伴長老僧。名龍菖字石霜號臥雲山人。或稱梅州宜嘿翁。着黃紗衫。序坐於湛長老之下。是其自江戶差遣。而儐於聘禮。
195	9 月 9 日戊寅	朝晴夕雨。湛長老遣禪儀問訊。致菊花一盤。諸白一壺。臥雲長老。復送詩乞和。强飮至醉。作謝詩以酬。與禪儀。筆談佛義。因曰。今非九九佳節乎。舟七尺已過鯨海三千餘里。東望江都。尙有千四百餘里。浪華形勝。縱爲天下第一。而亦坐邦禁。鎖却重門。不敢以藍筍奚囊。遍賞諸寺樓臺。異域風光。秖令人增怊悵。賴禪師黃花白酒。可作東林勝事。感頌何量。禪儀大笑。謂當歸報長老。詩多積債。酬答悤悤。苦無佳句。
196	9 月 11 日庚辰	有頃使行到館。館名本能寺。壯麗無敵。三使臣合坐。對馬守湛長老菖長老皆入見。
197	9 月 24 日癸巳	始及箱根嶺。路險且峻。舁夫極力而上。數易而息之。猶呼吸喘急。輿中見雨森東下馬步行。余笑問何爲作白頭拾遺。東云此嶺奇險。以馬則恐傷我。以輿則恐傷人。莫如自勞。如是作四十里而到上頭。適見湛長老停輿於路傍。禪儀侍立。見余而噪曰學士過矣。長老喜而出。余亦出。但與相揖。而時無通事。不得發語。各於掌中。指劃數字。以示繾綣之意。
198	9 月 28 日丁酉	（前略）馬守兩長老復來見使臣。奉行平眞賢。來入謁。爲言開月初一日奉傳國書。初五日試馬才。初九日設宴於馬守家。十一日來致回答國書。十三日設宴享。十五日回程。關白已有成命。可無遲滯之慮云。
199	10 月 1 日庚子	晴。未明。參望闕禮。去夜島主長老來見使臣。以爲傳命時儀註。纔已講定於執政而未及謄出。使奉行畢謄後呈納云云。而曉頭持來者。乃倭諺亂草。不可分曉。奉行言雨森東病臥。他無解書者。不能翻作眞文。使臣以儀註未

		明則不可率易傳命。使之急招松浦儀。則辭以倉卒難書。蓋倭人之文。率多汎然模糊。而短於模寫。故皆有難色。不得已余與譯官朴春瑞。俱出外廳。招奉行細確其狀。而後以譯爲文。
200	10月3日壬寅	（前略）與余談論亦不凡。餘不盡錄。連日在館。尋常詞客之來見者相繼。詩唱和及筆談酬酌。苦無閑隙。又有自外請乞者。因雨森東兩長老而達之。曰集序曰題畫曰贊像曰詠物之類。皆願手書押圖章而去。令人汨惱無暇。
201	10月18日丁巳	（前略）湛長老遣禪儀來訊。致蜜柑一籠。淸香溢吻。菖長老亦和余前日箱根三絶句。寄湛老以替慇懃。井爲詩謝之。
202	11月1日己巳	晴。曉參望闕禮卽發。崇朝而至倭京。（中略）素聞大佛寺。爲秀吉之願堂。此賊。乃吾邦百年之讎。義不共天。況可酣飲於其地乎。謹謝厚意。於是奉行裁判及雨森東。皆請謁。至前而白曰。願堂之説。日本人之所未聞。使臣叱退曰。毋多談。如是者再。而馬守與首譯相議曰。使臣之意如此。吾奉國君之命。無所逃罪。請於寺門外。別設帷幙。以稽從者何如。使臣聞之曰。必如其言。寺門稍遠處。一間舍足矣。何用區區設幕爲。馬守曰惟命。至是將自倭京。午飯而發矣。馬守兩長老。至使館之外。使首譯傳告曰。京尹聞幙次受供之意。大以爲不當。
203	11月2日庚午	晴。留倭京。馬守長老。知使臣意終不可屈。往見京尹而更議。則京尹曰。幕次及私館。在國君享使之禮。皆涉苟艱。決不當爲也。且使行之據理不往。以平氏故也。如以日本文蹟。發明其説之謬。則使行有何持難。因出其家藏日本年代記印本一冊。使之通示。於是馬守如其言。使奉行裁判等。致其一卷冊曰。此乃國中所祕之史也。其中某朝某年重建大佛寺者。在源家光立爲關白之歲。平源之不相好。貴邦之所知也。源氏之世。秀吉之子孫。無遺類。豈有築寺而崇奉之理。是書之出。足以破願堂之訛也。使臣遂以冊中所載年記考之。其爲家光所建則果然。俄而馬守長老。更申前懇曰。祕史之出。只欲使閣下。知此寺之設。非平氏也。夫旣考諸信史。而一破傳聞之疑。則似無不往之義。請灑掃張具。以俟高駕。三使臣遂合議。正使公以爲。曩吾得於傳説。而聞是寺爲秀吉之願堂。故牢守不入之議。今吾徵於信史。而知是寺爲源氏之所建。則歷受暫時之餉。事理無妨。
204	11月3日辛未	（前略）食後發行。余隨正副兩公後。東南行十餘里。到大佛寺。寺在平街閭里間。殿閣高大。梁柱皆全木而塗金。坐觀音佛金像五六丈。兩長老揖余於廡下。小坐敍話。有僧周恬字智門號玉芝。面貌多雲月氣。是湛長老高弟。禪學頗精。與余修款謂曰。近從敝師。見公文藻。旁透佛理。風塵宦業中。着甚麽工夫。
205	11月4日壬申	（前略）余問辛卯使行時詩文。亦已登梓否。倭言其詩篇什最富。至今散在諸人。而未有收拾成編者云。湛長老以大坂新刊星槎答響二卷示余。此乃余及三書記與長老答贈諸什。而所刊在赤關以前之作。餘未卒業。然計於一朔之內。剞劂已具。倭人喜事好名之習。殆與中華無異。
206	11月10日戊寅	曉雨朝晴。馬守於浪花江上。（中略）兩長老皆會。馬守進杯盤。所饋湯餅絲麪之屬。精潔可飡。觴罷。出而登舟。余與崔康津。復乘國書船先行。三使臣以下各船隨之。如去時儀。緣江兩岸。物色依舊。而觀光男女錦繡之眩眼者。視前益盛。所過。人人皆言好歸去。音譯可辨。夕到河口。望見菖長老。於綵舟上。遙揖使臣而去。異邦顏面。依然一夢場耳。自此移乘我國船。船中莫不欣欣有喜色。
207	11月22日庚寅	（前略）湛長老伻問頗頻。余夾童子世萬及馬州通事一人。暮至長老館。湛大喜迎揖而坐。設酒柑麪食數器。使通事替語曰。屢蒙所惠詩牘。頗解禪家宗旨。不但文華爲貴耳。余謝曰。風塵逮逮中六根俱熱。幸得浮杯和尙。開示西來意。甚荷法緣。長老出其畫像幀子示之曰。此吾可竹軒物色具在。煩公一賞。余見淨舍在蒼崖下。長老披紫衣趺坐。四面蒼竹簇簇。陰涼脩然。不似世間人所居。因謂長老曰。不佞與此君有素。蓋於密州舊庄。手植百餘

（つづく）

		竿。竹下有泉。日青泉。
208	12月 8 日丙午	未明行船。午後到赤間關。（中略）湛長老遣禪儀候問。以赤關名硯表忱。諸生之以詩求和者亦多。而氣竭無好語。小倉以太守意。示子路畫像一幅。乞得贊詞。
209	12月13日辛亥	（前略）晡泊風本浦。使臣就館。余則留船上。夜大雨。自此西風尤緊。或雨或晴或雪或陰翳竟夕。七日淹滯。客思煩惱。湛長老所館。與船相近。貽書雨森東。約訪長老。夜與三書記。散步而往。雨森東及馬州通事一人隨焉。長老喜迎敍話。問唐詩李杜外。當以何家爲冠。余曰王右丞似賢。宋文歐蘇外。當首何人。曰朱紫陽在。卽不須論歐蘇。而若只許文藝。半山亦能。湛皆點頭。又問朝鮮寺刹之制何似。而僧法亦有宗派否。曰聖朝崇儒斥佛。佛宇皆在山巖絶頂。不與民俗雜處。士大夫無剃髮奉法者。然高僧異釋。前後輩出。法有禪教二派。服緇衣袈裟錫杖瓢鉢。但着白布巾。名曰曲葛。又問巾樣如何。余摺紙成樣。書前後面而示之。湛熟視而言佛書無此法。殊不可曉。又問公平居。亦讀佛書否。曰僕坐病懶。
210	12月26日甲子	晴。湛長老邀余一會於以酊庵。通于奉行具輿馬。薄暝余及三書記偕往。自使館南行五里餘到庵。雨森東已先在堂矣。入與長老序揖而坐。所談皆一。別無復見之言。兩情依依不能盡。余作畫像贊詞手書幅中。並錄秋篁詞。以答前懇。又以紅綠箋芙蓉香蜜果等物。贈長老。幅巾一枚。與雨森東。東謝曰。縞紵之遺。古賢所貴。謹當十襲珍重。以替他日顏色耳。長老使禪儀周鏡等。設飯麪酒果餅餌。物物精楚。話至二更而別。庵之勝。以目境在昏夜中。未記其詳。而大抵與闤闠稍間。洞岳高邃。松杉橘柚枇杷之屬。夾路蒼蔚。有米錢公廩僧徒四人。徒隷亦具釋子之官居可樂也。明日長老。遣禪儀周鏡替謝。致刊本冊子數部。漆箱畫帨。別具求肥飴一筬曰。聞公有北堂之思。奉助甘旨云云。求肥飴者。狀如黑餹。軟甘味厚。宜老人之湌耳。余復作書。以敍感意。諸僧亦各抆淚而去。
211	12月29日丁卯	晴。食後三使臣。鼓吹發船。太守長老出來。隔浦相揖而去。
212	附聞見雜錄	○僧徒有官品紫衫者爲上。黃衫者次之。餘皆緇衣。衣制略如深衣。而兩袖廣闊。裳幅或直或殺。袈裟如我國僧所着。而長廣有加。領前合襟處。用鐵環拘之。皆內有寒暑長衣不設袴。頭無冠巾。卽湛長老菖長老。入見使臣。亦以赤頂對坐。江戶傳國書之日。兩長老入關白宮庭。始見其頭上有物。如櫝蓋之狀。長可尺餘。廣可容頭。漆以黃色。戴於頂上。後掛兩肩。

寬延元年（1748）。曺命采『奉使日本時聞見錄』

213	2月24日戊寅	（前略）未及府中十餘里。島主又送使問安。使者再拜於船上。三使各於其船樓出坐。擧手答之。（中略）以酊菴長老僧亦出迎。與三使各立船上相揖。而黃冠黑衣。其狀異常矣。
214	2月28日壬午	晴晚陰。留西山寺。（中略）以酊菴長老。亦以杉重素饌送問。而單子月日下。只着翠岩圖署。不書名字。非前例也。以此意言于延接官。而退送之。移時後。卽改書以來。而去翠岩之號。書以承堅名字。始令受之。
215	2月30日甲申	朝陰晚晴。留西山寺。島主答書契。尙不回來。蓋聞關係交隣文字。皆委以酊長老。長老卽江戶之差送也。管攝島中之政如唐之監軍。而搆草答書甚患艱辛。以致遲延云。似是實狀矣。
216	3月 1 日乙酉	雨。夜大注。留西山寺。（中略）以酊長老以詩律一冊。送示使行。而詩中有以雛鷺爲題者。怪而問之。則近來始有此鳥云。而亦未可知也。
217	3月 5 日己丑	雨雹仍晴。日氣寒冷。留西山寺。（中略）移時後。島主始出來。三使以紅袍紗帽。設三重席西向。又東向設島主，長老之座。（中略）以酊長老繼至。楹外迎揖亦如之。遂相與入楹內座席下。行鞠躬再揖禮。俱就座。西山長老亦隨來而立於酊長老之下。

218	3 月 11 日乙未	(前略) 及至于倭人之所謂廣間廳。太守與以酊長老出迎。
219	4 月 28 日辛巳	微雨。留大阪城。慧日山石二庵長老守英。來待大阪。與以酊僧交遞護行。而送詩于使行。
220	4 月 30 日癸未	晴。留大阪城。延接官來問候。仍言馬州守及兩長老。今日當來見云。食後聞皆到饗廳。三使出見之。馬守先慰日昨火患。次以明當離發爲言。兩長老各致問安而已。行蔘茶一巡而罷。
221	5 月 2 日乙酉	(前略) 此則謂之東寺者也。入館所小息。馬守及兩長老請見。主客俱以公服相接。馬守先慰行李之平穩。因言江戶執政書賀信行之無事下陸。此乃東武消息。故提告云。
222	5 月 4 日丁亥	陰。昨日兩長老先往森山前站。見使行不至。還遣首座等問候曰。留宿大津。或有病患而然否。玆用馳探云。
223	5 月 5 日戊子	(前略) 館所卽宗安寺。(中略) 兩長老有送饋昆布。
224	5 月 9 日壬辰	晴。留岡崎。馬守及兩長老。要相見三使。將見江戶使者之故。馬守要致殷勤之意。而仍慰雨中行役也。行蔘茶而罷。
225	5 月 15 日戊戌	(前略) 川之東卽駿河州地界也。入夕站藤枝村。過市閭數里許。而入館所。此是倭人之私屋。而太守之往來江戶者。皆宿于此。給房錢云。供帳之具。皆如過站。而惟硯匣之屬。甚奇巧矣。本多伯耆守藤原正珍。食祿四萬石。送使問候。饋以檜重。馬州守及兩長老。亦皆送使問候。
226	5 月 19 日壬寅	(前略) 入藤澤。至館所。卽相模守客館。而凡百頗精洒。若狹守清和源劃寬。食祿三萬石。親來問候。饋以杉重。三房以其所饋。送馬守及兩長老許。
227	5 月 21 日甲辰	(前略) 午時。到館所。館是本願寺。在江戶之東。而卽市肆之中矣。(中略) 馬守來館所問安。(中略) 兩長老皆有問候。
228	5 月 22 日乙巳	兩長老亦入來相見。行蔘茶而罷。
229	5 月 28 日辛亥	晴。留江戶。以傳命改擇日事。馬守回答書。今始來到。館伴問侯。以爲昨日所受書畫。皆是善手。前日使行之所未嘗見者云。兩長老俱有所贈。卽烟草。聞承堅之在馬州酊庵也。瓜期春滿。而以使行之壓境。仍留護行。今始交替於守英。歸於江戶之三秀院。而又護送使行。至大阪還歸云。
230	6 月 1 日甲寅	(前略) 至第三門。卽所謂中御門。三使亦下轎。自此門路鋪麤席。廣連五幅。馬州之奉行二人。先爲出迎。而行過若干步。則馬州守及二館伴。四目付，兩長老。皆迎揖前導。
231	6 月 3 日丙辰	(前略) 出馬之時。奉行輒趨告于關白樓下。馬路平廣。而間有泥陷處。馬足沒焉。立而還坐。僅免墮馬。待其出泥。旋卽起立。宮中觀光者。莫不喝采。蓋其泥陷處。則故設而欲試之。見其善馭而後。始令從便路馳馬。盡各技而罷。倭人有曾經辛卯，己亥者。言於我國小通事曰。今番馬才。大勝於曾前信使時云。大目付，英長老等。來館所問候。
232	6 月 6 日己未	午後小雨。館伴，馬守送奉行來邀。例也。巳時。三使具紅袍烏帽。依馬島赴宴時例。將出往。館伴出大廳。揖而送之。(中略) 及到馬守家。見門外壕上。皆覆木板。其邊又設竹欄。蓋慮人馬之紛沓。而防其跌墜之患也。入門下轎。新設行閣。連亘大廳。而奉行等迎揖於轎前。引上大廳。行署干步。馬守及兩長老出迎。至正堂行再揖禮後。轉入後堂。宴卓已設。客主直就交椅上對坐。宴品盃巡。皆如馬島饗儀。
233	6 月 13 日丙寅	馬守，長老送使問安。
234	6 月 16 日己巳	晴。行到箱根湖下流。(中略) 中火後離發。到山中村。入休屋少憩。而初更末到館所。馬守及兩長老皆送使來問候。
235	6 月 21 日甲戌	(前略) 日落時。抵吉田館所。馬守及兩長老送人問候。
236	6 月 26 日己卯	(前略) 日入時。到守山館所。馬守，長老皆有送使問候。

(つづく)

237	7 月 1 日癸未	(前略) 仍請兩長老而來。與之筆談。贈以三使步和之詩。兩長老又有卽席所呈絶句。三使與之三疊焉。兩長老請見行中諸詞客。遂招製述書記。與之相見而罷。堅長老以手中彩扇托,
238	7 月 4 日丙戌	堅長老送其上佐來言。爲別使行。隨到于此。而爲風所阻。不得面別而歸云。蓋堅僧至此落後。還歸江戸之故也。
239	7 月 19 日辛丑	英長老亦送上佐而問候。
240	7 月 20 日壬寅	島主及英長老。以故例來見。(中略) 送首譯。謝島主長老之來見。更謝設宴相速。
241	7 月 22 日甲辰	英長老又請換飮。而行之畢。正使送言日。山海萬里。主客相隨。而今當別離。心甚缺然。行中有携來之酒。三使各勸一盃。而用我國之飮禮何如。島主笑答曰。荷此盛禮。甚感甚感。正使先執盃。飮歇。使小童洗酌。更斟進之島主。島主傳言日。飮盃之洗而更酌。甚非情愛。願令勿洗也。正使許之。副使及從事官又勸飮後。與英長老亦相酬。島主日。行次之日。當送別於船頭。而不過相望而已。缺然之心。願更進一盃也。三使許之。
242	7 月 24 日丙午	晴。南風。午後西風。又北風。日出時。行中俱出船上。辰末。島主及英長老。始乃出來。各乘彩舟。擂鼓前導而至港口停舟。見使臣之船過。而次第揖別。其再揖節次。與初迎使行時一般。島主送使者。更傳惜別之意。

明和元年 (1764)。趙曮『海槎日記』

243	10 月 24 日庚戌	(前略) 纔入浦口。島主及以酊菴長老僧。各乘彩船而迎候。舟相近。島主立于船上。行再揖禮。余亦以再揖答之。於長老僧亦然。島主長老。於副三騎船亦如之。島主平義暢。卽戊辰信行時。太守義如之子。年方二十三。爲人頗順良。雖蠻邦一島之酋長。亦可謂稍異於諸蠻矣。長老僧名龍芳號桂巖。容貌頗精潔。年今四十三。而聞以關白之令。來守酊菴。有若唐家藩鎭之監軍。故雖太守亦頗苦之。接待甚尊敬。而班次則坐於太守之下云矣。
244	正 月 21 日癸酉	晴。留大坂城。○朝島主及芳長老。以順涉大海。送伻致賀。
245	正 月 23 日乙亥	瞻長老呈納饅頭一樻。
246	正 月 28 日庚辰	始入于館所。卽是本國寺。地屬山城州。(中略) 馬州守及兩長老請見。以公服相接于大廳。到此後例也。
247	2 月 2 日甲申	晴。留大垣。(中略) 島主與兩長老來見。
248	2 月 4 日丙戌	晴。鳴海中火。宿岡崎。(中略) 二更到館所。島主與兩長老來見。謂以關白送使中路而慰問例也。三使以黑團領出迎楹外。行再揖禮。坐定後。島主傳語如接西京尹之時。使者以關白之意勞問。以謝意答之。勸茶而罷。
249	2 月 16 日戊戌	館所制度極宏闊。不讓於坂城，西京之本願寺。一行上下近四百人。幷留一寺之內。而恢恢有餘矣。所處廳前東南有小池。水未淸漣。魚或游躍。池之南。橫設短橋。以通往來。池之東。立柱水中。鋪板于其上。上鋪沙土。以作東庭。庭之東。築成小丘。多植嘉卉。梅花已爛熳矣。副使，從事所居處則間以數十步。雖爲向南。庭階甚狹矣。島主及兩長老並來外廳。問候而致賀。館伴則逐日問候。聞是例也。
250	2 月 18 日庚子	島主送執政于門外。與兩長老入見。行禮如前。初欲以從速回程之意。
251	2 月 26 日戊申	乍陰乍雨。留江戸。○島主及兩長老來見如禮。以明日關白宮赴宴之際。凡事一如儀註而爲之之意。申申懇囑。此亦例也。儀註則一從戊辰前例。而至於稱酒一節。改之以空罐作注形。以空盃稱之云矣。
252	2 月 27 日己酉	自宮城門至第三門外。又渡濠橋而入。此爲宮城內城也。至第四門外。首譯始下乘物。至第五門外。使臣始下轎子。自內言之。爲第三門外也。下轎入門。首譯先已奉出國書。承之以盤。在前而行。使臣隨後。兩館伴，島主,

		兩長老及目付源滿英。出迎於門內。相揖前導而進。
253	2 月 28 日庚戌	陰。留江戶。○午間。馬島守及兩長老來見。島主呈筆談。筆談在下 蓋是傳命無事。禮度有節之致賀也。蔘茶一巡而罷。
254	3 月 5 日丙辰	朝陰晩晴。留江戶。赴馬州守宴席。(中略) 門內斯設行閣。接于大廳。兩奉行迎拜於下轎所。答以一揖。上廳到歇所少憩。島主與兩長老出迎。轉曲行六七十步。至正廳。行相揖禮。員役以下望空再拜。如府中宴時。島主引導行三四十步。轉入後大廳。廳廣可謂三四十間矣。主客分東西。就坐交椅上。宴床已排設矣。宴需，花床，九酌七味之禮。一如府中公宴。
255	4 月 5 日丙戌	陰雨終日。還到大坂城。(中略) 馬島守與長老館伴町奉行。咸來外廳問候。
256	4 月 13 日甲午	若有影響可疑。隨卽查究云云。似有推諉於坂城地方官之意。至其所率。則若有可疑云云者。可以左右看矣。其所遣辭。極爲陰譎。聞是紀蕃實之所撰也。其草本中。初有豈客外人寅夜攔入云云之句。而今乃付標。且無馬州員役查究之言。其意顯欲歸之於自中之亂。而掩覆其馬州人之所爲也。白日之下。安敢爲此凶譎之計乎。首譯以事理責諭其不然。使之改本。則今示此本比初本。不無摧謝之意。此非爲首譯之言而然也。蓋亦有由而然矣。變怪之後。馬人則明知其出於渠徒。故不欲現露。游辭掩覆矣。聞於昨日馬州守往見坂城尹。欲爲彌縫之計。坂城尹責之。兩長老及公議齊發非之。且坂城之廉探得實。事機漸露。馬人將不得售其奸計。故始乃改其回書草本。而猶不無左右看之意。其情態之閃忽。誠可痛也。仄聞傳語官中一人。公然逃走。極甚可疑云矣。
257	4 月 14 日乙未	或雨或晴。留大坂城。○仄聞昨今以來。馬人輩頗有驚遑悶燥之色。知其陰事之綻露也。午間坂城町奉行來候送伻。故以查得賊人。依法償命。以保交好之意答之。馬州守回答書契。書契在下 始爲來傳。而一如昨日所見之改本矣。島主許再貽書契及兩長老許貽書。鮮人而逃走之意。投書於傳語官廳中而逃亡。經宿於淸福寺云矣。
258	4 月 16 日丁酉	晴。留大坂城。(中略) 以酊菴長老龍芳。以瓜遞歸。其代則戊辰酊菴僧守瑛號玉嶺者。再任差來。
259	4 月 20 日辛丑	晴。留大坂城。○朝前島主送伻。謂以崔天宗被刺事。轉報江戶。回答今才還到。食後當爲來傳云矣。加番以町兩長老委來外廳。亦以爲頃以羽書馳報江戶。今有回答。欲爲先謁於島主未來之前云。其意似欲先島主而來通於我行。以示德色也。蓋町菴僧則於馬島。殆若監軍。故馬人輩本自厭苦之。已成猜嫌。且於今行。不無相較之端。及至事變之後。兩長老則顯有摘發馬人。因事雪憤之意。馬人則疑之以不干僧人參涉查事。彼此媢嫉。便成仇讎云。僧人之發憤。雖未公正。亦係爲我行嚴查之意也。雖然馬人旣不可終棄。則固不宜自我而顯示右僧之色。以移其橫加之悍毒也。且今查事方張。逮捕漸多。此時我邊則惟當靜而俟之。渠輩中自相猜克者。非我所關。故三使相議。以島主未來之前。先接兩長老。有違前例。與島主一時相接爲可云爾。則兩長老又請島主起去後。從容告達云。故更以所言公則當公言之。何必待島主之去乎。如有所欲言者。相接時言及云爾。則兩長老不無泄鬱之意。
260	4 月 22 日癸卯	晴。留大坂城。○朝前兩長老又請獨謁。所欲告者未知何事。而再昨以後。馬人輩大生慍憾於兩僧。不無致疑於使行之意。其習雖極可痛冒虛名而受實害。亦所當戒。故又以適有身病。不得相接。少待病差。與島主同見之意答之。
261	4 月 23 日甲辰	晴。留大坂城。○兩長老又欲請謁。故以獨接之無前例不許之。夕間島主送伻以爲。自坂城尹送言。欲令兩長老相接於使行。玆以伻告云。兩長老旣不得獨接。故往囑於坂城尹。致疑島主之阻搪。故島主不得已有此送伻。而其意則必不欲許其獨接也。三使相議。以兩長老屢請相接。而與對州太守同時

(つづく)

		接見。自是有信使以來應行之前例也。今何可捨前例而創新規乎。兩長老如有可言之事。與太守同枉。則當强病出迎。又或不然。則以書牘相問。未爲不可。以此意傳通於兩長老爲可云爾。則島主使者要首譯謄書伻言而去。其意蓋欲自明於兩長老計也。御目付尙今不來。或云阻水或云排日而行。若然則關白之令緩。可以推知。馬人之售奸。亦可慮矣。
262	4 月 24 日乙巳	晴。留大坂城。○午後島主送伻以爲。細聞事實。則自江戶有所分付於兩長老。或慮使行之與島上有所相失。有此探問之擧。自使行終不許其獨接。則太守之見疑於江戶。無以自解。懇乞卽許相接。探問之際。其所答辭。惟在使行之處分。而使行之不許獨接者。實遵前例。亦知至當。太守謹欲同往。而行禮後卽當先退。暫許兩長老之仍坐。各伸事例云云。三使相議。以謂果有江戶之所欲問者。長老之一欲傳致。事理當然。特其獨接之請。有違前例。且慮島主之致疑含憾而然也。今聞事勢見此。然後似可以釋疑。故依其送伻而許之矣。今番變怪。實由兇毒下輩之作孽。豈必以此致疑於島主乎。雖未能嚴束於常時。亦不卽摘發於變後。豈可以此說道於長老乎。或有別護行云云。而其所利害。旣未的見。則徒爲示弱之歸。只使馬島守護行信使。是乃百年舊例。何可捨正例而取別格乎。天宗變怪之後。吾行若或恐㤼。不思償命之道。遑忙卽歸。見侮於彼人。則不無後慮。而今旣久留。必竢罪人之正法。
263	4 月 25 日丙午	晴。留大坂城。○島主送伻以爲兩長老事。報于坂城尹。則亦以爲使行所執當然。兩長老不必請見。以書牘爲之爲可云。而長老猶以戊辰之例爲據。許接無妨云云。所謂戊辰之例。其時太守先至。長老追到。閒漫吟咏而罷。此非獨接可據之例也。以此答其伻焉。目付尙今遷延。極可怪訝。或言目付已受東武之旨。來卽處斷云。若然則可以速出場矣。
264	4 月 26 日丁未	晴。留大坂城。○午間兩長老果爲書契 書契在下 以不許獨接。略示慍意。盛言大君之命城尹督査。實爲使行解悶也。若有蘊蓄。必當書示云云。其下端條例三件。一是城尹嚴査。請察其勤念也。一是頃對對守時。罪人正法云云。訛傳者也。一是天宗初無爭詰之端。而供出反此云云也。三使相議。卽構答書。答書在下 先示致謝於東武及城尹之意。繼論酬酢訛傳之事。爭詰有無之端。尾之以弊行所望。只在於明加究覈。亟斷常刑之意。長老原書顯有誹斥島主之意。屢有蘊蓄書示之言。而島主旣不可永捨。設有蘊蓄者。有不可自我先發。雖不無致疑之端者。旣不十分明的。則又何可發說乎。兩僧人之書問。非不知爲我之意。而勢末由盡情矣。使譯官往傳答書。亦以勤意可感之意送伻。則兩長老亦無慍意云矣。馬州差倭輩聞長老之有書契。頗懷疑懼。及聞答書辭意。還爲感謝云云。
265	4 月 28 日己酉	晴。留大坂城。○朝聞御目付曲淵勝次郎徒士目付淸水又八山岡幸七郎小人目付等合九人。自江戶始爲入來云。而其實則日前已到西京或坂城。坐待査獄畢究而後。方爲露出云矣。午後御目付等與町奉行及兩長老同爲參坐。盤問諸罪人二十餘人。痛楚之聲。多聞於外。犯夜而罷。似是已奉東武之令。自爲勘斷。而罪人某某之分等用法。未卽聞知。可鬱。
266	4 月 29 日庚戌	陰。留大坂城。○朝者町奉行委來外廳。使首譯送伻曰。傳藏今日當行刑。三首譯及軍官當爲參見云云矣。島主亦送伻以爲。傳藏今當正刑。委此仰報云云。卽使三兵裨三首譯等。同往監刑矣。飯後以町加番兩長老來言。我國用法。有使刑狀示國民者。又有不當示者。而今於傳藏。當不可示之法。若强請則當啓聞。而不得則徒費多日而已云云。(中略) 速許我人之參見。一以伸約條事例。一以示明白正法之擧云爾。則兩長老始極持難。終以相議於刑官云。而觀其所爲。顯有操縱之意。良可痛駭。
267	4 月 30 日辛亥	晴。留大坂城。(中略) 兩長老來言。傳藏行刑時。朝鮮人之參見一節。城尹許之云。而顯有德色之意。且曰明日卽朔日。日本人以德談拘忌於行刑。所謂德談之說。

268	5月2日癸丑	晴。斬賊人傳藏。仍留大坂城。○平明江戶大目付町奉行兩人護行兩長老。並爲來會於外大廳。要與三首譯同參。故使崔鶴齡李命尹玄泰翼等往見之。則拿入罪人傳藏。以殺人逃走。施以極刑之意。高聲分付。而以此爲之結案。重獄罪囚。豈有如許之結案乎。
269	5月3日甲寅	晴。留大坂城。○兩護僧先以獄案草本。送示於首譯。見之則傳藏直招。槪同於前日所聞。餘外傳藏下人及其兄等所供。皆以不同情粧撰之矣。觀其獄案。專不成重獄體格。他國之獄式。有不可糾正矣。此何等重獄。而正犯一人之外。豈無干連知情者乎。卽使首譯以此意通於兩護僧。且以爲頃日長老之書。旣謂之覈發則必生蔓延。其所論法。自有差等云矣。到今同參查坐。而不爲勘律於餘黨者。前後矛盾。不成事理。更欲書問於諸查官云爾。則護僧以爲當議於諸查官而仰報云矣。日本之俗。以僧爲貴。至爲僧設官。雖以馬州以酊僧言之。必爲參涉於交隣文書者。已成例習。今番兩僧則以江戶之令。同參於查事。而馬州守則以儐使之任。不敢與焉。想必以事出於馬州。職失於護行有所咎責之論而然矣。凡係獄情。想不得詳知。雖知之亦必不報於吾行。且輒推讓於兩長老。到今事勢。與兩長老往復探情之外。無他道矣。
270	5月4日乙卯	晴。留大坂城。○兩長老回答書契及獄案 書契獄案在下 來到。書契中有曰。罪人傳藏從兄以下。當待科程日滿。放逐有差云。故以小紙書問其意辭。則答以囚禁日限。放者放之。逐者竄逐也云云。故更以小紙書問曰。囚禁日限。被放之者爲某某。竄逐者爲某某。幷爲詳錄以示云。則又答以處斷後詳錄以送爲計云云。蓋於近日連以餘囚勘斷之意。累度送言於諸查官。且以未知諸囚之勘斷則行期不可猝定之意。言於彼人輩矣。諸查官想必有所勘定。故兩長老錄送之也。以獄體國綱言之。則當死者必非一人。而諸查官以爲。傳藏旣云獨當殺人。而初無同議者。諸囚累加栲掠。終無以造謀承款者。不可施以重律云。而自我旣無以明言其造議者之爲誰。且未詳其查庭諸招之如何。則勢將以一人正法。餘囚竄逐。了當此獄矣。日前傳聞諸囚中多有抵死之罪。故意其干連之稍緊者。當用同情之律矣。自大目付入來之後。忽有只施法於傳藏之議。故使首譯書小紙探問於兩長老曰。傳藏下人。最初口達曰。
271	5月5日丙辰	晴。留大坂城。（中略）江戶之使兩長老請其獨接者。欲探使行與島主失和與否也。
272	5月6日丁巳	朝雨晚晴。發大坂城。宿河口船上。○兩長老雖有放逐者錄送之言。而離發坂城之後。事情眞僞。他無憑探之路。
273	5月15日乙未	晴西南風午洒雨。留西山寺。○曉行望賀禮。漸近故國。益切戀闕之忱。午間島主與酊菴長老來見。還到府中後例也。迎揖如例。
274	5月19日己亥	晴南風。未時離馬州。初昏到芳浦內洋。留船上。○馬州差倭輩必欲延拖日字。連乞退行一二日。而島主亦以此送伻並皆不許之。當日平明乘船。則差倭以下。稱以未及治行。不卽來待。故午後因潮退回船頭。行初吹令。則於是馬人紛走來會。島主長老亦以船上揖別。乘船出洋口。各船以次而行五六里。三使與島主長老各立船上作別。行相揖禮如來時例。旣離馬州。
275	答兩長老書	
276	兩長老與首譯筆談	

文化8年（1811）。柳相弼『東槎錄』

277	3月29日	（前略）酊菴長老者自江戶而來。迎接之儀。一如島主。衣則眞紅袈裟。頭戴黑漆圓冠。上尖下廣。左右羅立之僧。頭無所着。皆衣黑袈裟也。
278	4月1日	晴。平明行望闕禮於國書奉安正廳之前。午間酊菴長老遣价問安。午後島主

（つづく）

		亦遣价問安。
279	4 月 4 日	晴午雨。島主請見兩使臣。至中門外下轎。三堂譯出迎。卽入解一劍授從者。脫履步入。頭戴所謂天神冠。如紗帽樣。後垂一角。兩使具公服出軒前。迎至中軒。行再揖禮。酊菴長老亦請見。迎接之禮。（中略）兩長老亦問候。島主背後三人戴風折巾。持劍侍坐。且有四人着青衣曳長袴。供給使令。酊老衣如前所睹。背後四僧侍坐。皆黑袈裟露光頭。進茶啖。俱不下箸。請退去。下席揖送。
280	4 月 7 日	晴。酊菴長老送杉重一備。兼呈一律詩於上使。
281	6 月 25 日	朝雨暮陰。是日卽乘船日也。午後奉國書。兩使鶴氅衣臥龍冠。出館乘船。島主及長老僧先乘各其彩樓船。對上船相揖禮畢。卽下陸。
282	6 月 26 日	晴。雖得利風。彼人例納船俱什物。趁未備上。故勢難發船。食後兩使下船。往遊酊菴。酊菴長老出見後。製述書記與諸僧和韻。秉燭而歸。仍宿舟中。是日先來船發去。

注）本表は，韓国古典翻訳院ホームページの韓国古典総合データベースを利用して作成したものである。その際，次のようにして作成した。

(1) まず，上記の韓国古典総合データベースのうち，『海行摠載』所収の朝鮮通信使紀行類を対象として，「以酊」「長老」「玄蘇」「玄方」の四つのキーワードそれぞれによって該当史料の候補を抽出した。

(2) 抽出された史料のうち，以酊庵輪番僧の動きが分かる部分をさらに抜粋抄録するとともに，当該部分を原文と対照させながら編年整理し，古い順に通して整理番号をふった。

(3) 派遣された朝鮮通信使（一部は回答兼刷還使の時期を含む）の年次ごとに区分し，その冒頭部分に元史料である日記の名称を示した。

第8章　朝鮮通信使延聘交渉と梅荘顕常

はじめに

天明六年（一七八六）九月、十代将軍家治が没し、翌年四月には家斉が十一代将軍となった。新将軍祝賀の朝鮮通信使が準備されるのは通例である。しかしこの度の通信使は、紆余曲折を経て文化八年（一八一一）に対馬府中へ派遣されるよう制度変更がなされた。いわゆる「文化易地聘礼」である(1)。この制度変更は、まず来聘延期（延聘）交渉から始められ、その妥結に引き続いて行聘地変更（議聘）交渉へと展開した。その経緯について、当該政策を推進した老中松平定信自身が『宇下人言』のなかで言及していることは、これまでにもよく知られた事実である。

たとえば、「もとこの聘使此國へ来るは、かつて美観とするにはたらず。あるは日本之腐儒どもみな出て、鶏林人と唱和して本意なる事にもおもひ、又は道すがらの盛衰見られても益ある事にもあらず」とか「さればこの聘使てふは美観とするにはたらず。況や巡視清道の旗をたて、上々官などいふは通辞のいやしきものなり、三使などいふも貴きものにはあらざるを、御三家がたの御相伴あるなんどは禮のとゝのひしとはいひがたし」とする部分はとくに注目されてきた。定信の朝鮮通信使に対する否定的な見解に朝鮮蔑視観を読み取ってきたのである。

ところで、『宇下人言』のうち延聘・議聘交渉の核心部分に触れる以下の叙述についてはあまり関心が払われず、とりわけ傍線部分はこれまで見過ごされてきた感がある。

［史料一］

されぱいまその禮を制せられんには、させる事にあらずして力をも労し、又々正徳御新禮の如くにか成なん。しかればこの聘使は対州にて迎接してすむべけれ。この迎接の事、議せんにも同列にはいまだその人あらず。ことに朝鮮より聘使の義伺はんも程ちかければ、まづ延聘之義をなしてこそと一決し、その旨言上し、五山相國寺之僧侶など呼びてみづから談じ、延聘之義とり行ひしが、ことによくとゝのひて彼方にも尤に聞うけり。その延聘のことばとせしは、ちか比饑饉つゞき侍れば、その大費に給する事なし。只今はその下を救ふの故のみ也といひやりたりけり。それすらも対州の家老いなみてうけがはざりしを、いろいろへ申さとし、古川図書といふ家老よく任として対州へ行しが、半年ほどにしてその儀とゝのひし也。……

右傍線部分によれば、定信は、「易地聘礼」実現のためにまず延聘交渉から着手することとし、その方策については「五山相國寺之僧侶など呼びてみづから談じ」たという。ここでいう「五山相國寺之僧侶」とは梅荘顕常のことである。(2) 梅荘顕常は、天明元年（一七八一）四月～三年七月の約二年間、以酊庵輪番僧として対馬に渡った経験をもち、定信の諮問を受けたときには相国寺にあった。本章では、朝鮮通信使延聘交渉の過程を具体的に再検討し、そこに梅荘顕常がいかに関わったかを明らかにする。もって近世日朝外交交渉における以酊庵輪番制の歴史的位置についても言及できればと考える。

一　江戸聘礼延期論（延聘論）

田保橋潔は、松平定信による易地聘礼が「天明六年将軍家斉襲職後まもなく立案せられた」（田保橋潔［一九四〇］六四一頁）と述べるが、根拠は明らかではない。また、定信は、延聘に消極的かつ田沼意次と癒着した対馬藩江戸家老杉村直記を排除し、国元家老古川図書を江戸へ召し寄せて延聘を実現したともする（同前六四八〜六六二頁）。こうした先行研究での理解を念頭に置きながら、延聘交渉の概要を眺め直してみたい。

将軍家斉襲職を祝う朝鮮通信使は、まずは従来通りの江戸聘礼へ向けて準備が進められた。対馬藩は、将軍の代替わりを朝鮮側へ通告するために、天明七年三月に告訃大差使を、同七月には告慶大差使を朝鮮に派遣した。これを受けて朝鮮側は大吊訳官使を派遣し、一行六十六名は同年十二月二十五日、対馬府中に到着した。訳官使は予定される朝鮮通信使派遣の枠組みを議論することも任務としたから、天明八年正月二十二日、対馬藩と訳官使とのあいだで覚書が交わされている。それは、江戸での国書交換の儀式をはじめ通信使派遣に関わる詳細は改めて幕府の指示に従って協議するが、まずは前回＝宝暦十四年度と同様のつもりで準備しておく、というものであった[3]。

これよりやや先、天明七年十一月二十一日、対馬藩江戸家老杉村直記は、松平定信から「信使来聘の時期は戊年と仰せ出された（信使時節之義戊年と被仰出候義）」と申し渡された[4]。ここでいう「戊年」とは天明十年にあたる。告慶大差使派遣の三、四年後には朝鮮通信使の派遣を見るというのが先例だから、天明七年十一月段階の定信は、未だ公式見解としては先例の踏襲を表明せざるをえなかったことが明らかである。ここで［史料一］波線部分をあわせ考えれば、このころまでは、先例通りの江戸聘礼挙行が幕閣における主流を占めていたということであろう。

ところで、杉村直記に先の申し渡しをした前日（天明七年十一月二十日）夜、定信は寺社奉行松平乗完を介し、「御用有之候」として相国寺梅荘顕常の江戸出府を命じている[5]。顕常が京都を発つのが十二月五日、江戸到着は同

図 8-1　梅荘顕常頂相自賛（世継希僊筆）

十九日である。同二十二日、松平乗完の後任松平輝和から「御用」の内容が知らされた。その具体的な指示までは明らかではないが、延聘交渉と密接に関わるものであったことは間違いないであろう。(6)

さて、天明八年正月五日、松平定信は対馬藩国元家老古川図書の出府を要請した。(7) 同六日、七日に杉村直記が定信を訪ねて要請理由を問うたが、何も明らかにならず、江戸藩邸では通信使関係かとは想像したが不明であった。古川は三月晦日に江戸へ到着し、定信の指示に従って四月九日に若年寄本多弾正少弼忠籌を訪ねた。この日、本多は「いま彼国〔朝鮮〕の様子などを、とくとお聞きになるために出府を仰せつけられた（当時彼国之様子共得と御聞可被成ため出府被仰付候）」と古川の召致理由を述べ、いま朝鮮では武芸に励んでいるか、郡県の数はどれほどか、唐へも使者を派遣しているのか、朝鮮朝廷の人柄はどうか、その人の善悪は手紙で分かるかどうか等々、朝鮮の実情に関わる細々とした質問が古川にあてて延々と繰り返された。

四月十六日、本多忠籌から古川に対し、朝鮮通信使の来聘時期を延期するよう指示がなされた。天明飢饉で国力が疲弊する（「近年打続諸国凶作、民百姓困窮難儀」）なか、あえて前例通りに朝鮮通信使の来聘を強行すれば民心が離反してしまう、というのが大きな理由であった。いくら御誠信の間柄だからといって、自国の民が難儀するのも厭わずに異国人を招聘するなどとは、あってはならない道理だともいう。だから、「日本が凶年なので百姓の難儀を御憐みになる必要性、京都での大変事、とくに禁裏炎上等」について詳しく説明し、来聘時節の延期を要請して欲しいという。

これに対して古川図書は、二百年にわたる日朝通交は、日本も朝鮮も先例を守ることでこれまで維持されてきたことを述べ、延聘の難しいことを主張した。そして、仮に「凶年だから民を御憐みになる」が延聘理由として認められれば、この先、幕府側が通例通りの挙行を望みながら朝鮮側が同じ理由を楯に延期要請をしてきた場合には、対馬藩として立場がない、とも述べた。さらに、異国に対して「日本の富強」を示すのならともかくも、「凶年の様子」を示すのは問題だとした。

本多忠籌は、来聘すれば日本国内を通行するのだから「凶年により民百姓が衰微する様子は秘しても」分かる。だから「凶年之様子」は隠す必要もないという。また「凶年だから民を御憐みになる」を理由に朝鮮側が延期を求めてきた場合、筋道だった要請であれば認めても良いとも述べた。そして、朝鮮通信使の中止要請ならば朝鮮側も納得すまいが、今回の提案は延期要請なのだから問題にはなるまいという。このため、古川図書は自分の一存では決しがたいとして、改めて対馬藩としての見解を述べることとした。

四月十八日、杉村直記・古川図書の連名による「存寄之書」が松平定信と本多忠籌に提出された。定信へは杉村が、忠籌へは古川が持参した。「存寄之書」の内容は、本多の要請にはまるで対応せず、むしろ対馬藩側の事情に配慮しながら、日本が飢饉であることを伏せて延聘交渉に臨むとするものであった。そのため同二十一日に「存寄之書」は却下され、直ちに書面をもって延聘交渉に入るよう命じられた。

二　延聘を求める書翰

四月二十四日、古川図書は朝鮮側へ送る延聘要請書翰の和文草案を作成し、若年寄本多忠籌に提出した。そして五月二日、古川は出府後初めて松平定信と面会し、幕府側で準備された真文（漢文）での御書翰御草稿を手渡された。真文草案は、多くの場合は和文草案を提示された以酊庵僧が作成する。しかし今回は、「和文で草案を渡すと、かえって意図が十分に伝わらない可能性があるので、漢文草案を作成して渡すから、（その漢文草案を）以酊庵へ渡して外交文書として仕上げるようにと話し合って決めた（和文ニ而者、却而行違可申候ニ付、案文取調被遣候間、以酊庵江遣し候而、取調候様可被申談候(8)」という理由で、真文草案が渡された。五月七日、古川はくだんの真文草案を携えて江戸を出立し、七月十三日に対馬府中へ至った。古川自らが正使として延聘交渉に臨んだのは、同年十月からである。

ところで、これらより先の四月朔日、松平定信に呼び出された相国寺恵林院古道西庵は、梅荘顕常作成の真文草案に柴野栗山が手を入れた修正案を渡された。朝鮮側へ送る延聘要請書翰の真文案である。気づいた点について指摘せよという(9)。そして同四日、遠からず古川図書を呼び出すからとして、真文草案の準備が指示された。また、真文草案については本多忠籌に託すから、本多と対談するようにともいう。同二十六日、古道西庵は三たび定信を訪問して、柴野栗山添削案に対する顕常の再検討案を提出した。定信は、この再検討案で良い（「何分長老文之通、随分宜ク候」）と述べ、この真文案を奉書にして持参するよう命じた。五月二日、古川に手渡されたのは顕常再検討案であり、四月二十四日に古川図書が作成・提案した和文草案をもとにして作成されたものではなかった。

ところで、梅荘顕常が作成した最初の真文草案は、四月朔日には柴野栗山の添削修正案が出てきているのだから、古川図書の江戸到着（三月晦日）以前、それも顕常の帰京（二月十九日）前には出来上がっていたと見るのが順当だろう(10)。天明四年四月には、九日以後ほぼ一カ月にわたって幕府と対馬藩（杉村直記・古川図書）とのあいだで延聘交渉をめぐる議論が繰り返された。しかし、延聘交渉の申し入れ文書は、それより先に大方作成済みであった。文書は議論を踏まえて作成されたものではなく、幕府から一方的に示されたものであった。古川草案［史料二］と幕府作成案［史料三］との相違を簡単に比較しておこう(11)。

［史料二］(12)

一筆啓上いたします。貴国はますます平安とのこと目出度く存じます。さて、徳川将軍の代替りに際して信使を派遣して御祝詞を述べることについて、聘使が渡海すべき時節を決めて〔朝鮮側へ〕報せるようにとのことでした。幕府に問い合わせましたところ、来聘は先例通りとするが、近年、日本国は凶作が打ち続いて庶民が難儀しており、もっぱら仁憐の道を行い民を憐むことは政道の第一であるので、誠信の間柄にあってもそのようにすべきと思い、来聘の時節は暫く延期しようとのことでした。そのように御心得ください。具体的な日時が決まりましたら追ってお知らせいたします。先例と異なることなく聘使を派遣していただきたく存じます。以上、使者何某をもってお知らせいたします。また、別に目録を添えてわずかばかりの土産物を進上いたします。粛此不備

［史料三］

いまわが大君が〔将軍の〕御位を承けられて最初のときに信使の来聘を行うのは近例にあるところです。しかしながらわがくにはいま引き続く凶年で穀物は実らず、下民は難儀していて気の毒な状況にあります。大君が新たに御政務をお執りになるに際し、いまは御仁慮を働かすことが大変重要な時期ですから、老中たちもその意向を受けて撫恤をまず進めることとし、歳月を経るにしたがって御恩澤が行き渡るようになってほしいものだと念願する次第です。こうした時期ですから、いま信使が渡海してくれれば、在々所々の雑費がかかったり下民を使役するなどして、その労苦の結果は草木が萌立とうとする半ばで折りとるようなものです。それで大君は深慮の末に、老中たちに議論するようお命じになり、まずは来聘を暫らく延期してはどうかという事になりました。それで私の方より委細の事情を〔あなた方朝鮮側に〕説明し、万般を御諒察の上〔朝鮮の中央政府へ〕言上し、〔朝鮮国王の〕御允諾が頂戴できるようにしていただければと思います。そのため正官某・都船主某を派

遣します。彼らが直接に御目にかかってお話をいたします。

右に見るように、日本国内が飢饉で民衆に対する配慮が必要である（傍線部）から、しばらく通信使来聘を延期したい（二重傍線部）とする大筋の内容において両者は変わらない。ただし、古川案が、通信使来聘は先例通り行うのが原則であり、時期が来れば先例通りに来聘が行われると述べる（波線部二カ所）のに対し、幕府案ではそうした点に一切触れない。松平定信の意向は、将来的には来聘形式の変更を考えた上でひとまず延期というところにあったからである。

三　延聘交渉と以酊庵

五月二日、江戸出立を前に古川図書に対して松平定信は以下のように伝えた。朝鮮側との延聘交渉に際して、「倭学訳官〔日本語通訳〕や朝鮮語通詞による意思疎通では、もし少しでもニュアンスの違いがあったりすると問題を生じることもある（訳官通弁之儀ニ付、万一少々語談之違等有之候而者不容易事）」から、今回はとくに「すべて筆談で相互の意思疎通を行って、それら筆談内容をいちいち以酊庵等へも報せておくように（不残筆談を以互に掛合、一々以酊庵等江も申遣候様可被致）」という。対馬藩が即答できない事案については幕府へ判断を仰ぐようにともいう。出先の判断だけで交渉を進めてはならないことは本多忠籌も古川図書に繰り返し述べていたが、細かな交渉のつどにいちいち以酊庵へ確認を求めるのはあまりに非現実的であった。翌日、改めて古川が確認したところ、指示の趣旨は交渉経過を文書として残し置くところにあり、以酊庵へは事後の提出で構わないという。

七月十三日に対馬府中に帰着した古川図書は、同十八日に以酊庵僧建仁寺環中玄諦に幕府から提示された真文草案を提出した。「起居・時令〔文章の書き出し部分や時候の挨拶〕等は先例通り以酊庵が取り計らうように（起居時令等者仕来之通以酊庵申談取計候様）」とする幕府の指示を伝え、最終案の作成を依頼したのである。[13] そして古川図書が九月二十日に対馬府中を出船する前に以酊庵僧とのあいだで議論したのは以下の二点であった。

一つは、幕府による真文草案は一つだけだが、礼曹参判あて書翰と礼曹参議あて書翰が同文面なのはあまり例がない、とする以酊庵僧の指摘についてである。以酊庵僧は一方で「幕府から渡された草稿を〔勝手に〕変更するのは憚られる（公義より御渡被成候御草稿致転換候儀者憚ニ存候）」ともいう。古川図書は対馬藩真文役に検討させ、二つだけだが前例があるとして、同文で構わない旨を返答している。以酊庵はその検討結果にしたがった。

もう一つは、延聘交渉に派遣する使者の名目についてである。古川図書が「延聘使」を案としたのに対し、以酊庵僧は、そうした直截的な名目よりも「告事使」などとした方が良いのではないかとした。これも真文役の検討に委ねられ、いくつかの案が検討されたものの、結局は以酊庵僧が譲るかたちで延聘使に落ち着いた。

一方、以酊庵僧が最終案を作成し、朝鮮側に提示された文書は以下の通りである。

〔史料四〕

日本国対馬州太守平義功奉書
朝鮮国礼曹参判大人閣下
　維時金運正殷伏惟
貴国協寧虔祝無已玆者我
大君受
　位之初乃
貴国通聘之際例当在近但以

本邦比年凶倹穀物不稔億兆離凋弊之患
大君新政要在仁恵庶官承行一以撫恤為務庶
幾歳月弥久而膏澤之洽無遺也乃於是時
貴国大使儼然来臻則所在調発民徭奔命其
労苦之状猶卉木将萌而中折也
大君深軫斯慮命庶官胥議耑欲
通聘之事徐徐延期因使不佞委実申款萬
望
丙諒以
聞就承
允諾特差正官平暢往〔某〕都船主平暢亨〔某〕容口〔面〕
陳致左録輸儀聊旌馳悃幸賜
逌納更祈対時
休嗇式副遐禱粛此不備
天明八年戊申八月　日

右史料の傍線部分は、幕府提示の真文草案にはなく以酊庵僧が追加した部分、波線部分は、幕府提示の真文草案から変更された部分で〔　〕内が原草案にあった字句である。田保橋潔は、朝鮮側に提出された書翰は幕府から与えられた真文草案に「多少修正を加へたもの」とする（田保橋潔［一九四〇］六五四頁）が、幕府の指示通りに冒頭・末尾を新たに付け加えたものであった。

さて、十月二十七日に古川図書が倭館に到着し、翌年（寛政元年）五月六日に朝鮮政府中央から延聘を受け入れるとする正式の返答が到来するまで、節目節目の動向は松平定信に伝えられた。[14] しかしながら、交渉の当初、東萊府使が臨時の使者は応接しない原則を楯に文書受け取りを拒絶し続けたことや、日本国内における凶作や京都大火を理由にした延期説明が口頭でなされたのに、朝鮮側が大火についての言及が文中にないことを咎めたことなど、交渉の細部[15]については報告された形跡がない。『館守日記』天明八年十月～寛政元年五月（〔国会〕）でも細かな交渉経過を追うことはできないし、当該期の外交文書を収めた対馬藩政史料『両国往復書謄』百拾九・百弐拾（〔国会〕）にも関連史料は収録されない。とすれば、おそらくは以酊庵にも交渉の細部は知らされなかったはずである。

ところで、寛政元年閏六月二十六日、古川図書の代理として江戸へ赴いて復命した大浦左衛門は、復命に際して七通の書翰写を添付した。天明八年戊申八月付朝鮮国礼曹参判あて平義功書翰、同礼曹参議あて同、東萊府使・釜山僉使あて同、己酉年三月付対馬州太守平公あて礼曹参判金魯淳書翰、同礼曹参議金履正書翰、同己酉年五月付東萊府使金履禧書翰、同釜山僉使趙宅鎮書翰である。

これら七通はいずれも『両国往復書謄』に記録される。復命書に添付された七通と『両国往復書謄』所収文書とでは文面に違いはないが、日付に若干の差が見える。朝鮮側から送付された書翰は、『両国往復書謄』では四通いずれも己酉年四月付なのが、復命書では礼曹参判・礼曹参議のものが三月付、東萊府使・釜山僉使のものが五月付となっている。書翰の文面に手が入れられたわけではないから本質的には大差ないものの、対馬藩側がどこかの段階で同月付の四通を三月付二通と五月付二通とに振り分けたということである。復命は幕府によって了承されたから、こうした対馬藩の作為がチェックされることはなかった。

延聘を主題とする日朝交渉にあっては幕府側が主導的にことを進め、そこに梅荘顕常が関与した⒃。朝鮮通信使来聘における幕閣方針を松平定信が転回させる上で、梅荘顕常がどのように働いたかまでは明らかではないが、定信の意向に沿って諮問に応えたことは間違いない。

おわりに

これに対し以酊庵僧は脇役の位置を出ることはなかった。それは、以酊庵僧が幕府による対馬藩の日朝外交チェック機構であるとする従前の理解に再考を促すものでもある。本章では以酊庵僧が書き留めた『本邦朝鮮往復書』そのものを参照できなかったが、倭館東向寺僧によって書き留められた『両国往復書謄』を間接的に参照することによって、以下の点が指摘可能であろう。『本邦朝鮮往復書』が書き留められることそれ自体は対馬藩に対する牽制たりえない。以酊庵僧の責任で記録された文書と対馬藩から提出された文書との突き合わせがなされるような制度が整備されない限り、対馬藩による作為は発覚しない、ということである。

さて、延聘交渉が思惑通りの結果に終わり、寛政三年からは、単なる延期ではなく制度の枠組み自体を変更しようとする議聘交渉が始まる。この議聘交渉に際しても、梅荘顕常は改めて松平定信の諮問を受けた。この点の分析は今後の課題として残される。

付論1　朝鮮「信使」と朝鮮「通信使」

主として十七世紀初めから十九世紀初めに至る江戸時代の時期に、徳川将軍の代替わりを祝う名目で派遣されることの多かった朝鮮王朝からの約五百人からなる外交使節団を、こんにち「朝鮮通信使」と呼ぶことが多い。この「朝鮮通信使」という名称は適切ではないと主張する韓国人研究者もあり、日韓間における小さな論争となったりもする。ここでは、この「朝鮮通信使」という名称問題を検討することとしたい。

箕輪吉次「朝鮮通信使という名称について」

この問題に関わって、最近、箕輪吉次「朝鮮通信使という名称について――天和二年（一六八二）の史料を中心に」という論稿に接した。箕輪論文では、まず、五代将軍綱吉の将軍襲職祝賀のために派遣された天和二年朝鮮通信使に関わる対馬藩政史料のほか、『増正交隣志』『通文館志』『朝鮮王朝実録』『備辺司謄録』『通信使謄録』『春官志』などの朝鮮側史料、および『朝鮮通信総録』『徳川実記』などの日本側史料を検討し、それら史料中において「朝鮮通信使」がどのような語句で表記されているかの用例収集がなされている。その要点は以下の通りである。

第一に、対馬藩政史料には、信使・朝鮮信使・通信三使・朝鮮国よりの信使・朝鮮国之信使・朝鮮之信使、という用例が見えること。これらのうち「通信三使」は朝鮮側文書に見える記述を忠実に引き写したものに過ぎないから、対馬藩政史料における用例は基本的に「信使」であり、「信使」の修飾語として「朝鮮」「朝鮮国よりの」「朝鮮国之」「朝鮮之」といったものがあった。

第二に、朝鮮側史料には、通信・通信使・通信官・日本通信官・日本通信使という用例が見いだせる。「朝鮮通信使」も『朝鮮王朝実録』に七例を見いだすことができるものの、すべて宣祖二十八年（一五九五）における柳川調信ら日本側の発言中に見えるに過ぎない。また日本通信官・日本通信使の類例として琉球国通信官・対馬島通信使といった用例のあることも指摘する。

第三に、日本側史料で「朝鮮通信使」とする用例は、宝暦十四年（一七六四）の刊本『朝鮮通信使一行座目』など三例に過ぎず、「通信」の例も少ない。

以上の整理を踏まえて箕輪吉次は以下のように総括する。

> ⓐ壬辰倭乱、すなわち文禄慶長の役の時に集中的に朝鮮通信使という語が日本側から発せられていることから、この語を用いるには注意が必要となるであろう。ⓑ朝鮮王朝の立場では「日本通信使」、「本国通信使」「信使」が、ⓒ日本では、江戸時代においては対馬藩及び幕府の記録に見える「朝鮮之信使」、「朝鮮国之信使」、あるいは「信使」が適切な用語ということになろうか。しかし、確かに言えることは、ⓓ対馬藩が朝鮮側の用語を熟知していながら、「通信」という語を避け、「信使」と称してきたことである。

以上にしたがえば、箕輪の論点は、まずは以下の四つに整理できる。「朝鮮通信使」なる語は豊臣秀吉の朝鮮侵略の時期に日本側によって発せられた用語だから、この用語の使用には慎重であるべきだ（ⓐ）、朝鮮王朝側の立場としては「日本通信使」「本国通信使」「信使」の用語が適切である（ⓑ）、日本側の立場としては「朝鮮之信使」「朝鮮国之信使」「信使」の用語が適切である（ⓒ）。対馬藩が意識的に「信使」なる用語を選択した（ⓓ）、である。

これらのうちⓑⓒの二点は、天和二年を中心としながらも日本側・朝鮮側史料中における用例収集を幅広く行った結論であり、われわれが現在「朝鮮通信使」と呼び習わしている史実が、史料用語としてはどのような用例を実際に確認できるか、という点では概ね首肯できる。その上で、箕輪の収集事例を踏まえれば、われわれが現在「朝鮮通信使」と呼び習わしている史実は、江戸時代当時における日本側・朝鮮側双方に共通する用例としては「信使」というのが最大公約数となる、と付け加えることもできよう。

一方、ⓐについては、史料用語としての「朝鮮通信使」が得られる事例として、時期的な特徴があることの指摘としては、きちんと受け止める必要性があるだろう。しかしながら、そのことと、われわれが現在この史実を「朝鮮通信使」と呼び習わしていることとを直結させることには違和感を覚える（後述）。

また、ⓓについては、仮に箕輪のいうように対馬藩が意図的に「『通信』という語を避け、『信使』と称して」いたとするならば、それがいかなる意味をもっていたのだろうか、明言されていないだけに箕輪の真意が測れない。そもそも朝鮮側に「信使」と称する事例がなく朝鮮側が常に「通信使」とのみ称していたのならばともかく、ⓑによれば朝鮮側用例にも「信使」の見いだせることが明らかなのだから、「対馬藩側が、意図的に朝鮮側の用語を忌避した」というような構図は想定しがたいのではないか。

朝鮮通信使の使行録に見える事例

朝鮮通信使の使行録中に見える用例について、いくつか検討しておきたい。ただし、現段階では現在伝来する使行録のすべてを網羅的に検討したわけではなく、また検討した使行録についても見落としがあるかもしれない。なお、箕輪は使行録に触れながらも、使行録中の用例については未検討のようである。

先の箕輪論文が天和二年の朝鮮通信使を扱っているので、まずは同年の使行録中の用例を挙げる。洪禹載『東槎録』の冒頭には「……新関白承襲後、請通信使」（『国訳海行摠載』VI、原文編二三頁下段、以下「VI23下」と示す）とする記事があり、これは対馬藩側が朝鮮通信使の派遣を朝鮮王朝側に要請してきたことを示す。ただし、記録はあくまで朝鮮通信使のものだから、対馬藩側が「通信使」なる語を用いたかどうかは分からない。少なくとも朝鮮側が「通信使」と称していたことが分かる事例である。また、八月二十三日条に「……答以通信之行。已過二十八年之久。今奉貴行。不勝萬幸。……」（Ⅵ32下）とあるが、これは江戸で朝鮮通信使と対談した対馬藩主の発言である。これによれば、対馬藩側も、少なくとも朝鮮側に対しては「通信」なる語を用いていたことが分かる。このほか『東槎録』には「通信正使」（Ⅵ38下）という用例も見える。

同年の朝鮮通信使金指南の『東槎日録』には、朝鮮側・日本側それぞれが用いた「信使」の用例がある。Ⅵ39下、Ⅵ49上には朝鮮側のものが、Ⅵ49下、Ⅵ50上には日本側（江戸幕府の幕閣）のものがある。また収録された漢詩文のなかに「扶桑通信使」という表現も見える（Ⅵ53上）。

元和三年（一六一七）の李景稷『扶桑録』では、使用者が三通りに異なる「信使」が見える。Ⅲ3下（対馬藩側の発言中）、Ⅲ14下（本多正純の書契中）、Ⅲ20上（朝鮮通信使の発言）、である。また八月二十日条では、朝鮮通信使が幕閣のひとり本多正純を指して「此人管朝鮮信使之事」（Ⅲ9上）と述べる。また、寛永元年（一六二四）の姜弘重『東槎録』巻末には「与送通信使書」が収載される。

享保四年（一七一九）の申維翰『海游録』には、朝鮮側用語として「通信正使」（Ⅰ48下、50上）や「通信」「信使」（Ⅰ48下）がある一方、林信篤が筆談中で使用した「朝鮮信使」（Ⅰ71上）も見える。また、宝暦十四年（一七六四）の趙曮『海槎日記』には、「信使」なる語が頻出するが、日記冒頭部分で朝鮮通信使制度の歴史を振り返っている。そこでは、すでによく知られている事実が述べられている。いわゆる最初の朝鮮通信使（慶長十二年〔一六〇七〕）より前までは「通信使」と称してきたこと、慶長十二年朝鮮通信使に際しては、朝鮮王朝としては「通信之称」を嫌い、種々議論がなされてのちに「回答兼刷還使」とした、というものである（Ⅶ2上）。

以上を踏まえれば、以下のような指摘が可能であろう。

第一に、いわゆる「回答兼刷還使」とされた時期の使行録にも「通信使」「信使」が見えることである。派遣された外交使節たちは、重要な任務として被虜人刷還があることを踏まえながらも、前代に引き続く「通信使」の一員だとする自覚があったといえる。

第二に、箕輪吉次による用例収集に、本稿でわずかばかり追加した朝鮮通信使使行録中の用例をあわせ見ても、「対馬藩が朝鮮側の用語を熟知していながら、『通信』という語を避け、『信使』と称してきた」とする理解は成り立ちがたいということである。「信使」が、日本側史料・朝鮮側史料の双方に見える史料用語としての最大公約数であり、この外交使節は、日朝双方の共通認識としては「信使」と呼ばれるものであった。

第三に、ごく例外的な朝鮮側発言として「朝鮮信使」なる用語もあったが、「朝鮮通信使」なる用語は見いだせず、史料用語としての「朝鮮通信使」は箕輪の見いだしたもの以外には得られない。

学術用語としての「朝鮮通信使」

先に引用した箕輪吉次論稿は、学術用語としての「朝鮮通信使」について考察する際に、「嘗て三宅英利氏が一時期〈朝鮮信使〉と記述されたことには注意を払うべきことがある。宗家文書の記録が『信使記録』であって『通信使記録』ではないことに通じるものがあるからである」と述べる。この点に留意しながら、学術論文・著作における用法について概観しておきたい。

表付1-1は、三宅英利［一九八六］巻末の「近世通信使および関連事項著書・論文目録」をもとに、論文・著書題に「朝鮮通信使」などの呼称が含まれるものを抽出し、呼称別に整理したものである。

表中「一九四一～五〇年」欄に含まれるのは、実際には一九四二年の一件のみだから、「一九〇一～一〇年」欄から「一九四一～五〇年」欄までを戦前と位置づけても構わない。戦前における用法の特徴は、「信使」系の用例が先行しながらも「通信使」系の用例もあり、その他の用例として「朝鮮使節」「朝鮮聘使」「朝鮮特使」ほか様々なものが得られるところにある。つまり戦前期には、「信使」「朝鮮信使」の用例を最多としつつ「通信使」「朝鮮通信使」の用例もまた多く、その他様々な用例もまた幅広く見られる、と整理できる。それは換言すれば、この時期は、特定の用語が学術用語として定着する段階ではなかったということである。

表付 1-1　「朝鮮通信使」の呼称[1)]

	信使		通信使			その他		
年	信使[2)]	朝鮮信使	通信使	朝鮮通信使[6)]	日本通信使	朝鮮使節	朝鮮聘使	
1901〜10						1		
11〜20	1						1	
21〜30	3	4		2		1	1	朝鮮特使（2），朝鮮使者，鮮使
31〜40		1	2	2[7)]		1		修信使
41〜50				1				
51〜60		1					2	
61〜70		1[3)]	1	5[8)]	2[9)]	1	3	
71〜80		10[4)]	2	11				朝鮮使
81〜85		2[5)]	1	11				

典拠）三宅英利［1986］巻末の「近世通信使および関連事項著書・論文目録」より作成。
注 1）論文・著書題に「朝鮮通信使」などの呼称が含まれるものを抽出し，呼称別に整理した。数字は論文・著書の数。
2）「元和信使」など「元号＋信使」を含む。
3）史料名。
4）三宅英利 8 件，李元植 2 件。
5）李元植 2 件。
6）「朝鮮国通信使」を含む。
7）「朝鮮通信」2 件。
8）「朝鮮国修好通信団」1 件を含む。
9）中村栄孝 1 件，三宅英利 1 件。

大正二年（一九一三）に書かれた森鷗外の「佐橋甚五郎」は、慶長十二年の朝鮮通信使を題材にした歴史小説として知られる。小説のなかで朝鮮通信使は「朝鮮から始めての使（つかひ）」「慶長十二年の朝鮮の使（つかひ）」などと記される。「信使」でも「通信使」でもない。この小説における用法は、大正二年という時期には、研究者でもない人びとのあいだでは「朝鮮通信使」をいかに表現するか決まったかたちがなかったことの現れと理解することができ、それが、戦前期に「朝鮮通信使」を指し示す学術用語が種々雑多であった歴史的背景でもある。

再び表に戻れば、「一九五一〜六〇年」欄以後には次第に用語の選別が進み、「朝鮮信使」と「朝鮮通信使」の二語に収斂していくことが分かる。とりわけ一九七〇年を挟む時期から「朝鮮通信使」なる語の用例が頻出するようになる。表中の数値としては同時に「朝鮮信使」も多いから、「朝鮮信使」と「朝鮮通信使」が併存するようにも見える。しかしながら、表に注記したごとく、「一九七一〜八〇年」欄に見える十件の「朝鮮信使」は、三宅英利・李元植という二人の研究者のみの使用例であり、「一九八一～八五年」欄の二例はいずれも李元植による使用例である。「朝鮮信使」の使用は、いわば特定の研究者による偏った用例といえるのであり、先に引用した箕輪吉次の意図とは裏腹に、三宅英利による「朝鮮信使」の選択は、戦後における「朝鮮通信使」を指し示す学術用語定着史のなかにあっては異例なのである。この表にしたがえば、戦後、とりわけ一九七〇年を前後する時期から、「朝鮮通信使」なる用語が学術用語として用例の広がりを見せ始め、やがて定着してゆくと見るのが素直であろう。

ここで、一九七〇年前後から、史料用語にある「信使」「朝鮮信使」ではなく、史料用語としてほぼ得られない「朝鮮通信使」が、なぜ選択されたのかについては明確な解答が用意できない。おそらく映像文化協会の編になる映画「朝鮮通信使」上映運動が一九七〇年代に活発になされることと関連が深いだろうとは思う。日本と韓国の歴史上に実在した善隣友好の時代を再発見し再評価し普及する、そうした目的をもってなされた運動のなかで、この「朝鮮通信使」なる語が選択されたのだろうと推測される。

とすれば、史料用語として見いだせない用語だから「朝鮮通信使」なる用語は排除すべきだとか、豊臣秀吉の朝鮮侵略期にのみ見いだされる用語だから使用には注意が必要だ、という見解には賛成できない。「朝鮮通信使」が、日韓友好の前進に期待を込めて作られ、広がり、定着した用語だという語の特徴にこそ注意を向けるべきではあるまいか。

「朝鮮通信使」なる用語は、その由来を歴史史料に求めることが極めて困難である。実際には朝鮮通信使が来なくなってから、その善隣友好の意義を再認識する過程で案出された学術用語である。朝鮮通信使の交流については、実際の文化交流に焦点を当てることも大切だが、実際に眼にすることがなくなってから再認識・再評価された、という点にも注意が必要だと感じられる。

第Ⅲ部　漂流と漂流記

第9章　東アジア海域の漂流民送還体制

はじめに

山口県萩市田万川町に漂着朝鮮人の地蔵墓が今も残されている。文化十二年（一八一五）十二月五日、長門国阿武郡下田万村の浜辺に三人の朝鮮人が漂着し、同乗していた残り六人のうち五人が遺体で収容され、一人が行方不明となったときのものである。地蔵墓の台座には、「朝鮮人俗名」として溺死・行方不明となった六人の名が片仮名で刻まれ、また漂着の日付とともに「施主下田万村中」とも刻まれた。この地蔵墓を紹介した木部和昭は、「この地蔵墓は、一八〇年前に朝鮮人漂着民に接したこの地の人びとの温かい思いやりを今に伝えている。こうした無名の民衆の営みこそが二〇〇年余にわたって続いた漂流民送還体制を支える根幹にあったのである」と述べる（木部和昭［一九九八］）。

さて、江戸時代における漂流・漂着の研究は、漂流記の残された事例から分析が始められた。それらは多く近世後期の事例に偏っており、また漂流記の書き残されるような長期間の漂流すなわち太平洋を越えるような事例に偏っていた（第10章）。漂流は意図せざる海難事故であり、幾多の困難をかいくぐって生き延びて初めて漂流記は残されたから、漂流から生還に至る道のりは幸運のようにも見えた。たしかに太平洋を越えた彼方からの生還の場合、漂着地における人びとの善意の連鎖によって帰国への道が開かれたようにも見える。しかしながら、ことを東アジア海域に限定してみれば、ここには善意を超えた制度のあったことが指摘される。近世日中間における漂流民送還の分析を行った春名徹［一九九五］は、一見すると善意によって帰国できたかに見える漂流民たちも、実のところ彼らを本国に送り返す制度が整っていたことによって帰国できたことに注意を喚起している。人びとの善意の背景にある制度への着目である。そして一九九〇年代以後、東アジア海域における漂流民の相互送還制度に関わる実証が進んだ。たとえば近世日本人の漂流・漂着事件は日本列島周辺海域に著しく多く、この海域では周辺諸国によって諸国民の相互送還方法が規則化されていた。日本・朝鮮・中国（清）が相互に漂流民を本国に送還しあう制度が確立したから、東アジア海域の漂流民は、ほぼ確実に本国に無事に送還されえたのである。

春名徹は、制度こそが漂流民送還を実現したと指摘し、木部和昭は「無名の民衆の営み」こそが力をもったと指摘する。「無名の民衆の営み」とは人びとの「善意」に発する行為のことである。本章では、そうした制度と善意について、二者択一的に捉えるのではなく、漂流民送還における両者の位置関係について考え直してみたい。それは換言すれば、政治権力と地域住民の漂流民送還への態度の違いや絡み合いの様態を再検討することである。

一　近世における朝鮮人漂流民の送還

（1）送還過程

一五九九年から一八七二年までに朝鮮人が日本列島に漂着した事件は、約千件一万人であった。その漂着地は、対馬・壱岐・五島・隠岐などの日本列島西北方の島嶼部、筑前・肥前などの九州北部、および長門・石見などの山陰地方西部に集中している（表9-1）。これら朝鮮人漂流民の内訳は、漁民が四〇パーセント強、商人が約二五

表 9-1　朝鮮人の漂着件数・人数（1599～1872 年）

（人）

総件数	漂着人数	対馬	肥前	長門	石見・出雲	筑前	薩摩
971 (3.5)	9771 (35.7)	346 (35.6)	197 (20.3)	181 (18.6)	109 (11.2)	56 (5.8)	29 (3.0)

典拠）池内敏［1998］巻末の「朝鮮人漂着年表」より作成。
注）（　）内は，年単位での単純平均値。

パーセントであった。あきらかに支配階層に属する人が漂着した事例は五件に過ぎないから、ほとんどすべてが一般民衆の漂着事件であった。そして、史料に記録された漂流民は、溺死したり病死・餓死した者を除けば、そのすべてが本国に送還された。漂着から送還に至る過程を概観してみよう（池内敏［一九九八］）。

漂着地が対馬島以外の場合、原則として漂着地を管轄する領主（大名または幕府代官など）の責任で長崎奉行所まで護送させ、その後対馬藩が引き継いで、費用は幕府負担で対馬府中まで護送した。対馬府中からは対馬藩の手によって朝鮮（釜山）まで送り届けられた。ここには対馬藩の出先機関である倭館が置かれており、倭館で各種儀礼を行って、漂流民が朝鮮側役人に引き渡された。

したがって、日本列島各地に漂着した朝鮮人は、漂着地からまず長崎へ送られ、そこから対馬を経て本国に送還された。その間、漂着地・長崎・対馬の各地で事情聴取がなされ、漂流経過や漂流民一人ひとりの名前や年齢・性別、積荷などが詳細に把握された。こうしたやり方は、一六四〇年代に始まり、明治初年に至るまで規則的に運用された漂流民送還制度として機能した。

このように江戸時代には漂流民送還の制度が整えられていたから、漂流した朝鮮人は、漂着地が日本だと分かると無事に本国へ帰国できると確信したという。なかには長崎経由で送還されることを知っていた者もあり、漂着地から自力で長崎へ向かおうとした者もあったほどである。

(2) 滞在中の待遇

漂流民たちは、漂着地からまずは管轄領主の城下町等へ移送される。そこでは、御船倉(萩藩)、侍屋敷(松江藩)、町会所(鳥取藩)、町人宅(松前藩)などに収容された。江戸や長崎では対馬藩屋敷のなかに宿所が設営され、対馬府中には恒常的な施設「漂民屋」があった。

松前や対馬府中では寺社参詣など外出が認められることがあり、一八一九年の鳥取藩の場合には、宿所付近で火災が発生したために駕籠に乗せられて避難することもあった。しかし宿所付近には何人もの番人が置かれて行動の自由が制約されることの方が多かった。そのため、同じ場所での滞在が長期にわたると、萩藩(一七八四年)や浜田藩(一八二四年)では、不安になった漂流民たちが宿所を抜け出して市中を徘徊し騒ぎになることもあった。

出された食事について、松前藩では「毎日三度の食事のときごとに、ご飯・麺・酒を三回ずつ接待され、ほかに間食も出され」て満腹したという。彼らの帰国途次、江戸から対馬への移動中は一汁二菜または一汁三菜であった。鳥取藩では、一汁二菜を基準に食事を提供したが、漂流民たちはみな大食で、病人でも二~三椀、元気ならば一度に五~六膳食べ、米だけでも一日一人あたり一升から一升三合食べたという。また酒は出さないと荒れるので、一日に汁椀一杯ずつだけ出したという。

長崎滞在中と長崎から対馬へ移送中の食事は幕府の負担であった。また対馬府中滞在中は対馬藩が提供した。それぞれの支給基準は表9-2の通りである。これらのほか、それぞれの事情に応じて衣服・足袋・股引や布団などが支給され、季節によっては蚊帳が貸与された。また対馬府中滞在中に年始を迎えた場合などには祝物としてスルメが振る舞われた。あるいは漂流民が病気のときには服薬治療もなされ、「朝鮮療治」を望んだ場合には、必要な水銀・雌鶏・焼酎・晒木綿などが用意された(一七八〇年・筑前、一八四四年・対馬)。また、妊婦が漂着後に出産した場合、産着が準備されただけでなく、漂着地で母乳提供者を募って乳の世話もした(一七三三年・肥前)。さらに牛馬とともに漂着した場合には、その飼料(大豆五合、糠五合ほか)も支給された。

漂着時に乗っていた船は、完全に壊れて不用となった場合を除き、補修を加えて送還された。また、積荷は、沈没して紛失したもの以外はすべて漂流民の手元へ返された。そして、これら救助・送還過程でかかった費用を、漂流民が負担することは一切なかった。

ところで、こうした待遇についての統一的な規準・規定は存在しなかったようである。漂流民に一日あたりどの程度の食材を支給するかに関わっては、対馬藩と朝鮮政府とのあいだで均衡がはかられたようだが、それはあくまで対馬藩が管轄する範囲内でのことである。漂着した日本列島各地で、どのような食事を提供するかについて、規準が作られたことも公表されたこともなかった。

表 9-2　漂流民への支給基準（1 日 1 人あたり）

長崎逗留中／長崎～対馬（幕府負担）	対馬府中滞在中（対馬藩負担）
米 7 合 5 夕	白米 1 升
味噌 3 厘 6 毛 4	味噌 32 匁
酒 2 合 5 夕	酒 2 合
野菜 5 厘	銀 1 分
薪 5 厘	薪 1 合
肴 1 分 6 厘 6 毛	塩 3 夕
	たばこ割 1 匁，葉 2 匁
	油有明 1（1 組あたり）

典拠）「漂民考」［対馬記録／朝鮮方 Aa-1］により作成。

（3）漂流民に関わる幕令

江戸幕府が漂流民に関わって公布した法令は次の二つに過ぎないが、いずれにあっても、漂流民の待遇に関わるような指示を見いだすことはできない。

［史料一[1]］

朝鮮人が浦々に漂着した場合、これまでは漂着地の領主より長崎奉行へ連絡を行い、長崎奉行からの指示・返答を待ってから長崎へ向けて送還を開始した。今後は、漂着したら早速に長崎奉行へ報告するとともに、長崎奉行からの指示・返答を待たずに長崎へ向けて護送を開始し、江戸の月番老中へもその旨を報せなさい。長崎へ向けて護送する際には、その護送途中で万一〔漂流民たちが〕不法な行為を行うなどして手に余るようであれば、駕籠へ閉じ込めて送還しても構わない。

領分内に海岸線をもつ万石以上の面々へ、右の趣旨をあらかじめ心得ておくように通達する。

九月

（『御触書天明集成』二九三五）

［史料二］

長門　石見　出雲　肥前　筑前　壱岐〔の国々へ〕

領分の浦方に朝鮮漁船などが漂流することは再三みられることと思います。そうした際、浦方の猟師どもが心得違いをし、そうした漂流民が遭難している様子を目にしながら救助もせずに放置し、場合によっては〔漂流船を〕海岸へ近寄らないように取り計らうようなこともあるやに聞いている。漂流船が遭難して困っている様子を見かけたら懇切に救助をすることはもちろんのこと、漂流民を領主へ知らせることを面倒に思って不法無慈悲な取り計らいをするのはもってのほかである。とりわけ異国に対してのことである以上は、なおさら問題だから、そうした不法無慈悲なことのないようにしなさい。今後もし領民に配慮不足な行為があったと分かった場合には、その地の領主もまた配慮不足として厳重なる御沙汰があるはずである。十分に留意しなさい。

六月

（『御触書天保集成』六五三一）

［史料一］は、送還手続きの簡略化と漂流民取締りの強化を命じた天明四年令（一七八四）であり、漂着後の滞在期間の長さに業を煮やした漂流民が騒動を起こした（石州悪党漂民一件）のを踏まえて発令された。また［史料二］は漂流朝鮮漁船の保護をあらためて喚起した寛政七年令（一七九五）で、いったん日本に漂着した朝鮮漁船が浦人たちによって再び漂流させられた事件（長州涌浦一件）を踏まえて発令された。

いずれの法令にせよ、漂流民送還に対する幕府の原則的立場を表明したものである。幕府は各大名に対して、個

表 9-3　慶応 4 年（1868），松江藩が新政府に請求した費目

米 1 升と銭 100 文（漂流民の飯米・賄一式，明油，多葉粉代を含む）
米 7 合 5 夕と銭 25 文（番人足軽の飯米・塩・味噌・菜代とも）
米 2 合 5 夕（番人足軽夜食米）
米 5 合と銭 20 文（下番人の飯米・塩・味噌・菜代とも）
銭 170 文（漂流民および番人の，隠岐〜出雲間の木賃米代）
銭 100 文（漂流民の木綿綿入，木綿帯，紙合羽，菅笠代）
銀 2 匁 7 分（漂流民および番人の，長崎逗留中の旅籠代）
銭 320 文（漂流民および番人の，出雲〜長崎の木賃米代・旅籠代）
銭 280 文（小者の，出雲〜長崎の木賃米代・旅籠代）
銭 30 文（道中不寝番の，夜食代）
銭 70 文（長崎からの帰途の小遣い）

典拠）『法規分類大全』運輸門九，165〜167 頁。
注）このほかに，額は明示されないが「諸色小買物代」「乗物・荷物人馬賃銭」が挙げられる。

別に漂流民に対する処遇内容を指示することはなかったから、そこでかかった費用を幕府が負担することもなかった。したがって、結局のところ、漂流民送還体制は各漂着地の負担によって支えられた。

二　近世から近代に至る漂流民送還制度

慶応四年（一八六八）の長崎には漂流民が滞留しており、長崎奉行が機能しなかったために対馬藩長崎役の判断で送還作業が行われた。また慶応三年十月隠岐島に漂着した朝鮮人は、松江藩の手で長崎へ護送すべく出雲加賀浦まで廻送されたところで維新を迎え、そのまま三カ月余りの逗留を余儀なくされた。同四年四月、松江藩はくだんの朝鮮人漂流民について、送還手続き・方法および送還費用をどのように負担すべきか新政府に問い合わせた。隠岐島は幕領であり松江藩の預地であったから、それまでは漂流民送還に関わる費用（表 9-3）を松江藩がいったん負担をし、のち幕府から返済されてきたという。新政府の返答は「書面にある諸入費は、まずこれまでどおりに取り計らっておき、あとで〔中央政府にその費用負担額を〕申し出たときに返済する。まずは〔漂流民たちが〕早々に帰国できるようにしてやること（書面諸入費、是迄ノ通取計置、追テ申出候節御入戻ニ可相成候、尤早々帰国致シ候様取計可申事）」というものであった。この返答には具体性がないものの、漂流民たちがいかなる費用をも負担することがなかった点では近世と同じやり方がとられていたといえる（池内敏［一九九八］）。

ところで、明治六年（一八七三）正月、対馬に四人の朝鮮人が漂着した。船は牛皮二一九〇枚・牛角九個・多葉粉二百斤・銭八貫文・白米六俵を積んでいたという。しかしながら漂着時に沈没したために、漂着地の人びとの助力を得て引き揚げられたのは牛皮二六七枚に過ぎなかった。ところがしばらくして、漂着地から一里を隔てた山中から八〇四枚の牛皮が見つけ出された。漂流民の積荷を漂着地の村人たちが隠匿していたのである。

この漂着積荷隠匿事件は、朝鮮人漂流民救助における村の経済的負担が重たいことを背景に、村の若者六十人余が実行したものだった。当該村・区と長崎県令は寛大な処置を願ったが、外務省は厳罰を主張して対立した。ここで、若者をそのような行為に走らせる原因となった漂流民救助・送還費用の負担を解消する施策こそが必要と考えた県令は、外務省に対し、漂流民救助の規準を作成・公表するよう求めた。どれほど僻地・離島にあっても同様な救助・送還が行えるような規準の作成と負担の公平化を要求したのである。

これを受けて外務省と内務省は協議し、大蔵省の審議などを経て、明治七年十月八日に以下の内容が公布された（達一三四号）。

［史料三］(2)

達　　七年十月八日、第百三十四号、開拓使と沿海府県へ

明治六年八月、第二百八十三号をもって、朝鮮国船漂着の節の雑費は、すべてその所轄庁の公費で負担すべき旨を布告した。その点に関わって、その費用支給は今後次の規則にしたがって取り計らうこととし、まずは予備金のうちから費用負担を行い、追って明細仕訳帳および証書類を添えて、負担金額の受取について内務省へ申請すること。この趣旨を通達する。

一　漂流人滞在中の食用薪・炭油代并臥具料とも、一人につき一日金十八銭七厘五毛で賄うこと。

一　漂流船を修復したいと願い出てきた場合は、［修復にあたる］傭工銭は相当の賃銭を払い、材木その他入用

の品は時価相場で買い上げて、すべて受取証を受領して控えておくこと。

一　漂流人を護送してゆく船の雇賃は、約定書を作成すること。

一　護送船に乗船中の賄料は、一人につき一日金六銭二厘五毛で請け負わせ、その証書を受領して控えておくこと。

一　護送に際して陸路を通行する場合は、食料および雑費とも、一人につき一日金五十銭で賄うこと。ただし、馬や駕、臨時人夫の雇用などがあった場合には現場で立替払いをしておいて、あとで精算帳を提出すること。

一　衣服が足りない場合には実地検査の上、相当のものを支給し、受取証を受領して控えておくこと。

（『法規分類大全』運輸門九、一七三頁）

ここでは、漂流民に支給する賄いの基準額が具体的に示されており、また費用は所轄庁の予備金で立替払いをしておいて、書類を添えて内務省に請求するよう指示された（傍線部分）。したがって、在地での負担は一時的な立て替え払いとなり、いわば国家として漂流民救助・送還費用を負担することが明示された。同時にそれは、漂流民本人やその属する国家に請求されることもなかったから、近世の負担原則を受け継ぐものでもあった。

江華島事件（一八七五年九月）、日朝修好条規（一八七六年三月）を経てから発布された最初の漂流民関連法令は、以下の［史料四］に見るごとく、送還が「公費」負担でなされる点（傍線部分）では従前と変わりなかった。

［史料四］(3)

達　九年十一月十八日、第百十号、〔開拓〕使・府県へ

明治元年六月、同六年八月第二百八十二号、第二百八十三号布告、同七年十月第百三十四号達、朝鮮国人民漂着の節処分規則について、左の通り改定するので通達する。

ただし、費用のうち公費で支払うべき分は、一時予備金の内より立替払いをしておき、追って明細仕訳帳ならびに証書類を添えて、受取方を内務省へ申し出ること。

一　朝鮮国人民が本邦へ漂着した場合、漂着地から朝鮮国釜山港へ便船があれば直に該港日本人民管理官へあてて送り届けるべし。便船のない時は長崎県庁または対馬厳原の同県支庁のいずれかへ送致すべし。同庁より釜山港へ発する船に託して送り届ける。

一　漂民で衣服が欠乏する者は、時衣〔その季節に着用する衣類〕一領を公費をもって支給する。

一　漂民の滞在中の費用および彼国へ送致する費用等は、彼国政府より一日金十銭を出すという約束になったので、その額を目安として漂民の取扱いはなるべく簡易にし、不足分は公費から支出すること。

一　漂民が健康ならば、本国へ引き渡すまではなるべく工業に就かせて相当の工銭を付与すること。その工銭〔から〕は、朝鮮政府が負担すべき日給銭を差し引くこと。

一　溺死および漂着後に病没した者は朝鮮へ棺送に及ばない。〔漂着地で〕埋葬し、その事由を外務省・内務省へ報知すること。

（『法規分類大全』運輸門九、一七七頁）

明治九年の達一一〇号の指示内容がそれまでと大きく異なるのは、第一に、朝鮮人漂流民の送還費用は朝鮮政府から一日十銭支出し、不足分は日本政府が負担するとした点である（第三条）。また第四条の内容を敷衍すれば、送還費用を漂流民本人が負担することにつながってゆく。これらは、漂流民本人やその国が送還費用を負担することのない近世的負担原則からの一八〇度の転回であった。

ところで、最近、鄭成一が、日本外務省の史料『困難船及漂民救助雑件・朝鮮国ノ部』と『日韓両国困難船漂民救助例規参考書』をもとにして、一八六八年から一九一四年に至る時期を対象に、朝鮮人漂流民送還制度の変遷を整理した（鄭成一［二〇〇二］）。そこでは日本政府の朝鮮人に対する近代的海難救助政策の完成を一九一四年の「朝鮮水難救助令」に置き、①一八六八～七六年、②一八七六年～八七年、③一八八七年～一九一四年の三期に分けて、近世的な法制が近代的な法制へと転換を遂げていくと論じた。それは救助費用を誰が負担するかとの観点から見て無償送還から有償送還への転換と捉えられ、海難救助の論理が、国家から地域、そして個人へと移行する過程であるともいう。そして鄭成一もまた明治七年十月の達一三四号［史料三］と明治九年十一月の達一一〇号［史料四］とのあいだに大きな転換を見いだしている。

おそらく日朝漂流民送還体制の近代的転回を検討する際に、達一三四号と達一一〇号とを比較検討するのは順当な作業だろうと思う。しかしながら、これらを検討した池内敏［一九九八］、鄭成一［二〇〇二］いずれの分析も、両法令の文面の分析に偏していた嫌いがある。(4) 鄭成一が分析した史料のうち『困難船及漂民救助雑件・朝鮮国ノ部』第一巻には、明治六年三月十九日～同九年十一月二十五日に至る朝鮮人漂着事件二十件が収録されるから、(5) 両法令に挟まれた時期における個別事件の処理経過を知りうる。したがって、個別事例分析の側から法令変化の意味を再評価しうるように思われる。以下、節を改めて検討してみたい。

三　近世的慣行からの離脱

(1) 死体の送還

まず、いったんは本章冒頭で紹介した文化十二年（一八一五）の事例に戻ろう。この年十二月五日、長門国阿武郡下田万村に漂着した朝鮮人らは、まず長崎へ送られ、あくる文化十三年五月三日に対馬府中へ廻着した。対馬藩御手船寿好丸で釜山倭館へ到着したのは七月二十二日のことである。この日、倭館に「長州に漂着した朝鮮人三人と死体を納めた箱五つを送還した（長州漂着之朝鮮人参人、死躯五箱被送還候）」と記録される（「倭館毎日記」［国会］）。彼らは倭館内で朝鮮側役人に引き渡され、朝鮮側は以下のような確認文書を倭館側に提出した。

［史料五］

覚

一　咸鏡道明川漂民参名・死躯五柩、送使領来故、依数率去事、

丙子閏六月二十二日

訓道　敬天　玄知事

別差　子祐　金主簿

館司尊公

（「倭館毎日記」［国会］文化十三年七月二十二日条）

右にも明らかなように、下田万村浜辺で溺死した五人の遺体は、棺に納められて約八カ月の後に朝鮮へ送り返された。近世にあっては、死体であれ本国に送還するのが規定だったからである。したがって、地蔵墓をつくって霊を慰めたのは送還体制には規定されていない行為であり、それらはあくまで下田万村の人びとの善意である。

さて、明治七年一月二十七日、島根県島根郡大芦浦に無人船が一艘漂着し、一体の死体とわずかばかりの積荷が残されていた。翌二十八日、大芦浦の属する第六十三区副戸長から島根権県令あてに報告がなされ、同三十一日、県から派遣された少属金谷重光と第六十三区戸長ほか五名とが立ち会って検分が行われた。死体は男。白木綿の衣服を身につけるが褌は穿いていない。自身の両脚と胸を綱で船の梁に縛りつけてあった。年齢は二十四歳くらい。「造船の様子」や持ち物のなかにあった「煙管のかたち」、常平通宝を四文所持していたことなどから、朝鮮人と判断された。検分後、遺骸は直ちに浦近くの瑞光寺に仮埋された。

二月十七日、外務少輔から島根県権令井関盛良にあてられた書面には、「朝鮮漂民送還については、相互に遺骸

を本土に送り帰すのが昔からの約束であり、いかにも迷惑の至りではあるが、右の死柩ならびに船具その他一切の遺物どもを取りまとめ、対馬の長崎県支庁へじかに送還し、それから御引き渡しになる（同国漂民送還之儀ハ、相互ニ遺骸を本土ニ送帰す旧約ニ有之、いかにも迷惑之至ニ候へとも右尸柩并船具其他一切之遺物とも取纏、対州表長崎県支庁へ直ニ送還、御引渡し可有之）」と記されている。また右書面のあとに付箋が付され、「本文にあるように死柩等を順送するのは甚だ迷惑なことなので〔迷惑なことなのだが〕、現在の状況のなかでは〔送還に付き添う〕使者も丁重な姿勢を示す方が良かろうと思われるので、上文の通り取り計らうので良いと思われる（本文尸柩等を順送するハ甚迷惑之事なれハ、当今之場合なれハ来使丁重を示し方可然ニ付、上文の通り取斗置可然と存候事）」とする。近世の慣行は「いかにも迷惑の至り」「はなはだ迷惑の事」ではあったが、「現在の状況」すなわち新たな日朝関係樹立の途上にあっては、近世の慣行を踏まえた「丁重」な外交姿勢を示す必要があったとの判断による。

ところが、翌十八日付の島根県権令井関盛良あて外務少輔書面では、「朝鮮漂着人の取扱いについては、相互に遺骸を本土に送り帰すとの条例があるけれども、〔今回の遺体は〕久しく水中にあって腐爛している。したがって何道何浦の人間なのかということも分からないから、漂着地で埋葬して良い。その際、船具等は入札払いにして得られた代金を集め、〔所持品の〕常平通宝ともども本省へご送付いただきたい（同国漂着人取扱之儀ハ、相互ニ遺骸を本土ニ送帰すとの条例ニ候へとも、久敷水中ニ而腐爛いたし候、殊ニ何道何浦のものとも不相判儀ニ候へハ、其地ニ埋葬いたし置可然候、尤船具等ハ入札払ニいたし代価取纏め、常平通宝共本省へ御送廻し可有之）」という。ほぼ時を移さずしての方針転換であった。

この事件が収録された『困難船及漂民救助雑件・朝鮮国ノ部』第一巻には、二月十七日書面の次に以下の文書が綴じ込んである（［史料六］）。差出のあたりに「上野」の印影があるので、外務少輔上野景範も目を通した見解であろう。十七日付・十八日付双方の立場（ⓐとⓑ）がにじみ出た文章であり、外務省内部でも判断に揺れていた様子をうかがい知ることができる。

〔史料六〕[7]

朝鮮人の遺骸を送還する使者を殞命使と呼び、〔殞命使によって死体を送還することは〕旧来の約定にしたがった行為である。したがって今回島根県へ漂着した遺体についても、旧例にしたがって送還したいと考える。先般鹿児島県の人が朝鮮へ漂着した際に、朝鮮側がこれら漂流民を恩恵によって厚遇するのは日朝間に益する行為であるところ、前年来、日朝間にはいささか隔意を生じており、日本側が朝鮮側を問責するといった流評もあって、朝鮮側もそうしたことを覚悟しているともいう。こうした情勢のなかだからこそ、かえって漂流民を厚待すれば、朝鮮側もまた交際のありようを理解するというものであるから、日本としてもそうした方法を用いないわけにはいくまい。とすれば、ⓐ実々迷惑なことではあるが、死体を送還することは、日朝両国にあってこうした送還が外交上たいへん緊要なものであるということを丁寧に示すのに好都合であり、またそうした行為は現在の情勢の下では〔大事な選択肢の〕一つであり、まさにこれこそ外国交際の術であると思われる。ⓑとはいうものの、万一死体の送還を行わなかったとしても朝鮮側から取り立てて難題を申しかけてくることもないだろう。とすれば、わざわざ送還するのも愚かしいと判断するのであれば、漂着地に厚く葬り、船具の類はみな法令にしたがって焼き捨てて、その事実を在朝鮮日本公館を通じて朝鮮側へ通達すればそれで充分である。

結局、遺体は仮埋されていた臨済宗瑞光寺に埋葬されることとなった。かかった総費用二円九十一銭一厘の内訳は表9-4の通りであり、入札に付された漂流船が第六十三区用掛の森田伊右衛門によって一円で落札され、埋葬費用の一部にあてられた。差額の一円九十一銭一厘は、いったん島根県が立替払いをしたのち、五月二十五日、権県令井関が明細を添えて外務省に支払いを請求した。外務省は大蔵省へ請求するのが筋だとしてこれを拒み、結局は「大蔵省・内務省のいずれかに申し出よ（大蔵・内務両省ノ内江申出可然）」とされた。[8]

表 9-4　朝鮮人の埋葬にかかった諸費用と負担者

55 銭 5 厘	瓶 1 つ	大野丹平
39 銭 5 厘	瓶運送人足賃*	松江陸運会社
13 銭 9 厘	筵 5 枚	第 63 区大蘆浦用掛
4 銭 4 厘	縄 6 把	〃
6 銭 8 厘	瓶の蓋 1 つ	〃
50 銭	死骸取片付人足賃（3 人）	第 62 区加賀浦用掛
75 銭	穴掘并死骸瑞光寺迄運送人足賃	第 63 区大蘆浦用掛
13 銭	船具県庁迄運送人足賃	〃
14 銭	木牌代	第 63 区大蘆浦副戸長
19 銭	大工作料并木牌建入費	〃

典拠）『困難般及漂民救助雑件・朝鮮国ノ部』第 1 巻より作成。
注）＊松江から蘆浦へ人足 2 人を派遣した費用と蠟燭 1 挺。

明治九年十一月の達一一〇号（前掲［史料四］）では、初めて漂着死体の取扱いを明文化した（第五条）。それは「溺死および漂著後に病没した者は朝鮮へ棺送に及ばない」というから、近世の慣行とは異なる。一方、同じ一一〇号は前文で「費用のうち公費で支払うべき分は、一時予備金の内より立替払いをし、追って……内務省へ申し出ること」ともする。近世のやり方を脱した達一一〇号第五条は、明治七年一月島根県の具体例を経て明文化されたと考えうる。

(2) 漂流船の修繕または破却

漂着時の乗船は、補修を加えて送還されるのが近世の慣行であった。補修できないほど損壊した場合には、破材を入札払いにして代銭を持たせて送還する場合もあった。しかしこれらが一律に扱われることはなく、明文化されることもなかった。漂流民があえて破材のままでも持ち帰りたいと希望すれば、そうせざるをえなかった。元禄九年（一六九六）に蝦夷地に漂着した朝鮮人たちは、松前藩の保護下に江戸まで護送され、そこからは対馬藩の庇護を受けて帰国した。このときの漂流民は乗船の解船売却を望まず、種々の説得にも応じなかった。彼らはあくまで修繕することを望んだから、松前から大坂までは別の大船を仕立てて漂流船を積み送り、対馬で修繕の上、釜山へ廻送させた（池内敏［一九九八］）。

明治八年一月五日、浜田県石見国美濃郡飯浦村に漂着した事件は、「浜田県歴史政治部」駅逓項で、「駅逓上、特ニ煩労ヲ与ヘタル」事件として記録される。十五人の朝鮮人が乗った漂着船は、漂着後、帰国に際して乗船するつもりで繫留していたところ、二見村の断崖に打ち寄せて砕け散ったという。そこで、破材・積荷ともに入札払いにして代金を渡すことを提案したが容認せず、結局六疋の駄荷で送ることとなり、[9] 費用負担も少なくなかった。

明治十年十月に公布された達第七十九号第二条（［史料七］）は、右の浜田県側主張を明文化したものともいえる。明文化されることによって、入札払いや焼却は、所有者の意思を超えて強制的行為となって現れることとなった。

［史料七][10]］

達　十年十月二十五日、第七十九号、開拓使・沿海府県へ

明治九年十一月第百十号をもって朝鮮国人民漂着の節の処分方を相達しおいたが、漂難船処分については左の通り心得よ。この旨を通達する。

一　日本に漂着した朝鮮国民が漂着船を修繕したいと望んだ場合、地方官はその要望を認めること。費用は朝鮮政府が全額負担するとの約定が出来上がったので、〔かかった費用については〕駐釜山日本管理官へ申し送り、そこから朝鮮国東萊府へ報告し、東萊府より代金を受け取ること。

一　もし船の破損が甚だしくて修繕のしようもないような状態であれば、地方官が船主を諭して売却させ、その代金を与えること。もしその船に価値がなく誰も購入希望者がない場合は、船主の面前で船を焼却して諦めさせること。

一　もし日本の孤島に漂到し、船を修繕したいが材料を得られず、ほかの場所に移そうと思っても風濤のために成しえないような場合は、地方官が船主を諭して船を売却させるなり放棄させるなり、その場その場に応じた処分を行うこと。

おわりに

地蔵墓を建てて死者を弔う行為だけが人びとの善意ではなく、漂着地で真っ先に漂流民たちに握飯や粥を与えた行為もまたしばしば史料で目にする人びとの善意である。そうした人びとの善意が漂流民救助の根底を支えているとの指摘は間違いではない。しかしながら、善意だけでは規則的な送還がなされえなかったこともまた事実であろう。近世の漂流民送還「制度」は、人びとの善意を補う役割を果たした。

ところで、先述した寛政七年令（一七九五）（[史料二]）の背景に、長州涌浦一件のあることをも述べた。寛政六年、長門国湯玉浦に朝鮮人五人が漂着したが、彼らは以下のような訴えを行った。実は彼らは湯玉浦に漂着する前に長門国涌浦沖で涌浦住民によって沖合へ押し流されたために漂流したというのである。涌浦住民の言い分では、救助に向かったものの荒天のため、途中で救助を放棄したものという。ことは江戸幕府評定所での審判に付され、涌浦住民の行為の是非が問われた。評定所の見解は、涌浦住民の行為が「たいした違法行為ではない（さのミ不法も無之）」とする点では一致していたが、結論部分では二つに割れた。老中たちは「異国へ対し不調法なことがあったのだから、お咎めが命じられても当然である（異国江対し不束之事ニ而ハ、御咎沙汰有之可然）」「外国に（裁許結果を）報せることになるのだから、少し重たい処分を下したい（外国江達候義ニ付、少しハ重く迷惑被仰付候者も有之度）」という。一方、三奉行らは「異国へ対してのことだからこそ、大した不調法を行ったわけではないとしておく方が無難である（異国江対し而之事、大ニ不束ハ不仕と申訳こそ可然）」「外国に（裁許結果を）報せるのだから、軽い処分に済ませる方が良い（外国江達候義ニ付、軽く相済候方可然）」という。ここで後者の主張は、「重い処分を下したら、外国の人に対して日本人が不人情なことを行ったから重い処分となったとみなされてしまうが、軽い処分で済めばそうした不人情なことを行ったわけではないということになる（重被相咎候者有之候へハ、外国之者江日本人不人情之儀仕候故重ク被相咎候ニ相当、御咎軽ク候ヘハ不人情無之筋相立)」という論拠に基づいていた。結局評定所は三奉行等の判断を採用した。

ここから類推するに、漂流民送還「制度」を支える理念は、外国に対する体面であり、恩恵であったといえる。人びとの善意だけでは完遂しえない部分を、国家の恩恵が補塡したのである。しかし、漂流民救助における地域の負担感は、善意での救助行為だけでは限界のあることを感じさせていた。恩恵を理念とする送還「体制」の大枠は、そうした矛盾を露出させずに回避し続けたが、やがて矛盾が露わとなったとき、地域の負担を公費負担で補うことが明記されて収拾がはかられた。

さて、ここまで近世〜近代移行期の様態を明治六年から九年に至る漂着事件のなかに探ってみた。とくに遺体の送還／埋葬問題と、漂流船の修繕・送還／売却問題の二つの問題に特徴を見いだして検討した。この二つの問題に関わる伺いが、明治十年六月に山口県から内務省にあててなされ(［史料八］)、内務省はそれを外務省に問い合わせた(同年八月六日)。外務省の返答が［史料九］である。

［史料八(11)］

山口県より内務省へ伺　(明治) 十年六月十五日

朝鮮人漂着の節の処分規則は、昨年、第百十号をもって公的に通達がありましたが、右規則にない点の心得方についてお伺いいたします。至急御指令くだされたく存じます。

一　漂着した朝鮮国人が死亡した場合、その埋葬一件の諸費はすべて官費をもって賄うものと考えてよろしいか。

ただし、墓表は、研石方四寸・長さ二尺、一重台で、表面へ朝鮮国何道・姓名の墓、裏面へ明治何年何月何日何地、船中にて死亡と彫刻して準備すればよろしいか。

一　同様にして、漂着した朝鮮人が死亡した際に同じ船に乗っていた者より、自費をもって遺骸を本国に連れて帰りたいとの願いがあった場合は、そうしたことに関わる一切の費用は立替払いとしてよろしいか。

一　乗船・船具などの売却を望まず、朝鮮へ送り返してほしいと願った場合には、それを聞き届け、長崎県へ引き渡すまでの費用は一時立替払いで負担しておき、追って船主より償却すべきか。

　ただし、長崎県までの送還は、便船で良いか、あるいはわざわざ船を雇って仕立てて送還すべきか。

一　積荷についても、前条同様の節は必要な費用を一時立替払いしておいて、追って荷主より償却すべきか。

一　時衣〔季節に見合った衣服〕を支給する件については、着衣がない場合に限るのであって、ほかに持っていた服を流失したからといって支給する必要はないと考えておいて良いか。

［史料九］

指令　十年十一月十三日

伺の趣旨を承知しました。次のように心得るように。

第一項　伺のとおり。なお墓標はのちのちの目印程度のものでよく、なるべく簡易に設置すること。

　ただし、その親戚や古くからの知り合いが墓標を立てるという際には、その墓基のみを官費で支給すること。

第二項　同船者が自費で遺骸を連れ帰りたいとする願いは聞き届けて良い。その費用を直ちに支払えない場合は立て替えておき、立て替えた費目を具体的に挙げておいて、帰国の上で還償するとの証書をとり、釜山港日本人民管理官へその証書をもって照会し、立替分の請求を行うこと。

第三項第四項は、第二項の指令にしたがって取り計らうこと。

　ただし、長崎県までの送還は便船で送り届けること。

第五項　伺の通り。

山口県からの問合せ第二項とその返答、同第三項とその返答からすれば、遺体の送還／埋葬問題と、漂流船の修繕・送還／売却問題は、いずれも公的負担が後退して個人負担へと移行が進みつつある様子がうかがえる。こうした変化は、東アジア国際社会を構成する諸国間の関係が、理念の側面から変質したことを背景としているだろう。前近代も対等関係であり、近代もまた対等関係を標榜してはいた。しかし「対等」の中味が変質したのであり、東アジア諸国をつないだ「恩恵」の理念は後退した。近代における漂流民救助の現場でも善意は存続するだろう。けれども近代の個人を基礎に据えた「制度」はそうした善意を補完しえなくなったのである。

第10章　江戸時代日本に残された漂流記

はじめに

「漂流記」がどのようなものであるか定義することは、すでに春名徹によるもの（後述）がよく知られているにもかかわらず、容易ではない。また、江戸時代日本に残された漂流記について、大局的に語ることも容易ではない。現在、江戸時代日本に残された漂流記の概要を把握しようとすれば、加藤貴の作成した「日本近世漂流記年表」（加藤貴校訂［一九九〇］。以下、この年表を「加藤年表」と記す）を参照するのが最も簡便である。この「加藤年表」は、一六一二年から一八六八年までの約二五〇年間に日本人が海外に漂流した事例を二〇四件採録し、それぞれについて一つ以上の典拠史料を示すことによって、日本近世における「漂流記」年表であると主張する。しかしながら、挙げられた項目のなかには、「漂流記」をいかに定義しようとも、「漂流記」とは考えられない事例が少なくない。(1) したがって、「加藤年表」に基づいて、江戸時代日本の漂流記が二〇四点存在したなどと考えるわけにはゆかない。他方、一つの漂流事件に関わって複数の「漂流記」が残された事例も少なからず知られており、なかには一漂流事件あたりの「漂流記」数が数十点にのぼる場合もあるから、先述したのとは別の意味で「漂流記」の点数を確定することは困難である。そして、こうした問題点を克服した上で江戸時代日本の「漂流記」を網羅的に分析した業績は、現在のところ、まだ見られない。

少なからぬ江戸時代日本の「漂流記」を収集刊行したものとしては、石井研堂［一九〇〇］が最も早い刊行物として存在するが、明治三十年代に入ってからの編纂物である点に留意が必要である。江戸時代には少なからぬ漂流事件があり（「加藤年表」の二〇四件という数字は、漂流〈事件〉数を把握する一つの拠り所ではある）[2]、郷里に戻った漂流民の語る異国譚は、自由な海外渡航を禁じられた人々の興趣を誘い、様々な漂流記も残された。ただし江戸時代には漂流記の出版は公認されず、ごく一部を除き写本で伝来した。明治以後になると、浜田彦蔵（アメリカ彦蔵、ジョセフ・ヒコ）や中浜万次郎（ジョン万次郎）の体験が開国期に海外へ雄飛した若者の立志伝として書かれたほか、近世以後に多く残された漂流記録の収集と分析に関心が払われた。明治初年に翻訳紹介されたロビンソン・クルーソーの物語が大正・昭和にかけて幾度となく改訳が出版されたこととあわせ、漂流記への関心は奇譚とりわけ西洋世界への好奇心として現れた。

これら江戸時代に流布した「漂流記」と、明治以後に複数の編者によって何度も編纂された『漂流記集』[3]に収録された「漂流記」とのあいだには、それを「漂流記」として評価する視座に差異がありそうである。したがって、ある漂流事件に関する史料が、どの時点で初めて「漂流記」として読まれるようになったかに留意しつつ分析する必要があるように思われるが、その点に深く配慮した分析もまた、今のところ見られない。

ところで、漂流に関わる記述には、同一の漂流事件に関わるものでありながら、「漂流記」と「漂流記録」とでは内容を異にする。「漂流記」と「漂流記録」の区別は実は容易ではないが、春名徹は「漂流記」を、①漂流口書、②編纂物漂流記、③炉辺談話型漂流記に三分類する。①は長崎・松前奉行所や薩摩藩、対馬藩および諸藩の官吏による調書である。②は学者による海外事情調査の聞き取りであり、集められた記録のなかには①が含まれる場合もある。③は帰郷後の漂流民の談話を土地の有識者などが筆記したものであり、②の変種。②ほど体系的ではないが、漂流民は自由に本音を語るという（春名徹「漂流記」『国史大辞典』第一一巻、吉川弘文館、一九九〇年）[4]。

一方、倉地克直は、春名の整理を踏まえながらも記録主体の違いに留意しつつ、「漂流記録」を、ⓐ「口書」ⓑ「手書」ⓒ「聞書」ⓓ「実録本」に四分類する。ⓐは春名のいう①に同じで、公権力による事情聴取に際して漂流民本人が述べたもの、ⓑは漂流民自身が書き残した記録、ⓒは漂流民の話を聞いた第三者が著したもので、春名のいう②③両方が含まれる。ⓓは、ⓐやⓒをもとにした創作である（倉地克直［二〇〇五］）。倉地の場合、「漂流記」という物言いは慎重に避けられており、「奇譚・冒険譚としての漂流記」といった言い方をする場合（倉地克直［二〇〇一］）を除き、「漂流史料」「漂流記録」という言葉遣いをする。したがって、春名①と倉地ⓐは同一史料のことを指すが、それを「漂流記」と見るか「漂流記録」と見るかは必ずしも見解が一致しない。

筆者は、春名①「漂流口書」と倉地ⓐ「口書」について、まずは「漂流記録」としておくべきであり、時にはそれが「漂流記」に転化する場合がある、と考える。本章では、この点に留意しつつ、近世日本人の朝鮮漂流記を素材にすることを介して、江戸時代日本に残された「漂流記」の特質について言及しようと思う。

一　漂流の時代と漂流記

最近、平川新は近世後期日本の特徴の一つを「漂流の時代」であると述べる（平川新［二〇〇八］）。平川は、十七世紀よりも十八世紀、十八世紀よりも十九世紀にはさらに日本列島周辺における漂流事件数が増大している点に着目する。その背景には、第一に日本列島周囲をつなぐ廻船活動による物流の活性化があり、第二に日本列島をめぐる国際情勢の変化がある、と平川は見る。日本列島周囲における海運の活性化は海難事故をも増加させるとともに、日本近海に現れた西欧諸国の船舶が日本人漂流民の救助・送還に関わりを深めていった。平川によれば、一八〇六年の事例を初見例として、一八六八年までに至る外国船による日本人漂流民の救助数は三十六件に上るという。そのうちアメリカによるものが二十五件で最多であり、以下、イギリス五件、オランダ二件、スペイン二件、フランスとドイツが各一件である。

「漂流の時代」と述べたときに、その関心は欧米との関わりに置かれている。それは、平川が重要視するのがロシア漂着事件だというだけでなく、春名徹［一九七九］［一九八二］もアメリカ漂着の事例に深く注目していることや、そもそも日本における漂流記蒐集・研究の基点となる石井研堂の仕事もまた欧米との関わりに意識が向いているように思われる。そして、それは漂流事件の発生した当時における関心の所在とも重なり合う。

表10-1は、石井研堂が蒐集した江戸時代の漂流記を漂流事件の起こった年代順に整理したものである。また表10-2は、どの時期にどのような漂流記が残されたかについて、表10-1をもとに整理しなおしたものである。まず、表10-2を中心にして趨勢を見ておこう。

石井研堂によって蒐集された漂流記は、一七五一年以後のものが全体の八割近くを占める。一七五一年以後のものについて漂着地別に整理すると、中国七件、フィリピン六件、ロシアとアメリカが各五件である。一方、一七五一年以後の漂流記を形態別に見ると、「口書」が十九件、「聞書」が十四件となるが、これら「聞書」のなかに中国漂着のものはわずかに一件である（表10-1の18）。「聞書」形式の漂流記は、ロシア、アメリカやフィリピンを含む太平洋地域や無人島への漂着事件に限られてくるのである。これら一七五一年以後の「聞書」形式の漂流記を、表10-1に立ち戻ってみよう。

整理番号19は、ロシア漂着民に対し、将軍臨席の下で行われた尋問をもとに桂川甫周が聞き取りを行ったもので、のち編修の上で幕府に提出された（『北槎聞略』）。23は、ロシア漂着民に対し、仙台藩主の命を受けた大槻玄沢が聞き取りを行ったものであり、32は、尾張国出身者でロシアに漂着した者に対し、尾張国に隣接する三河国新城領主菅沼氏の用人池田寛親が聞き取りを行ったものである。34は、パラオ漂着民に対し小笠原藩士西田直養が聞き取りを行い、37は、アメリカ漂着民を土佐藩士吉田正誉が聞き取りし、その記録を土佐藩主に献上した。38は、

表 10-1　石井研堂蒐集の漂流記

整理番号	漂流記	漂流年	漂着地	類型	備考	典拠
1	唐国漂着記事	1612				
	台州漂客記事		台湾		伊藤東涯『盍簪録』に収録	全集
	番人打破船		清（海南）		〃	〃
2	韃靼漂流記	1644	中国東北	手書か	冒頭に「……韃靼国へ吹き付けられ……対馬へ着申候，右の国々にての覚書」とあり	〃
3	勢州船北海漂着記	1662	ロシア	口書	和歌山藩あて	奇譚
4	馬丹島漂流記	1668	フィリピン	〃	尾張藩あて	全集
5	阿州船無人島漂流記	1669	小笠原諸島	〃	阿波蜂須賀藩あてか	〃
6	日州船漂落記事	1696	鳥島	聞書	薩摩藩侍医曽槃	〃
7	遠州船無人島物語	1739	〃	口書，聞書	八丈島役人あての口書を，薩摩藩侍医曽槃が記録	〃
8	薩州船清国漂流談	1741	清	口書	長崎奉行あてか	奇譚
9	竹内徳兵衛魯国漂流談	1744	ロシア	聞書	最上徳内「蝦夷草紙」の一部分	全集
10	津軽船朝鮮江陵漂着記	1756	朝鮮	口書	津軽藩大坂藩邸あて	奇譚
11	志州船台湾漂着話	1757	台湾	〃	志摩鳥羽役所あて口書の転写	全集
12	奥州荒浜船南通州漂着始末	1763	清（南通州）	〃	長崎奉行あてか	奇譚
13	吹流天竺物語	1764	フィリピン	聞書か		全集
14	南海紀聞	〃	〃	聞書	福岡藩士青木定遠による。少部数の刊行	〃
15	安南国漂流物語	1765	ベトナム	口書か	長崎奉行あてか	〃
16	奥州人安南国漂流記	1767	〃	〃	〃	〃
17	薩州人唐国漂流記	1774	清（舟山列島）	口書	長崎奉行あて	〃
18	一葉丸福州漂流記	1779	清（福州）	口書，聞書	紀州藩士による聞き取りか	奇譚
19	神昌丸魯国漂流始末	1783	ロシア		寛政六年竹内氏蔵本を写し，文化五年高橋氏蔵本・文化十三年蝸舎左仏蔵本で校訂	全集
	幸太夫磯吉取糺之事			口書		〃
	漂民御覧之記			聞書（桂川甫周）	寛政六年幕府に提出したのが『北槎聞略』	〃
	雑録					〃
20	土州人長平漂流日記	1785	鳥島	手書か	出典不明	〃
21	松前船松栄丸唐国漂流記	1788	清（広東）	口書	長崎奉行あてか	〃
22	鳥島物語	1789	鳥島	聞書か	出典不明	〃
23	環海異聞	1793	ロシア	聞書か	大槻玄沢	〃
24	南瓢記	1794	ベトナム	実録本か	中野煥。刊行されるも発禁処分	〃
25	松前人韃靼漂流記	1795	中国東北	口書	長崎奉行あて	〃
26	青森港儀兵衛漂流始末口書	〃	フィリピン	〃	長崎奉行，津軽藩庁あてか	〃
27	無人島談話	1797	鳥島	聞書	出典不明	〃
28	寛政無人島漂民浦賀番所口書	〃	〃	口書	浦賀番所あて。口書を入手した船問屋が私信で江戸へ送る	〃
29	芸州善松異国漂流記	1806	太平洋	口書，聞書	広島藩での口書を藩士が転写	奇譚
30	永寿丸魯国漂流記	1813	ロシア	口書	エトロフ詰御役人中様あて（松前奉行支配調役下役村上貞助）	全集
31	督乗丸魯国漂流記	1815	太平洋，ロシア	〃	エトロフ詰御役人中様あて	〃
32	船長日記	〃	〃	聞書	三河新城領主菅沼家用人池田寛親による	〃
33	文化十三丙子歳薩州漂客見聞録	〃	清（広東）	口書		〃

整理番号	漂流記	漂流年	漂着地	類型	備考	典拠
34	ペラホ物語	1821	パラオ諸島	聞書	小笠原藩士西田直養による面談，聞書	全集
35	融勢丸唐流帰国記	1827	フィリピン	口書か	八戸藩江戸藩邸での取調か	奇譚
36	神力丸馬丹漂流口書	1830	〃	口書	長崎奉行あてか	〃
37	漂客談奇	1840	太平洋，米国	聞書	土佐藩士吉田正誉による中浜万次郎の調書。藩主に献上	全集
38	呂宋国漂流記	1841	フィリピン	聞書	蘭学者大槻磐渓による	奇譚
39	亜墨新話	〃	太平洋，米国	〃	酒井順蔵，前川文蔵の編になる	全集
40	紀州船米国漂流記	1850	〃	〃		〃
41	漂流記	〃	〃	手書	栄力丸に乗った浜田彦蔵の自叙伝的な作品。代筆者による聞書か	奇譚
42	播州人米国漂流始末	〃	〃	口書	栄力丸乗員のうち姫路藩領民に対する調書	〃
43	元和漂流記				文政以降の創作か	〃
44	讃州船島国脱航談				年未詳，創作か	〃

典拠）『石井研堂これくしょん　江戸漂流記総集』全6巻（日本評論社，1992〜93年）をもとに，石井研堂［1900］（『漂流奇談全集』），同［1927］（『異国漂流奇譚集』）に収載された漂流記を年代順に整理して作成。

注）典拠のうち，「全集」は『漂流奇談全集』，「奇譚」は『異国漂流奇譚集』を略記したものである。なお，『漂流奇談全集』『異国漂流奇譚集』収録作品であっても，あきらかに「漂流記」ではないもの（たとえば「山田仁左衛門渡唐録」「じゃがたら文」）や外国船の日本漂着に関わるもの（「広東漂雑記船」）は，本表から除外した。また，整理番号13と14，31と32は，それぞれ同一の漂流事件に関する別の漂流記である。

表10-2　漂流記の類型と漂流先

	総数	口書	聞書	手書	中国	ベトナム	朝鮮	フィリピン	太平洋	太平洋・ロシア	太平洋・米国	無人島
1601〜　50	2（0）			1	2							
1651〜1700	4（1）	3		1				1		1		2
1701〜　50	3（1）	2	2		1					1		1
1751〜1800	19（3）	12	7		6	3	1	3		2		4
1801〜　50	14（6）	7	7	1	1			3	2	3	5	

典拠）同前。

注）「総数」の（　）内の数字は，石井研同［1927］に収録されたものの数を示す。「中国」には，台湾や中国東北部を含む。

フィリピン漂着民に対し蘭学者大槻磐渓が聞き取りを行ったものであり、39は、アメリカ漂着民に対し、学問を志していた酒井順蔵と前川文蔵が聞き取り調査を行ったものである。池田寛親も西田直養も武士だが、学問的な素養を深く兼ね備えていたことで知られた人物でもある。

「聞書」形式の漂流記は、将軍や大名の指示によって行われた聞き取り調査や、学問的な関心に基づいてなされた聞き取り調査を踏まえて成り立ったものといえる。ロシアもアメリカもフィリピンも、十八世紀の当時、日本と正式な外交関係をもたない地域であった。外交ルートによって当該地域の政治情勢や文化の様子を知りえなかったから、漂流民を介してしか新知識を導くことができなかったのである。

一方、先述したように、一七五一年以後の漂流記を形態別に見たときに、「聞書」と並んで多いのが十九件の「口書」つまり役所での取調べに対する漂流民の陳述書である。陳述が行われたのは、概ね三つのグループに分けられる。第一は、長崎奉行の八件（12・15・16・17・21・25・26・36）。第二は、津軽藩大坂藩邸（10）、志摩鳥羽役所（11）、八戸藩江戸藩邸（35）、姫路藩（42）など。これらは漂流民の出身地を管轄する領主の役所である。第三は、松前奉行所から派遣された出先機関（エトロフ役人。30・31）と浦賀番所（28）。

近世東アジアとりわけ日本・中国・朝鮮の三国間には、漂流民の相互無償送還制度が機能していた。中国大陸やその周辺海域（台湾・ベトナム・フィリピン）に漂着した日本人は、揚子江河口に近い乍浦に送られ、そこから長崎へ送り届けられた。したがって、中国大陸および周辺海域への漂着民が日本に戻る際には、まず長崎を経由した。第一グループが最も多いのはそうした事情が背景にある。第二グループは、42を除けば、先の送還制度における次の階梯（長崎から出身地へ向けて送還される）での陳述書である。第三グループは、近世東アジアの漂流民相互無償送還制度から外れた事例である。これらの場合、長崎奉行所や各領主のもとで作成された陳述書「口書」が何らかの理由で外部に漏洩し、やがて漂流記となった。

表10-3　活字化された近世日本人の朝鮮漂流記

	漂流年／漂流船	漂着地	事情聴取者	備　考
1	元禄5年（1692）／岡山船	慶尚道多太浦	岡山藩	倉地克直「二つの朝鮮漂流史料について」／岡山大学附属図書館池田家文庫
2	享保11年（1726）／摂津船	慶尚道東莱	〃	〃
3	〃　／出羽船	江原道三陟	大坂町奉行所	飯島千尋「近世日本人の朝鮮漂流記」／天理大学附属図書館古義堂文庫
4a	享保20年（1735）／隠岐船	慶尚道蔚山	隠岐代官？	『日鮮史話』第五編／島根県立図書館
4b	〃　／〃	〃	〃　？	飯島千尋「近世日本人の朝鮮漂流記」／島根県立図書館
5	元文元年（1736）／能登船（輪島）	慶尚道長鬐	大坂町奉行所（加賀藩大坂屋敷）	『加能漂流譚』／「可観小説」
6	宝暦6年（1756）／津軽船	江原道江陵	大坂町奉行所（津軽藩大坂屋敷）	『江戸漂流記総集』／表10-1の10
7	安永3年（1774）／能登船（栗ヶ崎）	慶尚道慶州	加賀藩	『加能漂流譚』／前田家本
8	文政2年（1819）／薩摩船	忠清道庇仁	（手書）	池内敏『薩摩藩士朝鮮漂流日記』／神戸大学附属図書館

二　近世日本人の朝鮮漂流記

表10-1には朝鮮への漂流記は一点しか見あたらない（整理番号10）が、これまでに知られている「活字化された近世日本人の朝鮮漂流記」は八件九点である（表10-3）。これらを春名徹や倉地克直による分類に当てはめるならば、すべて春名①「漂流口書」・倉地ⓐ「口書」に相当する。ただし事情聴取にあたった官吏に違いがあり、岡山藩（1・2）・加賀藩（7）・隠岐代官（4ab）といった漂流民の出身地を管轄する領主役所と幕府機関（大坂町奉行所。3）とに大別できる。5と6は、大坂町奉行所か大名の大坂藩邸のいずれかである。

近世東アジアの漂流民相互無償送還制度は日朝間でも機能した。朝鮮半島に漂着した日本人は、漂着地から釜山までは朝鮮側によって送致され、釜山から対馬府中を経て長崎奉行所（ないしは大坂町奉行所）までは対馬藩の責任で送致された。釜山と対馬府中では対馬藩が事情聴取を行い、長崎と大坂では幕府機関が事情聴取を行った。その後、国元へ戻った漂流民たちは、それぞれを管轄する大名または幕府代官によって事情聴取を受けた。それら送還過程の各段階における事情聴取の記録のなかに「口書」が含まれ、春名や倉地の分類では、それら「口書」が漂流記となったという。表10-3の1〜7は、そうした経緯で漂流記となった事例である。

以下これら八件の漂流事件について、伝来する「漂流記」によって何がどこまで分かるだろうか。漂流経過、漂着地での様子、送還過程の三つの局面に焦点を当てて整理してみよう。

(1) 岡山藩領民の二つの事例（表10-3の1・2）

まずは、元禄五年（一六九二）の事例（表10-3の1）。十二人乗りの船は四月二十二日に備前児島郡を出船し、五月一日下関に到着した。翌二日に下関を出船したところ、長門須佐浦沖で漂流した。三日も波はおさまらず、帆柱を切り捨て、神にすがり、籤とりをして先行きを占ったりもした。四日、沖の先に山が見え、どこの国だか知れなかったが、それを目指してたどりついた。そうしたところ、対馬藩の船が数艘やってきて、そこが朝鮮国草梁口牧之島（現在の絶影島）であると教えてくれた。倭館とは目と鼻の先であった。この事例の場合、朝鮮人と出会うより先に対馬藩の役人たちと接触している。

翌五日には多太浦へ移送されて事情聴取を受け、さらに牛岩浦へ移動し、そこでしばし滞留させられた。六月二十日、朝鮮国王からの餞別の宴として、牛岩浦の浜辺に幕囲いの宴席が設けられた。「朝鮮ノ御奉行はきどくじ」なる人が世話をしてくれたが、この人は日本語ができ、また天和二年（一六八二）の朝鮮通信使に随行した経験があり、その折りには岡山藩領牛窓へ立ち寄った思い出があると語ってくれた。宴席の様子や並べられた馳走の数々も子細に書き上げられている。

享保十一年（一七二六）の場合（表10-3の2）、十四人乗りの船が越後新潟で米を積み込んで五月二十日に出船し、摂津神戸浦を目指していたところ、同二十三日夜から大風にもまれて漂流したという。同二十九日朝、島を見つけて目指したところ、対馬藩の船が数艘やってきて保護された。漂着地は東莱府朝島であった。翌日には牛岩浦に移動させられて、そこでは対馬藩役人と「朝鮮国之役人ふんどうと申す仁《ひと》、へいさいと申す仁《ひと》」が世話をしてくれたと記す。おそらくこの「ふんどう」は「訓導」、「へいさい」は「別差」なる倭学訳官の職位のことだろう。牛岩浦滞在中の賄いについて品名や量を具体的に記すものの、餞別の宴のようなものについては触れられない。

（2）朝鮮国より罷帰候能代者口上書覚（同前3）

享保十年（一七二五）八月二十五日、昆布などを荷積みして松前箱館を出船した十四人乗りの船は、出羽能代を目指して南下していたところ、九月一日から漂流し始めた。同四日には帆柱を切り、舵を捨てた。五日からは橋舟に乗り移って漂流していたところ、山が見え、そこに笠をかぶった人も見えた。笠は唐人笠だったので、唐に漂着したものと驚いた。

やがて唐人二、三百人ほどが弓・鉄砲・槍などを持って集まってきたので、ここで命を取られるのかと観念した。それにしても三、四日のあいだ食事をしていなかったので、とにかく水がほしいと乞うたものの一向に言葉が通じなかった。やがて、潮焼釜の家へ連れて行かれ、そこで「にきり飯」をもらって食べた。

八日、橋舟で磯伝いに二里ほど移動させられて、舟中に二日留まった。舟のまわりに唐人の子どもたちが集まってきて石や砂を浴びせかけてきたので、このままここで死んでしまうのかと思い、それならばと思って舟から陸に上がったところ唐人は漂流民に向かって梯子を振り回してきた。これは漂流民には恐怖でしかなかったろうが、朝鮮人の側からすれば、舟から出るなとの意思表示ででもあったろう。舟から逃走して行方不明にでもなれば、却って送還が叶わなくなってしまうからである。その後、土地の名士と思われる「能キ家作」へ連れて行かれ、そこの長屋で三十六日間を過ごした。

そのうちに「重立候人《おもだち》」が輿に乗り、太鼓・笛などの音につつまれながら現れた。何かを尋ねてくるが互いに言葉が通じなかったし、筆談を試みても、先方は真書（漢文）で書き、漂流民側は草仮名（ひらかな）だったから、意思疎通は叶わなかった。それでも「重立候人」は日々の賄いに配慮してくれ、また馳走を振る舞ってもくれた。鯛や鱸、鱈、鰊なども並んだが、それらは日本で食べるものと変わりなかった。食べ物については、「重立候人」が毒味をしてから振る舞ってくれたようだった。

次第に寒さが募り、海の水も凍るようになってくると、住居には「竈のようなる下へ火を焚き、その上へ莛を敷いて暖をとる」ような工夫がされた。類似の記述はほかの朝鮮漂流記にも出てくるが、オンドルのことである。そして逗留中、男女を問わず夥しい見物人がやってきたという。

そこを十月十六日に出立し、橋舟で移動を続けて十六日目に釜山浦へ到着した。その移動の間は、舟で寝ることもあれば上陸して宿をあてがわれる場合もあったという。十一月二日に対馬藩の役人に引き渡され、翌年二月九日に餞別の宴が設けられた。釜山での停泊地が牛岩浦かどうかは明記されないが、日々の賄いや餞別での馳走についても具体的に記述する。

なお、釜山滞在中にちょっとした事件が起こっている。賄いを担当した朝鮮官吏が十分な賄いを施さなかった廉で処罰され、笞五十に処するのを漂流民にも立ち会わせた。漂流民側が宥免を求めたため十四、五ほど打って終わったという。

（3）隠州島後権右衛門朝鮮漂着口上書（同前4）

隠岐船の四人[7]は、商売を終えた越前三国湊を享保二十年（一七三五）七月七日に出船して隠岐を目指した。同十一日から漂流し始めたが、その日のうちに帆柱を切り倒している。同二十日に漂着するまでのあいだ、水が尽きたあとは積荷の酒を飲んで渇きを凌いだという。漂着時に見た唐船には何を話しかけても通じなかったし、乗船してきた唐人も同様だった。翌二十一日には陸から大勢やって来て船改めが行われ、その後、漕船によって浦々を移動した。二十四日、陸に現れた唐人のなかに剣を差した馬上の人があり、頭《かしら》唐人と見えた。その人が現れるに際しては銅鑼や太鼓だけでなく鉄砲も打ち鳴らされたから、漂流民たちは肝を冷やした。頭唐人の供回りのなかに三人の通詞唐人がおり、「これより対馬守様御役所まで送り、そこから日本へ送り返すから、少しも心配することはない」と話しかけられて安堵した。

海が荒れたので二十七日まで同じ所に逗留し、二十八日から送還が再開された。牛岩浦に到着したのは晦日であり、対馬藩役人に引き渡された。その後の日々賄いや餞別での馳走についても具体的に記述される。餞別の宴は十月二日、牛岩浦の丘畑に小屋を作り、幕を張って宴席が設えられた。馳走に並べられた品々も詳しい。

なお、この漂流記は全体の三割ほどの分量が、釜山を出てから大坂、隠岐に至る経過にあてられている。

(4) 輪島の水主共朝鮮漂着談（同前5）

輪島船の十四人は、元文元年（一七三六）七月九日に輪島を出船して大坂へ向かった。同十八日、長門の沖合を通過していて漂流し、帆柱を切り捨てたが結局破船してしまった。皆てんま船に乗り移ったが、これもまた転覆し、各人各様に船板などにしがみついたまま浜辺に打ち上げられた。二人減って十二人になっていた。近くに畑があり、日本と同じ大豆が植わっていたので、人家を探し尋ねたところ、「日本人にあらず、そのかたち恐ろしき」人と行き会った。その人も漂流民を見て驚いたので、手を合わせたところ、その人の家へ連れて行ってくれた。そして、日本では見慣れない「しんちゅうの椀に匙」を添えて食事を出してくれた。

やがて浜辺には破船の板切れが多数打ち寄せられていたので、唐人たちはそれで小屋を作ってくれ、二、三日のあいだ、そこで寝泊まりした。唐人どもが大勢見物にやってきて、馴れ馴れしく漂流民の耳や鼻をつつき、灸の跡を見ては首を傾げたりした。さらに二、三日して代官のような人が大勢を従えてやってきた。漂流民の一人が首に掛けていた船往来（通関札）を手にとってみるので、札に記載された文言を「歌よみ申すように、くどくどと」読んで聞かせたが、とても通じたようには見えなかった。

また四、五日すると「日本人と覚しき人」が二人やってきて、「我々は対州よりの通詞なり……ウワンカイ〔牛岩浦〕へ船送りにて帰すべく候あいだ、気遣い致すまじく候」と話してくれた。漂着地からは船で移動し、四、五里ごとに船を乗り換えながら、七日かかって牛岩浦に到着した。牛岩浦には五十四、五日ほども滞在し、その間、日々一汁二菜の食事を三度ずつ提供された。朝鮮国からの餞別の宴についても、並べられた品々ともども記録されている。

(5) 津軽船朝鮮江陵漂着記（同前6）

津軽船の四人は、宝暦六年（一七五六）四月十一日、松前から出羽酒田を目指して南下していて漂流した。五、六日のあいだ大波に翻弄されて方角を失ったから、その後晴天となったのちに磁石を見ても、どの方角を目指せばよいか皆目見当もつかなかった。やがて山のすがたを見つけたので目指し行くと、漁船を見かけた。松前の鰊取り舟と思って近づくと、舟のかたちも、人のすがたも違った。やがて四方より集まってきた漁船に取り巻かれ、浜辺に漕ぎ寄せられた。村中から大勢が集まってきて大騒動となり、漂流船の梶や帆柱を陸揚げしてしまった。船頭治右衛門は「これは我々を殺し候やと、皆々言葉も通じず、顔容《かおかたち》も違ひ候、この上は是非に及ばざる事と覚悟」した。漂着は五月四日のことであった。

同七日、漂流船に乗って別の浦へ移動した。同八日、輿に乗り、銅鑼・太鼓・笛・鐘などが打ち鳴らされるなか衣冠正しい唐人がやってきて、船改めが行われた。また、髪の結いかたや足駄の履きかたを仕草で問われ、仕草で答えてもいる。その後、一人ずつ馬に乗せられて険阻な山道を連れ行かれた。馬に乗せられるとき治右衛門は「これは定めてかくのごとく仕り候て、切腹申す事にあるべきや」と疑った。山道の左右には数千の見物人が出て、日が暮れると松明で白昼のごとく照らされるなかを進み続けた。目的地に着いたとき、空鉄砲の音に驚いて先頭を行く午之助が落馬した。それを見た後方の治右衛門は「さては午之助は鉄砲にて打殺され、我々もあのごとく殺さるべし」と観念した。

到着地で窟炉（オンドル）をあてがわれた四人はそこで三十日余りを過ごした。この間、言葉が通じなかったから、仕草を通じてもどかしい意思疎通のあれこれが記録されている。

あるときは、柿・栗・柚・桃などと一緒に「長さ三寸ばかり、幅五、六歩ほども御座候、真黒なるもの四本」が並べられたが、古い鰯の味がしてことのほか腥《なまぐさ》く、ようやくのことで半分だけ食べた。唐人が「両手をひたいにあて、指を二本たて、角の貌《かたち》をして匍々《はいはい》して歩」んで見せて教えてくれたから、牛肉の干物と察しがついた。またあるときは、六尺ほどの獣を食べるよう促され、「切害せられて死なんより、この毒を喰ひ死にたる方」がマシだと覚悟して食べてみると、思いのほか美味だった。のちに分かってみると、獣は豚だったという。さらには、十七、八人の唐人がやってきて相撲をとろうという。漂流民の方が相撲に負けると唐人は機嫌が良く、唐人側が負けると機嫌が悪くなったように見えた。唐人の機嫌を損なってはどんな難儀が降りかかってくるかもしれないからと、治右衛門たちはわざと相撲に負け続けてみせたりもした。

そうした六月七日、洛陽（ソウル）から日本語通詞がやってきて、四人の漂流民は初めて人心地ついたという。その通詞のもとで荷物改めが再度なされ、同九日に通詞は洛陽へ戻り、漂流民たちは同十日から釜山へ向けての送還が始まった。四人は漂流船に乗り、シヤミシヤなる朝鮮官人が別の船に乗って護送した。日々十里ほどずつ進み、昼と夜は上陸して食事をとり休息した。同二十日、シヤミシヤは江原道へ戻り、護送者は牛岩浦から来たシヤグトグなる日本語通詞に交替した。牛岩浦到着は同二十四日のことである。その後の日々の様子や餞別の馳走についても詳しい。

（6）粟ヶ崎の者朝鮮漂着一巻口書（同前7）

粟ヶ崎の九人の船は、加賀本吉で大坂廻米を積み込んで安永三年（一七七四）三月十九日に出船し、同日夕刻より漂流を始めた。同二十五日に山が見えたので、翌二十六日にてんま舟を下ろして近づいたところ、言葉の通じない「人相替り申風俗の者」と行き会った。その人たちは四艘の船で漂流船を湊に漕ぎ入れ、漂流船を真ん中にして周囲に四艘の船をつないで逃げ道のないようにし、昼夜番をしたから、人心地もせず、食事も喉を通らなかった。そんな状態だったから、家々の様子をしっかりとは憶えていなかったが、家の周りに風よけの垣があったこと、茅葺き屋根のようであったことを述べている。

漂着して三日目に、官職ある人が三十人ほどの行列で現れた。その際には鐘太鼓で囃子をし、石火矢が放たれた。官職の人は船改めを行った。翌日、日本語通詞がやってきて、漂着地が朝鮮と分かり、また、荷物・道具を改めた上で対馬へ送ると話してくれた。五日目に漂着地を出船して釜山浦へ向けて浦継ぎでの護送が始まった。牛岩浦に到着したのは四月六日で、七月二十五日まで滞留した。日々の様子や餞別の馳走についても詳しいが、倭館館守による事情聴取のあとに出された馳走のなかに「鯨の指身《さしみ》一重」が見えるのは、ほかの漂流記とは少し違う。餞別の馳走は七月二十三日のことであった。

なお、この漂流記は隠岐船のものと同様に釜山を離れてからの記述が多く、全体の半分近くの量が、釜山を出てから大坂、加賀石川郡に至る経過にあてられている。

(7)『犯科帳』に見える薩摩漁民の場合

『犯科帳』第九巻一八一頁に収められた天保十四年（一八四三）薩摩船の事例は、以下のようなものである。

生還したのは、与吉ら薩摩国川辺郡坊津村漁師四名、直次ら肥後天草郡久玉村漁師三名、肥前松浦郡五島玉浦の漁師七三郎と喜助、以上あわせて九名である。彼らは二十一名で出漁したところ船が大風で転覆し、海中に投げ出された十二人は溺死し、九人が船もろとも朝鮮に漂着したという。出漁海域も漂流海域も漂着地もすべて分からない。そうしたところ通事体の朝鮮人が現れて、漂着地から直接に帰国するよう勧められた。「定法の通り送還してほしい」と何度も願ったが聞き入れてもらえず、ある晩おそくに朝鮮人多数がやって来て、船ごと九人を海上へ押しやったという。帰り着いた経路・場所も記されないが、長崎奉行所としては、意図的な往来ではなく余儀ないことであったとして「おかまいなし」という結論を出した。

この漂流事件は、ことの性質上、公式の漂流記録としては残りようがない。実際にも対馬藩政史料にも朝鮮側史料にも当該事件は見えない。自力で帰国を果たした点で興味深い事例ではあるが、この史料それ自体を「漂流記」とするのは少々無理がありそうである。

（8）対馬藩政史料の朝鮮漂流記録

さて、対馬藩政史料に五十点以上伝存する朝鮮漂流記録の一件記録についても概観しておこう。一件記録は、漂着事件ごとに、朝鮮側の通報を受けてから長崎奉行所（または大坂町奉行所）に漂流民を送り届けるまでの、一切の送還手続きに関わる文書を収めた分厚い冊子である。倭館と対馬藩国元、対馬藩国元から長崎奉行所（または大坂町奉行所）および漂流民の出身地の大名（または代官）へあてた書簡、送還手続きに関わる藩内各部署間の連絡文書、朝鮮や対馬藩からの賄もの一覧などから構成される。

一件記録の作成者は、倭館一代官であったり対馬藩表書札方であったり様々だが、次第に対馬藩朝鮮方によるものが増えてゆく。概ね十八世紀後半からは、最終的には朝鮮方の責任で一件記録が作成されているらしく、それ以外の作成者によるものは下書きや控え（副本）のようである。そして、一件記録の作成が朝鮮方で担われるようになってゆくにつれて、記録内容の定型化が進んでゆく。まず冒頭に送還手続きを日付順に追った見出し項目がならび（場合によっては番号が振られることもある）、そののちにそれらに対応する文書群が順を追って配列されてゆく形式に揃えられてゆくからである。

こうした一件記録のなかに、漂流民の口上書（「口書」）が収められている。「口書」は、漂流経過を述べたのちに、乗員の名前や年齢・宗旨の一覧を掲げ、そののちに積荷一覧が続くというのが多い。そして、一件記録の定型化が進むにつれて、「口書」の内容もまた一定の型にはめられてゆく。たとえば漂着時の様子は、決まって次のように書かれるようになる。

どこの国かわからないところへ漂着したところ、村人がやってきて介抱してくれたが、それらの人々は「日本体の人」ではなく言葉も分からなかった。その後、言葉の通じる人がやってきて「初めて朝鮮だと分かって驚き入った次第です」。

右にいう「言葉の通じる人がやってきて」というのは、既存の朝鮮漂流記の記述などと対比すれば、恐らくは日本語通詞が現地に派遣されたことを指している。ただし、「口書」の記述だけでは必ずしもはっきりとはしない。また型にはまった供述は内容に具体性を欠くようになってゆくから、こうした「口書」だけで漂着地での様子を再現するのは難しい。

ところで、表10-3で漂流記となった「口書」のなかには釜山や対馬府中で作成されたものは一つも含まれないが、そうした「口書」が皆無だったわけではない。現在、長崎県立対馬歴史民俗資料館と大韓民国国史編纂委員会に伝来する膨大な対馬藩政史料のなかには、一六七二年から一八六三年に至る五十点以上の「口書」が収録されている。しかしこれら「口書」が「漂流記」として扱われることはこれまでになかった。

一九七〇年代から長崎県立対馬歴史民俗資料館における対馬藩政史料の整理作業が本格的に進み、また大韓民国国史編纂委員会所蔵の対馬島宗家文書の整理が進んだのも一九九〇年代に入ってからのことである。そうした史料整理が進むまでは、それら一件記録（および「口書」）の存在もまた一般に知られることはなく、対馬藩の「漂流記録」として封印されてきたのである。

とすれば、「口書」それ自体は「漂流記録」であって、それがそのまま直ちに「漂流記」と同じではない。記録された「口書」が藩や奉行所の外へ流出して不特定多数の「読者」を得て初めて「漂流記」に転化するのである。事情聴取を行った藩や奉行所の内に留まる限りは「漂流記録」であって「漂流記」ではない。もちろん藩や奉行所でも先例調査の際には再読されることはあったろうが、読むのは担当官吏に限定された。「漂流記」は不特定の読者があってこそ成り立つものである。

これまで「朝鮮漂流記」と考えられてきた七点の「口書」も、それがそもそも事情聴取を行った機関の外に流出したか否か、いつ流出したのか、また流出した契機は何であったか等々は、実は明らかではない。たとえば表10-3の4aは、植民地期朝鮮の慶州公立普通学校校長大坂金太郎氏のもとにあった謄写本を松田甲が翻刻したものだが、それ以前に数回の転写を経たことが明記される。つまり、隠岐周吉郡東郷村庄屋の手元にあった按文（原本の写）を、その後、同村年寄・同郡伊後村清雲寺僧ほか何人かの人々が筆写したものという。おそらくそうした転写過程で、漂流者や記録者とは無関係の読者を得たこととなるから、これは江戸時代からの「漂流記」とみなしても良いだろう。しかしながら1・2は、倉地が紹介するまでは岡山藩池田家文庫内に眠っていたとも見え、それ以前に一般の読者を得た「漂流記」であったかどうかはよく分からない。残る数点の「漂流記」についても事情は同様である。したがって、現時点に立ってみれば「漂流記」と見えるものの、それがいつから「漂流記」であったかはよく分かっていない。なお、1・2を翻刻紹介した倉地自身は、これらを「漂流史料」「漂流記録」とは呼ぶものの、「漂流記」とは呼ばない。

三　異なる漂流史料の比較対照

(1)「口書」と「漂流記」

表10-3の7の「漂流記」を事例にして、「口書」と「漂流記」の違いについて検討してみよう。まずは対馬藩政史料の「口書」(「加州和漂民記録」)の記述である。

われわれは、松平加賀守様領分である石川郡粟ヶ崎村の船二十反帆で、居船頭は木屋藤蔵です。沖船頭伝次郎、水夫増水夫あわせて九人で三月十五日に粟ヶ崎浦を出帆し、即晩に同国本吉浦に着船しました。そこで大坂蔵屋敷へ運ぶ米六百石を積んで、同十九日に出帆し、摂州大坂を目指しました。ところが海上では霧が深くて山を見失い、どこへともなく漂流しているうちに東南の風が強くなり、様々に工夫をしましたが、強くなる一方の風に流されるばかりでした。同二十五日夕方に山を見かけ、翌二十六日にどこの国とも分からない山の下にたどり着きました。数日の漂流で水もなくなってしまったので、水を汲もうと伝間船を下ろしたところ、小舟数艘がやって来て、あれこれと話しかけてはくるのですが言葉が分からず、分からないままに浦津の方へ漕ぎ入れてくださいました。それから四日めに日本詞の通じる人がいらっしゃり、初めてここが朝鮮国ということを知り、まことに驚き入った次第です。漂着地では魚・菜・水木などを与えられるなど介抱に預かりました。そして四月六日に牛岩浦へ到着し、対馬守様の役人様方がいらっしゃって、漂着の次第をお尋ねになり

……

粟ヶ崎を発ってから漂着、牛岩浦送還へと至る事情や日付は、上記の「口書」と表10-3の7「漂流記」とのあいだで矛盾はない。漂着した日、日本語通詞の現れた日、牛岩浦に至った日、いずれも一致している。しかしなが

ら、漂着後に連れて行かれた湊での雰囲気や、漂着三日目に現れた朝鮮人官吏については、「口書」には何も記されない。また日本語通詞が「荷物・道具を改めた上で対馬へ送る」と語ってくれたことも記されないし、牛岩浦への送還が漂着五日目から始まったこと、それが浦継ぎでなされたこと、こうしたことも「口書」には記されない。「食事も喉を通らない」思いや鐘太鼓の囃子音、石火矢の脅威などはことごとく省かれたから、対馬藩政史料の「口書」は無味乾燥な公文書として整えられた。

もちろん表10-3の7「漂流記」も、もとはといえば加賀藩役人による事情聴取の記録である。ただし、事情聴取に際しての関心や必要性が加賀藩役人と対馬藩役人とでは異なっていたから、そうした事情が「口書」の記述に違いを与えたことも考えられるだろう。朝鮮漂着事件など滅多に経験することのない加賀藩では、漂着地ほかで見聞したあらゆることを聞き出そうとしたに違いない。一方で、漂流民送還を何度も経験し、その手続きを定型化しつつあった対馬藩役人からすれば、些事にわたる個別事情については、かりに漂流民が話したところで書き留めなかったとしても不思議はない。朝鮮側から引き継いだ日本人漂流民を、無事故郷に送り届けることの方が対馬藩にとっては重要だったからである。

表10-3の4ab「漂流記」と対馬藩政史料の「口書」との関係も同様である。漂流・漂着までの経過説明は両者に矛盾がなく、「口書」での「酒樽五丁のうち壱丁は、洋中にて難儀の節に飲んだ」とする供述は、「積荷の酒を飲んで渇きを凌いだ」とする「漂流記」の記述と合致する。しかしながら、「剣を差した馬上の唐人」が漂着地に現れたり、そのときの喧噪ぶり、あるいは通詞唐人三人の語った内容などは、対馬藩での事情聴取記録には現れない。これもまた、隠岐代官と対馬藩役人とでは事情聴取に臨む姿勢が異なっていた事情があったといえるだろう。

そうした事情を踏まえながらも、4ab・7の「漂流記」と対馬藩政史料の「口書」とを読み比べたときに、「口書」が「口書」のままでは「漂流記」たりえなかったことにもまた思い至る。「漂流記録」としての「口書」が「漂流記」になるためには、やはりちょっとした飛躍が必要だったのではないか。不特定の読者を得るには個別具体的な些事こそが大事だからである。4ab・7の「漂流記」に見えて対馬藩政史料「口書」に見えない具体性は、漂流民自身の記憶にかかる「手書」的な要素である。対馬藩役人が書き留めなかった「手書」的要素が、「口書」を「漂流記」へと転化させたのである。

(2) 朝鮮側史料と日本側史料

同一の漂流事件で、対馬藩政史料の「口書」と朝鮮漂流記がともに揃っているものも、わずかしか存在しない。享保二十年（一七三五）隠岐船の一件、安永三年（一七七四）の加賀粟ヶ崎の一件など三つだけである。元禄五年（一六九二）の岡山船漂流に関わる一件記録もあるにはあるが（「備前岡山船朝鮮江漂着記」）、残念ながら、この冊子には漂流経過を記した「口書」は含まれない。

朝鮮側史料で漂着地における事情聴取の様子が分かるようなものも、さほど多く残されているわけでもない。管見の限りでは十数点あるに過ぎず、同時にそれらに対応する対馬藩政史料「口書」も得られる事例は三つだけである。

嘉永二年（一八四九）、越前三国湊の十人が慶尚道長鬐県凡津に漂着した事例について、まずは対馬藩政史料の「口書」にしたがって経過を追うと、以下のようになる（「嘉永二己酉年、松平越前守様御領内越前国坂井郡三国湊船一艘十人乗組、朝鮮国景尚道長鬐県凡津江漂着、大坂江被差送候記録」［対馬記録Ｉ／表書札Ｍ14］）。

漂流したのは越前坂井郡三国湊の重徳丸で、沖船頭頭又右衛門と水夫あわせて十人乗りであった。六月四日に三国湊を出帆して松前江差浦へ行き、そこで干にしん七千束・同糟六百本・数ノ子二三〇本・干鱈三十束を購入し、大坂へ向けて七月三日に松前を出船した。やがて海流が強くなって海中を漂い始め、同十日午後二時ごろには東北風が強く吹き始めた。乗員みなで力の限りを尽くしたけれど如何ともしがたく、やむをえず風に任せて流された。同十二日に山を見つけたので近くに碇を下ろしたが、強い波風で浜辺へ叩きつけられて船・伝間ともに破船となった。浦の人々がやってきて何かと世話をしてくれたものの、言語が通じなくて当惑するばかりであった。その後、詞《ことば》の通じる人がやってきて、初めてそこが朝鮮と知り驚いた。浜辺に小屋がけをしてくれ、漂着当日から水・薪・米・魚菜を支給してくれるなど、万端にわたり厚い介抱を受けた。同二十五日、朝鮮人の船に乗せられて漂着地を発ち、あちこちの浦々を馳走に預かりながら経由して、今日ここ（釜山）に到着した（以下略）。

「慶尚左兵営謄録」によると、七月十五日には、十二日の日本人漂着を知らせる長鬐県監の短簡が朝鮮政府中央まで到着している。十七日到着の短簡には「同倭等沙場造幕、入饋看護」とあるから、浜辺に小屋がけして食糧等の支給がなされたことも確認できる。

また、漂着地には十七日に日本語通訳が三人到着していることも分かる。別差卞義圭、問情通事金亨培、守護通事李允澤である。享保二十年（一七三五）に慶尚道慶州へ漂着した隠岐船のときも、現地には通詞が三人やってきた（「隠州島後権右衛門朝鮮漂着口上書」）。隠岐船も越前三国湊船も、東萊府から近い慶尚道東海岸への漂着であった。こうした場合には、東萊府から複数の日本語通訳が迅速に派遣されたものと見える。卞義圭ら三人の通事は事情聴取のあいまに「同倭等言語服色、與館倭無異（漂着した日本人の言葉や服装の様子は、倭館の日本人と変わらない）」と記すから、彼らが日常的に倭館と接触していた通事であることが明らかだからである。漢城（ソウル）から派遣されたわけではない。

これら通訳の到着によって、子細な事情聴取が行われ、中央政府へ報告された。乗船が砕け散ったからであろうか、船の大きさや船材の一々が細かく問われ、乗員名簿や携行品目録も詳細である。また、漂流・漂着の経過は概ね対馬藩政史料「口書」の記述と大差ない。江差で購入した「干にしん」が「干鯖」、「にしんの糟漬」が「塩鯖」、「数ノ子」が「鯖魚乾卵」と記録されるのが少し気にかかるものの、これは朝鮮王朝期には日本でいう鰊を鯖と表記することに由来するから、記録としては正確である。

また、対馬藩政史料「口書」では、漂着地から釜山まで「あちこちの浦々を馳走に預かりながら経由」したというが、「慶尚左兵営謄録」によれば、それが慶州・蔚山・機張の各地であったことが分かる。長鬐県監・慶州府尹・機張県監ら各地を担当する地方官が、漂流民の継送について、それぞれに中央政府に報告しているからである。

朝鮮側史料と対馬藩政史料「口書」とを対比できるもう一つの事例は、文政六年（一八二三）八月、六人乗りの薩摩船が忠清道泰安県に漂着した事件である。朝鮮側史料や漂流記に記載されながら「口書」では省略された事実のあることは、これまでにも見てきた通りである。この泰安県漂着の場合は、省略というよりむしろ隠された事実が明らかになる点で興味深い。まずは「口書」で経過を追いかけてみよう（「薩州種子島船拾七端帆壱艘、且薩州様御手船九端帆壱艘、朝鮮国江漂着、長崎江被差送候記録」［対馬記録Ⅰ／表書札M８］）。

薩摩藩領七島（トカラ列島）宝島における在番役人の任期を終えた薩摩守家来山口善八・岩元八郎太ら六人を乗せて、薩摩藩主手船天神丸が七月二日、鹿児島へ向けて宝島を発った。まもなく北東風が強く吹き始めたので、帆柱を倒し、荷物を捨てたが、伝間船も流失し、風に任せて漂流した。やがて西風になったのを受けて、帆桁を帆柱代わりに東を目指したところ、八月三日にどこの国とも分からないところに漂着した。浦人が漂流船を港に漕ぎ入れてくれ、朝鮮ということが分かり驚いた。漂着当日から水・薪・米・魚菜などを支給され、様々に介抱を受けた。朝鮮人は傷んだ船を修補しようといってくれたが、元来が古い船なので焼き捨てることとし、残った積荷は朝鮮船に積んでもらうことにした。九月十三日に漂着地を発ち、各地を経由して十一月十日に多太浦というところに到着した（以下略）。

「忠清道兵営状啓謄録」によれば、八月三日午後二時ごろ、安興鎮水軍僉使李得秀が異様船を発見した。同日午後八時ごろに湾内に曳き入れてみたところ、服装から見て六人の倭人であり、「語音は啁啁として、言語を以て通じがた」かったから書面で問答を行った。しかし、それでも充分には意思を測りがたく、訳官でなければ事情聴取はできそうもなかった。

六日と八日、李得秀が泰安郡守鄭日泰とともに事情聴取を行った相手は山口八郎太であり、漂流民のなかでは文字を知っていると見えたからである。しかしながら、記録された問答の様子によると、筆談はいつも通じたわけではなかった。返答はときおり身振り手振りでなされたり、質問の書かれた紙をじっと見つめたまま返事がなかったりもした。そうしたことが再三繰り返されたから、事情聴取が進まず苛立っているとまで中央政府に報告されている。

積荷の調査は詳細に書き上げられたが、朝鮮側官吏からすると、なかにあった様々な銭貨と「わが国の文字〔漢文〕」で書かれた手紙のような紙十三枚が随分と気になったようである。銭貨の方はたいした額面ではなかったが、寛永通宝一両二銭二分、乾隆通宝六分、嘉慶通宝二分、康熙通宝一分と種類が様々であり、手紙様の一枚には「どうやってこの朝鮮国黄海道との境界までやってきたのか」「船はどのような船で、どこへ向かっていたのか」などと記されていた。八日の事情聴取報告では船は「明らかに商船である」と断言しているから、密貿易船とでも判断されたのだろう。事情聴取は「詰問」となった。

—船内に寛永通宝一両二銭二分がある。これはどこの国の銭か。

日本国内で通用しているものである。

—ほかに康熙通宝一分、乾隆通宝六分、嘉慶通宝二分がある。これはどこの国の銭か。

知らない。

—これらの銭は、貴国のものでないことはたしかである。とすれば、どこから手に入れたのか。ただちに正直に述べよ。

一切分からない。

幾度か漂流経過を説明し直すなかで、こんな事実が浮かび上がってきた。薩摩船は、忠清道泰安県に漂着する前に、一度ほかの土地に漂着したというのである。それは七月二十五日のことで、場所は泰安県より西方海上三十里ほどの小島だという。島の名前は分からない。そこには十五軒ほどの家があり、現れた島の人びとの様子は、山口八郎太の身振り手振りでの説明にしたがうと髪型も服装も「わが国の人〔朝鮮人〕」と同じであった。「わが国の文字〔漢文〕」で書かれた手紙のようなものは、内容からすると漂流船に対する事情聴取の問答によく似ていた。手紙の出所を問われた八郎太は、右の小島でもらったものだと返答した。そして日本のものでもない貨幣もまた、その小島でもらったものと述べた。

十日に、李得秀・鄭日泰に水軍虞侯李大済が加わってなされた事情聴取でも、同じことが執拗に問われ、同じような答えが繰り返された。京訳官金東倫が漂着地に到着した十四日にも同じ問答が繰り返されたが、通訳を介した質疑でも、やはり最初に漂着した小島の名前は分からなかった。「島名のことも、手紙の件も、結局のところは事情を突き止めることができなかった」と中央政府に報告されている。

右の薩摩船が忠清道に漂着する前に別の小島に漂着したことは、対馬藩政史料には一切記されない。対馬藩官吏が記録しなかったのか、漂流民が話さなかったのかは分からないが、いずれにせよ日本側記録では明らかにならない。また、漂着地で事情聴取に応じたのは山口八郎太だと朝鮮側史料には見えるが、対馬藩政史料「口書」では岩元八郎太である。山口善八が八十七歳で岩元（山口）八郎太が五十六歳というのは、朝鮮側・日本側いずれの史料も一致する。朝鮮側史料では山口八郎太が「父山口善八」と述べているから、二人は父子である。こうしたことも対馬藩政史料では明らかにならない。

また、積荷の調書内容は、対馬藩によるものに比べて朝鮮側の方が極めて詳細である。それはたとえば、対馬藩政史料が箱数を記載したとすれば、朝鮮側史料では箱数だけでなく各箱の内容物の一々を列挙するといった違いである。木牌や不動明王画像、それらに刻まれたり添えられた文書の有無、日記・画帖といった冊子、文字情報が記載されているものについてはとくに子細である。そうした冊子類のなかに『麗玉百人一首』なる書冊が見える。これを見いだした朝鮮官吏が、どのような興味関心を抱いたか否か、そうしたことは一切分からない。朝鮮側史料は公務の記録であって、官吏個々人の感情の動きまでは追究しきれないからである。

また、このときの薩摩船も結局は漂着地で焼却処分され、六人の漂流民は朝鮮船で釜山まで送還された。そうした送還が正式決定に至る前、漂流民たちは、船が使い物にならないことを述べ、上陸の上で送還されることを要望している。これに対して京訳官金東倫は、「船の破損状況に応じて修補する（随毀随補）……陸路経由で送還するのは約条に違反するところがある（従陸還帰、有違約条之意）」と返答したことを中央政府に報告している（「忠清道兵営状啓謄録」）。そうした原則がどのような過程を経て崩され、最終的に漂流船の焼却と朝鮮船での送還へと変化したかについては、この文政六年の事例ではうかがい知ることができない。

おわりに

倉地克直の分類にしたがえば、「漂流記録」は、ⓐ「口書」、ⓑ「手書」、ⓒ「聞書」、ⓓ「実録本」に四分類された。これらのうちⓐ「口書」は、そのままでは不特定多数の読者を得ることはできないから、「漂流記」たりえなかった。「漂流記録」としての「口書」が「漂流記」になるためには、漂流民自身の「手書」的な要素が加味される必要があった。また、ⓒ「聞書」形式の「漂流記」は、正式な外交関係のない地域に関わる新知識を渇望した支配権力や知的好奇心に溢れた人々が関与して初めて成り立った。逆にいえば、近世にあって日本とのあいだに漂流民相互無償送還制度が機能した地域に関わっては、「聞書」形式での「漂流記」が作られることは希有だったといえる。

一方、ⓑ「手書」は表10-1では2・20・41の三点、ⓓ「実録本」は表10-1では24の一点を数えるのみである。

しかもこの24は発禁処分を受けたから江戸時代に広く読まれることはなかった。翻って、ⓐ「口書」が「漂流記」に転化した場合も、いつ転化したかは明確ではない。江戸時代に九十件ほど数えられる日本人の朝鮮漂着事件のうち、「漂流記」として石井研堂が採録したのがわずかに一点、その後、飯嶋千尋［二〇〇一］によって八件九点の朝鮮漂流記が知られるようになった。そして表10-3の8が活字化されたのは二〇〇九年のことである。「漂流記録」が広く「漂流記」として幅広い読者を獲得するようになったのは、多くの場合は近代以降のことに属するかもしれないのである。

さて、一つの朝鮮漂着事件を、性格の異なる複数の史料を突きあわせて内容豊かに明らかにしようと思うとき、対馬藩政史料・朝鮮側の事情聴取記録・漂流記のうちいずれか二者を比較検討することはできた。三つの異なる性格の史料を、同一の事件に即して比較検討できる朝鮮漂着事件は存在しないだろうか。実は、文政二年（一八一九）忠清道庇仁県に漂着した薩摩船の事件の場合には三つの史料が比較検討できる。またその事件における漂流記は安田義方なる人物の手になるものだが、それはこれまでに知られてきた朝鮮漂流記とは、内容の豊かさで一線を画している。それは、筆談を介することで、ある程度までの意思疎通が可能だったことによっている。その事例についてては次章で述べることとしたい。

第11章　薩摩船の朝鮮漂流記

はじめに

文政二年（一八一九）七月、朝鮮半島の西海岸（忠清道庇仁県）に二十五人の日本人が漂着し、そのなかには薩摩藩の武士三人が含まれていた[1]（漂流者一覧は表11-1、漂流から送還までの経過は表11-2を参照）。江戸時代に日本人が朝鮮半島に漂着した事件は九十二件一二三五人を数えるが、そこに武士が含まれる事例は多くない（池内敏［一九九八］）。一方、民衆が漂着した事例の場合、彼らは漂着地での意思疎通が困難であったため事情が詳しく伝わらない。漂着日本人と朝鮮人とのあいだで接触があったことは分かるものの、その内容が文化的な交流といえるほどのものは、これまでに知られていない。これに対して右の事例の場合、漂流者の一人である薩摩藩士安田喜藤太（義方）（当時は永良部島代官付）が詳細な日記を残しており、漂着地における朝鮮人との交流が具体的に分かって興味深い。

日記は全部で七冊あり、すべて漢文で書かれている[2]。朝鮮官僚との意思疎通は筆談でなされ、漢文でなされた筆談記録を残すために日記もまた漢文で書き残されたのである。本章では、以下、この漂流記に見える日本人と朝鮮人の文化交流のうち特徴的な点をいくつか指摘し、そこから日本型華夷意識と民衆に関わる論点を引き出すことと

表 11-1　漂流船の乗員

1. 薩摩家中	日高与一左衛門（25），安田喜藤太（30），川上彦十郎（28）
2. 武家奉公人	五次右衛門（60），権左衛門（25），平助（28），三助（40），中右衛門（28），田右衛門（17），次郎（13），山助（15），政右衛門（18）
3. 船乗り	船頭・松元勘右衛門（40），水主・楢野仲助（20），水主・吉村善之丞（19），正右衛門（50），仙助（30），庄次郎（18），長次郎（18），覚兵衛（35），長市（34），三四郎（42），利助（30），与兵衛（51）

典拠）ここに示した 24 人の内訳は，「文政二己卯年七月，松平豊後守様手船壱艘二十二人乗，同所御家中三人上下合二十五人，朝鮮国公清道馬梁江漂着記録」［国編 2859］による。

注）史料では表中の 1，2 を「士分」として一括し，それとは別に 3 の範疇を立てている。1 を薩摩家中，2 を武家奉公人としたのは筆者による便宜的な名付けである。ところで，こうした区分けは，典拠史料が倭館の対馬藩士によって作成されたものだから，対馬藩による身分把握が上記のようであったということである。これに対し，薩摩藩士安田義方の身分把握は少し異なっており，上記 1 を上，3 のうち松元・楢野・吉村を中，残る 9 人を下，とする三区分を行っている（「忠清道兵営状啓謄録」）。安田の身分把握が，まず姓をもつ者とそれ以外に区別し，姓をもつ者のうち武士とそれ以外とに区分していることが明らかである。（　）内の数字は年齢。

表 11-2　漂流から送還まで

文政 2 年（1819）	
6 月 14 日	永良部島を出船して，鹿児島を目指す
21 日	漂流を始める
7 月　3 日	忠清道庇仁県馬梁鎮の近くに漂着する。庇仁県監尹永圭らが漂流民たちの一切の世話をする
12 日	都から訳官趙明五が漂着地に到着する
26 日	釜山へ向けて庇仁を出発する
8 月 30 日	慶尚道多太浦に到着する
9 月　3 日	川上彦十郎が没する
30 日	釜山湾の牛岩浦へ移動し，対馬藩の保護下に入る
文政 3 年（1820）	
正月 14 日	牛岩浦を出発して対馬へ向かう
27 日	対馬府中に到着する
2 月 15 日	対馬府中を出発して長崎へ向かう
4 月中	長崎に滞在を続けている

典拠）安田義方『朝鮮漂流日記』（神戸大学附属図書館住田文庫）より作成。

したい。本章は、一つの事例分析に過ぎないが、日本民衆の対外認識が近世から近代へ展開を遂げていく筋道を追いかける一つの試みではある。

一　薩摩武士と朝鮮官僚との交流

安田喜藤太と朝鮮人との交流は、五つに分類できる。第一は庇仁県監尹永圭、第二は馬梁鎮僉使李東馨・忠清道巡察従事官李膺祐・折衝将軍李宗吉ら地方官僚、第三は金始基・張天奎・金基昉・金達秀ら下級官吏、第四は倭学訳官趙明五、第五は舒川郡萬戸朴泰茂・古群山僉使趙大永、である。以下この分類にしたがって交流の特徴を眺めてみよう。

まずは庇仁県監尹永圭との交流である。尹永圭は漂着地を管轄する地方官として漂流船と漂流民に対する責任を有したところから、安田と接触する機会が最も多かった。安田の日記では、漂着した文政二年（一八一九）七月三日夕方から、庇仁県を離れる同月二十六日まで、ほぼ連日のように尹永圭の名が現れる。

七月四日、漂流船を訪ねた尹永圭は安田に向かってこういった。「貴国と我国とはすでに修好のあいだがらなのだから、貴国の船が海難事故に遭って苦労するのをそのまま座視することなどありえましょうか」と。その上で、「国法にしたがって、船内の荷物を一つひとつ点検させていただきたい」とも述べている。こうした発言の背景に、江戸時代における日朝間に平和で安定した友好関係が存在していたことは明らかである。しかし、安田の尹永圭に対する第一印象は、必ずしも良いものではない。安田が直ちに日本語通訳の派遣を求めたのに対し、尹永圭は、通訳の派遣は荷物の点検を終えてから中央政府に申請するといって譲らなかったからである。点検後でなければ通訳派遣はできないものなのかと食い下がる安田に対し、尹永圭は、漂着船内の点検は国法であり、まずそれをなさねば官吏は処罰を受ける、として応じなかった。

しかし、次第に両者はうち解けてゆく。七月五日、尹永圭は安田の煙管に興味を覚え、安田が国分産の煙草を詰めて手渡すと、太守はふうっと煙管を吸ってから返した。そして自らの煙管を、一口吸ってから安田に勧めた。煙管は長さ三尺ほどの中国趣味であった。太守は安田の煙草を清香だと誉めた。七月七日、安田が琉球泡盛を見せると、尹永圭はそもそも酒をあまり嗜まない人だったが、異国・琉球の品と聞いて好奇心がうずいた。泡盛を一滴なめると他に類のない強い香りを感じ、この酒をなぜ泡盛と呼ぶのかと問うている。安田が、小さい器に注ぐと泡が盛り上がるからだ、と答えると、実際に注いで見せよという。ところが実際に注いでみると、どうしたことか泡が立たない。粗悪品か、漂流しているうちに悪くなったかと言い訳しながら、安田は「赤面寒顔」と筆談で恐縮の意を表した。尹永圭は、たしかに顔は赤いが、それは寒かったからかと微笑するので、安田は汗をふきふき「汗顔」と書き直す。そして酒を飲まない尹永圭は、懐からおもむろに煙袋を取り出して、安田に一服を勧めた。先日のより美味くて香りがずっと芳しいと誉めると、尹永圭はあれよりは少し落ちるんだがと首をひねりながら、おそらく煙管の傾けかたが良い味を引き出すのだろうと補った。安田が礼に煙草入を贈ると、尹永圭はその「たばこいれ」という日本名を何度も唱えた。

七月十一日、尹永圭と漂流船内で対座したとき、安田は手近にあった家蔵の画を掛けてもてなした。森狙仙と月岡雪斎による二幅である。尹永圭は狙仙の画について、猿猴の毛なみに勢いが感じられて動きのある名作だと誉めた。狙仙は写生的な画法で動物画に特色をもち、大坂で活躍した森狙仙である。猿の画を数多く遺したことでも知られるから、安田の掛けたのもそうした猿猴の一つであったろう。一方、雪斎の画幅には数人の女性が描かれていたとみえる。尹永圭は「綽約嬋娟《しやくやくせんけん》（たおやかで、容姿のあでやかなさま）」と誉めながらも、「化粧姿はたしかに女だが散髪姿がよく分からない、これが絵空事でないとすれば女ではないということか」と述べる。雪斎は京都で活躍し、人物画・花鳥画に優れた絵師である。

このほかにも、日常的な戯言ひとつにも中国の古典を踏まえるなど中国文化に由来する教養を前提にした筆談の数々が両者のあいだで交わされ、詩文贈答はもちろんのこと、話題は書画へも及んだ。そして尹永圭と安田は互いに尊敬の情で結ばれる関係となった。

二人の交流のうち、最も印象的な場面は以下のようなものである。七月二十五日、安田ら三人の武士は、尹永圭に留別の倭歌をつくり、短冊にして贈ることにした。倭歌を贈られるというだけでも尹永圭はたいへん欣《よろこ》び、草書体で認《したた》められた「ひらがな」を眺めながら、龍が飛び蛇が走るような美しい書だと誉めた。もちろんそのままでは意味が通じないから、安田が一つひとつ漢文に直して意味を伝えた。

倭歌は短冊に認められて、まずは詠みあげられたのだろう。尹永圭は、安田作の末尾二字「かも」に味わい深い余韻を感じ、また日高作の末尾四文字「やはせん」の響きに余情を感じるという。そして「かも」「やはせん」とはいったいどのような意味なのか、と問うてもいる。

安田と尹永圭のあいだで、こうした交流が実現した背景には、二人の接触の多さや各人の知識量もさることながら、尹永圭の旺盛な好奇心・探求心もあった。尹永圭は酒を嗜む方ではなかったが、琉球泡盛に対してはうずく好奇心を抑えきれなかったようだった。日本語を日本語のまま覚えようとしたり（「たばこいれ」）、日本画や和歌の美を美として受け止める尹永圭には思考の柔軟性があった。同じ漢字文化圏で育まれながら、そこから派生して異なるすがたかたちを見せる文化に対しても、それをそれとして受け止めえたからである。

馬梁鎮僉使李東馨・忠清道巡察従事官李膺祐・折衝将軍李宗吉ら地方官僚たちとも詩文贈答を行い、また同時に中国古典に淵源をもつ教養を共有したことも安田の人物評から想像できるが、あまり具体的にはならない。お互いに接した時間が尹永圭と比べてはるかに少なかったことに由来するのだろう。

また、金始基・張天奎・金基昉・金達秀ら下級官吏たちとは、詩文贈答や詩作をめぐる評論を互いに行ったりもしたが、酒や煙草をのみながら膝を突きあわせての談笑が交流の特徴である。最初の出会いからしてそうである。

七月四日、張天奎・金基昉は漂流船へやってきて、船内にあった日本酒を目ざとく見つけると安田に飲んで良いかと問い、やがて「長鯨が百川を飲み干す」ような勢いで飲んだ。安田と彼らは煙草をのみ、酒を飲み、誰が最も酒に強いかを議論しあったりもした。その上で、下級官吏らは安田たちのことを心から思いやり、帰国後はどのような処遇を受けるだろうかと心配し、倭学訳官の到着が近づくと、倭学訳官は中央官僚だから言葉遣いには気をつけるようにとか、服装はきちんとせよといった細々したことまで気遣わしかった。

あるいは次のようなエピソードを挙げることもできる。七月十九日、金基昉と張天奎、金達秀、李宗吉らが漂流船に安田を訪ねてきた際に、金基昉は戯れに「僕の酒はまだ残っているか」と安田に声をかけた。「君の酒なんて知らないな」と安田が答えると、「では、尊公の酒も行方不明ってわけだ」と反問する。「まあ、そうだね」と答えながら、安田は酒を準備し、皆に勧めた。酒を飲みながら、金達秀は言い訳のようにいった。いつも手ぶらでやってきては酒を飲ませてもらうのも失敬な話で、まことに恥ずかしい次第ではある。けれど、尊公を慰めようとやってきても、僕らにはこんなやり方しかできないんだ、と。安田は、四人ともみな日本酒好きだ、と短く記す。金達秀は安田を旧知の人のようだと述べるが、安田にとっても四人は気の置けないあいだがらに見えた。安田と下級官僚たちとの交流は、どちらかといえば俗世間にまみれた話題を肴に酒を酌み交わすすがたが似合っている。筆談の数々には「秘密の情談」も混じっているから後々に残さないでほしい、とする七月十二日の懇願は交流の雰囲気を示唆してくれる。

ところで、尹永圭や地方官僚・下級官僚たちと安田とのあいだでは、ときに深刻な誤解を生じながらもやがて氷解し、相互理解の進みゆく様子が感じられる。しかし、倭学訳官趙明五とだけは、安田はどうしても良い関係が築けなかった。

七月十二日にようやく倭学訳官が現れたとき日本人一同は歓迎の声をあげたが、やがて趙明五の話せる日本語が「はじめて」と「左様でございります」の二つしかなく、結局のところ日本語がまるで通じないことが明らかになると漂流民はみな失望の色を隠せなかった。倭学訳官であるにもかかわらず日本語が堪能でなく、漢文も得意ではなかった。安田が趙明五と詩文贈答を行ったことはまるでなく、中国の古典を介した対話も存在しなかった。

ここで趙明五の日本語が安田らを落胆させる程度のものでしかなかったことは、相互理解を深めえなかった原因の一部分に過ぎない。趙明五は倭学訳官として、日朝通交の実態についての専門的な知識をそれなりに保持していた。しかしそうした専門的知識は不正確な水準にとどまりながら、根拠の曖昧なままに確信と化して私的な利権追求の論拠とされた。つまり趙明五は、現実には専門的な力量のないままに中途半端な専門性を振りかざして権威的に振る舞おうとし、おまけに誠実さと柔軟さを欠いていた。中央官僚としての自負心だけは強くあったからである。そうした一切合切が安田を不快にさせ、趙明五を「韓官第一の凡俗」と酷評するに至った。出会ったときから別れるまで、両者のあいだに良い関係が築かれることはなかった。

舒川郡萬戸朴泰茂・古群山僉使趙大永は、釜山へ向けての送還に際しての護送官である。安田はこの人たちと詩文贈答を少し行ってもいる。また八月六日に船を乗り換える際に、鄭大永は「貴国の大切なる書（緊要書冊）があれば拝見できないか」と安田に声をかけたから、この人も書籍に対する関心がまるでなかったわけでもない。ただし趙大永も朴泰茂も自身では筆談ができなかった。直接的な意思疎通手段を欠いたから両者とはいずれも親密な関係にまでは至らなかった。

二　武士と民衆

ところで、安田喜藤太の「漂流日記」は日本の支配層としての武士が書いたものである。たとえば安田は、豊臣秀吉の朝鮮侵略に関わっては、薩摩藩領苗代川の朝鮮人（七月三日）や「文禄中征韓之役」における島津氏先祖の戦功（十月一日）に言及する。そこには朝鮮人の連行を懺悔する姿勢は見えないし、戦争それ自体を否定的に述べたりはしない。むしろ先祖の苦戦に思いを馳せて感涙にむせぶといった構図さえうかがえる。この戦闘は近世武士の歴史にあって小さからぬ事件であり、朝鮮王朝の歴史にあっても避けて通れぬ重大事件であった。しかし「日記」を見る限りでは、朝鮮官人とのあいだで話題に上ることはなく、その歴史が朝鮮官人との交流に阻害要因として働いたわけではなかった。

「日記」にはときおり日本武士としての自尊心が垣間見える。たとえば七月八日、尹永圭からいきなり日本では文武いずれを尚《たっと》ぶかと問われた安田は、即座に武と答えた上で、文もまた日本独自だと付け加えた。県監がさらに漢詩文に長けた安田を武に似つかわしくないと言い切ると、安田は家宝豊後行平の刀を披露し、刃の閃きは斗牛を射るごとしとする尹永圭の誉め言葉に溜飲を下げた。あるいは七月二十日、安田の座右に『周易大全』を見つけた尹永圭は、こうした書物は武職の人には関わらないものと思っていたと意外感を表した。すると安田は、文武いずれか一方が欠けてもならず、自分は武職ではあるが、日本では天下国家を担う基幹的な役割は士分が果たしているので、これらの書物を座右にしていると反駁している。ただし、ここに見えるような日本武士としての自尊心が直ちに朝鮮人に対する日本人の優越感の根拠となったわけでもない。

また十七世紀前半に明朝中国（漢民族の国家）から清朝中国（女真族の国家）へと変わったことをもって「中華」の喪失と捉え、ホンモノの「中華」ではないが「中華」の正統を受け継いだとする「小中華」の意識が近世の朝鮮と日本を特徴づけたとも考えられてきたが、そうした小中華の意識も「日記」には希薄である。唯一の例外が、七月十七日に朝鮮士人から贈られた七言絶句の後半二句に「小中華」なる語句が現れることである。そこには「帰報我邦消息日／衣冠文物小中華（帰りて報ぜよ、我が邦消息の日／衣冠文物小中華）」となっており、小中華たる朝鮮の姿を日本に伝えよ、という。しかしながら、この詩の作者名は記録されず、また安田の感想はひと言も記されない。詩から朝鮮士人のあいだに自らを小中華になぞらえる意識のあったことは分かるから、そこに日本に対する見下した姿勢を読み取ることも全く不可能ではない。また、あえてその作者名を記録せず、また感想も記さなかった安田の姿勢に、朝鮮の「小中華」意識に対する日本の「小中華」意識を潜在的に読み取ることもありえないことではない。しかしながら、「日記」全体を貫く基調として、そうした朝鮮への対抗意識を読み取ることは難しい。むしろ、等しく教養を体得した者どうしの交流、そうした階層に属する者どうしの交流を重んじる姿勢こそが、この「日記」全体に流れる基調である。

さて、安田日記が武士の日記である以上、民衆のすがたは視野の外である。薩摩船に同乗した日本人水主たちが日記に登場することも稀である。個人名が現れるのは、漂流中に檣を切り倒した知覧村三四郎と、七月八日午餐の席で舟歌を披露した楢野と吉村、七月二十九日に朝鮮人と喧嘩をした権左と平助くらいである。あるいは、名前は分からないが、無断で上陸して浅瀬に幕を張り、朝鮮人ともども酒を酌み交わした船人の姿が書き留められてもいる（七月十一日）。

これらのうち権左・平助と朝鮮人との喧嘩について見てみよう。七月二十九日の日暮れどき、護送官趙大永が数人の従者を率いてやってきた。そのうち一人が、船倉の梁に立て掛けてあった安田の槍をじっと眺めていた。槍の穂先は紙袋で包んであった。くだんの従者が紙袋に手を掛けた瞬間、権左がそれを制した。動きに気づいた日高は男を睨みつけ、安田は短く厳しい声を発した。権左が身振りで再び制したが、にもかかわらず広袖の男は紙袋を破り、槍の穂先が露わになった。

たちまち権左は傍らにあった材木を手にすると、奮然として男を打った。広袖の男も応戦したが、権左は男の冠を散々に打ち砕いた。それでも権左の憤りは収まらず、平助も加わったから喧嘩は闘争となった。何度も打つものではないと日高が制止して、ようやく権左は材木を手放した。

打たれた男は趙大永のもとへ走り、愁訴したのだろう。趙大永が安田に書簡をよこしてきた。貴隷がわが卒を打ったのは無礼も甚だしい、是非とも厳罰に処して欲しい、と。安田は、それは少し話が違うと応じた。貴卒が我輩の槍袋を破ろうとしたので下隷が制止したが、聞き入れなかったので打擲に及んだまでである。貴卒もまた材木を手に応戦したではないか。貴卒に礼が備わっていたとはとてもいえまい。そもそも我輩の槍は我輩を意味するから、軽々と弄ばれてよいものではない。厳罰に処せよというならまず貴卒からというのが礼儀というものである。その次第にしたがって我が下隷も処分しよう、と。これに趙大永は一言の反論もできず、貴隷に過ちがなければ放免されよとさえいった。

おわりに――文化的な共通性の意識

安田喜藤太と朝鮮人との交流は、それが概ね官僚たちとなされたことに規定されるにせよ、文化的な共通性を前提としたものであった。ここでいう文化的な共通性とは、中国古典のような教養から酒・煙草といった嗜好品や自然を観賞する心といったものにわたる。そうした共通性の内容や水準が交流の質を左右しているように思われる。その際に、自身の拠って立つ文化の方が相手のそれより優越すると思いこむ一方的な姿勢が見えるわけでもない。共通する上位文化として中国古典を置き、そこから派生した朝鮮と日本の文化それぞれを比較させつつ相互理解を深めていったのである。

安田の態度にはときおり日本武士としての自尊心（文に対する武の意識）が見えることもあり、彼に武職としての自負心はいささかも衰えてはいない。ただしそれはむき出しの暴力（武）への依存というよりは、支配能力（文）をもあわせもつことによって保たれた自負心である。そしてそうした自負心が、そのまま朝鮮人に対する日本人の優越感の根拠となったわけでもない。「武威」の儀礼化が進むというのは、個々の武士にまで降りて見たときに、こうした状態を指すと見て良いのではあるまいか。

一方、日記の性質から日朝民衆相互の交流を具体的に跡づけることはできず、ひそかに酒を酌み交わすすがたを垣間見ることができるに過ぎないが、これもまた文化的な共通性を前提とした交流の一幕ではある。

民衆間で詩文贈答がなされていたか否かを直接に検証することはできないが、倉地克直によって紹介された次の事例をもって参照させてみたい（倉地克直［二〇〇一］）。

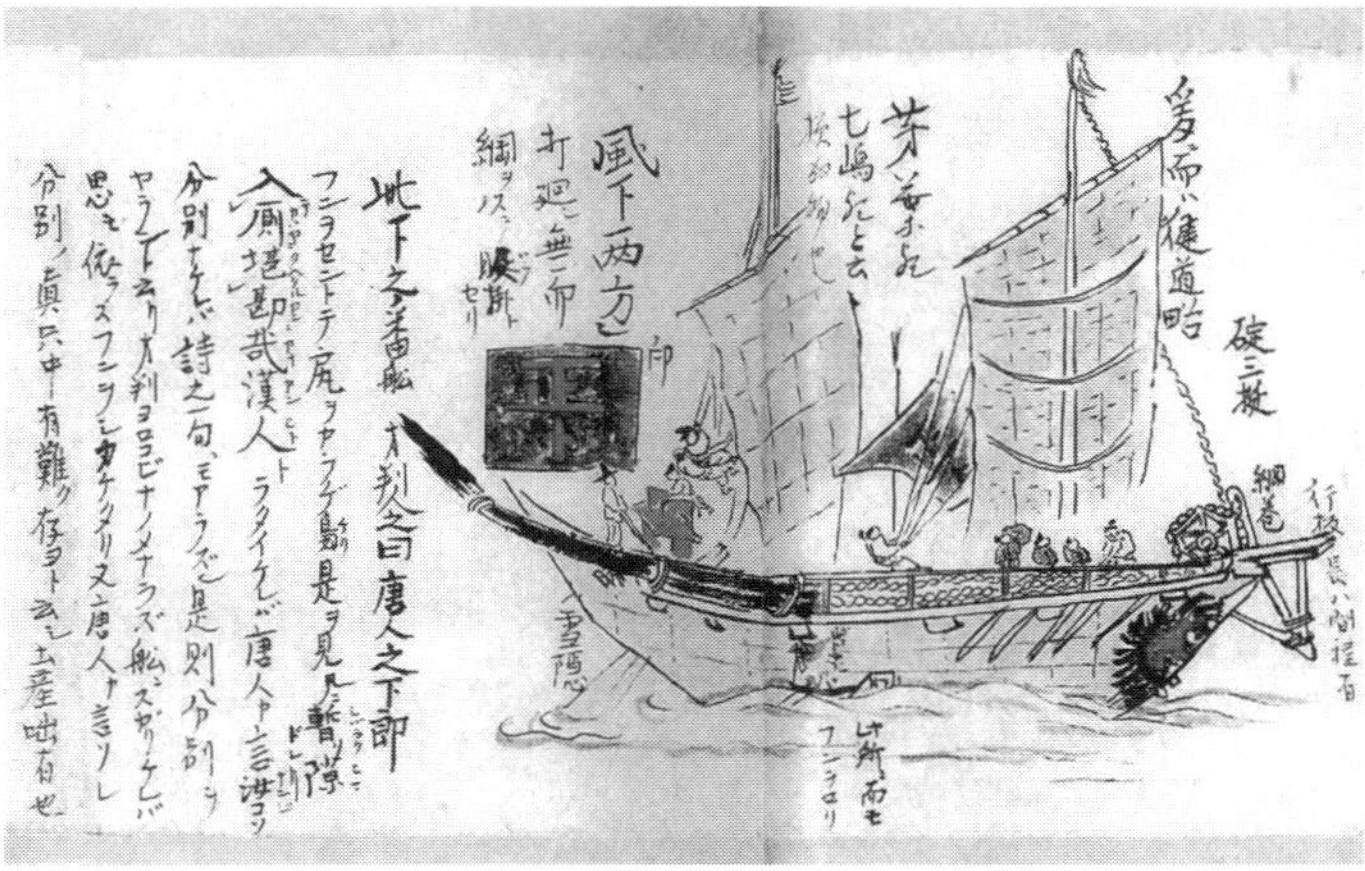

図 11–1　岡山通信使

典拠）「朝鮮人来朝覚　備前御馳走船行烈図」（部分）。

岡山県日比の旧家に「朝鮮人来朝覚　備前御馳走船行烈図」と題された、縦十五センチほど、長さは八メートルを超える長大な朝鮮通信使の船行列図が伝わる（『牛窓町史』資料編Ⅰ、一九九六年）。延享五年（一七四八）、瀬戸内海を行く朝鮮通信使の船団を岡山藩の船々が護衛する様子と、船行列を眺める民衆の視線が生き生きと描き留められた、色鮮やかな絵巻物である。

図11–1は絵巻の一部である。「正卜」と記された薄墨色の旗を掲げた船は正使荷物の運搬船（正使卜船）である。ここでも帆を揚げようとして綱にぶら下がる数人の水主を描くから、随分と船に接近したのだろう。それほどに近づいて朝鮮通信使を眺めたかったのである。そしてこの図にまつわる土産話が付されてもいる。

此下之番船才判之人曰、唐人之下郎、フン《（糞）》ヲセントテ尻ヲカラゲ凫《ケリ》、是ヲ見ルニ、暫ク隙ドレリ、入テレ厠《カハヤ》ニ堪《タヘタルカン》レ勘ニ哉漢人《カナカンヒト》トウタイ《（詠い）》ケレバ、唐人カ言、汝コソ分別ナケレバ、詩之一句ニモアラズ也、是則分別ヲヤラント云リ、才判ヨロコビ《（喜び）》ナノメ《（斜め）》ナラズ、船ニスガリケレバ、思モ依ラズ、フン《（糞）》ヲシカケタリ、又唐人カ言、ソレ分別ノ真只中、有難ク存ヨト云シ土産咄有也、

右の文章にいう番船は正使卜船の警護についた小舟のことである。正使卜船のなかほどに黒い小舟が見え、近くに「此所ニ而モフン《（糞）》ヲセリ」とも付記されるから、文章の内容にも符合する。番船才判（宰判）之人（番船の差配をする人）がしてくれた話を土産話として日比へ持ち帰った。倉地は右の文章について「『分別』と『フン（糞）』をかけた語呂合わせなども笑話か駄洒落のようだし、才判人が変な詩を詠むのも儒者たちによる漢詩の唱酬のパロディのようでもある」と述べ、「この絵巻物を開いて、日比の人々が朝鮮人通行の思い出話に耽ることがあっただろうが、そのたびに人々は哄笑の渦に包まれたことだろう」とする。おおらかな日朝交流の姿が、ここから読み取られている。

こうした倉地の視点に共感した上で、なお、右の文章で留意したいのは、才判が唐人下郎に向かって「入厠堪勘哉漢人」と漢詩のようなものを詠じたところ、「詩之一句ニモアラズ」と低い評価しか与えられなかった点である。おそらくこの才判は、通信使船の番船才判として岡山藩から徴発されたであろう領内の民衆である。この人が詩文贈答という交流形態を知っており、その真似事を試みたと見るのも頷ける。しかし同時に、それが真似事にとどまっていたところに民衆レベルでの文化交流の限界があったと見なければなるまい。

近世民衆も古典に対する知識は有しただろうが、それは長期にわたる学問的訓練・鍛錬を経て体得されるような水準のものではなく、世俗化され通俗化されることによって相対的に平易に体得されるものであった。したがって詠まれた詩もまた、古典的な約束事をきちんと踏まえたものというよりは、身辺雑事を思うままに詠じることが許されるような類のものであった。それは文化的共通性を欠如させたものであったがゆえに、「詩之一句ニモアラズ」

と非難されたのである。

さて、安田日記に見える民衆のすがたのうち権左らと朝鮮人との喧嘩に注目するのは、喧嘩の発端となった権左の動作が、安田の価値観に従属しながら反射的になされた行為だったからである。安田の「我輩の槍は我輩を意味するから、軽々と弄ばれてよいものではない」なる発言は、一介の民衆に過ぎない権左にとっても身体に沁み込んだ常識であった。しかも、「何度も打つものではない」と武士から制止されて初めて喧嘩を止めた。

文化的共通性を欠如したままで「武威」を自尊心の拠りどころとすることは、むき出しの暴力を肯定する態度につながってゆく。「凍結されていた武威」が解凍されえた背景には、近世日本民衆のそうした事情があったと見なければなるまい。

第Ⅳ部　モノと言葉

第12章　江戸時代における日本人と朝鮮人の対話

はじめに

異文化接触が直ちに相互理解へと進むわけではなく、そこには概ね「誤解」が付随すること、接触が衝突を招くこともあれば交流から浸透へと至る場合もあり、そうした道筋における（意思）疎通の問題は、近年の日韓関係史研究でも小さからぬ関心を集めている。

（意思）疎通は「対話」を介して果たされるが、江戸時代に日本人と朝鮮人が直接に「対話」をする機会は極めて限られており、さらに日本人は日本語を、朝鮮人は朝鮮語を日常的には使用していたから、これらの「対話」の場では口頭での意思疎通は概ねなされえなかった。通訳（日本人の朝鮮語通詞や朝鮮人の倭学訳官）を介した場合には、十分な意思疎通の可能性も開かれたであろう。そうでない場合であっても、「対話」を望む両者がともに漢文に通じていれば、漢文すなわち文語体の中国語によって意思疎通が果たされる場合もあった。あるいは「対話」には口頭によるものに限られず、身振り手振りによって交わされる行為も存在したが、そこには誤解の生じる余地が大きかった。

本章では、江戸時代における日本人と朝鮮人の意思疎通の状況を、主として一七六三年朝鮮通信使（癸未信使）

派遣時の通訳を介した「対話」に即して事例検討を行うこととする。

一　癸未使行録に見える訳官のすがた

（1）意思疎通と語学能力

癸未信使の訳官（倭学訳官、日本語通訳）たちの日本語能力については、概ね低い評価しか与えられていない。たとえば、李元植は、癸未信使の正使趙曮の発言「両国の疎通は、専ら訳官にたよっているので、今度一〇人も連れてきたが、日本語に精通するものが甚だ少ないのには驚いた」(1)（趙曮『海槎日記』癸未十二月十六日条）を引用するほか、訳官李命和について「この人は、……和語も格別入組みたる事は通じがたく、……少しむつかしき事、或は冗長なる事は、その語前後上下転倒錯出して、きこえぬること多きか」とする否定的な評判（『金渓雑話』）をも引用する（李元植［一九九七］四七一頁、四六七〜四六八頁）。李元植はまた、癸未信使の正使付き首訳崔鶴齢と副使付き首訳李命尹について、「〔趙曮は〕崔鶴齢と李命尹の日本語実力が昔の名訳官には及ばなかったとのべている」と指摘する（同前四七一頁）。

この癸未信使に先立つ丁卯信使（一七四七年）の正使洪啓禧が『老乞大新釈』に寄せた序文(2)（鄭丞惠［一九九八］）の一節には「余が丁卯年（一七四七）に日本へ赴いたときの日本語通訳のまずさは、〔燕行使の際の〕中国語通訳のひどさに匹敵するほどであり、それで、『捷解新語』を相次いで訂正し、古今のはっきりした違いを明らかにすることで、通訳たちにとって便宜となった(3)」とする部分がある。この洪啓禧の感想をもあわせ考えると、倭学訳官たちの日本語能力の低さは癸未信使だけの特殊事情ではなく、丁卯信使も含めた十八世紀半ばを通じての事情であったと指摘できよう。

ところで、洪啓禧が「拙かった」とする丁卯信使随行の日本語通訳のなかに、当時三十九歳の押物通事崔鶴齢がいる。『捷解新語』は朝鮮王朝後期を代表する日本語教科書だが、崔鶴齢は、一六七六年に活字本として刊行された『捷解新語』を二度にわたって改修した人物である。[4] すなわち洪啓禧がいう「通訳たちにとって便宜」となる作業を行ったのは、この崔鶴齢である。その崔鶴齢が、癸未信使に際しては正使付き首訳となり、正使趙曮からは「日本語実力が昔の名訳官には及ばなかった」と評されたという。

実は、崔鶴齢と李命尹の評価に関わる趙曮発言は、李元植が正確に引用しているように「昔の名通訳が多くを識り日本語が上手であったのには及ばないものの、人となりとして両人ともにいつもきちんとしていた（雖不如古昔名訳之多識慮善倭語。蓋其為人則倶頗緊束矣）」というものであって、かつての名訳官ほどの知恵も日本語能力もなかったとはいえ、二人とも常に厳格な態度を堅持したことを誉める発言である。発言は、四月七日の崔天宗殺害から始まった事件（後述）が、五月二日に犯人鈴木伝蔵の処刑によって幕を閉じたことを踏まえ、五月六日、この約一カ月間の訳官たちの努力を賞してなされたものである。趙曮は同じ日、「二人の首訳は、昼夜分かたずあちらこちらに働きかけて、ついに伝蔵を処刑する現場に立ち会うことをも果たしえた。これはいわば、誠を尽くせば得られないものはない、を実地に示したものといえる」とさえ評している。[5]

意思疎通に必要な語学能力は所与の場面で求められる意思疎通の水準によって変化するから、語学能力の評価もまた必要とされる意思疎通の水準との対比によって可変的である。そして意思疎通それ自体は、語学能力を欠如した状態でも不可能ではない。癸未信使の使行録類から、まずは訳官ではない人たちの意思疎通に関わる事例を掲げてみる。

従事官付き書記金仁謙は、甲申二月一日、往路の彦根から大垣へ向かう途中の山道で大雨に見舞われ、山中で日暮れを迎えた。周囲が真っ暗闇で信使一行のすがたはどこにも見えない。日本人の駕籠かきは意気消沈して駕籠を下ろして座り込んでしまう。「言葉も通じぬ倭人を頼みに／ただ坐しているのみ」という状態に不安と危険を感じ、金仁謙は「そこで奴らの着物をつかみ／揺すってこちらの気持ちを伝え／駕籠のなかの食べ物を／いろいろ出して与え」た。すると、駕籠かきたちは大騒ぎしながら食べ終え、再び駕籠をかついで進み始めたという[6]（事例1）。

右の記事の前日（一月三十日）、大津から彦根へ向かう行列のなかで、正使付き書記成大中の乗った輿は副使付き書記元重挙の輿より遅れ気味であった。成大中の輿と並んで進みたく考えた元重挙は、自分の輿近くにいた日本人「沙伊老五」（才五郎か）に声をかけた。才五郎は頭を下げて両手を合わせながら、「はっ」と応じた。そこで、後ろを行く成大中の輿を指さしながら「のりもの、はよはよ」と声をかけ、次いで自分の輿について「のりもの、そろそろ」と声をかけた。それで、二人の輿が並び行くようになったので、元重挙が「よかよか」と声をかけたところ、二人の輿を担いでいた日本人人夫らが大笑いしたという[7]（事例2）。

筑前藍島に滞留中の癸未十二月九日、たまたま日本人小童が灯燭の準備にやってきたので、元重挙は、金仁謙（退石）のもとで働く東安なる人に日本語で話をさせてみた。東安は草梁に住んでいて日本語に馴れていたため、聞き取りや会話が可能だったという[8]（事例3）。

甲申正月二日、赤間関（下関）から室積へ船で進む。元重挙は、陸の方角に見える浦々について、以前の使行録などに依拠しながら浦名を一つひとつ挙げながら、日本人水主に確認する。水主のなかには「文字を解する」者がいて、頭を振ったり手を揺すったりしながら浦名の確認に応じた[9]（事例4）。

一方、これは使行録の記事によるものではないが、癸未信使と交流した伊勢菰野藩の藩儒南川金渓の場合を例示しよう。金渓は、朝鮮語の誉め言葉〈チヨツソ〉を詩文贈答の現場で聞きかじり、朝鮮信使から書画を見せられるたびに〈チヨツソ〉を繰り返していた。そうしたところ、信使たちは、金渓は〈チヨツソ〉なる語を知っているようだな、という素振りであったという[10]（事例5）。また金渓は、「牌ト梨ト船ト、コノ三字一音ニテ〈パイ〉ト云ナリ。ソレユヘ牌ヲ持テ船ニノリテ梨ヲ食ヘリトイフコト、明カニイ丶分ケ難シトナン、オカシキコト也。ワガ国ノ橋・端・箸ノ類ナルベシ」ともする[11]（事例6）。

さて、事例1は、言語を介さない身振り手振りでの意思疎通である。事例2・5は、たまたま聞きかじった外国語の語句が、場面によっては意思を通じさせることにつながった事例である。事例4は、「新泊浦・丸尾崎・徳山・三田尻・笠戸」など、浦名を一つひとつ挙げながら眼前にある風景との対応関係を信使から問われたことに対し、水主が、その職業にともなって蓄積された地理的知識を背景にして応答できた事例である。ここでは発問も応答も単語であり、それはあるいは書かれた字句であったかもしれない。事例6が耳学問によるのか書籍を介した学習成果なのかは不明だが、ここで扱われているのは単語の知識にとどまっている。

したがって、事例3を除けば、いずれの事例も単語ないしは字句による限定的な意思疎通である。任意の発話をいつでも即座に理解できたわけではなかったし、おそらくそうしたことは不可能であったろう。また事例3が具体的にどの程度の日本語会話を行ったかは不明だが、「草梁に住んでいて日本語に馴れていた」から会話が可能だろうとみなされた背景には、経験的な学習でもある程度までの意思疎通が可能だと考えられていたことがあるだろう。けれど、この事例に登場する東安なる人は訳官ではない。訳官に求められていた意思疎通能力は、経験的な学習によって獲得されるものとは異なるものであったと推測できる。

ところで、癸未信使の製述官南玉は「わが国の訳学・通事が理解できないだけでなく、大坂以西、西京や江戸といった地域の語は対馬人でも大部分は理解できない。通訳を介してよりも筆談で分かることの方が詳細である」と述べるから[12]、倭学訳官の日本語能力が必ずしも高くはない背景について、日本語における地域差（方言）の甚だしさを指摘する。対馬の日本人ですら理解不能なのだから、ましてや朝鮮王朝の倭学訳官では理解不能なのも致し方ない、ということなのであろう。南玉は、通訳より筆談の方がましだとすら述べる。

もっとも、だからといって南玉が日本の朝鮮語通詞の方が優秀だったと見ているわけでもなく、彼は対馬藩の朝鮮語通詞の能力についても疑義を呈している。南玉によれば、「癸未信使に随行する対馬藩朝鮮語通詞は五十名ほどにもなるが、その多くは言葉が通じない。とりわけ多数は江戸へ行くのが初めてであり、問うても答えが返ってこない」というのである。通詞のなかでは松本善左衛門なる人が別格で、この人とほかに四人の通事だけが丁卯信使（一七四七年）時に随行して江戸行の経験をもつともいう[13]。南玉が、対馬藩の朝鮮語通詞について「多くは言葉が通じない（多未通語）」と述べるのは、多数の通事を松本と対比する点に鑑みれば、単純な言語能力のことをのみいってるわけではなかろう。松本のように、信使随行と江戸入りの経験を踏まえて様々で任意の質問にも的確に答えうる知識を有しているか否かもまた重要だったのではなかろうか。

(2) 癸未使行録中の訳官たち

対馬府中で幾日も滞在を続けるあいだ、宿舎の三使を対馬藩主以下が慰問に訪れることがあった。金仁謙によれば、そうした際には「倭の奉行と崔首訳が／互いの言葉を伝えあう[14]」というから、首訳の役割は、当然のことながら、三使の発言を日本語に直して通訳することであった。同じ状況について元重挙は、「対馬藩の朝鮮語通詞が対馬藩主の言葉を伝えるだけで、以酊庵僧以下の言葉は伝えなかったから、この人たちの言葉は倭学訳官が通訳した[15]」ともいう。

日本人からの揮毫要求は対馬藩の朝鮮語通詞を介してなされ[16]、贈られた詩文に対する朝鮮信使書記からの返答・礼物は、対馬藩の朝鮮語通詞を介して送付する場合もあれば[17]、倭学訳官を介する場合もあった[18]。行路途中の物見遊山など公式行事にはないことがらが朝鮮語通詞を介して提案されもした[19]。したがって、誰のどの発言をどの通詞／訳官が通訳するかの任務分担については、さらなる事例収集と検討が必要だろう。ただし、三使が関わる公的な内容の伝達や折衝は必ず首訳が担った。たとえば信使行列のなかには朝鮮国王国書を載せた輿があったが、大垣から名古屋へ向かう甲申二月三日、その輿の前を、対馬藩士が馬上のまま横切った。これを非礼と感じた正使は、首訳を介して対馬藩に抗議を行っている[20]。

ところで、通訳をするということは、単に言葉が通じるということにとどまらず、自分たちの主張を相手にのませるところまで含み込む概念でもあった。甲申一月八日、鹿老渡での出来事である。金仁謙（高島淑郎訳注）［一九九九］二二〇頁の注記にもあるように、この日、対馬島主による出発の提案に対し、正使は強風だからとして承諾しなかった。にもかかわらず対馬島主の船だけは先に出発してしまった。そこで、正使は三首訳を厳しく叱責したというのである。(21)

首訳たちは三使らがなす公的行為の仲介者であり、首訳自らも儀礼的行為を行う存在であった。使行録のうち、行列の途中や日本側とともに行う儀式の次第が記述された場面では、三使らとともに進む三首訳のすがたが追跡されるからである。

首訳たちはこうした朝鮮信使の「公」を担う者であったが、同時に使行録には、次のような「私」に関わるすがたも書き留められている。金仁謙は、随行員のなかでもとくに清廉潔白で知られた人物であったが、詩文を請う日本人が数多くの礼品を携えて来るのに対し、いつもこれを受け取ろうとはしなかった。こうした金仁謙の姿勢に対し訳官は、前例通りに礼品を受け取るよう促したという。(22)金仁謙は、首訳が対馬藩士たちと癒着していることを疑ってもいる。(23)

二　倭学訳官の能力

（1）崔天宗殺害事件における訳官たち

癸未信使が江戸での儀礼を終えて帰途につき甲申四月五日に大坂に到着したところ、七日未明に都訓導崔天宗が殺害される事件が発覚する（崔天宗一件）。崔天宗はのどを鋭利な刃物で突かれて夥しい血を流しながらも、自分には恨みを買うような覚えのないことなどを述べ、結局、早朝に絶命する。正使の意向を受けた三首訳は連名で抗議文を対馬藩にあてて提出し、文中には、崔天宗が殺害されたことや殺害されるような恨みは身に覚えのないこと、凶器は日本製であることが記載されたが、ほとんど無視された。崔天宗の遺体は十一日になって入棺され、十三日に大坂・竹林寺に納められたが、その間、事件に関わる情報は信使側には一切伝えられなかった。当初は対馬藩側も把握できていなかった犯人についても、それが対馬藩朝鮮語通詞鈴木伝蔵で、すでに大坂から逃走してしまったこと等々についても連絡されなかった。鈴木伝蔵が四月十八日に捕縛されたことも即時に伝えられることはなかった。信使側に、犯人に関わる情報が風聞として伝わるのが十九日のことであり、対馬藩から正式に伝えられるのは二十日になってからだった。そして、江戸から幕府目付曲淵勝次郎が急遽派遣され、鈴木伝蔵が五月二日に処刑されて、事件にとりあえずの決着がつけられたのである（池内敏［一九九九］）。

さて、本節では、こうした事件概要のなかから四月二十日の対馬藩側と信使側との対談に焦点を絞り、この対談において訳官がどのようにして自らの任務を遂行しようとしたかについて述べたい。まずは、対談の様子が端的に分かる対馬藩政史料で見てみよう。

［史料一］(24)

……この日、午前十時ごろに対馬藩主は信使客館に入り、信使奉行多田監物が取次役となって上々官崔知事へ①の内容を口頭で伝えた。

①このたびは思いがけない変事となり、ご心中を御察し申します。私どもも気の毒なことと存じております。さっそく幕府に連絡いたしましたところ、別紙のような指示が参りましたので、お伝えいたします。

そして、奉書紙にタテ書きにした文書を上々官に渡した。

これに対して、三使から承知した旨の返答②があった。

②念の入ったことをしてくださり、安心いたします。

この返答は上々官から監物へ伝えられ、監物から藩主へ伝達した。

その後、再び藩主から次の内容を口頭で伝えた。

①このごろになって犯人も捕らえましたし、まもなく御目付が江戸から到着すれば犯人に対する処分も下されることとなりましょうから、遠からず御上船なさって帰国の途におつきになることができましょうから、どうぞご安心下さい。

このように監物が取り次いで上々官を介して口頭で伝えたのち、三使衆から上々官を介して次のような話③があったので、これを藩主へ伝達した。

③誠信交隣に関わることですから万事手抜かりなく行うべきところ、今回は思いのほかのこととなり、あなたがたともども驚き入っております。今となりましては犯人もお捕まえになったとのことですから、さっそく事件内容を明らかになさった上でお仕置きを御命じになり、貴国〔日本〕としての法を貫かれ、犯人以外の無罪の者たちをお疑いになることはおやめになってください。対馬藩と朝鮮とは、これまで通り変わることなく、また抜かりない意思疎通を続けたく思います。これからも万事は対馬藩主のみが頼りですから、対馬藩・朝鮮双方ともに末端の人々に至るまで厳しく申しつけて不埒なことの起こらないように致したく思います。

これに対する藩主からの返答

④おっしゃったことはすべて承知いたしました。なお、お話にあったうち、無罪の者に対する吟味・仕置きの件等につきましては、町御奉行へお話になって下さい。

これに対して三使衆からの答え

⑤われわれの方からは対馬藩を頼る以外には術はなく、ほかへ何か申し入れをするなどということは考えておりません。

右のように対談が終わって、対馬藩主が帰るに際しては、三使衆が御出迎えのところまで見送りに出てこられた。

……

（『宝暦信使記録　奉行方八番』［慶應一一六］）

右の日本側史料に見える対談①〜⑤は、すべて趙曮『海槎日記』甲申四月二十日条で確認できる。また、右の引用史料に「多田監物が取次役となって上々官崔知事へ」とか「監物が取り次いで上々官を介して口頭で伝えた」「三使衆から上々官を介して次のような話があった」などとあるように、日本側は多田監物が、信使側は首訳崔鶴齢が、対馬藩主と正使との対談を仲介したことが明らかである。

さて、この対談が「口頭で」なされたことは史料にも明らかなようにも見えるが、しかし実はこの対談は「口頭だけで」なされたものではなかった。同日の対談を同様に記録したもう一つの対馬藩政史料には、右史料⑤と同文が収載されたのちに、次のように付記される。

［史料二］[25]

右の口頭での対談は、受け答えの内容が多く、上々官の日本語が上手ではないので、もし言い間違いや話し漏れがあっては問題を生じるので、同じ内容を漢文でも書かせたそうだから、その漢文も多田監物から提出されたので、以下に記録しておく。

（『宝暦信使記録　御供方記録』［慶應一一五］）

つまり、先に引用した対談記録や趙曮『海槎日記』等々の使行録類では口頭でなされたかのごとく見えた対談が、実は上々官崔鶴齢の日本語能力だけに依存していたのでは不安が残るから同内容を漢文で文章化して提出させ、これで対談内容を補った、ということである。

この点からすれば、首訳の通訳活動は、日本語会話だけでなされたものではなく、漢文をもあわせて行われたものだったと考えるべきだろう。筆談は、詩文贈答に際してだけでなく、詩文贈答に比べれば無味乾燥な政治折衝や事務連絡の場でも力を発揮したのである。なお、当時の「筆談」には次のような事例を含むことが再々見られるので、今日考えているような「筆談」を超えた豊かな想像力をともなったものであろうと思う。甲申二月四日、信使行列が鳴海を発って岡崎へ向かったとき、元重挙は厠へ行っていて出立が遅れた。彼が厠を出たときには行列のすがたはどこにもなく、元重挙の乗るはずの輿だけはあったが、それを担ぐ人夫のすがたもなかった。かなり時間が経って漸く日本人の役人が現れたときに、元重挙はその人の掌に指で漢字を書いて短い筆談を行っている。

(2)「昔の名訳官」断章

いくつかの対話を掲げてみよう。

〈事例7〉

丁未年（一六〇七）五月二十五日。江戸滞在中の朝鮮通信使のもとへ将軍から慰問の使者二名（酒井雅楽・鳥井左京）が派遣された[26]。

二人がいった。将軍は（朝鮮通信使が）遠路はるばる来られたことを慰労し、また謝意を表している。

これに対して次のように答えた。これまで道中の接待の数々はいずれも誠意のこもったもので、どれも将軍の命令によらないものはなく、感謝の意を深く感じるところです。すぐにでも（朝鮮国王の）王命をお伝えしたい、これればかりを念じています。

二人が答えた。吉日を選んで王命をお伝えできるように致しますので、どうぞ安心の上、お待ちください。

〈事例8〉

（六月五日）智正が来ていうには、「執政佐渡守が景直に手紙を送っていうには『天候が良くなってくれば、あす儀礼を執り行う』とのことだ」という[27]。

〈事例9〉

（六月十一日）佐渡守が関白の意向を伝えていうには、「わざわざ遠い道をいらっしゃったことを感謝します。接待すべきところをいまだ情意を尽くせませんが、まずは礼物として銀子・長剣などを贈ります。身分ごとに差がありますが、下級の随行員に至るまでそれぞれに贈ります」という[28]。

〈事例10〉

（三月七日）執政が対馬藩主を介して関白の意向を伝えて曰く、「宿舎に無事に御滞在なさることを心より慰労し、また嬉しく思います。先日の国書への返書を、どうぞ朝鮮国王のもとへお納めくださいますように」と[29]。

事例7〜9は一六〇七年通信副使の日記における対話の一部分であり、事例10は、一七六三年通信正使の日記におけるものである。いずれの場合も倭学訳官ないしは朝鮮語通詞が介在しているはずながら、それら仲介者の存在は明確ではない。あたかも日本人と朝鮮人とが直接に対話し、そうした直接対話によって双方の意思疎通が可能になっているかのごとくに見える。これらの限りでは、癸未信使のとき（事例10）も「昔の名訳官」の時代（事例7〜9）も似たような対話をしていたように見えなくもない。

しかし同時に、趙曮『海槎日記』に見える対話にあっては、「首訳をして問わせると……」といった記述が間々見られるので、意思疎通が間接的でしかなされえないことへの不便さが示されることも少なくない。使行録中の対話文を網羅的に検討することで、対話能力・通訳能力の比較へと進めればと思う。

おわりに

癸未信使に随行した首訳たちは、どうやら通説通り、日本語能力があまり高くはなかったように思われる。しかしながら、そうした「昔の名訳官には及ばない」程度の日本語能力であっても、このときの首訳たちは正使から誉め称えられた。訳官に求められたのは、単なる語学能力ではなく（あるいは、語学能力に多少の疑問符が付くにしても）、相手側から有益な内容を引き出してくる交渉力を含めた力量ではなかったか。

この交渉力を含めた力量という観点からすれば、漢文による筆談を補助手段とすれば、交渉能力それ自体は以前に比べて劣っているわけではない、ということになる。そもそも「昔の名訳官」は交渉のすべてを、日本語能力のみで果たしえていたのだろうか。

筆談も含めての交渉能力の総体的水準という観点からすれば、訳官の能力は「昔の名訳官」たちと比べて低下していたのか、いなかったのか。仮に趙曮が述べたように日本語能力が低下していたのだとすれば、そうした能力低下はいつごろから進行し始めたか、またその契機は何であったか。そうしたこともまた、今後の検討課題となっていかざるをえない。

第13章　梅荘顕常と朝鮮

はじめに

梅荘顕常は、本書中でたびたび登場し、天明元年（一七八一）五月から三年五月まで第八十二代目の以酊庵輪番僧として対馬府中で在番を経験し（第1章）、その輪番僧として赴任する直前の時期には以酊庵輪番制廃止の議論を主導し（第4章）、また輪番僧を終えてしばらく経ってからは、朝鮮通信使易地聘礼へ向けた松平定信の助言者として現れた（第8章）人物である。近年では、明和元年（一七六四）の朝鮮通信使が帰途大坂に滞在していたおりに様々な筆談を残している点が注目され、その筆談集『萍遇録』をめぐる研究成果がいくつも出されている（金聲振［二〇一二］、金文京［二〇一二］(1)、ハン・スヒ［二〇一三］）。また、『萍遇録』を主題とするものではないが、明和元年通信使と顕常らの交流のひとこまとして大坂での別離の場面が取り上げられて、十八世紀末における「情」の問題が考察される（夫馬進［二〇一五］）。筆談によるわずか一カ月の交流ののち、別れに際して顕常がはらはらと涙を流すすがたにこの時期固有の「情」の特質を見いだした夫馬は、その「情」の問題を当該期の思想史的展開のなかに位置づけるのである。

一方、顕常は夙に十八世紀末に活躍した高名な文人として広く知られており、安永五年（一七七六）に五十四歳で亡くなった池大雅の墓碑銘は顕常が草した（小畠文鼎［一九二七］、小川後楽［一九八一］）。また、顕常は売茶翁（高遊外）から煎茶を学び、清代に書かれた『煎茶訣』を補筆して顕常が刊行したのが明和元年（一七六四）、また、世界最古の茶書といわれる唐代の『茶経』の注釈書『茶経詳説』を安永三年に刊行している。さらに売茶翁の存命中に『売茶翁伝』を書いたが、後世に書かれた売茶翁の伝記的記述はもっぱら顕常の『売茶翁伝』にのみ依存するという（小川後楽［一九八一］）。

また詩文にも名を馳せ、多くの文人との交流は小畠文鼎［一九二七］に収載された「交遊の王公侯伯及碩匠名士」に見える三十一名の名士を一瞥するだけでも足りる。大坂商人木村蒹葭堂との交際も「禅師の下坂毎には必ず其家に舎し」といい（小畠文鼎［一九二七］）、中村真一郎［二〇〇〇］にも活写される。さらに若冲との交流は大本山相国寺［二〇〇二］に掲げられた多くのカラー図版や収録された解説文（有馬頼底［二〇〇二］）によっても十分に知られる。

顕常の生没年および出身については、「禅師は近江国神崎郡伊庭郷の産であった。俗姓を今堀と曰ふ、其家系は詳かでない、父君の名は東安と曰ふ、儒医兼業者であった、母君の出所は不明である。禅師は享保四年己亥〔一七一九年〕五月九日を以て誕生せられ、八十三の崇齢を享けて、享和元年〔一八〇一〕二月八日示寂された、其塔所は相国寺塔頭慈雲庵墓地に存する」（小畠文鼎［一九二七］）とするのが通例であった。一方、木村蒹葭堂が編修したと思しき巻子本の書簡集のあいだに挟まれた紙片によれば、顕常は園大納言基香の弟であることが示唆されるという。そこから、顕常は園大納言家の出身ながら近江国伊庭の今堀氏のもとへ里子に出されたものと推測する説が出されている（大谷篤蔵［一九六四］）。

さて、以上を踏まえれば、江戸漢詩や煎茶、書画の世界で名を知られ、もっぱらそうした方面で言及されることの多かった顕常について、近年では一七六四年朝鮮通信使との交流という側面から改めて注目されていることが指摘できよう。そうした研究史を踏まえながら、顕常が、以酊庵輪番僧として対馬府中へ赴任し、また朝鮮通信使の制度改革の政策提言にも関わった人物であるという点に鑑みれば、その朝鮮との交流の様子を今少し追究してみたく考える。『萍遇録』の記述はもちろんだが、大谷篤蔵［一九六四］は顕常の木村蒹葭堂あて書簡十一通を翻刻紹介しており、そのなかには顕常と朝鮮との交流に関わる記述を見いだすこともできるから、そうした史料を改めて読み直すことを通じて、右の課題に接近できればと思う。

一　明和通信使との交流[2]

徳川将軍十代家治の襲職を祝う儀式を江戸で終えた朝鮮通信使の一行が帰途につき、宝暦十四年（一七六四）四月五日、大坂に至った。宿所は西本願寺津村別院（北御堂）であった。梅荘顕常は、京都の産科医賀川玄悦から通信使一行の大坂到着の知らせを聞き、玄悦らとともに大坂の宿舎へ向かった。

顕常は享保十三年（一七二八）十歳で相国寺慈雲庵独峰慈秀に師事し、翌年出家した。独峰和尚の退隠により二十七歳で法席を譲り受けたが、宝暦六年（一七五六）の独峰和尚示寂を契機に慈雲庵を離れることを決意し、同九年以後は洛中近傍各所にあって隠遁生活を送っていた（小畠文鼎［一九二七］六〜二七頁）。入山以来、顕常は朝鮮については度々耳にしてきたものの、直接に朝鮮の人々を目にすることはなかった。最近になって朝鮮通信使が来たことを耳にしたが、それでもすぐに見に行こうという気は起こらなかった。けれど、賀川玄悦の話を聞いて急に気持ちが変わった。賀川がいうには、日本の西から東まで詩文の才ある者たちが千人以上、製述官や書記との詩文応酬を求めて朝鮮通信使の進路に次々と集まっている。通信使一行は、今回の使行目的を果たし終えて西へ向けて帰国の歩みを進めている。一緒に大坂へ行かないか、と[3]。

四月五日、顕常は賀川玄悦および木村蒹葭堂らとともに通信使宿舎を訪ね、製述官南玉（秋月）と書記成大中

（龍淵）が応対してくれた（4）。顕常は初対面の挨拶もそこそこにして、さっそくに絶句二首を南玉・成大中それぞれへ贈り、詩評と和韻を求めた。また、朝鮮から清朝中国へ向けて毎年冬至のころに使節が派遣されることや日本への通信使行で得られた日本情報について中国で報告されることについて、また日本の衣服・冠制度の歴史的由来や変遷について問答が交わされた。しばらくして南玉が先に退席すると、木村蒹葭堂と成大中との対話に顕常も割り込んで、蒹葭堂の人柄や詩作が話題とされた。この日は結局午後四時すぎに宿舎を出て、蒹葭堂宅で一泊した。

六日、玄悦とともに宿舎を訪ねると、通信使との詩文贈答を求めてすでに三十人余りが講堂に集まっていた。それで、初め顕常は玄悦や蒹葭堂らとともに南玉・成大中を取り囲んでいた。

このとき顕常は片山孝秩（北海）から詩文を一つ預かっていた。北海が贈った詩文に成大中が和韻して返したものであり、そこには「片秀才へ」と書かれていたから、北海はこの部分を書き改めて欲しいと望んでいたという。北海は寒疾のために来られないからとして、顕常が代理で要請したのである。成大中は「片北海へ」と書き改めてくれた（5）。

次いで顕常は成大中にこんなことを問うている。天和通信使のときの随行員に成琬（翠虚）という人がいるが、あなたはその一族か、と。成翠虚は天和通信使の製述官で、使行途中の各地で詩文贈答を行っている（6）。顕常が長らく過ごした相国寺慈雲庵からはかつて太虚顕霊が以酊庵輪番僧として対馬へ赴き、天和通信使来朝に際しては一行に従って江戸を往復した歴史があった（7）。その折りに成翠虚ともやりとりがあったのだろう。その詩文などが今も寺に伝わるのだという。成大中によれば成翠虚はその従曽祖というから、二人にはいささかの因縁があると見えた（8）。

この後、顕常は朝鮮の名僧や仏教諸派について成大中に問うてもいるが、そうしたことについては自分より詳しいからとして、元重挙（玄川）に話題が振られてもいる。また、この日はほかに趙花山や李彦瑱といった人たちとも筆談を交わしている（9）。この日も午後四時すぎに宿舎を出て、蒹葭堂宅に泊まった。

七日、正使付きの都訓導崔天宗が宿舎内で眠っているところを何者かに殺害される前代未聞の事件（崔天宗一件）

が発生したため、通信使の宿舎は立ち入り禁止となった。ただし、紫衣着用者またはその門下の出入りだけは許容されたから、詩文唱酬こそ自粛されなかったものの、限られた手紙のやりとりなどはいくつか見られたようである。『萍遇録』では詳細は分からないが、八日に元重挙が顕常と筆談したこと、蒹葭堂からの手紙が十三日に元重挙のもとに届いていることが元重挙『乗槎録』四月八日条・同十三日条に記録されたり（金景淑訳［二〇〇六］四二四頁、四三一頁）、蒹葭堂からの手紙が九日に南玉のもとに届き、翌十日に南玉が返事を出していること、十三日に蒹葭堂が南玉に墨を贈り、その返信を十五日に送っていることが南玉『日観記』四月九日条・十日条・十三日条・十五日条（金保京訳［二〇〇六］四七一頁）に見えるからである。

『萍遇録』では、顕常が通信使宿舎を次に訪れたのは二十日のことである。この日、成大中（龍淵）は顕常の来訪を喜び「意外な訪問で、とくに飢渇の想いを癒す」と述べるのに始まって、南玉（秋月）、元重挙（玄川）および成大中との筆談がいくつも記録される。しかし、一方でこの日は、十八日に対馬藩通詞鈴木伝蔵が崔天宗の殺害犯として捕縛されてのち、その監督責任を問う幕府（以酊庵輪番僧）が求めてきた通信三使との直接面談が実現するかに見えるきわどい折衝の最中でもあった。以酊庵僧の動きを必ずしも快く思わない対馬藩主と、なぜだか対馬藩主に同調して以酊庵僧との面談を拒む三使、その一方で幕府としては誠意を朝鮮側に直接伝えたく、再三にわたって面談を繰り返し要求し続けていた。『萍遇録』四月二十日条末尾には、「この日、宿舎では対馬藩主・以酊庵僧・三使の会議があり、それが終わる日暮れまで待ってから入った」と記される。顕常と成大中らとの筆談は少なからず記録されるものの、それらは短時間で集中的に交わされたものだったように思われる。

顕常は二十一日にいったん京都へ戻り、そこから南玉、元重挙あてに鈴木伝蔵一件に関わる記事を含む書翰を送付した（二十七日）。この書翰については、南玉が「竺常の手紙に犯人逮捕に至る顛末が書かれていたが、それでも供述内容がどうであったかについては言及がなかった」（南玉『日観記』四月二十九日条〔金保京訳［二〇〇六］四八五頁〕）と書いており、この段階では書かれたものに対していささか物足りなさを感じていたことがうかがえる。

それは、同じころ、崔天宗がなぜ鈴木伝蔵によって殺されねばならなかったかについて、通信使一行の得られた情報では何とも納得がいかない状況があったからである。

たとえば従事官付きの書記金仁謙は四月十八日、「伝蔵の自白によると、人参の取引がもとで殺したというが、真相はとうていわからず、苛立たしさが募る」（金仁謙『日東壮遊歌』〔高島淑郎訳注［一九九九］三三三頁〕）と述べる一方で、正使趙曮は同十九日、「鏡を一枚なくした崔天宗は、伝蔵が盗んだと思って馬鞭で打つが、これに憤慨した伝蔵が板行に及んだ」と記し（趙曮『海槎日記』）、成大中は「伝蔵が天宗に飯を分けて欲しいと頼んだら飯はくれたが箸はくれなかった。伝蔵が箸を求めたら馬の鞭で打たれたので憤怒のあまり翌朝殺害したといっているが疑わしい」（成大中『槎上記』）と、それぞれに異なる説明を行っている（高島淑郎訳注［一九九九］三三三〜三三四頁）。のちに五月五日、南玉、成大中から鈴木伝蔵一件の続編を書くよう求められた顕常は蒹葭堂宅でただちに仕上げ、「書鈴木伝蔵事」なる題名で南玉と成大中に贈っている。南玉『日観記』五月五日条および成大中『日本録』巻二の巻末にそれぞれ『萍遇録』に収載されたのと同一の「書鈴木伝蔵事」がそのまま収録されている。「高僧の筆を得て、凶賊の情を灯《とも》す。文健やかにして記実なり」（元重挙）とか「辞法は史漢に逼《せま》る」（成大中）といった高い評価は、この続編をあわせたものに対する評価である。

ところで金文京［二〇一二］は、南玉、成大中、元重挙らが「書鈴木伝蔵事」について度重なる補筆を求めた経緯を子細に追いかける。それは通信使一行の大坂出立を翌日に控えた五月五日にもまだ補筆を求めたすがたであり、六日、通信使一行を見送る道すがらに最終稿を手渡したという。別離の間際まで補筆を求めた背景について、金文京は「朝鮮側がこれほど執拗に大典〔顕常〕に加筆を迫ったのは、もとより事件解決への疑念が最後まで解けなかったからであるが、一方では彼らが接触した日本側の人物の中で大典を最も信頼したからにほかならない」と述べる。顕常こそは事件の真相へと近づきうると通信使側が考えたのは、顕常が大坂城代と通じている可能性を感じたからでもあった（金文京［二〇一二］）。この点は顕常自身も否定しているだけでなく、現実にも想定しがたい。

しかしながら、事件の審理に関わった幕府側人物との接触なしには「書鈴木伝蔵事」の叙述はありえなかったのも、他方の事実だろう。その接点は、どこに見いだしうるだろうか。

この「書鈴木伝蔵事」と題された文章のうち、注目したい部分は以下のようなところである。

伝蔵従父茂一・従兄僧某を捕獲する

茂一は伝蔵に党して、その奴が伝蔵の逃げるに従う

越えて十八日、伝蔵と従者は小浜を過ぎる

蓋し伝蔵は病を称して宿舎に留まることなく、〔大坂城東側の〕小橋のところで数日を過ごし、のち遁れて京都および亀山へ行き、さらに有馬温泉へ遊楽に出かけると偽って潜伏しようと小浜への道筋を出たところで、終に見つかって捕まったのである

鈴木伝蔵一件に関わる記述は、のちに何通りかに脚色されて流布するが、右に見える記述は、逃走した鈴木伝蔵を追跡し捕縛した大坂町奉行所与力八田五郎左衛門の記録と照らし合わせたときに、その逃走から捕縛に至る実際をかなりの程度正確に写し取っていることが明らかである（池内敏［一九九九］）。すなわち、顕常が「書鈴木伝蔵事」を記述するにあたって、大坂町奉行所（だけ）が知り得たような情報を収集しえたことが推測されるのである。それは、大坂にあっては蒹葭堂を中心に集まった文人のつながりを背景としていたと推測するのが相応しいかと思う。この通信使一行大坂滞留中に大坂文人と印象的な詩文贈答をなした人物に押物通事李彦瑱があり、このとき李彦瑱と意気投合した人物として内山栗斎の名が挙げられている（高橋博巳［二〇〇六］二七頁）。内山は文人であり、かつ大坂西町奉行所与力である。八田五郎左衛門の一件記録中に内山の名の出てくることはないが、情報収集源としてはありえないことではない。五月五日、内山は「公役を以て賓館に差わされ」と自ら記録するから（同前二七頁）、大坂町奉行所与力として通信使一行の動静と決して無関係ではなかった。「書鈴木伝蔵事」はそうした

事実に基づく文章であったがゆえに、読み手に強い印象を焼き付けることとなったのである。

二　以酊庵輪番僧として

安永六年（一七七七）、梅荘顕常は碩学の吹嘘を受けた。顕常はこれを辞退するも、最終的にはこれを受けることとなり、翌七年九月には朝鮮修文職に任じられた（小畠文鼎［一九二七］六〇～六二頁）。そして既述のごとく天明元年（一七八一）五月から三年五月まで、朝鮮外交文書を扱う輪番僧の八十二代目として対馬以酊庵に赴任することとなった。

（1）漂流民の勘検

以酊庵での在番中に顕常が朝鮮人漂流民を詠んだ漢詩として次に示すものが知られている。

去歳、朝鮮漁氓漂着九州諸地者数船、今春従長崎解至。姑舎西山門前。因咏（去歳、朝鮮の漁氓九州諸地に漂着する者数船、今春長崎より解かれ至る。姑く西山の門前に舎す。因って咏ず）

万里衝風浪（万里　風浪を衝く）　はるばると波や風をこえようとして
飄揺信可憐（飄揺　信に憐むべし）　翻弄され漂着したことはまことに気の毒だ
一舟如瓦解（一舟　瓦解の如し）　舟は今にも壊れそうだったし
四体以糸懸（四体　糸懸に似たり）　命ももう少しで失うところだった
蓬転它方地（蓬は転ず　它方の地）　運命のいたずらで異国の地に流れ着き

花開絶域天（花は開く　絶域の天）　辺境の空の下、花の咲く季節を迎えた
異言将異服（異言と異服と）　全く違うことばや習慣に
到処但茫然（到る処　但だ茫然）　何に対してもただ茫然とするばかりであろう
（末木文美士・堀川貴司編［一九九六］二九二〜二九四頁[10]）

以酊庵輪番僧は、対馬藩から朝鮮にあてた外交文書（漢文）の作成と、朝鮮から対馬にあてて送られてきた外交文書（漢文）の開封とを主たる職務とした。このうち前者のなかには日本各地に漂着した朝鮮人を送還する際に作成される文書が含まれ、また、送還される朝鮮人漂流民と対面する（「勘検」）こともまた職務の一つであった。

朝鮮人漂流民送還に関わって顕常が作成した文書は、事件に即してみるとあわせて八件である[11]（表13-1）。右に引用した朝鮮人漂流民を詠んだ漢詩は、おそらくは実際に漂流民のすがたを見てのことだろう。序文によれば、漢詩を詠んだ前年に朝鮮の「漁氓」が「九州」の各地に漂着する事件がいくつか発生し、それら漂流民たちが今春、長崎経由で対馬府中に到着し、西山寺の門前あたりで日々を暮らしている、という。対馬府中に回送された朝鮮人漂流民たちは、西山寺にほど近い漂民屋に収容された。そして、以酊庵輪番僧が漂流民たちと対面する勘検は西山寺で行われるのが通常であった。末木文美士・堀川貴司編［一九九六］にしたがえば詩は天明二年に詠まれたものという。表13-1とあわせ考えても、天明二年正月二十六日に対面した三組の朝鮮人漂流民を見ての感想が、この詩に込められているとするのが素直だろうと思う。

さて、以酊庵輪番僧の作成する朝鮮あて外交文書（漢文）は、あらかじめ対馬藩側で作成された和文草案をもとに漢文に直すのが手順である。表13-1①の漂流民たちを送還する際の添状の文面について、和文草案と真文（漢文）草案を次に示してみよう。

〈①の和文草案〉

表 13-1　梅荘顕常による漂流民勘検

	文書の日付	概　　要	勘検日時
①	天明 2 年 2 月	慶尚道多太浦・2 人。天明元年 9 月 23 日漂流，同 28 日に長門須佐浦に漂着。天明 2 年 1 月 13 日，対馬廻着	漂流民 3 組 天明 2 年正月 26 日
②	〃	慶尚道金海・漁民 7 人。天明元年 10 月 13 日，蔚山沖で漂流，10 月 17 日石見都野津浦に漂着。①と同時に対馬廻着	
③	〃	慶尚道釜山浦・漁民 7 人。天明元年 9 月，蔚山へ。10 月 12 日，漂流，10 月 21 日筑前沖島に漂着。①②と同時に対馬廻着	
④	〃	慶尚道牛岩浦・漁民 12 人。天明 2 年 1 月 23 日，機張沖へ出漁，漂流，1 月 25 日，対馬佐須奈浦に漂着	天明 2 年 2 月 11 日
⑤	天明 2 年 8 月	全羅道江津・27 人。天明元年 12 月下旬に貢物の橘を積んで上京しようとし，漂流，正月 6 日に五嶋男島に漂着。20 人が死亡。3 月 7 日に，近くを通りかかった船によって 7 人が救助され，4 月 22 日長崎着。7 月 22 日に対馬廻着	？
⑥	天明 3 年 4 月	全羅道霊巌郡楸子島・21 人。天明 2 年，貢物の鰒を進上するために 9 月 22 日に入京し，11 月 7 日に出京して帰途につき 11 月 22 日に漂流，12 月 1 日薩摩上甑島に漂着。4 月 12 日に対馬廻着	漂流民 4 組？ 天明 3 年 4 月 18 日
⑦	〃	全羅道興陽・3 人。天明 2 年 11 月下旬に隣里へ行き，1 人下船。残る 2 人で 12 月 1 日に戻る際に漂流，12 月 5 日肥前小値賀島に漂着。⑥と同時に対馬廻着	
⑧	天明 3 年 5 月	慶尚道寧海・漁民 6 人。天明 3 年正月出漁して漂流，1 月 22 日に長門油谷に漂着。⑥⑦と同時に対馬廻着	

典拠）『本邦朝鮮往復書　八十二』，「以酊庵雑録」（いずれも大韓民国国史編纂委員会）より作成。

一筆令啓上候、貴国愈可為御平安珎重存候、然者貴国慶尚道之内多太浦之居民弐人、ⓐ同所之漁民相頼候ニ付、去年九月中旬、同道之内金海江陸ゟ被罷越、兼而調置候網船を請取、同廿三日、右船ニ駕し、其所令出帆候処、ⓑ穴西風ニ被吹放、風波烈敷相成り、船具を損し網を割捨、洋中ニ漂居、同廿八日本邦長門州阿武郡須佐浦江令漂着候付、州主深加撫恤、長崎江被差送、東武江被遂案内、依州此方役人江相渡、本年正月十三日弊州江致到着候ニ付、衣糧等給与、我船ニ為乗、今度使者藤廣道を以令護送候、尤騎船之儀州主ゟ長崎江被差送候処、漂着之節礁ニ触令破損、修補難加、漂民共ゟも捨置度旨願出、任其意

候、随而菲薄之土宜別録之通令進覧之候、粛此不備、

〈①の真文草案〉

　載陽緬惟
　動止亨嘉殊切翹注、茲者
貴国慶尚道多太浦民弐名、去歳九月中旬、ⓐ'受同
邑人付託、陸赴金海、取其所嘗買約船隻并漁
網、便駕其船載其網、以爾月廿三日発金海、ⓑ'旋
反淬逢暴風、倉皇失措、投去其網、任船所漂、同
廿八日得到
本邦長門州須佐浦、州主即為撫恤、送之長崎庁
司検察、転
聞照例付我有司、去月十三日解到弊州、其船隻
　衝激幾敗不堪繕用故、請放置長崎云、因給衣
糧装乗我船特差藤廣道津送不腆土宜庸伸
　遠敬嵩希
　　照亮粛此不備

右の和文・真文両草案について、漂流の前提となる状況（ⓐⓐ'）と漂流の実際（ⓑⓑ'）それぞれの説明を対比すれば、土台となる和文草案（ⓐⓑ）が淡々とした事務的文章であるがゆえに、真文草案（ⓐ'ⓑ'）ではそれほど凝った修辞を用いているわけではない。和文草案ⓐ中にある「穴西風（あなじ）」は「北西風」の意味で長門地方の方

言だから、これは少し漢文に置き換えるのは難しかったかもしれない。「穴西風」に直接的に該当する文言は真文草案には見えない。また真文草案ⓑなかほどに見える「倉皇」は「あわてる様子」、「失措」は「処置をあやまる」とか「あわてふためく」という意味であり、これらに該当する和文草案はない。こうした点で、以酊庵僧の創意工夫が凝らされたとはいえるものの、必ずしも美的感覚に訴えるようなものではない。

ところで、右の①と同様に表13-1②③で漂流したのも漁民たちであり、和文草案では「同〔天明元年十月〕十三日其所〔蔚山〕令出帆候処、大西風ニ被吹放、風波烈敷相成、船具を損、積荷等刎捨、洋中ニ漂居」（②）とか「同〔天明元年〕十月十二日之夜ニ令沖立候処、翌十三日大西風ニ被吹放、次第風波烈敷相成、船械を損シ、洋中ニ漂居」（③）と記されるから、顕常もまたこうした様子を念頭に置いていたに違いない。右の②③に見える「船具を損」「船械を損シ」なる記述は、詩文にいう「舟は今にも壊れそうだった（一舟如瓦解）」に通じているし、⑤の事例のように乗員の過半数を失ってしまうということは①〜③の事例には見られないから、「命ももう少しで失うところだった（四体以糸懸）」とする詩文の表現も適切なのである。それは、職務として行われた事務的な文章作成とは異なるものであった。

これらの表現には朝鮮人漂流民のくぐり抜けてきた窮状に寄り添うような姿勢が見える。ただし顕常の視線は「可憐」の言葉に端的に表されてもいるから、必ずしも対等なものではない。けれども、「誠信義理」の恩情がそこに所在することは否定できない。

（2）倭館との交流

ところで、在番中の顕常は、大坂にいた人たちとのあいだで書簡のやりとりを行っており、そのなかに間接的ながら倭館での日朝交流に関わりが見えるものがある。まず書簡を掲げよう(12)。

㋐馳走役より話を承ったので、取り寄せをお願いしたく思います。㋑いまの馳走役は、以前に釜山・倭館館守をしてたことのある人で、様々なことを諳んじるほどによく知っているはずなのですが、さてさて何とも不案内で、雅やかなこともなく、趣もなく、粗忽なところがあるようです。

㋒今回派遣された参判使は田島監物といって、家老職にあり、㋓この人もかつて倭館館守としての勤務経験があり、それで釜山の東萊府使とお互いに知りあいで誼を通じていると聞いています。㋔その府使は文雅の心だてのある人と見え、談話のついでに、㋕徂徠集と韓大年が写した嶧山碑とを御所望になっていたとかで、〔田島監物がその依頼に〕応じたそうです。ところが〔田嶋監物は〕韓大年のことも嶧山碑帖のことも全く無知でして、釜山から〔参判使の用件を終えて〕戻ってから〔馳走役の戸田頼母が〕以酊庵へやってきて、そうした話をなさるものですから、それらがどういったものなのかを私の方からお話しして聞かせて差し上げました。〔そうしたところ戸田は〕大いに喜んで、右の碑帳を一冊、なにとぞ求めてくださるようにと、〔以酊庵の〕会下僧へ苦し紛れに御頼みになりました。それで、何とも仕方ないので、私の方で用件を引き受けて、あなた様〔木村蒹葭堂〕に強いてお願いをする次第です。近ごろは御面倒なこともおありかとは思いますが、嶧山碑帖を一冊、探し当ててお求めになり、こちらまでお送りくださるようお頼みいたします。もっとも、きちんとした冊子が見つからなければ、石刷り用の紙をご用意くださって、石刷りで一帖を新たに製本していただけないでしょうか。京都の聖護院前にシュク蔵という者がおります。よく知っている者ですが、法帖の摺装を上手にこなす者です。きっとあなたもご存知かと思います。ふつうの本でかまいません。表面には絹を貼り付けていただければと思います。㋖私の次の輪番僧は、この四月初旬には京都を出立することになるかと思います。それに間に合うようにしていただけると助かります。くれぐれもよろしくお願いします。あるいは、新本が急には準備できないということであれば、お知り合いの方のなかに〔嶧山碑帖を〕お持ちの人があれば、しばらくお貸しいただくような方法をもご検討いただければと思います。親しい間柄だということで無理なお願いをいたします。

一㋗〔以酊庵輪番の〕交代もおおよそ六月ごろになるかと思います。中元の前後には大坂・京都へ戻れるかと思います。いずれにせよお目にかかれる機会も近づいてきましたので、それまでご自愛のほどを。急なお願いをあれこれと書き連ねて粗忽な点は、どうぞご容赦ください。不備

㋘正月七日　　蕉中〔梅荘顕常〕

木村蒹葭堂様　机下

右の書簡は、傍線㋖㋗を根拠にして、大谷篤蔵［一九六四］ですでに天明三年のものとして確定されている。顕常が輪番を終えるのが天明三年五月であり（㋗）、その期日との兼ね合いで次番が京都を出るのが同年四月ごろになる（㋖）からである。なお、㋘部分は原史料では「人日」と記されるが、これは旧暦正月七日の異称である。したがって、右の書簡は天明三年の年初に書かれたものである。

その上で、もう少し書簡の内容を見てみよう。顕常に仕えた以酊庵馳走役は鈴木市之進であったが、顕常着任後、以酊庵僧および会下僧と対馬藩士とのあいだでいくつものトラブルが生じたため折衝に奔走し、やがて辞任を申し出た。天明二年五月九日に正式に退任が認められた（第1章）。後任の馳走役が戸田頼母で、戸田は第七十代館守として安永五年（一七七六）十月から天明元年（一七八一）七月まで釜山倭館に赴任した（㋐㋑）。また、天明二年四月二五日に告立儲参判使が釜山へ向けて対馬府中を乗船したが、参判使は家老田島監物である（㋒）。この参判使の任務が終わって田島が帰国するのは天明二年十一月十九日である。田島は明和四年十二月から安永元年四月まで第六十六代館守として倭館に赴任した経験をもつ（㋓）。㋔は、今回、田島監物が参判使として釜山へ赴き、そこで田島にあてて徂徠集と韓大年の嶧山碑（㋕）をリクエストした人物だから、天明二年四月から十一月のあいだに東莱府使だった人物となる。この条件に合うのは、李秉模（在任は、一七八二年正月〜七月）か李養鼎（同前、

一七八二年七月～八三年六月）のいずれかである（釜山博物館［二〇〇九］）。㋕に見える徂徠集は荻生徂徠の文集と見て良いだろう。韓大年は日本人書家韓天壽（酔晋斎）、嶧山碑は秦始皇帝時代の篆書体の書蹟を代表する一つである。なお、嶽長老（岱宗承嶽）が次の輪番僧に決まったことが顕常に知らされたのは天明二年八月二十日のことである。

これらを踏まえて右の書簡内容を再度眺めなおすと、まずは朝鮮王朝の地方官吏である東萊府使が日本書物に関心をもち、その入手を対馬藩の使者（家老の田島監物）に依頼したことが確認できる。そしてそうした依頼内容は、田島の帰国直後に以酊庵馳走役を介して顕常に伝えられた。田島も戸田も韓大年の嶧山碑には暗かったので、代わりに顕常が入手（石版摺の新規作成）を引き受けて、大坂にいる木村蒹葭堂に依頼したということである。日朝間の文物の往来（第15章）のなかにはそうした朝鮮官吏からの要求があり、対馬藩士だけでは依頼に応じきれずに、以酊庵僧の人脈に頼りながら需要を満たしたということである。顕常の蒹葭堂に対する依頼内容を見れば、そこには対馬藩家老たちからの依頼を精一杯実現してやろうとする工夫に満ちている。それは直接的には対馬藩に対する配慮であり、それが間接的には朝鮮官吏に対する好意的な配慮となった。

また、右の書簡からは、対馬と釜山のあいだではかなり密接な人的交流がなされていたこともまた想像できる。それはまず、ある東萊府使と田島監物とのあいだには、公務を離れて趣味・嗜好に偏した個人間の交流があったであろうことである。そして、その交流に付随する知的・文化的な要望は、そうした交流の積み重ねの上に生じたものであろう。「鎖国」の時代の日本と朝鮮のあいだにも、対馬―釜山という限られた場ではあるが、日常的な交流の空間が広がっていたのである（第14章も参照）。

明和元年（一七六四）四月から五月にかけて大坂で繰り広げられた筆談での日朝交流は、通信使一行の帰国をもって途切れたかに見える。しかしながら、その二年後、顕常や蒹葭堂らは朝鮮にいる成大中にあてて手紙を出し、手紙は、倭館―東萊府を通じて漢城（ソウル）の成大中の手元まで届いている。事情があって返事は書かれなかったが、さらにその二年後、成大中は顕常からの手紙を眺めながら詩文を草した（陳在教・金文京ほか編訳［二〇一三］）。

（3）朝鮮への警戒心

金文京［二〇一二］は、年未詳ながら輪番僧として以酊庵に在番していた時期の片山北海あて顕常書簡の一節を取り上げて、明和元年四月から五月における朝鮮通信使一行との筆談の当初から「朝鮮に対してこのような警戒心を抱いていたことがわかる。あるいはこのことの確認が、大典〔顕常〕が翻然として朝鮮使節に会いに行った真の目的であったかもしれない」と述べる（五頁）が、この主張にはしたがえない。

金文京が引用、提示した顕常書簡の一節とは次のようなものである。原文ではなく金文京による読み下し文で引用する。

> それ朝鮮は蕞爾の邦〔小さな国〕と雖も、南は中華に接し、北は女直建州に隣す。今の中華は実に建州より出て、朝鮮を臣服せしむ。それ守り四夷に在るは振古の〔昔から〕誡むる所。虞いを防ぐは必ず未だ虞えざるに於いてし、遠きを慮ばかるは必ず未だ遠からざるに於いてす。これを聞くに使者の来聘あるごとに、必ず一行に命じて我国の情體を審察せしめ、帰国後国王親問し、審察理有る者は必ず進擢を得ると。彼れ其の用心是の如、我国の情體彼れの審察に逢わば、則ちまた中華に達すること女直建州のごとくなるも未だ知るべからざるなり。

おそらく右の文章の傍線部分が顕常の朝鮮に対する警戒心の発露を示すとみなされているだろう。朝鮮通信使は、明和初年となっても国情探索を主眼としているのではないか、という疑念である。

さて、右の書簡は顕常の以酊庵輪番時代（天明元〜三年）のものであるからには、これをもって明和元年の顕常の心情を示したものと解するわけにはいかない。ましてや「大典が翻然として朝鮮使節に会いに行った真の目的」などとはいえないだろう。『萍遇録』を読み進めてゆけば、「大典が翻然として朝鮮使節に会いに行った」動機づけは詩文贈答にあったことは明瞭であり、成大中・元重挙らと政治的な話題（その最たるものは崔天宗殺害事件）を筆談で重ねながらも、そうした話題よりも詩文応酬の方がはるかに魅力的であったらしいことは金文京自身が描いたところである。

一方、顕常は以酊庵僧として赴任するに際して雨森芳洲『交隣提醒』を参照し、先番、先々番以酊庵僧から対馬藩事情を仕込み、そこから輪番制廃止の論陣を張ったことを先に述べた（第4章）。そこへ実際に現地に赴任をし、対朝鮮外交文書を繰り返し作成するなかで得られた朝鮮事情のひとこまが、右の片山あて書簡の一節であったとすべきではなかろうか。

おわりに

一七六四年通信使が江戸までやってきた最後の通信使となる。次の朝鮮通信使は一八一一年、対馬での易地聘礼である。江戸での儀礼を対馬での儀礼に変更する交渉は、十八世紀末に行われた。この交渉にあっては、従来あまり注目されてこなかったけれども、梅荘顕常が小さからぬ役割を果たしており、易地聘礼に最初に着手した松平定信に影響を与えた人物でもある（第8章）。その点を解明する上で重要な文書の一つに一七九一年五月付で作成された顕常自筆の「議朝鮮使文」がある。それは、老中松平定信ほか計六名連名による信書案のほか、「令対馬書草」「館使口占」「約定後対馬陳状」および「別議」とから構成される。これらのうち「別議」は、「しばらく記録して私考に備える（姑録此以備私考）」と付記されるから内々の覚書かとも思われ、実際の日朝交渉で使用されたものではあるまい。しかし、内々のものであるだけに、作成者の意図・関心等が飾られないかたちで述べられているといえる。「別議」の一節に以下のようなものがある。

山野之臣某伏以、昔者神功皇后遙察西北之地、有可以利吾国也、帥師于征、兵不血刃而三韓咸伏事詳載紀、……足利氏衰交廃、旋及文禄之兵、俄為共戴天之寇讐矣、吾神祖、慇懃講和而和遂成焉、……昔者、元兵之侵我、乃仮道于彼、一日而抵対馬云、伏以、神后可謂異軌而同揆矣、……

右の傍線部分に明らかなように、顕常は日朝外交史を「神功皇后の三韓征伐」から説き起こすことに何らの痛痒も感じていない。通説では中井積善の「三韓征伐」が松平定信に影響を与え、定信の「易地聘礼」が朝鮮蔑視的性格を内包したものと評価されきた。しかしながら、実は、中井積善と出会うより前に定信は顕常を介して「三韓征伐」史観に触れていたと見てよい。

さて、顕常は、一七六四年通信使から謙虚に学ぶ姿勢を崩すことはなく、朝鮮と日本の文物・制度の比較対照に努め、また詩文贈答のみならず、通信使書記たちに崔天宗一件に関わる情報提供をも行った。そうした人物が、それから約二十年の後、老中松平定信から直接に招致されて江戸へ赴き、「易地聘礼」を具体化するための対朝鮮外交文書の起草にあたった。その折りには、朝鮮蔑視観の指標ともいえる神功皇后三韓征伐の歴史を下敷きにした外交史観を隠すことがなかった、と評価して良いであろうか。

神功皇后三韓征伐の歴史を語ることと朝鮮蔑視観を身にまとっていることとを、すこし区別する必要があるのではあるまいか、というのが顕常に接し続けてきた上での感想である。

第14章　十八世紀対馬における日朝交流

——享保十九年訳官使の事例

はじめに

朝鮮通信使の研究は、どちらかといえば使節の書き残した日記・記録類の分析に頼りがちで、日本滞在期間中の彼らの動向について使節団に同行した対馬藩側の史料が十分に活用されていないうらみがある。これに対して訳官使研究は、研究そのものが未開拓に近いから対馬藩政史料の分析はもちろん不十分だが、そもそも正使を含めて訳官使の日記・記録がほとんど伝来しないので、朝鮮通信使研究のような分析は必ずしもできない。

一方で、訳官使の正使は倭学訳官だったがゆえに、正使自らが日本語での会話が可能であり、日本文化を学び、それなりの「日本通」であったことは朝鮮通信使の正使をはるかにしのぐと漠然と考えられてきた。したがって、いかに宝暦十三年（一七六三）朝鮮通信使の正使趙曮が「日本通」として有名であっても、彼自身は日本語が全くできなかったから、訳官使正使たちは朝鮮通信使正使たちとは全く異なる日本体験をしたに違いないとも思われてきた。

そうした事例紹介すらも現状では不十分だが、比較的最近になって訳官使の残した日記の紹介・分析が韓国人研究者によって示された（鄭雨峰［二〇一六］）。そこで紹介されたのは、享保十九年（一七三四）訳官使に伴人副司として随行した金弘祖の使行記録『海行記』である。本章では、対馬藩側・朝鮮側双方の記録を互いに参照させながら、対馬藩の人々と訳官使との交流について、その具体相を明らかにできたらと考える。

一　対馬藩側から見た訳官使

まずは、「義如様御家督方漽様御隠居御祝詞之（訳官渡海記）」［国編一五二七］と「訳官記録（一七三四年正月）」［国編一五二八］の二つの訳官記録すなわち対馬藩側で作成した記録に依拠しつつ、以酊庵輪番僧が書き留めた記録（以下、「西山寺訳官記録」と記す）(1)をもあわせながら享保十九年訳官使の概要を時系列にしたがって眺めておきたい。

享保十七年（一七三二）九月、対馬藩宗家七代宗方熙が隠居したのにともない、甥で養子の義如が十七歳にして家督を継ぎ、恒例にしたがって対馬藩から朝鮮へ向けて退休使・告襲使（宗方熙の隠居と義如の家督相続を知らせる使者）が派遣された。それを受けて、朝鮮からそれら隠居・家督を祝う訳官使派遣を求めることについて幕府に伺いを立て、享保十八年五月に承諾を得たから、その後、賀儀の訳官使（義如様御家督方漽様御隠居御祝詞之譯官）派遣へ向けての準備が進められた。訳官使の派遣名目は対馬藩主の交代にともなうものであったが、派遣はまず幕府の許可を得てから準備が開始された。また対馬藩は訳官使派遣の節目節目で幕府への連絡を行ったが、その連絡を必須とする項目が「幕府に知らせるべきこと（公儀江御案内之事）」と題されて以下の四点に整理されている。

［史料一］

一　公儀江御案内之事

○訳官使が対馬府中に到着したこと（訳官御請被成候御届之事）
○訳官使と対面し、礼曹からの書翰を受け取ったこと（訳官江御対面、御書翰被差上候事）
○礼曹への返翰を渡したこと（右書翰被差返候節御請之事）
○訳官使が釜山に到着したこと（訳官帰国渡海之事）
　以上、四ヶ条也
（「義如様御家督方漯様御隠居御祝詞之（訳官渡海記）」［国編一五二七］）

享保十八年五月二十二日、訳官使の迎送使（裁判）として吉川六郎左衛門が任じられ、倭館在勤中の朝鮮語通詞のうち大通詞小田四郎兵衛・稽古通詞花田重右衛門の二名が訳官使に付き添って渡海・帰国するように指示された。十一月四日付の書状によって、訳官使一行の人選が漢城（ソウル）で進められていること、同月中旬には釜山に下着する予定であることが知らされると、同月十四日には家老杉村仲が訳官御用掛として万事差配することとされた。十六日には杉村の下で藩士それぞれの役割分担が示され、また中宴席における能の演目（鶴亀・橋弁慶・舎利）や地謡の人選も同日中に決定されて、役者中に準備を進めておくよう指示された。さらに同日、前例通り知足庵を訳官奉行詰所とすることが知らされた。

享保十九年正月九日、訳官使宿所の準備が整った。「訳官使の行事日程概要」表14-1からも分かるように、同十日には訳官使一行は釜山で乗船して対馬への旅立ちを開始した。同じ日、訳官使一行が対馬府中に到着した折りには「貝を吹いて」知らせることとするので、「竹の筒などを子どもたちに吹かせないよう」に、御家中・町中に対して触れ出されてもいる。また、対馬府中の藩庁近く「番所南手の墻際《かききわ》」「浜ノ小路から浜久田道」のあたりには「田舎之者共」が往来の道筋へ「朝鮮人見物」に集まってくることが予想されたから、同十六日、往来の墻際から藩庁のなかを覗き込むような行為を禁じる制札が建てられた。

表 14-1　享保 19 年（1734）訳官使の行事日程概要

享保 18 年	
12 月 7 日	**都より下府（釜山着）**
享保 19 年	
正月 10 日	**釜山浦上船**
12 日	**渡海，佐須奈浦到着**
18 日	**対馬府中着**
20 日	茶礼習礼
22 日	**茶礼**
25 日	**御隠居様茶礼**
28 日	藩主首途
2 月 2 日	**萬松院宴席**
12 日	**中宴席**
13 日	訳官使一行，光清寺見物
16 日	同，海岸寺見物
18 日	**以酊庵宴席**
28 日	**御返翰御渡**
3 月 2 日	藩主参勤御上船
3 日	上巳の祝儀
4 日	**別下程**
12 日	**御隠居様返翰**
16 日	**出宴席（下行）**。藩主出帆
24 日	**乗船**
4 月 3 日	**佐須奈浦到着**
11 日	**渡海，翌日釜山着**

典拠）「義如様御家督方懸様御隠居御祝詞之（訳官渡海記）」［国編 1527］より作成。
注）ゴシック体は，公的な旅程や行事。

〔史料二〕

此かききわにより／内を見こみ申／ましく候、もし／相そむくもの／あらは、曲事たる／へき者也

寅　正月　日

一方、同じ十六日、訳官使の応接にあたる藩士たちの身なりについて、御目付中も御徒中もみな綿服で勤めるよう指示された。それは、一つには綿服が平生着用しているものであることが理由であった。また絹服着用を強いた場合、「困窮にて支度の用意なりがたく、しかたなく〔訳官使の応接を〕断る」者が出てきたり、「手持ちの絹複は修繕しないと着られない」者が現れるなど負担感や不公平感が生じるので、「同格同様の勤めを行うのに不釣り合いがあってはどうかと思われるので」みな綿服に統一するという。

さて、正月十八日午下刻（正午過ぎ）、訳官使一行の船が対馬府中の湊に着いた。堂上官金僉知（揚甫）・堂下官朴正（和仲）を正使両使とし、定員六十五名に追加人数十九名をあわせて八十四名の使節団であった(2)（以下、対馬府中での行事日程は表14-1参照）。上陸した一行は、金僉知は輿、朴正は駕籠、その他は船揚場の波戸木戸口から藩庁の門際まで二枚並びで敷き詰められた筵の上を徒歩で藩庁に向かった。輿は随行した朝鮮人が担ぎ、駕籠は対馬藩側が担ぎ方を手配した。藩庁では到着を祝う料理が振る舞われた。両使の料理は三汁九菜。藩の御屋敷膳部で準

備を調え、配膳は訳官掛御膳番の役人が担当した。また、上官は二汁七菜、中官は一汁五菜、下官は一汁三菜。いずれも町人請負（町料理人喜多染右衛門方）による仕出し料理で、町人子供が配膳に走り回った。

二十日は、翌々日（二十二日）に茶礼を行うことが訳官使・西山寺および以酊庵僧に伝えられ、藩庁では藩主を交じえて茶礼の習礼（予行演習）が行われた。二十一日も引き続き茶礼の準備が進められた。[3]

二十二日、茶礼が行われた。座飾りは先規のごとく設えるよう命じられ、[4]以酊庵僧は訳官使到着より先に登城して御書院で待機した。[5]巳中刻（午前十時ごろ）に訳官使一行が藩庁に到着し、両使は棕櫚間に案内された。上官は扇間、小童・小通事は檜縁、中官・下官は庭にそれぞれ誘われた。朝鮮礼曹から対馬藩主あての書翰が準備されるあいだ、両使は御広間へ出て習礼を行い、朝鮮語通詞が傍らについて式次第について申し含めた。やがて、藩主が御広間へ現れて、茶礼が行われた。[6]

二十三日は、訳官使側から藩庁・以酊庵へ使者が派遣され、それを受けて藩主や以酊庵側からも訳官使客館へ使者が派遣されて、相互に茶礼を終えた慰問がなされた。[7]また藩庁では、茶礼に際して生じた問題点が指摘された。訳官使節への追加者（十九名）は宴席の接待対象としないことはあらかじめ確認済みであったのに、三名が茶礼の場に同行し、自分たちへの接待がないことについて宴席の場で「悪口を申、不行規なる義ともいたし候」という。このあと行われる宴席へは追加者を引率しないことの再確認を行った。また、二十五日に御隠居様茶礼を行うこともこの日に報せた。

二十四日にも茶礼での問題点が指摘されている。それは、両使が宴席で身に着けるべき冠服を取り違えたため、客館まで早使を派遣して取りに行かせることになったというものであった。宴席ごとの冠服について先例を再度精査して書面にしておいて、今後の間違いを防ぐことが確認された。

ところで、この日、以酊庵和尚あてに御隠居様茶礼の実施を連絡したが、「御隠居様の体調が完全には回復していない（御隠居様御病所未御全快不被遊）」ことを理由に、礼曹書翰の呈上と祝儀口上のみで宴席は取りやめとし、訳官使一行へは下行物（食材を支給する）で代えるという内容であった。[8]

二十五日の御隠居様茶礼は藩庁（御城）で実際そのように行われたが、[9] 本当の理由は御隠居様の病気ではなかった。御隠居様茶礼の挙行は御隠居所で実施されるのが先例であったが、今の御隠居所は手狭なため御城の御広間を借りるしか方法がなかった。それで、「今回は御隠居様の病気ということにして（此度ハ御隠居様被為托御病気）」宴席のやり方を変更したものであった。ただし「朝鮮と関わる諸事は先例を踏まえて行うことになっている（朝鮮向之儀、諸事先例を被相用候）」ので、雨森東五郎および朝鮮方佐役・添役たちの意見も参酌して、訳官使の先例ではないが正徳朝鮮通信使の例を準用した。

二十六日、両使は御隠居様茶礼の下行に対して謝礼を述べた。また、藩主義如は近く江戸へ参勤に赴くため翌々二十八日には首途が予定されていたから、両使はその行列見物を希望した。それで訳官奉行は漂民屋を拝見場所にあてることとし、作事方に仕切り等の設営を命じた。

二十九日、[10] 訳官使に対し二月二日に萬松院宴席を行うことを報せるとともに、萬松院に祀られた宗家先代の霊前への供物について検討がなされた。「唐・朝鮮ニ而も諸侯之祭礼ハ始祖并四世迄を祭候法ニ候故、其例ニ準」じて「萬松院様を中興之始祖」として万松院（初代義智）を祀るとともに、近い方から大雲院（六代義誠）・大衍院（五代義方）・霊光院（四代義倫）・天龍院（三代義真）の霊前に供物を捧げることとした。[11] また、婦人・御女中様方は「異国之拝供を御請可被遊様も無之」として訳官使の拝礼から除外することとした。

二月朔日には萬松院宴席の座拵え等の検分がなされ、同二日、宴席が萬松院で挙行された。最初の萬松院が焼失して以後は、萬松院御霊屋での拝礼を済ませたのち国分寺へ移動し、そこに安置された先代の位牌への拝礼が行われ、宴席もそこで催された。二年前の府中大火で国分寺が焼失したため、今回からは宴席もまた萬松院で行うこととされた。翌三日には、訳官使から萬松院宴席謝礼の使者が萬松院に遣わされ、萬松院から客館へ答礼の使者が送られた。

六日には、家老杉村采女が倭館から戻ったことを受けて、藩庁にあてて訳官両使から「帰着之祝詞」が送られた。十日、中宴席が十二日に行われる旨が訳官使側に知らされた。[12]

十二日の中宴席に際しては御広間で能が披露され、両使は棕櫚間で、それ以外の上官・中官・下官らは南縁頬で見物をした。能見物を行いながら、訳官使それぞれに酒・肴・吸物・菓子などが振る舞われた。能は鶴亀・舎利・橋弁慶の順に演じられ、間狂言として伯養と蟹山伏が出された。

中宴席では藩主または家老と両使が直接に折衝を行うのが常であった。この享保十九年ごろには、事前に折衝すべき事柄を書面で伝えておき、中宴席の場で返答を求めるやり方になっていた。このときも同様であったが、「今回は取り立てての折衝事項がなかった（此度ハ事立候御用向も不被仰付）」という。また、問答の様子は［国編一五二七・一五二八］による限りは具体的には不明である。また、中宴席には以酊庵僧は招かれないのが通例なので、「西山寺訳官記録」でも何も分からない。[13]

饗応の礼を述べた両使はゆるゆると茶・煙草の接待を受けていたが、やがて「於舞台楽を可仕」と申し出た。そして、随行した楽人たちが舞台に列座して奏楽し、上官・小童らが朝鮮躍を披露した。

十三日、訳官使一行は光清寺の見物に遠出した。これはかねてから希望があったが天気の都合もあり、この日の遠出となった。また、雨森東五郎から両使との対面願が出され、許可された。

十四日、上々様（御隠居様）から「朝鮮人軽業・躍等御見物」の要望があり、十五日に御書院の庭で披露させることとなった。当日、御書院庭には幅五枚続きの筵を敷き、上官三人・通事一人・小童一人が軽業を披露した。麒麟間と御書院上ノ間に御簾掛けの見物所を設け、「殿様・御隠居様・仙寿院様・御姫様方・御内所様」が集まった。年寄中をはじめ藩士たちは御書院から見物した。また、この日、訳官使たちからの海岸寺へ十六日に遠出したいとする要望や両使からの碁盤貸与希望について認めている。さらに、十八日に以酊庵宴席を行うことも、この日に報せた。

十六日、以酊庵宴席について以酊庵から使僧をもって客館へ報せ、十七日には家老杉村仲らが以酊庵の座拵え等の検分に訪れた。以酊庵では、仏壇の本尊・位牌などをすべて取り除き、赤地の金襴で壇上を張り詰め、段のなかほどに「朝鮮国王殿下万々歳」と記された寿牌を据えた。十八日の宴席は、訳官使たちの寿牌への拝礼を中心にしたものである。「寿牌之儀ハ畢竟彼国江対し候而之事」なので訳官使側が供え物を準備した。(14) なお当日は雨天のため、宴席が終わったのちも一行はしばらく以酊庵に留まり、未下刻（午後三時）ごろに退出した。その間、訳官使たちは「寛々休息し、楽を奏シ、躍り動戯等為致、遊覧仕ル」という。

十九日、以酊庵から藩庁へ宴席終了の謝辞を述べるために使僧が派遣され、ついで藩庁から以酊庵へ返礼の使者が送られた。二十一日、訳官使がもたらした礼曹書翰に対する返翰の真文草案が出来上がり、以酊庵から提出された。

二十二日、以酊庵僧が会下僧三人・小姓一人・御用達の金首座を伴って客館を訪問した。以酊庵宴席が無事終わったことの謝礼のためである。先例では小姓は同伴しないこととなっていたが、「朝鮮人見物のため」に以酊庵和尚が連れてゆきたいとの希望があって同伴した。そして客館では、これまた以酊庵和尚の要望に応えて朝鮮人の楽・躍等が披露された。

二十五日、(15)「時疫」を煩っている下官ひとりを客館外へ移送してほしいと訳官側から要望があった。移送先は海岸寺末寺の尼寺が適当かと思われた。対馬藩側は客館での養生を提案したが、病人が上官居所に近いのは難儀だとして、この日、尼寺へ移送した。看病人が三人同行して付き添ったが、うち二人はすぐに客館に戻った。

二十六日、帰国の段取りが近づいたので、出宴席は下行とすること、礼曹あて返翰・代替わりにともなう図書返還を二十八日に行うことについて訳官側と調整を行った。また訳官側で返翰草案の確認を終えたので、清書を以酊庵に依頼した。

二十七日、清書された返翰が以酊庵から届き、返還する図書とあわせて保管した。また、朝鮮方佐役松浦賛治らを客館の訳官正使（堂下官）朴正（和仲）のもとへ派遣した。過年、越常右衛門が薬材調査のために朝鮮へ派遣された折りに差備官として対応したのが朴和仲だったから、そのもとへ草木の枝葉を持参して意見を徴するのが目的であった。

二十八日、礼曹あて返翰と図書を訳官使客館へ運び、伝達式を行った。家老杉村仲は、大通詞小田四郎兵衛を介して訳官両使に礼曹あて口上を述べ[16]、返翰および図書はその場で箱から開封されて訳官両使が確認し、再び納められた。その後、訳官使側より杉村らあてに膳部が用意され、酒肴数献が交わされた。

二十九日、先日「時疫」を煩った下官の薬代について、対馬藩側で負担してほしい旨の願出がなされた[17]。

三月朔日、訳官使側から対馬藩の十一名[18]に対して贈物を送りたいとの願い出が了承された。それは、かねてから懇意であったり、役儀に対する謝意を表する贈物とのことであった。また、翌二日に参勤のため藩主上船となること、および三月四日以降の日程（四日に別下程、同十二日に御隠居様より御返翰・御返物、十六日に出宴席下行、同二十四日に上船）が訳官使に示された。

二日、藩主が上船した。その折りに杉村仲に対して訳官使逗留中は最後まで無事に務めることを訓示し、また藩主在府中は訳官使あての慰問使者を度々客館に派遣したが今後は不要であり、四、五日に一度ずつ家老から通詞を派遣して慰問すればよいことを命じている。

三日は上巳の祝儀として草餅一重・海老一折・五升入手樽一を両使それぞれに贈り、四日は別下程として訳官使一行に身分に応じた品々を支給した[19]。

五日夜、かねて煩っていた下官が病死した。親戚の看病人は死骸に付き添って先に帰国することを願い出たが、死骸のみを先に送り届けることにした（七日に入棺、十七日に遺骸を載せた飛船が出船）。

六日[20]、訳官使朴和仲に対し、薬材調査時の働きを賞して公木を贈ることとした。

十二日、御隠居様御用人が御隠居様返翰を客館へ持参し、藩主返翰伝達式と同様の次第で進められた。これ以後も訳官使の動向に関わる記事は少なくなる。十六日には出宴席下行が支給され、二十日に松浦賛治が薬材御用のために客館に派遣された。

二十一日、訳官両使より藩庁あてに御暇乞の使者が派遣され、二十四日に乗船した。到着時と同様に金僉知は輿、朴正は駕籠、そのほかは筵敷の道を歩行して客館から船まで行列した。午下刻（午後一時ごろ）に乗船したが、天候不順のために港外に出ることが叶わず、二十九日まで府中港内（久田浦）で滞留を続けた。府中の港を出帆したのは四月朔日。佐須奈浦を経て釜山に到着するのは同十一日である。一行の対馬府中到着から出船までをとれば六十日余、釜山を出てから戻るまで九十日ほどの行程であった。

二　金弘祖『海行記』から見た訳官使

本章冒頭でも述べたように、最近になって享保十九年訳官使の使行記録『海行記』が紹介された（鄭雨峰［二〇一六］）。原本は東洋文庫に所蔵され、昭和十六年に東洋史研究者でもあった幣原坦から寄贈を受けたものという。韓国・高麗大学校民族文化研究院海外韓国学資料センターのホームページに全文がデジタル画像で公開されており、[21]ここでもその画像によって『海行記』の内容を検討する。

『海行記』が享保十九年訳官使の随行録であること、筆者が金弘祖であることは鄭雨峰［二〇一六］による。改めて『海行記』を通読してみても鄭雨峰の結論は首肯すべきものである。

鄭雨峰［二〇一六］によれば、金弘祖は数々の訳官を輩出した牛峰金氏の一族に連なる人物である。祖父金指南は天和二年（一六八二）朝鮮通信使に訳官として随行し、使行録『東槎日録』を残したことで知られる。また子息金慶門とともに編さんした『通文館志』は、朝鮮王朝司訳院（通訳機関）の機能や対中国・日本外交を概観する史料として有用である。さらに金慶門の弟金顕門は倭学訳官（日本語通訳）であり、正徳元年（一七一一）朝鮮通信使に押物通事として随行し、享保十九年（一七三四）訳官使には正使として派遣された。また、もう一人の叔父金瑞門も伴人として同じ訳官使一行に加わった。したがって、金弘祖は二人の叔父（金顕門・金瑞門）とともに享保十九年訳官使に随行して対馬に渡り、使行日記『海行記』を残したということになる。

金弘祖の生没年は一六九八～一七四八年という。一七一九年に訳科に及第し、漢学訳官（中国語通訳）となった。漢学訳官ではあったが、享保十九年訳官使に随行する以前に、釜山・東萊府へ下向して倭館との折衝経験をもち、対馬藩の人々との交流があったことは『海行記』の記述内容から明らかである。

ところで、鄭雨峰［二〇一六］は、第一に『海行記』の筆者を確定する作業を行った上で、第二に『海行記』に示された「日本・日本文化認識」を検討する。そして、その「日本・日本文化認識」の検討は次の二点に注目するのが特徴的である。それは第一に、中宴席における能興行について金弘祖が極めて詳細な観察をしていること、第二に、雨森芳洲およびその子息・孫が訳官使のもとを再々訪問してきたこと、である。そのなかで、金弘祖は「能のことばは分からない」としながらも、一つひとつの所作を丁寧に叙述しており、鄭雨峰はこうした様子に金弘祖の「日本文化に対する比較的客観的で事実的な態度」を読み取っている。

さて、鄭雨峰［二〇一六］は能と雨森一族との交流の二点に絞って検討を加えているが、『海行記』には他にも少なからぬ日本人との交流の跡が見え隠れする。また能と雨森一族との交流についても必ずしも網羅的な検討がなされたわけではない。さらに、もっぱら『海行記』の記述が追跡されて対馬藩側記録との対照が全くなされないので、どのような局面での交流なのかは考察の対象外である。そこで本節では、対馬藩政史料を通じて見た公式行事の進行（前節）を踏まえた上で『海行記』の記載を検討することとしたい。それは、公式行事の合間にこそ日本人（対馬藩の人々）との交流が見えるのではないか、と考えるからである。

まずは、公式行事の進行と重ねながら『海行記』の記載を追いかけてみよう。

［史料三］[22]
対馬藩主の使者陶山大助がほかの役人とともに船へ出迎えにやってきた。老弱男女の見物人たちはひしめき合い、人波は山のごとく海のごとし、その数はおおよそ数千百。なのに黙々として木偶のごとく、少しも喧騒の雑然たる声の響いてこないのはまことに不思議である。砲声が三つ響き渡ってのち、軍官たちの威儀を整えて船を下り、船着場から藩主の館まで敷き詰められた筵の上を歩いてゆく。道の左右に並ぶ門や窓など建物の様子は極めて清潔そのものである。
（金弘祖『海行記』甲寅正月十八日条）

金弘祖は伴人副司として随行したから、船から上がって藩主館へ向かうまでは徒歩であった。［史料三］に記録された道の様子は、対馬藩側が港から藩庁門前まで道に筵を敷き詰めた準備作業と符合する。また、見物人の様子は、対馬藩による規制がきちんと守られていたことを示している。

二十日は、藩主から安否を尋ねる使者として古川多次右衛門が客館へ派遣された。杉村仲・平田将監・平田隼人・大浦忠左衛門および吉川六郎左衛門それぞれから鮮鯛を贈られてきた。二十一日、平田（隼）・大浦・杉村（仲）・吉川らが客館へ来て、茶礼の段取りについて打ち合わせを行った（「講定茶礼節次」）。

二十二日、客館から茶礼の行われる藩庁（御城）までの道筋、訳官使一行の行列の前後を対馬藩士の隊列が護衛しながら進んだ。その様子はさながら中国使節を護衛して進む朝鮮人の隊列を思わせた（「接待諸執事倭、或騎或歩立簇鎗前後護行、如我国之接伴中国使者」）。客館から御城までの数里の道のりは、さほど広くない平坦な道で、塵ひとつない乾いた道であった（「自館所至島主所住処数里之地、道路雖不甚広闊平坦乾、正一塵不起」）。金弘祖は途中に年月を経て変色した「八幡宮」の扁額を目にしており（「以青銅鋳馬扁額八幡宮三大字」）、それは柳川調興の旧宅跡だと記す（「所謂八幡宮、即調興之古第也、今作神堂云」）。そして行列を挟んだ道の左右には、口々にざわめきながら誉めそやす見物人の波があった。

［史料四］(23)

大小の脇道筋には見張り番が二、三人ずつ杖を持って立ち、行列見物の人々が騒がしくないように取り締まりをしていた。それでも行列を行く道の両側に集まった老少男婦のなかには手を挙げたり指さしをしながら、朝鮮の衣冠文物の燦然たる様子を口々に誉めてざわめいている。とはいうものの、隣国であるだけに、こうした様子は概ねのところは分かっていた。

（金弘祖『海行記』甲寅正月二十二日条）

御城の座席配置は身分ごとに異なっていた。藩主の現れるであろう場所は金屏風で囲われて古画が掛けられており、その煌びやかさは見る人の目を射た。壁際の下には瑠璃の床が設けられ、その上に古い銅製の獅子の香炉が置かれていた。金弘祖は細工の精巧さに感心した様子であった（「島主所居処、囲以金屏掛以古画、光彩閃爍射人眼目、土壁之下設瑠璃床、々上蹲一古銅獅爐、而鋳品成妙真翫好之器也」）。御広間の床、棕櫚間の床、いずれにも古画の掛軸が掛けられて獅子の香炉が置かれていたが（注（4）参照）、金弘祖が目にしたのは御広間の方であったろう。棕櫚間は正使たちの控室だったからである。

茶礼の中心儀礼である礼曹書翰の伝達が終わると、客人の前に膳が据えられて宴席となった。対馬藩の役人たちが指示をして、小童たちは膳の上げ下げに飛ぶがごとく軽快に動き回った。にもかかわらずいささかの錯乱も喧騒もなく、宴席の場の厳粛さが保たれていたという（「執事者多率小童倭奔走応接軽快如飛、而一毫錯乱喧雑之挙法之尚厳可知矣」）。この宴席の終わりごろ、藩主が御広間を退出するのと入れ代わりに以酊庵僧が現れて叔父（正使金僉知）に挨拶をする様子が記される。これは茶礼の段取りが予定通りにきちんと進められたことの記録でもある。なお、この宴席の折りに雨森東五郎の次子松浦賛治が叔父の前へ漢文の書面を捧げて挨拶に現れたが、叔父の代わりに筆談をしたという(24)。

二十三日は客館へ藩主から安否の使者が派遣され、そのほかにも俵四郎左衛門・吉川繁右衛門・小田四郎左衛門・志賀甚五左衛門・演崎治五兵衛といった人々が客館を訪れた。さらに以酊庵からも使僧がやってきたので、茶菓と酒でもてなした。

二十四日の夕方、伝語官（朝鮮語通詞）がやってきて、翌日（二十五日）に旧島主（御隠居）茶礼の行われることが知らされた。それで二十五日は御城へ赴いたが、それは旧島主屋敷が狭くて行礼が難しいのでそうなったのだと記される。ただし、旧島主は病気が重くて出座できないとのことで礼曹書翰や贈物を直接には渡せなかった。また宴席の代わりに品物を代給された。なお、この日の登城途中、雨森芳洲宅を通りかかった際に叔父は芳洲と挨拶を交わした。その折りの芳洲のすがたを金弘祖が書き留めている（後述）。

二十六日は何もなかった（「二十六日癸卯晴無事」）。二十七日も客館へ藩主から安否の使者が派遣されてきたことが記されるのみである。

二十八日は藩主参勤首途の儀式を見物した。現れた藩主は前後に数百人の護衛を従えており、藩主と諸役人たちは騎乗すがたで、それ以外の従者はみな歩行すがたであった。それぞれに旗指物・鎗・銃・鈒・弓箭などを身に帯びており、武官としての威厳に満ちた行列であった。ただし、藩主は冠を着けず、また短衣をまとうばかりであった（「島主出来、前後護行者数百人、島主及諸奉行騎馬、其余都禁徒以下皆歩行、各執纛鎗銃鈒弓箭之属、軍威甚盛、而島主不着冠而着短衣」）。行進は夥しい数の随行者をもちながらも、騒がしさのない静粛とした行進であり、歩むことたいへん遅々たる行進であった（「前後陪行者其数夥、然而粛静不喧遅遅進退」）。先回りをして港へ行くと、大船六艘が藩主を待ちうけていたが、船に掛けられた彩錦で織られた紋窓・朱欄模様の帷帳は玉のように美しく、金糸を交じえた色とりどりの糸を束ねた房々が垂れ下がり、贅を尽くして余りある様子であった（「紋窓朱欄彩錦帷帳玲瓏、参差流蘇金縷雑垂、其間窮極奢靡」）。

二十九日、雨森東五郎の長子顕之允が客館を差配する大庁奉行[25]吉田安右衛門を介して書状を送ってきた。取り次ぎなしに客館訪問は許されず、また病気のために実際にも訪問が叶わないので（「渠有病不能来見」）、書面をよこしたのである。それで、金弘祖から返答書を送った。それは、かつて雨森東五郎が釜山倭館へ派遣された折りに顕之允が随行し、応対にあたった朝鮮側役人のなかに金弘祖がおり、顕之允のことを覚えていたからである。

二月朔日、客館の前庭で訳官使一同で望賀礼を行った。朝鮮式名節の一つである。異域にいる無聊を慰めるため、名節に備える松餅（ソンピョン）を少しばかり作って皆で分けた（「来此異域一行諸人心甚無聊、造若干松餅分給上下人員」）。鼓楽を奏しながらの望賀礼の様子を見るために、人々は市をなすかのごとく集まってきた（「鼓楽以暢幽懐、観光者如市」）。

二日、藩主から使者があり、萬松院へ招かれた。客館から大路を東へ行くこと数里、道を折れて北へさらに数里、山林の合間を行く。なかに層をなした建物が忽然と現れたが、その様子は城郭の趣があり、屈曲した濠には美しい水がさらさらと流れている（「東山之下有一座大庄院、層楼傑閣聳出於葱林之間、而鋳銅為飛魚之甍勢若活動十分壮麗、清渓一曲逶迤墻根如城郭之、有濠而玉水潺々幽趣」）。対馬藩の朝鮮語通詞に問うと、宗義智・義成から義真のころまで使われた居館だというから、これは金石城のことである。やがて門に「鍾碧山」の三文字が懸けられた萬松院に至った。

三日は、藩主と萬松院から客館へ使者が派遣されてきた。四日、滞在時日も長くなったので、近傍にある寺院見物に出かけてはどうかと大庁奉行からの提案があったが、天候不順のためになかなか実現しなかった（「以風勢之大作、未果焉」）。

五日、雨森顕之允から手紙が届けられた。また、中宴席が十二日に行われると知らされた。さらに杉村采女が倭館から戻るというので、同じ船で釜山から訳官使一行あての家族からの手紙がもたらされたが、金弘祖あてのものはなく、たいへん残念であった（「大差倭杉村采女自草梁回泊故、裁判親持我一行家書来伝、而不得見吾家書、心甚缺然」）。夕暮れどきに、二人の叔父ほか五、六人とともに船着場まで散策に出かけた。

六日、客館で番人と話をしていると垣の外から明るい笑い声が聞こえてきた（「忽聞竹籬外有笑語聲、而細軟清朗如鴬聲」)。見ると、十一、二歳の女の子たちが四、五人ほど環になって毬を手で突いていた(「児倭女年纔十一二者四五人、環座一処、互相撃毬」)。

七日、客館の外に病人が集まっているという。草梁倭館に出入りをしていたころ、金弘祖の医療知識が対馬藩の人たちの知るところとなり、今回、金弘祖の来島が対馬の人々にも伝わった様子であった(「余在草梁之日、記誦若干湯頭医活、館倭五六人軽率之輩互相称誉、今番陪行之意預為伝播於島中故、此地老少男女之有病者日聚門外」)。

八日、大雨。港に係留された壱岐・大板の商船二艘が風浪のために積荷がことごとく水没したという。一方、訳官使船は波の静かな湾内にあったために無傷であった。九日は藩主から安否慰問の使者がやってきた。十日、叔父が雨森東五郎に贈物をするというので、添状の文章を金弘祖が書いた。十一日、勘定所五郎左衛門の兄が病気だとのことで、日本語通事らを伴ってその家を訪問して診察した。行くと家には診察を求める親戚がさらに無数に集まり、口々に苦悶の様子を訴えた(「厥家親戚之来問疾者無数、還用苦悶矣」)。

十二日、中宴席。藩主はとくに能興行を準備して、それで訳官使一行を歓待しようとしてくれた(「今日島主特設能組、欲為歓待公之一行」)。[国編一五二七]によると、訳官使両使は棕櫚間から、そのほか上中下官たちは南縁側の方から能を見物した。能興行が終わると対馬藩の役人が上々官に対して座敷で宴の接待を受けるよう促した。金弘祖もまた大通詞小田四郎兵衛に従って宴の広間へと向かった。建物のなかは深く入り組んで屈曲し、大砲を載せた台車が十台並べられたところを通り過ぎた(「層角道深邃屈曲、而以十小車各戴大砲置於其内」)。中宴席の座敷飾りも基本は茶礼と同じであるから、金弘祖が廊下に見た大砲は「御書院江通り候廊下江大筒拾挺飾之」(注(4)参照)とする対馬藩政史料に対応するものである。また、たどり着いた先には古画・古爐・金銀の酒器・文房具などが整然と並べられ、石塔・花卉の類の曲がりくねった様子も巧妙だった(「而古画古爐金銀酒器文房翫好之物整々斎々、石塔花卉之属曲尽巧妙[26]」)。

接待が終わるころ朝鮮語通詞がやってきて、貴国の風楽および元天禧の才技を見せてほしいとの要請が伝えられた。それで座敷で元達らに鼓楽を演奏させ、元天禧に様々な才技を披露させた。人々は市のごとく集まってきて見物した（「使元達等盛陳鼓楽、又使才人元天禧呈各様才技於庁上、観光者如市」）。元達らも元天禧も工人として使節団に随行した者たちである。なお、この宴席の場に雨森東五郎と次子松浦賛治の親子がやってきて、金弘祖と朝鮮語で対話している（「不用倭語専以我言十分明白」）。

図 14-1　「光清寺」額

十三日、藩主の配慮で光清寺見物に出かけた。対馬藩役人に先導され、正使の叔父をはじめ数十人で遠出した。船着場から西の方角の山中に小さな仏堂があり、「光清寺」額が掛かっており、三文字の傍らには「朝鮮原城脱橋書」と記されていた（図14-1）。その脱橋なる人は知らなかったが、海外へ出て「朝鮮」の二字を見るのはとても嬉しく感じられた（「簷之下懸光清寺三字、傍題朝鮮原城脱橋書、不知其脱橋之何許人、而来此海外異域得見朝鮮二字、心甚欣喜」）。寺からは海の向こうをはるかに眺望できるとともに、眼下に府中の街並みを一望できた。[27]昨年の大火で市街の数千戸が延焼したというが、それが嘘のように建物がひしめき合っている（「府中閭閻撲地揃比、而土狭人衆、山谷之間亦無空地、昨年失火時延焼数千戸云者、非虚語也」）。客館へ戻ると、以酊庵茶礼を十八、十九日ごろに行うと知らされた。

十四日、夜、月が昼のごとく明るかった。それで客館の前庭で鼓楽を演奏させ、舞を舞わせ、深夜遅くまで楽しんだ。十五日、客館で望賀礼を行う。藩主から貴国の風楽を見せてほしいとの要請があり、金弘祖は、崔暹（軍官）・徐後穉（船将）・金三傑（小童）・鄭潤宝（小童）・秋五乙萬（通事）

および楽工五人ほどと同行して藩庁を訪ねた。藩主・前藩主のほか家老たちも集まり、彼らの面前で、小童たちに舞を舞わせ、楽工元達の舞をも披露させた。元達の舞が所望されたのは、元達が以前通信使に随行した際に舞を舞ったことがあり、対馬藩ではそれが広く知られていたゆえだろうと思われた（「此即在前元達随往於通信之行故、倭人輩多有見知故也」）。この場に松浦賛治が兄顕之允の子を連れて現れた。名を亀之允といい、八歳であった。

十六日、正使の叔父をはじめ数十人で海岸寺見物へ遠出した。海岸寺は光清寺の右手にあり、光清寺から海岸寺までは客館から光清寺までと同じくらいの距離があった。堂宇のまん中には三体の金仏が金碧に輝いて鎮座していた。それら仏像のうしろ壁に何層も棚が設えられており、そこに木碑のようなものが林立するように並べられていた。朝鮮語通詞に問うと、近傍に住む人々が父祖の霊牌を安置したもので、命日にはその霊牌の前で祀りを行うのだという。同行した朝鮮語通詞堀伴右衛門に「君の家の霊牌もあるか」と尋ねると、あるという。それで戯れに「漆黒の夜にここへ来たら、きっと他家の霊牌と取り違えるだろうね」というと、みな大笑いした（「余戯之曰、若夜黒燈暗、則易取他人之物、似為不難、聞者大笑」）。そのあと、同行した対馬藩役人が朝鮮舞を見たいというので、海岸寺で、徐後犀・徐後逢・朴東植・金業基らに舞を舞わせた。また、元達の舞も望むので舞わせた。見物人は市のごとく集まった。この日、釜山から回航する日本船があったが、わが家からの手紙はなかったので、がっかりした。

十七日、晴れ、何もなし（「十七日癸亥晴無事」）。十八日、以酊庵に招かれる。以酊庵は昨年（注(27)参照）焼失したままなので、いま長老たちは西山寺に移住している。西山寺は客館から西へ、垣のそと近くにある。漆塗りで紅色の正字で「朝鮮国王萬々歳」と書かれた殿牌が安置され、牌前に配された銀燭・金爐からは煌々たる燭影が輝き、馥郁たる香煙が立ち上っていた。叔父をはじめ牌前で四拝礼を行った。

十九日は終日大雨でとくに何もなし（「十九日乙丑大雨終日」）。二十日も雨続きで、一日中土曇りのように暗かった。

二十一日、朝鮮語通詞小田四郎兵衛・花田重右衛門が客館へ来て杉村采女からの治療依頼を伝えてきた。倭館勤めで煩ったものの、対馬島は僻遠の地で医者を求めるのは容易ではない（「弊島僻陋、医治無路」）という。采女もまた金弘祖の噂を聞きつけたようである。しかたなしに小童鄭潤宝・通事秋乙五らを伴い、四郎兵衛・重右衛門とともに采女の館へ出かけた。症状は通事の説明では分かりにくく、筆談で確認しながら診察した。終わってみると、采女邸の外には治療を求める老少男婦数十人が立ち並び、一斉にそれぞれの症状を口にして騒がしいので難儀であった（「老少男婦数十人待立庁外、一斉問疾紛沓噪聒、実為難儀堪亦一苦況矣」）。日暮れてから采女邸を辞して客館に戻った。

二十二日、以酊庵から長老僧と執事僧六人、若党二人がやってきた。回謝の意を表するためであった。翌二十三日、昨日の接待を謝する手紙が以酊庵から送られてきた。

二十四日、連日の雨が上がって快晴となったので、何人かと連れ立って船着場を散策して戻った。二十五日も叔父らとともに船着場へ出かけた。そこで元達らに鼓楽を演奏させると、見物人が市をなすごとくに集まった。船着場の警護役人たちが元天禧の舞を所望したが、足元にごつごつした石が多く、演じさせることができなかった。

二十六日、叔父のところへ雨森東五郎が孫亀之允を伴ってやってきた。亀之允は父顕之允から金弘祖あての手紙を持参した。亀之允に菓子・文房具を持たせるとともに、顕之允あての返事の手紙を託した。

二十七日、松浦賛治・平山兵蔵らが藩主の命を受けてやってきた。それは、昨年夏に越常右衛門が草木・禽獣調査のために朝鮮へ渡ってきたが未完にして病死したので、その続きの講学を求めての来訪であった。二十八日、家老杉村仲らがやってきて礼曹あての藩主回答書契や別幅の進呈、旧印の返納などを行った（書契の文面や別幅目録を記録する）。

二十九日、藩主の外戚にあたる樋口孫左衛門から病気の診察に来てほしいとの要請があり、小童鄭潤宝・通事秋乙五らを伴い、朝鮮語通事小田四郎兵衛・広松茂八とともに出かけた。その家は広壮で藩主家にも匹敵するかと思われるほどであった（「至樋口家、堂宇之宏廠奢靡、島主家一般」）。色とりどりの衣服に化粧をした女性が多く見えるので（「客庁南壁朱簾之内、彩衣粉面及年老戴白者無数聚会」）四郎兵衛に尋ねてみると、旧島主の妻・新島主の母たちがたまたま来ているとのことだった。三人ほどの診察をしてから辞した。

三十日、倭館からの飛船が入港し、使者一行あての手紙ももたらしたが、金弘祖あてのものは何もなく、とてもがっかりした。船が来るたびに期待しながら、いつも手紙が来ないのを訝しく思った（「不得見吾家書、心甚悵然、而累次船便毎々如是、可怪々々」）。

三月朔日、望賀礼を行った。釜山勤務だったころに知り合った嶋村理左衛門が客館の外に来ているのに気づいた。倭館勤務を満了して帰国したのだなと思った。二日、前藩主の子村岡左京から乞われて診察に行った。その家は藩主屋敷の後山の下にあった。年齢は十八歳で、両目がほとんど失明状態だった。そこを辞するときに、また老少男女が集まってきて口々に一斉に病状を訴えた。

三日は「三月三日は清明節（三々之日而又是清明節）」なので、叔父たちとともに客館前庭に席を設けて鼓楽を奏させた。藩主は蓬餅や諸白を贈ってきたので使節団の一行で分けた。四日、別下程として杉重・鹿脚・清酒等々が送られてきたので、これも一行で分けた。この日、朝鮮語通詞花田重右衛門が春日玄意という若者を伴ってやってきた。鍼灸術を身につけたいが、対馬は僻遠の地でそうした技術を容易に得がたいところ金弘祖のことを聞きつけてやってきたとのことだった。

五日、朝鮮語通事吉松清右衛門に連れられて阿比留久五郎という少年がやってきた。雨森東五郎の門人だといい、しばし筆談で話をした。春日玄意が再びやってきて、亡父が朝鮮の鍼医李秀甫から与えられたという書を見せてくれた。六日、十日ほど前から熱病を煩い、客館外で治療を受けていた格軍（船の漕手）梁善巾が昨夜亡くなった。とても痛ましく思う。七日、今日は伯父知枢公の誕生日である。昨年のこの日は還暦にあたったので漢城で祝いの宴席が開かれたが、当時は叔父とともに釜山勤務中で参加できなく残念に思った。今年もまた叔父とともに海外にあり、まことに残念である。

八日、帰国の乗船が間近となったので、船将徐後稺に命じて、対馬藩の護衛役人とともに乗船の点検をさせた。九日、釜山から回航した船で、正月二十九日付の家書が届けられた。家中はみなつつがなく伯父も健康だとの様子であった。十日、雨森東五郎門人鵬溟が春日玄意とともにやってきて、日暮れ時まで筆談をして帰った。十一日は雨降りだったり晴れだったりして終日風が強かった。

十二日、旧島主（御隠居様）からの礼曹あて回答書契と別幅がもたらされた（書契の文面や別幅目録を記録する）。十三日は、とくになし（「十三日己丑、昼雨夜晴無事」）。十四日も雨が降り、連日ですっきりとはしない。小童鄭潤宝と奉行所へ行き平山郷右衛門と面会し、しばらく話し込んでから戻った。十五日、乗船の修理をした。やってきた春日玄意に向けて穴法を講論した。十六日、江戸へ向けて藩主の船が出港した。こうした藩主不在の事情もあって、上船宴は省略されて下行物支給に変更となり、この日、客館に乾物類が運び込まれた。それらの訳官使各員への配分は戸房裨将柳東輝が担当することとなった。

十七日条は三丁二五行にわたるが、そのすべてが戸房裨将柳東輝の賛辞に費やされる。一括して贈られた下行品の数々を、身分・役職や人数に応じて配分する役目を果たすのに、柳東輝はいかに適任なのかが縷々述べられる。たとえば曰く、柳東輝は人となり忠直恭謹であり、かつ文も能くし書も善くする。それで釜山を出発して以来は戸房監の任務を任されて、その任として専ら一行の食料や財政を管轄してきた（「柳君東輝、為人忠直恭謹、且能文而善書、故乗船之後差定戸房之監、々之為任専管一行糧料財帛」）。柳東輝の清廉さは日本人（対馬藩役人たち）も認めるところである（「倭人輩挙皆心服、咸称其廉潔名声籍籍」）、と。十八日、兵房・船将戸房・両礼房以下に対し、書面を示して雑物若干を配分支給した。

十九日、依頼があって家老杉村仲邸へ病人の診察に行く。そのうちに暴風雨となり、晩方に雨勢が弱まったのを見計らって戻った。樋口孫左衛門からの礼状が贈物を添えて届けられた。二十日、毎月二十日を過ぎると潮位が下がるので乗船を水深の深いところへ移動させ、二十四日の出船と決めた。この日、また春日玄意が訪ねてきた。このところ寒疾を得て訪問するのも叶わなかった。もうじき金弘祖は帰国してしまい、朝鮮と対馬と遠く境界を隔てることとなり、限りあるなかで次はいつお目にかかることができるかも分からない（「従此南北隔遠境界、有限未知何日更得獲拝尊顔」）、だから、病を押してやってきたという。

二十一日、釜山から日本船が回航したが、一行にあてた手紙のなかに家族からのものが見当たらず、残念に思った。ただし東萊の芸妓たち何人かから気持ちのこもった書状が送られてきたので嬉しかった。夕暮れに前庭で奏楽と舞をするよう客館奉行吉田安右衛門が請うので、奏楽をさせ、朴東植・金業基の二人に対舞をさせた。二十二日、大風雨。以酊庵から茶菓が餞別として贈られてきた。二十三日には雨森東五郎が別れの挨拶に叔父のところへやってきた。金弘祖にも声をかけてくれたので、謝意を示すのに酒数杯を交わした。客館前に席を設けて鼓楽を奏し舞を舞わせた。元達・元天禧にもそれぞれ披露させた。対馬藩の奉行たちはもちろん、幾千百もの多くの男女が見物に集まった。

二十四日、午刻に客館を出て船着場に向かい、乗船ののち風待ちのために湾内の久田浦へ移動した。そこは客館から数里の地、村数十余で家が散在し、藩主の船を繋留する場所だともいう。この日と二十五日は連日北風が強く、また二十六日は終日風雨で出船できなかった。二十六日、小舟に曳航されて湾口に至ったが、風がにわかに東風に変わり、細かい雨も降り始めたので出船をあきらめた。二七日も終日東風がやまず、そのまま留まった。

二十八日も風勢不順で出船できなかった。船上で留まることが続いたので、対馬藩側の配慮で久田浦に上陸・散策して気鬱を晴らすこととなった。村の様子、土地の様子、山や谷の様子を眺め歩いていると、山間に小屋を見つけたので朝鮮語通詞とともに訪ねてみた。すこぶる隠者の風を漂わせた人物が現れて井出藤十郎と名乗った。一昨年の府中大火で家産をすべて失い、ここへ来て草庵を結んで暮らしているという。さらに山間に進むと、見るべきものは何もないが荒れ果てた延命寺なる寺があり、鉄員と名乗る僧がいると教えてくれた。上陸者はそれぞれに緩々と船に戻った。

四月朔日、晴天で南風がすこぶる順。それで卯刻（午前六時ごろ）に三度の砲声とともに出船した。波は穏やかで、船上ながら陸地と変わらない軽快さであった。船中の人々が談笑する様子は常と変わらない。この日は瀬戸浦・西泊浦を経て豊浦に至った。

三　訳官使に見る日朝交流のすがた

享保十九年訳官使行における日朝交流のすがたは『海行記』に明らかであり、前節においても、できる限り具体的に触れてきた。本節では、前節で触れえなかったことどもを含めて、改めて交流内容に即して再整理を試みたい。その際、これまでのところ『海行記』に関する唯一の先行研究である鄭雨峰［二〇一六］を踏まえながら、人的交流のありさまに重点を置いて述べることとしたい。

①知人との再会

訳官使一行を乗せた船は、享保十九年正月十日釜山湾の永嘉台前で出船の儀を行い、十一日には順風に乗って倭館前に至り、十二日丑刻（午前一時ごろ）、西北風に乗って対馬島を目指して出帆した。穏やかな海に出た（「今者天気晴朗風色順利、可以発船云々」）はずなのに、外洋に出ると船は大きく揺れて船内に海水が流れ込み、立っていられずに転倒する者が過半だった（「舟至中流吐水、顚倒者過半」）。未刻（午後二時ごろ）に対馬島の北端、佐須奈浦に到着して上陸した。十五日に発船するまで佐須奈浦に設けられた館所に留まった。

その館所で大目付加城六之進なる人が金弘祖の近くに座っていたことがある。その顔をはっきりとは覚えていなかったが、六之進が金弘祖に向かって「私は以前に告慶使の都船主として朝鮮へ渡ったことがあり、そのときに、ひょっとするとお目にかかったことがあるかもしれません」というのを聞いて、その顔をはたと思い出した。癸丑年(28)の夏、新島主承襲告慶使の随行者のなかに松之助という少年がいた。松之助は釜山で重病にかかって生死の境をさまよい、たまたま金弘祖の施術によって全快した。告慶使正使は深く謝意を表し、六之進は常に正使の傍らにあったから、それでお互いの顔を覚えた。金弘祖は『海行記』正月十三日条に、大海の外でこうした人と邂逅できたことは欣慰に足るというものだ（「今来大海之外邂逅相逢、亦足欣慰矣」）、と記す。

ところで府中到着ののち正月二十二日に茶礼宴が催された。食事を終え、酒のやりとりを終え、糖果・乾鳥魚・柑橘などがすべて下げられたころ、朝鮮語通詞広松茂八が一人の人物を伴って金弘祖の前にやってきた。その人は辞儀をして敬意を表し、「尊公が千里の海路を無事に越えてこられたことは欣賀にたえません」といった。いったい誰の使いだろうと訝しく思っていると、その人は、勘定奉行の平田助之進、松之助の父だと名乗った。そして、子息が命を長らえたこと、金弘祖の力によって蘇生したことを深く恩義に感じ、今回の使行に金弘祖が加わっていることを知り、ぜひ謝意を述べたくやってきたという。

二月六日の朝、高崎七左衛門が客館の外までやってきたが、この人は以前、告還使に随行して釜山に来たときに見知った人物である。理由なくして館内には立ち入れなかったから、金弘祖が小童を伴って館外に出て、そこでしばし話を交わして戻った。

同七日、平山郷左衛門が客館まで訪ねてきて、金弘祖に外へ出てきて話を聞いてほしいと求めた。この人は、癸丑の夏に以酊庵送使として釜山にやってきたときに見知った人である。呼び出す理由が分からないまま小童を伴って外出すると、平山は手招きして金弘祖を側に呼び、対馬島にいる病人は金弘祖の来島を聞いて明け方から多数集まっていることについて子細に語った。聞くと病気の種類は実に様々で多様であった。

三月朔日、嶋村理左衛門が客館の門外までやってきた。金弘祖が釜山草梁勤めだったころ再々会うことがあり、人となりが端正良順であったため、何か食べるものがあれば度々贈物にしたことがあった。いまは倭館勤務の任期

表14-2　雨森東五郎・松浦賛治・雨森顕之允・亀之允の訪問（享保19年）

1月22日	茶礼の場で雨森東五郎次子松浦賛治が叔父（金顕門）に挨拶。金弘祖が筆談する
25日	前藩主茶礼へ登城する際に，雨森東五郎宅に立ち寄り，叔父が東五郎と挨拶を交わす*
29日	雨森東五郎長子顕之允が客館の金弘祖あてに書状をよこす*
2月5日	雨森顕之允が手紙をよこした
10日	叔父が雨森東五郎に贈物をするので金弘祖が添状を書いた
12日	中宴席の場に雨森東五郎と松浦賛治が来て，朝鮮語で対話した*
15日	客館に松浦賛治が顕之允の子亀之允を連れて現れた
26日	雨森東五郎が孫亀之允とともに叔父のもとを訪ねた
27日	松浦賛治が藩主の命を承けて客館にやってきた
3月23日	雨森東五郎が別れの挨拶をしに叔父のもとを訪ねてきた

典拠）金弘祖『海行記』より作成。なお，＊を付したものは，鄭雨峰［2016］でも史料引用と言及がある。

を終えて帰国したものと思われた。理左衛門は再会の感激を述べ、また手を挙げて縷々謝意を述べることが尽きなかった。

②雨森東五郎とその子孫たち

雨森東五郎およびその子息・孫と金弘祖の接触に関わる記述は、概ね表14-2のように得られる。まずは順に追いかけてみよう。

正月二十二日の茶礼のとき、雨森東五郎次子松浦賛治が金弘祖の叔父金顕門に挨拶をし、一書を呈した（［史料五］）。返書は金弘祖が書いた。

［史料五］(29)

私の本姓は雨森で、名は徳允。癸巳年に雨森院長〔東五郎〕が大差使都船主であった折に随行して貴国〔朝鮮〕に渡りましたが、そのときはわずかに十一歳。ときに足下〔金顕門〕はたまたま草梁〔釜山倭館〕にいらっしゃったので、たびたび拝謁することがありました。その後、無沙汰のまま打ちすぎること二十余年、思いもよらず本日の茶礼宴に際してお目にかかれることとなりました。この先も引き続いてお目にかかれる機会が得られるかどうかは定かではありません。私は雨森院長〔東五郎〕の次男ですが、松浦霞沼の養子となって改姓した次第です。

松浦賛治書面にいう癸巳年は正徳三年（一七一三）のこととして良かろう。この年二月に雨森東五郎は参判使都船主として釜山倭館に渡海しており（永留久恵［一九九九］二二九頁）、一方、松浦賛治（雨森徳之允）の生年は元禄十六年（一七〇三）（松浦京子［一九九六］四頁）なので正徳三年には十一歳となるので文中にいう年齢にも合致する。雨森東五郎は正徳三年七月には帰国するから、随行した賛治の倭館滞在は半年ほどの経験である。そのわずか半年のあいだに出会った倭学訳官金顕門との具体的な交流の跡は分からないが、二十年余を経てなお再会を求めたくなるほどの懐かしさがあった。

『海行記』正月二十五日条は（鄭雨峰［二〇一六］二四五～二四六頁）でも引用される。前藩主茶礼宴が催されるので登城する際、道筋の左手に雨森東五郎宅があった。東五郎は家の門口に立って金顕門の乗った輿が通るのをあらかじめ待っていた。それに気づいた金顕門は輿を降りようとしたが東五郎が押しとどめ、輿のままに短く挨拶を交わした。行列の後ろにいた金弘祖は、そのとき見た雨森東五郎の姿を「年令は七十近くだが顔も容貌も衰えがなく、二つの眼は瀅々と輝いて人を動かすように見えて、世俗を離れた清らかさがあり飾り気がない」（年近七旬、而顔貌不衰、双眸瀅々光彩動人、而清幽雅淡之状）と描写する。「年近七旬」というが、東五郎は寛文八年（一六六八）生まれだから実際にも六十七歳であった。

『海行記』正月二十九日条もまた鄭雨峰［二〇一六］二四七頁で引用され、前節でもすでに触れた。二月五日に顕之允が再び手紙をよこしたのは、正月二十九日の金弘祖書状を踏まえての返書である。また、二月十日、叔父金顕門が雨森東五郎に贈物をしようと思ったのは、正月二十五日に輿上から東五郎に挨拶をしたことを踏まえており、金弘祖の書いた添状もそうした趣旨が踏まえられている。

『海行記』二月十二日条も鄭雨峰［二〇一六］二四七～二四八頁で引用される。この日、藩庁で催された中宴席の場に雨森東五郎と松浦賛治が現れて、金弘祖と対話した記録である。東五郎の発言のなかには再々「あなたの叔父（尊叔父）」なる語句が現れるから、東五郎と金顕門の対話を傍で聞いていたものではなく、直接の対話であった。そして対話は日本語ではなく朝鮮語でなされ、それで十分に意思疎通が果たされた（「不用倭語、専以我言、十分明白」）。

東五郎は、癸巳年（正徳三年）の倭館渡海時の金顕門との交流を振り返り、二十年を経た今次の再会を嬉しく思っていることを伝える。また、子息顕之允が病気のため自ら金弘祖のもとへ挨拶に来られないことを詫び、その代理をいま務める旨を付す。一方、金弘祖はこれに対し、対馬に来る以前、叔父から東五郎との交流を聞かされてきたこと、面識を得たいと願いながら遠く離れていてなかなか叶わなかったこと、いまその願いが叶ったこと等を返答として述べた。

二月十五日、松浦賛治が兄顕之允の子亀之允を連れて客館に現れた。亀之允は懐から手紙を出して金弘祖に手渡した。そこには「小生乃雨森院長孫児、名亀允也」とあり、書体はいかにも幼なかった。朝鮮語通詞を介して「これは自分で書いたものか」と尋ねてみると、その通りだという。八歳にして文字を能くするというのは珍しいことではないか、世に虎は犬を生まずというのはこのことだと金弘祖は亀之允を誉める（「能書文字豈不奇哉、所謂虎不生犬者此也」）。

同二十六日、雨森東五郎が孫亀之允とともに叔父のもとを訪ねてきた。東五郎が亀之允について「この子はほぼ書字を解するので、ここで書を書かせてみては如何か（此児略解書字、使渠書之何如）」といった。それで紙筆を用意させ、訳官使の一団が見守るなか、その場にあった杜牧の七言絶句「蘆花深澤静垂綸／月夕煙朝幾十春／自説孤舟寒水畔／不曽逢着獨醒人」を亀之允に筆写させた。

大書された二十八文字の配置、書体はいずれも驚くに値するほどみごとであり、訳官使のある者は紙筆墨を与えて亀之允を賞した。金弘祖もまた多くの菓子を贈るとともに、亀之允が持参した父顕之允から金弘祖あての手紙への返書で、大書された二十八文字を誉めた。

同二十七日、松浦賛治が藩主の命を受けて客館にやってきたことについては、前節でも触れた。三月二十三日、雨森東五郎が訳官使一行の出船を前にして、別れの挨拶のため叔父のもとを訪ね、叔父に七言絶句一首を贈るとともに、金弘祖にも別れを惜しむとともに、この先の無事を願う言葉をかけてくれた。

表 14-3　金弘祖による診察・診療と医術の交流（享保 19 年）

2 月 5 日	金弘祖の医療知識が知れ渡ったようで，客館の外に病人たちが集まる
11 日	勘定所五郎左衛門の兄を診察に行く
21 日	杉村采女邸へ診察に行く
29 日	樋口孫左衛門邸へ診察に行く
3 月 2 日	村岡左京邸へ診察に行く
3 日	朝鮮語通詞花田重右衛門が，客館へ鍼灸医の子息春日玄意を伴ってきた
5 日	春日玄意が訪ねてきた
15 日	春日玄意が訪ねてきたので，穴法を講じた
20 日	春日玄意が訪ねてきた

典拠）金弘祖『海行記』より作成。

③医術の交流

表14-3に見るように、訳官使一行の対馬府中滞在が始まってしばらく経ってから、客館の門外へ病人が集まるようになった。金弘祖の医学知識がどの程度であったかについて、それを具体的に測る術がいまはない。享保十八年夏、釜山倭館で重篤の松之助を救ったのも、どのような知識・医術を背景にしたものかは判然とはしない。ともかくも、このときの出来事が対馬島内に知れ渡ったことで、金弘祖に対する診療要請が繰り返しなされるようになった。

そうした診療要請が、朝鮮医学に対する尊崇の念を背景にしたものかどうかは明瞭ではない。要請する側は、対馬が「僻遠の地」であって良医を求める手段に乏しいことを再三繰り返すから、医術の質よりも距離の近さが優先されていたのではなかったか。父の亡き後に鍼灸医として成長したく思った春日玄意なる若者は、再々金弘祖のもとを訪れては医術の教授を願った。限られた滞在期間にそうしたことを実現するのは難しかったのも事情としてあろう。金弘祖は向学心にあふれる玄意に対し、以下のように助言する。「あなたの国の筑前や大坂といった都市には賢者が多くいると聞きます。そうしたところへ学びに出ることを面倒に思ってはいけません（聞貴邦筑前・大坂之城、多有賢者云、勿憚負笈之労採摭玄機、以為医国之手是所望也）」と。金弘祖自身が医師として不十分だとの自覚もあったろうが、朝鮮医学を学びなさいと助言するのではなく、筑前なり大坂なりへ出てゆけば、それなりの水準の医学知識が得られると助言した点に留意が必要である。医術を学ぶにあたって大事なのは朝鮮・日本の医学水準の問題ではないとする判断が示されているからである。

おわりに

江戸時代の日朝交流を考察するに際して、これまで朝鮮通信使に素材を求めることが少なくなかった。これまでのところの朝鮮通信使研究は、詩文贈答や学問の交流などから始めて交流の質や範囲を広げた考察が試みられている最中だろう。訳官使研究も、訳官使なる使節団が朝鮮通信使を小さな規模にしたものに見えてきたから、同様な視点から文化交流の接近が試みられてもおかしくはない。しかしながら、本章で享保十九年の事例検討を行ってみると、朝鮮通信使と訳官使には決定的な違いがある。それは、距離の問題である。外交文書交換という使節派遣の主題が展開される場が、片や江戸であり、片や対馬府中である。対馬府中での使節の滞在は、江戸でのそれとはまるで異なった環境にあった。

たとえば『海行記』には、釜山から日本船が対馬府中に廻着するたびに、家族からの手紙がないか一喜一憂する金弘祖のすがたが記される。これは、朝鮮半島と対馬島の近さを如実に示すものであろうし、そうした距離感覚のなかで訳官使の行事は遂行された。それは朝鮮通信使の場合とはかなり異なる文化交流の背景をなしたことだろう。

何人もの対馬藩士が、この訳官使行の前から金弘祖と知り合いであった。それは倭館での業務遂行過程で知り合うことになったもので、そうした業務が終わってからも、お互いを懐かしく思うような関係が形成されていたことも『海行記』から知りうる。

近年の近世日朝関係史研究は、分析の舞台を倭館へと広げつつある。研究は倭館での接触・交流への関心を示すものが少なくないが、そうした交流が、実は一回限りのものではなく、その質として繰り返される（繰り返されうる）内実を宿していたと見る観点が必要となってくるのではなかろうか。そうしたことを『海行記』は教えてくれるように感じる。

第15章　日朝間の贈物・誂物

はじめに

　京都相国寺に江戸時代の朝鮮人が描いた作品が少なからず伝来する。そのなかに総数五十点ほどの書画が貼り付けられた屏風が二座あり、多くが朝鮮人の作品だという。それらのうちには作者名が明らかにされたものもあり、文化八年（一八一一）通信使に随行した写字官皮宗鼎や画員李寿民の名前が挙げられている（洪善杓［二〇〇八］）。洪善杓は同じ論稿で、相国寺慈照院から対馬以酊庵に輪番僧として派遣された梅荘顕常が、釜山倭館・東向寺に出張する僧侶たちに朝鮮画の購入を依頼したこと(1)を記述し、慈照院に残された朝鮮画の料紙が典型的な日本のものである事例があることを指摘する。

　また、以酊庵僧の輪番日記等を眺めれば、対馬藩側からの贈物として朝鮮筆・朝鮮扇などが以酊庵僧に贈られていることにも気づく。第1章で示した顕常の輪番記の場合でも、天明元年（一七八一）十一月の新茶口切に際して朝鮮扇七本・朝鮮筆四本を、天明二年九月に小阿須茶屋へ遊びに出た折りに朝鮮茶碗五つが、それぞれ顕常に贈られ、会下僧以下へもそれぞれに贈られた記事がある。これら以酊庵僧への贈物として準備された朝鮮産品は、そのために藩側があらかじめ取り寄せておいたものであろう。

本章は、対馬藩政史料のなかに関連するものを探り、書画をはじめとするモノを介した江戸時代の日朝交流について検討したい。

一　朝鮮からの贈物・取寄物

(1) 梅荘顕常の場合

天明元年（一七八一）七月二十八日付の木村蒹葭堂あて梅荘顕常書簡（大谷篤蔵［一九六四］書簡番号五）には、顕常が以酊庵僧として対馬府中に到着した最初の二カ月間、朝鮮産物を求めたがなかなか思うようには得られない様子を述べている。

［史料一］[2]

対馬府中の八幡社に天宝四年〔七四五年〕の〔銘がある〕鐘があります。これについては、そのうち〔鐘の〕銘文を摺りものにしてお目に掛けたく存じます。ここ〔対馬〕はまことに無粋な国柄で、〔こうした貴重な鐘の銘文を〕これまで誰も写し取ったことがないようです。藩主のもとには古書画の類が多くあるとかねがね聞いていますが、まだきちんとは拝見しておりません。以上。

六月七日のお手紙を頂戴し、ありがたく拝読しました。まずもって御清勝の様子とのことではるかな場所ながら安心した次第です。この地に到着して、つつがなく二カ月が経ちました。どうぞご安心ください。細々としたお手紙ばかりか、糖砂・湖茗・腐皮などの名品までお送りくださり、遠方にいる私に心をかけてくださるお気持ちのほども忝く、それぞれにありがたく頂戴しました。糖果もお送りくださるとのこと、これまたありがたく賞味することといたします。

一屧〔木靴〕を一つひとつ比較するのに筆写してくださり、まことに御手を煩わせました。「ゆづかづら〔由都嘉豆〕」は帰船の折りでなければお見せする手段もありませんので、その折りに御覧に入れようと思います。

一「太乙紫金丹方」は当地で所持する者がないとのことです。〔お送りくださった「太乙紫金丹方」ほかの見本を以酊庵付の〕侍医に細かく見ていただきました。「玉樞丹方」については書付をくださいましたので、〔お送りいただいた見本の〕返却とあわせてお手元へお届けします。

一「救荒本草」「訓蒙字会」などについても調べてみましたが、所持する者がありません。朝鮮書籍〔の入手〕については、いまは堅く禁じられていて、一部も得られないとのことです。

一「青黍皮」「獐皮」についても、人に会うごとに尋ねていますが、現在は対馬に入ってこないものであり、知っている者はおりません。

一「果糕」についても尋ねてみました。麦粉を蜜でこね、胡麻油で煎って作るということは誰でもいいますが、作り方の微妙なところについて知っている者がおりません。この春、訳官使が対馬へやってきた[3]ときも持参したとのことですが、特別な作り方があるわけでもなさそうです。〔それらしい仕上がりにならない理由の〕一つには、朝鮮麦の粉で作るので少々風味のあんばいが違うのかもしれません。

一「照布」についても、現在は対馬に入ってこないと聞きました。粗布は入ってくるそうです。「黒布」と呼ぶ布も、単に晒していないからそのように呼ぶだけだとのことです。

一朝鮮古器・尺度・貨物などについても、さらにこの先も尋ねてみようと思います。ひと通りは、これに限らず朝鮮の文物について尋ねてみましたが、きちんと知っている者はおりません。ⓐこれまで想像していたのとは違って、思いのほか疎いようです。〔朝鮮から取り寄せることについての〕国禁〔対馬藩および朝鮮の規制〕がたいへん厳しいのと隣交が必ずしも親密ではないこと、役人連中が世俗にまみれて雅趣といったことから遠いこと、これらがないまぜとなって、いろいろと思うようにはいきません。そういえば、御依頼のあった書画も一向に手元に届かないままです。ⓑ以酊庵で〔書役僧として〕使役している僧某が、来年〔寅年〕東向寺僧として釜山に渡ることになっていますから、この僧にきちんと頼んでみようと思います。先だって朝鮮画をひとつふたつ眺めてみましたが、なかなか良い描き手がいます。けれども、頼んでみてもなかなか入手できないとはⓒ先住和尚もおっしゃっていたところです。ⓓなにぶんにも釜山倭館館守はもっぱら交易ばかりに精通しているばかりで、それ以外のことには随分と疎いようです。

一御家の皆様方が健康でお過ごしでありますように、よろしくお伝えください。そのほか、片山北海氏に関わるあれこれについても遠く〔対馬〕で一書を編もうと思います。ついでの折りにでも、私の思いをそれぞれによろしくお伝えいただければと思います。これより次第に涼しい時期になります。ご自愛ください。またお便りします。草々

七月廿八日　　　　　　　　　　　　　蕉中〔梅荘顕常〕

世粛雅伯〔木村蒹葭堂〕さま　机下

右の書簡が天明元年のものとされるのは、その内容から以酊庵在番中のものであることを踏まえた上で、傍線ⓑにある「来寅年」が天明二年に該当すると判断されるからである。

さて、右の書簡によれば、対馬に到着するや否や、顕常は多種多様な舶来品を尋ねてまわっている様子がうかがえる。植物（「ゆづかづら〔由都嘉豆〕」）、漢方薬材（「太乙紫金丹方」「玉樞丹方」）、中国・朝鮮の書物（「救荒本草」「訓蒙字会」）、皮革（「青黍皮〔貂類の毛皮〕」「獐皮〔ノロジカの皮〕」）、菓子（「果糕」）、布（「照布〔上質の白い麻布〕」）、朝鮮画などなどである。赴任前から対馬ではそれら舶来品を目にできるだろうと期待しており（ⓐ）、木村蒹葭堂から借用した漢方薬材の見本を頼りに現地で現物を確認しようとする周到さも見える。

しかしながら実際には、「対馬にも所持者がいない」「現在は対馬に入ってこないので誰も知らない」という現実に直面し、なかなか思っていたようには舶来品を目にしたり手にしたりしづらい様子ではある。書画を求めてもなかなか入手が困難だとは先住和尚(4)（ⓒ）からも伝え聞いていたし、朝鮮書籍（の入手）については、いまは堅く禁じられていて一部も得られないともいう。それで、実際に釜山に赴任する者を頼んで書画等の入手を試みようとする（ⓑ）が、ここにいう寅年派遣の東向寺僧とは知足庵陽首座のことである（第1章）。東向寺僧は、派遣前後には以酊庵輪番僧の指示下で朝鮮外交文書の清書に携わっていたから（第3章）、以酊庵僧からすれば頼みごとをしやすい相手である。一方、釜山倭館の頂点には館守がいたが、彼らは仕事はできるだろうが趣味には疎いとの見立てであった（ⓓ）し、実際にもそうであった（第13章）。

こうして思い通りにはならないものの、在番中の以酊庵僧のもとには度々朝鮮産品が届けられたし、以酊庵僧自ら取り寄せの要望を出している。まずは顕常の場合に即して眺めてみよう。天明二年以後のものに限られるが、『以酊和尚江御内々ゟ別段被遣并御到来集書』［対馬記録類Ⅰ／表書札方G①9］によれば、対馬藩と以酊庵僧とのあいだで行われた贈答品の内容が分かる。そのうち顕常が受け取ったもので朝鮮産品を含むもののみを取り出したのが表15-1である。これによれば、顕常は朝鮮焼の水差しや茶碗、虎皮や人参・人参膏などを折々に贈られていることが知られるし、在番日記によれば、天明元年十一月十三日には、新茶口切の折りに朝鮮扇七本・朝鮮筆四本を送られている。

ところで、大韓民国国史編纂委員会所蔵の対馬島宗家史料のなかに『御取寄物　御大名方　以酊庵御頼之品　附り、鷹御取寄　持渡取寄物御免之類』（以下『御取寄物』と記す）と題する冊子が何冊か含まれている。「朝鮮からの取寄品」、「朝鮮への持出品」を申請者・申請年月日とともに概ね年代順に整理した冊子である。それらのうち顕常の在番中に該当する時期のものを眺めてみても、顕常が以酊庵僧として取り寄せを依頼した記録は見いだせない(5)。

表 15-1　梅荘顕常へ贈られた朝鮮産品

天明 2 年（1782） 7 月 11 日 9 月 18 日 12 月 6 日	 残暑見舞：朝鮮焼水指 1，人参膏 3 丸 小阿須茶屋御招請の土産物：新渡茶碗 3（一老へ 2，会下二人へ 2 ずつ） 寒気見舞：虎皮 1 枚，花色二廣段 1 本，人参膏 3 丸
天明 3 年（1783） 5 月 18 日	 帰京の餞別：上々人参 1 両，人参膏 2 丸，紋紗 3 本（御弟子へ人参膏 2 丸，紋紗 1 本，御会下 3 人へ人参膏 1 丸ずつ，離宮香 1 ずつ）

典拠）『天明二壬寅年ゟ同六ニ至ル　以酊和尚江御内々ゟ別段被遣并御到来集書』［対馬記録類／表書札方 G①9］。

（2）『御取寄物』

『御取寄物』のうち、まず「拾漆〔十七〕」とする整理番号が付されたもの［国編三九〇六］を例示しながら、①朝鮮からの取り寄せ、②朝鮮への持ち出しの状況を概観しておきたい。この冊子には、文政二年（一八一九）二月（表15-2の5）から七年四月（4）までの七十件ほどの事例が挙げられている。これらのうち②は後ほど述べるとして、まず①朝鮮からの取寄品についてみると、①はさらに、ⓐ朝鮮産の品をそのまま取り寄せる場合と、ⓑ日本から素材を朝鮮へ送り、それを朝鮮で加工して取り寄せる場合とに分けられる。

ⓐは、たとえば文政二年十一月に、対馬藩国元家老古川将監が虎皮一枚を取り寄せたとするものである（11）。『御取寄物』が扱う五年のあいだにもたらされた虎皮の総数は五十七枚であり、平田宮内は二十枚、氏江佐織は九枚、古川将監は八枚といったように一人で多数の虎皮を取り寄せする事例がいくつか目につく。平田宮内や古川将監はこの時期の対馬藩国元家老を務め、氏江佐織は同江戸家老を務めている。ほかの虎皮取り寄せ者たちも、概ね家老職にある者たちばかりである。同様にして豹皮も総計二十二枚が取り寄せられるが、これも家老職の者たちが入手している。入手した後の用途については、この史料の限りではよく分からない。

ついで目立つ取寄品は、朝鮮団扇、朝鮮筆、朝鮮画の類である。しかも、これらは三十本・二十枚・六十本あるいは三五〇枚などといったように、一時に数十という単位で取り寄せが行われており、大量に求められていることが分かる。取り寄せて後に個人的に消費できるような分量ではないので、音物（進物）用というのが目

表 15-2　贈物・誂物一覧

整理番号	日　付	朝鮮からの取り寄せ	依頼者	備　考
文政 2 年（1819）				
5	2 月 17 日	香炉台 1 つ，書画 30 枚，磻香炉 6 つ，同入子鉢 5 組，磻花生 5 つ，団扇 20 本，扇 15 本	一代官八木九左衛門	以酊庵帰国につき音物用
11	11 月 5 日	虎皮 1 枚	古川将監	取寄御免
12	11 月 17 日	蝿追 5 本　鱈子腸 15，塩鴨 5 羽	〃	〃
13	12 月 19 日	黄糸 10 斤，練紬 5 疋，扇 20 本，団扇 60 柄，筆 100 本，杖竹 50 本，上々竹 100 本，茶碗 50，小壺類 100ヶ	佐治勝左衛門	
文政 3 年（1820）				
14	正 月 4 日	朝鮮押敷 10 枚	田嶋左近右衛門	取寄御免
15	正 月 13 日	虎皮 2 枚，朝鮮筆 60 本，同書画 60 枚	平田帯刀	
16	3 月 11 日	虎皮 2 枚，豹皮 1 枚	氏江佐織	
17	3 月 25 日	虎皮 3 枚	古川将監	
18	4 月 12 日	虎皮 2 枚	田嶋左近右衛門	
19	4 月 13 日	和扇 30 本，朝鮮書画 10 枚	御勘定手代海津茂兵衛	朝鮮へ送り，書画いたさせ取り寄せ
20	6 月 23 日	和扇 100 本	阿比留喜左衛門	江戸表御金主内へ音物用として，朝鮮へ送り，書画いたさせ取り寄せ
21	7 月 8 日	虎皮 1 枚	平田宮内	
22	7 月 17 日	豹皮 1 枚	古一代官八木九左衛門	音物として受領したものを持ち帰る
23	7 月 20 日	書画 50 枚	田嶋左近右衛門	朝鮮より取り寄せ
24	7 月 24 日	虎皮 2 枚（氏江佐織分），同 1 枚（田中所左衛門分）	氏江佐織，田中所左衛門	
25	8 月 12 日	扇地紙 150 枚	田嶋左近右衛門	朝鮮へ送り，書画いたさせ取り寄せ
26	8 月 27 日	和扇 30 本	御勘定手代内野初右衛門	〃
27	9 月 22 日	豹皮 1 枚	古川将監	
28	11 月 20 日	鱈ノ子腸 20 本分，塩鴨 20 羽	〃	
文政 4 年（1821）				
29	正 月 16 日	虎皮 2 枚	平田帯刀	
30	3 月 17 日	豹皮 1 枚	氏江佐織	
31	4 月 19 日	和扇 50 本	御勘定手代鶴岡与右衛門	江戸表御金主内へ音物用，書画いたさせ取り寄せ

整理番号	日　付	朝鮮からの取り寄せ	依 頼 者	備　考
33	10 月 8 日	和扇 100 本	阿比留喜左衛門	江戸上方の御銀主内へ音物用。朝鮮人へ書画いたさせ取り寄せ
34	10 月 9 日	和扇 100 本，鱈ノ子 15 分	井手文輔	上方御銀主からの依頼。和扇は朝鮮で書画いたさせ取り寄せ
35	10 月 13 日	虎皮 1 枚ずつ	氏江佐織，村岡近江	
37	11 月 15 日	豹皮 4 枚	田中所左衛門	
38	12 月 10 日	虎皮 4 枚 大油紙五枚ずつ	平田宮内 御勘定手代内之初右衛門，鶴岡与右衛門	
文政 5 年（1824）				
39	正 月 26 日	虎皮 1 枚	田中所左衛門	
40	正 月 29 日	和扇 35 本	武田十左衛門	江戸御金主内より依頼につき，朝鮮人に書画いたさせ取り寄せ
41	閏正月 19 日	朝鮮団扇 30 枚，朝鮮書画 30 枚	田中所左衛門	
42	2 月 14 日	書画 30 枚	阿比留喜左衛門	上方御銀主音物用に持ち帰る
43	3 月 15 日	虎皮 1 枚	古川将監	
44	3 月 27 日	朝鮮人書画 30 枚	畑島矢次右衛門	
45	4 月 17 日	和扇 60 本	御勘定奉行山下覚次郎	大坂御銀主江音物用に，朝鮮人に書画いたさせ取り寄せ
46	4 月 27 日	虎皮 1 枚，豹皮 3 枚	平田宮内	
47	5 月 18 日	虎皮 1 枚	氏江長門	
48	6 月 11 日	和扇 50 本 紙 15 枚（うち 4 枚は絹）， 虎皮 1 枚 豹皮 3 枚	古川将監 田嶋左近右衛門 幾度八郎右衛門 小野直衛	朝鮮人へ書画いたさせ取り寄せ 〃
49	8 月 26 日	虎皮 3 枚，豹皮 3 枚 豹皮 1 枚	暢孫志摩 平田帯刀	
50	10 月 26 日	虎皮 3 枚，豹皮 3 枚，書画 150 枚，鱈 50 本（子腸共ニ），鴨 30 羽	裁判樋口孫左衛門	朝鮮より先送り
51	11 月 4 日	和扇 80 本	山下覚次郎	朝鮮人へ書画いたさせ取り寄せ
52	11 月 19 日	虎皮 4 枚	平田宮内	
53	11 月 晦 日	朝鮮〔脱ヵ〕30 本	田嶋左近右衛門	江戸表御役内より依頼により
54	12 月 11 日	書画 30 枚	亀川登蔵	以酊庵へ音物用

（つづく）

整理番号	日　付	朝鮮からの取り寄せ	依頼者	備　考
55	12月18日	虎皮1枚	平田帯刀	
文政6年（1823）				
56	2月17日	大油紙3枚	一代官阿比留喜左衛門	
59	3月28日	虎皮1枚	幾度八郎左衛門	
60	4月27日	和扇100本	裁判樋口孫左衛門	朝鮮人へ書画いたさせ持ち帰る
61	4月29日	虎皮5枚 大油紙6枚	平田宮内 樋口孫左衛門	
62	5月14日	虎皮2枚，豹皮2枚，大油紙15枚	平田宮内	
63	5月24日	団扇50本，花生10こう，竿竹30本，酒溜壺50，小壺10こう，鱈20枚	小田七左衛門	
1	6月6日			
1-1		四張付大油紙20枚，六張付同3枚，朝鮮筆30本（大小何レも上品）	以酊庵一老	
1-2		虎皮1枚，六張付油紙7枚，四張付油紙63枚，壱張油紙10枚，油引団，扇（大20枚，小10枚），扇子（大3握，中5握，小7握），筆20柄（中小），松子割1，胡桃子割1，油布35疋，書画350枚	以酊庵	
64	7月24日	虎皮4枚 同3枚	氏江佐織 平田宮内	
65	8月7日	尾参3斤	田中所左衛門	
66	8月9日	虎皮4枚，朝鮮錦1本	古川将監	
68	9月22日	扇150本	西山寺温主座	朝鮮人へ書画いたさせ取り寄せ
2	11月10日	朝鮮膳惣数35	以酊庵	
文政7年				
3	正月28日	扇面64枚，唐紙38枚（以上，画の分），同10枚（書の分）	以酊庵	＊朝鮮人へ書画いたさせ取り寄せ
4	4月11日	乗牛讃詞1枚，乞額字2枚，乞画（切絹4枚，紙40枚），丸盆5枚（幅金尺1尺7寸），同2枚（2尺）	〃	＊朝鮮人へ書画いたさせ取り寄せ

整理番号	日　付	朝鮮への持ち出し	依 頼 者	備　考
文政 2 年（1819）				
6	8 月 19 日	傘 10 本	田中四郎左衛門	倭館勤務の父助右衛門からの依頼で
7	8 月 28 日	朝鮮画 20 枚ずつ	平田宮内，田中所左衛門	知音之朝鮮人への音物用
8	9 月 25 日	陳皮 19 斤	幾度次左衛門	名代内山郷左衛門が持参する音物用
9	9 月 25 日	きりしま，蘇鉄，棕櫚苗(2〜3 株ずつ)	朝鮮語通詞小田伍作	訓導雉清よりの依頼に応じて
10	10 月 6 日	銅入子鍋 2 組・同二つ入子 21 組	裁判内山郷左衛門	事情余儀なしとして，以後の先例としないことを条件に許可
文政 4 年（1821）				
32	4 月 28 日	朱蓋鉄間鍋 10，銅間鍋 10	御勘定手代信田忠兵衛	薬種方勤につき，朝鮮人へ音物用
36	11 月 5 日	鉄入子鍋 10 組，銅炙籠 20 枚，同生姜おろし 20 枚，真針 20 座，金皮目鏡 20 掛，唐鋏 20 丁，春慶五入子鉢 10 組		判事中江別段音物用
文政 6 年（1823）				
57	2 月 26 日	蘇鉄 3 鉢	平田宮内	
58	3 月朔日	唐金火鉢 1 つ，花菓子簞笥 1 つ，硝子酒次 1 つ	八坂忠右衛門	
67	9 月 10 日	和漢三才図会 1 部・本草綱目大全 1 部	八坂忠右衛門	都中尹先達都歴々より依頼 ＊和漢三才図会は不可 ＊本草綱目は売却のつもり
69	9 月 26 日	からくり 10 かう	八坂忠右衛門　留守	朝鮮人へ音物用
文政 7 年（1824）				
70	4 月朔日	上酒	亀川登蔵，梅野右七	彼地任官接応のため

典拠）『御取寄物』［国編 3906］より作成。
　注）整理番号は，冊子における実際の記載順である。

的であろう。実際にも54の場合には「以酊庵へ音物用」と明記してあり、以酊庵僧の日記にも離任の時期になると朝鮮製の団扇や筆を進物として受ける記述に再々行き当たる。

ⓑは、右の「朝鮮画」取り寄せの派生形態である。扇ないしは料紙を朝鮮へ送り、そこへ「朝鮮人に書画を描かせて取り寄せる」というものである。それは20に顕著だが、「江戸表金主」たちへの音物としたいので「和扇百本」を朝鮮へ送り、「〔その和扇に〕書画を描かせたい」という。入手した朝鮮書画の贈り先としては、「江戸表金主」(20・31・40)、「江戸・上方御銀主」(33)、「上方御銀主」(34・42)、「大坂御銀主」(45)といった名目が掲げられるから、これらはおそらくは対馬藩に様々なかたちで資金提供を行ってきた町人たちではなかったか。また、「江戸表御役内」(53)は江戸藩邸で接触をする、これまたおそらくは江戸幕府の吏僚たちではなかったろうか。そうした人たちへの贈物として、朝鮮人の手になる書画に価値があったということである。

『御取寄物』(〔国編三九〇六〕)における右のような傾向を踏まえながら、ほかの冊子〔国編五四二四、五四八九〕に見える特徴的な記述をいくつか交じえて、朝鮮からの取寄品についていま少し検討を付け加えておこう。〔国編五四二四〕は明和四年四月〜寛政十二年、〔国編五四八九〕は寛政十三年〜文政元年の記録だから、文政二年以後分を記録した〔国編三九〇六〕に先行する時期のものである。

取り寄せた品々の送り先に注目すると、〔国編三九〇六〕と同様に江戸・京大坂・長崎などへの送付がめだつ。「銀主」「大坂御屋敷御出入之銘々」といった商人たちの場合、贈物としては朝鮮書画(扇子や団扇に描かせたもの)が多くを占めるが、上方銀主へ小杜若三拾株、芍薬弐拾株、姫百合百、笠百合百、鳩ふたつがいを贈り(安永五年〔一七七六〕四月十一日)、京都大坂銀主上田常作と井筒屋源介には黄鳥ひとつがいずつ贈ったことがある(安永七年〔一七七八〕二月廿九日)。後者の場合、「両人とも〔対馬藩の〕御用をきちんと誠意をもって勤めてきたし、〔贈物の〕費用もたいした額ではないので(両人共、御用深切ニ相勤候義と申、入目も聊之義ニ候間)」そのようにしたという。

また、贈り先には「公儀御役人」「大坂銅座役人野村伊助」といった武家も含まれる。たとえば明和五年〔一七六八〕十二月六日に承認された「江戸表」への贈物は朝鮮錦弐本、賞賜緞弐本、胸背三、四双および離宮香類を五つ六つといったものであり、大坂銅座役人野村伊助へは朝鮮人の書を二枚贈った（享和二年〔一八〇二〕十月十九日）という。後者の場合は別途「注文の額字の手本」を受け取っているから、大坂銅座のどこかに掲げる額字を朝鮮人に書かせたもののようである。また、贈り先が大名・公家である場合、贈物の内容がずいぶんと違うように感じられる（表15-3）。

表 15-3　公家・大名に贈られた朝鮮産品

醍醐前内府	明和 5 年（1768）10 月 11 日	虎膽・虎脛骨・虎眼（表 15-5 参照）
	6 年（1769）4 月 16 日	〃
難波前中納言	安永 2 年（1773）5 月 23 日	朝鮮焼壺
堂上方	文化 7 年（1810）3 月 10 日	虎皮 1 枚，豹皮 2 枚，朝鮮筆 10 本
松平右京大夫	安永 4 年（1775）10 月 23 日	北京筆 50 本
有馬中務太輔	天明 2 年（1782）5 月 5 日	朝鮮若鷹 2 据
細川様御聞役	寛政 2 年（1790）6 月 11 日	朝鮮焼壺 6（蓋共）
松平阿波守	7 年（1795）8 月 16 日	黄鷹 2 据
〃	文化 2 年（1805）9 月 9 日	鷹 2 居
細川越中守	3 年（1806）5 月 12 日	姫百合 150 株，小杜若 70 株＊

典拠）『御取寄物』［国編 5424，5489］より作成。
注）＊「朝鮮鉢ニ植込御取寄被成候事，尤鉢植之侭被遣候付，鉢之品位等見掛宜品吟味いたし植込候様」とする付記がある。

次に、以酊庵僧が注文をして取り寄せを依頼した品々は表15-4の通りである。ここには、対馬藩側が以酊庵僧への音物として準備したものは含まない。あくまで以酊庵僧側が入手したかったものが何だったかに留意した。表に見る通り、ひとりで繰り返し取り寄せを依頼した以酊庵僧もいれば、一度も取り寄せを行わなかった以酊庵僧（表に整理番号・名前がない人たち）もいる。取り寄せ内容も、以酊庵僧ごとに同じではない。

取り寄せ希望について、寛政十年（一七九八）二月二十二日の事例を挙げてみよう。

〔史料二〕

白地扇面拾紙　詩歌俳句の類〔を書いてほしい〕
有骨扇拾五柄
半切唐紙拾六片

表 15-4　以酊庵僧による取寄物

75[1]	昊巖元穹	明和 4 年（1767） 8 月 17 日	朝鮮人書 130 枚，杖竹 50 本，花男竹 200 本，扇子 160 本，団扇 180 本
77	海山覚暹	9 年（1772） 6 月 29 日	朝鮮書画 20 枚[2]
78	岱宗承嶽	安永 2 年（1773） 1 月 24 日	姫百合草・かさ百合草，共ニ 180 本
84	湛堂令椿	天明 5 年（1785） 3 月 8 日	扇子地紙 30 枚，色紙 10 枚[3]
85	熙陽龍育	7 年（1787） 8 月 10 日	植松，草花類ニ而 10 鉢
87	象田周耕	寛政 4 年（1792） 12 月 4 日	朝鮮人仮名書，唐紙小切 15 枚[4]
88	環中玄諦	7 年（1795） 1 月 14 日	はつち 2 つ
		2 月 27 日	五味子，黄芩，遠志[5]
89	天瑞守選	8 年（1796） 2 月 14 日	朝鮮紙に朝鮮人による額字など
		9 年（1797） 3 月 28 日	朝鮮暦 2 冊，朝鮮墨蹟 30 枚，朝鮮花瓶 5 つ，朝鮮筆 15 本，朝鮮網掛徳利 20[6]
90	松源中奨	9 年（1797） 8 月 19 日	「朝鮮草花類，珎敷品も有之候ハヽ取寄進候様」
		8 月 23 日	朝鮮扇 20 本，房柏子大 10
		10 年（1798） 2 月 23 日	朝鮮へ扇子等を送り，書画をさせて取り寄せ。具体的な内容は本文参照
		3 月 23 日	唐紙半切 10 枚，唐紙小切 1 枚，和扇 2 本[7]
		6 月 23 日	絵 12 枚，同 6 枚，同 5 枚，同 8 枚，半切唐紙 10 枚，華箋 30 枚，扇子 15 本[8]
		9 月 4 日	和扇 5 本[9]
		9 月 19 日	和扇 6 本，額書キ紙 6 枚[10]
		10 月 1 日	硯蓋 2 つ
		11 年（1799） 6 月 19 日	和扇 16 本[11]
91	熙陽龍育（再任）	12 年（1800） 2 月 17 日	唐紙，虎斑竹 66 本ほか[12]
		4 月 13 日	唐地紙[13]
		4 月 17 日	朝鮮焼物鉢[14]
92	象田周耕（再任）	享和 2 年（1802） 1 月 5 日	和扇 100 本，扇地紙 231 枚，唐紙 200 枚，短尺 38 枚，色紙 42 枚[15]
		5 月 19 日	青羊肝 1 具[16]
		8 月 1 日	扇面 109 枚，和扇 125 本，唐紙小切 7 枚[17]
93	天瑞守選（再任）	3 年（1803） 12 月 13 日	和扇，朝鮮扇，色紙短尺，唐紙[18]
94	汶川惠汶	文化 2 年（1805） 8 月 23 日	極上扇子 30 本＊，極上扇面 15 枚＊，上扇子 20 本＊，中扇子 30 本＊，下扇子 30 本＊，油芚 35 枚，鉢大小 150，扇子取交 50 本，団扇取交 50 枚，徳利大小 30，花活之類 30 斗，茶碗之類 100 斗[19]
		3 年（1806） 2 月 24 日	唐紙 78 枚[20]

95	嗣堂東緝	文化 5 年（1808） 1 月 26 日	六張附油芚 1 部，極上品扇子 7 本，黒薬丸花瓶 11[21]，蠟引紙烟草入 10，しやち 20
96	龍潭周禎	6 年（1809） 9 月 16 日	水さし 20，つほ 10 火入用，真鍮文鎮 2 本[22]
		7 年（1810） 3 月 10 日	小杜若 15 株斗，かさゆり 40 斗
		3 月 10 日	風呂敷 5 片　蠟引，油芚 5 枚[23]
		3 月 10 日	別花席 10 枚（色違織入余慶ニ有之品），団扇 20 本（蠟引，柄藤巻），扇子 30 本（蠟引□頭）
97	月耕玄宜	8 年（1811） 9 月 29 日	紙 66 枚，同 34 枚，扇 50 本[24]
99	別源周汪	11 年（1814） 2 月 1 日	扇子 15 本，団扇 20 本，杖竹 10 本，らう竹 30 本，筆 10 本，膳 3 膳，松笠 10
		文政 元 年（1818） 11 月 15 日	大油紙 15 枚[25]
*	五山内則宗院	文化 5 年（1808） 5 月 8 日	大油紙 5 枚，朝鮮筆 15 本[26]

注 1）冒頭の数字は，第 2 章の表 2-2 にある以酊庵僧歴代の通し番号。
2）「一代官吉村伴右衛門へ常照暹西堂ゟ御頼ニ付」。
3）「朝鮮へ差渡，書画出来之上取寄」。
4）実際には離任後か。
5）「此三品之苗箱植ニして壱箱ツヽ」。
6）東向寺禅蔵主からの持ち出し依頼「以酊庵御頼たり共，手筋を不経ニ而自分ニ輒ク請持候義，自余之差支ニも相成義ニ候間，以来東向寺江罷渡候清書役心得方可有之儀ニ候」。
7）「朝鮮人江字を書せ取寄呉候様」。
8）「書画為致取寄呉候様，以酊庵一老ゟ相頼候」。
9）「字を為書取帰呉候様，以酊庵御会下内ゟ相頼ニ付」。
10）「朝鮮人江字を為書，取帰呉候様，又々以酊庵寺中ゟ相頼，難黙止候ニ付」。
11）「慈照院一老ゟ朝鮮人手跡之義頼有之」 ＊以酊庵僧自身は帰京後。
12）「和扇・唐紙類ニ者，注文書之通，朴徳源江書為致候様」。
13）「詩，かな　壱枚毎ニ朝鮮何某と書載，印為押候事」。
14）「何レも図面之通ニして」。
15）「朝鮮人之筆跡注文」「注文書之分者，則付紙之通之文句相認，附紙無之分者相応之詩歌之類，大中小之字見計を以夫々相認，何れも朝鮮人名印等有之候様」。
16）薬の記述を参照。
17）「朝鮮人之筆跡注文」 ＊付記は正月五日分と同じ。
18）「朝鮮人之書注文ニ付，東向寺代一華庵廓蔵司持渡候」。
19）＊印の扇子・扇面には「真字行字」を書かせるよう指示あり。
20）「朝鮮人江書画為致取寄」。
21）「壱つ壱尺斗，指渡し参寸斗」。
22）「以酊庵一老ゟ」。
23）「何れも有合在之候付，代官方御注文ニ不及」。
24）「書画為致取寄」。
25）東向寺廓首座が「五山内ゟ頼ニ付」，倭館東向寺から送る。
26）「五山内則宗院ゟ頼ニ付」。なお，この則宗院は東福寺即宗院のことか。同院は，これ以前に以酊庵輪番僧を 2 回（49，73）出しており，こののちも 2 回出している（102，121）。

聯壱隻　　替紙あり、ただし、語句は内側に添えてある。替紙もともに
琴背銘壱紙　字形などは内側に添えてある
小紙弐張　　語句は内側に添えてある。
　外ニ有骨扇子拾五本　語句は何でもよい
富士図壱枚　字形は内側に添えてある
盗路図壱枚　古語でも〔書いてほしい〕
扇地紙拾壱枚　詩歌俳句の類〔を書いてほしい〕
扇子五本
半切唐紙拾七枚
唐紙参拾枚　　切合物
同　弐拾枚　　二つ切
同　参拾枚　　二つ切　注文書は中に巻き込んである（注文書巻込有之）
　　　裏打ちあり

右の品々を朝鮮へ差し渡し、朝鮮人へ注文通りの字を書かせて取り寄せてほしいと、以酊庵からの依頼なので、間違いないように代官方へ申し伝えるよう御勘定奉行所へ伝達する。

史料原文では、品物の注記として再々「字形内具」とする言葉が現れる。これは「唐紙参拾枚　二つ切」に付された「注文書巻込有之」とする注記つまり「そこに朝鮮書画を書いてもらおうとして送り届ける唐紙のなかに、何を書いてほしいかを書いて巻き込んである」との対比で考えれば、どのような字（絵）を書いてほしいかについての仕様書が素材（扇子など）ごとに分かるように（素材のなかに）添えられている、の意であろう。

そして書かせたのは漢字や漢詩文ばかりでなかったことは、「詩歌俳句の類」を指定しているところからも分かるし、ほかの事例では朝鮮人に「かな」を書かせたものもある（表15‐4の注12参照）。また、［史料二］では、すでに「富士」を描いたものを朝鮮へ送り、その絵柄に見合った「字形」を書かせようとするものがある。ここからすると、こうした要望は、朝鮮人に書かせることに重点があった、ということにある。必ずしも朝鮮らしい書や絵でなくても良いからである。そして可能ならば能書家として高名な朝鮮人に書いてもらいたい、という意図もあった。表15‐4注13の注文書には「一枚ごとに朝鮮何がしと書かせ、印を捺させるように（壱枚毎ニ朝鮮何某と書載、印為押候事）」とあり、注12では「注文書の通りに朴徳源へ書を書かせるように」と指示する。朴徳源の墨蹟は今日も日本各地に伝来するから、当時から能書家として知られていたのだろう。[6] そうした評判を背景に、筆者を指定しての注文である。

表15‐4を一覧しても、以酊庵の取寄物のなかでは、扇子や紙類を朝鮮に送り、そこに朝鮮人の書画を書いてもらって取り寄せるというのが最も多い。そのほかに焼物類や杖竹・らう竹[7]や筆など細々とした身の回り品もあり、さらには植物や漢方薬材の取り寄せ依頼も見える。[8]

ところで取寄品のなかに見える薬材とりわけ朝鮮飴にひとこと言及しておきたい。事例は必ずしも多くはないが、表15‐5によれば、漢方薬材として虎膽・虎脛骨・虎眼や青羊肝が取り寄せ依頼としてされるのにやや遅れて、「病用」として朝鮮飴の取り寄せ事例が増える。しかも利用者は、どちらかといえば幅広い階層にまたがっており、大衆薬としての役割を担っていたと見てよい。そして、対馬藩内だけでなく「上方銀主之内」や「先以酊庵大和尚選西堂」からの依頼が舞い込んでいるから、評判は地域的にも広い範囲にまたがった。

飴それ自体からして栄養価が高く、前近代の日本でも生薬として用いられていたが、薬草・地黄の汁を水飴で練った「地黄煎（ちおうせん）飴」は江戸初期の京都では有名だったという（牛嶋英俊［二〇〇九］）。牛嶋は、江戸時代の文献に見える「ちやうせん飴」が「ちおうせん飴」の転訛であり、「ちやうせん飴」がしばしば「朝鮮飴」

表 15–5　贈物のなかの薬材

明和 5 年（1768）10 月 11 日	虎膽・虎脛骨・虎眼[1)]
6 年（1769） 4 月 16 日	〃 [2)]
安永 2 年（1773） 1 月 21 日	虎膽[3)]
享和 2 年（1802） 5 月 19 日	青羊肝 1 具[4)]
3 年（1803） 8 月 8 日	飴 15 斤[5)]
文化 2 年（1805） 8 月 19 日	朝鮮飴 10 斤[6)]
3 年（1806） 9 月 19 日	〃 15 斤[7)]
4 年（1807） 2 月 19 日	飴 10 斤[8)]
4 月 12 日	朝鮮飴 30 斤[9)]
5 月 28 日	〃 15 斤[10)]

注 1）2）醍醐前内府から「醍醐様御病用ニ而御所望」。
3）倭館館守岩崎喜左衛門から，「丸薬加物用」。
4）以酊庵和尚ゟ相頼，「尤青羊肝之儀者稀成様相聞候，然処朝鮮国之医書ニも有之品ニ付，全才覚不相成筋ニも有之間敷，併愈難調儀ニも候ハヽ，一ト通之羊肝ニ而も宜と之事ニ候」。
5）佐々木琢磨，「為病用」。
6）小野六郎右衛門，「為病用朝鮮ゟ取寄」。
7）加納郷左衛門，「上方銀主之内ゟ為病用所望」。
8）氏江佐織，「病用ニ付朝鮮ゟ取寄」。
9）吉田外守，「先以酊庵大和尚選西堂ゟ頼来」。
10）平田邦介，「為病用」。

と誤読・誤解されることを指摘する。とすれば、朝鮮から飴を取り寄せてほしいとする依頼は、そもそも「ちおうせん飴」「ちやうせん飴」の誤解に発したものとも考えうるが、逆に朝鮮から病用の飴が取り寄せられて京・大坂でも知られていた事実が「ちおうせん飴」「ちおうせん飴」の誤解を招いた可能性もありうるのではないか(9)。

二　朝鮮への贈物・持出品

『御取寄物』のうち保留しておいた②朝鮮への持ち出しの状況を検討したい。『御取寄物』には広く対馬・釜山間における物品移動の規制が示されており、藩の許可を得ずに持ち出したり持ち込んだりすることの厳格な取り締まりの様子を知りうる。記録の圧倒的大多数は贈答品に関わる記述だが、なかに次のような事例がある。

［史料三］

寛政七乙卯年九月晦日

一代官　山崎初右衛門

中華輿地大絵図一枚、欧羅巴州総界之図一枚、林子平三国之図一枚、万国掌果之図一枚、遼東建州之図一

枚、天象列次之図一枚、地球掛物三幅、地球一座、ウワタランテ壱座、イワタラビ壱、準器壱、立覧器壱真針入、扇金壱、規矩盤壱座、虎放器壱真針入、真鍮小丸金壱、同勾信櫓壱、同揮発壱本、同方尺壱連、同分度金壱本、元器壱組

私はしばらく前から天地学に関心があり学んできましたが、〔今回一代官として赴任するに際して〕絵図・器物など右に列挙したものどもを持参し、〔任期を終えた帰国時には〕持戻り状にそれらを記載しても良いという許可を〔出してほしいと山崎初右衛門が〕願い出てきた。〔検討の結果〕それも仕方ないことだと〔藩庁が〕判断し、願いを許すことにした。願書に〔許可文言を〕書き入れて、その書き入れ文言をもって与頭に〔許可の件を〕通達する。

一代官として釜山倭館に赴任するあいだ、年来学び続けてきた天地学に関わる絵図や地球儀および器械類を対馬から持ち出し、任期を終えたら倭館から対馬へ持ち帰りたい旨の要望書が山崎初右衛門から出され、認められたという記事である。この場合、持ち出すものと持ち帰るものは同一であり、かつ私物である。誰かに進物として準備されたわけではない。一方、対馬から倭館へ持ち出した私物の一部を帰国時に東萊府の訓導・別差に置き土産とした記述は特に珍しいものではない。そうしたなか天地学に関わる物品については、持ち出したものをそのまま持ち帰ることを条件にして釜山への持参が認められた。したがって、『御取寄物』に見える贈答品とりわけ対馬から持ち出された品々は、持ち出しには厳しい制限が設けられ、藩側が判断をして承認を与えた上で持ち出された物品だということに留意が必要となる。

朝鮮への持ち出し状況の全体的な趨勢を『御取寄物』(〔国編三九〇六〕)で眺めておく(表15-2)と、その多くは朝鮮官吏に対する音物の持ち出しである。具体的な品物としては傘(6)であったり、陳皮(8)、植物の苗(9)、鍋(32)、からくり(69)、上酒(70)など様々であった。整理番号9の場合は明らかに朝鮮官吏側からのリクエス

トがあっての選定である。それらは、倭館で日常的に接する訓導・判事といった下級官吏への音物である場合が多いが、なかには都の歴々（朝鮮政府中央官僚）からのリクエストがあった(67)。この場合、要求があったのは『和漢三才図会』『本草綱目』であったが、前者については持ち出し厳禁ということで却下されている。

こうした朝鮮官吏の要望に応えての持出品、ということに関わって、『御取寄物』をもう少し幅広く眺めていくつか補っておきたい。

表15-6は表15-2よりも少し前の明和四年（一七六七）から安永五年（一七七六）の十年間について『御取寄物』［国編五四二四］をもとに整理したものである。持ち出された品目としては、［国編三九〇六］と同様に蘇鉄、きりしまつつじ（霧島、映山紅）、紅葉、さつきといった植物や『四書章図』『綱鑑』など中国・朝鮮の書籍が目につき、さらに手洗、折風呂、鍋、薬罐、香炉など様々な銅製品も見える(10)。この表にはないが、少し変わったところでは、寛政二年（一七九〇）三月六日、朝鮮細工刀鞘五本を「日本で塗らせるように朝鮮人から依頼（日本ニ而為塗候義、朝鮮人ゟ依願）」されたり、文化十二年（一八一五）十月二十三日には蜜柑・柚子・久年母をあわせて二百ほど贈り、同十三年十二月には白砂糖三十斤を音物として贈ってもいる。

これらの多くは倭館で日常的に接触する東萊府の日本語通訳たち（倭学訳官、任役、両役、判事等々）に対する音物であったことは、表15-6の備考欄に明らかである。それは倭学訳官本人からの要望もあったが、彼らが東萊府使や「都表歴々」からの依頼を受けて（ないしは倭館と「都表歴々」との意向のすり合わせを行うため）音物の調達を行った場合もあった。表15-6の安永五年九月二十二日項に見える銀七宝入小香炉は、ほかに見いだせないような特別なしつらえである。そもそもは倭学訳官崔来儀からの要望品というものの、この時期に倭館・対馬藩にとって利益となるように崔来儀が動いてくれたことに対する謝礼の意味が濃厚であった。

倭学訳官たちとの日常的な接触を円滑にするための音物のほかに、こうした特別な働きに対する音物があったことに留意し、以下の事例にも言及しておきたい。

表 15-6　持出品

明和4年（1767）		
4月11日	銅手洗1組，薬罐3	松平右京大夫様御所望鼈甲軸筆を仕立てた謝礼
7月20日	きりしま15本，棕櫚2本	「朝鮮人相望候ニ付」
8月16日	棕櫚5本，桐嶋3本，蘇鉄2本，松3本， さつき3本，資治通鑑1部	朝鮮方頭役松浦平蔵の要望， 「先般朝鮮逗留之節，訓導崔僉知ゟ預無心」
10月3日	四書章圖1部，綱鑑1部	「朝鮮人望ニ付」（「四書章圖」は倭館に置いてある分を贈る）
明和5年（1768）		
1月26日	小時計1座	「朝鮮訓導大来崔僉知ゟ相頼候」
3月	蘇鉄5本	「判事之内ゟ蘇鉄令懇望候付」
5月18日	箱植蘇鉄1本，同きり嶋1本，棕櫚1本	「訓導大来崔僉知相望頼候」
明和6年（1769）		
3月6日	銅折風呂1つ	「判事之内ゟ依所望」
5月6日	青貝細工煙草盆5組（真鍮火入添）	「判事中ゟ所望ニ付」
5月23日	唐三才図絵1部，刀万像1部	「訓導大来崔僉知望ニゟ」
8月2日	提重1組，鏡台櫛箱類	「都表歴々被頼ニ付，任訳より無心」
明和7年（1770）		
9月25日	蘇鉄1本，映山紅1本	「任訳聖欽李僉正望ニゟ」
明和8年（1771）		
2月晦日	小きり嶋5本，蘇鉄2本，棕櫚10本	「都表歴々ゟ被懇望，取寄呉候様両訳相頼候付」
明和9年（1772）		
10月3日	春紅葉2本，映山紅2本，棕櫚2本	「朝廷方ゟ懇望」
10月23日	太字筆3本，中字筆3本，碁石3通り	「東莱府使懇望」
11月9日	野風呂1つ，牛皮2枚	「東莱被相望候ニ付取寄セ遣し度，野風呂ハ持合之品遣度」
安永2年（1773）		
2月19日	唐金火鉢2つ，銅野風呂12，木入小刀20，銅五つ入子鍋5組 同薬罐5つ，紅葉2本，小霧島5本，棕櫚5本	「彼地両訳所望ニ付」
12月9日	棕櫚1鉢，映山紅1鉢，蘇鉄1鉢，各色楓1鉢	「訓導朴判事依所望」
安永3年（1774）		
5月8日	壱人弁当1つ	「訓導所望ニ付」
12月28日	家入丸鏡2面，唐金野風呂1つ	「任訳内ゟ令所望ニ付」

（つづく）

安永4年（1775）		
2月4日	四人弁当1つ，五つ入子鍋1組	「弁当・銅鍋者持戻り品之内残し置，任訳懇望ニ付，直ニ相与へ度」
8月3日	赤銅香炉1，六寸角鏡1，丸羊腸神仙炉3，紅葉5本，蘇鉄3本	「判事内ゟ相誂ニ付，取下自分ゟ差渡相與度」
9月5日	遠見鏡根付細工1，朱竿煙器1本（銀張分ヶ），小さすが1本	「判事内へ音物用」
9月17日	朱竿煙器2封，映山紅5本	「判事共へ為音物」
9月21日	銅香炉1つ，磨銅五つ入子手洗5組，圓羊腸神仙炉3，蘇鉄2本， 映山紅2本，紅葉4鉢，植木鉢4つ，小刀8本（大中小），皮筒乱3つ，赤銅小柄10本，五寸鏡2面，植木鉢15，銅大手洗1，映山紅3鉢，蘇鉄2鉢，小刀19本，丸行燈4つ，棕櫚1鉢，銅五つ入子手洗1組，さすが15本	「判事中ゟ相誂候付取下し，自分ゟ差渡会与度」
10月4日	霧島2本，蘇鉄1本	「東莱府使懇望之由ニ而，差渡呉候様訓導金判事ゟ相頼」
安永5年（1776）		
3月4日	唐金獅子香炉1つ，唐金間鍋1つ，銅火入2つ，棕櫚10本	「判事ゟ相望候」 ＊棕櫚以外は有田杢左衛門が倭館へ持参したものを渡す
3月13日	蘇鉄5本	「来儀崔知事，都表重役人ゟ相望候ニ付」
6月13日	銅手洗15組	「自分音物」＊陳賀使として
7月9日	銅薬罐大小2つ，真鍮薬罐2つ，錫間鍋1対，錫入子茶碗1組，机1面 七つ入子切溜1組，唐金鍋1つ，ふらすこ1つ箱入，真鍮多葉粉盆1つ 唐金椀1組（坪平共），金物小道具4組（外ニ矢立1つ，小刀1つ） 鮫1本，銅杓1本，銅玉子焼鍋1つ，おろし1枚，真鍮火箸1膳， 金杓25本，小同8本，大小硯石2面，肴重1組，塗重徳利1つ，間鍋1箱	「判事并商訳中ゟ相頼候訳ニ付，為音物用」
8月4日	銅手洗15組	「自分音物」＊参判使都船主として
9月22日	銀七宝入小香炉1	「来儀崔知事ゟ相望候処，崔知事義今程専御用相働候者故，此節望之通調遣度」
9月26日	銅入子鍋15組	「自分音物」＊吊礼使として
11月20日	銅五つ入子手洗20組	崔来儀知事らより「無余儀次第ニ付調達送遣呉候様相頼」
11月25日	銅手洗15組	「自分音物」＊館守として

典拠）『御取寄物』［国編5424］により作成。

寛政五年（一七九三）六月二十八日、家老大森繁右衛門は、これから釜山へ渡海するに際して持参する音物として以下の品々を列挙する。

［史料四］

扇百本、ⓐ水晶団扇入一箱、日時計根付一、真針一、ⓑ硝子一重物一重、同二重物一重、同小燭台二本、廣蓋三枚、硯蓋二枚、盆台一つ（盆一つ添え）、木小燭二本、ⓒ硝子猪口十二、同盆二つ、同小角徳利一、硝子戸菓子箪笥一、同透し菓子笥一、透蓋菓子重一、硝子こつふ［コップ］二つ、丸鏡三面

品物の数や種類の豊富さもそうだが、水晶をあしらった製品（ⓐ）やガラス製品（ⓑⓒ）の多さがたいへん特徴的である。品ぞろえの様子から、日常的な儀礼や折衝にともなう音物とはかなり趣を異にすることがすぐに分かる。

実は、大森繁右衛門渡海には特別な背景があった。このころ対馬藩は朝鮮通信使対州易地聘礼実現のために奔走の最中であった。藩内の反対派を抑え込みながら、大森は家老として易地聘礼を積極的に推進する立場にあった。ところが寛政三年十二月、朝鮮政府は対州易地聘礼の方針に反対し、交渉そのものを全面的に拒否してきた。こうした状況を打開するために、大森は寛政五年七月、自ら朝鮮渡海をして東莱府使以下との直接折衝に臨んだのである（田保橋潔［一九四〇］六七四～六七六頁）。拒絶された方針をひっくり返してでも貫き通すためにはあらゆる方法が動員されねばならなかった。

同様にして、寛政七年十一月七日条に記された、訓導朴正からの調達依頼を受けて戸田頼母から申請のあった注文品もまた前例のないほどに膨大である。(11) ここで戸田の申請が対馬藩国元から倭館へ送り届けるようにとする注文なのは、戸田が離任間際の倭館館守だからである。

大森繁右衛門は国元、倭館、江戸を行き来しながら、戸田頼母は倭館に踏みとどまりながら対州易地聘礼実現の

ために粘り強い折衝を続けた。その際、戸田は訓導朴俊漢を介して東萊府および朝鮮中央政府の懐柔に努めたが、寛政七年十月に至ってその成果が具体的に見え始めたという（同前六八七〜六八八頁）。注文の時期と膨大かつ品ぞろえの特別さとから推して、これらはこの間の朴俊漢の働きに対する謝意を込めながらも、朝鮮政府中央における易地聘礼実現の流れをさらに後押しする贈物の数々と解するのが順当である。これまで、対州易地聘礼の実現には倭学訳官朴俊漢を通じた非公式折衝が大きく影響したと強調されてきた。そしてそこには対馬藩と朴俊漢との癒着が指摘される。大森や戸田が準備した音物の数々は癒着を具体的なモノから照射する。

ところで、第13章で、天明二年四月二十五日に告立儲参判使として釜山へ赴任した家老田島監物が、そこで東萊府使から荻生徂徠集と韓大年の嶧山碑を入手したいとの要望を受けたことを述べた。田島が帰国した同年十一月十九日から遠くない時期に梅荘顕常は相談を受け、翌天明三年正月早々に大坂の木村蒹葭堂あてに入手方を依頼した。

さて、『御取寄物』［国編五四二四］天明三年七月六日条には、「論語徴」一部、「唐土訓蒙圖彙」一部、「嶧山碑」一折を釜山へ持ち渡りたいとする田嶋監物からの依頼に対し、これを許可する記事がある。[12]ここで許可された「論語徴」は荻生徂徠による「論語」の解説書、「嶧山碑」には韓大年の書とする付記は何もないが、いずれも東萊府使からの要望に応じて京大坂で仕立てられたものであったろう。同年正月に依頼を受けた品が半年後には対馬府中に届けられていたということである。届けられた時期は顕常が京都へ向けて対馬府中を出立するころ、場合によっては顕常は対馬を離れた後だったかもしれない。五月二十日に乗船して対馬府中港を出発したからである（第1章）。いずれにせよ、東萊府使の要望は、対馬藩家老から以酊庵輪番僧へ、さらに大坂・京へ再送されて満たされた。

おわりに

『御取寄物』に見る限りでは、朝鮮書画が対馬藩のもとへもたらされ、それが江戸や上方の町人たちへの音物として活用されただろうことが推測される。一方、洪善杓の推測するように、以酊庵僧が朝鮮から朝鮮書画を取り寄せていたことも、『御取寄物』に確認できる。それは、表15-2の1～5や表15-4に、以酊庵僧からの朝鮮書画取り寄せ依頼の様子がうかがえるからである。

ところで、以酊庵僧によって取り寄せ依頼がされた朝鮮書画の数量は、三五〇枚（1-2）とか、画として扇面六十四枚・唐紙三十八枚、書として唐紙十枚（以上3）、書画三十枚（5）などと、これも大量な注文である。表15-2の4にあるような「乗牛讃詞」一枚・額字二枚といったものは、あるいは以酊庵僧の個人的な趣味に応じた鑑賞用かもしれないが、先の大量注文は、やはり音物用とみなすのが素直かと思う。果たして、それら大量の音物用の朝鮮書画が京都五山に持ち帰られて、洪善杓の指摘するようなすがたで今日まで伝来するのだろうか。

「建仁寺両足院以酊庵関連文書」のなかに年未詳ながら「対州土産物控」とする横帳一冊が含まれる（史料整理番号一四二）。それによると、どの代の以酊庵僧が持ち帰ろうとした対州土産なのかは未詳ながら、九十名にのぼる人々に対し、それぞれ何を土産物として持ち帰るかが書き上げられている。抹消や書き込みなどが何度も繰り返された跡があり、まさに「控」らしい様子がうかがえる史料である。その冒頭部分を引用してみよう。引用史料中の波線は抹消部分である。

［史料五］

一　五つ入子　一組

一　㋐唐□　一□　友堂西庵
一　杉原三帖
一　長門煎茶碗　廿
一　硯筆　会下四人より
一　椎茸　五十入一袋　同
一　㋑小油芼
一　沈水石硯　一
一　杉原三帖
華燭　瑑中西庵
一　□　弐本
一　木耳五升
一　茶碗　廿
一　花男竹　大小三　天嶺座元
一　晒　壱反
久田茶碗　拾
対州煎茶　弐袋　天嶺座元
海鹿藻　壱斗
㋒小油屯　壱枚

一　煎茶々碗　廿　　　　　　文成座元
　　晒　　　壱反
一　杉原三帖　　　　　　同　　□□ㇳ　沖䒾ㇳ
一　杉原五帖　　　　　　　　□梅座元
一　粒□麦　壱斗
　㊁中　朝鮮扇子　弐本

ここで候補として挙げられた対州土産の多くは杉原紙・煎茶や椎茸・木耳といった品々が目立つ。朝鮮産品であることが明示されるものはほとんどなく、朝鮮鉢・朝鮮扇子がいくつかと、金地和尚あてに韓扇一握とあるのがそれと見える数少ない例である。右の引用史料中でも、㋐〜㋒に朝鮮産品の可能性があり、朝鮮扇子が一つ（㊁）見えるにとどまる。九十名のリストのなかに俗名が三十名ほど含まれており、むしろこちらの方に韓画・韓人書・韓書が土産候補として目に飛び込んでくる。先述のように朝鮮書画は江戸・上方町人たちへの音物として活用された。

一方、倭館に持ち出された日本産品は、おそらくは対馬から博多・長崎・大坂・京といった都市へ注文されて調達された。それらは倭館運営を潤滑に行うため倭学訳官に対して準備された音物であったが、同時に倭館運営や日朝間の政治折衝とは直接的には関わらない朝鮮官僚と対馬藩士との人脈形成（第14章）にもひと役かったのだろう。

付論2　幕閣の吐露した朝鮮認識と以酊庵僧

輪番制廃止論と対馬藩

以酊庵輪番制は近世日朝関係にあって要の位置を占める。それは、京都五山から選ばれた碩学僧一名が、対馬府中にある以酊庵に二年任期の輪番で赴任し、日朝間の外交文書を管掌する制度である。本書ではすでにこの制度をめぐる検討を行ってきたが、そのなかに安永九年（一七八〇）から天明二年（一七八二）に至る以酊庵輪番制廃止論議の検討も含まれていた（第4章）。

この論議の過程で、ある幕府官僚の朝鮮認識が不意に披瀝されるが、それ自体は以酊庵輪番制廃止の論議を論じることとは直接には関連しないので、第4章ではあえて触れなかった。また、披瀝された認識は断片的であり、それだけを言挙げしたところで近世日本人の朝鮮認識へと一般化できるものでもない。けれども些細な事例で目立たないものだけに、ここに記して後考に備えたく思う。

さて、第4章で述べたように、以酊庵輪番制に関する京都五山での論議は安永九年三月ごろに始まり、相国寺慈雲庵にあった梅荘顕常が議論を主導した。五山を代表した相国寺古道元式・建仁寺環中玄諦の二人が江戸へ赴き、月番寺社奉行阿部備中守正倫にあてて以酊庵輪番制廃止の願書を提出したのは、同年十月のことである。

顕常は以下のように論じる。日朝通交において最も重視すべきは「誠信義理」と思われるのに、近年の対馬藩にはそれが失われており、幕府が主導して改めない限り日朝通交の先行きが不安である。また、現在の対馬藩の困窮ぶりを具体的かつ詳細に叙述した上で、幕府から毎年一万二千両ずつ補塡を請けながらも困窮するのは、朝鮮交易の不振が背景にあることを指摘する。

こうした対馬藩の現状を以酊庵僧が改めるのは荷が重すぎるのであり、「誠信義理」を取り戻した日朝外交を展開するためには、以酊庵輪番制の廃止と幕府役人の派遣・常駐が望ましい（朝鮮外交の幕府直轄）、というのである。

以酊庵輪番制廃止を求める京都五山側の動きを対馬藩国元が察知したのは、安永九年七月である。対馬藩江戸家老杉村直記は、老中松平輝高・田沼意次らに頻繁に接触を繰り返しながら、五山側願書の内容や幕府における議論の進行状況の把握に努めた。願書の内容が漏れ伝わり始めた同年十月十五日、杉村は田沼の用人に対し「以酊庵之儀、是迄之通被仰付置度」と申し入れている。対馬藩としての一貫した立場は、従来通りのかたちで以酊庵輪番制を守るというものであった。それは、朝鮮外交が幕府直轄となれば対馬藩の存立にも関わると思われたからであった。

安永十年三月十日、杉村は幕府勘定奉行松本伊豆守秀持に呼び出され、今回の一件に関する幕府から対馬藩に対する最初の尋問書が手渡された。杉村は直ちに書面で返答するとともに、同十二日になされた追加尋問に対しては、その場で返答を行った。

松本と杉村の対談

この三月十二日の対談について、杉村直記は次のように記す。先日の尋問書といい追加尋問といい「なにゆえのお尋ねなのか、と対馬藩の方ではとかく不安になっている」と。勘定奉行松本秀持は、「くれぐれも気遣いのないように」と繰り返すばかりであった。それで、松本との御雑話・御応対のうちには「意図的に相手の意に沿うような物言いをした（態《わざ》と品を付申上候品も有之）」から、その対話内容を一つひとつ記録しておく、という（「御交易筋ニ付御尋答御内密記」［国編三八八六～八八］）。

この日の追加尋問は九つあった。杉村の返答内容とともに簡略に整理すると以下の通りである。

①朝鮮には訳官という者があるという。彼らは倭館へふだんから入り込み、諸事を取りさばいている者たちなのか。

（返答）東莱・釜山には日朝間の御用を扱う重役（東莱府使・釜山僉使）がおり、訳官というのはその下僚として重役と倭館とのあいだを取り次ぐ者である。いつまでも訳官として東莱・釜山に留まるものではなく、昇進して都へ戻るから、訳官は度々交替するものである。

②東莱にはどのような人物が詰めているのか。

（返答）東莱府の最高位にある人はわが国でいう侍従以上で国主に相当する人で、釜山鎮は武官なのでそれより少し軽い位置にある。

③朝鮮へ派遣する船数は対馬藩の意向次第で決められるのか。またどんな船を派遣するのか。

（返答）船数は昔から数が決まっており、勝手に数を変更することはできない。船は八送使船と水木船で、吹嘘と名付けた船切手を持たせる。この船切手がなければ直ちに捕捉するし、漂流船は対馬藩が引き受ける。

④倭館は海の傍らにあるのか、湊は良い湊か。家作はどうか。朝鮮の客館はどうか。屋根は瓦葺きか。

（返答）倭館は海の傍らにあり、対州関所から四十八里である。倭館の敷地は広大で、建物は日本人が建てた日本建築である。ただし普請は朝鮮側で行ったり、日本側で行ったりする。瓦葺きで、江戸瓦より頑丈な滅多に壊れない良いものである。朝鮮の客館は御堂のようなもので、ふんだんに彩色が施されており、屋根は瓦葺きである。

⑤城はどんな様子か。

（返答）釜山城には屋倉などもあり、日本の城と同様で丈夫に見える。

⑥武術についてはどうか。人の風儀はどうか。

（返答）武術についてはよく心がけており、弓馬をもっぱら嗜んでいるようだ。人の風儀としては、代々受け継いでいこうとする傾向が強く、その本人の代に遂げられなかったことは子の代に、子の代に遂げられなかったことは孫の代には必ず遂げようとするようだ。

⑦米はたいへんまずいと聞いている。倭館では対馬家中に渡しているものと同様のものを食べているのか。

（返答）おっしゃるとおり米はたいへんまずく、精米して牡蠣灰をまぜてから五年も保管しておいたものを倭館側へ提供してくるので、なおさらまずくなる。そうはいっても家中ではそれらを食用としており、倭館勤めの者のうち身分の低い者へはそれらの米を渡す。ただし倭館のなかでも重立った者へは日本米を送って渡すようにしている。

⑧重立った者へ日本米を送るのはなぜか。

（返答）対馬藩の家中が朝鮮米で人命をつないでいるというように見えては残念でもあり、御威光にも関わるし、また折々朝鮮人を饗応する際には日本米を使用することもあるので、かたがた日本米を送る。

⑨問脱ヵ

（返答）木綿・紬・白布を除けば、朝鮮にはとくにこれといった名産があるわけでもない。手軽に入手できる名産はすべて中国産である。朝鮮の反物類は日本向けに特別に仕立てているわけではないから、多くの場合は一反では着表が取れない。それでも以前は布の質が良かったから二反で着表を取り、余分を何か別の用途に回すだけの徳用もあったから、もっぱら布類を交易品にしてきた。しかし、その後だんだんと生地の質が落ち、相対的に値段が高値となってきたから、交易品にするほどのことでもない。もっとも利潤を度外視すれば品物自体は少しずつは入手できる。そうしたわけだから、宗猪三郎が必要なときに取り寄せをしたり、家中以下の対馬藩内の者たちが音物（進物）として受け取ったり、好んで入手する者もあったりするから、対馬藩には朝鮮産の反物類が入ってくると見える。そうした様子を見て日朝交易が成り立っているという人もいるけれども、それは結局のところ事情が分かっていないだけのこと、仮に反物が百や二百出たところで対馬藩の身代の助けになるほどの額にはならないことは、どうかご賢察いただければと思う。

「つまらん国」

さて、右の対談が終わるや、松本秀持は「たしかにつまらん国だな。太閤の二、三人ほども雇って、ひと責めするか」と杉村直記に冗談めかして語りかけたという。原文では以下のように記録されている。

右之通御咄申候得者、何様けち成国ニ候、太閤之二三人も相雇、一責可然哉と之御雑談ニ付、夫も可然哉、しかし対州斗ニ而相済候儀ニ無之、御案内之騒動ニ而押詰之所如何可相成もの哉と彼是相応之御当話申上候

つまり杉村は松本の発言に対し、「それも良いかもしれませんね。しかし、そうなると対馬藩だけではことは済みませんから、おっしゃるような騒動になれば結局のところどのようになりますでしょうか」とあれこれと話を合わせておいたというのである。

松本の発言が、九つある問答のどの部分に触発されてのものかは明瞭ではない。①③の内容が関係するとも思えないし、②④⑤では朝鮮の官僚・建物等を客観的かつ肯定的に評価する。また⑥も朝鮮人の風儀についてさほど否定的ではなさそうである。朝鮮に対する否定的な評価が示されるのは⑦⑨だけである。

対談の総量に占める⑦⑨の割合はたしかに多い。しかしながら、内容としては多様な問答が繰り返され、そのなかには朝鮮を肯定的かつ高く評価する発言も含まれる。にもかかわらず、松本は朝鮮を「つまらん国」と断定し、対談中には見えない「太閤」の事績を引き合いに出して「ひと責めするか」と冗談をいう。彼の脳裏には、この対談前から朝鮮に対するある種の固定観念があったと見て良いのではあるまいか。

一方、以酊庵輪番制廃止を要望する書面のなかで梅荘顕常は、日朝通交において最も重視すべきは「誠信義理」

と思われることを述べる。顕常がそうした見地を獲得した経緯もまた明らかではないが、右の願書のなかで顕常は書名を掲げながら、雨森芳洲『交隣提醒』を二度引用している点は示唆的である。以酊庵僧としての赴任が間近に迫った顕常は、輪番僧の職務を把握するために、前任・前々任の以酊庵僧に事情を聞くとともに、『交隣提醒』を読み込んだことが明らかである。

顕常の前には『交隣提醒』があったが松本の前にはそれがなく、松本にとって参照すべき朝鮮との交流の跡は豊臣秀吉のものだけだったのではなかったか。それが二人の朝鮮認識にいささかの差異を与えたように感じられる。

以酊庵僧の見た朝鮮人

以酊庵輪番僧の在番中の見分を記録した「対州物語」と題される小冊が、近年、名古屋大学の所蔵に帰した。天保十四年（一八四三）～弘化二年（一八四五）、安政元年（一八五四）～三年、元治元年（一八六四）～慶応二年（一八六六）の三度、以酊庵輪番僧として対馬に赴任した建仁寺両足院荊叟東玟のものである。「対州物語」それ自体は聞き書きであり、記載内容は荊叟東玟の第一回目の輪番時のものと見える。翻刻全文は史料として後に掲げるので参照していただくとして、ここでは「対州物語」のなかに見える朝鮮・朝鮮人に関わる部分について言及することを通じて、実際に朝鮮人に接した者の朝鮮認識の一端を紹介しておきたく思う。

「対州物語」は三十六の箇条書きで記載がなされ、以酊庵勤番に関わること（第一～六条・第三十四条）、以酊庵の位置・大きさ・来歴（第七条・第八条・第十九条）、輪番僧の勤め方（第十八条）などが留められるのは勿論として、対馬府中での実際の見分が随所に示される。それらは、対馬では米が取れないこと（第九条）、朝鮮人使節や漂流民のための設備（第十一～十五条）、朝鮮語通詞（第十六条・第二十条）、対馬府中の建物は瓦葺であること（第三十条）、対州はやり歌（第二十一条）、対馬藩について（第三十五条・第三十六条）、荊叟東玟在番中に応接した訳官使について（第三十一条）、である。また、直接の見分ではないが対馬府中で知りえたことに釜山（倭館）事情の記述（第二十二〜二十五条・第二十八条）があり、朝鮮貿易の様子（第二十六〜二十八条）もまた伝聞であったろう。

さて、そうしたなかに朝鮮認識につながる記述がいくつか見える。たとえば、「朝鮮米は、日本米二粒をあわせたほどの大粒だが、味はたいへん良ろしくない」（第十条）というのがある。これは先述の杉村直記・松本秀持の対話の⑦とも通じる記述であるが、実際に荊叟東玹が朝鮮米を食しての感想だったかどうかは分からない。常識的には、弟子僧を含めて以酊庵僧に朝鮮米が出されることはありえないからである。また、朝鮮における刑罰執行の様子を記す第三十二条は伝聞によるものだろう。「軽い罪の場合は竹のヘラのようなもので叩き、重罪人の場合は死ぬまで叩き続ける」が、「刀剱をもって殺すことは決してない」というのは、彼我の違いを意識した記述である。

これらに対し第十七条では、朝鮮人が日本人より概して五、六寸ほど背丈が高く大柄なのに、力がないことを指摘する。酒は強くて日本酒を七、八合から一升余り飲んでも酔いつぶれることがないが、日本人が一人で持ち上げられる石を、朝鮮人は六、七人かかっても持ち上げられない、と述べる。そして朝鮮人は臆病で、ちょっとしたことにも驚いて大声をあげて「ぼう、ぼう」と泣くという。少しばかり朝鮮人を目下に据える感じが漂う記述である。ここに見える朝鮮人のすがたが、以酊庵僧が対馬府中で見たものだとすれば、朝鮮人漂流民を間近に眺めての記述ではなかったか。

また、第三十三条では、朝鮮での宴席に牛肉や豚肉が出されることを述べた上で、豚肉の調理について述べる。大釜に熱湯をわかし、そこへ生きた豚を三人がかりで抱えて放り込み、上から「きびしく蓋をして」煮殺すという。「はなはだ不仁のようにも思うが、朝鮮人は平気で、少しも惻隠の情がないかのように感じられる」と感想を述べ、「すべて風土の習いである」と付記する。これは、朝鮮での様子を聞き伝えたもののようでもあり、宴会の準備に関わっての話だという点に留意すれば、対馬に訳官使を迎えた際の直接的・間接的な記述ではなかったか。豚を煮殺すやり方に非人間的なものを見ながらも、それは風習としてそのように行われてきたものとして達観するものである。必ずしも一方的な非難とばかりは読めない。

右に示した朝鮮認識は、僧侶としての見方だからそのようであった、といえるのかもしれない。先に梅荘顕常が実際に朝鮮人に接した様子は第13章でわずかばかり触れたに過ぎない。しかし、そのわずかなすがたと右の「対州物語」の記述とを重ね合わせて眺めるとき、松本秀持の「ひと責めするか」との違いを思わざるをえない。それは、武家として支配を業とする者の観念のなかだけで育まれた「朝鮮認識」と、実際に相手を知ることとの落差のことである。

［史料］

（表紙）

「対州物語　全

深海回春堂筆記」

対州物語

中沢九一郎物語、回春堂陳人記ス、

一（第一条）建仁寺両足院主玟長老蒙台命、天保十四癸卯年春二月対州府中大町口以酊庵勤番被致候事、

一（第二条）卯年二月十五日京都発足、同年四月六日以酊庵着、

迎使小嶋禹内（割注）［対州馬廻以上ノ人］、医師中嶋泰元、船頭小田村次兵衛、船手両人、上乗両人、

右之通り之同勢にて京都迄迎被参候事、

一（第三条）長老同勢上下廿人也、

一（第四条）長老ハ一統より御前江相唱申候事、

一（第五条）道中一切諸費用対州侯より御賄いニ相成候、

一（第六条）帰来之節ハ

弘化二巳年三月十五日対州出帆、同年四月十三日大坂着、

送使吉村勝左衛門（割注）［番頭］、医師中嶋泰元、船頭小田造酒之助、船手両人、上乗両人、

一（第七条）以酊庵ハ対州府中大町口と申所に有之庵中江三百畳余之畳数也、平常ハ半分程ハ取納ありて、朝鮮人来船之時ハ不残しきつめる也、間数も廿間余もあり、

一（第八条）庵地南北長サ壱町半斗、東西半町斗り、後ハ山、前ハ海也、

一（第九条）対州ハ元来米不足之地、当国長サ三十六里、横ハ、広キ所ニ而五七里位、狭き所ニてハ二三里位、此間米一万石斗ハ出来可申候様申候得共、実ハ七千石ならてハ出来不申候様申事ニ候也、戸数も大分有之候ニ付、毎年朝鮮より白米弐万石斗りツ、交易ニ参り申候、家中飯米等も惣而是を被下候、

一（第十条）朝鮮米ハ日本米二粒合せたるほどの大粒なれども、味ハ至而不宜もの也、以酊庵之飯米者侯より筑前田代米被贈候との事、田代者対州領中にて、米至而上品なり、田代米ハ、侯并ニ以酊庵并朝鮮和館詰致し候者より外、人ハ一切賜り不申候、

一（第十一条）客館、是ハ朝鮮人来船之時、此館ニ留宿為致候事、

一（第十二条）漂民館、是ハ朝鮮海辺之漁人等毎々劇風に遇候て本邦之内隠州伯州長州其外東西肥之海辺江漂来致候もの多分有之候也、是を皆対州江差送りニ相成候ものを是館中ニ留宿致し、便船にて朝鮮江送り遣し申事毎年弐三十人くらいツ、有之もの也、

一（第十三条）朝鮮人来船之節ハ右客館ニ留置、対点番所と申番所を造立し、鮮人と市人と漫ニ出会接談致し候様之事、或ハ市中江不出漫ニ歩行等之事を警め申候番所也、故対点番所平常ハ無之、只来船之時斗候もの也、

一（第十四条）信使館、是ハ府中東西ニ当りたる所ニ有之客館也、来聘人を対州表ニおゐて御請被成候様ニ相

成り候節、御建立被成候御館也、尤公儀より御営み被成候、尤当国国分寺院内ニありて万端国分寺より守護致し居候事也、
一（第十五条）対点番所、是ハ朝鮮人来船之節客館滞留為致候而対点番所と唱候番所を建立して朝人と日本人対話等致候儀を禁し、且又朝人漫ニ市中江歩行致候様之事を相禁し候ための番所なり、故ニ対点と云也、
一（第十六条）朝鮮人対州江来船之節、通詞役之もの罷出一切両情相通し通弁致し候也、通詞役之もの無之時ハ何事も一切通し不申候故、朝鮮人ハ通詞役之申事を謹て聞居候事也、
一（第十七条）朝鮮人ハ身丈ケ大ニ高し、大抵日本人よりハ五六寸位ハ高し、併シ力ハ頓と無之、面貌ハ甚雄壮ニ見候て、酒者殊外豪飲致し日本酒七八合より一升余も飲ても酔倒致し候抔と申事ハ無之、力ハ甚弱きものニて日本人壱人ニ而可持ほとの石を朝鮮人六七人も相かゝりて漸にして持候也、左候得者日本人壱人ニて鮮人□人□可敵程の事と被存候、且性質甚臆病にて聊之事ニも驚き或者恐れて大声立啼泣する也、啼泣の声ハ只ボうボうと云てなく也、
一（第十八条）以酊庵勤番之長老ハ一代に両度ツヽ相勤候事定式なり、九年目ニハ再勤致候様ニ相成り申候事也、右勤番相勤候長老ハ其人生涯ハ毎年二条御蔵米百石ツヽ被下候事、対州勤番中ハ対州侯よりも現米百石ツヽ被下候事、其外勤番中ハ味噌醤油ハ自分ニ相調ひ申候得とも、其外一切之諸道具類者不残侯より相贈り被申候事、
一（第十九条）古来の以酊庵ハ往年焼失致し候、当時之庵ハ原来西山寺と申禅刹ニ而ありしを当時以酊庵と唱へたるものニて、逐々建出候而不都合之間数もあまた有之也、
一（第二十条）通詞役相勤候もの五十人斗り有之、扶持米ハ毎年米十弐三石ツヽ被下候得共、多分之徳益も有之候而随分裕福ニ相暮し、平常絹服ニ而相勤候也、対州家中ハたとひ家老たりとも木綿服ニて相勤申候也、
一（第二十一条）対州ハヤリうた

五尺手拭、ヨコンノソレサへ、中染てたれにやろやと、ヨコンノソレサへ、やどにおくや○やとかよければ名もたゝす、ヨコンノソレサへ、佐渡と越後ハすじ向ひ、ヨコンノソレサへ

一（第二十二条）朝鮮釜山ニ和館と唱て広大之陣屋あり、壱里四方計りも有之、此館ニ対州より三百人ツヽ相詰申居候由、弐百人ハ対州家中之もの百人者対州町人共也、

一（第二十三条）対州ニて大困窮致候ものハ不残右和館江遣し申候也、尤三年詰にて交代致候也、右和館江参り候得者大分徳益ニ相成り申候由也、右ニ付対州等者大困窮人ハ無之、又乞食躰のものハ尚更壱人も無之候、

一（第二十四条）右和館ハ釜山之湊より十四五丁斗り隔りたる所にある也、此館ハ往代ハ京畿道ニ有之候所、七八十年前只今之所へ移し申候由也、往代之館ハ只今之館地より凡八十里も遠き方に有之候ニ付、対州より勤番罷越候も殊外六ヶ敷事ニ候也、

一（第二十五条）此館内に二つ門あり、此間朝鮮人相守り居、日本勤番之ものへ自由ニ開闔出来不申候也、

一（第二十六条）交易之品

対州ゟ朝鮮江相渡候品ハ、先

銅、蘇木「長崎ゟ買入」、朱「長崎ゟ買入」、カリヤス、金屏風「大坂ゟ買入」、朱塗りたらい「大小数品、大坂ゟ買入」、紅花、衣桁「蒔絵」、紗羽二重、傘、アブリコ

右等之品々ニて

朝鮮より対州江差越候品ハ

大人参、熊胆、牛ノ皮、牛ノ角、牛ノ爪、干鮑、木綿、筆、豹皮、虎皮、水銀、鵰ノ羽、紙類いろいろ

右等之品々ニて

一（第二十七条）毎年八艘ツヽ対州より朝鮮江往来致候、又外ニ別副舟十六艘ツヽ往来致候事、合〆廿四艘ツヽ毎々往来致候事、

右ハ、公儀表願済ニ相成申候而、無遠慮往来致候交易船ニ候也、

一（第二十八条）釜山ニハ武官之もの居、蓬莱《トウライ》ニ者文官之もの居候由也、右釜山蓬莱ゟ百万石ツヽ日本応接之手当として貯へ有之由也、当時ニ而者五十万石位ニて諸入用相済候由也、

一（第二十九条）日本の刀剱類、いかなる小剱ニ而も一柄も朝鮮江相渡候事法度也、自然州之人朝鮮江日本刀相渡事露顕致候得者、其もの必死罪に処せらるゝ也、

一（第三十条）府中城中一統并城下町人住宅ハ皆瓦葺也、ワラふきハ一軒も無之候也、右瓦ハ筑前福岡より船にて運送致し買上に相成候也、左まて遠方百里余も取寄て瓦葺ニ致し候事ハ全く外国人折々来船も致候義故、外観之見苦しからぬ為との事ニ候得共、実ハ米之出来少き所故ワラ多分ニ無之故、自然と瓦葺ニ致候事哉ニも被存候也、

一（第三十一条）辰年　大御所様弔儀之使
　　対州先君弔儀之使
　　同当君家督賀義之使
　右三使参り申候、

一（第三十二条）朝鮮罪人、軽罪人ハ竹のヘラノ如きものにてタヽク也、重罪人ハ段々タヽキ終ニハ死するまでタヽク也、刀剱を以て殺す事ハ決而無之候也、

一（第三十三条）朝鮮ゟ大賓を饗応するにハ牛肉を割て、其次は豚肉ヲ用ゆる也、先豚を屠にハ大釜ニ熱湯をわかし置、其内へ三人斗りニて豚を補、生のまゝ釜之内へ投入候而上をきひしく蓋をして煮殺す也、甚不仁

之様ニも思也、乍併是等之事誠ニ平気にて少しも惻隠之心無之様ニ被思也、全風土の習にて致候事と被存候也、

一（第三十四条）当巳年以酊庵勤番者相国寺代金閣寺長老之迎使雨森官次「是ハ東五郎先生之曽孫位の人」、吉弘昌安医師外、船頭・船手上京等先例通り也、

一（第三十五条）対州侯ハ江府交代三ヶ年ニ一度ツヽ定法なれ共、朝鮮信使懸り之用向有之節ハ何年ニ而も参府ハ無之事なり、

一（第三十六条）対州領中米ハ七千石斗りにて十万石以上の格、是全く朝鮮交易ニ付格別之大利有之事と被存候也、

終章　日朝外交史上の江戸時代

はじめに

本書は、池内敏［二〇〇六］（以下、前著）を踏まえながら、以酊庵輪番制を職務の実態に即して分析するという観点に立ち、そこから近世日朝外交史全般に至る再検討を試みたものである。本書序章でも触れたところだが、以酊庵輪番制導入の経緯については前著でも言及した。しかしながら同書の関心は「武威」を中核とする近世日本の国際意識の方にあり、徳川将軍の対外称号として使用された「大君」号の分析に重点が置かれていた。したがって、同書では以酊庵輪番制の導入と「大君」号創出問題とがきちんと関連づけて理解されておらず、もっぱら同じ時期に現れた現象として並列して述べるにとどまっていた。その点を念頭に置きながら、ここでは、本書で論じてきたことを補い、また前著で論じきれなかったことをもあわせて考察し直すことを通じて、日朝外交史上における江戸時代の歴史的位置を考えることとしたい。

一　以酊庵僧の選抜と「大君」号

(1) 以酊庵僧の選抜

柳川一件の正式な裁許結果が宗義成のもとに伝えられたのは寛永十二年（一六三五）三月十四日のことであった。義成は四月十一日、老中酒井讃岐守に対して対朝鮮外交文書作成者の指示を仰いだ。同十五日、酒井の助言により金地院玄良へ五山僧の紹介を依頼したが、にべもなく断られた。七月二十六日には酒井から「五山碩学のうち二人に絞って検討している」との連絡があるなど紆余曲折を経て、八月十六日、東福寺宝勝院璘西堂（玉峯光璘）が引き受けたとする連絡が江戸の義成のもとに伝わった。璘西堂は、帰国の途についた義成と京都で合流して対馬まで同行し、十月二十三日に以酊庵に着任した。そして結果から見ればこれが輪番初代となる。これは対馬藩政史料によって明らかになる最初の以酊庵僧選出過程の概略である（序章）。

一方、『相国寺史稿』寛永十二年十一月項には次の史料[1]が配置される。

［史料一[2]］

一ⓐ寛永十二亥年、五月十三日、同十五日、同十七日、金地院僧録最岳元良が〔江戸城に〕登城し、ⓑ御城で老中土井利勝・酒井忠勝・松平信綱から諮問があり、対州へ派遣する五山碩学の名前を、七月十四日・二十一日に書き付けて江戸城へ持参し、右の三老中に提出した。

ただし、五月十三日から七月二十一日の期間に諮問がなされた際、老中たちの御意向なり内々でのご指示なりがあったはずだが、いずれにせよ御内々の御用でもあり、金地院の記録にはそのあたりのことが残されていない。

ⓒ江戸城で七月二十九日、老中土井利勝・酒井忠勝および京都所司代板倉重宗から、五山碩学へ書簡をお送りになること、その詳細は金地院から〔添状をもって〕指示するようにと命じられた。

（相国寺史料編纂委員会［一九八六］一二五頁）

右史料の傍線ⓐⓑについては後述することとし、傍線ⓒから検討を始める。この傍線ⓒは第2章［史料十］のことを指す。第2章［史料十］傍線ⓐには慈済院（洞叔寿仙）・南昌院（棠蔭玄召）・宝勝院（玉峯光璘）の三人のなかから一人を選び出すこと、同じく傍線ⓑでは選抜は鬮で決めても構わないことが指示されていた。

右の［史料一］傍線ⓒに見える指示が京都五山に届いたのが八月五日、その翌々日（七日）碩学衆が建仁寺塔頭常光院に集まってこの問題を衆議した。そこでは「あれこれ評議がなされたが決まらなかった。最後にくじ引きを行った。宝勝院璘西堂が当番となった（種々有評議。不決定。終鬮拈也。宝勝院璘西堂当番也）」（『鹿苑日録』。泉澄一［二〇〇二］四五八頁による）というから、「鬮で決めても構わない」が現実のものとなった。璘西堂（玉峯光璘）の名前が宗義成に伝わるのが八月十六日なのは、以上の経過を踏まえてのことである。

ところで、第2章［史料十］は引用に際してその前段部分を省略したが、省略部分には次のように記されている。

［史料二］[3]

一　寛永十二年七月十三日、〔江戸城へ〕登城するようにと老中土井利勝・酒井忠勝からの命があり、出仕した。用件は、五山から二、三人対馬へ下向するようにとのことであった。

一　十四日、登城した。五山碩学衆の名前を書いた覚書を提出し、老中土井利勝・酒井忠勝・松平信綱がご覧になった。

一　二十一日、登城した。五山衆が対馬へ下向する件で覚書を提示された。五山の方で一人ずつ選んで名前を提出するようにとのことであった。

（「寛永十二年以酊庵輪番ニ関スル書付、宝暦十三年写」東京大学史料編纂所、森潤一郎氏旧蔵史料〇四）

右史料にいう二カ条目・三カ条目の内容が［史料一］傍線ⓑに対応する。そして右史料の一カ条目に見える老中からの指示が、それら動向の前提にあることも間違いない。そして、七月二十一日の老中からの指示に対する金地院玄良からの返答を受けて、同二十九日の老中・京都所司代連名の指示へと至った。

ここで、金地院玄良に与えられた「五山の方で〔碩学衆のなかから〕一人ずつ〔以酊庵へ下向する候補者を〕選んで名前を提出するように」とする七月二十一日付の指示は、実際には京都五山へは伝えられなかったと考えるのが順当である。二十一日に老中の命を受けた玄良の書面が大至急で京都へ届けられ、五山で評議を尽くして候補を一人ずつ選び出す。その結果を江戸の玄良の手元に届ける。そして二十九日にはその結果を踏まえてさらに絞り込むよう老中・京都所司代の連署状が発給される。こうしたことがわずか八日間の幅に収まるとは考えにくいからである。

僧録たる金地院玄良の手元には、寛永十二年七月現在での五山碩学衆の名簿があった。そして名簿には選択の余地があまりなかった（第2章の表2-4参照）。京都五山の意向を慮ることなく、候補の名前は江戸で勝手に決められたのではなかったか。そこからさらに絞り込むようにと伝えられた京都五山の側では「あれこれ評議がなされたが決まらなかった（種々有評議。不決定）」（『鹿苑日録』）というのも、そうした事情を背景としているに違いない。先の三名が京都五山での評議を経て選出された候補者だったとすれば、その選出過程ですでに対馬へ赴任することの適否が議論され判断されたはずであり、そこから一人へと絞り込む過程でなお議論百出して結論が得られないというのは考えにくいからである。

さて、保留しておいた［史料一］傍線ⓐに戻ろう。傍線ⓐ〜ⓒはいずれも金地院玄良と老中（および京都所司代）

との折衝事項を示しており、それらが一連のものとして掲げられている。ⓑⓒが以酊庵僧選出と関わることは明らかだが、ⓐは直接的にはそれとは関わらない。五月十七日については不明だが、十三日の金地院玄良江戸登城は訳官使一行（第5章の表5-1の4）の帰国時に送る返翰作成を玄良に命じたことと関わっており、同十五日の玄良江戸登城は十三日に指示された返翰作成の辞退に関わるものである（本書序章）。こうして一見すると無関係なⓐ〜ⓒは、果たしてどのような意味で一連のものとして把握されうるだろうか。

(2) 訳官使返翰の作成

繰り返しになるが、柳川調興が外交文書改ざん以下を幕閣に訴え出たのは寛永十年（一六三三）のこと、同十一年十二月に対馬で幕府役人による尋問が行われ、引き続き同十二年二月から江戸で審理が継続された。柳川一件に最終的な結論が出されたのが同年三月十四日、宗義成が対朝鮮外交文書作成者の指名を求め始めたのが四月十一日であった。

この動きと同時並行して、対馬藩は朝鮮に対して馬芸（馬上才）の者を伴った訳官使派遣を求めており、馬芸者二名を含む総勢二十一名の訳官使一行が江戸に到着したのが同年三月晦日であった。今次の訳官使は馬上才を見たいとする将軍家光の所望によって急遽派遣が求められたものであった。宗義成・柳川調興両者の対立が決定的となったなかで、将軍からのそうした急な要請を満たせるか否か、宗義成にそうした外交手腕が備わっているかが試された使節派遣であった（田代和生［一九八三］）。四月十六日に老中たちの面前で曲馬の下見がなされ、同二十日に将軍臨席のもとで江戸城内で曲馬が実施された。そののち五月七日、訳官使一行は東叡山および増上寺参詣を行ったその足で江戸を出立し、帰国の途についた（以下この件については『寛永丙子信使記録』二［東博本宗家と三二九九／2］による）。

曲馬上覧を終えた四月二十二日、宗義成は老中土井利勝に対し、訳官使帰国に際して送る返書（書契）を調える役人の指定を求めた。同二十六日にも、義成は土井利勝・酒井忠勝・松平信綱の三老中に対して、今回の訳官使帰国に際しての返書を作成する役人の指定を再度求めている。老中たちは「宗義成の方で下書きを作って提出し、それを踏まえて相談をせよ（御手前ゟ書稿御認被差出候様ニ、其後可申談）」と応じたが、義成は、対馬藩側では書契作成ができないこと、「老中の指示で書契作成能力のある人に命じてくれれば（御差図を以、文学有之人江被仰渡被下候ハヽ）」清書は行うことを繰り返した。

書契作成者が決まらないなか、五月七日には訳官使一行が江戸を出立した。同十二日、宗義成は、「返書は、どれほど遅くとも訳官使が対馬滞在中には渡さねばならない（返翰之儀ハ両訳・騎士対州之内ニ逗留中に不差越候而不叶事）」から、とにかく金地院玄良にでも草案作成をするよう老中から依頼をしてほしいと懇願した。それで五月十三日、金地院玄良がその担当に当たることになったかに見えたが、翌々日（十五日）に玄良は「今回引き受けることで、国書のことまで任されるようになっては考えものなので、この際お断りする（以来国書之儀被仰付候様ニ御座候而者遠慮ニ存候ニ付、達而御理申候）」として辞退したのである（序章）。

その十五日、返書作成が規伯玄方の弟子僧徐蔵司に任される一方で、十七日と十八日には老中、金地院、林道春・永喜による草案の検討も同時に進められた。十七日には年号の表記、十八日には将軍の表記に関わって議論がなされた。そこでは「殿下」「東都」ではなく、かつ「王」字を用いない何か相応しい称号はなかろうか、という相談であった。そして徐蔵司作成になる真文（漢文）草案は和文草案の主意を損なう不出来だと酷評され、金地院と道春・永喜によって「草案の大半を書きなおした（御書面大半改正有之）」が、ここでは「大君」号はまだ現れない（前著）。

さて、四月十一日以来、宗義成は老中に対して対朝鮮文書作成ができる人物の指定を求め続けていた。また同二十二日以後は同様にして、訳官使に持たせる返書の起草者を指定するよう求め続けた。これらに対する老中側の基本姿勢は、「対馬藩側で選べばよい」（四月十八日）とか「対馬藩側で下書きを作成せよ」（四月二十六日）というものであった。ところが五月十五日に実際に訳官使返書を徐蔵司に委ねてみると、その大半を書きなおさねばならないような代物であった。このときの経験が、七月十三日の金地院に対する老中たちの指示、すなわち真文草案をきちんと作成できる者は老中側で指定しなければならないという態度へとつながった。

(3)「大君」号の創案

五月十八日、金地院、林道春・永喜による訳官使返書の草案検討のなかで将軍をどう表記するかが議論となった。「王」字を用いない相応しい称号が模索されつつも、この段階では成案が得られなかった。その後、八月二十日に宗義成が江戸を出立するまでに江戸で検討された二つの書面（柳川一件の裁許結果を伝える書面、朝鮮通信使派遣を要請する書面）の草案検討過程で、和文草案に「大君」号が登場した。「大君」号の案出は、おそらくは七月二十三日から八月十六日までの間のことである（前著）。

通説では、「大君」号の創出に日本中心主義的志向性を読み取り、朝鮮より上位に立つ意識を「大君」号に読み込んできた。これに対して前著では、「大君」号の創出された寛永十五年（一六三五）から明暦元年（一六五五）までの約二十年間について見れば、外交文書の形式上は「大君」と朝鮮との上下関係には無頓着であり、「大君」が朝鮮より上位に立とうとする意識に稀薄であったことを論じた。

柳川一件ののち朝鮮あてに作成された右の三つの外交文書を作成する過程を眺め直してみても、やはり対等外交の意識が濃厚である。たとえば五月十七日、訳官使返書の差出と宛先の高下について、老中は「〔朝鮮王朝の〕礼曹とあなた様は〔書式の上で〕対等で良いと思われます。礼曹は朝鮮の執権であり、あなた様は朝鮮から〔日本との〕外交を依頼された仲介役なのですから、礼曹〔の書式上の位置〕は少し下がり気味の方でちょうど良いのです（礼曹と御自分対礼ニ而可然候、礼曹者朝鮮之執権ニ而、御自分ハ朝鮮ゟ通用被相頼候我国之伝奏役ニ候ヘハ、彼礼曹ハ少し引キさがり候程ニ可有之事当然ニ候）」と述べるが、これは日本と朝鮮とのあいだでは執権同士は対等関係にあるという意識の反映である。同二十三日、井伊掃部頭（直孝）もまた「外交文書では対等であるのが当然です……外国との交際にあたっては、その者の官職・位階の高下に関係なく互いに対等の礼に立つのが良いと思います（書契之儀対待ニ而可然候……外国之交者官階之差別ヲ不論、互ニ対礼ニ而可然事ニ候）」と述べる。日本と朝鮮の執権間は対等だとする考え方は、当然に朝鮮国王と徳川将軍の対等を導くこととなる。とすれば、なぜこの時期に「大君」号を創出せねばならなかったか。

序章で引用した「柳川調興公事之時方長老并ニ松尾七右衛門江御尋被成請答之帳」〔国編六二四三〕のなかに、以下のような問答がある。

[史料三][4]

さて長老〔規伯玄方〕がおっしゃるには、「日本では朝鮮を御旗本のようにお考えでしょうが、朝鮮ではただ隣の友好国のように考えております。それで、呉允謙が正使を務めた朝鮮通信使のときに『国王』と書いていない御返翰を持ち帰り、そのために三使ともども流罪に処せられましたので、その後は今回のように返書中の『王』字の有無について取り立てて気にするようになったのではないか」とのことでした。その話を聞いた列席の老中たちは「さてさて、そのときの三使は流罪に処せられたのですか。たしかにそのときの三使が流罪に処せられたことを聞き及んではいましたが、本当にそうだったのですね」とおっしゃった。

柳川一件を惹起した国書改ざんが「王」字の有無と挿入に端的に表され、そのことが「王」字を欠いた国書を持ち帰った国使たちの流罪に直結することを、老中たちは噂としては聞いていた。しかし、それがたしかな事実だったことを、老中たちは玄方の証言で初めて身近に知ることとなった。

将軍は「国王」を自称しないことは金地院崇伝の言及にも明瞭であり、柳川一件後の朝鮮礼曹あて返書の作成過程でもその方針には揺らぎがない。しかしながら、「王」「国王」に拘泥する限りは朝鮮との関係で必ず問題を惹起し、幕府側のこだわりを押し通すことは国書改ざんを導くか、さもなくば必然的に朝鮮国使を悲劇の渕に追いやることとなる。朝鮮国使の悲劇が事実だったと確信したのちに、新たな悲劇を回避しつつ国書改ざんを防止しようとすれば、それは「国王」号ではない新たな称号の創出が必然となった。

「大君」号に関わる先行研究は、「大君」号の登場を国書に記載された「大君」号だけから分析した点に不十分さがあった。そのため、国書改ざん事件と「大君」号創出とが有機的に連関すると指摘しながらも、将軍国書の差出には「日本国源某」とする伝統を引き継いだ形式が残り、朝鮮国書の宛先にのみ「日本国大君」と記される事実について、整合的な説明ができないままであった。

一六〇七～二四年に至る朝鮮からの三回の回答兼刷還使がもたらした朝鮮国書の宛先に「日本国王」と書かれることが問題視されたことは一度もなく、一六二九年にも暹羅国王からの徳川将軍にあてた「日本国王」あて国書が何の問題もなく受理されていた（前著四四頁）。柳川一件では、将軍国書の差出「日本国源某」の部分に「王」字が挿入されて「日本国『王』源某」と改ざんされるという点が問題とされたのに、この一件を経て後の朝鮮国王あて将軍国書には依然として「日本国源某」と書き続けられた。つまり、柳川一件を経て後には、国書改ざん一件の時期に問題とされていた部分（徳川将軍国書の差出）には何らの変更もなく、当時まったく問題とされていなかった部分（朝鮮国王国書の宛先）が変更されたように映る。それで、先行研究は、「〔明中心の国際秩序を前提とした日朝関係からの脱却を〕朝鮮側に明示させようとした」（荒野泰典）とか「大君は国王に準じるゆえに自称としての使用を避けた」（紙屋敦之）といった説明を試みてきたりした（前著四四頁）。

しかしながら、「大君」号の創出理由を本書で述べ来たったように考えれば、国書改ざん一件を経て「大君」号が案出された事情も素直に理解できる。つまり、第一に、徳川将軍の対外的称号を今後「国王」とはせず「大君」号とすることにより、相手国（朝鮮）が作成した国書の宛先に「日本国大君」と書かれるようになるのは当然の結果である。そして第二に、将軍作成国書の差出を伝統的な「日本国源某」と書き続けたいこだわりがあったとして、源某の外交称号が「大君」となった以上、「日本国」と「源某」のあいだに含意されるのは「大君」であって「国王」ではないから、ここに「王」字を挿入しても無意味である。したがって、「大君」号創出ののちは、従前のごとき「王」字を挿入するような国書改ざん行為・意図は自動的にありえなくなる。そして「大君」号にそうした性格が込められていたとすれば、以酊庵僧に外交文書改ざん防止の役割を求める必要もない。また「大君」号に日本中心主義的志向を読みとる必要もなくなる。

（4）以酊庵僧への選出と碩学僧

柳川一件後に刷新されることとなった以酊庵僧が慈済院（洞叔寿仙）・南昌院（棠蔭玄召）・宝勝院（玉峯光璘）のうちから選ばれることが決まり、宗義成は江戸を発って京都でこれら三人と面会した。九月六日、京都所司代板倉重宗が同席するなか、大役を引き受けてくれた僧たちをねぎらう義成に対し、棠蔭玄召はこう応じた。「遠方へ赴くことは苦労ではありません。重大な外交文書を取り扱うのが困りものなのです。外交文書については五山でもふだんは習いもしていないものですから、ほんとうに勤まるものなのか自信がありません（遠所へ罷越候段ハ少も不苦候得共、重キ異国御用奉承候処迷惑ニ奉存候、異国書契之儀、五岳ニも平生習之不申事ニ候得ハ、何分ニ相勤得不申段不覚束候）」と。そして、いきなり断るのも憚られるので今回は引き受けたけれども「頃合いを見計らって、追々お断りするつもりです（様子見合、追而御断申上候様ニ可仕）」と続けた。これを受けて板倉重宗は「外交文書は、対馬藩の方で和文草案を準備するから、〔以酊庵僧は〕それを漢文に直せばよいだけです。さほど難しいこととも思われません（書契之儀ハ、対馬守殿ゟ和文ヲ以可被申達候得ハ、漢語ニ御改候と申迄ニ候故、差而難成儀と申程之事とハ不存候）」と述べて候補者たちの不安を取り除こうとする。実際にも、その後の以酊庵輪番僧たちの職務は、提示された和文草案をもとに漢文草案を作成するものであった。しかも国書を扱うことは江戸時代を通じて一度たりともなかったことは既述の通りである。国書はすべて幕府の側で準備したから、以酊庵輪番僧に「国書改ざん」を防止することが期待されようはずもなかった。

さて、右の三人ののちにおける以酊庵輪番僧選抜に関わって少しだけ補っておきたい。田中健夫［一九八八］も指摘しているが、碩学僧に任命されながら対馬に渡航しなかった（以酊庵僧にならなかった）僧侶が何人かいる。それは第2章表2-4作成のもととなった史料「五山碩学并朝鮮修文職次目」の付記によって明らかとなる。渡航前に病没してしまった人物（東福寺丹陽光鶴）もあるが、異彩を放つのが後水尾上皇からの要請によって免除された事例二つである。ひとりは相国寺昕叔顕晫で、「後水尾上皇が多くの重要事項があって暇を与えて召し出し、また親しく法要を行わせることもあって、対州渡海を御免（後水尾帝以万機之暇召対、親聴法要故、対州渡海御免）」と付記される。(5) いまひとりは相国寺雪岑梵崟で、「後水尾上皇がときどき召出す御用があるので、対州渡海を御免（後水尾帝時々召対御用之故、対州渡海御免）」という。

類例はさらに追加できるが、これも後水尾上皇と関わっている。慶安四年（一六五一）十二月朔日、慈照院に五山僧が集会して以酊庵僧選抜の評議が行われ、江戸幕府にあてて送付する候補者名簿（「被赴対馬之衆書立」）が作成された。翌日、その名簿に鳳林承章の名があるのを知った後水尾上皇は、ただちに金地院へあてて「承章を除外するよう」断り状を送った。その謝辞を述べるため、承章は何度か仙洞御所を訪れている（『隔蓂記』第三）。

本書で述べ来った事どももあわせ、以酊庵輪番制という制度創出に国書改ざん防止へ向けての幕府側の強力な意思を読み取ることは、はなはだ困難なのである。一方、十八世紀に五山の側から輪番制廃止の要望が出されたとき、幕府寺社奉行は碩学惣代からの願書は棄却し、輪番制は従来通りとするとの結論を出した（第4章［史料五］ⓓ）。この審議の過程で、以酊庵僧はかなり詳細な対馬藩情勢を知っていることが分かるが、しかし幕府からするとそれは「風聞」の類とみなされていた。また寺社奉行の判断は、朝鮮外交の幕府直轄化を打ち出しながら輪番制は廃止しないというものであった。そうである以上、十八世紀の幕府は、以酊庵輪番制が対馬藩を監察するものと十分には評価していなかったし、同制度を対馬藩の不正を抑止するものとみなしていなかったこともはっきりするのである。

二　近世的な国際秩序

(1) 華夷意識の緩衝材（クッション）

荒木和憲［二〇一三］は、柳川一件における徳川家光の裁定を「日朝国家間の華夷意識の衝突をやわらげる緩衝材（クッション）としての宗氏の役割を重視した」ものと評価する。柳川一件で宗氏が勝訴した背景には「宗氏を抜きにしては日朝関係が成立しないという事情があったから」だと田代和生［一九八三］は述べる。田代は「国王粛拝の図」を掲げながら、対馬・朝鮮間では「宗家の朝鮮国王に対する一種の『朝貢』儀式」が絶えず行われてきたことを指摘し、こうした裏方での「外交」があって初めて徳川将軍と朝鮮国王の対等外交が成り立ちえたのだと見る。そしてこの裏方仕事は、幕府でもなければ柳川氏でもなく、対馬の宗氏でなければ務まらない性質のものであった。だから柳川一件の裁定に際して幕府は宗氏を選ばざるを得なかったという。これらは序章でも述べた。

ところで、右の論が成り立つためには、柳川一件に際して（ないしはそれに先立って）幕府が「宗家の朝鮮国王に対する一種の『朝貢』儀式」を知っていたことが前提されねばならないが、それは土台無理というものである。「宗家の朝鮮国王に対する一種の『朝貢』儀式」は田代もいうように「裏方」仕事である。それは屈辱的な行為であり、対馬藩内ですら厳しい批判を惹起した「裏方」仕事である。そうしたものを対馬藩がわざわざ幕府に自己申告するとは考え難いし、対馬藩側が知らせない限り幕府がそうしたことを知りえないことは、当時の幕藩関係や幕府・対馬関係の諸事例を参照すれば明らかだろう。先に［史料三］に掲げた事例もそうしたひとつである。「王」字の欠如ひとつをもって国使が流罪に処せられたことは、対馬藩で実務に携わっていた規伯玄方の発言を待って初めて幕閣たちに事実として認識させえたことを教えてくれるからである。

第二に、徳川将軍と朝鮮国王の対等外交は、如上の裏方「外交」があって初めて成り立ったわけではない。本章前項でも具体的に述べた通り、そうした裏技抜きで幕閣たちは対等外交を良しと考えていたことが明らかだからである。

したがって、柳川一件は「日朝国家間の華夷意識の衝突をやわらげる緩衝材（クッション）としての宗氏の役割を重視」して結論が導かれたものとは考えられず、ひいては朝尾直弘［一九七〇］のいう「二重のクッション」を介した東アジア国際秩序の構想それ自体を再考する必要にすら迫られる。その点について述べる前に、柳川一件の結論についてひとつだけ見直しておきたい。

（2）柳川一件と規伯玄方

柳川一件における宗義成と柳川調興の対立構図のなかにあって、後者だけに国書改竄の罪をかぶせるのは、前者が国書改ざんにはまったく潔白であったと導く勝者の史観である。たえず義成の側にあった規伯玄方が流罪に処せられたことは、義成にとって小さくない衝撃であったろう。その衝撃は、義成の側もまた国書改ざんに一定程度の関与があり玄方はその実務を担っていたこと、その点を幕府は解明しつつも義成側を温存するために玄方がいわば身代わりとして流罪となったこと、そうした点に由来する。そのように解する方が素直なのではないか。調興側だけが改ざんに手を染めており、義成側がそうではなかったと二分できるほど事態は単純ではなかったはずである。

柳川一件ののち南部へ流罪となった玄方は、万治元年（一六五八）四月に恩赦を与えられて京都へ移り住み、南禅寺語心院の住持となった（田代和生［一九八三］）。田代は上村観光［一九一九ａ］に拠りながら晩年の玄方の生活を描き出す。曰く、京都に一年余の滞在ののち大坂へ移り住み、悠々自適の生活を送り、寛文元年（一六六一）十月二十三日に大坂で亡くなったという。

実は京都での玄方晩年のすがたは鳳林承章の日記『隔蓂記』のなかに垣間見える。その最初の記事が見えるのは万治元年七月二十九日のことである。この日「以酊庵方長老のもとを訪ねた。二十四年間の流謫生活ののち、今年赦免となったので京都へ来られ、いまは二条之町の中村吉左衛門宅に仮寓なさっている。ご不在だったので会えずに帰った（赴以酊庵方長老也。二十四年謫居。当年赦免故、被致上洛、二條之町中村吉左衛門所被居也。方長老他出故、不対、帰也）」。八月二十九日、南禅寺語心院に玄方を訪ねたが、この日も不在で会えなかった。九月七日にようやく初めて会うことができた。語心院でしばし歓談し、黄精薬（滋養強壮剤）を一包分けてもらっている。承章は十二日にその一包を仙洞御所へ持参し、後水尾上皇に献上している。九月末、玄方は近いうちに出雲松江に出かけるとのことだった。京都を発った日は不明ながら、十一月十一日には玄方の手紙が松江から届けられた。万治二年三月には松江から大坂まで帰り着いたとの手紙があった。黄精薬は松江藩主にも献上したらしいが、後水尾上皇はさらに所望の様子だった。その後、玄方は語心院に戻ったが、ときおり大坂へ出かけては戻るということがあった。どうやら大坂へ移住したというわけではなく、再々出かけては京都へ戻るという生活のようであった。最期の年となった寛文元年（一六六一）もそのようであった。七月二十八日、酷暑の日、承章は語心院に天門冬〔強壮剤〕の蜜漬を持参して玄方と話し込んでいる。閏八月五日には玄方は大坂だった。承章は大坂にいる玄方あてに手紙を送っているからである。そして同月二十一日、玄方が「大坂で重病である（於大坂、以外之所労）」との知らせがあり、十月二十九日には二十三日に玄方が他界したとの知らせが大坂から届けられた。十一月三日に語心院で玄方二七日（ふたなのか）の法事を行っている。同八日、承章は玄方の弟子僧から形見分けの品をひとつもらった。唐扇ひとつであったが、骨が玳瑁でできた「見事無類」の品だったという。

ところで、鳳林承章と玄方との交流記事で目に留まるのは、玄方のかげに対馬藩のすがたが見え隠れすることである。万治二年五月十八日、黄精一包と唐扇ひとつ・朝鮮筆三本を後水尾天皇あてに贈るように、同じく池尻宮内卿・梅小路左兵衛督・常盤権左それぞれに朝鮮筆三本ずつを贈るように、玄方のもとから承章のもとへことづけられている。それらの品を承章のもとへ運んできたのは玄方の弟子僧であったが、対馬藩の家中梅野丞介なる人が同行しており、いっしょに相国寺の山内見物を行っている。また同年九月一日には以酊庵輪番を終えて帰ってきたばかりの覚雲顕吉が主催者となって相国寺慈照院で饗宴が開かれたが、そこには承章と玄方および「対馬島之衆」が招待された。万治三年十一月十日には、後水尾上皇から朝鮮酒の所望を受けて、玄方から「対馬へご注文になって、それで送られてきた（対馬島江被申越、依到来）」という。これらのほかにも承章のもとへ玄方から朝鮮産品が度々届けられる記事がある。玄方の手元に膨大なストックがあったというよりは、機会を得て折々に対馬経由で入手したものだったろう。そして玄方が亡くなってから、たとえば七回忌は対馬藩国元で寛文七年（一六六七）十月二十三日にきちんと執り行われているし［対馬日記・表書札方］、遅くとも宝暦年間には以酊庵で毎年十月二十三日に玄方の忌日法要が繰り返された。

玄方が京都に戻った万治元年、宗義成は既にこの世の人ではない。玄方の周囲に感じられる対馬藩のかげは義成の跡を継いだ義真のものであったろう。そして年々の法要は、対馬藩としての玄方に対する追慕の気持ちである。こうした対馬藩の玄方に対する「厚遇」こそは、柳川一件における義成と玄方がともに行動していたことを示唆するものである。

（3）国際秩序の意識と維持

回答兼刷還使から朝鮮通信使へと外交使節の派遣名義が替わり、豊臣秀吉の朝鮮侵略後における日朝間の国交再開が新たな段階へと移行した寛永十三年（一六三六）を境にして、様々な新機軸——以酊庵輪番制の導入、「大君」号の設定——が打ち出されたと考えられてきた。それは、ほぼ時期を同じくして繰り返されるとみなされた四つ（ないしは五つ）の「鎖国令」発令の事実とも相まって、近世日本を特徴づける「鎖国」制の成立と連動させて把握された。その際、日朝間でやりとりされた国書の差出・宛先に見える「日本国源某」「日本国大君」なる外交称号に着目して、中世とは異なる近世日本の新外交が見いだされることとなった。

近世日本は、徳川家康のもとで中世同様に中国との勘合貿易復活を志しながらも実現できず、また十七世紀以来の中国大陸（およびその沿岸）・朝鮮半島における紛争から意図的に距離を置いた。中国（明清）・朝鮮とは薩摩藩—琉球および対馬藩を介して間接的な関わり方をしたから、その限りでは緩衝材（クッション）との評価もあながち誤りではない。日中関係史上・日朝関係史上の諸問題が薩摩藩—琉球・明清間ないしは朝鮮・対馬間で消化されてしまい、国家間の課題として浮上せずに終わる事例もまた少なくなかったからである。

そうした日本の近世外交を論じたのが朝尾直弘による「鎖国」論—日本型華夷意識論であり、それはたいへん魅力的な議論である。しかしながら、主として為政者の国際意識を分析して得られた朝尾の構想は、具体的な日朝関係史の追究を経て中身を充填するかに思われた田代の試みによって補ってなお、構想としての魅力をもつにとどまる。そして、田代によって提起された「日朝国家間の華夷意識の衝突をやわらげる緩衝材（クッション）としての宗氏の役割」もまた必ずしも実証しえないことは前項でも触れた。

国際認識や国際秩序の意識を欠いては国際関係を見据えることはできない。しかしながら、認識や秩序の意識は必ずしも現場の動向を拘束するものではなく、あらゆる現象を説明しきる万能薬でもない。魅力的な構想はそれとして、近世日朝外交の現場に立とうと試みるとき、構想とは必ずしも相いれない動きもまた国際秩序の構成要素であることに気づかされる。

十七世紀から十九世紀を通貫し、かつ東アジア全体を覆うような国際秩序としては、日本・中国（明清）・朝鮮三国を覆った漂流民の相互無償送還制度を第一に挙げざるをえない。近世東アジアに普遍化した制度としての漂流民送還は、相互認識のありようとは離れて相互無償送還を規則的に繰り返し、そのことが平和で安定した国際秩序をもたらしたとする自負心を育んだ（第9章）。あるいは、漂着した者は必ず無事に本国へ送り戻すという常識を培った（第11章）。

たしかに日本にも朝鮮にもそれぞれなりの小中華の意識があったことは間違いないが、日本武士としての自尊心が直ちに朝鮮蔑視観に転化したわけではない（第11章）。観念の中だけで育まれた朝鮮認識と実際に相手を知ることとのあいだには小さからぬ落差があるが（付論2）、外国に対する体面を重視しながら朝鮮漁民保護を明確に打ち出した幕府の姿勢（第9章）からは、意識よりも現実がより重視されたと容易に分かる。

為政者の発言記録のなかに朝鮮蔑視観を内在させていると思われる国際認識を抽出できながらも、現実の対外折衝の現場では必ずしも朝鮮蔑視観が行動原理を支配しているわけではない。明和の朝鮮通信使一行との交流の様子（第13章）と文化易地聘礼構想に参与した際（第8章）の梅荘顕常の発言には一見すると大きな落差があるが、朝鮮貿易の幕府直轄化を主張した際のよりどころは誠信外交の理念である（第4章）。薩摩藩士が秀吉の朝鮮侵略に参戦した記憶を大切にしながらも、目の前の朝鮮人官僚たちとは連日酒を酌み交わし詩文のやりとりを行い、別れ際には大いに涙を流して別離を惜しんだ（第11章、池内敏［二〇〇九ａ］）。そして民衆レベルでのお互いに対する素朴な興味関心は、日本人が朝鮮半島に漂着したときも（第10章）、朝鮮から訳官使が対馬にやってきたときも（第14章）おびただしい見物人が押し寄せた事実から明らかである。

また本書で言及した限りでも、近世日本と朝鮮がそれぞれに中国文化を背景にして文化的共通性を感じ取っていたことは訳官使接待時の飾り物や芸能（第6章）、医術（第14章）、酒や煙草などの嗜好品（第11章）などに明らかである。共通性へのまなざしは微細な差異へのまなざしをもともなうから、ある意味で共通性の意識は憧れ（第15章の贈答品）や場合によっては逆に差別し敵対する意識（第11章の下僕たちの喧嘩）と裏腹であり、それが尊大な国際秩序観を下支えする。

おわりに——以酊庵輪番制と対馬藩朝鮮方真文役

以酊庵輪番制度の歴史的評価について本書で明らかになった要点は以下の通りである。

以酊庵輪番制は、国書改ざんを防止するために導入された制度というわけではなかった。それは、朝鮮外交における対馬藩の恣意を排除するための監察制度として導入されたものでもなかったし、朝鮮外交に幕府の意向を直截に反映させるために幕府が積極的に導入した制度というわけでもなかった。夙に小早川欣吾は、以酊庵輪番制の「監察的職責」はせいぜい宝暦十年代（一七六〇年代）に初めて認められ、しかも事実上機能しなかった、との指摘を行っていた（第1章）。以酊庵輪番制の歴史的評価は、この小早川の指摘にまで立ち戻らねばならない。

その上で、この制度の導入は対馬藩側の発意によって始められ、対馬藩にとって利益のある制度であったことを見据える必要がある。幕府から派遣された（幕府の権能・権威に由来する）以酊庵僧を抱えることにより、対馬藩の朝鮮外交は「私的な」ものではなくなり、対外的権威・正当性を付与されることとなった（第5章）。朝鮮通信使の日記に現れる以酊庵僧は常に藩主の側にあり藩主から尊重される存在であったし、以酊庵僧が対馬藩に対する監督官であるとする物言いは、十八世紀半ばの朝鮮通信使の日記では対馬藩側の発言として現れる（第7章）。

一方、十八世紀に五山僧によって発議された輪番制廃止論議の過程を眺めれば、そこに「外交文書作成上における対馬藩の代理人」としての五山僧の自覚が見いだせる。宝暦ごろより、幕府から派遣されて対馬藩を監理する役割を果たすのだとする自覚が芽生えたことも、このときの議論からうかがい知ることができる（第4章）。以酊庵輪番制度が幕府によって導入された対馬藩に対する監察制度だとする見方は、五山僧側の自我認識の発露でもあった。

さて、以酊庵輪番制は、よくも悪しくも勤務内容の継続性に欠けた制度である。以酊庵輪番僧の基本的職務は朝鮮外交文書の検討作業にあるものの、その際、和文草案を対馬藩側が準備し、以酊庵僧が和文を漢文（真文）に直し、出来上がった漢文文書は対馬藩真文役がチェックして完成された。以酊庵輪番僧が概ね二年任期で外交文書を取り扱うのに対し、対馬藩真文役は十年以上にわたって同一人物が外交文書のチェックを担当するから、実のところ以酊庵僧より対馬藩真文役の方が外交文書に精通していたりする。したがって、ある意味で真文役さえいれば以酊庵僧が不在であっても、朝鮮外交文書の管轄は対馬藩限りで行えたのである（第2章）。また、対馬藩が釜山倭館に設置した東向寺には対馬藩内から僧侶が派遣され、釜山での朝鮮外交文書取扱いを任されていたが、東向寺輪番僧はそもそも以酊庵僧のもとで朝鮮外交文書を清書する清書僧のなかから選抜された（第3章）。これは、東向寺僧が以酊庵僧の指導・指示のもとで外交文書作成能力を養成されたことを意味している。京都から派遣された外交文書作成能力を保持した以酊庵僧の力量を借りることで、倭館における朝鮮外交文書チェック能力を養成し得たのである。以酊庵輪番制は、そうした意味で対馬藩にとって有益な制度であった。先述の真文役にしても、以酊庵僧がいたからこそその能力が高められた側面も否定できない。

ところで、慶応二年（一八六六）十二月に以酊庵輪番制の廃止が命じられたのちも、対馬藩を仲介者とする日朝外交はしばらく継続する。とりわけ海難事故（漂流民の発生）は政治の動向とは無関係だったから、彼らの送還にともなう外交文書作成は途切れることなく続けていかざるをえなかった。第2章表2-5の32以降を眺めれば明らかなように、真文役は明治初年にも任命され続け、幕末維新期に輪番僧の役割を代行した。また同様に、第3章表3-2の長寿院春首座（整理番号203）は明治二年（一八六九）から同三年八月まで東向寺僧として在番したことが分かる。以酊庵僧の存在を前提とした東向寺僧が、以酊庵輪番制の廃止後も在番できた背景には、真文役が以酊庵僧の代役を務めおおせたことがあったろう。

幕末維新期を迎える以前から、真文役に朝鮮書契を作成するだけの潜在的能力が備わっていたことは、まず間違いない。それが果たしていつごろからそのようであったかは、本書の範囲を越える。しかしながら、およそ江戸時代を通じて対馬藩朝鮮方真文役は、自らの力量で朝鮮外交文書を作成するだけの能力を身に付けて行ったに違いない。にもかかわらず以酊庵輪番制が継続した理由は、対馬藩が作成するというよりは、対馬藩外の公的権威を背景にしてそれら外交文書の作成がなされることが、朝鮮に対峙したときに意味をもったからである。

禅僧に依存することなく、武家自らの能力によって朝鮮外交文書が作成できる段階に立ち至ったこと、これが日朝外交史における江戸時代の最も際立った特徴である。それは外務官僚化した対馬藩士のことであり、外務官僚の末端を占める事務的吏僚の歴史的創出がここに見いだせる。

さて、対馬藩朝鮮方真文役の面々が、そのまま明治維新政府の外務官僚に横滑りをしたわけでは決してない。歴史的事実として横滑りできたのは末端の事務的吏僚ではなく、倭館館守など管理職経験者の方であった(池内敏[一九九六])。ここで、真文役から外務省へと横滑りできなかったことにも意味がある。何も江戸時代に朝鮮外交を専門的に担った対馬藩の藩士でなくても、一定期間の訓練さえ積めば誰でも外交文書の起草やチェックを行える程度の事務官僚になれるということだからである。禅僧の専門的知識から対馬藩朝鮮方真文役の専門性へ、そして訓練すれば誰でも類似の専門性を身に付けうる近代的外務事務吏僚へ、ということである。そうした意味で、以酊庵輪番制と朝鮮方真文役は、中世外交から近代外交へと橋渡しをする役割を担ったのである。

注

序章

（1）京都五山とはいうものの、実際に輪番僧を輩出したのは、万寿寺を除く天龍寺・相国寺・建仁寺・東福寺の四カ寺である。
（2）同名史料が東京大学史料編纂所にも収蔵されており、いくつか字句が異なるものの内容は同一である。
（3）史料原文は以下の通り。

初日対決の時、先七右衛門を被召呼候、何事を申上候やらん、やかて長老被召出、十二年以前の信使の御返翰の草案、長老めされ候哉と被成御尋候、長老被仰候ハ、いやいや拙僧ハ不仕候、七右衛門、朴同知を同心仕、拙僧宿坊江参候折節、対馬守の宿寺江見舞ニ参罷居、今度ハ信使衆仕合能御暇被遣、殊拙僧も御目見いたし種々拝領申忝之通咄居候に、七右衛門、朴同知用所と候而よび申候而宿へ帰り候処ニ、朴同知申候ハ、今度の御返翰請取帰候事罷成間敷候間、あらため候而給候へのよし申候、我等申候ハ、それハ何のためにさやうに申候哉と相尋候へ者、王と言字無之候と申候間、拙僧申候ハ、中々成ましく候、其子細ハ国師へも此王の字を遊しくたされ候様にと申候へハ、不成由被仰候、扨は国主となされ候へと申候へ共、それも不成由ニ候間、堪忍仕、請取候へと申候処に、七右衛門申候ハ、御返翰の儀改候事旧例御座候条、長老其例に可被成候、又柳川調興と云字も書入度由申候間、拙僧申候ハ、王の字是非不書入して不叶候ハヽ、一字こそけて成共書入可有之候哉、御返翰皆迄書なをし候事、拙僧ハ成ましきよし申切候、折節執権衆より御使者と候而、呉服彼是被下候間、さやうの御あいさつへ座を立さり候、書なをし候処は朴同知・七右衛門・伝蔵主談合候而、定而彼者とも可存由被仰候、右長老一字こそけて王と云字入候へと被仰候時、加々爪民部申候ハ、扨こそ長老指図が知れ候、御朱印をこそけと云事有物ニ候哉と申候時、長老被仰候ハ、拙僧申たる所ハ、たとへ不調法に候共為申事を偽り、偽りども申事にてなく候、有様の事ハ七右衛門かごとく申ましく候由被仰候、ことばの内に七右衛門さやうにてハなき、かやうにてはなきなとゝあらそひ候て相論有之

（4）梅荘顕常は、大典顕常・竺常・蕉中などとも称するが、本書では梅荘顕常もしくは顕常と記すこととする。

第1章

（1）輪番制が始まる以前の以酊庵僧ふたり（景轍玄蘇・規伯玄方）を取り上げた論稿については、ここでは言及しない。また、中村栄孝［一九六九］、田代和生［一九八三］、荒野泰典［一九八八］などは以酊庵輪番制そのものの分析を行うものではないが、それ

それの論者なりの接近方法にしたがってその歴史的評価を行っている。これらについては、本書第2章以下で必要に応じて言及する。

（2）小早川は次の史料を掲げている。

一 朝鮮江遣候書簡製作、其上於以酊庵上封幷押印相調候事、
一 朝鮮ゟ之来書、於以酊庵開封之事
　右者書啓御用ニ而、全内交之吟味ニ掛リ候事、
一 信使同伴・訳官出会ハ内交吟味ニ掛リ候事、
一 和韓共漂民勘検ハ内交・抜荷・宗旨三ヶ条之吟味ニ掛リ候事、
……

ここで、右史料中の「内交之吟味」というのが、朝鮮と対馬が内通しているか否かの吟味のことである。

（3）ただし、ときに令椿が二十二歳に過ぎなかったことについて、泉澄一は注意を払わない。

（4）慶長十六年は景轍玄蘇の没年でもある。

（5）府中大火のあった享保十七年以後、西山寺は末寺瑞泉院に移り、以酊庵廃止後に国分に復したという。

（6）ここで省略した残る六つの課題は以下の通り。第一に歴代以酊庵輪番僧の行実を明らかにすること、第二に以酊庵輪番僧の職務の実態を解明すること、第三に以酊庵輪番僧の五山僧としての活動を検討すること、第六に碩学料の政治史的・経済史的・文化史的意義を解明すること、第七に外交文書起草者としての以酊庵輪番僧の系譜を解明すること、第八に蝦夷地国泰寺など以酊庵輪番制と直接間接に関係のある歴史事象を解明すること。

（7）「国元毎日記」［対馬日記Ａａ-1／55］五月朔日条は以下の通りであり、とりわけ関連するのは傍線部である。

　五月朔日
　（三カ条略）
一 以酊庵、昨日本国分寺へ御移被成候故、元以酊庵江国分寺当住被請取候様、寺社奉行田嶋左近右衛門方へ申遣之、
（四カ条略）
一 以酊庵霊長老御出、昨日移徙仕候付御樽肴被下候間、端午之時服被下旁ヲ以奉存候と之御事被仰置御帰、則為御礼御使者林弥右衛門被遣之、

（8）天和二年「御在国中毎日記」［対馬日記Ａａ-1／54］十二月二十三日条は、以下の通りである。

　（一条目）
○（二条目）西山寺常長老儀長寿院へ移申［　　］、已来以酊庵［　　］国分寺へ御移し被成候ニ付而、長

寿［　　　　］旨、寺社奉行平田所左衛門江申談之、
○（三条目）長寿院宿坊歓叔隠居願申候ニ付［　　　　］仰付、西山寺江移り可申之由被仰付、同人［　　　　］
○（四条目）国分寺住持越順隠居願ニ付、右［　　　　］に被仰付、成相寺住持順説太平寺ニ［　　　　］住持
梅川成相寺ニ被仰付、同人へ申之、渡

さて、四条目にある「国分寺住持越順が隠居願を出し」に引き続く部分が大破で読めないが、その次に続く部分は、やはり大破ながらも「成相寺住持順説が太平寺住持を仰せつけられる」「□□（太平寺か）住持梅川が成相寺住持を仰せつけられる」と読めそうではある。したがって四条目は、成相寺と太平寺とのあいだでの僧侶の移動記事である。また、三条めも大破なのできちんと文意を追えるわけではないが、二条目冒頭の「西山寺常長老が長寿院へ移り」なる部分と、三条目にみえる「長寿院宿坊歓叔の隠居願により」「西山寺へ移住する」なる断片とをあわせ見ると、三条目もまた長寿院と西山寺とのあいだでの僧侶の移動記事である。

そうした点を踏まえると、四条目冒頭にある「国分寺住持越順隠居願ニ付、右［　　　　］に被仰付」なる部分と、二条め途中にある「已来以酊庵［　　　　］国分寺へ御移し被成候ニ付而」なる部分とは連動するものと考えうる。もしそうした推測が許されるとすれば、国分寺住職越順の隠居願提出を機に寺地交換が具体化することとなったのではなかったか。

（9）五月三日に乗船したもののなかなか出船できなかったため、雪巌中筠は度々船を下りて西山寺に入った。出船できたのは九日のことである。

（10）「国元毎日記」［対馬日記Ａa-1／139］享保三年二月七日条によると、以後は隠居所は西山寺に固定するかの記述が見える。しかしながらこの年、石霜龍菖は長寿院に隠居している。

（11）表を見れば気づくが、49だけが例外である。これは、新番石霜龍菖（表2-2の49）が対馬府中に着船する間際になって先番関中知悦（同前48）が他界したため、その遺骸を船で送り出すなど残務があって先番弟子僧の育蔵司が以酊庵に居残りしていたからである。

（12）史料原文は以下の通り。

近来御国不勝手之段兼々聞及候、然レハ上下共ニ不自由成ル時体と申ものニ候、其中ニ以酊のミ不相替御贈物ニ預候段、甚迷惑成ル儀ニ存候、併此方一人之儀ニも無之候得者、例格之被成方ハ其通りニ任せ居候事ニ候、一日ニ而も当地ニ在職候得者、一国憂楽を共ニスル筈之事ニ候、近年壱万弐千金之賜、是以実ニ異国ヲ被控候格別之国柄故、人民撫育も不届候而ハ不相成訳と上より厚く思召候而之儀と奉存候、又此度之拝借も外国通交之事体ニ係り候儀故御許容有之、則又右壱万弐千金之内より御返納被仰付候等之訳、進退等閑ニ無之大切成ル手当と申者ニ候、然ル処以酊一分何之掛り合も無之ニ、右御恩施之間ニ加リ候訳ハ無之事と存候、右之心底故返納を申訳能々推察賜り可然取計頼入旨也

(1) このほかに、以下のような点も明らかにされている。日本から朝鮮に送られる書翰の和文草案は藩(または幕府)が作成したから、以酊庵僧が作成したのは真文草案である。出来上がった真文草案はすべて西山寺僧以下の手によって清書された。
　また、対馬に下向する輪番僧が「当番、加番、代番」で構成され(桜井景雄[一九八六])、また「弟子衆・会下・若党・中間など、大体十人~十五人を同伴」した(泉澄一[一九七七])。さらに、以酊庵当番の任期は明暦元年(一六五五)から二年に延長され(桜井景雄[一九八六])、また輪番が京をたって京に帰るまでの諸費用はすべて対馬藩のまかないであった(泉澄一[一九七七])。

　一方、個別輪番僧の事跡については、江岳元策、蘭室玄森、中山玄中、瑞源等禎、湛堂令椿(いずれも天龍寺派)のそれぞれについて一代記的な整理がなされ(泉澄一[一九七三][一九七四][一九七五][一九七六a、b])たほか、虎林中虔について幕府儒者との交流その他の視点から分析されたり(石井正敏[一九九五])、建仁寺派や相国寺派の輪番僧に関わる貴重な史料紹介もなされている(西村圭子[二〇〇二]、秋宗康子[一九九一])。

　なお、釜山倭館に置かれた東向寺については、「西山寺自身も釜山浦に東向寺という末寺をもち、対馬藩と朝鮮との交渉は東向寺という出先を通じて行われていた」(泉澄一[一九七五])とか、「釜山の倭館内では朝鮮側との直接的対応のため、館主はある程度の外交交渉上の独立性を有し、東向寺僧による外交文書の審査・作成の機能を持っていた」(西村圭子[二〇〇二])という。なお、田代和生は、以酊庵からも独立した東向寺僧独自の外交文書作成機能について指摘する(田代和生[一九八一b])。
(2) 田代和生は、具体事例の提示を欠くものの、「幕府から派遣された以酊庵僧は、その設置期間を通じて、一度も朝鮮側と外交交渉を行ったことは無く、実際問題として、すでに対馬側によって清書された文書に目を通すのみであった」とさえ述べている(田代和生[一九八一b])。
(3) 外交文書作成・翻訳の必要からだけではなく、朝鮮通信使来聘時には、以酊庵僧は朝鮮通信使に同行する製述官(学士)と筆談交渉をすることも重要な任務であったから、そうした場面では相当な程度の漢文の素養が要求された、ともいう。
(4) ここで、以酊庵僧に学識が不要であったとまで主張するつもりは毛頭ない。その学識が、どのようなかたちで必要とされ活用されたか否かについての丁寧な個別分析が必要であり、外交文書作成・翻訳に以酊庵僧がいかに関与していたかを分析しなければ、その歴史的評価を下しえないと感じるまでである。
(5) 泉澄一はこの事例について、湛堂令椿にとって二度目の以酊庵滞在であったことを付記するが、湛堂令椿初めての滞在時には十二、三歳のころである。そのときの経験が以酊庵僧の代役を勤めるに際して生かされたなどとは到底考えがたい。むしろこの事例から示唆されるのは、二十二、三歳の弟子僧でも以酊庵僧の代役が勤められるような外交文書作成体制が、十八世紀後半の対馬藩側に備わっていたということである。

（6）東京大学史料編纂所（請求記号2051.9/81）。

（7）延享四年（一七四七）の事例だが、和文草案に頭書で以下のように付記されたものがある。「和文出来之節、御前江御取次を以差上、御披見相済而、以酊庵へ御口上書相添、御徒士使を以遣之、口上書ハ以酊庵手紙控ニ付記之、此御使大浦久我之助羽織袴ニて相勤ル、和文口上書共黒塗長文箱ニ入御使也」（『和文控』［国編四三三四］）。『和文控』は朝鮮方で留められたものだから、右の記載順序にしたがえば、和文草案はまず朝鮮方で作成され、藩主の確認を経たのちに、使者をもって以酊庵まで伝達される、ということである。

（8）対馬藩宗家史料「偽船一件」『分類紀事大綱』三〇［国会］。

（9）もっとも、和文草案を集めた『和文控』［国編四三二三、四三二四］には、当該草案を「弘文院へ倭文被仰付、相調、請書対州ニ而相認ル」とするから、「相談」とはいっても実際には幕府が作成したものであった。対馬藩としては、朝鮮との歴史的関係との対比で今回の「抜船一件」を非難する論調を強く表したかったようであり、別の草案が作られてもいるが、使用されなかった（『寛文七年抜船一件』［対馬記録／朝鮮関係O1］。

（10）『以酊庵勤記　壱番』［対馬記録／寺社方E4］。

（11）「国元毎日記（表書札方）」［対馬日記Aa-1］。

（12）「以酊庵江ハ右之通韓文之草案にて被遣候得共、江戸表江被差上候為に御返翰出来候後ニ相認候和文左記之」『和文控』［国編四三二七］。「韓文」とあるのは「漢文（真文）」の意で良い。

（13）『和文控』［国編四三二七］。なお、ここで問題とされた制度改革は、朝鮮通信使派遣に際してこれまで行われてきた朝鮮国王から将軍継嗣に対する礼物の廃止と、朝鮮の重臣である礼曹参判から幕府老中にあてての書簡送付の廃止、の二点であった。朝鮮東萊府は、先例のある儀礼行為を幕府が一方的に廃止すると通告してきたことについて、対馬藩主の釈明を求めたのである。

（14）史料原文は以下の通り。

……ⓐ此儀者重キ儀故、弥従殿様御直々御書付を以被仰達候筈之儀と被思召上候付、御草案之儀以酊庵へ被仰遣ル、依之常体御草案之儀被仰遣候格ニ和文一通り相認ル、ⓑ乍然今度之御草案ハ文意ニ少々味イ有之事ニ候故、平生之和文之通ニ而者御書載難キ成事も可有之か、若御書中此方御心ニ叶不申候時ハ、何角と御好等有之、却而者以酊庵も御気毒ニ可有之と被思召上候付、ⓒ雨森東五郎江其訳具ニ被仰付、真文一通為相認、外ニ真文をうけ漢語交へ和文一通為相認、ⓓ五月朔日西山寺御屋敷江召寄、和文二通并真文共ニ三通相渡、真文と漢語交へ候和文ハ西山寺心得を以以酊庵へ懸御目候様ニと申含遣候、則ⓔ其趣ニ以酊庵ニ申述候処、翌二日東五郎ニ認させ候真文之通ニ御草案御調被成被遣……

（15）享保九年（一七二四）、潜商取締りに関わる書面も、その中核部分は雨森東五郎が真文草案を作成し、前後の部分を以酊庵僧が書き加えて完成させたという（『和文控』［国編四三三一］）。また、年例八送使の一時停止を求める書契（宝暦三年二月）、訳官使帰帆時の書契（同年三月）、館守持渡の献上人参所望の書契（同五年正月）、裁判使書契（同年二月）、献上人参所望の書契（同六年八月）は、いずれも「此方儒官」が真文草案の中核部分を作成し、以酊庵僧に対して「時令、起居、御書加へ被下候様申入」れ、実際にもそのようにして真文草案が出来上がった（『和文控』［国編四三三四］）。

（16）文化五～安政二年は『出勤録』［国編四三〇一～四三〇七］、安政三～明治三年は『出勤録』［対馬記録／朝鮮方関係A2～5、F2・4・5］による。

（17）史料原文は以下の通り。

……再巡之分、文意之処以丁庵〔以酊庵〕へ掛合ニ相成、調理ノ二字ヲ買得ニ相認メられ、彼者ト外三人者、此所ハ何分此通ニ無之してハ文勢ニ取不宜趣ニ而一円承引無之由……

（18）史料原文は以下の通り。

退休使御返翰之儀ニ付罷出遂吟味候得共、是と申先例を見出し兼候得共、享保年之例を書直し候ハヽ可然相見候ニ付、其段為之允殿江無遠之介より申上候処、併此方より御望被成候事故、若万一返翰到来之節、以酊庵より不宜抔と被申上候節致し様無之（文久三年八月三日条）

（19）『出勤録』元治二年（一八六五）八月十二日条に、この時点での真文役の名前が五人列挙される。そのうち三人は他の職務と兼任であり、専任だったのは永瀬二七郎と田口徳一郎の二人であった。永瀬、田口はそれぞれ三十三年、二十三年の長期にわたる勤務経験を積んだ人物である。

（20）したがって、真文役が、先例主義を重んじ、満山雷夏の批判するごとき「事なかれ主義」の傾向に陥るのもやむをえない。

（21）『慶応三丁卯　御書翰草稿覚書』［対馬記録／朝鮮関係K17（1）］。なお、最後の輪番僧東福寺俊西堂玉澗守俊が対馬府中を出立したのは、慶応三年三月二十四日のことである。

（22）史料原文は以下の通り。

朝鮮国御取扱筋之儀ニ付而者、兼而御規則も有之候処、以来夫々御変革可被成候間得其意、当今之御時勢厚相弁、諸事不拘古格、外国御交際之振合ニ基、益御信義相立候様可被取斗候、就而者以酊庵輪番御廃止被成、別段御役人可被差遣候間、可被得其意候、

（23）『出勤録』明治二年三月二十七日条には「朝臣之文字、朝鮮御掛合之都合ニ而、追而諸記吟味候処、差当寛永比より執政且御家御名之内類例相見兼候ニ付、尚又可取斗事」とあるから、この時期ならではの字句の検討がなされていることが分かる。

（24）元禄竹島一件交渉の詳細は、池内敏［二〇〇六］参照。

（25）「偽船一件」『分類紀事大綱』三〇［国会］。なお、この史料はすでに荒野泰典［一九九五］でも使用されている。

（26）史料原文は以下の通り。

一ⓐ貴殿〔平田所左衛門〕被持渡候御書翰之御返翰到来仕由ニ付、写致、判事勝田三郎右衛門方迄持参、其段三郎右衛門を以申聞候故、幾度判右衛門・小川又治郎被致相談、判右衛門方江持参候様被申聞、則判事判右衛門方江参、御返翰之趣申達候、就夫、ⓑ此一件之儀御隠密之事ニ候故、無他見、各参人被披見候処、御書面之様子相違之様ニ被及見候付、判右衛門方より東莱迄被申越候通、細々示給尤ニ得其意存候、ⓒ殊返翰之写被仕被差越、則入御披見候、依之数山玄育・西山寺・長寿院被被召出、御内々ニ而様子被聞召上候処、御書翰之趣一段結構ニ御座候、此上御望被成儀無之候間、早々請取、帰国候様ニとの御意ニ御座候条、被得其意、首尾能御返簡御請取、帰国可有之、……

（27）史料原文は以下の通り。

此度之大慶使御書契之内参判之書ニ被化於四表洽澤於上下、参議之書ニ操斗極之則把鈞陳之象と有之、ⓐ何レも天子ニ相当り候文字遣と相見、先例ニ較候得者宜過候様相見候段、阿比留惣四郎より申出候、最早清書も御整之上ニ候得者如何ニ候得共、一老江掛合尋問仕見候様申含候、惣四郎以酊庵へ罷越、一老へ掛合見申候処、和尚御対面有之、和尚ニも右之所最初より御気付被成候得共、此節之御書契、先例ハ有之事なからもいかに御書取難被成、何レも天子ニ当り候御文句を御用イ被成候段、何角御咄被成候内ⓑ被仰候者、殿下之字殿下（テンガ）と唱候而関白ニ相当候故、大君殿下なと〻続キ有之者不苦候得共、殿下と斗りハ御書契ニ認不申候様、先年御達有之候趣等御咄被成候付、左候へ者関白ニ被為当候文字御書契ニ御認不被成候様ニ御達有之候上ハ、天子ニ当り候文字なとハ仮令前々より用来ニ候とも、漸々御除可被成義ニ候処、大慶使之書ニ天子ニ当り候文字斗り御用被成可然哉、其処を以申上候得ハ、御責諭申候様有之候故、惣四郎より御答申上候ハ、左様之御達之趣ハ存当り不申候得とも、先年御復号之節之趣を以見申候へハ、ヶ様々々と其節之趣等を以御請答申上、ⓒ皇帝或ハ天子及王号ハ古今一定之尊称ニ而、大君之称ハ天子ニも相当、或者嫡王子ニ相当り、或者侯伯ニも相当り、或者人之父ニも尊大君なと〻申候得者、古今之称を器ニし転移有之と相見候、ⓓ今大君と奉称候も家君と申意ニ而、諸侯之長と申文意哉と我々ニハ相心得居申候得ハ、公義ニ相当り候文字者天子ニも用ヒ、其外ニも通用仕候様成宜敷文字を相用申度存念候、兼々相心掛罷在候、右様之書契者度毎ニ公義江被差上候得共、公儀江之御請答ハ大和尚之御著述故、申上候迄も無御座候得共、已前四海驪泙なと〻有之て朝鮮より及難渋改撰ニ至り候義も有之と承及候得ハ、朝鮮之義兼々御聞及被成候風勢ニ候得共、押詰候筋相貫候義ニ而も当時なからも彼是難渋之事共有之、使者接待及遅延候而者使者柄も違、如何ニ奉存候趣等、段々御咄申上候得者（以下欠）

（28）建仁寺両足院史料「対州渡海記　下」。年未詳だが、史料中に以酊庵僧の名として海山が現れる。これは明和七年（一七七〇）から在番した海山覚暹のことである。したがって、右の史料は一八世紀後半のものと分かる。

（29）『日東壮遊歌』の原文はハングルの歌辞体であり、高島淑郎はその体裁を残しながら翻訳を行っているため、以下に引用する際もその体裁を準用する。

（30）方針転換が対馬藩側に伝わって以後の詳細については、ここでは論じない。池内敏［一九九一］を参照されたい。

（31）『宝暦信使記録』一一九［慶應］。

（32）史料原文は以下の通り。

……於大坂一件起り候以来、両長老三使衆江直ニ被致対面度之儀数扁も申込候得共、三使衆曽而承引不被仕候ハ、ⓐ畢竟此方様朝鮮と一口ニ御成被成、日本向之御恥辱と相成候様ニ被取斗候と之悪意を挿、既御城代江及内訴候儀無其紛、……ⓑ此和尚も、既ニ瞻長老・芳長老同然大坂ニ而奸策を談候人ニ候得者、聊以油断不相成、……

（33）史料原文は以下の通り。

従大炊頭殿・讃岐守殿・周防守殿以御連署被仰入候、然者ⓐ五山碩学之内慈済院・南昌院・宝勝院以輪番壱人宛対馬へ被罷下、朝鮮往来之書簡・筆談等可相勤旨被仰出候、近日対馬守殿被罷発候て同道ニ而対馬へ可被罷下候間、急度御用意尤ニ候、ⓑ下向之次第難定候ハヽ、鬮取ニも可有之候哉、委曲御年寄衆連署之面々御談候、恐々謹言

七月廿九日　金地院元良　在判

尚以ⓒ当年始而御下向之人御定候而急可被仰上旨、御年寄衆、拙者ゟ相心得可申入旨御申候間、早々御請待入存候、以上

（34）延享五年（一七四八）、以酊庵僧が朝鮮通信使と同行して対馬府中を離れていた際に、朝鮮人漂流民送還のために文書作成が必要となった。このとき、和文草案を江戸へ赴く途上にあった以酊庵僧あてに送り、旅先から真文草案を送り返してもらっている（『和文控』［国編四三三四］）。

第3章

（1）表題にある着任・離任時期は、厳密には実際の着任・離任期日と合致しない可能性がある。たとえば第四十一冊目の表紙には「自元禄十四辛巳正月、至同十六癸未正月」と記されるものの、内題には「元禄十四辛巳三月念三日渡海、同十六癸未三月念四日交代」と記されるから、表題と内題における着任・離任期日にズレが認められる。渡海・交代時期が明確に記されたものはほとんど例外的にしか得られないが、離任時期から着任時期を差し引いた在任期間を把握するに際しては、表題での表記を用いても大差ない。したがって、本章ではおおよその在任期間を把握するために、表題にある着任・離任時期を用いた。

（2）ただし、すでに知られているように、現存する『両国往復書謄』は承応三年（一六五四）以後のものに限られるから、輪番僧在任期間についてもその時期以後についてのみ明らかになる。

（3）寛文四年正月から同年七月までの芳春庵祖了（七カ月、『両国往復書謄』第十冊）寛文十三年六月から延宝元年十二月までの天澤庵元超（七カ月、同前、第十八冊）、延宝二年六月から同三年二月までの瑞泉院玄玲蔵司（九カ月、同前、第十九冊）、寛文九年三月から同年六月まで勤めた梅林庵仙乎（四カ月、同前、第十四冊）。

（4）正徳四年正月から同五年二月までの臥雲軒鏡蔵司（二十七カ月、同前、五十三〜五十五冊）、元禄二年正月から同四年四月までの

寿康庵俊蔵司（二十九カ月、同前、三十二冊）、宝永五年六月から正徳二年十二月までの孤峯庵陸蔵司（五十六カ月、同前、四十六〜五十二冊）など。

（5）史料原文は以下の通り

○ⓐ清書役中之儀、順番を以東向寺江被差渡候事候処、ⓑ東向寺之儀者壱人勤ニ而、ⓒ第一御書翰吟味等いたし殊ニ近年之朝鮮時体ニ而者ⓓ不時真文御用等も有之候付、ⓔ不学不相当之人被差渡候而者右御用支可相成候間、ⓕ兼而清書役中手跡者不及申、御書契筋之儀随分相心掛令出精候様可致候、依之以来ⓖ東向寺代り之儀者清書役順番ニ不相拘、相応之人吟味之上可申出旨、西山寺江相達し可被置候段、以書付与頭江相達ス

六月六日

（6）清書稽古役から提出された願書中に「以酊庵から臨時の御書契の御草稿を提出なさるたびごとに、われわれ両人のなかから朝鮮方へ出向き、〔草稿を〕写して記録しておくようにと命じられ、これまでそうした勤めを果たしてきました（以酊庵より不時御書契御草稿御差出候度毎ニ、我々両人内より朝鮮方江罷出、写留候様被仰達、是迄相勤罷在候）……」（『以酊庵御掛合・清書役　明和四年〜寛政十二年』［国編五〇〇九］天明三年十一月廿六日）とする記述がある。

（7）享保元年（一七一六）には清書役中の定員を八名としており、同八年には定員のうち五名を本役と定めている（「清書役被仰付并交代」『類聚書抜』十四［対馬記録I／朝鮮関係Q25］）。

（8）ここで彼らの名前が消えた理由は、表3-3備考欄に示したように以酊庵御用達への就任である。以酊庵御用達については、その具体的な職務内容は分からない。清書本役から選ばれ、清書本役との兼役は認められない点に鑑みると、清書役中の職務内容と関わりながら以酊庵僧と緊密な連携活動を行うところに御用達職の本旨があったと想像することは可能である。また以酊庵御用達の設置がいつまで遡るかも今のところ明らかにできないが、享保十年十一月に仙首座が、翌年三月には朝陽軒禅蔵主が以酊庵御用達に任じられている（『類聚書抜』十四［対馬記録I／朝鮮関係Q25］）。

（9）このとき選に漏れた朝陽軒恵徳は、天明七年（一七八七）十月には単独候補者となり、稽古役に選抜されている。また、複数名を候補者にした選抜は、天明四年のほかに、寛政元年六月（景徳庵恵淳・長寿院弟子恵実・鴨居瀬村高山寺先住弟子紹禅を候補者とし、紹禅を選抜）、寛政二年正月（景徳庵恵淳・長寿院弟子恵実・一華庵同宿禅廓を候補者とし、禅廓を選抜）にも行われた。

（10）祖寛（寛首座）もまたそうした経歴をもつ人のようである。子細は不明ながら、文化六年に褒賞された際に「田舎住職より直ニ清書役被仰付候処、手跡相応ニ在之……」と述べられているからである。

（11）史料原文は以下の通り。

同年十一月二日　　清書役　祖梅

同稽古　恵信
　　　　元明
　　　　恵徳

右者、兼而清書役并稽古等被仰付置候処、已前者渭蔵主・完蔵主・薫蔵主等格別相勝、其後文蔵主・本蔵主・目蔵主右三人ニ引続相応之手跡ニ候処、ⓐ近来ニ至本蔵主・目蔵主程之掌も曽而無之、清書役之衰微寔当節より相見歎ヶ敷次第ニ候、惣而ⓑ朝鮮御往簡之義異国へ被差渡候故、不興ニ拙キ手跡ニ而者御国之御恥辱者素本邦一体之及恥辱不安次第ニ候、近来之清書役畢竟平素心掛不深切不精成より如斯相衰不埒之次第ニ候、右之面々出精専之年齢故、向後ⓒ日々西山寺へ昼四つ時より罷出手習令出精、毎月朔望、細字・中字清書朝鮮方頭役迄差出候様被仰付候、夫共不上達之僧者被仰付様之品も有之候、筆草而已ニ不限、清書役者独勤之東向寺ニも被召仕、ⓓ儒学達者ニ無之候而不叶候間、是又心之及可令出精事ニ候、且又門中仕立之小僧共西山寺へ日々罷出、随分令出精、追而御用達候僧出来候義専要ニ候、済家門中可御用立手跡無之相見候ハヽ、他宗手跡相応之面々清書キ被仰付候上可被召抱候条、左様相心得可申候、委細朝鮮方頭役より相達品可有之候、右之趣西山寺を以可被申渡候、西山寺へ者自院ニ而一統手習ニ付而者別而乍苦労心之及令指南、不日不年ニ際立令上達候様可被申渡候、已上

(12) 手跡に優れたとされた六人のうち渭蔵主は東向寺輪番を経験していない（注16参照）。なお、これら六人が活躍していた時期にあっても、次に掲げる史料に見るように、（期待されていた能力の質に差はあるものの）すでに清書役の力量不足が歎かれている。「清書役之僧、以前ハ文才有之人多ク、東向寺へ被差渡候節も真文之御用不差支候処、近来ハ文才甚劣り候由相聞候……」（享保十五年七月九日付、吉川六郎左衛門あて杉村采女書状、『類聚書抜』十四［対馬記録Ⅰ／朝鮮関係Q25］）。

(13) これらのうち清書役祖梅は右史料に見える日付よりわずか前（天明八年十月五日）に次期東向寺輪番に指名された人物である。また、清書役恵信は寛政元年（一七八九）十月三日に東向寺輪番に指名されたが、二年正月になって辞退している（表3-4の寛政元年十二月十九日条の備考欄参照）。

(14)『以酊庵御掛合・清書役　寛政十三年〜文政元年』［国編五〇一五］文化七年八月十一日条。

(15) 史料原文は以下の通り。

〇寺社奉行吉川六郎左衛門へ相渡候書付左ニ記之、

一ⓐ清書役中於以酊庵ニ相認候御書翰・別幅・吹嘘等書損之儀ハ、御書翰文句有之事候故、猥ニ引散可申様無之候間、ⓑ向後ハ書損之儀、清書之度毎ニ不残西山寺江致持参、西山寺より度ことに朝鮮方へ目録相添差出、尤書損之紙ニ何かし書誤りと申事を逐一ニ書載いたし差出候様ニ可被申渡候、……

(16) 清書役と以酊庵僧との関係については、以下のような逸話を挙げることもできる。

たとえば、西山寺十七世祖温は、「小僧の時分書物を習はんとて、以酊庵にも参り習ひしに、其比、相国寺常長老〔梅荘顕常〕御用にて下り被申たり。其方にも参りけり。常長老帰京時分に、『汝は精を出して書物を読む故、餞別に遣し置』とて、世説を一部被下。其本はいくらもいくらも書き込みあり。……」（『楽郊紀聞』巻六、『楽郊紀聞』1、平凡社東洋文庫、三六八頁）という。西山寺十七世祖温は、表3-4・安永六年七月項・清書稽古役欄に初めて登場する人物として本文中で先に触れた。常長老から与えられた「世説」は後漢末〜東晋末における貴族・文人らの逸話集「世説新語」のこと。常長老の感想等が随所に書き込まれていたものを、そのまま与えられたというのである。また、一華庵禅廓は「大酒呑にて放蕩なりしか共、字は能く書く。近来清書役の能書也。……以酊庵輪住畊長老より筆法を習へりと云」（同前三八二頁）。一華庵禅廓についても本文中で触れたが、右の記事によれば以酊庵僧から筆法をじかに学び、そのことを通じて能書家としての評価を得るに至っている。一方、注(12)で触れた渭蔵主は、手跡の優れた人として対馬藩内では評価が高かったにもかかわらず、結局のところ東向寺輪番を経験していない。渭蔵主は以酊庵輪番僧とのあいだで良好な関係を築くことができず、直接に何らかの確執のあった以酊庵僧が帰国したのちも、当該和尚の申し送りによって数代にわたる以酊庵輪番僧から渭蔵主が忌避され続けた。そのため対馬藩は渭蔵主を清書役中から江戸藩邸詰めの清書役へと転任させたから、結局、彼は東向寺輪番僧を経験することがなかった。東向寺輪番僧を経験した祖温や禅廓が以酊庵僧と良好な関係を築いていたこととの対極にある史実である。

(17) 清書役中のひとり完蔵主が京都五山へ上った記事が『類聚書抜』十四［対馬記録／朝鮮関係Q25］のなかに見える。しかしながら、これはあくまで「僧道修行」を意図したものである。そもそも清書役中一覧・東向寺輪番一覧に現れる人名の連続性に鑑みると、たとえば東向寺輪番僧になる前に上京して外交文書運用のための特別訓練を受けた人物がいたようには見えない。

(18) 田代和生［一九八一b］一八六頁に当該条の史料引用があるが、本章では原史料に立ち戻り、部分的に字句の修正を施した。なお、［史料四］［史料五］の史料原文は以下の通り。

［史料四］

東向寺江御備被置候書契跡留、承応二年以前之分令不足居候付、則寛永十一年より承応二年迄之跡留九冊（中略）東向寺代り一華庵江相渡、東向寺江御備被置候、……

［史料五］

A　同年八月八日

清書役中

右者、東向寺江御備有之候御書契跡留之内、往古より不足之分有之、吟味難届相聞候ニ付、此節右不足之分書継被仰付候間、此旨西山寺を以可被申渡旨、寺社方兼帯与頭へ相達、

B　同年十一月廿五日

銀九両　　　　　　　　　　　　　清書役中

右者東向寺御備之御書契跡留、寛永拾弐年より慶安三年迄執筆令出精、永年之御為宜出来、別而令苦労候間、右之通被成下、西山寺を以可被申渡段、寺社奉行へ相達、

C　同年三月廿九日

東向寺御書翰跡留之義、承応弐年より有之、其以前之分無之、於彼地考之節差支候付、被差渡置度段、去年議聘使平田隼人より被申越、出来ニ付差越、

第4章

（1）この折りの五山側の主張は、秋宗康子の整理にしたがえば「近年、対馬への往来、勤務中に諸雑費が多くかゝるため、碩学に選出されるのを嫌がる人が多く、引き続いて御用を勤めるのがむずかしくなった。……近年打続く対馬藩勝手不如意により、諸事不行届である。又五山自体も欠乏が甚しいので、非常に困っている」（秋宗康子［一九九一］四五一～四五二頁）ということであった。

（2）「安永初年の頃から、……碩学列は形勢の日に非なるを観じ、斯くては其職責を完ふすること能はざることを顧慮し、胥議して本職〔朝鮮修文職のこと〕の解除を幕府に申請するに迨んだのである」（小畠文鼎［一九二七］六三頁）。

（3）「これ〔京都五山側の歎願〕に対して幕府は、対馬藩主に詰問したところ、対馬藩の朝鮮貿易は年々改善されて居り、家中の撫育も十分行うとの解答を得た上で、朝鮮書契御用は大切な御用であるとして、御免は認められなかった」（秋宗康子［一九九一］四五三頁）。

（4）史料原文は以下の通り。なお、相国寺史料編纂委員會（藤岡大拙・秋宗康子校訂）［一九九〇］一七五頁によるが、読点の一部を変更した。

ⓐ安永九年三月念□日（ママ）、於相国聚評書啓（ママ）御用勤番対州へ渡海之事、ⓑ対馬不如意ニ付朝鮮江相渡交易之物件多分相滞、国中至極困乏家中扶育モ難成之體不軽事、太切之御要害之鎮護所右之趣ニ而者不相済義、且又ⓒ宝暦信使之節崔天宗変死一件対州取計不宜、向後大慶ニ付信使同伴被仰出候時及異議候筋等在之候而者、在番之各山此様子略及見聞坐視空過候而者不調法ニも可相成、并又ⓓ近頃以酊大和尚より被仰越候以酊之職ヲ御止被成候様関東江願出候義も在之、後手ニ相成候而ハ、是迄之御役ニ対候而も不相済、万一願之通以酊之職相止候時者、当以酊両足高峰大和尚対州ヲ被引取之事體も如何可相成事哉難相計、乍然対州より権門江取入居候事、彼方之事ヲ出訴之様子ニ相聞候ハ、却而御聞取不宜上御咎モ可在之哉、勿論ⓔ書契御用之儀者世

間ニおいて規模之事トモ可申哉ニ候得共、元来法中不相応之事、各山近年不如意之院々多相成候上、時節ニ応し総而化儀ヲ張候様ニ相成、雑費ハ年々増長、諸院出勤も難相成事ニ成リ行キ、ⓕ対州より数十年来碩学職ニ対し軽蔑之事共多々在之候ニ付、ⓖ右書契方御用御免被成下、古代之通宗門一通之碩学ニ被仰付候様出願之評論也、尤ⓗ三月某日於某山評論一定之上、此日集評于万年出府之任評論之事……

（5）［史料二］の文中にあるⓓ「近頃以酊大和尚より被仰越候以酊之職ヲ御止被成候様関東江願出候義も在之」を「最近、在番中の以酊庵僧が輪番制停止を幕府に願い出たことがあった」と解釈することも不可能ではない。しかしながら、この一件に関わる『相国寺史稿』・対馬藩政史料を通覧する限りでは、以酊庵輪番制停止が幕府に提起された事実は、［史料一］に見える衆評ののち五山僧を代表した古道元式・環中玄諦の江戸出府以後にしか見いだすことができない。したがって、本文中に示したように「以酊庵輪番制の廃止を京都五山に提起した」としておく。

（6）宝暦十四年（一七六四）四月、大坂の通信使客館内で対馬藩朝鮮語通詞鈴木伝蔵が朝鮮信使中官崔天宗を殺害した事件。ことの性質上、対馬藩と朝鮮とのあいだで処理が済む問題ではなく、大坂城代が関与しただけでなく、江戸から幕府目付が派遣されて収拾が図られる事態となった。いわば日朝関係の根幹を揺るがしかねない騒動となったのである。このとき、信使一行に随行していた以酊庵僧は、幕府の意向を受けて信使側責任者（通信三使）と直接面談を求めたが、三使側の拒絶によって実現しなかった。また、鈴木伝蔵を大坂で処刑して事態の収拾を図り、信使一行の帰国を促したのちに、改めて幕府は事件に関与したと思われる対馬藩士に対する処分を決定したが、その裁許結果を朝鮮側に伝えるか否かは対馬藩と幕府とで意見が相違した。伝えるのは不要と考えた対馬藩に対し、幕府は以酊庵僧を介して直接朝鮮側に伝えることを試みたが、結局実現しなかった。これら大坂および対馬府中での以酊庵僧の動きに対し、対馬藩側では厳しい不快感を示している（池内敏［一九九九］［二〇〇八］）。本書第2・13章も参照。

（7）史料原文は以下の通り。

当山存寄書

一（第一条）五山碩学以酊之御役を兼候事を規模栄耀ニ申候者、誠ニ庸俗ニ致売弄而已ニて、禅林有識之分上ニハ甚可耻候事、

一（第二条）諸宗共碩学学匠抔各其宗耆徳之選なる事勿論ニ候、五山碩学而已以酊之御役を相兼候より御役之儀重ニなり、此任を碩学と称候而、賜紫之位も由此と存候様ニ成行候而者、一衆学道之志大ニ間違ひ、実ニ宗門之弊ニ相成候事、

一（第三条）以酊文翰之御用ハ碩学仁之緒餘ニ相勤候事、乍然異国之通交不時之応酬甚係文筆候得者希望之人ハ其業を専ニし、吹噓之節ハ其才を揀候事可為肝要候処、是亦左様ニも不相成儀ニ候へハ、大小共碩学之名称ヲ失候事、

一（第四条）右以酊御役学禄扶助米等迄頂戴仕り規模栄耀ニ成候事不及申候、就其諸般用意色々笠高成事是亦不及申候、左候得ハ当時小院小禄之処ハ決而難相齋候、自然と諸般用意相齋ひ易キ院柄ニ帰シ候勢ニ相成候、然レハ碩学二字之儀ハいつしか

外ニ相成候、是以一衆修学激励之事ニ於て大なる間違ニ相成候事、
一（第五条）学禄被充行候本意ハ学徳扶助之為ニ而候へハ、別而小院小禄之仁を引立候重之利益ニ相成候、今日之體ニ成候而ハ、最初被充行候上之思召ニも不相叶と奉存候事、
一（第六条）右之訳ニ候へハ、万一以酊御役御免之筋ニ成候へハ各山一同規約申合セ法中相応碩学之名誉復シ、実ニ一衆修学激励之利益ニ致翻転可為大幸候、併先左様ニハ難相成儀と存候、但以酊御役ニ固執候而永々取離さぬを究竟と存候者可為不料簡事、
一（第七条）以酊御役監察を兼候と申儀、実ハ俗儀之上之俗儀ニ而候、乍然此を以て職務之護持ニ可相立訳故、先輩之筆記ニも被載置候事深重之意旨と存候、殊ニ宝暦年中扶助米頂戴より以来別而此義第一之申立と不心得候ては不相成事、
一（第八条）右之訳故、宝暦之頃より言上之儀始り候、左候へバ対州家中民間迄も一国難義ニも掛り候程之事以酊ニ望を属し、以酊より言上も被下がしと庶幾候筋も可有之、是亦当任之志操ニ掛り候事と存候、然一両度言上之後ハ絶而無之候、是亦時宜を汲而之義ニハ可有之候得共、万一変事発候時書啓之外ハ縦見聞ニ触候事有之迚も不相関とハ被申間敷事、
一（第九条）対州より以酊へ之使向・音物等之儀ハ畢竟貪着無之事、此ニ就て例格を論し合候事ハ可為無用事、但以酊之勢対州上分よりハ何可憚事も無之、下様よりハ何可属望事も無之、自然と侮を入候様ニ成候而、段々押シ下シ候體ニ相成候事、御役御用之分上ニ而甚可為瑕瑾候事、
一（第十条）右之事體故、当時ハ規模之甲斐も無之栄耀之面目も無之、実儀外聞共相失候様ニ相成、嘆敷存候事、
一（第十一条）右之通五山之碩学ハ只以酊御役之様ニなり、其以酊御役ハ段々失勢候様ニ相成候事、実ニ列岳衰弊無此上候事、
一（第十二条）總而百年来無事済来候迚も、以後亦無事ニ可済と存候ハ誠ニ偸安之一寸遁ニ落候、百年之土蔵ハ一朝之火災ニ備へ候、況世之変者漸々之勢ニ相成候へハ非火災一朝之類候、猶更用心可預候、対州之変既に如今日ニ相成候へハ、何レニ遠慮無之候而ハ不可叶候、万一騒動起候時者以酊へも難儀掛り、其上学禄迄も動キ候様ニ可相成と存候、好し左様ニ不相成候迚も、堂々たる列岳老々大々之五山碩学御役御用顔ニ而居候面々、到其時はうはうニ火事場を遁候様なる體に而引退候者何之面目可有之哉、其上対公儀搖尾乞憐之體抔仕候者可為天下之嘲事、
一（第十三条）此節辞職之願申上御聞届無之候者後日之控ニ可相成、亦些ハ以酊之益ニも可相成候、若又御聞届有之候而御役御免本分之碩学ニ復し候様ニ相成候ハヽ、実ニ列岳之大幸不過之候、乍然列岳一同之旨ニ不相成候而ハ不得已箝口束手待時節因縁より外ハ無之事、

（8）あえていえば、第九条の一部には対馬藩財政の問題と抵触する部分も見える。しかしこの場合も、「対馬藩から以酊庵への使者派遣や音物贈答のことは……頓着」しない方がよいと述べるのだから、対馬藩財政については問題にする必要がないとする意見表明と見て良い。

（9）「密書写」［国編五四四四］。史料原文は以下の通り。

［史料三］

朝鮮国書啓御用、来丑年拙僧輪番ニ而対州以酊庵へ罷越候付、先役椿長老・当番晙長老江近年勤方并国内之様子承合候処、前々之模様とハ違ひ候様相見、此節乍恐御改制之筋ニ而も被仰付候ハヽ、御上之御為ニも可被成哉と奉存候旨趣、不顧憚申上候、

一（第一条）対州朝鮮と之訳ハ、御当代以前ニ日本海辺之国々より彼方へ毎度罷越所々取荒し候を彼方より賊船と申立乱入不仕様ニ御制禁可被下旨手寄之事故、対州江毎度相頼候、其節之公儀江注進被申、右賊船乱入之義厳密被禁止候而、日本入用之品ハ交易いたし用立可申旨ニ而、五畿内ニ諸作迄も通路有之、対州ハ別而右賊船禁制之世話ニ預り候恩分も御座候故、常々格別取扱ひ、対州助成ニ相成候様子ニ御座候、然処文禄元年合戦之儀差発り、両国之人民夥敷損害仕候得共、差而国家之御利益も無御座儀を思召被為考候而、関ヶ原御陣之後朝鮮国と和順之儀宗対馬守義智・同家老柳川下野守調信江被仰付、数度及往返候へ共承知不仕候、其訳ハ彼方より年来厚クちなミ置候処、其恩義を忘れ先陣被致候事を深く憤り候而、度々対州之使者を殺害仕候処、先達而被召捕候朝鮮人を追々御戻し被遊厚キ思召之段相通候故、慶長九年、彼方より僧松雲と孫文彧と申両人を差渡し、翌十年、対馬守同道ニ而右両人於伏見権現様江拝謁仕、本多佐渡守殿・相国寺兌長老両人を以御和順之義を被仰合、且右之両人御仁政之様子も見聞仕候而罷帰候、其後申越候ハ、御書翰ニ而も被成遣候者御挨拶も可仕と申候、此主意ハ、日本より和順達而御望ニ御座候趣御書翰を以唐土へ奏聞仕許容を受候ためと相見申候、依而慶長十一年権現様より御書翰被成遣、翌十二年彼方より初而信使差渡候、右之通和順相調ひ両国安堵仕候ハ全権現様御仁恩ニより候と申儀、彼国ニても至極感服仕候事ニ御座候、依之通交来聘之式、往古よりも格別丁寧之致方ニ御座候、其上古例も御座候付、一年ニ二十艘ツヽ之使船をうけ交易可仕と約束相定、其以来年々大造なる馳走仕、釜山浦ニ有之候和館も彼方より造作修復仕、万事朝鮮より之接待ニ而御座候故彼国之費者不軽事ニ相聞へ、交易之品迚も徳用も無之趣と申儀、享保年中対州之儒者雨森東五郎認置候交隣提醒と申書物ニ見へ申候、最初御徳恩を蒙り候儀ハ年代を経候ニ随ひ遠々敷相成、目前物入之事而已ニ竈宅仕候こゝろも可有之儀ニ候へ共、今日迄対州之取扱無相違連続仕候ハ、公儀江奉対候誠信御通交之儀理を不違主意と奉存候、朝鮮之儀一円ニ対州へ御任セ切之様ニ御座候へ共、右申上候通権現様より被為仰懸候御事ニ御座候へハ、彼方ニてハ何事ニ寄らす公儀江奉対候誠信之御通交と申ものニ存居候、右之訳ニ御座候へ者、長崎之唐土・薩摩之琉球・松前之蝦夷抔とハ格段之違ひニ御座候、

一（第二条）柳川下野守調信・同豊前景直・同豊前調興三代共対州家老筋之者ニ而、調興儀ハ、御府内久々罷在朝鮮表御用向をも直ニ蒙仰候而、対州ニおゐて甚権柄を取申候、元和三巳年朝鮮信使来聘之節、対馬守義成十四歳ニ而信使同道仕候、其節も右調興相扣罷在候、其後寛永年中、豊前守調興御所丸と申、偽之儀船を朝鮮へ差渡し陰謀之筋及露顕候而、御

吟味之上、寛永十一年豊前ハ御改易、西山寺方長老・昊首座并宗讃岐三人ハ遠嶋、松尾七右衛門・嶋川内匠両人ハ御仕置被仰付候、方長老儀ハ其後蒙御赦免帰国仕候、

一（第三条）元禄七年対馬守義倫死後、義方十一歳ニて家督ハ被仰付候得共、幼少ニ付朝鮮表御用ハ先々対馬守義真へ再勤方被仰付候、義方十九歳相成候而朝鮮表御用被仰付、初而書翰差渡候、

一（第四条）享保十五年対馬守義誠死後、義如十六歳幼年ニ付代人方熙江家督并朝鮮表御用被仰付、翌々年義如江家督并御用向被仰付候、

一（第五条）宝暦二年対馬守義如死後、義暢十二歳幼少ニ付代人義蕃へ家督并朝鮮表御用被仰付、十二年義暢江家督并御用向被仰付候、

一（第六条）右之通、対州之義ハ異国押之地ニ御座候故、寛永以来幼年ニてハ御用向不被仰付候、依之常々代人を御立被置候儀、国中ニても安心仕難有規模之儀と申居候、勿論代人之儀ハ朝鮮ニも能承知仕居候事ニ御座候、然処今後猪三郎幼少ニ御座候へ共家督并御用向被仰付候、是以元和三年義成十四歳ニ而信使同道迄も相勤先例を以御願申上候事哉と奉存候へ共、義成代ニハ前段ニ申上候訳も御座候得者、此度幼少ニて家督并御用向被仰付候儀を朝鮮ニをゐても不審ニ可存事ニ国中ニても噂仕候儀ニ御座候、

一（第七条）年々定式ニ差渡候交易之使船、亥年夏迄ニ凡壱ヶ年半差滞申候、其上内々ニ而又壱ヶ年余も差滞夥敷借物ニ相成候由、若弥右之通ニ御座候ハヽ、書翰往返ハ表向相済セ置、中ニて訳官共彼方公辺を取繕内々相対仕候儀と奉存候、若此方より右体之儀相頼申候上ハ、彼方より如何様之筋頼込候儀も相知かたく、甚以如何敷奉存候、

一（第八条）御通交之第一と申候ハ誠信義理ニ而御座候故、御取次と申候対州ニも其旨相心得、誠信義理を失ひ不申候様ニ万事其備相立候へハ何之相滞可申筋ハ無御座候、夫ニ付而ハ国内も繁昌為致、人民安穏ニ罷暮し、上下和順仕候事肝要と奉存候、左も無之候而ハ誠信義理之所自然とうとく相成、諸事なをさりニ成行、段々不実なる事共増長可仕候、当時之様子ニてハ、上より御改制之筋も無御座候而ハ甚以無心元奉存候、殊ニ当主幼少と申、旁以大切之時節と奉存候、元来文禄之乱後ハ彼方ニ日本之武威を甚恐れ候故対州より押へ付候侭ニなり候事も御座候へ共、只今ニ而ハ前々之通ニも成兼候と申趣、交隣提醒ニも相見申候、享保之比より対州段々弥増之困窮ニ而手薄相成候儀者兼而御聞ニも達候儀と奉存候、近年格別之御手当ニ而年々壱万弐千両ツヽ被成遣候御義ニ御座候得共、次第ニ困窮相募り候様子ニ御座候、朝鮮表より年々漂流人も参并訳官等往来有之、且又和館ニをゐてたかいニ出会候者共御座候へ者、此方困窮之様子自然と見聞可義と奉存候、近年対州町家ニたまたま米穀たくわへ候者有之時ハ、役人共罷越封印仕預候事も御座候由、家中之者自分之居宅持こたへかね親類之内両三人同居仕、薥粥橡之団子を入候而漸々飢寒を凌キ、或ハ以酊庵江使者ニ罷越候者寒中ニ夏肩衣なと着候体、或ハ大小を預ケ飯料ニ取替出番も難成候而病気申立、或ハ両三年暇を乞親子引はなれ他国江渡世ニ罷出候族も

折々有之由相聞候、去亥年当番晙長老江相渡候ハ飯米も国内ニ米穀払底仕候間代銀ニ而可相渡なと申聞候事御座候、且又近比城下湊より一里程奥久田浦と申所ニ遊所を取建、他国より売女を呼寄可申なと取沙汰も仕候、是以只今迄国風ニ無之事、却而困窮より左様之儀起り候事ニ奉存候、去冬比より朝鮮漂流夥敷有之、其上当年麦作も宜候故、此節者少々安堵仕候由承及候、何分只今之姿ニ而者公儀御厄害ハ段々相増可申と奉存候、寛永年中五山碩学共御用被為仰付候者、思召之被為有候御義とハ奉存候得とも、只今ニてハ時勢も違ひ候故、御用相勤候当人対州より相憚り候程之儀も無之候而ハ御役御用之甲斐も無御座候、此段を深ク御推察被遊、碩学共ハ御用御免被成下、国中之重りニ相成り候程之御役人方被差越、其下ニ学問有之候人被差添、書翰等御改被成候様ニ御座候ハヽ、自然と国政之助ケニも相成、且勝手向之儀ニ付公儀御苦労之筋も減少可仕哉と奉存候、右碩学共御免之儀奉願候事、至而恐多奉存候得共、法中之国内之重りニも難相成、此侭ニ相勤罷在候而ハ御為ニも相成不申、御奉公ニをゐても本意を失ひ可申段当惑至極仕候、外国守護之御要害大切之御場所ニ御座候処、国内至而手薄ニ御座候而者備も立かね可申候、最初約条ニ而年々差渡候交易之類迄対州一手之取扱ニ御座候得者、彼方ニハ押詰公儀江奉対候儀と相心得可罷在候、左候へハ善悪共ニ御威光御外聞ニ相掛り申儀と奉存候、碩学共此上ニも御権威を奉蒙候而相勤り可申筋も御座候ハヽ、御願之申上様も可有御座候得とも、只今之模様ニ而ハ所詮法中ニ而ハ難相勤様ニ奉存候、

一（第九条）御要害之備大切と申上候時ハ、事形山ニ相聞候へとも、只今至極大平之御世ニ御座候へ者武具兵術之儀斗りを申ニてハ無御座候、誠信義理を取失ひ不申、外国より侮りを受候惰弱之姿、諸事ニ弛ニすきま無御座様ニと申儀、御治世之時節第一之御要害と奉存候、且又朝鮮ハ唐土ニ相相随ひ唐土之年号を用ひ候程之儀ニ御座候、只今之唐土ハ元来韃靼建州と申所より出申候而、当時ハ建州之方も同支配ニ相成申候、只今唐土之都ハ東北之端ニ在之、建州ハ朝鮮よりも北東ニ当り候而、朝鮮より遠境とハ乍申、まつハ地つヽきニ御座候、勿論唐土之都ハ朝鮮より年々使者往来も有之、是迄信使来聘之節も相済候上唐土江も相届申儀ニ御座候、乍憚万全之所迄も思慮仕候節ハ、対州之国柄ハケ様之ひかへ迄も可相心得儀と奉存候、

一（第十条）右御用御役人改而被仰付候時ハ至而六ヶ敷儀ニ可被思召候、御尋被仰付候へハ随分相分レ可申候、書翰往来之儀も学文有之候者ハ随分合点致し候事ニ御座候、第一大切肝要之儀ハ古来通交之訳を能存候而正直誠信ニ可相勤仁体御ゑらひ可被遊儀と乍憚奉存候、

一（第十一条）碩学共御用御免被成下、別ニ御役人方被差越候者、相定候年条之使船只今ニ而者都合二十三艘或ハ四艘ニ而、夫ニ附添候船数々有之ハ、右之使船時月遅速無之書翰并別幅之品御改被成、格式之通大守より之使者江御渡被成、使者帰国之砌返翰別幅之品并交易ニ相成候物も一々御改被成、私貿易之儀ハ只今迄之通対州勝手次第ニ被仰付候ハヽ、対州ニ少しも迷惑仕候筋も有之間敷候、尤二十四艘公貿易之品も対州所務ニ御座候へハ、其品々対州より調達仕候上を御改被

成、夫々之使者江御渡被成候而可相済と奉存候、
一（第十二条）御役人方江差越候而得と御取しまりも御座候ハヽ、後ハ対州より格段御頼申上候儀も有之間敷候、且又常々御役人方対州ニ被差置、朝鮮表之様子次第ニ御熟練有之候者、此後朝鮮向格別之御用等御座候節者急度御用ニ被相立、且又公儀御物入者申上ニ不及、諸向共ニ物入格別減少仕候筋合迄も自然と御会得可有御座と奉存候、勿論朝鮮表江の御義理合も厳重ニ相立可申候、只今迄之通ニてハ諸事片便同前ニ御座候故、朝鮮表へ之御義理合如何哉と斗被思召、対州より申立候侭ニ御聞届被遊候者、御物入者段々増長可仕哉と此段誠以奉恐入候、
一（第十三条）宝暦年信使之節、公儀よりも諸事先格之通結構被仰出、御馳走之諸作方共ニ大切ニ御取扱ニ御座候得共、一体対州ニ御任セ切之様ニ而諸向共ニ対州江もたれ候而差図次第と申趣ニ御座候故、朝鮮人江之仕向ハ却而次ニ相成候様ニ見へ申候、其上人馬迄も対州請負ニ相成候故、毎朝宿々ニ而遠方ニ有之候馬溜江朝鮮人下官とも馬を引ニ罷越し、対州之者共と前後を争ひ朝鮮人を打擲なと仕候儀日々之様ニ而、朝鮮人甚不快ニ存、色々私曲も有之様ニ致明察候体ニ而、両長老会下之者へ筆談ニ而申聞候ハ、江戸着之上必対州者御咎を可被蒙と存候処、其沙汰も無御座候ハ全両長老より取成も有之儀哉と申候、又朝鮮江之御仕向誠信義理相欠候様ニ成候者、以来通交来聘之義必然御断可申上なと申聞候事も御座候、ヶ様之義当座之筆談とハ乍申、甚如何敷事ニ奉存候、何分公儀より被仰付御役人御取計ニ相成候者万端行届可申、且又御物入ニをゐても格別ニ減少可仕哉と奉存候、

右之条々御通交以来之様子并存寄候儀荒増書付申上候、始終を相考申候処、是迄之通ニ而者公儀御通交之御義理ハ次第ニ相立不申、対州江格別之御手当被成遣候而も朝鮮表并国内之取繕も相調不申、在府并在国之家老其外重立候役人とも者諸事ゆたかに相暮し結構ニ相勤候へとも、其余家中之者ともハ飢寒をもしのきかね候程之事ゆへ自然と和合致かたく候付、国政之取〆りも行届不申、次第ニ衰微仕候体ニ御座候、勿論朝鮮江仕向音信等も段々麁末不実ニ可相成候、此迄結構ニ被成遣候思召も御無益之様ニ相成可申と奉存候、此儀元来朝鮮向之儀公儀ニをゐて御直ニ御取扱も無御座、一円ニ対州江御任セ切之様ニ御座候処より心得違も仕、最初御通交御義理之訳も取失ひ、右之姿ニ成行候事と奉存候、依而五山碩学とも勤番之儀御取放し被遊、別ニ御役人方被差遣、追々彼方之儀も御熟練御座候ハヽ、朝鮮江相懸り候諸向御物入も格別ニ減少可仕、且又御誠信義理之御旨も幾久敷相調ひ国政も無油断取〆り候者、対州相続之ためニも相成可申儀哉と奉存候、憚を不顧存寄之儀共奉申上候、今度惣代両人出府仕、対州勤番御免之儀御奉行所江御願書差上候、尤対州朝鮮向之儀者取弘ヶ可申訳ニ無御座候故、右之条々乍恐御内察ニ申上候、以上

安永九年子十月

朝鮮書啓御用

相国寺　慈雲顕常

なお、本文中で後述するが、京都五山側が何らかの訴訟を幕府に提起したことについて対馬藩側も情報収集に努め、安永十年七

月八日に至り、漸く五山側による願書の写を入手した。それがこの「密書写」である。この「密書写」が対馬藩内でも厳しく管理されていただろうことは、この文書が封入されていたと思われる上ワ封が残されているところから推測できる。上ワ封には以下の上書きがあり、封を開け閉めした際の確認文言が見える。なお、上ワ封の上書きに見える田嶋監物・古川図書は当時の国元家老である（『御内密書翰表紙』〔国編古文書四一六六〕）。

「寛政十二庚申八月、田嶋監物封印」
庚子年〔安永九年〕碩学衆以酊庵輪番御断申上候付、□□より御尋之品有　之、和尚衆より御答之□□第、右ニ付三奉行御
存寄書共ニ、江戸より手紙を以内密写　来ル
「天明八戊申年八月、古川図書封印」
御内密書物

一方、当時以酊庵に輪番僧として在番中であった高峰東晙にあてて、安永九年九月十八日付で梅荘顕常が書いた書簡中で「何分今日の時機、進ニ進れす、止ニ止れす候得者、極内々ニ而、拙一分之言上相認、堅ク糊封候而、在府両員へ託し、直ニ御用番へ差出し、扨表向奉行所へハ、五山総代両員ノ名前ニ而、只辞職之願書指上候筈ニ候」と記している（小畠文鼎［一九二七］七一頁）。ここにいう「在府両員」「五山総代両員」は古道元式と環中玄諦を指し、「極内々ニ而、拙一分之言上相認」めたものが［史料三］に該当すると考えて間違いない。

(10)「以酊庵雑録」大韓民国国史編纂委員会。本史料には「朝鮮史編修会図書之印」が捺され、末尾には以下のような記載があるから、原本は東福寺蔵本である。「昭和四年採訪、中村栄孝、京都市東福寺／謄写、昭和六年六月、渋江桂蔵／校閲、中村栄孝、昭和十二年十月十一日」。

(11)ついでながら「近頃以酊大和尚より被仰越候」の「以酊大和尚」として高峰東晙の前任者である湛堂令椿を想定しがたい点についても一言しておく。以酊庵輪番廃止の願書は京都五山の一致した見解として幕府に提出したいと考えられていたが、天龍寺だけからは同意の意思表明がなかった。以酊庵高峰東晙あて梅荘顕常書簡（安永九年九月十八日付）（小畠文鼎［一九二七］七〇頁）には、その点に関わる以下のような記述がある。五山総代として古道元式・環中玄諦が江戸へ出府したのちも総代は天龍寺からの同意が気がかりだったと見え、環中玄諦からは「於天龍御得心候様之方便ニ而縷々陳説」が冊子として在京の梅荘顕常のもとへ送られてきた。しかしなかなか「天龍へ御会得之情状迚も無之様子」であった。それで顕常が直接天龍寺へ赴き、「妙智和尚」と対面し、環中玄諦から送られてきた冊子の趣旨に基づいて理解を得ようとした。しかし数日後に「妙智和尚」が相国寺慈雲庵に顕常を訪ねて返答がなされたものの、「彼一山より之詞ニ而、依然として不點頭之答」であった。結局天龍寺からは同意が得られなかったのである。この一連の対談に出てくる「妙智和尚」とは、安永八年六月に以酊庵輪番を終えて帰京したばかりの天龍寺妙智院湛堂令椿のことである。以酊庵輪番廃止の議論に同意できない者が、当該議論を発議するとは考えられないのである。

（12）史料原文は以下の通り。

奉願口上覚

一　五山碩学共、対州ニ罷越、朝鮮国御通交之書翰相認候儀、大猷院様御代、寛永十二年奉蒙上意、百四拾年余相勤来、当御代別而御加恩被成下、不相替御用相勤続候儀、誠以冥加至極、難有仕合ニ奉存候、右之通御厚恩を以是まて無滞相勤候得共、ⓐ対州之儀者太切之御場所柄ニ御座候処、最初御通交御取組之趣も、年代を経候事故自然心得違も仕候而、行々御用ニ相立兼候筋も御座候而者甚以奉恐候、尤ⓑ対州表近年不如意ニ付、彼是取計候様子ニ者御座候得共、此上ニも手薄ニ相成候而者、碩学共彼地へ罷在候而も甚不安ニ奉存候、且又ⓒ五山之儀、近来総而困窮仕、人少ニ罷候上、学文熟練之者も数少、手薄ニ御座候故、旁以不得已ⓓ此度御願奉申上候者、碩学共対州勤番之儀、何卒御免被成下候様仕度奉願上候、久々重御用向相勤来候処、今更右之段奉願候者恐多奉存候得共、万一此已後差滞候義も御座候而者、此上も無御座太切之儀、奉恐入候ニ付、不顧憚此段御願奉申上候、御明察之上、御憐愍を以、願之通御免被成下、ⓔ碩学之儀者権現様御定被為置候通、此上無怠転相続仕度、幾重ニも奉願候、以上

安永九年庚子十月　　　　京五山　碩学総代　恵林院（印）

常光院（印）

寺社御奉行所

（13）恵林院は古道元式のこと、常光院は環中玄諦のこと。

（14）相国寺編纂委員会編［一九九〇］一八七頁には「本件ニツキテハ相国寺蔵本トシテ前援始末之略記ノ外、対州勤番御免願書、書契御用御免願ニ付諸記録中より抜粋之書、御免願ニ付諸権門江内呈之書取等ニ、資料極メテ豊富ナルモ、繁縟ヲ避クルカタメ、一々之ヲ収録セス、各其原本ニツキ参照ス可シ」とあるが、筆者は原本を未見である。それらの検討は他日に期したく思う。

（15）この史料は年未詳だが、史料末尾に「子十二月」とあり、史料冒頭部には碩学惣代の恵林院・常光院両名から提出された「対州輪番御免之願書」を受けた議論の内容を記したものだと明記される。この願書が提出された安永九年は子年である。また、太田備後守を美濃守宅へ呼び出して「私共一同」で恵林院・常光院両名を尋問し、それを踏まえた評議結果を記すものだと史料冒頭に記される。太田備後守は寺社奉行太田資愛、美濃守は寺社奉行土岐定経。さらに史料中には、評議結果を踏まえて「伊豆守［勘定奉行松本秀持］へ検討を命じられては如何か（伊豆守へ糺も可被仰付）」とする部分がある。したがって史料のどこにも明記されないが、「私共一同」とは寺社奉行一同のことであろう。このときの寺社奉行は、先の太田資愛、土岐定経に加えて戸田因幡守（忠寛）、牧野豊前守（惟成）、阿部備中守（正倫）とあわせ、全部で五名である。

なお、この史料は表紙に「写」と題される。それが幕府寺社奉行の評議内容を記しながら対馬藩政史料に含まれるところから、後述するように当時対馬藩側が五山僧による輪番免除願に関わる情報収集を進める過程で入手したものの「写」であると思われる。

(16) 史料原文は以下の通り。

可相成者、暫く御人者被差遣候方ニ可有御座哉と奉存候ニ付、右御人被遣方之儀評議仕候処、格別之遠国、……大造之御入用も相懸り可申哉ニ付、別段御人被遣候積を以、長崎奉行壱人増被仰付、三人ニ而長崎并対州江代ル〳〵ニ在勤被仰付候ハヽ、御足高之外別段御手当ニ不及、其上長崎ハ唐紅毛通詞并交易等之取扱役馴候地役人も多く御座候間、品ニ寄対州江呼寄取斗候儀も出来仕候ニ付、旁弁利之筋とも存候へ共、長崎奉行より対州兼帯ニ差支有之間敷哉、此所者私共治定難仕候、若可然と被思召候ハヽ、此儀者伊豆守へ糺も可被仰付候哉、乍去先ツ碩学共申立而已を以重キ御役人被差遣も如何可有御座哉ニ付、此度惣代之もの共江相尋候趣者私共承置、輪番之儀者是迄之通可相勤旨申渡候様仕来り、春ニも至り候而国元為取締御目付壱人対州江被差遣、心得之儀者前書之趣も仰含、一通り彼地之様子申上候上、弥長崎奉行兼帯ニも被仰付可然候ハヽ、右御目付を直ニ長崎奉行被仰付、諸事御取締等御改副〔制〕御座候ハヽ、御政法之筋も相立、朝鮮江も御位義之程相響キ候ハヽ、弥御仁徳相服シ、猪三郎・家老之者共迄難有奉存、国政も行届、御奉公出精之基相成、以来御不益之筋も相止ミ可申哉と奉存候、

(17) なお、寺社奉行はさらに議論を重ね、これまで参勤を免除してきた幼主宗猪三郎にしばらく江戸滞府を命じてはどうかとの案を出してもいる。幼主ゆえに朝鮮貿易実行に不安が残る点の解消と、幼主の不在により国元で思い切った制度改革が実現できるという思惑からである。

(18) 「御交易筋ニ付御尋答御内密記」［国編三八八六～三八八八］。なお、本項における記述はとくに断らない限り同史料による。

(19) この表には書面による問い合わせ・返答は含めておらず、音物贈与についても掲載していない。

(20) 追加尋問の項目は以下の八つである。①朝鮮江訳官と申者有之、和館江不断入込居、諸事取捌儀ニ候哉、②東莱者何体之人相勤候哉、③朝鮮江船数何程も御勝手次第御渡被成候哉、船者何様之船ニ候哉、④和館海付ニ而湊宜候哉、家者何様之事候哉、彼国之客館者何様ニ有之候哉、屋ね者瓦候哉、⑤城者如何之様子候哉、⑥武辺者如何ニ候哉、人之風儀者如何ニ候哉、⑦米者甚不宜と相聞候、御家中渡ニ相成候を被給候哉、和館勤之銘々も被給ニて可有候（哉、脱か）、⑧重立候人江日本米御渡候者如何之訳ニ候哉、

(21) 史料原文は以下の通り。

朝鮮交易之衰へ候由、先ン々対馬守殿代より被申立、去未年ニ至候而者彼国交易手切之真文差越候由、御老中方江被差上、朝鮮押之御役儀難被相勤旨被申上、其節より多分之御手当有之、交易相開キ候様被仰渡候処、当猪三郎殿代ニ相成候而も今以交易開方等不相聞候、右交易絶候儀者、近来朝鮮之風俗悪敷相成、日本江品物差渡候よりハ唐国之方江致交易候方利潤も宜候故、先達而手切等をも申越候事候哉、又者先ン対馬守殿時分より被取斗方等不行届、年々送使之船ニ遣候品ニも相滞、其外私貿易等も被取組方不宜候故、彼国不快ニ存手切いたし、米穀等迄も不送様相成候事ニ候哉、いつれニも双方之内古来より之御信義ニも違候取斗方有之候故交易絶候事と相聞候間、彼国之取斗ひ方ハ勿論、若対馬守殿節より当時迄も被取斗方不宜故之事ニ候ハヽ、前後ニ不拘其訳有之侭ニ実事之所可申聞候、夫ニ付猪三郎殿者幼年之儀、何も之不調法ニ可相成筋有之候共、事過

候儀ニ付如何様ニも取斗ひ申上方可有之、勿論猪三郎殿朝鮮押御役儀之義も他家江不被仰付と申儀ハ難申候得共、古来より被勤来候家柄之事故、先つ者外々江被仰付候儀も有之間敷候間、夫等之所者決而無気遣、彼国之交易絶候程ニ相成候始末善悪共実意ニ承度候、右者御老中方御評議之趣も有之、公儀御威光を以取斗候ハヽ、如何様ニも交易之道相開候儀可有之哉、依之松平右京大夫殿・拙者江被仰渡相尋候間、是迄之所者御沙汰等を被気遣候儀無之、実意之所無覆蔵可被申聞候、

三月

（22）史料原文は以下の通り。

仰渡之御書付

五山碩学総代　恵林院
　　　　　　　常光院

去々子年願書差出品々申之候内、ⓐ一体者、近年宗猪三郎勝手不如意ニ付朝鮮江御約条之公貿易年々送使之船一ヶ年半程相滞、其外一ヶ年半程書翰ハ差出候へ共、交易之品不差遣、全体対州より之取計麁略ニ付朝鮮之気請不宜、以来信使来朝之儀も致遅滞候様相成候而者、ⓑ迚も法中之身分相勤り可申儀ニ無之、御免相願候由之趣意と相聞、其節尋之上、ⓒ猪三郎幼年ニも有之、朝鮮交易方不行届、彼国より取入候米穀も相滞可申哉、且年々御廻金之儀も対州へハ不差遣、家中之困窮も連々相募候趣ニ付、ⓓ御改制も有之、御通交御趣意相立候上者、書啓御用是迄之通違背仕間敷段申立、ⓔ去八月猶又申立候者、右貿易使船滞候儀も其後追々差渡、去々子年分少々相残米穀も余程入来、下々扶食等も相応ニ相渡、御廻金之義も対州へ申遣、以酊庵へも吹聴之留書在之段申立候、ⓕ然上者、願之趣不及沙汰候間、是迄之通対州輪番書啓御用相勤、尤已来心附候儀も候ハヽ、可申上旨可被申渡候、

一　猪三郎家来御勘定奉行へ申立候者、去申年已来多分之御廻金在之ニ付勝手向繰合、公貿易之品をも仕入、追々使船差渡、無程定用之渡方ニも可相成由、此上猪三郎御役儀取続相勤候様致し度、就夫私貿易之儀是迄知行代り一方之助ニも相成候利潤之儀をも申組候ニ付、及手切候段申立候得共、多分之利潤を求候存念をはなれ、已来少々宛之儀ニ而も交易之道を開候様朝鮮へ先内役人差遣右之趣為申談、其上ニ而表向交易取組出来候ハヽ、可申立旨申立候ニ付、私貿易取開方早々取掛、勿論是まて多分之御廻金も在之上者、公貿易之使船無滞様差渡、家中之撫育等無差支様取計、御役儀相勤候様可致旨猪三郎へ申渡候間、右之趣五山碩学へも為心得申聞置候様、主殿頭殿被仰聞候、

四月

（23）実は「御交易筋ニ付御尋答御内密記」には、直接これに該当する記事がない。後考に俟ちたい。

第5章

（1）洪性徳［一九九〇］所収の「朝鮮後期問慰行一覧表」は五十四回の使節派遣を掲げ、大場生与［一九九四］所収の「近世訳官使

一覧表」は五十八回の使節を掲げる。本章表5-1も整理番号は1～58となっているが、26と42は訳官使が対馬府中に到着しておらず儀礼も挙行されていないので、数に入れない。また、58は計画のみで実施前に明治維新を迎えたので、これも数に入れない。したがって、本章では江戸時代の訳官使を五十五回と数える。なお、大場は本章表5-1の整理番号1に先行する慶長十一年（一六〇六）の使者を「最初の訳官使」と見なすが、したがえない。この点は本文中で述べる。

（2）史料原文は以下の通り。

○朝鮮国より対州江訳官罷渡対話仕候節者、対馬守儀官服致着対面仕、尤五山輪番之和尚御立会訳官持渡候書翰相請取、訳官江相従ヒ罷渡候朝鮮人一統順々ニ対馬守江拝礼仕候、饗応之節、公儀御吉事又ハ対馬守自分為祝詞罷渡候節者能致興行候、饗応之式、信使来聘之節上々官江致饗応候格ニ而、以上三度饗応仕候、

（3）整理された十八項目は以下の通り。①迎送之裁判ニ属候事、②渡海ニ付役々被仰付候事、③同断ニ付往還役々御関所江被差下候事、④訳官府着之式、⑤客館江御使者并問安使之式、⑥御屋鋪江両訳より問安之式、⑦茶礼之式、⑧年寄中客館江罷出候式、⑨萬松院宴席之式、⑩中宴席之式、⑪以酊庵宴席之式、⑫出宴席之式、⑬宴席下行之式、⑭以酊和尚客館江御出之式、⑮訳官渡海以後灘廻且逗留中被成下物定式、但御隠居様より両使江御杉重・御酒被成下候之式、附タリ、別下程被成下之事、⑯御返翰御渡被成候式、附タリ、定式被成下御返物被成下之事、⑰訳使乗船之式、⑱集。

（4）大場も「初献・二献雑煮・三献鰭・御膳の後……藩主は御書院へ行き、以酊庵和尚と受け取った書翰の検討をする」と指摘する（大場生与［一九九四］一一八頁）。

（5）訳官使の使行目的が将軍・大御所死去等の弔問の際には、本堂での拝礼に先立って、臨時に設置された仮拝殿で拝礼を行い、続いて宗家歴代への拝礼となる。

（6）能興行や料理・茶振舞に藩主が同席することはないが、能については藩主は別の場所から観覧する。

（7）この点に関わって大場は、「一八世紀後半訳官使の回数が半減しているのは、主に経済的理由によるものであるが、宗氏の参勤帰国の度毎に徳川幕府の動向を探らなければならないほど、日朝間が緊張した状態ではなくなっていたことも一因である」（大場生与［一九九四］三五頁）と指摘する。

（8）これは、一九九〇年代における近世日朝関係史研究の影響を強く受けた結果だろう。当時の近世後期対馬藩研究は、朝鮮貿易の低迷に由来する財政窮乏と、それを補うため幕府に対して援助要求を繰り返す点に関心が集まっていた。大場も再三引用する荒野泰典、鶴田啓、木村直也らの仕事がそうした研究動向を代表する。

（9）史料原文は以下の通り。

＊頭書1

以別紙令啓上候、今般大御所様薨御ニ付朝鮮国江御告知之義段々申談、松浦賛治・阿比留太郎八了簡をも承候処、①権現

様・台徳院様薨御ハ寛永十二年以前之事故御書簡控も無之、殊其時分迄ハ参判使抔と申御使者之格も相立不申節故旁先規相知不申候、就夫②近来元文二年竹千代様御誕生之儀参判使を以御告知被成候釣合等を以致了簡見候得者、大御所様御儀者公儀各別ニ被重御事故、③此度之儀参判使を以被仰知候方公儀御思召ニも御叶被成、上を被重候筋ニ可相成儀と申談候、依之人柄之義ハ其内相伺、先被仰出置候様ニいたし、其元より否④公儀御返答之趣被申越候節渡海被仰付候様ニ可致候、於御同意者何分被致作略、勿論公辺御時宜ニ応し御届書等節々相調被差出度存候、

一右ニ付従朝鮮国訳官を以御弔詞可申上儀と存、先規等相考させ猶又申談候処、⑤渡海訳之義ハ寛永六年より相始り候事故、権現様薨御迄ハ訳使之渡海無之、台徳院様薨御之節寛永九年訳官韓僉知・崔判事を以御弔詞有之段、訳官度数記ニ相見申候、然者此節も御国迄以訳官御弔詞可被申上義と存、達御聞候間、於御同意ハ従朝鮮国対州迄以訳使御弔詞申上候様彼国江可申遣哉之旨、御書付を以被相伺候様ニ被取斗、御返答之趣早々可被申越候、右御伺書被差出候節、先規書等可被差出候間、⑥寛永九年之例并吉凶之違ハ有之候得共、⑦元文二年竹千代様御誕生ニ付訳官を以御祝儀申上候例書も可被差出候哉、為御心得両例帳末書載差越候、将又去ル寅年大御所様御隠居之節も訳官を以御祝儀被申上候、何分其元時宜ニ可被任候、

一⑧右御伺相済、訳官御請被成候様ニとの御返答被仰出候段、爰元へ相達候ハヽ、早速朝鮮国へ御差図有之、領掌之旨申来候ハヽ、其上にて訳官御対面以後御参府被遊候様被相伺度存候、公儀御吉凶ニ付訳官渡海之節者御参府時節御延引之例正徳三年之訳官、元文二年竹千代様御誕生ニ付御祝儀之訳官来り候節も春御参勤を御延引、秋御上船ニ相成居候、⑨此節御逼迫甚鋪御危急之時節、公儀御凶変ニ付而ハ被申越之通、其御地并爰元之御物入不軽義にて、何を以可被相償手段も無之処ニ、参判使・訳官等之御物入可被補存寄毛頭無之候得共、被対公義為差掛義且両国御誠信ニ関り候儀旁難被差置例も有之義故、彼是右之通申談、達御聞候上申進事ニ候、然者訳官御対面ニ付御参府御延引被遊、十月比御参府被成候様ニ相成候へハ、近例⑩半ヶ年之江戸御詰と相見、御在府之御物入過半軽ミ候積りも有之、訳官ニ付而ハ多クハ御引銀ニ相成候品も有之、打合せ候而ハ前後御物入も軽く可相済、殊此節之差支ニ而ハ仮令来春御参府前訳官御対話被遊候様ニ相成候而もとても御償不相成、来秋訳官渡海ニ相成候時、何を以ヶ様と申出書も悉皆無義ニハ候得共、来秋と申候得者間も有之事故、御差繰之節道も付キ可申哉と致評議、上ニも其節ニ付相成候様被思召候御噂も御座候間、何分右之通相成候様ニ被仰取度義と存候、彼是追々可申承候、恐惶謹言

閏六月十一日

俵　平磨

鈴木市之進

平田将監

氏江主水殿

古川大炊殿

多田監物殿

＊頭書2

猶以、元文二年参判使被仰付并渡海等之月日、為御心得帳末ニ令書載候、将又先例書等被差出候ハヽ、御案文等之義ハ猶又御吟味之上可然可被取斗候、為御心得信使訳官度数記之内二ヶ条写、別紙差越之候、以上

右之御状、頭書を以及御返答候、以上

七月十七日

多田監物
古川大炊
氏江主水

平田将監殿
鈴木市之進殿
俵　平磨殿

（頭書1）

三ヶ条令承知候、朝鮮国へ御使者を以御告知并訳官御招被成候御伺書、先例書之草案相認、兼而懇意之訳ニ而、⑪今十七日堀田相模守様へ為御内見監物持参、御用人浅井八兵衛ニ掛合、御紙面之趣を以委細申達候処、則右之御書付御内見被入候処、相模守様御披見被成、⑫台徳院様薨御寛永年之事故公義之御記録も不委候付、御吉凶之違ハ御座候得共⑬近例竹千代様御誕生之節訳官御招被成候例書、始終委くヶ条書ニいたし監物名前にて別紙相添御用番様へ差出候様ニとの義御座候、且訳官御対話之上御参勤被成候義も内々申達候処、此義共ニ右之別紙ニ書載仕差出置候様ニ御念比ニ被仰出候、近日御伺等夫々ニ相済可申候間、其節委曲ニ可申越候、

（頭書2）

令承知候、

（10）史料原文は以下の通り。

○萬松院宴席始り候事、承応元壬辰年大猷院様大吊訳官之節彼国従朝廷渡海、於対州請御差図萬松院ニ而拝礼仕候様ニと被申渡候段申出候付、則権現堂且公儀御宝殿江四度半之拝礼仕、畢而御先祖様江も拝礼仕候と壬辰年記録ニ有之、其以前訳官之節致吟味候処、萬松院にて拝礼之義不相見候得者、此時より肇り候事と相見江、其後訳官拝礼是迄致連続候、為考証記之置、

（11）萬松院境内に東照宮（史料にいう権現堂）が勧請されたのは正保二年（一六四五）のことである。おそらくそれより前の時期に「権現堂で拝礼する」ということは、ありえない。一方、表5-1作成の根拠史料の一つ『訳官渡数并人数船数記録』［国編一四八

三〕が収録する訳官使は、寛永六年（一六二九）から宝永元年（一七〇四）までだから、一八世紀初めにまとめられた史料である。その史料中ではすでに寛永六年から正保三年に至る訳官記録がすでに存在しないことが記される。記録が残っているのは慶安四年（一六五一）分から以後に限られる。

(12) このとき訳官使一行が対馬府中に到着したのは、承応元年十二月二十八日のことであり、諸儀礼は年明け（承応二年）になって執り行われた（表5-1）。

(13) 史料原文は以下の通り。

一 仏壇者、本尊を除、朝鮮国王殿下萬々歳之寿牌を中に置、前ニ菓子を備、但、蜜柑・焼まんちう、銀みかきの三方ニ土器に盛ル、其外色々花を生、両脇ニ灯明二つ、燭台に銀ミかき蠟燭立之、襖ハ中斗左右開之、赤地金襴之戸帳を巻置、左右之柱を金襴にて巻おけり……

(14) 史料原文は以下の通り。

一〔享保三年〕十月十三日

以酊庵宴席之儀、①此度之御凶変ニ候得共、以酊庵之儀ハ朝鮮国王殿下之寿牌を建置　候得者、②我国ニ抱候訳ニ而、宝永五子年訳官崔同知・韓僉正渡海之節、③公儀御凶変御斎之内ニ而御座候得共、④右之訳を以訳官方より相頼候ニ付、小勢ニ而楽器・鳴物無之罷出候付、此度も右之例を以、楽器・鳴物無之ニ以酊庵へ為粛拝罷越候次第、

(15) 史料原文は以下の通り。

○訳官帰帆ニ付御案内御連状案

一筆致啓上候、旧冬御案内申上候訳官両使、当月朔日朝鮮国内釜山浦江着船仕候、彼国弥静謐之由申越候、将又持渡候従礼曹参議之書簡差上候、御席之刻可然御執成奉頼候、恐惶謹言、

正月五日　（追筆）「内山郷左衛門年頭之御使者江戸表江被差越ニ付、御渡被成也」

稲葉美濃守様

久世大和守様

土屋但馬守様

阿部播磨守様

第6章

(1) 時期によっては、中宴席と萬松院宴席の順序が逆になり、ここに示した以外の宴席（御隠居様による宴席）が挿入される場合もある。

（2）中宴席では「鷺之間・墨絵之間・鑓之間ニ飾候武具、初日同前」、出宴席では「武具飾所品々之員数等、初日同前」と記される。

（3）「御掛物古帳」に含まれる徽宗の掛物の画題は、福禄寿と白鷹の二種類のみである。また、寛文十二年の掛物帳の場合は、白鷹と兎の二種類である。

（4）慶暹『海槎録』（一六〇七年）初四日丁卯条には「壁間有一古簇畫白鷹。畫上有贊。贊曰。御筆淋漓。寫快鷹兒。金睛作眼。玉雪爲衣。剛翮似劍。利爪如錐。何當解索。萬里高飛。恭承寵命。僅作贊辭。宣化殿學士蔡攸贊云。是宋徽宗所寫也」とする記述が得られるから、これは徽宗の白鷹図を見たものである。また同書初八日辛未条には「壁上畫簇。乃南極老人縮坐之形也。畫上有贊曰。東華帝君。南極老人。壽我皇祚。八萬千春。政和甲午。書于寶籙宮云。末端有御書二字。字下着押。押上有璽跡。而歳久糢糊。未辨其畫。以其年號考之。乃宋徽宗所寫也」とする。こちらは、徽宗の福禄寿図ではなかったろうか（注(3)も参照）。さらに、金世濂『海槎録』（一六三六年）十九日庚寅条には「北壁掛宋徽宗白鷹圖」とする記事があるから、やはり徽宗の白鷹図を見たことがわかる。そして、南龍翼『扶桑録』（一六五五年）二十九日壬午条にも「俱是妙畫。而其一卽宋徽宗親寫白鷹。蔡攸爲之讃而書之。畫妙筆精。各臻其極。蓋從商船中來者。而眞絶寶也」とする記事が見える。このときにも床には徽宗の白鷹図が掛けられていたとみて良い。

（5）蝦蟇仙人は中国の仙人で、後足が一本しかない蝦蟇を引き連れて妖術を使う。鉄拐（李鉄拐）は、中国の代表的な仙人（八仙の一人）。「漁夫問答」は、中国由来の問答で、「樵夫と漁師との問答に託して、己れの力以上のことをすると身をそこねる、人は分に応じて事をなすのが賢明である、と説いたもの」。

（6）七点の掛物帳のうち「御掛物古帳」には年代が記されない。しかしながら、そこに掲載された掛物類を眺めたときに、徳川家光親筆は含まれるが家綱以後のものが含まれない。「寛文二年掛物帳」に徳川家綱親筆が含まれることと対比すると、「御掛物古帳」の方がより古い時代の所蔵状況を示すものと判断できる。徳川家綱の将軍襲職は慶安四年（一六五一）なので、「御掛物古帳」はそれ以前のものと考えておく。

（7）正徳年間の掛物帳には徽宗白鷹図が一幅だけだが掲載される。

第8章

（1）「文化易地聘礼」については、戦前、田保橋潔によってたいへん詳細な研究がなされており、戦後の研究でこれを超えるものは見あたらない。

（2）梅荘顕常の関与を指摘したのは、管見の限りでは李元植だけである。李元植は、「〔梅荘顕常は、〕信書案の起草を要するがため、閣老松平定信の招きで江戸へ参上、……禅師は、この後も朝鮮信使易地聘礼のことにつき、幕府の招きで四度も江戸に上っている」とする（李元植［一九九七］三八九～三九〇頁）。

(3)「訳官渡海信使講定之次第等集書」［対馬記録Ⅰ／表書札方N①2］。

(4)同前。

(5)相国寺史料編纂委員会編（藤岡大拙・秋宗康子校訂）［一九九〇］三九三〜三九五頁。なお、この命令が京都に届いたのは十二月朔日である。

(6)十二月二十四日付で梅荘顕常から相国寺にあてられた書簡（相国史料編纂委員会編（藤岡大拙・秋宗康子校訂）［一九九〇］三九七頁）によると、二十二日の会談内容は「御内密之訳ニ而、一向沙汰仕間敷旨ニ而候間、筆頭ニ不能著候、乍然曽而心遣之筋ニ而者無御座候間、其段御安慮可被下候」という。ここで「曽而心遣之筋」とは、おそらくは幕府に対する五山側からの以酊庵輪番僧待遇改善要求のことを指すだろう。天明六年ころから以酊庵再建、設備拡充、輪番僧の待遇改善等々、幕府に対する請願事項を五山で合議してきており、天明八年三月にもこの問題が幕府に提起されているからである。そうした「曽而心遣之筋」と今回の御用とは異なるというのだから、「御内密」の用件について具体的な指示がなされたことは明らかである。そして天明八年春に梅荘顕常が江戸でなした事柄と照らせば、指示内容が延聘交渉と密接に関わっていたこともまた明らかである。

(7)「従天明八戊申年至寛政元己酉年　古川図書江戸表江被召信使来聘御差延之儀被仰出候始終之御用録」［東博］。以下とくに注記しない限り、天明八年から寛政元年に至る延聘交渉についてはこの史料による。

(8)『通航一覧』巻三三、朝鮮国部九。原典は「浄元院実録」巻上（田保橋潔［一九四〇］六五三頁）。

(9)以下、四月二十六日までの記述は小畠文鼎［一九二七］九四〜九五頁所収史料による。小畠文鼎の記載順序にしたがうと、史料の典拠は相国寺史料「延聘公用記」かと思われる。「延聘公用記」は相国史料編纂委員会編（藤岡大拙・秋宗康子校訂）［一九九〇］でもたびたび抜粋引用されるが、当該部分については一切掲載されていない。なお、古道西庵は天明七年末から梅荘顕常に随行していた（三九五頁）が、天明八年正月晦日の京都大火の報を受けた顕常は二月十九日に江戸を出立して相国寺に戻った（小畠文鼎［一九二七］九五頁）。江戸に留まった古道西庵は、京都の梅荘顕常と連絡を取りながら対幕府折衝にあたったのである。

(10)「京都御所向并二條御城御本丸其外炎上ニ付、明六日惣出仕」『江戸藩邸毎日記』［東大］天明八年二月五日条というから、江戸に京都大火の報が伝わったのは二月五日をさほど遡る時期ではない。草案では京都大火に触れないから、その成立が二月はじめ以前にまで遡る可能性も皆無ではない。

(11)古川図書は草案を二つ用意している。いずれも内容としては大差ないので、やや長文の方を［史料二A］として掲げる。もう一つの案は次の通りである。

　一筆令啓上候、貴国弥可為御平安珍重存候、然者御代替ニ付信使可被差渡候間、時節之儀致差図候様被仰聞候通東武江申上相伺候処、来聘之儀ハ可被任先例候、就夫日本之諸州頃年凶作打続庶民致難儀候付、専御憐之御仁政被執行候故、来聘之儀暫御差延可被遊との御事被仰出候間、左様御心得可被成候、尤追而時節之儀被仰出候ハヽ、其節可及御告知候条、不違先例聘使

被差渡度存候、此段使者何某を以及為御知候、随而別録土宜令進覧候、粛此不備

また、幕府作成の和文草案そのものは明らかにならない。そこでここでは内容比較をするために、松平定信が提示した真文草案を対馬藩江戸藩邸の阿比留惣四郎が和訳したもので便宜的に対照させる。

(12)［史料二］［史料三］の原文は以下の通り。

［史料二］

一筆令啓上候、貴国弥可為御平安珍重存候、然者御代替信使を以御祝詞被申上候付聘使渡海時節之儀致差図候様被仰聞候付、其段東武江申上候処、来聘之儀ハ先例ニ可被任、就夫近年日本国凶作打続庶民致難儀、専仁憐之道被取行、其功半ニ而民を憐候ハ政道之第一ニ候へ者、誠信之間ニをゐて可申通儀ニ付、来聘之時節暫御差延可被遊との御事被仰出候間、左様御心得可被成候、尤追而時節之儀被仰出候ハヽ、其節可及御告知候条、不違先例聘使被差渡度存候、此段使者何某を以及為御知候、随而別録土宜令進覧候、粛此不備

［史料三］

茲ニ我大君被為受御位候初、信使之来聘可為近例儀ニ候、然処本邦引続凶年ニ而穀物不熟、下民致難儀気毒成儀ニ候、大君新ニ御政務被為取行候事故、御仁慮専要之場ニ而、役々奉得其意、撫恤を先務とし、歳月を経候ニ随御恩澤行渡候様有之候得かしと奉冀儀ニ候、斯而御時体ニ信使及渡海候ハヽ、在々所々之雑費下民被召仕方等、其労苦之成行草木之萌立を中ロニ折候如くニ可有之候、大君被軫御深慮、役々江衆議被仰付、苑角来聘暫ク被差延度被思召上候、因而拙者より委細事情申伸、万般御諒察之上被仰上、御允諾被仰取可被下候、態々正官某・都船主某差渡候、掛御目申談ニ而可有之候、

(13)「天明八戊申年　延聘使御書翰之儀ニ付、以酊庵輪番諦西堂江古川図書掛合之次第集書」［東博］。以下、古川図書と以酊庵僧との議論はすべてこの史料による。

(14) 天明八年十一月六日に古川図書が東萊府訓導・別差と初対面をし、使者到来を直ちに中央政府へ伝達するとの返事があったこと（寛政元年二月十二日に報告）、寛政元年二月下旬に中央政府から延聘使を応接するとの返答が到来したこと（同年四月三日に報告）、接慰官が四月四日に到来し、同九日、申し入れ文書を中央政府へ伝達する旨を返答したこと（五月二十八日報告）などが、それぞれ事実として報告されている。

(15) これら交渉の細部は、田保橋潔［一九四〇］六五五〜六六五頁に詳しいが、田保橋潔は主として朝鮮側に残された記録によって叙述する。なお、田保橋潔が使用した「通信使草謄録」は、『通信使謄録』五（ソウル大学校図書館、一九九一年）六二六〜六五一頁によって見ることができる。

(16) 松平定信が、古川図書を指名して江戸へ招致した背景に梅荘顕常による推薦を想定することも、まるで不可能というわけではない。古川図書に出府命令が出されたのは梅荘顕常出府の後であり、また梅荘顕常が以酊庵僧として対馬府中に在任していた期間中

ずっと古川図書は国元家老だったからである。なお、田保橋潔は、「当時松平越中守は、杉村〔直記〕が藩政の実権を掌握する間は、通信使制度に変革を加えることの困難なのを知り、同家老を却け、杉村に対抗するに足る対馬藩家老を招致し」ようとして、「在国の上席家老古川図書」に出府を命じたと述べる（田保橋潔［一九四〇］六五一頁）。

第9章

（1）［史料一］［史料二］の原文は以下の通り。

［史料一］

朝鮮人浦々江漂着致候得者、是迄者其所之領主より長崎奉行江申遣、返答相待、長崎江送遣候処、以来者、漂着致候ハヽ、早速長崎奉行江申遣、返答不相待、引続直ニ長崎表江送遣、其節月番之老中江も可被相届候、右長崎表江送遣候節、旅中等ニ而万一不法成儀も有之、手に余り候ハヽ、駕籠江〆り等付、送遣候而不苦候、

右之趣、領分之内浦々有之候万石已上之面々者、兼而相心得居候様可被相達候、

九月

（『御触書天明集成』二九三五）

［史料二］

長門　石見　出雲　肥前　筑前　壱岐

領分之浦方江朝鮮之漁船なと漂流之儀毎度有之事ニ候、然処浦方之猟師共なと心得違、右漂流之危難を見懸候而も敢而差構も不致、中ニハ却而地方江不近寄様取斗候儀等も有之哉ニ候、都而漂船難儀之様子見請候ハヽ、懇切ニ救ひ可申儀勿論ニ候処、領主江訴候なと事六ヶ敷様ニ存候而、不法無慈悲なる取斗等有之候而者以之外成事候而、殊ニ異国江対し候儀ニ候得者、猶更如何敷次第ニ候、右体之趣無之様可被申付候、以来不束之筋相聞候ハヽ、其領主ハ不念之事ニ付厳重之御沙汰可有之候間、精々厚く可被入念候、

六月

（『御触書天保集成』六五三一）

（2）史料原文は以下の通り。

達　　七年十月八日、第百三十四号、開拓使沿海府県

明治六年八月、第二百八十三号ヲ以テ朝鮮国船漂著ノ節雑費ハ、都テ其所轄庁ノ公費ニ可立旨布告候ニ付テハ、右費用支給ノ儀ハ自今左ノ規則ニ照準シ取計、一時予備金ノ内ヨリ出シ、追テ明細仕訳帳并証書類相添、受取方内務省ヘ可申出、此旨相達候事、

一　漂流人滞在中食用薪炭油代并臥具料共、一人ニ付一日金十八銭七厘五毛ニテ可取賄事、

一　漂流船修復願出候節、傭工銭ハ相当ノ賃銭ヲ払ヒ、材木其他入用ノ品ハ時相場ヲ以買揚、総テ受取証取置ヘキ事、
一　漂流人護送船雇賃ハ約定書取置ヘキ事、
一　同在船中賄料、一人ニ付一日金六銭二厘五毛ニテ請負為致、証書取置ヘキ事、
一　陸路通行ノ節ハ、食料并雑費共、一人ニ付一日金五十銭ヲ以可取賄、尤馬駕或ハ臨機人夫等相雇候節ハ現場支払置、追テ精算帳差出スヘキ事、
一　衣服欠乏ニ及ヒ候者ヘハ実地検査ノ上相当ノモノヲ支給シ、受取証取置ヘキ事、

（3）史料原文は以下の通り。

達　九年十一月十八日、第百十号、使府県

明治元年六月、同六年八月第二百八十二号、第二百八十三号布告、同七年十月第百三十四号達、朝鮮国人民漂著ノ節処分規則、左ノ通改定候条、此旨相達候事、

但、費用ノ内公費ニ可相立分ハ、一時予備金ノ内ヨリ払出シ、追テ明細仕訳帳并証書類相添、受取方内務省ヘ申出ヘシ、
一　朝鮮国人民本邦エ漂著候節、其地ヨリ同国釜山港ヘ便船於有之ハ直ニ該港日本人民管理官ヘ宛送届ヘシ、便船アラサル時ハ長崎県庁及対州厳原同県支庁ノ内ヘ送致スヘシ、同庁ヨリハ釜山港ヘ発スル船ニ托シ送届クヘシ、
一　漂民衣服欠乏ノ者ハ時衣一領公費ヲ以テ支給スヘシ、
一　漂民滞在中ノ費用及彼国ヘ送致ノ費用等ハ、彼国政府ヨリ一日金十銭ヲ出スヘキ約束相成候ニ付、右ヲ目的トシ漂民取扱方成ルヘク簡易ニ致シ、不足ノ分ハ公費タルヘシ、
一　漂民健康ナラハ本国ヘ引渡ス迄ハ成ルヘキ丈ケ工業ニ就カシメ、相当ノ工銭ヲ付与スヘシ、但其工銭ハ右朝鮮政府ヨリ出スヘキ日給銭ヲ差引ヘシ、
一　溺死及漂著後病没ノ者ハ彼地ヘ棺送ニ及ハス、埋葬シテ其事由ヲ外務省内務省ヘ報知スヘシ、

（4）それは池内敏［一九九八］の場合、達一三四号と達一一〇号とで挟まれた明治七年十月から同九年十一月に至る個々の漂着事件を具体的に把握できていなかったことに由来する。池内敏［一九九八］巻末に収めた「近世朝鮮人の日本漂着年表」Z表は、右の期間における朝鮮人漂着事件を、一件（整理番号一六）しか数えていない。

（5）明治七〜九年に限れば二十三件となる。

（6）朝鮮政府が朝鮮人の日本漂着事件を整理・記録した『同文彙考』（大韓民国国史編纂委員会）「漂風我国人」部でも、この文化一二年の事件では三人が生還し、五人が遺体で戻り、一人が行方不明のままであったと記録されている。

（7）史料原文は以下の通り。

朝鮮人之遺骸を送還するを殞命使ト唱ヘ、是迄行ひ来申約例ニして、即此度島根県ヘ漂着之戸骸も旧例ニ従かひ領送したき

ト思ふの訳ハ、先般鹿児島県之人朝鮮へ漂到せし時、彼之を待ニ殊恩を以而するハ益し、前年来彼我之間稍壅散之事あり、我より之を問責する等之流評なりて、彼既ニ之を覚悟せり、此時ニあたり、還而漂人を厚待するハ彼ニも亦交際之術を界理するものニて、我ニおいても其意を用ひさるへからす、因而ハⓐ実々迷惑なれと之を領送して両国際ニ此送還をハ交際中之尤緊要なるものといふを懇示するニよろしく、且之を行ふハ今日之場合ニ而ハ□□中之一ツニ而、即交際之術ならんと思へり、ⓑ然れともよし之を送らすとも彼ニてハ別ニ難題も申来るましきか、因而ハ送還するを愚也と見る時ハ漂着之土地ニ而厚く之を葬むれり、船具の如きハ皆奪捨ニ□さルもの而□ハ法例ニより之を焼捨たり、唯此事を□るといふを以て公館へ子細申通し置以て可然ノ間、唯々在上之公論を□ふのミ、

(8) 井関の請求書には二枚の付箋が付されている。うち一枚は「葬費ヲ外務省ニテ払フハ不相当ナルベシ、県費ニシテ大蔵省江臨時入用ノ桁ヲ以テ上申セシメ可然カ」とある。「太一」なる印影が見えるから、あるいは田辺太一か。またもう一枚は「本文朝鮮漂着船ニ関シ候諸費ハ、明治六年第弐百八十三号御布告ニ照シ、庁費ニ相立、其段大蔵・内務両省ノ内江申出可然　六月　庶務局」とある。

(9)「浜田県歴史政治部」駅逓項では以下のように記される。「漂人共右破材ヲ可積帰旨色々申立候得共、畢竟無益ノ義ニ付漸ク説諭ヲ加ヘ、入札払ニ致シ代金漂人ヘ相渡申候、尚積荷ノ義ハ木綿・紙類ニテ為差物品ニモ無之故払方為致候ハ、護送ノ都合モ可宜ト百方相諭候ヘ共、中々承諾不致候ニ付、無余儀駄荷六疋ヲ以送リ方為致候」。

(10) 史料原文は以下の通り。

達　十年十月二十五日、第七十九号、開拓使沿海府県

明治九年十一月第百十号ヲ以テ朝鮮国人民漂著ノ節処分方相達置候処、漂難船処分ノ儀ハ左ノ通可相心得、此旨相達候事、

一　朝鮮国民本邦ヘ漂到ノ節、其船桴ヲ修繕センコトヲ望ム者ハ、地方官之ヲ聴スヘシ、其費用ハ彼国政府ヨリ完清スヘキ定約相成候ニ付、駐釜山日本管理官ヘ申送リ、之ヲ彼国東萊府ニ報告シ、該府ヨリ之ヲ受取ヘシ、

一　若シ其船桴破損甚タシクシテ修繕スヘカラサル者ハ、地方官其主ニ諭シテ之ヲ沽却セシメ、其価銭ヲ給与スヘシ、若シ其船桴価値ナキノミナラス人之ヲ買フコトヲ欲セサレハ、船桴主ノ面前ニ於テ焼毀シ、余念ナカラシムヘシ、

一　若シ我孤島ニ漂到シ、其船桴ヲ修繕セント欲シテ工材ヲ得ス、之ヲ他所ニ移サント欲スルモ風濤ノ為メニ妨礙セラルヽ時ハ、地方官其主ニ諭シテ之ヲ沽却シ之ヲ抛棄セシムル等其時宜ニ因リ処分スヘシ、

(11)［史料八］［史料九］の原文は以下の通り。

山口県ヨリ内務省ヘ伺　十年六月十五日

朝鮮人漂著ノ節処分規則、客年第百十号ヲ以公達相成候処、右規則外心得方左ニ相伺候間、至急御指令被下度候也、

一　朝鮮国人死亡ノ節、埋葬一件諸費ハ悉皆官費ヲ以支消相成候儀ト心得可然哉、

但、墓表ノ儀ハ、研石方四寸・長サ二尺一重台ニシテ表面ヘ朝鮮国何道姓名ノ墓、裏面ヘ明治何年何月何日何地船中ニテ死亡ト彫刻相調可然哉、
一 乗船并ニ船具等売却ヲ不望該国送致ノ儀情願候節ハ聞届、長崎県ヘ引渡迄ノ費用ハ一時繰替置、追テ船主ヨリ償却可致筋ニ候哉、
一 前同断ノ節、同船ノ者ヨリ自費ヲ以遺骸取帰度情願ノ節ハ聞届、右ヘ関スル一切ノ費用ハ繰替置可然候哉、
但、長崎県迄送方ノ儀ハ、便船ニテ可然候哉、又ハ態ト漕船備上ケ回漕為致可申哉、
一 積荷前同断ノ節ハ費用一時繰替置、追テ荷主ヨリ償却可致筋ニ候哉、
一 時衣支給之儀ハ、著服欠乏ノ際ニ限リ候訳ニテ、予備服ヲ流失候トモ支給不致儀ト相心得可然哉、

指令　十年十一月十三日

伺之趣聞届候事、
書面伺之趣左之通可相心得事、
第一項　伺之通、尤墓標ハ後来ノ目印迄、可成簡易ノ取設可致事、
但、其親戚故旧等ニテ墓標ヲ取立候節ハ、只其墓基ノミ官費支給可致事、
第二項　同船ノ者自費ヲ以テ遺骸取帰度情願之節ハ聞届不苦、尤該費即時償却難相成節ハ繰替置、其費目ヲ挙テ帰国ノ上還償可致旨証書ヲ取置、釜山港日本人民管理官ヘ其証書ヲ以照会シ為致還候様可取計事、
第三項第四項　第二項指令ニ照準可取計事、
但、長崎県迄送方ノ儀ハ、便船ヲ以テ可送届候事、
第五項　伺之通

第10章

（1）たとえば「加藤年表」の八番目の項目は「承応二年（一六三五）、対馬の漁民が朝鮮に漂着。林韑『通航一覧』135、韓録」とする手短かなものである。『通航一覧』135に立ち帰って確認すると、「承応二癸巳年、対馬国より漂流の漁夫六人を送り還す、謝書を贈る」と頭書が書かれ（『通航一覧』巻四、六一二頁、一九一三年）、次いで史料原文として「承応二年癸巳、対州漁民六人漂到朝鮮、順便送来、遣謝書而無使者」とする記述が掲げられ、典拠に関わって「載在輪番倫西堂書稿」と付記し、末尾に「韓録」を典拠名として示す。したがって、この「加藤年表」第八項目は以酊庵輪番僧が記録した外交書簡を典拠とする漂流事件の提示に過ぎず、「漂流記」などではない。

（2）「加藤年表」では朝鮮半島に日本人が漂着した事例を二十九件掲げるが、「加藤年表」と同じ時間幅（一六一二年から一八六八年まで）を取ってみると、実際には八十六件の漂着事件を数えることができる（池内敏「近世日本人の朝鮮漂着年表」同［一九九八］）。

（3）石井研堂［一九二七］、吉岡永美［一九四四］、荒川秀俊［一九六二］［一九六九］、川合彦充［一九六七］など。

（4）春名は、「漂流記」を内容面から区別してオデッセウス型とロビンソン型とに分けてもいる。前者は異国遍歴の物語であり、後者は無人島漂着の物語である（春名徹『世界を見てしまった男たち』ちくま文庫、一九八八年。同、「漂流記」『国史大辞典』第一一巻）。本章は「漂流記」を内容面で区別するところに関心を置かないから、春名によるこの分類については考慮しない。

第11章

（1）この一件に関する史料には、「文政二己卯年七月、松平豊後守様手船壱艘二十二人乗、同所御家中三人上下合二十五人、朝鮮国公清道馬梁江漂着記録」［国編二八五九］、「忠清道兵営状啓謄録」（『各司謄録』七〈忠清道編2〉、大韓民国国史編纂委員会、一九八三年）、「薩州漂人舟番毎日記」［対馬日記補遺／国元7その他2］があり、そのほか「倭館毎日記」［国会］などにも関連する記述が得られる。

（2）安田義方『朝鮮漂流日記』は神戸大学附属図書館住田文庫の蔵書であり、全文がインターネット上で閲覧できる。なお、安田日記の全文にわたる詳細については池内敏［二〇〇九a］。

第12章

（1）「両国言語之相通。全頼訳舌。而随行十人。達通彼語者甚鮮。誠可駭然」。

（2）朝鮮王朝期における漢学訳官たちの中国語学習書の一つとして『老乞大』があり、その内容を修訂して一七六一年八月に刊行されたのが『老乞大新釈』である。洪啓禧は、一七四七年に丁卯信使正使として日本に派遣されたのち、一七六〇年に燕行使として北京へ赴いた。『老乞大新釈』の撰者のひとり邊憲は、訳官として洪啓禧の燕行使行に同行した人物である。刊行期日にも明らかなように、燕行使行の記憶がまだ新鮮であったころに『老乞大』の修訂が企画され、刊行されたのである。

（3）「余丁卯赴日本、南訳之鹵莽、殆有甚於北、故逐改編捷解新語、以弁其古今之判殊、諸訳便之」。

（4）第一次改修本（『改修捷解新語』）は一七四八年刊、第二次改修本（『重刊改修捷解新語』）は一七八一年刊（金基民［二〇〇四］）。

（5）「両訳昼夜不怠。多方用計。果得成其査獄。是謂至誠倣去。無物不得也」（趙曮『海槎日記』甲申五月六日条）。

（6）「……従事官の部屋に顔を出した後／中食を済ませて先に出発する／二里ばかり進んだところで／日は暮れ大雨となった／道はぬかるみ難渋を極める／滑りやすいので／五人の駕籠かきは／交替しながら行くが／ほとんど先へは進めず／高みに駕籠を下ろし／

うろたえるばかり／もう前進する意志はないようだ／四方を見回すと／天地果てなく広がり／一行の人々は姿も見えない／灯火までも消え／一寸先も見分け得ず／茫々とした荒野の中／言葉も通じぬ倭人を頼みに／ただ坐しているのみ／今宵のこの事態に／疲労はつのり身の危険さえ感じる／ここで駕籠かきに逃げ出されたら／どんなに困るだろうか／そこで奴らの着物をつかみ／揺すってこちらの気持ちを伝え／駕籠の中の食べ物を／いろいろ出して与える／連中は大騒ぎしながらそれを食べた後／ようやくに駕籠を担ぎ／少しずつ進むが／いたる所でこの繰り返し……」（金仁謙『日東壮遊歌』甲申二月一日条〔高島淑郎訳注［一九九九］二五八～二五九頁、沈載完校注［一九八四］一九一～一九三頁〕）。

（7）「欲與執輿并行而執輿方在後、余呼曰沙伊老五〈사이노오〉、沙伊老五〈사이노오〉俯首合掌、以應曰「何」〈하／應諾也〉、指後曰「彼老里毛老」〈노리모노／乗物之方言也〉「何要何要」〈하요하요／促行也〉「此老里毛老疎路疎路」〈노리모노소로소로／徐徐也〉、既并行相当曰「欲可欲可」〈욕가욕가／好好也〉、両輿卒皆大笑」（元重挙『乗槎録』甲申一月三十日条〔金景淑記［二〇〇六］二六九～二七〇頁〕）。なお、成大中『日本録』同日条には関連記事が得られない。

（8）「是日適有小倭為挑燭入来、観其状貌頗純実、賜坐興薬果、因招退石陪把東安、使之伝語問答、蓋東安居於草梁習倭語故耳言」（『乗槎録』癸未十二月九日条〔金景淑訳［二〇〇六］一七〇～一七一頁〕）。

（9）「舟循左陸為路、新泊浦・丸尾崎・徳山・三田尻・笠戸等之処、皆憑前聞而問之、倭沙工能解文字、點頭搖手以相可否」（『乗槎録』甲申正月二日条〔金景淑訳［二〇〇六］二一〇頁〕）。

（10）「〈ヨシ〉ト云フヲ〈チヨッソ〉トイフ也。唐人ノ〈好〉ト云ニ当レリ。予、館中ニテコノコトヲキ、シユへ、書画ナドヲ韓人ヨリ見セケル毎ニ、〈チヨッソ〉〈チヨッソ〉トイ、ヌレバ、金渓ガ〈チヨッソ〉ト云フヲ知テ居ルト云ヤフナル様子ニテ、同列ノモノドモニ、指シテ笑ヒタリ」（『金渓雑話』巻之中、「朝鮮語学習」項〔貫井正之［二〇一〇］三三三頁。一部手を加えた〕）。

（11）『金渓雑話』巻之中、「朝鮮音」項（貫井正之［二〇一〇］三四二頁。一部手を加えた）。

（12）「我国訳学・通事之不能暁、大坂以西、西京、江戸等之処語、馬州之倭多未通解、不如筆語之詳以訳探情其亦疎矣」（南玉『日観記』第十、「語音」項〔金保京［二〇〇六］六〇一頁〕）。

（13）「馬州舌倭松本善左衛門、稍習我語、導入蛮士、常在唱酬之席、蓋舌倭随行者殆且半百、而多未通語。又多初入江戸者不能答所問、獨松本與四舌倭、曽従丁卯使行僅一見西京・江戸云」（『日観記』癸未十二月八日条〔金保京訳［二〇〇六］二八四頁〕）。

（14）「奉行三名が先に来て／三使臣に拝謁を請う／……／今度は対馬島主平義暢と／以酊庵僧竜芳が／西山寺の長老を伴ってくる／……／島主の後ろに／紗帽を被った男三人が坐り／……／倭の奉行と崔首訳が／互いの言葉を伝えあう」（『日東壮遊歌』癸未十一月二日条〔高島淑郎［一九九九］一五四～一五六頁、沈載完校注［一九八四］一一一～一一三頁〕）。

（15）「伝語官亦着烏帽、而只島主之言、酊僧以下不伝有語、則因崔訳以通」（『乗槎録』癸未十一月二日条〔金景淑訳［二〇〇六］一〇七～一〇八頁〕）。

(16)「継有本州禁徒、因伝語官来謁、因納大小二十巻紙為礼求書」(『乗槎録』甲申一月十三日条〔金景淑訳［二〇〇六］二二七～二二八頁〕)。

(17)「草安世竹俊屋答詩及弥八所求書本封、并六硯及所留四大筆録於小紙、給伝語官以伝」(『乗槎録』甲申正月一日条〔金景淑訳［二〇〇六］二〇八頁〕)。

(18)「以酊庵長老の弟子／春坡、蘭州、古堂の三人が／七律一首、七絶一首を／それぞれ詩作し届けてきたので／灯を点して次韻／訳官に託して送り返す」(『日東壮遊歌』甲申一月十四日条〔高島淑郎訳注［一九九九］二二七頁、沈載完校注［一九八四］一六一頁〕)。

(19)「先に来ていた伝語官が／見物を勧めるが／駕籠を下りているうちに／はぐれるおそれもあり／病気と称して／そのまま今須へ直行する」(『日東壮遊歌』甲申二月一日条〔高島淑郎訳注［一九九九］二五六頁、沈載完校注［一九八四］一八九頁〕)。

(20)「途中、随行の騎馬の者が／下馬せず国書の前を横切る／我が方の旗持ちが／下馬を命じ叱りつけたが／馬から下りぬどころか／旗持ちに殴りかかったので／使臣方が痛憤のあまり／進むことを拒否され／首訳を遣わして／この件を抗議される」(『日東壮遊歌』甲申二月三日条〔高島淑郎訳注［一九九九］二六二頁、沈載完校注［一九八四］一九五頁〕)。

(21)「副房において三人の首訳を／ひっとらえて来るように命令される／この日強風が吹いているのに／出発した件につき／厳しく叱責の上帰される」(『日東壮遊歌』甲申一月八日条〔高島淑郎訳注［一九九九］二二〇頁、沈載完校注［一九八四］一五九頁〕)。

(22)「昔から倭の儒者らが／詩文を求める場合には／硯、紙、筆墨や／さらに鏡、刀、鋏等々／礼品を数多く持参して／頼んでくるという／我らたる者／請われるまま書き与えはしても／代価などどうして受け取れよう／……／訳官らが来ていうには／『昔から文士というものは／これらの品を受け取って／旅支度のためにした借金を返し／友人たちにも分けてやりました／どうか前例通りお受け取り下さい』」(『日東壮遊歌』癸未十二月四日条〔高島淑郎訳注［一九九九］一九二頁、沈載完校注［一九八四］一三九～一四一頁〕)。

(23)「首訳の連中が／対馬人の言葉におどらされ／使臣方を混乱させ／筆談の途を閉ざしてしまう」(『日東壮遊歌』甲申四月二十三日条〔高島淑郎訳注［一九九九］三四二頁、沈載完校注［一九八四］二五三頁〕)。

(24)史料原文は以下の通り。

四月廿日

○客館江役々相詰、

○大坂御逗留、

○江戸表より御奉書到来ニ付、三使衆江為御達、今日殿様客館江御入被遊筈ニ付、其段以御使者被仰遣、尤両長老江も御達有之、

○殿様御服以御麻上下被召、巳ノ下刻過、客館江御入、御休息之間江御居着被遊、三使衆頓而御出迎、尤御対客之間者此節之一件ニ付御吟味場ニ成差支候ニ付、御寄附上ノ間江御通、殿様南ノ方、三使衆者北ノ方江御立並、御双方御会釈御二揖被遊、夫より両長老二揖相済而、御茵之上ニ御着座、左之御口上被仰述、将監病気ニ付信使奉行多田監物御取次仕、上々官崔知事江申達、

弥平安珍重存候、①然者此節不意之変出来御心中察入候、於拙者も気毒存候、早速公儀江申上候処、別紙之通被仰出候付、相達候、

（別紙＝奉書の内容は省略）

右之通、奉書紙竪ニ認、上々官江相渡、

②三使より御請

被為入御念御事難有安心仕候と之趣相応御返答有之、上々官より監物江伝、監物より御前江申上

右畢而、①又々御口上申達、

此節科人も相知則被召捕候故、近々御目付到着候ハヽ、裁断相済、無程可至御上船候間、御安心可被成候、

右之通監物御取次、上々官を以申述候後、三使衆より左之通上々官を以被申聞、御前江申上、

③誠信交隣之間諸事如在無之儀ニ御座候処、此節之変千万案外之次第、御同然驚入候、只今ニ而者科人御捕被成と之御事ニ候得者、早々御紀明之上御仕置被仰付、貴国之御法を御立被成、其外無罪者共御疑之儀者御用捨可被下候、御自分様と我々間者以前之通不相替無御如在可得御意候、此以後諸事御自分様御頼存候、双方末々之者江堅申付、不埒之儀無之様仕度候、

御答

④被仰聞候趣委細致承知候、其内罪之有無御吟味御仕置等之一段者、町御奉行江御申達可有之候、

三使衆三答

⑤我々より御自分様を御頼申候外何方江も申入候覚悟ニ無し御座候、

右畢而御帰被成候付、三使衆御出迎之所迄被送出、

○上々官例之所階下迄御迎送申上、楽人共楽奏之、

（以下、二ヶ条略）

（25）「右御口上、御応対之趣事長ク、上々官言語拙候故、若申違・申落等有之候而ハ如何ニ付、真文ニ而為認候由ニ而、監物より来候

付、左ニ記置」。

（26）「関白送酒井雅楽・鳥井左京等両倭。来問一行安否。両倭曰。将軍慰謝遠来。答曰。一路支待。皆致恪謹。無非将軍之令。多感多感。第将王命而来。即未得伝。以此為念。両倭答曰。当択吉日。便可伝矣。願安心待之云」（慶暹『海槎録』）。

（27）「智正来言。執政佐渡守送簡於景直曰。日気晴霽。明日行礼云々」（慶暹『海槎録』）。

（28）「佐渡守以関白之意伝言曰。遠来良苦。接待之事未尽情礼。仍送礼物銀子長剣等物。下至員役贈物各有差等」（慶暹『海槎録』）。

（29）「執政使馬島守伝関白之言曰。留館平安。深以慰喜。此去答書。須伝納於国王前云々」（趙曮『海槎日記』）。

第13章

（1）陳在教・金文京ほか編訳［二〇一三］に収められた「解題」は金文京の手になるもので、金文京［二〇一二］を踏まえながら『萍遇録』の内容を、より具体的で分かりやすく解説する。

（2）本節で扱う梅荘顕常と朝鮮通信使との交流については、かつて池内敏［一九九九］一五〇～一五五頁で扱ったことがある。その折りに依拠した梅荘顕常『萍遇録』に立ち戻りながら、周辺史料やその後発表された諸論考等をあわせて再検討することで今回叙述を新たにするものである。

（3）『萍遇録』は、次の文章で始まる。

吾少居五山、耳熟朝鮮、而未嘗見其人也、況今屏居雲山、養痾独処、属者信使之来、猶無意於塗観也、一日子玄来、謂曰、聞朝鮮製述書記輩、彬々有才西東間、執贄唱酬者、千有余人、今王事既竣、使節将西、師何不之浪華與之一周旋乎、余乃翻然下江、遂得遇諸館中、……

（4）『癸未使行録』収録の座目によると、正使付きの製述官として南玉、書記に成大中、堂上訳官に崔鶴齢、都訓導に崔天宗らの名前が見える。また副使付きの書記として元重挙、堂上訳官として李命尹の名前が、さらに従事官付きの書記として金仁謙、押物通事として李彦瑱の名前が見える。

（5）このときの梅荘顕常と成大中とのやりとりについては、高橋博巳［二〇〇六］二六頁に言及がある。

（6）李元植［一九九七］「第四章天和度の使行」にも、成翠虚の詩文贈答について度々言及がある。

（7）太虚顕霊は以酊庵への三十二代目の輪番僧である（田中健夫［一九九六］一七七頁）。

（8）この点については金聲振［二〇一〇］一二七～一二八頁に言及がある。

（9）趙花山は正使伴人の趙東観。この人については高橋博巳［二〇〇九］六八～七〇頁に言及がある。また顕常と李彦瑱とのやりとりについては高橋博巳［二〇〇六］二六～二七頁に言及がある。

（10）訓読・解釈は同書による。また、同詩に付された解説によると、出典は『北禅詩草』巻之二で、天明二年春の作という。

（11）『本邦朝鮮往復書　八十二』［国編二九九七］は、梅荘顕常が輪番僧在任中に作成した朝鮮外交文書（漢文）のすべてを掲載した史料である。このなかから朝鮮人漂流民送還に関わるものを探し出すと八件となる。

（12）大谷篤蔵［一九六四］七九〜八〇頁の書簡四。史料原文は以下の通り。

㋐馳走役ゟ咄承候故、取寄セ申候、㋑今般馳走役、則先ノ釜山館主ニ而候故、諸事諳識之筈ニ候処、扨々不案内之事共、不雅不韻不用心之至ニ御座候、

一㋒此度参判使田島監物と申、則家老職ニ而、㋓是亦先達館主相勤メ、其故東莱府使等相識之交情も有之様子ニ承り候、㋔右之府使、文雅之気象有之人と見へ申候、談話之次、㋕徂徠集と韓大年所刻之嶧山碑とを所望申候而、致応諾候、韓氏も碑帖之事も一向不案内、帰後来院之節咄シ出候而、則事実自此申聞セ候、大ニ悦候而、右碑帳一冊何卒覔得給り候様ニ会下へ苦ニ相頼ミ申候、無余儀旨趣ニ御座候故、拙承候而足下へ致冒覧候、近頃御面倒之儀御座候得共、嶧山碑帖一冊御尋覔候而御送致憑入候、尤成本無之候者、搨紙を御取出候而一帖装成御申付頼入候、京師之聖護院前ニ居候シュク蔵存知之者ニ法帖摺装之好手有之候、定而御存知も可有之候、平常之本ニ而宜候、表面ハ絹ヲ付候様ニ致度候、㋖以酊後番四月初旬ニ出装可有之候、其便ニ御越給候様ニ呉々頼入候、或ハ新本急ニハ難調候者、御相識之中ニ所持ノ人有之候者、当分取替呉候手段なりとも、御取計可被下候、任狎情千萬冒覧如此御座候、

㋗一　交代も大方可及六月候、中元前後ニハ帰着可致、萬々面晤在近、未間御自愛、急便多札、軽忽之段恕察可給候、不備

㋘人日　　　蕉中

蒹葭雅丈　文几

第14章

（1）西山寺文書「訳官記」長崎県立対馬歴史民俗資料館寄託⑧-42。なお、本史料は、表紙に「東福光瑄代、写」とあり、内題には「自享保十九年甲寅正月十八日、至同年三月二十有四日　訳官渡海並在府中宴席等記」とある。また奥書には「享保十九年甲寅三月日　以酊庵侍衣　光均□」「右日件簿、附與以酊役以備後検　東福光瑄代」と記される。さらに本文の記述に際しては、西山寺住持が三人称で登場する。こうした諸点を考え合わせると、本史料は現在は西山寺に伝来する享保十九年訳官使の記録であり、その内容自体は以酊庵僧の手になるものと考えて良い。

（2）「訳官記録（一七三四年正月）」［国編一五二八］によると、訳官使一行の内訳は、上々官二人（堂上官、堂下官）、上官二十五人、中官二十五人、下官十三人で、計六十五人。そこへ増人数十九人が加わって、総計八十四人。ただし「増人之分ハ諸事御馳走無之候間、宴席等之節も御饗応無之候事」と付記される。

（3）十九日については、［国編一五二七、一五二八］・「西山寺訳官記録」いずれも記事を欠く。

（4）茶礼の座飾りの様子は、［国編一五二七］によると以下のごとくである。

座飾仕切等之覚

○御寄附之床、張弓・靭三十張、鑓飾之、
○同西之方拭板之中程、金屏風立、透置、
○御寄附ゟ御広間江之通り之廊下之床ニ鉄砲百三拾四挺飾之、此所ゟ溜り之板之間迄畳を敷詰ル、
○御書院江通り候廊下江大筒拾挺飾之、
○鶴之間ゟ東之広縁江通り候口ニ配膳所申付、不見様金屏風ニ而囲之、
○御広間中段と棕櫚之間之間、襖ニ而立切ル、
○八間廊下之口ゟ諸役詰間、書札方北手西ニ折廻し、与頭方入口ゟ九老之間口迄板縁通り、屏風ニ而囲之、
○与頭方入口見へさる様、弐枚屏風立之、
　但、以酊庵御通り被成候故、何も見へさる様也、

……

○御広間庭南之方ニ朝鮮人持鑓簱等、鑓掛を拵江、此所ニ建置、
○見せ馬、年寄中・寺社奉行・与頭、此面々差出、下馬所腰掛之前ニ並置也、
　但、留守之面々ハ不差出也、
○御馬廻之面々持鑓、下馬所腰掛之前ニ持並居ル、

御座飾之覚

御広間
一　御上段之御床御掛物二幅　永真老、桐ニ鳳凰
　　立花一瓶
一　同所御棚　○巻軸　清明上河之図
　　○香炉　玉取二疋獅子
　　○料紙箱　扇流し

棕櫚之間
一　御床御掛絵二幅　養朴老　昇龍、降龍　大香炉　玉取獅子
一　御棚　手鑑　子昂石摺　文鎮　蝦蟇

一　同所　　食籠　盆　但、網掛り　　　料紙箱　玉川
御書院
一　御床御掛物一幅　　小仙筆　漁夫問答　　香炉　金紫銅　白獅
　　　　　　　　　　　　　　　　　　　　　　中央　青貝
一御棚　　巻軸　唐筆寄合書　　　料紙箱　和歌浦
　右、御茶湯方ゟ支配、

(5) 訳官使の登城に先んじて以酊庵僧が登城することの意味は、あらかじめ御書院で待機するというほかに、以酊庵僧登城の行列姿を訳官使に見せるという意味を帯びていたかに思われる。それは、「西山寺訳官記録」茶礼の前日（正月二十一日）条によると、「西山寺ヨリ使僧ニテ、茶礼出勤之節、異国江之化儀故、単寮ニ而も平江帯［　　］朱柄サ、セ候先格ニテ御座候間、其段御容捨可被［　　］」とあり、二十二日当日の以酊庵僧は会下僧全員と青侍一人を伴い、朱柄・挟箱・笠・籠等を持たせ、道具衣に平江帯・掛落・誌公帽子・金扇といった身繕いだったからである。

(6) 茶礼の中心儀礼は、大広間で両使が朝鮮礼曹からの書翰を対馬藩主に呈した上で、朝鮮政府としての祝詞を口頭で述べるところにある。祝詞は「朝廷被申候、御自分様弥御堅固可被成御座と目出度奉存候、然者今度御家督首尾能被蒙仰候付、書翰以使者御祝詞申上候」というものであったが、両使のうち上位者である金僉知は、倭学訳官ながら「日本言葉通シ兼候付、朴正儀も介添として金僉知少し跡迄進出テ、口上挟ル也」という。

(7) 以酊庵へは、巳下刻（午前十一時ごろ）、謝礼の使者として上官一人・中官二人・小童一人・下官一人・通詞一人・目付四人がやってきた。以酊庵僧が上官と対座して挨拶を交わしたのち、椀麵・御酒・重肴・皿肴で接待した。また、上官へは煙草袋、中官へは扇子、小童へは手中一片、下官へは刻煙草二箱を遣わした。使者が帰ったあと、今度は以酊庵僧が会下僧一人と従者を伴って訳官使客館へ慰問を述べに行き、両使と対座して挨拶ののち御酒を三度やりとりして退出した（「西山寺訳官記録」）。

(8) 二十四日、以酊庵僧に対し、御隠居様茶礼へは先例にしたがって出席に及ばない旨、家老杉村仲から知らされた（「西山寺訳官記録」）。

(9) 宴席は行われなかったものの、両使にだけは菓子が振る舞われた（「国編一五二八」）。

(10) 二十七日・二十八日には訳官使の動向に関わる特段の記事はない。

(11) それにともなって、今回の拝礼からは光雲院（二代義成）を除外することとした（「国編一五二七」）。また、萬松院様をはじめ五つの宝塔前には「花ほうろ拾参宛、白餅七つ宛」が供えられたが、それまでは「白餅」ではなく「壱分まんちう」を七つ供えてき

たという。しかしながら「只今之壱分まんちうは殊外小ク、数盛不申候得ハ見掛不宜、御費ニ候故白餅ニ仕替、備之」ように変更した（[国編一五二八]）。

(12) 四日・五日は訳官使に直接関わる記事がない。また、七日から九日にかけても関連記事はない。

(13)「西山寺訳官記録」の二月十二日条は「於屋敷中宴席、依先例以酊不出」と記されるのみである。

(14) 供物は宴席終了後に以酊庵側に収められた。それは、以酊庵側から家老杉村仲に問い合わせた結果、先例としてそのようにしてきたとのことであった（「西山寺訳官記録」）。

(15) 二十三日・二十四日には、訳官使と関わる特段の行事は記録されないが、渡海に随行した対馬藩士たちへ訳官使側から白米を贈ること（二十三日条）、訳官御用掛を務めた杉村仲ら数名に対して訳官使側から軽い贈物をすること、が記録される。

(16) このときの口上は以下の通り。

礼曹江之御口上

貴国弥御静謐之由承之目出度存候、然者某儀家督無相違被仰出候為嘉儀訳使被差渡、書翰を以品々被贈下忝存候、則委細変翰を以及御礼候、将又新図書之儀申進候処、御鋳送被下、是又忝存候、依之旧印図書三各江相附令送還候、右之趣礼曹へ宜被申達候、

扨又、各ニも遠方被罷越太儀ニ被思召候、御参勤之期迫り、近々上船ニ付御面話不被成、御残多被思召候との事、

(17) [国編一五二七] のこの日の箇条によると、対馬藩の医師が処方した薬なら藩側が負担すべきだが、今回は薬店の薬を使用したのだから藩側が負担するいわれはないと断っている。なお、[国編一五二七] の三月二十六日条には、町医山田昌軒・町外科保田春晴それぞれから薬代の請求があり、山田昌軒あてに服薬代銀三拾匁、保田春晴あてに膏薬代銀六匁六厘五毛・引薬代銀四匁二分（[国編一五二八] では二拾壱匁）が藩側から支払われたとの記載がある。これら山田・安田の処方した薬が、「時疫」病人に対してなされたものなのか、客館にいた訳官使一行中に対してなされたものなのかは判然とはしない。

(18) 十一人は、樋口常応、松尾杢、雨森東五郎、吉川内蔵之允、春日亀竹右衛門、河村太郎左衛門、幾度六右衛門、雨森顕之允、味木金蔵、渡部左一郎、阿比留伯鱗、である。

(19) 両使へは白木杉重一組・鹿二脚・二斗入酒一樽・鰤一喉、上官中へは赤飯一桶・二斗入酒一樽・鰤二喉、中官・下官中へは赤飯二桶・二斗入酒二樽・鰤四喉ずつ。ただし、中官二五人・下官十三人に同量ずつを配分すると下官の方が中官よりも一人あたりの配分が多くなってしまうので、中官分・下官分の区分をせず、両者あわせて目録を作成して支給した。

(20) 七日から十一日にかけては、訳官使客館番所の勤め向きに関わる記事がいくつか見えるほかは特段の記事はない。その番所の勤め向きに関わる記事は以下のごとくである。番所勤めの者が、番所に幕を下ろして「居眠りをしている（間々ねふり居候）」のは番をする趣旨から外れており、交代勤務で休息するに際しても番所に幕は下さないように命じた。

(21) 高麗大学校民族文化研究院海外韓国学資料センター（http://kostma.korea.sc.kr/）。

(22) 史料原文は以下の通り。「島主使者陶山大助與執事諸倭問安於船頭、而老幼男女之観光者亜肩疊背、如山如海無慮数千百、而黙々如木偶人少無喧雑之聲亦為奇哉、三吹放砲後盛陳軍威、下陸、就館自船滄設行歩席至于庁前、而門窓補陳之属、極為精潔矣」。

(23) 史料原文は以下の通り。「大小洞口各置禁徒倭二三持杖禁喧、而老少男婦挟路観光或有挙手指點、嘖嘖称羨者国朝衣冠文物之燦然、而為隣国之所景即概可知矣」。

(24) この記事は正月二十二日条には現れず、同二十四日条に記される。あるいは、二十二日に叔父が松浦賛治から書面を受け取って、叔父の指示で二十四日に金弘祖が賛治のもとを訪れて筆談したようにも読めるが、判然とはしない。当面のところ、二十二日の出来事を思い出して二十四日条に記したものと考えておく。

(25) 吉田安右衛門は、［国編一五二七］では訳官奉行。

(26)［国編一五二七］によると、中宴席のときの飾り物は以下の通りである。

棕櫚間

御床掛物一幅　唐筆　孔雀　青貝
花鳥　香炉　中央

御書院

御床三幅対　常信筆　松鶴　大砂物
寿老人
竹ニ鶴

御棚　銀鶴ノ香炉　手鑑　子昂
銀硯箱

麒麟間

銀台子　梨子地重硯箱

(27) 正確には一昨年。享保十七年三月、大火で対馬府中の中心部は悉く灰燼に帰した。

(28) 享保十九年から見て直近の癸丑年は享保十八年になる。

(29) 史料原文は以下の通り。また、返書は原文では賛治書面に引き続き「答」として記載される。その内容は概ね賛治書面のままに繰り返されたものなので、原文の記載にしたがって示しておく。

松浦書云、

僕本姓雨森、名徳允、往在癸巳年雨森院長為大差都船主、僕纔十一歳、従遊貴国、其時足下適任在草梁、回得拝謁者縷矣、爾后不相聞者二十余年、不意今日再接芝眉於公宴之中、未知継此辱賜青目也否、僕以雨森院長次児、養於松浦霞沼故改姓云、

答

往在癸巳、令尊之奉使和館也、不佞亦為御命来留草梁、與足下朝暮相従者、未知其幾何而倐忽之間、已経廿余春秋、各天一方之懐能不依、々不意向者得接青眼於公会宴楽之間、旧懐新情藹然、若春園之草而未克従頌曷勝其帳、春寒尚峭未審、令尊道履茂膺蔓福無路、奉拝迨庸耿々□伸是希

第15章

（1）洪善杓［二〇〇八］は典拠史料を示さないが、本章で後掲する天明元年（一七八一）七月二十八日付の木村蒹葭堂あて梅荘顕常書簡がそれに該当するのかもしれない。

（2）大谷篤蔵［一九六四］書簡番号五に掲載された原文は以下の通り。ただし、ごく一部分の漢字を改め、句読点を変更した。

当府八幡祠ニ天宝四年〔七四五年〕之鐘有之候、此ハ其内銘字ヲ搨出候而可懸御目候、誠ニ国風不韻、曽而写シ取候者も無之候、藩主ニハ古書画之類多有之由、兼而ゟ承及候、此も未寓目候、以上

六月七日之宝緘相達捧読、先以雅況御清勝之由、大慰遥想候、此地無恙消二光候、御安慮可被下候、縷々御懇致、且糖砂・湖茗・腐皮之佳貺、遠方御注存不浅、忝感荷致珎賞候、糖果も御恵之由、是亦忝致賞味候、

一　屧之校一々御写録、御煩労忝披蒙候、ユヅカヅラハ帰船之節ならてハ便無之、其節可入御覧候、

一　大乙紫金丹方、当地ニ所持之者無之由、侍医ニ見セ刮目候、玉樞丹方書付呉候、相附し此度致返璧候、

一　救荒本草・訓蒙字会等之事吟味仕候得共、所持之者無之候、尤朝鮮之書籍、当時堅禁候而、一部も不可得由申候、

一　青黍皮・獐皮之事、毎人尋候得共、只今ハ不参候物ニ而、存知候者無之候、

一　果糕之事も尋候、麦粉ヲ蜜ニ而コネ、致胡麻油煎候事、誰も申候へ共、微細之製存知候者ハ無之候、当春訳官之節も持参候由ニ而、別ニ製術も無之由、一ツニハ朝鮮麦故少々風味之安排も有之哉と存候、

一　照布之事、此も只今ハ参り不申候由承候、粗布ハ送来候黒布と申候も、只不晒之称と申事ニ候、

一　朝鮮古器尺度貨物等之事、猶追々相尋見可申候、一通り此ニ不限、彼地物件相尋候へ共、的切ニ存知候者無御座候、ⓐ此迄推量仕候とハちかひ、殊外疎濶なる事ニ候、国禁之固厳と隣交之不款密と、役人輩之麁俗不韻とニ而、何事も考事不相通候、扨又御頼之書画も一向未着其便候、ⓑ以酊使役之僧某、来寅年釜山へ寺職ニ参候、此僧ニ得と相託シ遣可申候、先達而朝鮮画一二覧申候処、中々好手有之候、乍然相頼遣候而、一向不相成来候由、ⓒ先住和尚も被申候、ⓓ何分釜山和館司、惣躰事交易

物一通りニ而、自余ハ以之外疎濶なる事と承候、

一　御家眷御平安宜御咄致希入候、其外北海氏始末、遥修一書候、御序各々宜敷御致意所希御座候、時下涼御自玉所祈御座候、

猶期後音候、草々不乙、

七月廿八日　　蕉中

世粛雅伯　文几

（3）第5章の訳官使一覧表（表5-1）の整理番号44。

（4）先代の高峰東晙、先々代の湛堂令椿のことを指すか。顕常が赴任前に以酊庵僧の職務状況・対馬府中の状況を、これら二名の先代に尋ねていたらしいことは第4章で触れた。

（5）ただし、『御取寄物』［国編五四二四］の天明八年十二月四日条には、田嶋監物が「常長老御頼」を受けて「竹筒大小四つ」を注文している記事がある。ここにいう常長老は顕常のことであろう。この記事は、顕常が以酊庵僧輪番時代に度々交際のあった田嶋監物を介して、輪番を終えたのちに京都から朝鮮産品の注文を行ったということを示すものである。

（6）現在日本に伝わる朴徳源の墨蹟は十六点ほど確認されている。この朴徳源なる人物について、旧説では延享五年（一七四八）通信使の随員または明和元年（一七六四）通信使の随員とする見解が入り乱れていた。岡部良一［二〇一六］は、朴徳源の墨蹟のうち年代確定可能なものを再検討し、また『楽郊紀聞』に朴徳源が文化易地聘礼交渉の最中に刑死した記事が見いだせることから、安永九年（一七八〇）～寛政八年（一七九六）の時期に対馬へ派遣された訳官使の随員であろうと推測する。そして、「朴徳源は小通事として日本語は勿論、漢詩文、和歌・俳句にも精通した人であった」と評価する。筆者は、いまのところ訳官使の随員目録を精査していないので、岡部見解の当否を判断しえない。しかしながら、本章で触れてきたように、注文者側が和歌や俳句を雛形として具体的に示した上で扇子や和紙に筆写させるやり方のあったことに鑑みると、朴徳源が「和歌・俳句にも精通」していたかどうか、にわかには判断できない。また、朝鮮で朴徳源に書かせるよう注文されていた事実からすれば、岡部が推測するような訳官使に随行した旅先で書いたとばかりはいえまい。

（7）らう竹は細い竹で、煙管として用いられる。

（8）姫百合草・かさ百合草のように品種を指定する場合（安永二年正月二十四日）の方が多いが、ときに「朝鮮草花の類で珍しいものがあれば取り寄せてください（朝鮮草花類、珎敷品も有之候ハ、取寄進候様）」（寛政九年八月十九日）といった場合もあった。また、漢方薬材の場合も、「五味子、黄芩、遠志」（寛政七年二月廿七日）について、それぞれ「苗をそれぞれ別々の箱に植えたままで（此三品之苗箱植ニして壱箱ツ、）」送り届けるように指定する場合もあった。

（9）なお、文化十三年十月十一日、対馬藩家老氏江佐織が朝鮮より取り寄せたものに「牛肉五斤」がある。単に食したものか薬用として用いたか、史料の限りでは判別がつかない。記して後考に俟つ。

（10）銅製品は原則として持ち出し禁止だったようである。次に示す史料は、安永五年に倭館館守原宅右衛門から自分音物用として銅手洗十五組を対馬から取り寄せたいとの願書が出され（ⓑ）た際に、藩の判断を示したものである。藩側としては「自分音物用に銅類製品を持ち渡ることは厳禁なので、願書を取り上げること自体が難しい」（ⓒ）が、倭館館守として東萊附の判事中（日本語通訳）たちとの折衝が日常的にある（ⓐ）という事情を踏まえて、要望を少し減じて十組の取り寄せを認める（ⓓ）とした。なお、別途原本人にあてられた書面では、今回の措置は「先例とはしない〔尤自余之例ニ者不相成候〕」と付記される。

同年〔安永五年〕十一月廿五日

原宅右衛門

右者、今般為館司被差渡候処、段々被差渡候時節も相延、自分音物用意之品等も心当違ニ相成、其上御用向被仰付置候品も有之、就夫而者ⓐ判事中掛合等毎度仕候付、此節ニ限ⓑ自分音物為用銅手洗拾五組差渡候義御免之義被願出見届候、ⓒ自分為音物用銅類之品差渡候義先達堅ク被差停止置候付、願書難取揚候へ共、当節貴殿義別而御用向被仰付置候品も有之、就夫判事中掛合等も繁多ニ有之彼此之訳ニ付、ⓓ此節者別段之思召を以願書之内十組差渡候義例外被差免候間、可被得其意旨、附紙を以宅右衛門へ直達、

（11）「雁羽色羽二重紬拾疋、萌黄色羽二重紬拾疋、黄色鳥子紙千枚、白色鳥子紙千枚、九つ入子鉢大拾・七つ同『随分大キ品、漆色宜キ品』、錦手皤重四組、同拾二色弐拾組、金泥　赤色・黄色・白色各壱両ツヽ、蒔絵らう竹七百本・同中らう竹三百五拾本『筆弐重軸用、模様草花之宜キ品』、唐金火鉢大中小　三つ宛、屏風大中弐双ツ、『唐紙張彩色絵』、大極上黄蓮弐拾斤、別品模様大徳利五つ、極上水晶眼鏡五掛、別品燔鉢茶碗天目類一束ツヽ、極上五色丸盆五拾枚、五色こはく壱本ツヽ」。

（12）原文は以下の通り。

論語徴　壱部
唐土訓蒙圖彙　壱部
嶧山碑　壱折
猟間鍋　壱封

田嶋監物

右者、東萊府使懇望有之、去冬在館之節、任訳并差備官連名を以願出置候処、此節差渡度段以書付被申出、評議之上役々へも可相達候間、被差渡候様相達、右之趣被其意候様御勘定奉行所船改江以書付相達、

終章

（1）典拠は光源院蔵の「天明七年九月天龍壽寧寅和尚掛之書物」。
（2）史料原文は以下の通り。

一ⓐ寛永十二亥年、五月十三日、同十五日、同十七日、金地院僧録最岳元良老登城、ⓑ御城ニ而、大炊頭殿、讃岐殿、伊豆殿御尋有之、対州江被遣候五山碩学之名前、七月十四日、同廿一日書付、御城ニ而、大炊頭殿、讃岐守殿、伊豆守殿江入御覧候、但、五月十三日より、七月廿一日迄御尋有之候節、思召之儀、御内話等も可有御座候得共、御内々御用之御儀故、金地院記録ニ者、其訳記置候儀無之御座候、

ⓒ御城ニ而七月廿九日、大炊頭殿、讃岐守殿、周防守殿より、五山碩学江御状被遣、委細金地院より可申達旨被仰聞候、

（3）史料原文は以下の通り。

一〔寛永十二年乙亥〕七月十三日、可致登城旨、大炊殿・讃岐殿被仰由、出仕、五山ゟ二、三人対馬江下向候様ニとの儀也、

一十四日、登城、五山碩学衆之書立、大炊殿・讃岐殿・伊豆殿御覧、

一廿一日、登城、五山衆対馬江罷下覚書、五山ニテ一人宛書付上、

（4）史料原文は以下の通り。

扨長老被仰候ハ、日本よりハ朝鮮を御旗本の様に思召も不存候へ共、朝鮮よりハ唯隣国の様、和談之交と存居事候、依其おゐんけんより前々信使之時、国王と言無御座御返翰を取帰候て、其時に三使ともに流罪に逢申候間、其後ハ如此王之字之儀申かと存候と被仰候時、皆様扨々其三使ハ流罪に逢候やと被仰候、中々其時の三使流罪に逢候事聞及候、無紛必定ニ而候由被仰候、

（5）昕叔顕晫が以酊庵輪番から外れた理由について、対馬藩政史料では、藩主の縁戚だからと説明する（序章）。おそらくこれら二つの理由は、二つながらに理由として意味をもったであろう。

参考文献

【日本語】

秋宗康子［一九九一］「対馬以酊庵に赴いた相国寺派輪番僧について」『立命館文学』五二一
朝尾直弘［一九七〇］「鎖国制の成立」『講座日本史』4、東京大学出版会
荒木和憲［二〇一三］「対馬宗氏の外交戦術」荒野泰典ほか編［二〇一三］
荒川秀俊［一九六二］『異国漂流記集』吉川弘文館
――［一九六九］『近世漂流記集』法政大学出版局
荒野泰典［一九八八］『近世日本と東アジア』東京大学出版会
――［一九九五］「小左衛門と金右衛門――地域と海禁をめぐる断章」『海と列島文化』一〇、小学館
荒野泰典・石井正敏・村井章介編［二〇一〇a］『倭寇と「日本国王」』日本の対外関係4、吉川弘文館
――［二〇一〇b］『近世的世界の成熟』日本の対外関係6、吉川弘文館
――［二〇一三］『地球的世界の成立』日本の対外関係5、吉川弘文館
有馬頼底［二〇〇二］「大典禅師の生涯と若冲居士」大本山相国寺［二〇〇二］
飯島千尋［二〇〇二］「近世日本人の朝鮮漂流記　翻刻・解題」『日本文化論年報』四、神戸大学国際文化学部
李元植［一九九七］『朝鮮通信使の研究』思文閣出版
池内敏［一九九一a］「近世後期における対外観と『国民』」『日本史研究』三四四
――［一九九一b］「崔天宗殺害事件をめぐる徳川幕府と対馬藩」『ヒストリア』一三二
――［一九九六］「倭館と漂流民の明治維新」『日本史研究』四一一
――［一九九七a］「総説（2）清見寺と朝鮮通信使」「各説（6）朝鮮通信使資料」『清見寺綜合資料調査報告書』静岡県教育委員会
――［一九九七b］「朝鮮人漂流民の送還と幕府の対応」『別冊歴史読本　江戸の危機管理』新人物往来社
――［一九九八］『近世日本と朝鮮漂流民』臨川書店
――［一九九九］『「唐人殺し」の世界』臨川書店
――［二〇〇五］「大君の外交」『日本史講座』六、東京大学出版会

――［二〇〇六］『大君外交と「武威」――近世日本の国際秩序と朝鮮観』名古屋大学出版会
――［二〇〇八］「以酊庵輪番制考」『歴史の理論と教育』一二九・一三〇合併号、名古屋歴史科学研究会
――［二〇〇九a］『薩摩藩士朝鮮漂流日記』講談社選書メチエ
――［二〇〇九b］「朝鮮通信使延聘交渉と梅荘顕常」北島万次ほか編『日朝交流と相克の歴史』校倉書房
――［二〇一二a］「以酊庵輪番制と東向寺輪番制」『九州史学』一六三
――［二〇一二b］「以酊庵輪番制廃止論議」『名古屋大学文学部研究論集』史学五八
――［二〇一二c］「以酊庵輪番制廃止論議・余聞」『日本歴史』七七二
――［二〇一六］「訳官使考」『名古屋大学文学部研究論集』史学六二
石井研堂［一九〇〇］『漂流奇談全集』博文館
――［一九二七］『異国漂流奇談集』福永書店
石井正敏［一九九五］「以酊庵輪番僧虎林中虔」田中健夫編『前近代の日本と東アジア』吉川弘文館
泉澄一［一九七三］「天龍寺第二〇九世・中山玄中和尚について」『ヒストリア』六三
――［一九七四］「天龍寺第二〇四世・蘭室玄森和尚について」『対馬風土記』一一
――［一九七五］「天龍寺第二一六世・瑞源等禎和尚について」『対馬風土記』一二
――［一九七六a］「対馬以酊庵輪番僧江岳元策について」『横田健一先生還暦記念日本史論集』
――［一九七六b］「天龍寺第二二三世・湛堂令椿和尚について」『日本歴史』三三九
――［一九七七］「江戸時代、日朝外交の一側面」『関西大学東西学術研究所紀要』一〇
――［一九九七］『対馬藩藩儒雨森芳洲の基礎的研究』関西大学出版部
――［二〇〇二］『対馬藩の研究』関西大学出版部
伊藤幸司［二〇〇二a］『中世日本の外交と禅宗』吉川弘文館
――［二〇〇二b］「中世後期における対馬宗氏の外交僧」『年報朝鮮学』八
――［二〇〇九］「外交と禅僧」『中国――社会と文化』二四
牛嶋英俊［二〇〇九］『飴と飴売りの文化史』弦書房
王勇［二〇〇〇］『中国史のなかの日本像』農文協
大谷篤蔵［一九六四］「蒹葭堂来翰集――大典禅師の出自」『女子大文学』国文編第一六号、大阪女子大学国文学科
大場生与［一九九四］「近世日朝関係における訳官使」修士論文（慶應義塾大学）
岡部良一［二〇一六］「小通事・朴徳源の再検討」『朝鮮通信使　地域史研究』創刊号

小川後楽［一九八一］「大典禅師――禅と詩と茶と」『日本美術工芸』五一六
長正統［一九六三］「景轍玄蘇について――一外交僧の出自と法系」『朝鮮学報』二九
――［一九六八］「日鮮関係における記録の時代」『東洋学報』五〇-四
小畠文鼎［一九二七］『大典禅師』同朋舎
加藤貴校訂［一九九〇］『漂流奇談集成』叢書江戸文庫1、国書刊行会
上村観光［一九一九a］「徳川初期の朝鮮通、規伯玄方」『禅林文芸史譚』大鐙閣
――［一九一九b］「対州以酊庵の沿革」『禅林文芸史譚』大鐙閣
――［一九一九c］「朝鮮僧松雲大師と日本僧景徹玄蘇」『禅林文芸史譚』大鐙閣
川合彦充［一九六七］『日本人漂流記』社会思想社
木部和昭［一九九八］「近世期長門における朝鮮人漂着民」『図説山口県の歴史』河出書房新社
金仁謙（高島淑郎・訳注）［一九九九］『日東壮遊歌』平凡社東洋文庫
金文京［二〇一二］「『萍遇録』と「蒹葭堂雅集圖」――十八世紀末日朝交流の一側面」『東方学』一二四輯
倉地克直［二〇〇一］『近世日本人は朝鮮をどうみていたか』角川選書
――［二〇〇五］『漂流記録と漂流体験』思文閣出版
小早川欣吾［一九三四］「以酊庵輪番考」『法学論叢』京都帝国大学法学会
桜井景雄［一九八六］「対州修文職について」同『禅宗文化の研究』思文閣出版（初出は一九六六年）
島尾新編［二〇一四］『東アジアのなかの五山文化』東アジア海域に漕ぎ出す4、東京大学出版会
清水太郎［二〇〇〇］「ベトナム使節と朝鮮使節の中国での邂逅――一八世紀の事例を中心に」『北東アジア文化研究』一二
白石芳留［一九一四］「以酊庵の研究資料」『禅宗』二三七、貝葉書院
辛基秀・仲尾宏［一九九四］『大系朝鮮通信使』第七巻〈甲申・宝暦度〉、明石書店
末木文美士・堀川貴司編［一九九六］『江戸漢詩選』第五巻「僧門」、岩波書店
関周一［二〇〇二］『中世日朝海域史の研究』吉川弘文館
――［二〇一五］『中世の唐物と伝来技術』吉川弘文館
大本山相国寺［二〇〇一］『大典禅師と若冲』相国寺承天閣美術館
高橋博巳［二〇〇六］「李彦瑱の横顔」『金城学院大学論集』人文科学編、二-二
――［二〇〇九］『東アジアの文芸共和国――通信使・北学派・蒹葭堂』新典社新書
田代和生［一九八〇a］「寛永六年御上京之時毎日記」『朝鮮学報』九五

――［一九八〇b］「寛永六年（仁祖七・一六二九）対馬使節の朝鮮国「御上京之時毎日記」とその背景（一）」『朝鮮学報』九六
――［一九八一a］「寛永六年（仁祖七・一六二九）対馬使節の朝鮮国「御上京之時毎日記」とその背景（二）」『朝鮮学報』九八
――［一九八一b］『近世日朝通交貿易史の研究』創文社
――［一九八三］『書き替えられた国書』中公新書
――［一九九四］「渡海訳官使の密貿易」『朝鮮学報』一五〇
――［二〇〇二］『倭館』文春新書
――［二〇一六］「朝鮮通信使が見た庶民芸能」『史学』三田史学会、八六―一・二
田中健夫［一九八八］「対馬以酊庵の研究――近世対朝鮮外交機関の一考察」『東洋大学大学院紀要』二四
――［一九八九］「漢字文化圏のなかの武家政権――外交文書作成者の系譜」『思想』七九六
――［一九九六］「前近代の国際交流と外交文書」吉川弘文館
田保橋潔［一九四〇］『近代日鮮関係の研究』朝鮮総督府中枢院
鶴田啓［二〇〇六］『対馬からみた日朝関係』山川出版社日本史リブレット
仲尾宏［一九九七］『朝鮮通信使と江戸幕府』明石書店
中島利一郎［一九二二］「外交僧としての規伯玄方（上）」『筑紫史談』二四
――［一九二三］「外交僧としての規伯玄方（下）」『筑紫史談』二五
永留久恵［一九九九］『雨森芳洲』西日本人物誌14、西日本新聞社
中村真一郎［二〇〇〇］『木村蒹葭堂のサロン』新潮社
中村栄孝［一九六九］『日鮮関係史の研究』下、吉川弘文館
西村圭子［二〇〇二］「対馬宗家の近世朝鮮貿易に関わる以酊庵史料について」『日本近世国家の諸相』II、東京堂出版
貫井正之［二〇一〇］『豊臣・徳川時代と朝鮮』明石書店
朴賛基［二〇〇六］『江戸時代の朝鮮通信使と日本文学』臨川書店
橋本雄［二〇〇五］『中世日本の国際関係――東アジア通交圏と偽使問題』吉川弘文館
――［二〇一一］『中華幻想――唐物と外交の室町時代史』勉誠出版
羽田正編［二〇一三］『海から見た歴史』東アジア海域へ漕ぎ出す1、東京大学出版会
春名徹［一九七九］『にっぽん音吉漂流記』晶文社
――［一九八二］『漂流』角川選書
――［一九九五］「東アジアにおける漂流民送還制度の展開」『調布日本文化』五

平川新［二〇〇八］『開国への道』日本の歴史12、小学館
夫馬進［二〇一五］『朝鮮燕行使と朝鮮通信使』名古屋大学出版会
真壁仁［二〇〇七］『徳川後期の学問と政治――昌平坂学問所儒者と幕末外交変容』名古屋大学出版会
松浦京子［一九九六］『松浦桂川書簡抄』新潮社
松田甲［一九七六］「駿河の清見寺と朝鮮信使」『日鮮史話』三、原書房・復刻版（原本は一九二九年）
三宅英利［一九八六］『近世日朝関係史の研究』文献出版
――［一九九三］『近世アジアの日本と朝鮮半島』朝日新聞社
箕輪吉次［二〇〇八］「朝鮮通信使という名称について――天和二年（一六八二）の史料を中心に」崇実大学校韓国文芸研究所『朝鮮通信使使行録研究叢書』八〈歴史〉、学古房（ソウル）
村井章介［二〇一〇］「倭寇と『日本国王』」荒野泰典ほか編［二〇一〇a］
――編集代表［二〇一五］『日明関係史研究入門』勉誠出版
森鷗外［二〇〇〇］「佐橋甚五郎」『鷗外歴史文学集』第二巻、岩波書店
吉岡永美［一九四四］『漂流船物語の研究』北光書房
米谷均［一九九五］「近世日朝関係における対馬藩主の上表文について」『朝鮮学報』一五四
――［一九九七］「十六世紀日朝関係における偽使派遣の構造と実態」『歴史学研究』六九七

【韓国語】
金聲振［二〇一〇］「癸未使行団の大坂滞留と大典禅師竺常」漢陽大東亜細亜文化研究所国際学術会議『一七六三年癸未通信使行と東亜細亜文化接触』予稿集
金基民［二〇〇四］『捷解新語の改修過程と語彙研究』宝庫社
――［二〇一一］「癸未使行団の大阪滞留記録と大典禅師竺常」『東アジア文化研究』四九集
金鍾旭［一九七三］「以酊庵輪番について　上・下」『韓国国立中央図書館報』五・六
元重挙（金景淑訳）［二〇〇六］『乗槎録（朝鮮後期知識人、日本と出会う）』ソミョン出版
南玉（金保京訳）［二〇〇六］『日観記（筆先で富士山の風を切り進む）』ソミョン出版
釜山博物館［二〇〇九］『東萊府使――忠と信の牧民官』
成大中（洪学姫訳）［二〇〇六］『日本録（富士山・琵琶湖を飛ぶように越えて）』ソミョン出版
沈載完校注［一九八四］『日東壮遊歌・燕行歌』韓国古典文学大系一〇、教文社

尹炳泰［二〇〇一］「洪啓禧とその印本」『古印刷文化』八、清州古印刷博物館
尹裕淑［二〇一五］「朝鮮後期問慰行に関する再考――一六三五年使行および幕府の財政援助を中心に」『韓日関係史研究』五〇
李尚奎［二〇一〇］「仁祖代前半問慰行研究」『韓日関係史研究』三五
李慧淳［一九九六］『朝鮮通信使の文学』梨花女子大学校出版部
李薫［二〇〇〇］『朝鮮後期漂流民と韓日関係』国学資料院
――［二〇一一］『外交文書で見る朝鮮と日本の意思疎通』景仁文化社
鄭萬祚［二〇〇三ａ］「澹窩洪啓禧の政治的生涯」『仁荷史学』一〇
――［二〇〇三ｂ］「澹窩洪啓禧の家系分析」、『朝鮮時代両班社会と文化２〈朝鮮時代の政治と制度〉』集文堂
鄭成一［二〇〇二］「漂流民送還体制を通して見る近現代韓日関係――制度的接近（一八六八～一九一四）」『韓日関係史研究』一七
――［二〇一三］『全羅道と日本――朝鮮時代海難事故分析』景仁文化社
鄭丞恵［一九九八］「老乞大新釈　序文」『文献と解釈』四
鄭雨峰［二〇一六］「一七三四年問慰行使行録『海行記』研究」『大東文化研究』九四
陳在教・金文京ほか編訳［二〇一三］『十八世紀日本知識人、朝鮮を窺い知る――『萍遇録』』成均館大学校出版部
ハン・スヒ［二〇一三］「『萍遇録』を通して見る朝日学人の友好とその裏面」『漢文学報』第二八輯
洪善杓［二〇〇七］「一七・一八世紀韓日絵画交流の関係性――江戸時代の朝鮮画熱気とその関連様相を中心に」『第一〇回全国美術史学大会　朝鮮後半期美術の対外交流』エギョン
――［二〇〇八］「慈照院の朝鮮書画」『相国寺塔頭慈照院所蔵朝鮮通信使遺物図録』社団法人朝鮮通信使文化事業会（釜山）
洪性徳［一九九〇］「朝鮮後期「問慰行」について」『韓国学報』五九

【史　料】

著者未詳『癸未使行録』韓国国立中央図書館
赤松俊秀校訂・編集［一九六〇］『隔蓂記』第三、鹿苑寺
梅荘顕常『萍遇録』清見寺蔵本
――『萍遇録』東京大学史料編纂所（四一三四／六）
――『萍遇録』国立国会図書館（九一九／二五）
成大中『日本録』高麗大学校図書館（『大系朝鮮通信使』第七巻による）
相国寺史料編纂委員会［一九八六］『相国寺史料』第二巻、思文閣出版

相国寺史料編纂委員会編（藤岡大拙・秋宗康子校訂）［一九九〇］『相国寺史稿』第六巻、思文閣出版
大韓民国国史編纂委員会［一九九一］『対馬島宗家関係文書　書契目録集』I
近藤瓶城編輯［一九〇二］「方長老朝鮮物語　付柳川始末」『改訂史籍集覧』第十六冊別記類、臨川書店（復刻版、一九八四年）
中川延良（鈴木棠三校注）［一九七七］『楽郊紀聞——対馬夜話』平凡社東洋文庫
鈴木棠三編［一九七二・七三］『津島紀事』東京堂出版

あとがき

本書は、近世日朝外交史研究をもう一歩だけ前に進めてみようとするものである。その際に以酊庵輪番制を再評価するという、まことに微視的な観点に立つことから始めて、近世東アジアの国際秩序と日朝関係について先行研究が築きあげてきた枠組みを再検討するよう試みた。

恩師朝尾直弘はかつて「東京の連中がギャフンとするような徹底的に細かな実証を心がけなさい」との助言をくださったことがある。もちろん東京であれ京都であれ、実証を置き去りにした研究者など存在しないが、どちらかといえば大きく枠組みを拵えてから中身を詰めてゆく東京流に対し、下から細かく積み上げてゆくのが京都の流儀と心得てきた。決してスキップすることのない論証は面白みに欠けるところもあるが、大胆な問題提起のごとく広げた大風呂敷が実は何も包んでいなかったという粗忽さよりはマシである。

恩師の助言は以来頭の片隅に宿したままだから、本書もまた細かな論証の積み重ねを第一義とした。けれども細かな実証とは要所を固めきる手続きのことであり、それ以上詰める必要のない挙証にはこだわらなかった。また、できる限り史料引用は現代和訳で示すようにし、専門外の方々からもご批判を頂戴できればと考えた。それでも学術書である以上は、複雑に入り組んだ感もぬぐい切れない。序章と終章を通覧した上で、四部十五章および二つの付論までお目通しいただければ望外の喜びである。

さて、本書は対馬藩政史料の分析に多くを負っている。膨大な史料を保管・伝来してこられた長崎県立対馬歴史民俗資料館、大韓民国国史編纂委員会、東京大学史料編纂所などの各機関の方々には長期間にわたってたいへんお世話になった。とりわけ長崎県立対馬歴史民俗資料館では三十年以上にわたり、歴代の職員の方々からたくさんの便宜をはかっていただいた。まずもって深く謝意を表するものである。

修士課程一年生の秋、研究室旅行で初めて対馬の地を踏み、長崎県立対馬歴史民俗資料館を訪問した。二階の収蔵庫内には先生方だけが招かれたから、学生や院生は入口から代わる代わる庫内をのぞきこんだ。薄暗い収蔵庫の奥行きの深さと天井の高さ、木製の書架に積み上げられた古文書の匂いを網戸越しにかすかに感じていると、思いがけず岸俊男先生が中から声をかけてくださった。「君は、ここの史料を使って研究をしていくことになるのだから、中に入って見せてもらいなさい」。

アルバイト代をためて史料調査に出かけた夏休み、博多港からフェリーに乗ると船内で高校野球を二〜三試合見終わる頃に対馬（厳原港）に着いた。そうした院生時代にお世話くださったのが、津江篤郎、長郷嘉壽の二先生であった。史料出納の合間に聞かせていただいたお話の数々やまるで対照的な二先生の風貌を、窓外にある港の眺めとともに遠く思い出す。

二〇一五年四月より一年間の研究専念期間を頂戴し、そのうち八カ月間はソウル大学校奎章閣国際韓国学研究センターで在外研究を行った。受入教員はソウル大学校人文大学東洋史学科の朴秀哲教授である。キャンパスに隣接した外国人研究者向けの宿舎を利用する便宜もはかっていただいた。そして韓国国際交流財団から半年分の滞在費と旅費を、また引き続く二カ月分の滞在費を東北亜歴史財団から支援を受けた。朴秀哲さんや奎章閣および二つの財団の事務室の皆さんには日常的にお世話になった。心より感謝する。また、こうした研究に専念するわがままを容認してくださり、貴重な経験をさせてくださった同僚の皆さん、院生・学生の皆さんに改めて感謝を申し上げる。

この八カ月間は単身赴任だったから、家内と娘にはいつも以上の苦労をかけた。謝りように困るほど済まないと思いながらも、楽しい思い出もできた。夏休みに中学生の娘がひとりでやってきて、二週間をソウル大の宿舎で一緒に過ごした。朝のうちに娘を囲碁学院に送り出しておいて史料調査に出かけ、夜迎えに行った帰りにちょっとだけ御馳走を食べながらおしゃべりをした。冬休みには家内と娘と三人でソウル中心街にある普信閣の大鐘の前で、雑踏にもみくちゃにされながら年越しのカウントダウンに参加した。

本書は科学研究費補助金による研究「外交文書編纂と以酊庵輪番制」（基盤研究(C)（一般）、課題番号18520491、二〇〇六年四月〜〇八年三月）、「近世日朝外交文書成立過程の研究」（基盤研究(C)、課題番号22520664、二〇一〇年四月〜一三年三月）を踏まえ、新稿のなかには現在進行中の研究（「江戸の朝鮮使節・異聞」韓昌祐・哲文化財団、二〇一六年三月〜一七年九月、「訳官使と通信使の統合的研究」科研費・挑戦的萌芽研究、課題番号16K13282、二〇一六年四月〜一九年三月）による成果も含め、日本学術振興会から平成二十八年度科研費（研究成果公開促進費「学術図書」）を受けて刊行するものである。

名古屋大学出版会の三木信吾さんには三度目の産婆役を引き受けていただき、長畑節子さんにも校正作業でご面倒をおかけした。本書の刊行は、これまでで最も難産だったのではないかと恐れる。書き散らかした原稿を、まがりなりにもかたちあるすがたに仕上げてくださったのは、三木さんをはじめとした編集部の皆さんのおかげである。深く感謝する。

家内はいつもいう。「そんな、誰も読まへんような本を書いて、どないすんの」

このひとことの後ろに控えている日々途切れることのない彼女の献身に、自分のやりたかった夢を断ち切ってまでやりくりを重ねてくれる彼女の献身に、どうやって応えることができるのだろうか、応えられるだけの仕事であったのだろうか。自問し苦吟しながら本書の最後の仕上げをした。

二〇一七年一月十六日

池内　敏

初出一覧

序　章　新稿
第1章　新稿
第2章「以酊庵輪番制考」『歴史の理論と教育』一二九・一三〇合併号、名古屋歴史科学研究会、二〇〇八年
第3章「以酊庵輪番制と東向寺輪番制」『九州史学』一六三、二〇一二年
第4章「以酊庵輪番制廃止論議」『名古屋大学文学部研究論集』史学五八、二〇一二年
第5章「訳官使考」『名古屋大学文学部研究論集』史学六二、二〇一六年
第6章「訳官使における見せる／見る」日本歴史学会（韓国）二〇一五年夏季ワークショップ（二〇一五年八月）における口頭発表原稿
第7章「朝鮮通信使と以酊庵輪番僧」韓国・西江大学校人文科学研究所二〇一五年度後期シンポジウムにおける口頭発表原稿（二〇一五年十月）
第8章「朝鮮通信使延聘交渉と梅荘顕常」北島万次ほか編『日朝交流と相克の歴史』校倉書房、二〇〇九年
付論1「朝鮮通信使が終わってのちに」『朝鮮通信使研究』10（朝鮮通信使学会・釜山）、二〇一〇年
第9章「朝鮮人漂流民の送還と幕府の対応」『別冊歴史読本　江戸の危機管理』新人物往来社、一九九七年
第10章「江戸時代日本に残された漂流記」『東アジア漂海録と漂流の文化史』（韓国）国立海洋文化財研究所・木浦大学校島嶼文化研究所、二〇一二年

第11章　「日本型華夷意識と民衆」荒野泰典ほか編『近世的世界の成熟』日本の対外関係6、吉川弘文館、二〇一〇年
第12章　「癸未信使の通訳・ノート」国際学術大会「一七六三年癸未通信使と東アジアの文化接触」（韓国・漢陽大学、二〇一〇年）における口頭発表原稿
第13章　「梅荘顕常と朝鮮」『JunCture』五号、名古屋大学文学研究科附属「アジアの中の日本文化」研究センター、二〇一四年
第14章　「十八世紀対馬における日朝交流――享保十九年訳官使の事例」『名古屋大学文学部研究論集』史学六三、二〇一七年
第15章　新稿
付論2　「以酊庵輪番制廃止論議・余聞」『日本歴史』七七二、二〇一二年
終　章　新稿

＊なお、各章はそれぞれに補訂を行っており、必ずしも初出時のままではない。

《著者紹介》

池内《いけうち》　敏《さとし》

1958 年　愛媛県に生まれる
1982 年　京都大学文学部卒業
1991 年　京都大学大学院文学研究科博士後期課程中退
現　在　名古屋大学大学院文学研究科教授，博士（文学）
著　書　『近世日本と朝鮮漂流民』（臨川書店，1998 年）
『「唐人殺し」の世界』（臨川書店，1999 年）
『大君外交と「武威」』（名古屋大学出版会，2006 年）
『薩摩藩士朝鮮漂流日記』（講談社選書メチエ，2009 年）
『竹島問題とは何か』（名古屋大学出版会，2012 年）
『竹島　もうひとつの日韓関係史』（中公新書，2016 年）

絶海の碩学

2017 年 2 月 28 日　初版第 1 刷発行

定価はカバーに
表示しています

著　者　池　内　　敏
発行者　金　山　弥　平

発行所　一般財団法人　名古屋大学出版会
〒 464-0814　名古屋市千種区不老町 1 名古屋大学構内
電話(052)781-5027 / FAX(052)781-0697

印刷・製本　亜細亜印刷㈱　　ISBN978-4-8158-0866-2
乱丁・落丁はお取替えいたします。

索　引

・本文中に現れる歴史的名辞のなかから検索項目を選んだ。
・図・表やそれらに付されたキャプションに含まれる字句は選択の対象外である。また，研究者名を含まず，以酊庵，碩学，対馬藩，対馬府中，輪番制，など頻出する項目は除外した。
・朝鮮王朝の人物名については，当該漢字を日本読みにして排列した。たとえば，姜（きょう），朴（ぼく），李（り），呂（ろ）のごとくである。

あ　行

か　行

さ　行

た　行

な　行

は　行

ま　行

や　行

ら　行

わ　行

図表一覧